两岸经济关系与政治关系的互动路径

全国台湾研究会2013年学术研讨会论文选编

主　编　周志怀

副主编　杨幽燕
　　　　杨立宪
　　　　严　峻

九州出版社
JIUZHOUPRESS

图书在版编目（CIP）数据

两岸经济关系与政治关系的互动路径 / 周志怀主编.
--北京：九州出版社，2014.2
ISBN 978-7-5108-2713-6

Ⅰ.①两… Ⅱ.①周… Ⅲ.①海峡两岸-关系-研究
Ⅳ.①D618

中国版本图书馆 CIP 数据核字（2014）第 035319 号

两岸经济关系与政治关系的互动路径

作　　者	周志怀　主编
出版发行	九州出版社
出 版 人	黄宪华
地　　址	北京市西城区阜外大街甲 35 号（100037）
发行电话	（010）68992190/3/5/6
网　　址	www. jiuzhoupress. com
电子信箱	jiuzhou@ jiuzhoupress. com
印　　刷	北京京华虎彩印刷有限公司
开　　本	720 毫米×1020 毫米　　16 开
印　　张	36
字　　数	609 千字
版　　次	2014 年 6 月第 1 版
印　　次	2014 年 6 月第 1 次印刷
书　　号	ISBN 978-7-5108-2713-6
定　　价	95.00 元

目　录

两岸政治关系和平发展的理论创新问题研究

厦门大学台湾研究院　陈先才

过去5年来，两岸关系和平发展局面的形成与深化，客观上要求我们从一个中国框架出发，构建一个既能反映两岸和平发展现状，又能战略性指向未来两岸和平统一战略目标的理论体系。胡锦涛在中共十八大政治报告强调，要巩固和增强两岸关系和平发展的政治、经济、社会和文化基础，在当前两岸关系和平发展新阶段，积极推动包括两岸政治关系和平发展的理论创新至关重要。两岸政治关系的互动，我们既要考虑到两岸目前各自的政治制度及政治文化、意识形态等现实差异，又要兼顾到两岸关系的历史发展及国际现实。因此，当前两岸政治关系和平发展的理论创新，其本质要求就是要最终探讨和构建一个符合两岸政治关系特色、适应两岸共同发展需要，同时又得到两岸各界支持，也受到国际社会欢迎的两岸政治关系互动机制。

一、两岸政治关系和平发展的理论基础

长期以来，两岸政治关系进展有限，即使是当前两岸关系和平发展新时期，两岸政治互信不足，已明显制约了两岸关系进一步向前发展。因此，化解两岸政治分歧、增进互信，是当前两岸政治关系发展的重中之重，而要推动并有成效，则必须要对两岸政治关系和平发展进行理论上的探索和创新。

事实上，过去很久以来，两岸学术界及两岸政界围绕两岸政治互动的争执较多，其焦点主要聚集在两岸政治关系之定位这一核心议题上。例如包括“一中原则”、“一中架构”、“一中框架”、“一国两区”、“一国两宪”、“一国两府”、“一边一国”、“两个中国”等等论述，都是希望能够对两岸政治关系的性质进行学理上或法理上的某种界定。我们必须要厘清上述论述之真

伪，就必须要寻求理论的突破和解释空间。从而为当前和今后两岸之间的政治互动提供理论阐释和理论支持。

就目前两岸政治定位来观察，无论是大陆的一中框架论述还是台湾“独派”的“一边一国”之论述，其根本分歧点还是在以下三个问题：(1) 1949 年海峡两岸出现的分离状态，到底是中国国家主权的实质分裂还是主权并没有分裂？(2) 1949 年在中国大陆出现的中华人民共和国政府，它对原先的“中华民国政府”是政府继承还是国家继承？(3) 中华人民共和国政府对“中华民国”的政府继承到底是已经完成还是尚未完成？搞清上述问题无疑至关重要。

继承理论是国际法的基本理论之一。区分国家继承和政府继承对于参与继承的国家和政府都具有非常重大而特殊的法律与政治意义。所谓国家继承，是指一国对领土的国际关系所负的责任由别国取代。① 所谓政府继承，是指在同一国家继续存在的情况下，由于革命或政变导致政权之更迭，代表该国的旧政府为新政府所取代，从而引起的权利义务的转移。② 但在国际政治现实中，区别国家继承和国际继承仍然相当复杂。因此，区别政府继承与国家继承之关键，就在于发生继承的前后，参与继承的主体——国家是否具有同一性，这才是探讨国家继承和政府继承的前提所在。也就是说，判断政府继承和国家继承的关键并非是否发生了政府非宪法方式变动或领土变更，而是继承前后的国家是否具有同一性。凯尔森认为，“根据国际法，只要领土实质上仍然是同一个，国家也就仍然是同一个”。③ 这是关于国家同一性基本原理的最精确论述。而两岸在 1949 年前后的情形完全符合这一原理。

很显然，根据国际法之相关论述，1949 年以后所发生的中国继承完全属于政府继承之范畴。首先，1949 年 10 月 1 日宣告成立的中华人民共和国政府，并没有改变两岸原有的国际人格。也就是说 1949 年 10 月 1 日前后，在涵盖两岸的领土上的主权者并没有变更，在原主权者管辖的领土上没有出现新的主权者。即新中国并不是一个有别于 1949 年前的那个中国的新国家，台湾实体（台湾当局及其治理的台湾地区）不是中国之外的国家。其次，两岸一中是现代国际法的基本规范。开罗宣言、波茨坦公告等国际法律文件

---

① 詹宁斯、瓦茨修订：《奥本海国际法》第一部第一分册（王铁崖等译），中国大百科全书出版社 1995 年版，第 299 页。

② 王铁崖主编：《国际法》，法律出版社 1995 年版，第 95－98 页。

③ 奥·汉斯·凯尔森：《法与国家的一般理论》，中国大百科全书出版社 1996 年版，第 246 页。

明确地承认了台湾作为中国领土之一部分的法律地位，从而使两岸一中、一中原则得以上升为现代国际的基本规范，使国际社会普遍承认在涵盖整个大陆和台湾地区的中华大地上只拥有一个国际人格，只存在一个主权国家意义上的国际法主体，并以中国指称这个国际法主体。而20世纪40年代后期发生的中国内战以及由此造成的两岸分离，并未使在同属一个中国的两岸之间出现一个有别于中国的新的主权者。在两岸分离的前后，中国的领土和主权的完整性并没有产生丝毫的变动，在两岸之间的中国领土范围内并没有产生另一个新的主权国家主体。再次，1971年联合国第2758号决议是联合国和国际社会接受了1949年两岸是政府继承而非国家继承的证据。而联合国在1971年召开的第26届联大恢复中华人民共和国政府在联合国及其附属机构中的合法席位，并将蒋介石的代表从联合国及其附属机构中驱逐出去，这就是著名的2758号决议。这说明，中华人民共和国政府的合法代表地位已被联合国接受，至此，中华人民共和国政府正式成为世界上唯一代表中国的合法政府。中华人民共和国的成立，是政府继承，非国家继承，没有引起领土的变更，也没有引起国际法主体即国家的变更。中华人民共和国政权取代“中华民国”政权是一个国家内部两个政权的更迭，而不是两个不同国家的建立，台湾仍然是中国不可分割的领土。尽管台湾当局偏居台湾，但在国际法上并不能造成中国的国际法主体资格的分裂，联合国承认中华人民共和国，确认并维护了中国国际法主体资格的连续性和一致性，已从国际法的角度消除了“一中一台”、“两个中国”的可能性。

最后，当前政府继承的复杂性根源在于中国的政府继承尚未完成。由于特殊的历史原因，两岸的政府继承过程并不是一帆风顺，两岸之间的政府继承至今仍然是尚未完成的继承状态。两岸问题之所以没有解决，关键还是政府继承始终没有完成。它不是瞬间完成的，因为两岸围绕政府继承的长期斗争至今尚未结束。台湾当局以“中华民国”名义在中国境内部分领土上实行有效统治，而且还有23个“邦交国”，这种不正常状态也越来越具有某种“合法性”。两岸之间的政治对立实际上是两岸围绕政府继承问题而形成的对立，这是两岸关系的本质问题，但随着时间的发展，这一本质也有一些变化，目前两岸尚未完成的政府继承关系不再是一个必须立即克服的非法状态，而是一个在一定时间内可以容忍的状态。这样就出现了一种在治权尚未统一国家内所没有的现象——在一定条件下，对立双方进入不敌对的和平发展状态。

台湾不是国际法上的国家，因为主权具有排它性，在中华大地这一块领土上不可能同时存在两个主权。因此，虽然当前台湾在其治权管理下有管辖权，但这并不是台湾拥有“国家主权”的原因所在。

从法理上讲，政府是国家的代表，承担着该国在国际法上的全部权利和义务，在发生政府更迭时，作为被继承者的旧政府往往随着新政府的建立而在国际法上消灭。因此，政府继承理论完全是内政理论的延伸，两岸分离在本质上还是内战状态的延续，只是这种延续有其独特性。这也是国际法的缺陷所在。比如国际法的规定只涉及新旧政府的瞬间交替和叛乱政府被镇压下去两种情形的政府继承，[①] 现有国际法的政府继承并没有考虑在治权尚未统一的国家内，旧政府的残余割据该国领土的一部分并以“国家”名义长期存在的这种非正常情形。这也是胡锦涛在纪念《告台湾同胞书》发表30周年讲话上所表示的那样，大陆和台湾尽管尚未统一，但不是中国领土和主权的分裂。因此，两岸政治关系的本质就是政府继承关系，但由于国际格局的特殊性所致，中国的政府继承过程比较特殊，也极为复杂，虽然历经60多年，但目前中国政府继承尚未最终完成，仍然在持续进行之中。因此，我们当前对两岸关系定位特别是两岸政治关系定位一定要放在中国尚未完成政府继承这一大的框架中来谈，这样才具有现实可行性，也才有理论说服力。

二、两岸政治关系和平发展的基本内涵

正是由于两岸政治关系的本质是政府继承，而且两岸的这种政府继承目前处于尚未最终完成阶段，其政治属性表现为中国内战的某些延续，因此，两岸政治关系和平发展的基本内涵主要包括以下几个方面：（一）一中框架。1949年由于中国内战而导致的两岸分离之事实并未导致中国领土与主权之实质分裂，也就是说在两岸并没有导致中国出现两个国际法主体，中国原有的国际法主体仍然存在。同时，无论是台湾还是大陆的现行相关规定，都仍然是一中架构，这是当前两岸政治关系互动的最大特色所在；（二）两岸非国与国的关系。两岸一中框架决定了两岸之间的关系绝非国与国关系，而是一国内部的关系。大陆与台湾同属一个中国，而中国既包括大陆地区，

---

① 詹宁斯、瓦茨修订：《奥本海国际法》第一卷第一分册（王铁崖等译），中国大百科全书出版社1995年版，第115页。

也包括台湾地区；（三）反对“台独”。正是由于自1949年以来中国的国家和主权领土并未分裂，两岸仍然是一中架构，反对“台独”分裂活动是两岸中国人的共同任务与共同利益。反对“台独”当然是两岸特色政治互动关系中的重要特色；（四）互不否定对方是“政治实体”。尽管1949年以来两岸分离状态并不是中国国家领土主权的分裂，但两岸隔离的存在却是客观事实。特别是两岸形成了各具特色、适合各自实际情况的政治制度。在当前两岸政治互动中，双方均不以消灭或否定对方为政治前提，这也是两岸政治互动的重要特色。

当前，两岸政治关系和平发展的基本特征主要有以下几个方面：

首先，两岸政治关系是中国内部的政治关系，两岸政治互动的本质是中国内部的事务。这是两岸政治互动的本质特征。当前在两岸一中框架下，两岸的政治互动都是中国内部的政治互动，它是一国内部的事情，而非国与国之间的政治互动，它与中美、中日等国家之间的政治互动的性质有着本质的区别。同时，由于从国际法的角度看，两岸关系的本质属性是政府继承关系，因此，两岸政治关系又与中国大陆内部其他地区之间的政治关系有很大的差异，也与中国大陆与港澳地区的政治关系有所差异。

其次，两岸政治互动的基本目标是要维护和推动两岸关系的和平发展，这是两岸特色政治互动的重要特征。2008年5月以来，两岸关系发展取得了重大的历史性进展，两岸关系和平发展局面日渐形成，两岸双方在“九二共识”、“一中框架”等政治基础之上开展协商，并签署了19项两岸协议，这些协议广泛涉及两岸经济、文化、人员往来等领域，从而为两岸关系长期和平发展夯实了基础。尽管两岸所签署的这些协议并不是政治议题，但却为未来两岸政治议题的协商奠定了基础，积累了经验。在现阶段，由于两岸政治互信不足，两岸双方本着搁置政治争议以及维护两岸关系和平发展大局的战略从发，不断推动两岸关系朝着良性方向发展。

再次，两岸政治互动是以中华民族利益及共同利益为依托，以两岸情感联系为重要纽带来推动。客观而论，当前两岸之所以政治互信不足，关键还是中国政府继承尚未最终完成，还在进行之中。因此，当前两岸在政治领域的利益冲突与对立情绪客观存在，但两岸不能因为政治互信不足而关闭交流互动之大门，两岸问题是两岸中国人之间自己的事情，两岸中国人应当有自信有智慧来处理好两岸问题，两岸应从中华民族的整体利益出发，透过促进两岸在各方面的交流互动来增强两岸政治互信，从而不断推进两岸政治关系不断朝良性互动的方向发展，这不但符合中华民族的利益，而且也符合两岸双方各自的政治利益与其他利益。两岸之所以能够依托中华民族的根本利益来推动交流合作，主要是两岸都带着民族情感和历史情感的角度来进行互动。

第四，两岸政治互动具有国际战略之效应，两岸政治关系互动在某种程度上具有内外有别的特性。尽管两岸问题的本质是中国的政府继承问题，它在性质上当然属于中国的内部事务，但随着台湾问题的不断发展演变，特别是中国政府继承问题至今仍然没有完全解决，因而使台湾问题中的国际因素越来越突显。特别是当前两岸政治对话之所以面临诸多的问题，与美国等境外势力的介入与干预完全分不开。因此，两岸特色的政治互动在某种程度上不可避免会受到国际因素的影响和牵涉，但毕竟两岸问题是中国的内政，因此，在两岸特色的政治关系互动中，两岸之间在政治关系上的内外有别原则就格外重要。由于在国际社会整个中国的国际人格只有一个，因此，两岸在国际社会只能以一个中国原则之旗号来行事，否则就会出现“一中一台”或“两个中国”等与现代国际法规范相冲突的情形。但在两岸政治互动的范畴之内，两岸则可以搁置争议，不必纠缠其中。例如，中国大陆在与有邦交关系的国家面前，可以称自己代表中国，而台湾地区在与其建立“邦交关系”的国家面前，也可以称自己“代表中国”。但在国际法领域，中国的主权则是统一的。

最后，两岸特色政治协商的主体具有特殊性。由于两岸是一中框架，两岸非国与国关系，因此，两岸透过各自授权的民间团体来推动两岸交流，甚至包括政治协商议题在内，这是两岸政治互动的重大特色所在。例如当前两岸推动的两会互设办事处，其本身就包括政治协商之意涵，但它完全是透过海协会和海基会两个民间团体来完成和推动的。

三、两岸政治关系和平发展的实践模式

两岸关系在本质上是中国继承问题的体现，因此，两岸关系的实质和症结并非经济关系、文化关系，而在于政治关系。尽管过去很长一段时间以来，特别是在李登辉及陈水扁等推行“台独”分裂路线的前后 20 年间里，两岸特色的政治互动仍然在持续进行。

从两岸 60 多年来政治互动进程来观察，两岸特色政治互动的实践模式

主要有以下几种类型：

（一）两会协商模式

两岸公权力部门透过授权两岸民间机构来代行两岸协商之功能，从而在规避政治分歧的情况下推动两岸关系的持续发展。尽管海基会和海协会是民间机构，但由于它们都是两岸公权力之委托机构，其实质上是扮演了代行两岸公权力之职责。特别是其签署的协议都得到两岸公权力部门的认同与接受。两岸两会模式也是当前中国政府继承尚未最终完成状态下不得已而采用的方式，其两岸特色相当突出。

正是由于两会模式作为两岸特色政治互动的重要实践模式，其对于两岸关系发展特别是政治关系互动的状况具有重要的指标性意义。在李登辉执政后期和陈水扁时期，由于台湾当局坚持“台独”分裂路线，两岸互信基础不复存在，特别是两岸政治互信严重不足，两会的互动自然完全中止。而2008年5月以来，随着国民党在岛内重新执政，两岸双方在“九二共识”的基础上推动交流与互动，两岸互信基础重新积累，特别是随着两岸政治互信的不断增强，两岸两会的功能发挥越来越强，签署了19项协议。这对于两岸关系和平发展和推动两岸政治互信都具有重要的现实意义。

从这个意义来看，两会协商模式是两岸特色政治互动中的重要实践模式，也是当前两岸关系发展新时期不可或缺的部分。虽然两会协商的议题并不是高阶的政治议题，但两岸问题无小事，这些议题背后的政治意涵非常明显。

（二）两岸协议模式

在两岸政治关系互动中，由于双方的互信不足，因此，两岸双方采取了透过签署两岸合作协议之模式，来不断强化双方的互信基础，从而不断推进两岸政治关系不断取得进展和突破。

尽管这些协议都不是真正意义上的政治协议，而是广泛意义上的经济合作、文化交流及人员往来等协议，但事实上两岸非政治协议的协商及签署本身就是两岸政治关系互动的过程，客观上当然有助于两岸政治关系互信的增强。特别是各项协议签署之后的落实及执行层面，都是需要双方公权力部门来落实，其政治意涵相当彰显。

例如，两岸ECFA协议以及服贸协议，虽然在性质上是经济合作协议，但其背后则有复杂的政治因素与考虑存在。此外，以两岸“三通”协议来观察，由于台湾不愿意“三通”之后两岸之间的航班被称为国内航线，而中国大陆也不愿意称之为国际航线，因此，两岸双方经过沟通与磋商，从政治的高度，将“三通”航线称之两岸航线，从而避免了双方的争执，这就体现了鲜明的两岸特色。

事实上，在当前两岸政治互信不足的情况下，两岸透过一系列协议来推动双方的合作，特别是这些协议透过“白手套”的策略来把双方的公权力紧紧抓到一起，从而使两岸公权力部门必须不断配合，不断合作。因此，从这个意义上讲，两岸协议的协商签署过程，本身就是两岸合作的过程，是两岸强化对他方认可的过程。在这样一个长期互动的过程中，自然会强化双方的政治互信。因此，两岸协议模式是两岸特色政治互动过程中的重要方面。

四、两岸政治关系和平发展的路径模式

尽管两岸关系呈现包括政治关系、经济关系、社会关系、文化关系等在内的多面向特性，但两岸问题的症结与核心仍然在政治，这是两岸互动中始终无法回避的议题。事实上，从过去5年两岸关系和平发展状况来观察，虽然两岸在经贸往来、文化教育以及人员互动等领域取得了相当大的进展，但两岸在政治关系领域的进展却相当有限，一方面说明两岸互信仍然严重不足，但另一方面也说明两岸政治问题的解决绝非易事。当前，两岸政治关系和平发展的路径建构应从经济基础、一中架构、社会对接、民间对话、价值共享等层面来推动。

（一）两岸政治关系和平发展的经济基础

根据马克思主义原理，经济基础决定上层建筑。尽管两岸经济合作未必会直接促使两岸开展政治对话和政治协商，但从过去30年来两岸关系发展的实践来观察，两岸经济合作对于推动两岸关系和平发展与稳定至关重要，已成为推动两岸稳定的重要助推力量。在推动两岸政治关系和平发展的进程中，我们仍然要坚持以两岸经贸合作为优先，透过不断密切两岸经济联系，深化两岸经济利益的融合，从而为两岸共同利益与两岸命运共同体的形成奠定坚实的经济基础，这对于确保两岸政治关系和平发展至关重要。

（二）两岸政治关系和平发展的政治基础

两岸政治关系良性互动的基础就是双方要共同落实一个中国框架。一个中国原则不但是两岸关系和平发展的政治基础，也是两岸政治关系和平发展的最基本要求。当前尽管两岸尚未完全统一，但两岸的领土和主权并未分裂，两岸同属一个中国的事实并未改变。从中国内部来看，两岸目前仍然处于尚未完成的政府继承关系状态之中，从国际社会角度看，两岸同属一中的国际法基础早已形成。因此，两岸政治关系和平发展的政治基础就是一中框架。双方只有坚持一中框架，才能有助于增强互信基础，才能有助于释放善意，也才能维护台海局势的稳定状况。

（三）两岸政治关系和平发展的社会基础

政治属于上层建筑，其根基来自于基层社会，两岸政治关系和平发展离不开两岸社会基础的支撑。两岸政治互信不足，其根源就在于两岸社会信任基础严重缺乏。两岸社会自 1949 年以后开始按照其自身的逻辑发展，最终形成了各具特色的社会制度。尽管过去 30 年来两岸社会互动有所增加，但两岸社会的互动仍然不够深入，两岸社会的信任并未完全建立起来，这就需要两岸应该加强两岸社会的融合与重新连接，特别是在推动两岸人员互动及社会对接方面要下足功夫才行。只有两岸社会重新连接与融合，才能为两岸政治关系和平发展提供强大的社会氛围和支持基础。

（四）两岸政治关系和平发展的民意基础

推动两岸政治关系和平发展必须要有强大的民意基础才行。现阶段由于政治议题属于高阶、敏感范畴，在两岸互信不足的情形下，贸然推动两岸政治对话和协商，其风险自然很大，甚至有可能会对两岸关系和平发展局面造成负面的冲击和挑战。因此，当前两岸可以透过民间政治对话，不断积累两岸民间共识，在此基础上不断推动两岸政治互信的积累，从而为两岸政治关系和平发展积累越来越强大的民意基础，这对于两岸未来解决高阶政治议题具有重要的奠基效果。当前两岸民间政治对话的形式多种多样，既可以是两岸政党间的政治对话，也可以两岸学者及智库对政治议题的讨论，还可以是两岸民间社团组织就某一政治议题所开展的交流互动。

（五）两岸政治关系和平发展的价值基础

两岸政治关系和平发展还离不开两岸共同价值观的塑造与共享。当前两岸政治互信不足的原因除了两岸政治制度与意识形态有很大的差异外，还与过去长时期的相互刻意负面宣传与教育有莫大的关系，从而人为造成两岸民众政治认同的严重分歧与不信任情绪存在。因此，两岸政治关系和平发展要想取得进展，就需要双方共同培育、共同塑造出新的两岸价值观，这种新的两岸价值观既具有包容性，又符合两岸政治关系现状，还符合国际社会在国家主权上的共识。它一方面可以减少台湾社会对大陆政治的刻意负面文宣，增强台湾民众对一中框架的认同与接受程度，另一方面，有助于增强大陆政府与民众对台湾政治发展与政治现状的多维度观察。唯如此，两岸才不会以意识形态来观察和判断对方，从而有助于增强双方在政治议题上的良性互动。

两岸关系和平发展阶段之谈判模式创新探析

中国社会科学院台湾研究所　汪曙申

在两岸关系和平发展阶段，协商谈判始终是两岸双方增进互信、扩大共识、解决问题的重要方式和途径。两岸关系的性质决定了两岸谈判的形式和内容，两岸关系的实践推动着两岸谈判向前发展，形成反映历史阶段性特点的不同模式。基于两岸谈判的领域、层面对谈判模式的需求不同，两岸双方理应根据两岸关系发展的历史规律和实际情况，适时推动谈判模式创新，为构建和完善两岸关系和平发展框架创造更为有利的条件。

一、两岸谈判模式之历史演进

（一）"两会模式1.0"

20世纪90年代初两岸交流呈现扩大之势，交流衍生的问题愈益增多，国民党当局长期坚持"不妥协、不接触、不谈判"的"三不政策"难以为继。1990年11月21日，台湾当局成立获得官方授权与大陆方面联系与协商的民间性中介机构——海峡交流基金会，次年3月开始运作。大陆方面为推动两岸谈判、发展两岸关系，于1991年12月16日成立海峡两岸关系协会，作为与海基会接触、商谈的平台。1992年，两会达成在事务性商谈中各自以口头方式表述海峡两岸均坚持一个中国之原则的共识，即"九二共识"。

"九二共识"坚持一个中国原则，表明追求国家统一，成为两岸两会展开对话协商的政治基础。1993年4月29日，海协会会长汪道涵与海基会董事长辜振甫，本着平等协商、互惠双赢的精神，在新加坡协商签署包括

《两岸公证书使用查证协议》、《两岸挂号函件查询、补偿事宜协议》、《两会联系与会谈制度协议》及《汪辜会谈共同协议》等四项协议。《汪辜会谈共同协议》将此次会谈界定为民间性、经济性、事务性和功能性，协议内容涉及的是敏感度较低的事务性问题，但此次会谈是1949年以来首次由两岸授权的民间团体进行协商谈判并签署正式协议，发展出两岸谈判史上的“两会模式”。然而遗憾的是，1994年“千岛湖事件”、1995年李登辉访美接连冲击两岸关系，两岸谈判随之陷入停滞。直至1998年两岸关系有所缓和，第二次“汪辜会晤”才于该年10月在上海举行，达成汪道涵访台的共识。但1999年7月李登辉抛出“两国论”，不仅迫使汪访台行程取消，两岸关系也由此陷入冰点。自此，李登辉在分裂路线上越走越远，两岸互信已荡然无存，两会商谈完全中断，一度承载两岸对话和商谈的“两会模式”无法再走下去。2000年台湾首次政党轮替，民进党上台执政，陈水扁当局迫于美国压力提出“四不一没有”承诺，但顽固坚持“台独”立场和路线，否认“九二共识”，两岸关系完全没有转圜的余地，一步步陷入紧张对抗和冲突的恶性循环之中。

上世纪90年代开启之两会商谈是两岸关系发展中的一项重大创新，但刚刚起步便陷入停滞，本文称之为“两会模式1.0”。“两会模式1.0”的重要意义在于：第一，它是在蓬勃发展的两岸经贸往来和民间交流下催生的，结束了两岸不接触、不谈判的历史，形成了两岸对话谈判的基础。第二，它创设了两岸通过谈判解决事务性问题的新途径、新方式，开创、建立了两岸制度化协商的机制。第三，它探寻出一条两岸化解敌意、缓和对抗、加强合作的可行路径，标志着两岸关系迈出了历史性的重要一步。正如马英九称，“该会谈开启两岸以谈判化解敌意、以协商取代对抗的历史新局”。①

（二）“澳门模式”

2000年5月民进党执政后“台独”分裂活动加剧，两岸关系趋于紧张动荡，两会协商中断，两岸交流所衍生的大量事务性问题缺乏妥善解决的途径。从台湾方面看，陈水扁2003年抛出“一边一国论”激化两岸关系遭到岛内外强烈批评，2004年陈连任后在各方压力下试图缓和两岸情势，于是

---

① 马英九出席“汪辜会谈20周年”纪念茶会致辞，2013年4月29日，参见台“总统府”网站。

年“双十讲话”中抛出“两岸可以九二香港会谈为基础，寻求虽不完美、但可接受的方案，作为进一步推动协商谈判的准备”。[①] 从大陆方面看，在民进党否定“九二共识”致使两会机制无法开展的情况下，大陆为尽早解决制约两岸交流合作的直接“三通”问题，展现出相应的灵活务实态度，提出由两岸民间行业组织进行协商的政策思路。2003 年 4 月陈云林在纪念“汪辜会谈”十周年的讲话中提出，“在两会对话和谈判未能恢复的情况下，可以由两岸民间行业组织协商解决‘三通’问题，搁置政治争议，及早达成协议，尽快通起来”。[②]

在此特殊情势下，由两岸民间行业组织负责对口协商的优势在于，它不是两岸政治对话和谈判，能最大化地使技术问题单纯化、解决方式便捷化。基于此，大陆方面与坚持“九二共识”的国民党达成实施两岸春节包机的共识。由于在野的国民党没有公权力，最后通过行业对行业、团体对团体的方式就包机技术性、业务性问题进行沟通协商。从协商进程看，2005 年两岸春节包机由中国民用航空协会海峡两岸航空运输交流委员会与台北市航空运输商业同业公会在澳门进行对口商谈，两岸民航主管部门官员各自以民间行业团体顾问身份与会。双方于 2005 年 1 月达成春节包机协议，同意两岸包机双向对飞、不中停和多点开放，由双方共同实施。

上述谈判被学者概括为“澳门模式”，即采用一种“复委托”的谈判形式。2003 年 10 月，台湾当局修改“两岸人民关系条例”新增“复委托机制”，规定除海基会外，台当局可以委托其他具公益性质的法人协助处理两岸事务或代之签署协议，而经台当局委托的海基会也可以“复委托”其他公益法人执行任务。该项修法意味着，台当局确认了两岸事务性议题可以采用“政府主导、民间协商”方式，突破了以往单一的两会谈判模式。此后，两岸在两会平台停摆的情况下，可以通过分别委托各自相关民间行业团体，就特定事务性问题进行磋商并达成共识。与“两会模式 1.0”不同的是，两岸民间团体成为谈判主体，相关业务主管部门官员仅以民间团体顾问的身份与谈，台湾“陆委会”和海基会人员不上谈判桌。台“陆委会”曾以“搁置争议、不设前提，相互尊重、实事求是，政府主导、民间协助”来界定

---

① 陈水扁 2004 年“双十讲话”，台湾《中国时报》2004 年 10 月 11 日。

② 陈云林：《积极促进两岸对话与谈判，开创两岸关系发展新局面》，《人民日报》2003 年 4 月 26 日，第 3 版。

这一模式。① 淡江大学大陆研究所所长张五岳将该模式称之“政府授权、民间名义、官员主谈、公权力落实”。2011年台湾地区领导人竞选期间，前“陆委会主委”吴钊燮访美时抛出“澳门模式”，称民进党重新执政后可能以“澳门模式”取代“九二共识”延续商谈。事后民进党中央虽否认吴代表民进党的立场，但反映出“澳门模式”在民进党内确实有一定市场。

“澳门模式”的内核是民间协商、达成共识和各自确认，它是特殊两岸关系的产物，能够解决一定的事务性问题，但亦明显存在局限性：第一，它是在两岸互信薄弱情况下的权宜性安排，仅用于解决“个案”问题，并无适用两岸关系的普遍意义。第二，它涉及的春节包机属于简单、单纯的事务，很难适用于牵涉两岸更广泛重要利益的复杂事务。特别是在两岸大交流、大合作、大发展时期，“澳门模式”根本无法适应两岸的形势和需求。第三，它不是两岸制度性商谈，既不能作为衡量两岸关系发展的根本性指标，对两岸关系和平稳定的正面作用亦相当有限。

（三）“两会模式2.0”

2008年台湾发生第二次政党轮替，马英九带领国民党实现重新执政。马英九上任后的重要议程之一即是贯彻国民党的大陆政策，重建两岸和平稳定的格局。马英九当局大陆政策的核心是，在“中华民国宪法架构”下，维持“不统、不独、不武”的台海现状，在“九二共识”基础上恢复两岸协商，推动和完善两岸关系的制度化。一方面，马英九当局主张的“三不政策”缺乏明确的政治方向，因而遭到不少的质疑甚至批评；另一方面，马英九当局承认并坚持“九二共识”的做法为两岸重启商谈创建了基础，在2008年5月执政后迅速恢复两会中断十年之久的对话商谈，其发挥的重要功能和积极意义不容否定。5年来，“陈江会谈”共举行了八次会议，签署了18项协议，涵盖“三通”、旅游、食品、医药、渔工、检疫、共同打击犯罪、经济合作、知识产权保护、金融监理、货币清算以及投资保障等广泛领域。2013年6月举办两会领导人换届后的首次“陈林会谈”，顺利签署两岸服务贸易协议，进一步推动两岸经济社会走向全面交流融合。台湾

---

① 针对2008年台“陆委会”将此称为“05年共识”，国台办表示，两岸民航业者就2005年春节包机的技术性、业务性事宜作出安排的过程，就是在“九二共识”基础上进行，完全不存在“陆委会”所谓中国方面放弃一个中国原则谈判前提、开启两岸功能型议题谈判的序幕的问题，也根本不存在此臆想、杜撰的所谓“05年共识”。

《经济日报》社论曾指出，若将两岸会谈以1.0、2.0作阶段性的区分，“汪辜会谈”两岸关系破冰可视为1.0阶段，“陈江会谈”两岸经贸协商新时代可视为2.0阶段。[①] 本文之所以将2008年迄今举行的两会商谈称之为“两会模式2.0”，主要是其与上世纪90年代之“两会模式1.0”相比具有以下主要特征：

第一，两岸建立并巩固政治互信，两会商谈形成制度化运作，更加稳定、更具可持续性。两会重启商谈的基础可以追溯至2005年4月“胡连会”达成的国共两党“两岸和平发展共同愿景”。2008年国民党重新执政后坚持“共同愿景”的基本路线，建立和增进两岸政治互信，才得以实现两会商谈的重启和制度化。此外，两会之间展开多层次的交流互访，成立两岸经济合作委员会，召开“协议成效与检讨会议”，均有助于促进双方相互了解、有针对性探讨问题并保障协商成果落到实处。与“两会模式1.0”相较，“两会模式2.0”充分体现了“建立互信、搁置争议、求同存异、共创双赢”的精神，其稳定性、连续性和制度性更强。

第二，两岸功能性业务主管部门谈判参与度大幅提升。伴随两岸事务性谈判领域拓展、专业性增强，两岸相关业务主管部门以两会顾问的身份直接参与到谈判中，就协议框架和内容进行全面沟通协商。如在两岸金融合作协议的协商谈判中，中国人民银行、银监会与台湾方面的“金管会”是业务主谈者；两岸共同打击犯罪与司法互助协议，由司法部、公安部与台湾方面的“法务部”对谈；两岸经济合作框架协议（ECFA），则由商务部与台湾“经济部”负责主谈，等等。台湾当局将其概括为“机制对机制”、“官员对官员”。[②] 在两岸业务主管部门完成技术性和事务性的协议文本草案协商后，再由两会展开预备性磋商，最后召开两会领导人会谈正式签署协议。两岸业务主管部门以适当身份参与谈判，丰富了“两会模式2.0”的功能性、专业性和权威性。

第三，政治能量和社会效应更加显著。政治上的互信、经济上的互需、解决问题的导向，共同放大了2008年以来两会会谈的政治能量和社会效应。一方面，两会商谈的成功实践不仅扩大了两岸关系的制度化网络，更具意义的是在其过程中厚植了两岸相互了解与信任，形成两岸关系中“互信——

① 《两岸会谈2.5时代的开始》，台湾《经济日报》2013年4月29日。

② 《赖幸媛吁大陆撤除对台军事部署》，台湾“中央社”2010年9月13日。

制度化”之间的良性循环。另一方面，19 项协议的达成和落实显著降低了两岸货物、服务、人员和资本交流互动的交易成本，极大地推进了两岸交流融合进程，丰富和完善了两岸关系和平发展的内涵。

二、两岸关系和平发展阶段之谈判模式创新

两岸关系和平发展阶段是一个长期复杂的螺旋上升过程，需要克服一系列的差异、难题和矛盾。在影响和推进两岸关系和平发展的诸多因素中，谈判模式创新将会在未来特定阶段发挥重要作用。

（一）模式创新之基本条件

从两岸关系发展史看，在理论上提出的各种谈判构想能否在实践中形成和发展为成熟的模式往往受到各种客观条件的影响。不论是“两会模式 1.0”、“澳门模式”还是“两会模式 2.0”，都有其形成和发展的历史背景及条件。基于两岸关系和平发展阶段的性质和特征，适时推动谈判模式创新符合两岸关系向前发展的内在需求，也具有现实条件的有利支撑。

第一，实力、信心与创新。大陆的实力、信心决定着两岸关系的走向。继 2000 年至 2008 年取得“反台独、反分裂”斗争胜利后，大陆从 2008 年开始逐步确定两岸关系和平发展框架并持续推进之，牢牢把握了两岸关系的主导权。在 2010 年超过日本成为世界第二大经济体后，大陆将在本世纪第二个十年进一步推进对外开放、释放改革红利，实现经济总量翻倍的目标，国际地位势将有一个全新的飞跃。整体实力大幅增强、处理国内外复杂事务信心提升，将有利于大陆在两岸关系上推动包括谈判模式在内的系统性创新。

第二，原则立场上“同”的坚持与扩展。两岸谈判中的模式创立，需要两岸双方共同努力和谋划，其中台湾当局对两岸关系性质持何种原则立场至关重要。马英九连任后多次表示，不论在国内或国外，都不会推动“两个中国”、“一中一台”或“台湾独立”。2013 年 6 月国民党荣誉主席吴伯雄在马英九授权下与习近平总书记会谈，明确提出两岸各自的法律、体制都主张一个中国原则，都用“一个中国架构”来定位两岸关系，而非“国与国”的关系。国民党和马英九当局在坚持“九二共识”和“不独”承诺的基础上，进一步明确主张一中原则和一中框架，这表明两岸在增进维护一个

中国框架的共同认识上迈出新的一步。随着两岸关系和平发展进程的向前推进，两岸不断给予“两岸同属一中”更加清晰、明确的表述和宣示是完全有可能的。只要2016年国民党继续执政，两岸双方对原则立场上“同”的坚持与扩展就不会中断，也就有利于两岸抓住机遇、引领形势，适时推动谈判模式创新。

第三，理性务实管理分歧的态度。两岸之间的特殊历史造成两岸关系发展中的矛盾复杂、难点密布，任何两岸谈判模式都必须考虑到这些矛盾和难点，这就需要有理性务实的态度。从以往两岸谈判的实践看，双方基本照顾到战略性与策略性、原则性与灵活性的平衡，并从中寻找出一套管理争议和分歧的方法、手段。实践证明，在一个中国原则下，两岸谈判可以暂时搁置争议以寻求双赢。即使未来两岸谈判“由易入难”、“由经入政”，只要有理性务实的态度，两岸在“深水区”亦能找到管理分歧、解决矛盾的妥善办法，其中就包括谈判模式的创新。

（二）模式创新之基本精神

两岸全面交流合作格局的形成和发展对两岸关系的“顶层设计”提出了更高要求，谈判模式创新是两岸关系制度化“顶层设计”的重要组成，必须坚持科学性、平衡性、前瞻性及建设性的基本精神。

第一，科学性。两岸关系和平发展有其内在遵循的规律，它受到两岸历史、地理、文化、经济、政治、社会等因素的综合作用，特别需要掌握好节奏、步调。谈判模式创新首先要坚持科学性的原则，即首先要正确地反映两岸关系现实，要体现“海峡两岸同属一个中国”的客观事实，不能造成“两个中国”、“一中一台”。汪道涵曾指出，以什么为基础进行谈判，关系到两岸关系的性质与和平统一的前景。① 其次要根据两岸关系发展的具体实践来把握创新的“面”和“度”，既不能因急功近利而搞超前的“大跃进”，也不能因瞻前顾后的保守心态而错失机遇。

第二，平衡性。两岸在地理、人口、经济、军事、制度等方面悬殊差距大，台湾社会在面对大陆时存在“弱者”心理，近些年来台湾社会出现两

---

① 汪道涵：《两岸对话与谈判是和平解决问题的唯一途径——纪念“汪辜会谈”十周年》，《人民日报》2003年4月26日，第3版。

岸相处之道的“大小关系论”就是其表现。[1] 未来两岸强弱之势继续扩大以及台湾社会怀疑戒备心理长期存在，要求两岸双方必须正视差异、正确看待差异，因此两岸在谈判模式创新上应该处理好“大小关系”，坚持平等互惠的精神，把握好谈判过程中的平衡性，不搞单方面的强加于人。

第三，前瞻性。在两岸关系中，任何一项政策举措必须既有延续历史的纵深，又有掌握未来的前瞻性。正如马英九所言：“两岸关系仍须有新构想、新视野及新动力，方能开创永续的和平及繁荣。”[2] 谈判模式创新的前瞻性表现在：一是在正确把握两岸关系和平发展阶段性过程及特点的基础上，合理设计创新的形式与内容；二是创新不仅要有预警性，能提前反映两岸关系发展的需求，而且要体现规划性，开拓和引领两岸关系发展的方向。

第四，建设性。历史告诉我们，发展两岸关系既需要政治基础和互信，更需要诚意和诚信。谈判模式创新的建设性应体现在，一方面它应有利于扩大两岸共识，巩固既有协商成果，另一方面有利于扩展两岸和平协商格局，推动签署包括科技、文化、教育及政治军事领域的系列协议。

两岸协商谈判关系到两岸关系和平发展的基础工程建设。坚持谈判模式创新的上述原则，目的在保持两岸谈判与两岸关系发展的方向性与协调性，努力确保未来不管谁在台湾执政，两岸关系和平发展的方向及进程不会改变。

（三）模式创新之基本内涵

两岸谈判及其模式发展始终基于两岸关系实践的一般规律，即是一定经济社会需求的反映，谈判模式创新因其超前性而具有较大难度。本文试从形式与内容两个方面进行探析。

第一，形式。5 年多来，“两会模式 2.0”在推进两岸事务性和功能性商谈上发挥了举足轻重的作用，今后巩固和深化两岸关系和平发展的政治、经济、文化、社会基础仍需要进一步丰富和发展该模式。不过要看到，两岸协商从经贸、社会文化等“低政治领域”逐步过渡到政治、军事安全、外交等“高政治领域”是一个历史的趋势，为因应此过程中存在的两岸固有

---

① 马英九曾多次引用《孟子·梁惠王》中的“仁者以大事小、智者以小事大”。

② 马英九接见中国国民党荣誉主席吴伯雄大陆访问团致辞，2013 年 6 月 10 日，参见台“总统府”网站。

矛盾分歧，妥善处理双方的名义、地位以便于进一步推进和深化商谈，两岸谈判的外在形式可以不拘泥于两会框架，应根据两岸谈判的规律及需要进行创新性发展。2012 年 11 月 26 日，王毅在“九二共识”20 周年座谈会上指出，达成共识的方式也可以灵活多样，不拘一格。目前，两岸政学界相继提出一些看法，代表性的建议是适时创设两岸和平发展委员会。2010 年 9 月，台湾大学副校长包宗和提出，可以效仿两岸设立经济合作委员会，成立半官方性质的两岸和平发展委员会研拟两岸和平协议。① 2011 年 4 月，淡江大学中国大陆研究所所长张五岳提出，为因应未来两岸可能的政治对话和协商，台湾方面可以效仿当年“国家统一委员会”的机制，在“总统府”设立两岸和平发展委员会，研拟“两岸和平互动纲领”的可行性。② 前台湾省议会议长、“21 世纪基金会”董事长高育仁亦建议，应早日成立两岸和平发展委员会，推动签署和平协定、建立两岸制度化的和平机制。政治大学国际关系研究中心研究员汤绍成提出，两岸双方将各自以及共同组织“两岸和平发展委员会”，持续发展友好的政治、经贸与文化等各种关系。③ 杨开煌建议台湾方面在“总统府”下设两岸和平发展委员会以作为协调岛内各党派立场、凝聚共识和研议功能性议题的平台。2012 年 3 月由台北论坛基金会董事长、前“国安会秘书长”苏起发起的台北论坛公开发表《政策建言书》，建议在“总统府”下设法制化的两岸和平发展委员会，含纳政党及社会代表，建构台湾内部对发展两岸关系的共识。中华文化发展促进会副会长辛旗进一步建议，为两岸政治谈判创造条件，两岸双方可成立海峡两岸和平发展委员会，由两岸领导人担任主委，由两岸各自管辖区域内的公权力机构组成代表团进行谈判，代表团成员应具有广泛的代表性和公权力，须得到两岸高层的充分授权。④ 全国台湾研究会研究员刘建青提出，两岸有必要共同设立双主席制的两岸和平发展委员会，由两岸政治领导人担任共同主席，以规避两岸目前在主权问题上的结构性矛盾，实现两岸领导人的定期会面；在该委员会下可设经济、外交、军事、文化、社会等数个分委会，共同研究处理和解决两岸关系发展中的问题。

上述创见基本上体现了模式创新的基本精神，值得两岸双方进一步认真

---

① 参见“学者促设两岸和平发展委员会”，台湾《联合报》2010 年 9 月 3 日。

② 参见“学者倡议两岸和平发展委员会”，台湾《中央日报》网络版 2011 年 4 月 19 日。

③ 汤绍成:《当前两岸和平机制建立的思考》，香港《中国评论》2013 年第 2 期，第 27 页。

④ 辛旗:《两岸和发会，领导人任主委》，台湾《中国时报》2012 年 5 月 5 日。

思考。笔者认为，两岸谈判模式创新关系到两岸事务的决策、授权与执行问题，未来两岸政治谈判架构顶层设计至少应考虑到以下三点。一是具有更高代表性，即应在规格和授权上要高于两会模式。二是双向性，即两岸各自乃至共同组织成立谈判架构，不仅用于凝聚内部共识，而且是双方对话谈判的平台。三是名称使用弹性，既可使用两岸和平发展委员会，亦可由双方提出不同但能为对方接受的名称。

第二，内容。一般而言，谈判的形式从根本上是为谈判内容服务的。两岸谈判内容分为以经贸文教为主的“易”的部分和以政治军事为主的“难”的部分，二者之间是一种循序发展的递进关系。马英九执政以来处理两岸关系遵循的是“先急后缓、先易后难、先经后政”的原则，这说明其并未完全放弃解决“难”和“政”的问题，两岸政治关系正常化、制度化是迟早要解决的。马英九曾表示，两岸签署 ECFA 后进一步完成服务贸易协议和货物贸易协议，将为两岸关系带来重要的结构性改变，象征建立两岸经贸关系的基本法。[①] 照此逻辑，“两岸经贸关系基本法”是由若干个协议分阶段、分步骤达成，那么，两岸政治关系的正常化、制度化甚至形成一个基本法，也可以通过两岸对话协商来分阶段、分步骤实现。不同的是，“两岸经贸关系基本法”由两会谈判模式完成，“两岸政治关系基本法”的达成很可能需要两岸创设新的谈判架构。

未来两岸谈判模式的创新或两岸政治谈判新架构的建立，核心是在两岸从搁置争议过渡到面对争议阶段时，努力去处理和解决两岸关系中的结构性难题。具体包括：政治上，探讨国家尚未统一特殊情况下的两岸政治关系并对此作出合情合理安排；军事上，商谈建立两岸军事安全互信机制；对外关系上，妥善解决台湾参与国际组织活动问题；以及协商达成两岸和平协议。这一过程无疑牵涉到复杂的历史、法理和政策因素，因此，即使在新的谈判模式下，两岸双方亦要审慎处理，逐步积累进步成果，严防造成两岸关系后退。

三、结论

两岸关系和平发展阶段的性质及定位是建立和发展两岸谈判模式的前

---

① 马英九接见中国国民党荣誉主席吴伯雄大陆访问团致辞，2013 年 6 月 10 日，参见台“总统府”网站。

提，模式创新理应立足于两岸关系的性质和前途，应是在对历史经验和现实状况准确把握基础上的统筹规划与科学设计，不能凭空设想，更不能脱离实际。在谈判模式创新过程中，两岸双方有必要继续坚持求同存异、聚同化异的精神，继续发挥和展现开辟未来的政治决断和务实处理复杂事务的政治智慧，为解决两岸症结性问题逐步创造条件。

论持续推进两岸交流合作的路径依赖和制度创新

厦门大学台湾研究院　李　鹏

2008年以来，在两岸同胞的共同努力下，两岸已经初步形成了"人员往来更为密切、同胞感情更加融洽、合作领域更加广泛、经济联系更加紧密、文化纽带更加坚韧、共同利益更加广泛"的全方位交流合作新格局。经过四年多和平发展的开创和实践后，两岸关系进入了和平发展的巩固深化的新阶段，两岸交流合作也面临新的形势。在2012年11月召开的中共十八大报告中，明确提出"要持续推进两岸交流合作。深化经济合作，厚植共同利益。扩大文化交流，增强民族认同。密切人民往来，融洽同胞感情。促进平等协商，加强制度建设"。① 今年2月19日，中共中央政治局常委俞正声出席2013年对台工作会议时也强调，要进一步促进两岸人员往来，深化文化教育等各领域交流，扩大两岸基层交流。要着力提高两岸交流的质量和效益，积极推进制度化建设。② 笔者认为，巩固深化新阶段的两岸交流合作要想全面持续推进，要想进一步实现交流合作的制度化，必须要平衡和处理好路径依赖和制度创新的关系。

一、当前两岸交流合作面临的机遇与挑战

经过四年多的两岸大交流、大合作、大发展，两岸在经济、社会、文化等领域全方位交流合作的局面已经形成，为今后继续深化两岸交流积累了宝贵的经验。当前两岸关系处在六十多年来的最好时期，在和平发展巩固深化

① 《胡锦涛强调：丰富"一国两制"实践和推进祖国统一》，新华社北京2012年11月8日电。

② 俞正声出席2013年对台工作会议并作重要讲话，新华网北京2013年2月19日电。

的新阶段，两岸大交流也面临新的机遇和挑战。

首先，两岸关系经受住了台湾选举和岛内民意的考验。马英九能够获得连任，“九二共识”在选举的最后关头成为选战的焦点议题，在某种程度上意味着两岸关系和平发展得到台湾多数民意的支持，大陆对台惠民政策取得了一定的效果，也说明过去几年推动的两岸大交流符合两岸关系发展的规律和趋势。现在越来越多的台湾民众得益于两岸交流，越来越多的民众习惯于两岸大交流，越来越多民众仰赖于两岸大交流，台湾民意的客观需求成为两岸大交流持续不断的原动力。

其次，两岸关系依然是马英九当局的最主要政绩和追求“历史定位”必须要考虑的重要方面之一。马英九连任后曾多次表示他没有连任的压力，但是有历史评价的压力。目前，马英九当局在岛内施政遇到相当的困难和压力，他自己所声称的各种“改革”举步维艰，民意支持度持续低迷，对其试图通过改革岛内政经、司法制度来奠定“历史定位”带来困难。马英九要想有“历史定位”，必须从两岸关系领域找出路，要在大陆政策方面有新的突破。而两岸大交流的持续推进，有利于形成对马英九当局突破两岸关系症结性问题的民意基础。

再次，两岸关系越来越成为民进党寻求重新执政的“罩门”和不得不正视的问题。2012 年的台湾地区领导人选举中，由于蔡英文未能对民进党的两岸政策进行实质性调整，未能获得民众的认同。败选之后，民进党内出现了新一轮要求检讨两岸政策的声音。在各种压力之下，民进党对待大陆的政策态度发生了某些变化，民进党恢复了“中国事务部”，党内某些政治人物如萧美琴、林佳龙、谢长廷等先后“登陆”，表明民进党已经意识到两岸大交流已经是势不可挡。

最后，美国希望两岸关系能够保持当前这种和平发展的稳定状态，不希望看到台海局势的恶化。美国对两岸关系过去四年的发展虽然有某些疑虑，但总体上来说还是持正面和肯定的看法，特别是对两岸在经贸文化等领域持续扩大的交流，美国不断表达“乐见”的立场。马英九连任后，为了加强与美国的沟通，化解美国对两岸关系发展的疑虑，派出心腹金傅聪担任驻美代表，如果进行顺畅，客观上能够为两岸交流合作创造良好的外部条件。

由此可见，两岸关系和平发展的宏观环境整体上是良好的，两岸持续开展大交流的条件是具备的，两岸都应该抓住这个难得的机遇，将两岸大交流推到一个新的高度。但是，在看到两岸大交流面临不少机遇的同时，我们要清醒地认识到，2012年两岸交流过程中暴露出的某些深层次问题也值得重视。比如某些绿营学者将过去几年的大交流形容为“表面热络，实际分歧”，以吹毛求疵的态度不断渲染和放大两岸交流过程中的某些问题，企图让台湾民众质疑大陆推动两岸大交流的“政治企图”，让大陆民众怀疑两岸大交流的成果。同时，我们也应该看到，两岸交流合作的制度化水平还不够高，两岸交流合作中的广度与深度、官方与民间、主动与被动的关系处理尚有很大的改进空间，这些都要求我们在两岸关系和平发展的巩固深化新阶段，要不断总结经验，在路径依赖的同时不断进行制度创新，寻求两岸交流合作规模、形式和内容的新突破。

二、路径依赖与持续推进两岸交流合作

路径依赖理论是新制度经济学家诺斯将对人类技术演进过程中的自我强化现象的论证推广到制度变迁方面的新解释。路径依赖类似于物理学中的惯性，事物一旦进入某一路径，就可能对这种路径产生依赖。诺斯认为，制度变迁过程与技术变迁过程一样，存在着报酬递增和自我强化的机制。这种机制使制度变迁一旦走上某一路径，它的既定方向会在以后的发展中得到自我强化。人们过去做出的选择决定了他们现在可能的选择。而沿着既定的路径，经济和政治制度的变化可能进入良性循环的轨道，迅速优化；也可能顺着原来错误的路径往下滑，甚至被锁定在某种无效率的状态下而导致停滞。一旦进入了锁定状态，要突破这种状态就会变得十分困难。① 如果将路径依赖理论用来解释两岸交流合作的制度化进程，就可以发现，无论是在两岸关系发展的困难时期，还是在两岸关系进入和平发展的新时期，两岸交流合作的实质性制度变迁相对缓慢，存在某种程度的路径依赖特征。

从某种意义上说，两岸关系的和平发展的过程，就是两岸关系不断实现制度化，最终形成两岸都能够接受的制度性安排的过程。两岸经过近三十年的交流合作，两岸关系制度化的需求越来越迫切、越来越强烈，涉及的领域也越来越多，制度化的条件越来越成熟。双方从上个世纪九十年代就开始尝试和建立了一些交往和沟通制度，两岸关系制度化也在此过程中不断发展。

---

① 道格拉斯·诺斯著：《制度、制度变迁与经济绩效》（刘守英译），三联书店1994年版，第11-15页。

台湾的邵宗海教授总结出两岸互动的机制有“密使机制”、“民间对民间机制”、“民间对官方机制”①、“两会协商机制”等四种，这其中邵教授承认“密使机制”是“有无协议多半难有文件上的证明”，“民间对官方机制”在两岸互动历史上只有“唯一也是最后一次”。② 笔者认为，这两种机制仅仅只是一种偶尔或临时性的尝试，远未达到制度化的程度，不能作为两岸关系制度化的具体表现。综合来看，两岸关系过去二十年发展出来成型的制度化途径和成果主要有“民间对民间机制”、“两会协商机制”、“党对党沟通平台机制”等三种，这几种制度化的方式在两岸关系交流合作中都发挥了重要作用，取得了一定的成果；但两岸要想持续推进交流合作，就必须不断促使上述制度不断优化，进入稳中有进的良性循环轨道，同时要尽力避免因循守旧，从而进入对既有制度的“锁定依赖”状态。目前两岸交流合作中出现的需要重视的路径依赖至少包括以下几个方面。

第一，两岸交流合作思维的路径依赖。

两岸在1987年正式开展交流合作之前，长期处于军事对峙和政治对立的状态，即便在两岸开始交流交往之后，由于受到李登辉和陈水扁时期两岸关系恶化的影响，双方对对方都有一些负面的宣传甚至是妖魔化的描述，使对方的民众产生了某些带有明显偏见的思维定势。两岸交流交往在很大程度上有助于增进了解、促进理解，但长期形成的偏见和疑虑依然难以在短时间内完全消除，从而产生某种思维和心态上的路径依赖，这也反映在当前两岸的交流合作中。尤其是对台湾方面来说，在两岸交流合作中担心“被统战”、“被并吞”的思维定势相对明显，经常会从“阴谋论”的角度看待两岸某些交流活动，对这些活动的政治动机表示质疑。不仅台湾当局在考虑两岸交流的政策时存在上述心态，普通民众特别是没有来过大陆或与大陆交流过的台湾民众此类心态更为明显。

第二，两岸交流协商机构的路径依赖。

当前两岸交流合作的协商机构是海协会和海基会。两会虽然都以民间身份出现，但却是经过官方正式授权从事两岸交流、联系和协商谈判的机构。两会协商模式在当前两岸交流合作中发挥着核心作用。无论是上个世纪九十

---

① 邵宗海将1991年11月时任国台办副主任唐树备与海基会董事长陈长文的会面定位为“民间对官方”，与国台办的理解有所出入，国台办强调唐树备是“以个人名义”与陈长文进行商谈，见国务院台湾事务办公室网站，http：//www. gwytb. gov. cn/lasht/lasht0. asp? last _ m _ id =101.

② 邵宗海：《两岸关系》，台北：五南图书出版股份有限公司2006年版，第279－280页。

年代初两会在新加坡举行的“汪辜会谈”，还是在马英九上台后，两会恢复并进行了八次协商，签署了十八项协议，都说明两会是当前两岸协商的最主要路径。两会的这种功能如果从路径依赖的角度来说，既有积极的方面，也面临着一些挑战。从积极的方面来说，两会模式使得两岸的制度化协商成为可能，而且在两会架构下，又发展出两岸经济合作委员会等新的模式，可以确保两岸关系持续发展。但从另一方面讲，如果过度依赖两会机制，可能会使得两岸在某些领域的制度创新难以实现。两岸两会是在特殊历史背景下的产物，当时的两岸关系形势与今天已经发生了很大变化，在继续优化两会模式的同时，也应该思考创新出新的两岸交流机构和模式，避免对两会机制的“锁定性”路径依赖。

第三，两岸交流合作形式的路径依赖。

两岸交流合作从一开始就是民间自发进行的，特别是在台湾当局为两岸交流设置种种障碍的情况下，两岸交流能够突破重重障碍，不断往前推进，一个重要的原因就是交流形式多样。在两岸进入大交流、大合作、大发展的新时期后，两岸交流形式更是百花齐放，有官方组织和主导的大型交流活动，如“海峡论坛”、“两岸经贸文化论坛”等，也有民间的学术交流活动，如“两岸一甲子”学术研讨会、“台北会谈”研讨会等，也有各行业协会、基层组织举办和进行的交流活动等等。整体上看，过去几年的两岸交流活动基本上延伸到两岸交流交往的方方面面，已经具有相当的广度，但如果仅仅只是在这方面产生路径依赖，则难以在交流深度和交流质量上进行提升。两岸交流合作形式的路径依赖除了巩固既有的交流广度外，更要持续优化和改善带有深度的交流形式，只有这样才能够真正提高两岸交流的质量和效益。

第四，两岸交流合作次序的路径依赖。

两岸当前的交流合作是一种全方位的交流合作，涉及政治、经济、社会、文化等各个领域。从两岸交流的历史来看，这些领域的交流合作的确存在着先后顺序，两岸人员往来、社会、教育、文化等各领域交流的热络，是两岸经济领域的频繁和深入交流所带动的。2008 年两岸关系改善之后，两岸确立了“先经后政、先易后难、循序渐进”的协商路径。但这种路径应该是一种动态的过程，而非静态的次序。两岸在经济合作已经基本实现制度化和正常化后，理应开始在文化、社会甚至是政治领域的对话协商。大陆也为此提出了商签文化教育协议，探讨国家尚未统一特殊情况下发展政治关系的建议，可以理解为希望能够动态优化“先经后政”的路径，避免出现

“只经不政”、“政经脱节”的停滞性路径依赖。

三、全面推进两岸交流合作的制度创新

为了避免路径依赖的负面效应，制度创新就成为必然选择。两岸关系和平发展就是一个制度不断创新的过程，两岸关系发展的关键就在于制度的发展和创新。制度创新是源于两岸交流交往的强大需求，是建立在对增进共同利益的认知和化解利益分歧的需求基础上的。两岸关系经过过去几年的长足发展，各项交流日益增多和人员往来日趋密切，各种政治性、经济性、事务性问题层出不穷，随着两岸制度化的协商谈判的深入，两岸关系的制度创新亦是大势所趋。虽然两会已经达成十六项协议，涉及诸多领域，但与两岸民间交流交往的庞大领域相比，所能够解决的问题还非常有限，只有通过制度创新，才能够有机会突破制约两岸民间交流交往的制度瓶颈，真正巩固两岸关系可持续发展的经济、社会、文化基础。早在2000年，厦门大学台湾研究院刘国深教授就注意到，“尽管两岸两会在共同建立两岸交流交往游戏规则方面达成了一些协议，但是就在这些协议的谈判过程中，两岸两会这种‘民间性’制度创新模式严重的局限性已展露无遗。两岸制度创新仍停留在消极被动的‘头痛医头、脚痛医脚’的低层次上，这种有限的‘制度创新模式’不能完全满足两岸人民对发展两岸关系的要求”。[①] 刘国深提出，“两岸制度创新，无论从民间社会的实际需求，还是从现有创新模式面临的困境来看，一再表明已不可能继续孤立地在所谓的‘民间性、事务性、经济性、功能性’议题上原地打转了，两岸必须尽快展开政治性的对话，以为两岸全方位制度创新奠定基础”。[②] 刘国深教授的上述看法对当前两岸关系和平发展巩固深化阶段的制度化建设仍然有一定的现实意义。

两岸关系持续交流合作的制度创新可以从三个层次来分析，第一个层次是次序路径的创新，侧重于不同领域制度化次序的探讨，即如何突破当前仅存在于经济领域制度化，创新出社会、政治、军事安全领域的制度化、路径。第二个层次是制度化内容创新，侧重于具体领域制度化的内容设计，即通过什么样的方式来达成两岸在经济、社会、政治、安全领域的制度创新目

① 刘国深：《两岸关系不稳定态与制度创新》，《台湾研究集刊》2000年第3期，第4页。

② 刘国深：《两岸关系不稳定态与制度创新》，《台湾研究集刊》2000年第3期，第6页。

标。第三个层次是程序路径，侧重技术程序面的创新，即通过什么样的步骤来实现两岸在某一领域乃至整个两岸关系的制度创新。

虽然在两岸关系制度化从经济领域开始这一点上，学者们的意见比较一致，但对于下一步该延伸到哪个领域、从哪个层面、哪个角度、什么时候开始其他领域的制度创新，学者们的看法虽然不尽相同，但却都提出了不少带有制度创新特征的观点。刘国深教授主张从两岸共同事务着手，将共同事务分为“面对面的共同事务”、“背对背的共同事务”、“肩并肩的共同事务”，迄今两岸的合作主要是处理两岸交流交往中产生的各种问题的面对面类型，今后将会扩及“背对背”和“肩并肩”类型。双方可以考虑成立“两岸共同事务委员会”，共同策划、协调、控制和监督两岸共同事务的合作问题。[①] 两岸共同事务委员会的设想就是一种制度创新。台湾学者张亚中则从“两岸财”的角度进行思考，将“两岸财”分为“私有财”、“协调财”、“共同财”和“纯公共财”四个部分，两岸可以在各种“财”内进行统合，如先成立“两岸农业共同体”、“两岸社会安全共同体”、“两岸南海共同体”，并在此基础上谋求建立“两岸共同体”。[②] 张教授的设计也是从经济、民间和两岸共同事务出发，来思考两岸关系制度创新的路径。

笔者认为，经济领域的制度化最先外溢到什么领域，就应该从什么领域着手进行制度创新，从两岸关系发展的历史和现实来看，制度化的领域路径应该是，从两岸经济合作制度化，到两岸社会文化制度化，再到两岸政治安全制度化，最终实现两岸关系和平发展整体框架的制度创新。但是在经济、社会、政治等领域制度化的先后次序并不是绝对的，并非一定要等前一个领域的制度化完成后才开启后一个领域的制度化，它们之间其实是有交叉重叠的，在某些时候是可以同时进行的。如两岸经济合作制度化可以与两岸社会文化制度化同时进行，而当经济与社会领域的制度化进行到一定程度后，两岸政治安全领域的制度化也可以启动。由此可见，两岸在签署经济合作框架协议，成立两岸经济合作委员会之后，完全可以从社会、文化等领域着手开展制度创新。

对于经济、社会、政治领域制度化的内容路径，不同的领域有不同的方式选择。两岸经济合作要想进一步发展，同样必须在制度创新上做文章。从

---

① 刘国深：《试论和平发展背景下的两岸共同治理》，《台湾研究集刊》2009 年第 4 期，第 6 页。
② 张亚中：《两岸统合论》，台北：生智文化事业有限公司 2000 年版，第 277 页。

理论上说，制度性经济一体化的组织形式包括自由贸易区、关税同盟、共同市场和经济联盟等形式。按照萧万长的“共同市场”构想，两岸共同市场是一个中长程的目标，也是一个一步一步推进的过程，可以分三阶段：第一阶段先解决“三通”直航，推动两岸经贸关系正常化；第二阶段两岸需要建立经常性的协商平台，就关税减让、给予进入对方市场更便利的条件、进一步推动各种制度和政策配套等问题进行协调，并订立类似 CEPA 和 FTA 的“过渡协定”；第三阶段则是全方位的经济统合工作，包括关税同盟、货币同盟等，以实现“两岸共同市场”的目标。① 唐永红也认为，当前两岸在经济相互依存性、经济市场规模、经济技术发展水平、经贸政策可协调性等经济层面，已初步具备进行一定程度与形式的经济一体化安排，只要两岸具备经贸关系正常化的前提，两岸经济体当前宜从内容广泛的新型自由贸易区形式着手，进而迈向关税同盟、共同市场、经济与货币联盟更为高级的一体化形式。② 由此可见，两岸经济领域的制度创新还有很长的路要走。对于两岸民间社会的制度创新路径，两岸的一些部门和学者也提出了一些创新性的构想。大陆提出两岸可以协商签订“教育文化交流协议”，福建省提出了建立“两岸人民交流合作先行区”的构想，有的学者提出了“金厦特区”或“金厦生活圈”的概念，这些从区域角度思考两岸社会一体化的设想，随着两岸关系的发展，极有可能推及到两岸整个社会文化领域。

至于两岸政治安全领域的制度创新，两岸公权力部门和学者都提出了一些设想。2004 年，连战在竞选过程中提出“建立两岸关系正式稳定架构”的构想，希望在“九二共识”基础上，透过逐步协商，签订一个包括“和平协议”在内的综合性“两岸协议”，进而建立各种交流平台，包括进行领导人互访和会晤，政府各部门之间相互对话，并互派代表，使两岸关系正常化。③ 胡锦涛总书记在 2008 年 12 月 31 日的讲话中，提出两岸可以探讨结束敌对状态、建立军事互信机制、达成和平协议、建立两岸关系和平发展架构等立场。在学界方面，台湾海基会前副董事长兼秘书长邱进益、台湾大学张亚中教授也都分别提出了“海峡两岸和平合作协议”与“两岸和平发展基

① 萧万长：《一加一大于二：迈向两岸共同市场之路》，台北：天下远见出版股份有限公司 2005 年版，第 166－167 页。

② 唐永红：《当前两岸制度性经济一体化的经济可行性考察》，《台湾研究集刊》2007 年第 1 期，第 88 页。

③ 连战：《改变，才有希望》，台北：天下远见出版股份有限公司 2004 年版，第 243－244 页。

础协定”的草案，就两岸政治安全关系的制度化建设提出了他们的看法。美国学者李侃如等也提出过“中程协议”等解决两岸政治僵局的设想。最近一段时间，两岸都有一些学者提出建立“两岸和平发展委员会”的构想，其实都有制度创新的典型特征。在今年的对台工作会议上，大陆首次明确提出“要鼓励两岸学术界从民间角度就解决两岸政治问题开展对话”，从某种意义上讲就是在两岸公权力机关进行政治协商谈判时机尚不成熟情况下的一种制度创新的尝试。

综上所述，两岸学界在过去二十多年的时间里，已经就促进两岸交流合作提出了很多制度创新的观点，这些观点都是建立在学者们对两岸关系制度创新深入思考和研究基础之上的。在当前两岸关系新形势下，可以就上述创新观点进行梳理，深入讨论，最终找到能够全面和持续推进两岸交流合作的制度化创新路径。

论转型正义与两岸关系和平发展的深化

中国社会科学院台湾研究所　刘国奋

相较于民进党主政时期，2008 年以来两岸关系的确发生了重大转折。过去五年来两岸关系进展较快，但两岸关系和平发展如何巩固并深化却也遇到一定的瓶颈，这一状况的出现其实是两岸关系转型正义未能最终完成所致。两岸关系转型正义事关两岸关系和平发展的深化，关系到有效、长效的两岸互动机制的建立，更涉及两岸民众切身利益与中华民族根本利益的维护。本文围绕两岸关系转型正义的内容、历史与现实和内部与外部的需求与压力、完成两岸关系转型正义对两岸三党的要求及其相关路径与方法等问题展开初步探讨。

一、两岸关系转型正义及其需求与压力

众所周知，1949 年以来两岸长期处于分离状态，由于冷战和隔绝等因素，两岸双方都有对对方不利的宣传。1979 年全国人大常委会发表《告台湾同胞书》呼吁两岸“三通”，两岸老死不相往来的局面有所打破，特别是 1987 年台湾开放民众赴大陆探亲政策，两岸经贸人员往来增多，两岸民众的相互了解逐渐增加。但遗憾的是，上世纪 90 年代后随着台湾“民主化”和“本土化”的推进，台湾越来越向“独立”的方向发展。尤其是在李登辉主政中后期和陈水扁主政时期所进行的全面的“去中国化”，及其对两岸关系作出错误的定位，即所谓的“两国论”和“一边一国论”，不仅给台湾民众的中国认同观造成极为负面的影响，而且也毒化了两岸关系。2008 年 5 月国民党在台湾重新执政后，回归“九二共识”、反对“台独”的政治立场，两岸关系得到一定程度的拨乱反正。本文将“两岸关系拨乱反正”称

之为“两岸关系转型正义”，并就此问题展开进一步的探讨。

在两岸的共同努力下，五年多来两岸关系和平发展已进入到“深水区”。然而，我们也注意到，两岸关系和平发展至今，两岸的政治僵局仍未破解，两岸的经济互利失衡，两岸政治经济发展不平衡，两岸交流交往不全面深入，所有这一切其实与两岸关系转型正义未实现有关。所谓“两岸关系转型正义”，大致有三个方面的内容：1. 政治上，两岸互不敌对；2. 经济上，两岸互利互惠；3. 目标上，要有共同的处理两岸关系发展的长远目标追求。时至今日，两岸在这些问题上还存在较大的矛盾与分歧，表明两岸关系转型正义远未实现。两岸关系转型正义的实现需要两岸政界和两岸社会各界共同努力，探讨两岸关系转型中存在的问题及原因，寻找消除存在问题的方法与路径，共同倡导两岸关系转型正义以推动两岸关系和平发展的深化。

（一）两岸关系转型正义的历史与现实需求

谈到两岸关系转型正义的历史需求，我们不免会想到先人们对中国前途与命运的担忧和期待，有人可能会以“老生常谈”而作如此评论。但事实是，大陆领导人和广大民众追求两岸统一的确是出于对国家和民族的历史责任感。这一祖国统一的目标其实与孙中山的三民主义统一中国有共通之处。然而，至今两岸仍处于猜忌、敌对甚至仇视的状态，这不利于两岸关系和平发展进程的推进，更不利于两岸民众的整体利益和中华民族的根本利益的维护。中华民族一百多年被欺负的历史铸就了中国人民的国家强盛、民族复兴的梦想，历史重任已经摆在两岸中国人民的面前。两岸人民分离了60多年，又饱受外力的干扰，两岸合则利于两岸，分则损于两岸。

从现实需求上讲，现今两岸关系和平发展的局面来之不易，而两岸关系转型正义的实现是深化两岸关系和平发展的需要，如何使已进入深水区的两岸关系和平发展行稳致远，必须从政治、经济、文化、社会等全方位加以考虑与推进。两岸关系和平发展到今天，两岸政治性分歧问题难以回避，如果两岸关系转型正义不完成，两岸就不能很有效地触碰到所面临的政治性问题，更遑论问题的解决。

（二）两岸关系转型正义的内外动力与压力

首先，两岸关系转型正义的完成具有内在的动力与压力。五年多来，两岸民众在交流交往中获益较多，台湾支持两岸关系和平发展的比例也在增加，有进一步扩大和深化两岸关系和平发展的需求。但另一方面，台湾民众对两岸关系也存在不少的矛盾心理，如既“承认自己对大陆的了解很不够”，但又“对大陆没有兴趣”；既“承认大陆对台湾的发展很重要”，同时又“对大陆的影响力很担心”；既希望在两岸交流交往中获利，又担心过度依赖大陆等等。[①] 台湾民众有如此多的矛盾心理表明，两岸关系转型正义必须提到目前的两岸议事日程上。

其次，两岸关系转型正义的实现具有外在的压力。近两年来，美国的全球战略出现新的调整，试图通过“重返亚洲”，构建以美国为主导的亚太权力结构。为此，美国从政治、经济、军事等方面在亚太地区展开新的部署。在策略手法上，美国采取了冷战时期老一套的分化、对抗策略，如在钓鱼岛争端问题上若明若暗地支持日本，加大了中、日在钓鱼岛问题上的纷争；在南海问题上煽风点火，扩大东南亚国家和中国大陆之间的矛盾斗争，这些不仅给亚洲地区投入变数，也给两岸关系带来某些不利影响。事实表明，无论在钓鱼岛问题上，还是在南海问题上，两岸都面临共同合作、维护国家主权领土完整的外部压力。然而遗憾的是，由于马英九当局对大陆方面的不信任，致使两岸在前述问题上不能展开有效合作，反而让外人渔翁得利、使两岸共同利益受损。由此我们也必须认识到，两岸极需要通过完成两岸关系转型正义达到共同合作维护中国的主权与领土完整的目的。

二、两岸关系转型正义对两岸三党的要求

两岸关系转型正义涉及两岸民众对彼此的看法与情感，但两岸关系转型正义的实现更与两岸三个主要政党的立场态度有关。从两岸民众整体利益和中华民族根本利益考虑，实现两岸关系转型正义是两岸三个主要政党义不容辞的责任。

（一）两岸关系转型正义对中国共产党的要求

过去五年多来，支持两岸关系和平发展的台湾民众逐渐增多，但这并没有使台湾民众有效转化为自己是“中国人”的身份认同，反而认为自己是

---

① 《两岸关系7个社会心理矛盾》，台湾《中央日报网络报》2013年8月8日。

"台湾人"的身份认同得到了某种程度的强化，据台湾相关民调显示，马英九执政五年的"台湾人认同"指数增加比陈水扁时期要快得多。[①] 在台湾主张"台独"者无罪，提倡统一者却难被容忍，例如花莲县政府民政处长周杰民2013年6月间因说了"两岸统一是必然的"的话语而丢了官职，县长傅崐萁还向县议会及大众"致歉"。[②] 面对台湾这样的情况，对于主张两岸统一的中国共产党不能不说是一大挑战。为此，中国共产党不能气馁，必须做到：一要继续坚定不移地追求两岸统一的目标，不让"台独"分子有任何幻想；二要有更大的耐心，相信时间在大陆这一边、在中华民族整体利益这一边；三要有灵活务实的对台政策策略，做好统筹安排。

习近平总书记提出中国梦，其反映在对台政策的目标上是追求两岸的统一，两岸如果不统一，中国梦就不能完整实现。中共对两岸统一的目标方向明确，但手段要灵活，措施要务实。由于大陆日益强大，台湾民众总有忌惮心理，因此，在当前对台工作方面，中共要放下身段，多倾听台湾民众的声音，对其合情合理合法的要求要照顾到。在高举祖国统一大旗、牢牢把握两岸关系发展方向的同时，要广开言路，脚踏实地，持续推动两岸政治、经济、文化和社会等方面的交流交往，积极主导并促使两岸关系转型正义早日完成。

（二）两岸关系转型正义对中国国民党的要求

国民党要坚持"九二共识"和"两岸同属一中"的政治立场，担负起促进中国统一的历史责任。很遗憾，国民党在台湾民主化和"本土化"过程中已经失去了统一中国的目标。马英九的"不统、不独、不武"的政策有助于改善因陈水扁主政而恶化了的两岸关系，它在短期内有利于两岸关系的改善与稳定，但从长期看不利两岸关系和平发展的扩大与深化，反而在某种程度上成为两岸关系和平发展深化的阻力。国民党支持台湾"民主化"值得肯定，但不能没有正确的方向感，更不能被"台独"分子牵着鼻子走。为了实现两岸关系转型正义，国民党要有更积极的作为，做出自己应有的贡献。

---

① 《童振源对卜睿哲专书〈未知的海峡〉的评论》，台湾《中央网路报》，http：//www.cdnews.com.tw，2013－04－10。

② 《统一论掀波　花县民政处长下台》，台湾《中时电子报》2013年6月29日。

国民党要坚持以两岸的中华民族利益为先，不能仅看美国的眼色行事。马英九的“不统、不独、不武”政策也符合美国对两岸的政策要求。国民党必须考虑清楚：在中华民族利益和美国利益之间孰轻孰重、孰先孰后？我们时常发现这么一个怪现象，台湾在大陆利益和美国利益之间做选择时往往会选择后者，而忘记了在中华民族整体利益问题上自己的利益其实与大陆的利益是一致的、是捆绑在一起的，这在钓鱼岛问题和南海问题上就表现得十分明显。例如2013年5月台湾举行“政经兵棋推演”，模拟中国大陆为争夺钓鱼岛主权、不惜和日本开战的紧急状况，马英九当局因被美、日要求选边站，最后竟然加入美日联盟而对抗中国大陆和俄罗斯。发生这种情况，似乎比民进党执政时的“兵推”还更为荒腔走板，不能不令人担忧。因此，面对台湾这样的现况，国民党应有更广的胸襟、更远的眼光来推动两岸关系和平发展，决不能因一党或台湾一隅之利而牺牲中国的全局利益。

（三）两岸关系转型正义对台湾民进党的要求

从目前两岸关系和平发展情况看，做一个理性、负责任的政党对民进党十分重要。

理性的政党不是一味地为反对而反对。民进党自成立迄今，反对党的角色扮演得过头，采取“凡之国民党赞成的民进党就反对、凡之国民党反对的民进党就赞成”的非理性做法，如既反对“九二共识”，称其为“国共共识”而非“台湾共识”，也反对扩大两岸交流交往，称大陆“有政治目的”、台湾会被大陆“套牢”等等。某些民进党人士虽同意与大陆交往，但其目的还是想利用“和中国发展全面性的特殊关系，积极壮大自己”，进而“降低对中国的依赖”。① 这种非理性的反对立场会让民进党自己付出代价，最终因其与台湾民众的需求不符合与两岸关系和平发展脱节而不可避免地“被边缘化”。

负责任的政党并不会将民主诉求与国家分裂混为一谈。在民进党成立之时主张所谓“住民自决”，到后来推出“台独党纲”、“台湾前途决议文”，伴随着民进党在台湾推动民主化，其“台独”主张越来越由隐讳走向显性。直至民进党上台，陈水扁于2002年8月初抛出所谓“一边一国论”，民进

① 《台北、金门和北京学者座谈：两岸的挑战》，香港《中国评论》2013年6月8日，http：//www. chinareviewnews. com，2013－06－08 00：47：36.

党从李登辉手中接过“台湾主体意识”的接力棒，以“公投制宪”等方式，试图在“台湾民主化与本土化”的幌子下行“台湾独立”之实。这种企图以“民主方式”达到分裂中国的目的的做法不是一个负责任的政党该有的行为。

民进党必须从自己的小算盘中走出来，抛弃“台独”诉求，站高望远，做一个对中华民族历史负责的政党。民进党必须首先实现自身的政治转型，这是两岸关系转型正义中非常关键的一环。如果民进党够觉悟，则可以选择“主动转型”，即放弃“台独”幻想，承认“九二共识”，在此基础上与大陆建立起“两岸同属一中”的共识；积极支持并参与两岸各界、各领域的交流交往活动，而不是动辄给对方抹黑、拖两岸关系发展的后腿。倘若民进党不能实现“主动转型”，则两岸关系转型正义实现的时日就会被拖长，如果这种情况出现，则只有等待两岸民众给予压力，倒逼其转型。不过这种“被动转型”将会使民进党的发展受到影响，其执政的可能性降低。

民进党必须尽早认清两岸关系和平发展大势，认识到“台独”目标不切实际，与大陆对抗不利于民进党，也不利于台湾发展。民进党必须承认“九二共识”和“两岸同属一中”，融入到中华民族复兴的潮流中才是其真正的出路所在。

三、完成转型正义、深化两岸关系和平发展的路径与方法

从现阶段情况看，完成两岸关系转型正义是深化两岸关系和平发展必不可少的一环，两岸关系转型正义不落实，两岸关系和平发展就难以得到深化与扩大。笔者以为，两岸关系转型正义的完成可以从以下四个方面着手进行。

（一）树立“两岸同属一中”的观念，开启解决两岸根本分歧的钥匙

一个中国问题是两岸绕不开的根本问题，目前两岸关系所有问题的症结都根源于此。在一个中国问题上，大陆方面已一再做出了调整，如从“老三段论”到“新三段论”，从“一个中国原则”到“一个中国框架”，再到“两岸同属一中”。目前对一个中国问题的主要纠结在台湾方面，为解决这

一问题，台湾必须从以下三方面进行拨乱反正：

一是停止以“民粹式”地宣传“台湾为主”、“台湾优先”论，以事实为基础建构合则两利、互惠互利的思维方式。在两岸关系中，片面提倡以一方“优先”、“为主”的想法，都是不考虑对方的感受与利益的做法。因此，这种“民粹式”的“台湾为主”、“台湾优先”的论调应停止使用，对有关思维进行拨乱反正式的清理，对于两岸关系转型正义的实现十分关键。

二是停止以对抗大陆为目的的所谓“台湾主体性”、“台湾主体意识”的主张，以避免继续对台湾民众的误导。“主体性”、“主体意识”是相对模糊的概念，但在“反共、反中”思想意识浓厚的台湾社会氛围中，“台湾主体意识”易被用来作为与大陆对抗的思想武器，也极易被“台独”人士利用作为“台独”意识的引火线。民进党主政时期，“台湾主体性”、“台湾主体意识”被搬上台面，为其推行“台独”路线做舆论宣传和思想准备。因此，所谓“台湾主体性”、“台湾主体意识”等用语的继续使用只能误导台湾民众，不利于两岸关系转型正义的实现。

三是停止对台湾青少年“去中国化”的教育。马英九上台后，中止了陈水扁时期实行的一些“去中国化”的政策措施，但该问题还未得到根本性解决，特别是在台湾的中小学教育上，是到了真正彻底地拨乱反正的时候了。台湾应停止向青少年灌输包含“去中国化”内容的教育，强增台湾青少年的正确的中国历史观和“中国意识”，让台湾青少年树立起中国认同观、共为中华民族复兴而奋斗的理念与目标。

（二）消除两岸敌对心理、建立相互尊重与互利互惠的新型两岸关系

一是停止敌对，相互尊重。由于两岸敌对状态未结束，两岸相互猜忌心仍较重，台湾方面尤为如此。以两岸经贸往来为例，今年6月两岸达成服务贸易协议，尽管该协议大陆让步较多，但岛内居然有很大的反对声音。这种状况的发生，与台湾相关部门事先工作做得不到位有关，更与民进党和“台独”人士利用台湾社会对大陆的敌对与猜忌心所做的宣传有关。

二是互惠互利，利益共享。在自称“民主社会”的台湾，不该有仅仅只以台湾自身获利而不顾大陆方面的利益的做法，尤其是在大陆让利后还一

再宣称大陆让利"有政治目的"、"别有用心"。[①] 这种说辞不是"民主政治"与"自由经济"的台湾所该有的，然而这些年来这样的说辞在台湾不断地被重复着，并使一些善良的台湾民众对大陆产生反感，进而排拒两岸交流交往，更排斥两岸统一。为此，两岸要建立互惠互利的常态经济关系，而不是大陆单方让利，更不是大陆让利后反遭羞辱。

三是荣辱与共，维护主权领土完整。当前，在钓鱼岛问题和南海问题上，两岸应有共同的合作目标。如前文所述，两岸应以中华民族整体利益为重，采取必要的合作措施，共同维护中国的主权与领土完整。进而以此类推，即两岸的统一也是中华民族整体利益的维护，两岸加强合作，荣辱与共，必将使两岸民众的现实利益和中华民族的整体利益得到维护和加强。

（三）相互磨合与妥协，实施"分阶段走"的方案

两者关系的和谐相处本身就是磨合与妥协的结果，两岸关系也不例外。两岸关系纷繁复杂，历史与现实、内部与外部等因素相互交织，两岸双方必须要作出相互妥协与让步。过去30多年来，大陆的对台政策陆续进行调整，作出了一些妥协与让步，并有了较为明确的"分阶段走"的战略。在上世纪90年代以前，大陆方面对台湾问题的解决没有"分阶段走"的概念，不管是先前的"武力解放台湾"，还是后来的"和平解决台湾问题"都是以"立即统一"为导向的。然而自90年代后期以来，大陆一方面鉴于台湾内部政治发展变化，对台湾问题的解决出现"分阶段走"的思路。而且这一思路越来越清晰，到2012年11月胡锦涛总书记在中共十八大作政治报告时就明确表示："希望双方共同努力，探讨国家尚未统一特殊情况下的两岸政治关系，作出合情合理安排。"因此，可以说大陆已将两岸关系分为统一前与统一后两个时期，目前两岸最为重要的事是，确立统一前两岸应做的事项。

然而，反观台湾方面对于两岸关系的重要性认识不足。其执政党——国民党对解决两岸关系的根本分歧问题仍持消极、回避态度，对两岸关系和平发展进程不能起到积极的主导作用。其主要反对党——民进党对两岸关系的主张仍停留在不合时宜的"台独"立场上，而看不到两岸关系和平发展的

---

① 陈唐山：《中国让利充满政治目的》，台湾《自由时报》2013年8月5日。

大势，如此下去这个政党在两岸关系和平发展中只能“被边缘化”。不过我们也注意到，近期来民进党召开“华山会议”对大陆政策进行讨论，虽然“台独”立场仍是民进党“华山会议”的主调，但还是有人建议民进党的大陆政策不妨“向国民党靠拢”，国、民两党“来比内政争取民心”。[①] 这种与国民党就岛内政策问题展开竞争、而不是以“台独”与其作区隔的声音虽弱，却也表现出民进党内有识之士的理性务实的态度。如果民进党能在大陆政策上做出理性选择，则两岸关系转型正义的实现就会加快，不但民进党的前途光明，而且更重要的是两岸关系和平发展能有一个“历史性转折”。

鉴于两岸关系的处理需要妥协与让步，两岸必须寻找最大的公约数。目前两岸最大的公约数就是“九二共识”，中共已将“九二共识”写进其十八大报告中，而台湾方面，民进党至今仍否认“九二共识”的存在，对两岸关系和平发展进程的推进很不利。如果民进党能承认“九二共识”，两岸双方确立“两岸同属一中”的共识就不会很难。从两岸关系和平发展现况看，目前两岸关系中重要的是确立“两岸同属一中”的共识，在此基础上两岸可就统一前的相关问题进行讨论、安排，如两岸结束敌对状态、建立两岸军事安全互信机制、签订两岸和平协定、两岸政治关系定位、台湾参与涉外活动、两岸共同维护领土主权完整的相关事务协作等等，如此，两岸关系和平发展面临的政治僵局就能突破。

（四）以官方为主导，全面、深入地展开两岸有序交流

在两岸交流交往中突出公权力机关主导作用。在两岸关系和平发展的推进过程中，两岸公权力机关的主导作用极为重要。检视自1979年以来两岸交流交往的每一个阶段，公权力机关的作用从正反两个方面影响着两岸关系的发展进程。自全国人大常委会发表《告台湾同胞书》到2008年初，两岸的交流交往大多以民间跨出步伐为先，这种情况在台湾尤其明显。2008年5月国民党在台湾重新执政以来，马英九当局对两岸交流交往虽采取相对积极开放的政策措施，但受制于岛内政治环境因素，仍坚持所谓的“先民后官”立场，致使两岸交流交往除经贸外的其他方面还不够全面、深入。两岸关系发展到今天，两岸公权力机关的主导作用应被突出出来，两岸公权力机关应

---

① 《遥指2016政治调色盘悄然变化》，台湾《中时电子报》2013年7月12日。

联手合作主导两岸交流交往，乃至两岸政治对话或谈判。两岸公权力机关要对相关活动进行统筹规划，不仅使其有节奏、分阶段推进，还应使两岸交流交往活动细化，以分清主次，理出重点，攻克难点。

广泛吸引两岸各界人士参与交流交往活动，增强两岸民众的情感和扩大两岸利益的交汇面。扩大和深化两岸关系和平发展有赖于两岸民众的共同参与，两岸民众共同参与的内容和方式应是多种多样的。可以广泛吸纳各界共议两岸共同关心的问题，让问题的讨论更加深入、有针对性；可以共组公益社团组织，通过共同参与相关活动，增加双方的兴趣与情感交汇点；可以实行两岸人员自由流动，除经商、旅游外，还可适度向对方放宽求学、就业限制，做到利益共享等等。总之，通过共同推进两岸各界、各领域的交流交往，可以使两岸民众参与到共创两岸记忆、共写两岸发展史的活动中，从而起到增进情感和扩大利益交汇面的作用。

四、结语

由于李登辉和陈水扁时期的全面“去中国化”，两蒋时期的反共宣传教育被转化为反大陆和反中国的教育，尤其是“两国论”与“一边一国”的思想意识灌输，这种错误的两岸关系定位对给台湾民众的中国认同形成极为负面的影响。而大陆在改革开放政策下经济发展迅速，用30余年的时间走过了西方发达国家100多年才走完的经济发展之路，致使目前大陆政治、经济、社会、文化等各种矛盾交织，加之西方思想价值观在台湾盛行，实行社会主义制度的大陆不被台湾民众所看好与接受。如此种种原因，使得台湾民众对大陆和两岸关系有不少误判和不合适的看法。

过去五年来，马英九当局对两岸关系转型正义的作为有限，至今仍将两岸交流交往局限于经贸文化层面上，并将解决两岸政治根本问题的政治对话或谈判推给了民间；民进党与“台独”人士对两岸关系继续抹黑、歪曲，并不时地拖马英九当局和国民党大陆政策的后腿，使得马英九当局和国民党对两岸政治僵局的打破没有更大的勇气。所有这一切加大了两岸关系转型正义实现的难度。

但是我们也看到，经过五年多的和平发展，两岸关系转型正义的实现面临一个机遇与挑战并存的关键时刻。两岸关系转型正义的实现有赖于共产党对两岸和平统一问题解决的坚持不懈的努力，有赖于国民党对中华民族前途责任的历史担当，有赖于民进党的大陆政策的实质转型，同时也有赖于两岸公权力机关和广大民众的共同努力。我们有理由相信，有两岸人民的智慧和勇气及两岸共同不懈的努力，定能早日实现两岸关系的转型正义，并使两岸关系和平发展进程持续进行下去，直至两岸和平统一的目标达成。

从“一中原则”到“一中框架”的观察与思考

全国台湾同胞联谊会研究室　高　鹏

一、“一中框架”新论述的产生与发展

“一中框架”是在“九二共识”和“一中原则”基础上发展出来的新论述。这个词汇首次跃然纸面是在1993年8月大陆第一份对台政策白皮书《台湾问题与中国统一》上，当时主要是针对同中华人民共和国建交国家的立场要求而言，并没有应用到对台政策论述之中。“一中框架”落实到对台政策论述具有深刻的时代背景，那就是2008年以来两岸关系发展获得了难得的突破期与机遇期。随着两岸关系和平发展的动能日趋强劲，为配合两岸形势发展需要，2008年胡锦涛总书记“12·31”重要讲话开始提出“一个中国框架”的概念，[①] 后来逐渐被广泛写入党和国家领导人对台讲话文稿以及对台政策文本之中。

2012年7月全国政协主席贾庆林在第八届两岸经贸文化论坛开幕词中提出“一个中国框架的核心是大陆和台湾同属一个国家，两岸关系不是国与国的关系。两岸从各自现行规定出发，确定这一客观事实，形成共同认知，就确立、维护和巩固了一个中国框架”。“两岸一国”的说法立即引起岛内热议与猜测。实际上，一个具有丰富政治内涵的词汇不应简单以字面的意思解读。大陆对台政策始终具有连贯性和一致性，“两岸一中”与“两岸一国”没有太大区别。贾的讲话重要的是释出善意，强调的是“两岸从各

① 2008年12月31日胡锦涛纪念《告台湾同胞书》30周年：两岸在事关维护一个中国框架这一原则问题上形成共同认知和一致立场，就有了构筑政治互信的基石。

自现行规定出发”，确认的是“两岸同属一中，不是国与国关系”的事实，推动的是形成“一中框架”的共同认知。

2012年11月中共十八大报告指出：两岸双方应恪守反对“台独”、坚持“九二共识”的共同立场，增进维护一个中国框架的共同认知，在此基础上求同存异。这是中共首次将“一中框架”写入党的正式文件，再一次重申阐述“立场”问题，务实和包容地再次强调“求同存异”，具有相当重要的意义。

2013年6月13日“习吴会”，国民党方面首次公开正面回应“一个中国框架”。吴伯雄表示，“两岸各自的法律、体制都主张一个中国原则，都用一个中国架构定位两岸关系，而非国与国的关系”、“两岸同属中华民族，都是炎黄子孙”，“从民族认同讲，自己是台湾人也是中国人”，“增强民族认同，祖先无从选择”。

从国共双方对此问题的互动上看，2008年至2013年是“一中框架”新论述经历概念提出、互动、各自解读，到形成一定程度初步共同认知的阶段。尤其是2013年4月马英九在汪辜会谈20周年纪念会上提出“新三不”，强调“不推动两个中国、一边一国、台湾独立”，与“旧三不”（“不统、不独、不武”）相比较，对于深化互信巩固两岸关系和平发展产生积极正面影响。虽然仍然是从负面表述，但是值得高度肯定和鼓励。随后，“习吴会”上吴伯雄的讲话是经过授权的，不用过分计较是“框架”还是“架构”，关键是其首次正面表述和回应“一个中国”。

二、“一中框架”新论述具有启发性，有丰富的含义

“一中原则”、“一国两制”、“九二共识”、“一中框架”，是大陆在不同时期因应两岸关系发展形势提出的处理两岸关系的指导性思想，具有鲜明的时代背景特征与对台政策运用上的功能性特点。

对于“一中原则”与“一中框架”两者的区别，大陆学者有比较深刻的论述。[①]“一中原则”是反对“台独”和国际势力干涉中国统一的产物，偏重于单方面主观认知，更强调政治的内涵。从字面来讲，“一中框架”中

---

① 引自中国社科院台研所陈桂清的论文与他在台湾研究青年学术沙龙第8次会议发言。

的“一中”指的是“一个中国”，“框架”指的是事物的组织和结构。从内涵来讲，“一中框架”是在“一个中国”基础上形成的客观存在的东西，是指涉政治、经济、文化、社会等各层面的宽范畴概念，比“一个中国”的内涵更加宽泛，更具有包容性。

“一中原则”突出的是原则性立场，是对“国家统一”无论过去时、现在时还是未来时的强制性表述，某种含义上也是对“国家主权”唯一性的要求，对于涉及“两岸处于国家尚未统一阶段”的特殊性、两岸“一中”政治涵义上的差异性等方面的阐述空间较窄。

“一国两制”突出的是“国家统一”后的政治安排，因在岛内被长期污名化，民众对此颇有疑虑，而无法获得岛内多数民众认同。在岛内多元文化的影响下，“一国两制”的理论生命力受到多方面冲击。

“九二共识”突出的是两岸事务性、功能性协商所必备的政治互信基础。“九二共识”产生有其特殊背景，“不探讨一个中国的政治内涵”是未来两岸步入政治对话阶段的桎梏。在两岸分离、岛内特殊政治生态下，即使是“一中各表”等相对软性的说法也有被发展为“两个中国”、“一中一台”的隐忧。

“一中框架”不是要取代“一中原则”，而是大陆基于战略层面考虑，由“九二共识”和“一中原则”而来的自然延伸，是为落实“一中原则”而产生的具有鲜明时代意义的相对具体的新论述。“一中框架”是从抽象的原则性概念落实到具体论述的理论创新，是两岸关系和平发展理论的核心内容。

“一中框架”跟“一国两制”并不矛盾，侧重的是其灵活性、发展性、务实性和可操作性。大陆提出的“一国两制”台湾并不接受，将其中的制度安排、政治争议先搁置起来，两岸可以一种更加灵活弹性的办法处理现实问题，其可操作性和想象空间将大幅增加。

“一中框架”所具有的时代意义在一定程度上也是阶段性的政治思考。相对于原则性问题所具有的永久性来说，“一中框架”是一种中程性的政策阐述，虽然在今后相当长一段时期内将是两岸关系和平发展的前提，但是也有其功能性阶段任务的特点，“国家复归统一”的目标和立场是不会动摇的。

“一中框架”讲到“两岸同属一个中国”是“根据两岸各自的现行规定”，并要在这个基础上建构“一个中国的框架”。这表明，大陆对台政策的整体思路从现实性的指导思想向建构性的指导思想转变。承认客观上存在的事实，是务实解决台湾民众所关切问题的前提，是大陆追求国家统一模式上的思维突破。

三、“一中框架”的积极影响和面临的挑战

“一中框架”的核心不仅强调“大陆和台湾同属一中”、“两岸一中”的法理联结，更主要的是考虑到了“国家尚未统一特殊情况下”的两岸政治分歧和固有矛盾及“两岸各自现行规定”的现实。这对于凝聚“两岸同属一中”的共同认知，凝聚“两岸一家人”的观念，塑造中华民族整体利益理念，增强两岸政治互信，深化两岸关系和平发展，进一步压缩“台独”和“两国论”的生存空间，加大民进党务实调整两岸政策的压力具有十分重要的意义，也为合情合理安排两岸政治关系提供理论支撑。

“一中框架”论述从首次提出到成为清晰的中央对台政策，经历了4年时间，未来也有进一步发展的空间。可以说，“一中框架”不是一个固定的概念，而是一个动态的概念，可以随着形势的发展，成为两岸寻求共识、建构新型连接关系的平台。当然，在“一中框架”的理论形成与实践过程中，也必须考虑两岸关系发展过程中的制约因素：两岸的固有矛盾分歧、岛内的民意、民进党的反弹及美国的阻碍。需关注的因素有：

一是国共两党仅在“一中框架”上形成初步的共同认知。

“一中框架”还处于国共两党的初步共识阶段，既没有完全形成国共两党制度化的共识，也没有形成两岸共识。两岸在“一中”内涵上的固有分歧、在统一前途指向上的重大差别都相去甚远。国民党的“一中架构”仍然以“中华民国宪法”为根本，以维持两岸现状为目的。“一中框架”收缩了台湾方面“各表”的空间，压缩了国民党在“九二共识”问题上的利己解释空间，国民党及其泛蓝群众也会在一段时间内出现适应性的问题。甚至，如果有选举压力，国民党极有可能在此问题上着力于“求异”，这将令两岸建立政治互信成为一个长期而复杂的过程。

二是民进党大陆政策难以根本改变。

2012年“大选”民进党候选人蔡英文提出“台湾共识”，但是内容空泛，大陆政策是其败选的重要原因。败选之后，民进党面临大陆政策调整的

压力，其不可能也没有能力切断两岸关系。另外，中美新型大国关系已经建立，“台独”空间越来越窄。面对现实，民进党只能继续两岸关系发展，对其大陆政策进行调整。但是，民进党会考虑绿营基本盘选票的得失，两岸政策难以根本改变。

民进党内部苏系、谢系、游系、“台独基本教义派”、党内青壮派开始争夺民进党两岸政策走向的主导权，尤其是谢系与大陆频繁接触交流，直接威胁党主席苏贞昌的大陆政策掌控力。这实际上是民进党内部的权力斗争，其结果要在2014年地方选举后才能清晰。民进党需要在2016年“大选”前找到替代“九二共识”的新论述，新的大陆政策不能等同“九二共识”，在蓝绿矛盾是岛内政治生态主流的环境下，也必须与国民党的两岸政策有比较明显的差异，这就促使民进党的两岸政策也必须与“一中框架”保持相当距离。

三是台湾民众有伤害台湾主体性的疑虑。

从政治社会化角度来看，自李扁时代，“两国论”、“一边一国”的“台独”主张令台湾的主流思想“去中国化”十分严重，直至今天，“台独”意识不但没有彻底消除，相反却有增无减，民粹政治、极端主义、分离主张仍然盛行，这导致岛内有相当一部分民众不承认两岸同属“一个中国”，这样的状态对两岸关系和平发展是有百害而无一利的。

从岛内民众的生活经验来看，“中华民国”无处不在，“中华民国”内化成“台湾”这个概念越来越深入。无论是民众的直接表达还是各媒体民调，都显示多数民众不希望“一中”影响台湾的主体性。甚至在绿营势力的操弄下，部分民众把大陆对台优惠政策理解为经济统战，把两岸日益扩大的交流交往视为洪水猛兽，任何在国际上有所谓矮化台湾的事件都会挑动民众心中敏感的“主权”神经。

四、仍需深入探讨的问题

“一中框架”论述对于新形势下的大陆对台工作，对于两岸关系和平发展的理论建构，是具有十分智慧的思考。“一个中国原则”是大陆坚持的基本立场，“一个中国框架”有包容性，有广泛空间，体现和丰富“一中原则”，把台湾方面置于“一个中国”论述里面来，可以根据对台工作需要，宽窄把握，这样就扩大了两岸共识。但是，另一方面，“一中框架”的理论形成与实践也是个长期而复杂的过程，促进两岸在“一中框架”上形成更清晰的共同认知任重道远。

在理论建构方面，形成国家尚未统一阶段的“一中框架”理论体系需要学术界先行，突破传统的国家理论，加强理论创新，特别是“两岸特殊关系”的政治定位、“两岸政府治权、代表权”、台湾的国际空间如何务实体现需要深入研究。在法制层面，不仅仅需要研究“顶层设计”，还需要研究“两岸各自现行规定”如何适用，以及如何进行公权力的协调与对接以保障两岸人民的合法权益。在实践方面，随着两岸各界交往的不断深化和扩大，如何在“一中框架”下积累两岸在政治互信、经济利益、文化社会共识等方面的正能量，避免两岸民众频繁接触交流中产生对于彼此的误解和心理鸿沟的扩大，都是急需学界提出思考和高见的研究方向。

两岸民间政治对话的路径与机制

——两岸关系知识社群的介入

河南师范大学政治与公共管理学院　王鹤亭

两岸的政治分歧制约着两岸关系发展，“在目前两岸双方正式的政治商谈一时还谈不起来的情况下，可以先从民间开始对话，举办民间性质的两岸和平论坛，由两岸学者和有代表性的人士探索解决两岸政治关系、军事安全、涉外事务等方面问题的途径和办法，为今后开展两岸政治商谈积累经验、创造条件”。① 民间政治对话所涉及的对话主体、对话路径、机制及影响政策的渠道仍然是非常多元，对话主体各自的本体论、认识论、方法论、立场、利益、目标及政策取向等之间也存在相当纷繁复杂的主客观歧异。本文拟将两岸关系知识社群作为构建两岸政治对话的桥梁，因知识社群相对的科学性、客观性与中立性有助于厘清两岸政治分歧列表，分析各方的利益诉求；知识社群成员具有共同的规范性信仰和因果信念、一致的学术逻辑，这就在一定程度上提供了对话的共同规则和基本共识，也能够将立场、权力、利益的干扰限定在一定范围内；知识社群所具有的共同的专业素养和政策志业能够诠释现实，并降低未来政策预期的不确定性。从问题界定、议题框架、议题设定、建立共识、建议策略等方面介入两岸政治对话的过程，两岸关系知识社群可以发挥多重功能。

一、两岸政治对话的难题与焦点

首先，两岸政治对话进程中“一个中国”是前提还是“议题”，影响着

① 孙亚夫：《继续为破解两岸政治难题逐步创造条件》，中国新闻网 2013 年 5 月 7 日，www.chinanews.com/tw/2013/05－07/4794370.shtml.

对两岸关系现状普遍共识的形成。“一个中国”是两岸关系的法理事实和政治现状，政治对话必须基于事实。2008 年以来，两岸事务性协商在“九二共识”的基础上得到恢复并取得丰硕成果，两岸在一个中国原则问题上达成了一定程度的共识，两岸关系实现和平发展，正如胡锦涛所强调，“两岸在事关维护一个中国框架这一原则问题上形成共同认知和一致立场，就有了构筑政治互信的基石，什么事情都好商量”。但在台湾内部“两个中国”、“一中一台”的主张仍有一定的市场。

其次，两岸关系政治定位的分歧与模糊，使得其他各项政治难题的对话缺乏基点。两岸之间的诸多争议，涉及一个极为重要的问题：你是什么，我是什么，彼此的关系是什么。在两岸政治定位问题没有明晰之前，探讨其他各项议题都有可能失去立足点和出发点。“九二共识”虽然就“一个中国”框架达成一致，但对于“一个中国”的政治涵义存在争议，而对其内涵争议的实质就是两岸政治定位问题。两岸政治定位问题也衍生出“中华民国政权”地位、两岸政治谈判对象及和平协议签署主体、台湾的“国际活动空间”等系列相关难题。

第三，如何正式结束敌对状态，达成和平协议，两岸处在“各说各话”状态。尤其是大陆方面一再呼吁终止敌对状态，达成和平协议，建立互信机制等。然而两岸不间断的争议并不然预示着前景的乐观，两岸各方对“终止敌对状态”、“和平协议”的解读和考虑存在着各种歧异。大陆主张在一个中国原则下，适用内战终结的相关规范，程序上先确定这是“两岸自 1949 年以来的内战将宣告结束”，进而通过协议双方共同承担维护领土和主权完整的义务；台湾则认为两岸战争状态在事实上终结，程序上由两岸各自单方面宣称敌对状态终止即可，而且坚持协议前首先规范台湾的政治地位，以“对等的主体地位”来签订。

第四，台湾“国际活动空间”问题是两岸政治对话的敏感议题。自 2008 年以来，马英九提出“外交休兵”，两岸在国际社会恶性竞争的局面有所缓和，但台湾“国际空间”问题仍是影响台湾民众政治心理的重要因素。这一难题虽然与两岸政治定位相关，但却包含多个层面的问题，如台湾民众的“国际活动空间”、台湾团体参与非政府间国际组织、台湾参与国际政府间组织等，可以通过两岸沟通协商、政治对话加以区别对待，对话的关键在于双方共同努力沟通协商，难点在于如何协调台湾参与政府间国际组织的方式、“一个中国”代表权的统一性以及与既有国际政治规范之间的关系。

第五，两岸涉外共同事务处置是两岸政治对话中的热点和新议题。在面对共同的压力、困境或竞争者以及维护共同利益的情况下，两岸相关主体展开竞合，在推动两岸共同事务进展的同时自身也获得增益，如两岸在南海争端中的战略合作，曾经在西沙保卫战和南沙保卫战上的合作默契。钓鱼岛争端、南海争端、菲台争端等都说明了两岸合作共同维护和争取中华民族利益的迫切性，毫无疑问，两岸涉外共同事务领域的合作，将创造新的公共空间和增长极，这应是两岸政治对话中的亟待探讨的热点与难点。

第六，两岸内政外交的有序安排及统一目标和路径的协商是两岸政治对话的隐含难题。随着两岸关系和平发展的深入，必然带来两岸政治对立的逐步结束，其表现也就是两岸在“一个中国”框架下内政外交逐渐有序化，这在一定意义上也代表着两岸关系朝向和平统一的目标发展，正如“胡六点”所言，两岸复归统一，不是领土和主权的再造，而是结束政治对立。两岸政治对话在达成一个中国原则与内涵、两岸政治定位等共识后，面向未来，一定会探讨两岸政治体系如何进一步互动的问题。

二、两岸政治对话的困境与分歧

在和平发展的大背景下，大陆一再呼吁：“通过平等协商，可以逐步解决两岸关系中历史遗留的问题和发展过程中产生的新问题”。但就两岸关系现状来看，两岸正式的政治协商和谈判滞碍难行，而较为宽泛而灵活的两岸政治对话之间更存在诸多分歧。

两岸政治对话的困境源自两岸政治互信仍然不足。如果两岸没有足够的政治互信与善意解读，也很难持续展开政治议题的谈判协商，当然政治互信与政治协商两者之间有一种相互影响乃至于互为因果的关系，两岸基于“九二共识”的互动，已经表明两岸可以促使这种相互关系进入一种良性循环。然而就以正式协商谈判解决两岸政治难题这一任务而言，两岸政治互信远未达到所需层次。首先是对“九二共识”中“一个中国”的意涵仍处于各说各话的状态，大陆用“一个中国框架”一词取代“一个中国原则”更具包容性，但马英九“互不承认主权，互不否认治权”主张在内涵上却具有很大的模糊性与不确定性；其次，台湾“朝野”之间、民众内部缺乏共识，对大陆存在诸多误解，这种政治生态牵制或限制了两岸政治互信的深化及政治对话的开启，民进党的两岸主张、台湾民众的“敌意”认知及对大陆善意的误读等，构成了不利的内部因素，也使得台湾当局缺乏开启两岸政治协商谈判的动力与魄力。

两岸政治对话在诸多议题上存在着诸如现状认知、目标追求、价值情感及实现路径等方面的分歧。

首先，两岸各方对两岸关系的现实认知不同。长期以来，两岸最棘手的问题便是台湾与大陆之间存在着法理事实与政治事实认知上的落差，从起点上就存在着根本性的分歧，以致两岸各执一端，各依其理，无法妥善地按照现行的法理和政治学学理来商讨两岸之间的关系，因而衍生出许多问题无法解决。

其次，两岸对于两岸关系包括政治对话要达致的目标不同。两岸政治议题的探讨着眼于未来，存在着是走向和平统一、维持现状还是逐渐分离等最终目标追求上的分歧，还存在着是要追求中华民族的伟大复兴还是执政权的愿景歧异等。

第三，两岸探讨政治议题的方法论及解决问题的路径不同。这个方面的分歧较多，包括要不要以“一个中国”为前提，是否要走“先分后统”的道路，两岸之间要不要讲求“对等”，是“先经后政”还是“只经不政”，是“一揽子”方案还是“切香肠”式处理等等。

第四，两岸在处理政治议题上的价值观念与情感倾向不同。大陆较多地考虑民族感情、爱国热情及“大一统”观念，表现为对国家领土主权完整、国家统一和民族尊严的珍惜，对分裂势力及其外国干涉力量的排斥，构成大陆人民在台湾问题上根本的思想感情；而台湾强调“台湾优先”和“主体性”，强调民主价值，也存在将“本土化”意识泛政治化，把“民主”、“民意”导向“民粹”化等问题。此外，两岸对谈判与对话中的诚意、互信、公正、对等的重视程度，两岸对民主、自由的理解歧异及政治文化结构性的差异等也会影响到两岸对政治议题的认知与目标。

面对这些难题与困境，两岸政治对话必须立足现实、面向未来、兼顾事实与情感，充分考虑和尊重对方的感受，平衡各方的权力、立场与利益，更需要建立起跨越两岸的议题联结，综合处理，融通两岸。

三、两岸关系知识社群介入的合理性

当代民主政治运行规则下，随着两岸交流互动的深化，非公权力的行为主体越来越影响到各自内部决策，促进了两岸合作，而且衍生出的问题也需要公权力的行为模式做出调整。但由于两岸处在政治对立状态，无论是大陆还是台湾，面对两岸议题时，都会力有所未逮，这使得民间力量包括两岸的政党、非政府组织、产业、媒体、智库、利益团体、知识社群等具有了各自的能动空间，经由彼此的对话与合作形成在两岸间的跨界联结，对政府决策产生相当程度的影响力，甚至形成一种分享公权力的治理结构，进而由下至上地推动两岸正式对话协商。相对于其他民间政治对话主体仅具有代理人（agent）或行动者（actor）的单一角色，两岸关系知识社群还可以扮演问题发现者、信息提供者、利益诠释者、议程设定者、分歧仲裁者及决策建议者等多重角色。

首先，知识社群介入两岸民间政治对话具有破解难题、决策咨询的政治效用。学界将两岸政治互动的路径大致分为官方性质的“一轨”、半官方半民间性的“二轨”以及民间性的“三轨”，目前两岸主要是在“三轨”的层面展开各种形式的政治对话，如党际交流、“国共论坛”、两岸和平论坛、“台北会谈”、学术研讨会等等。只有充分了解问题，才有可能找到答案，这些民间性的“三轨”对话并不回避两岸政治关系中的敏感议题，各方可以充分表达自己的立场、利益，双方可以深入理解对方的关注点，可以就双方的分歧充分展开论辩。相对于其他对话主体，两岸关系知识社群更多地从学理角度切入，能够诠释政治利益与民众需求，辨识行动选项，降低政策议题的不确定性，进而可以发现共识与共同利益所在，并探讨可能的化解之道，这些成果犹如涓涓细流，先从学理上破解难题，进而通过“三轨”、“二轨”与“一轨”的联动，为决策提供咨询。

其次，知识社群介入两岸民间政治对话还具有政治社会化的效应，促进两岸关系中的“共识”社会化与“社会化”共识。两岸政治对话的议题都是与两岸民众尤其是台湾民众切身利益相关的问题，在媒体高度发达的信息社会里，民间政治对话的内容、观点及建议，包括两岸之间敏感难题的充分争辩，都会影响到民众对两岸关系现状及未来走向的认知，也促进两岸民众展开进一步的对话，以网络空间为例，两岸民众借助于网络新媒体，已经构建出了另类的两岸对话沟通平台。在这个政治社会化的过程中，有助于将两岸关系中的“共识”社会化，如将“九二共识”演进成为台湾各党派、民众的共识，也有助于“社会化”共识，即通过民众的广泛而深入的互动，由下至上逐步地达成共识。而知识社群以其中立性、客观性、专业性、全面性享有较高的社会信任度，基于这种优势之上的问题界定、共识凝聚与政策创新也较易为民众所认可与接受。

第三，两岸关系知识社群具有其他民间政治对话主体所不具备的优势与能动空间。知识社群是由一群在一个特定的范围内，具有公认的专业和能力的专家，以及在此范围或议题范畴上，对于政策相关知识具有权威性主张的专业人士所组成的网络。[①] 根据 P. Haas 的定义，知识社群具有四个特征：一套共享的规范和原则信念，作为行动的价值判断标准；一套共享的因果信念，用以作为联系行动选项及政策后果的判断准则；一个共享的效果观念以评断其专业领域中知识与政策的效果；一个共同的政策实践过程。[②] 不同于其他政治对话主体依赖利益、权力作为媒介，知识社群以自身所具备的专业知识作为媒介和影响力的源泉；与其他团体或个人立足各自立场追求自身利益最大化的行为模式不同的是，这种藉由共享的知识，进行联盟和沟通的知识社群，从社会到政府，并跨越两岸，在相互联结的议题之间，足以构建一种微观的文化权力，进而影响宏观政治。两岸关系知识社群可以借助于这种文化权力，通过解构宏观政治和宏观权力主导下的两岸宏大叙事和刻板话语；从各种边缘的、微观的、多形态的、多元差异的角度，塑造人们对于两岸政治关系微观与宏观相结合的理解模式；通过这种文化权力的“生活化”，建构个体对于自身利益、角色、需求及环境的诠释，因“行动是由对外部环境的理性适应和内部的主观理解共同塑造的”,[③] 进而影响个体的行为模式。

四、两岸关系知识社群介入的路径

对于两岸政治对话的探讨与设计，可以从博弈论、结构取向、行动者取向、理性分析、建构论等角度展开，然而公权力或民间力量无论是作为代理人（agent）还是作为行动者（actor），都被赋予了完全理性和完全信息，忽略了个体行动在微观层面都是“解释性理解”和“策略性算计”的综合，

---

① 李河清：《知识社群与全球气候谈判》，《问题与研究》第43卷第6期。

② P. M. Hass. “Introduction: Epistemic communities and International policy coordination”, International Organization, Vol. 46, No. 1 (1992), p. 3.

③ ［美］乔纳森·特纳：《社会学理论的结构》（第6版·上，邱泽奇等译），华夏出版社2001年版，第52页。

“解释”指任何结构、环境、条件等都必须经过个体主观上的认知、诠释和评估，“策略性算计”则是非完全客观理性下对各种行动选择的收益和成本所进行的计算。① 如何获取信息、怎样评估现实与情境、如何诠释和权衡政策选项等，对于个体而言，并不具有既定的答案和可通约的标准，特定领域内共同期望的一系列原则、规范、规则与决策程序也不一定是现成的，这就提供了知识社群介入的空间与路径。“‘知识社群’取向并不否定结构因素、情境因素，和理性考虑的重要性”，就“如何辨识其利益及行动空间而言，知识社群取向提供了一套系统性的观察步骤”。②

首先，两岸关系知识社群通过问题界定，列举阻碍两岸关系发展的各种关键难题与分歧，避免两岸政治对话陷入“失焦”或“失根”状态。知识社群影响政策制定运作取决于三个方面的动态关联：探寻议题的不确定性，议题如何被诠释，以及议题领域如何被制度化。③ 两岸关系中各领域的行为主体均能从各自的角度感受到两岸政治对立所带来的负面冲击，民间政治对话可以从自身关切的利益、权力等问题展开，但反应的只是利益妥协和各自的行为偏好，相比之下，两岸关系知识社群以其深刻而全面的探讨，更能够发掘困境的核心难题及因果关系，确立清晰的问题意识和期望达成共识的路线图。通过问题界定，确立起两岸政治对话的分歧列表，使得对话能够抓住问题的根源与重点，引导两岸论辩或争议。

其次，两岸关系知识社群构建议题框架，厘清议题联结，设定议程，确立起两岸民间政治对话的“路线图”。两岸关系中虽分歧丛生，但是各个难题之间往往存在内在联系，分歧的解决并非是无序和随机的，例如两岸关系政治定位、“中华民国政权”地位、台湾“国际活动空间”、“和平协议”签署、国际事务合作等，这些问题的解决都彼此关联。而知识社群对于其间的因果关系或逻辑顺序有着较为精准的了解，有能力对相关过程做出专业的判断，能对各种行为选择可能出现的结果提出预测或建议，这就为政策决策者或对话者提供了可以参考的“路线图”。

---

① ［美］乔纳森·特纳：《社会学理论的结构》（第6版·上，邱泽奇等译），华夏出版社2001年版，第54页。

② 黄伟峰：《“知识社群”研究取向如何应用在欧洲与东亚经济暨货币整合？方法论的困境及其解决之道》，《问题与研究》第39卷第5期，2000年5月。

③ 黄伟峰：《“知识社群”研究取向如何应用在欧洲与东亚经济暨货币整合？方法论的困境及其解决之道》，《问题与研究》第39卷第5期，2000年5月。

第三，两岸关系知识社群通过建构共同观念，逐步形成共识，为决策者或行动者确立起符合各自期望的系列原则、规范、规则与决策程序。考察两岸政治对话主体，无论是公权力机关，还是政党、利益团体等，多是从各自的立场、利益出发，往往通过利益妥协、权力博弈等方式来应对争议，容易陷入各执己见的“失范”困境，所提出的政策或解决方案缺乏合法性和可接受性。知识社群立足于更高的价值规范，依循相应的学理，客观中立地诠释情境，构建两岸关系中的诸如“和平发展”的共同观念，协助决策者与行动者认识或重新界定自己的利益与偏好，推动各说各话到对话；而知识社群内部综合考虑价值、学理、权力、利益与情感等因素所达成的共识性解决方案，能够超越单一行动者的狭隘视野，为政治对话提供程序性规范。

第四，两岸关系知识社群提出建议策略，作为公权力机关的政策选项，以及民间政治对话的方案参考。知识社群在致力于推动良性政治对话的信念下，能够就相关议题形成权威的知识网络，结合决策者的偏好，在充分考虑决策者的利益取向基础上提供最优化的政策建议，推动政策创新。两岸政治议题的多元化和复杂化，增加了代理人或行动者理解、算计、诠释与决策的难度，使得决策者更加依赖于知识社群的政策建议，使其逐渐融入正常的决策管道而制度化，尤其是现代官僚体系与知识社群互动互赖的深入，加上其他民间政治对话主体对于知识社群的信息与决策依赖，使知识社群凭借其专业优势，直接地或间接地发挥着政策影响力。

五、两岸关系知识社群介入的机制建设

两岸关系知识社群凭借其独有的专业知识、信息及话语权，可以在两岸政治对话过程中扮演问题发现者、信息提供者、利益诠释者、议程设定者、分歧仲裁者及决策建议者的多重角色。但两岸关系知识社群如何成为可能？如何从多元的、边缘的、分布式的意见中完成知识发现？其观念与知识如何转换为制度化的权力？

两岸关系知识社群的初始化可以源自于多种力量的驱动：（一）公权力机关发起，因两岸直接政治对话窒碍难行，可以借助学界力量，当前两岸内部各自都有一些公权力机关发起的研究社群或智库，但跨越两岸的知识社群尚未形成。（二）理念驱动学界倡议，因知识、观念、理念的相近，个体的、分布式的研究者逐渐聚合，推动其理念、建议在政策过程及社会公众中

的传播，通过宣传、教育、倡导等方式影响决策者和社会大众，在这个过程中，研究者通过议题联结逐步形成知识社群。（三）利益的相互作用，两岸关系中的行动者在面临政治分歧的时候各自有自己坚持的立场和利益，在相互的竞争与妥协过程中，也可能寻求仲裁和调和，可以从竞争场域内部或外部促成相关知识社群的产生。就当前两岸关系的发展态势以及研究现状而言，两岸间的学术交流与对话已相当频密，两岸公权力机关及民间也相当关注与重视两岸学术界的研究成果，应该说两岸关系知识社群的建设已具备了一定的学术基础和社会基础。

两岸关系知识社群的生成与建设大致可以分为几个阶段循序渐进：（一）议题性联结阶段，两岸的研究者对于两岸政治难题与分歧展开各自的研究，因关注的议题相同、相关而逐步产生联结，以点对点或面对面的方式，例如通过学术研讨会、论文等形式交换观点、论辩，逐步在两岸学界产生一种议题网络；（二）功能性联结阶段，两岸的研究者在多次的观点交锋、学理探究之后，逐步积累起一些基本共识，为解决特定的现实问题而借助于论坛等进行共同探讨，发布相关评估报告和特定共识，在两岸学界之间形成一种跨界网络；（三）制度性联结阶段，在个别共识及特定合作经验的基础上，两岸学界通过搭建研究合作平台，定期发布两岸关系发展的评估报告，针对其时的问题提出方案，生成一个相对稳固的知识社群；（四）组织性联结阶段，两岸关系知识社群已经建立相当程度的共享价值观、方法论和政策志业，通过设立常设研究小组，针对两岸关系中的议题提出自己的政策建议，并以常设小组为纽带，建立起两岸关系研究及决策的知识网络。

表1　两岸关系知识社群演进

阶段 类别	议题性联结	功能性联结	制度性联结	组织性联结
媒介	研讨会	论坛	平台	常设小组
形式	论文、观点	评估报告、个别共识	评估报告、方案	政策建议
成果	议题网络	跨界网络	知识社群	知识网络

本表为作者自制

在两岸关系知识社群的生成过程中，从议题网络逐步形成跨界网络的议题关系和研究者关系，在跨界知识社群的工作下，最终形成一个知识网络，能够为持续研究、决策咨询提供资源与智力支持。从静态来看，这一知识网络体现为知识关系，可以使社群成员发挥以往所不具备的知识协同优势，也体现为研究实体之间的协作关系；从动态而言，知识社群和知识网络形成一个基于问题驱动的工作系统，是知识的创造与共享过程。

六、结语

在两岸政治分歧暂时无法通过正式的官方谈判协商或对话加以解决的情况下，两岸民间政治对话可以积累一定程度的经验与基础，然而民间政治对话同样会因彼此在立场、利益、权力、方法等方面存在诸多歧异，仍可能陷入“失焦”、“失真”、“失根”及“失范”的境地，而两岸关系知识社群凭借共享的学术规范、学理逻辑、专业知识、客观中立性成为两岸政治对话的问题发现者、信息提供者、利益诠释者、议程设定者、分歧仲裁者及决策建议者。两岸关系知识社群的建设与完善仍需两岸各方的持续努力，但其前景值得期待。

两岸民间政治对话的路径探讨

上海台湾研究所　朱爱莉

两岸目前在政治对话的意愿上明显存在差异，因此，推动政治对话需要循序渐进。所谓的两岸民间政治对话就是由两岸的智库社团、研究单位以民间学术的方式就两岸关系中的政治议题进行对话、探讨。民间政治对话是政治对话的一种形式，中共新领导人接班以后，各种形式的两岸民间政治对话日渐升温，渠道多元，对象扩大，频率加快，层次提高，社会影响力和关注度增强。本文试图对两岸民间政治对话的现状作一分析，以探讨其未来对和平发展两岸关系提供新驱动力的可能路径。

一、两岸民间政治对话升温的背景

两岸民间政治对话早就存在，只是以往表现得比较零散和个别，为两岸关系发展提供新动力的作用并不明显。而中共十八大后，两岸民间政治对话则已明显升温。这种升温并非偶然，而是势所必然，主要有五大背景：

1. 两岸政治对话重要且不可避免已不断地被凸显

两岸关系在2008年马英九执政后逐步进入了和平发展的新阶段，通过共同努力，两岸签署了包括“三通”、ECFA 等多项经济性、事务性议题的协议。随着两岸交流交往的紧密，特别是在 ECFA 签署后，困扰两岸关系进一步发展的政治分歧日益显现出来。如何处理政治议题已成为两岸执政者思考和规划“两岸关系如何走下去”时必须面对的关键议题。

从两岸关系的健康稳定发展考虑，中共十八大报告将发展两岸政治关系提上议事日程，表示“希望双方共同努力，探讨国家尚未统一特殊情况下的两岸政治关系，作出合情合理安排；商谈建立两岸军事安全互信机制，稳定台海局势；协商达成两岸和平协议，开创两岸关系和平发展新前景”。[①]这是大陆在和平发展阶段推动两岸政治关系未来发展的核心内容。

两岸政治关系的发展有赖于政治对话的开启，两岸政治对话是两岸关系和平发展深化阶段的必然之路。两岸关系和平发展的深化有赖于制度化建设，而制度化建设不可避免地牵涉结构性的政治安排，政治安排必须经历政治对话到政治谈判的过程。两岸政治对话因此而成为在推动两岸关系和平发展过程中具有现实意义的重要课题。

2. 两岸政治对话复杂而敏感的特性已不断被认识

两岸政治对话的重要性在被广泛认识后，其复杂性和敏感性同时也突出地展现出来。

首先，受制于两岸政治议题的自身难度。两岸政治议题虽然是必须面对的现实议题，但却不是一蹴而就的议题。两岸政治议题是结构性难题，两岸政治分歧具有结构性的特征，复杂而敏感，解决并不容易。一方面，两岸对于政治议题的立场分歧严重；另一方面，台湾内部对于政治议题的立场分歧也很严重。

其次，受制于台湾内部蓝绿严重对立的政党竞争生态。国、民两党严酷的政党竞争已使两岸政治对话在台湾社会被窄化处理。在台湾民众概念里，两岸政治对话等同于统一谈判，而统一在目前台湾多数人的认知里就是大陆“吞并”台湾的代名词。因此，排斥甚或反对统一就成了目前台湾社会的多数民意。在如此台湾民意的认知下，马英九当局不敢也无意与大陆进行政治对话。

第三，受制于美国对于两岸政治对话的疑虑颇深。美国因素一直是两岸关系和平发展中的重要影响因素。虽然美国认同两岸关系和平发展对于降低区域紧张的积极意义，但对日趋紧密的两岸关系对于美国利益的排斥则极为紧张。“以台制华”仍是美国在平衡战略中处理台湾问题的政策思考。以此出发，美国不但不乐见两岸政治关系的发展，且对两岸经贸关系的持续扩大与深化也有疑虑。马当局亲美先于和陆的政策思维决定了美国的疑虑对于两岸政治对话的牵制力。

---

① 《坚定不移沿着中国特色社会主义道路前进为全面建成小康社会而奋斗》——胡锦涛主席在中国共产党第十八次全国代表大会上的报告（2012 年 11 月 8 日），人民出版社 2012 年 11 月第 1 版，第 45 页。

因此，马英九当局在其执政满意度不高的情况下对于两岸政治对话消极回避，以至于一开始由其主动倡议的两岸和平协议、军事互信机制成了避之唯恐不及的议题。

3. 两岸民间对于政治对话已有尝试且热情很高

事实上，两岸民间政治对话早在2009年以后就不断地被尝试。2009年11月，由台湾“太平洋文化基金会”主办的“两岸一甲子”学术研讨会在台北举行，两岸与会人员达110多位。由于参加者不但包括多位接近两岸决策核心的重量级智囊学者，还包括前官员和军事人员，且探讨的是包括两岸政治、经济、文化、军事、涉外事务等领域的诸多敏感议题，因此广受关注。这是两岸重量级专家学者第一次公开并大规模地在台湾就涉及包括政治议题在内的各种议题进行综合性研讨，有一定的突破意义；2010年4月，台湾“国防部总政战部前主任”许历农率领由23位台湾退役将领组成的台湾新同盟会访问团与20多位大陆解放军退役及现役将领、专家学者就包括两岸军事互信议题等内容进行座谈交流；2012年12月，由两岸统合学会和中国社科院台研所等机构在台北举办的“台北会谈”，首次围绕“强化认同互信、深化和平发展”主题展开交流研讨，对政治对话也交换了看法。与会者除两岸著名学者外，还包括国台办官员、民进党前官员。随着两岸民间政治对话的不断开展，其影响力正在扩散，民间对于政治对话的热情亦水涨船高。

4. 两岸执政者对于民间政治对话在政策上或鼓励或不排斥

由于两岸公权力机关政治对话目前难以开启，大陆在中共十八大后着力推动两岸民间政治对话。俞正声在“2013年对台工作会议”上明确提出“要鼓励两岸学术界从民间角度就解决两岸政治问题开展对话”；[①] 孙亚夫2013年4月在台北参加“辜汪会谈20周年纪念”座谈会时，公开肯定民间对话，表示可以举办民间性质的两岸和平论坛，“便于吸纳两岸各方面学者和有代表性的人士参加，便于反映各方对解决两岸政治难题的看法，便于寻求和积累社会共识”；[②] 孙亚夫在2013年6月的“北京会谈”中表示，在大陆和台湾同属一个中国的政治基础上，在不造成“两个中国”、“一中一台”的情况下，两岸交往中实务部门公权力行使的问题是可以讨论的。

---

① http：//news. xinhuanet. com/politics/2013 -02/19/c _114729415. htm.

② http：//www. 2013chinanews. com/tw/2013/04 -28/4775519. shtml.

两岸民间政治对话因应了深化和平发展两岸关系的阶段性需求。民间先行的方式可以大大降低由官方直接对话的敏感度，并可集中民间智慧，为以后的官方对话作出一定的铺垫，有助于缓解政治对话在台湾的敏感度和争议度。马英九虽对两岸政治对话谨慎回避，但在 2013 年 6 月接受台媒专访时答复涉及两岸民间政治对话的提问时称自己对两岸交流的扩大与深化并未设限，苏起解读这是对两岸民间形式政治对话的正面讯息。显然，就政策面而言，两岸民间政治对话已成为发展两岸政治关系的现实路径。

5. 台湾民众对两岸的连结有较高的认同

两岸民间政治对话升温一定程度上与台湾民意在两岸关系议题上的取向有一定的关联。虽然由于长期受到“去中国化”的影响，台湾社会在“台湾认同”增强的同时，中国认同却出现弱化，但即便如此，民调反映台湾民众对中华民族的认同度仍然非常高。绝大多数的台湾民众都认同两岸民众同属中华民族，都是炎黄子孙。《远见》民调显示，79.6% 台湾民众自认是中华民族一分子。台湾竞争力论坛 2013 年 5 月 9 日发布的民调结果显示，89% 的人认同自己是中华民族。调查指出，2012 年 12 月到 2013 年 4 月的 4 次调查发现，认同中华民族的比例在 86% - 90% 之间。① 台湾竞争力论坛 2013 年 7 月 4 日公布的民调结果表明，若以较务实的角度思考国族认同，也就是同时希望确保台湾利益且有利于两岸和平时，否定中国人的比例会下降；55% 的人认同吴伯雄在北京提出的“一个中国架构”说法，也就是一个“中华民国”包含“台湾地区和大陆地区”来定位两岸关系；85% 的人认同自己是中华民族；47% 支持“习马会”。②

二、两岸民间政治对话的既有形式和特点

目前，已有的两岸民间政治对话的形式主要包括三种：

第一种：纯民间的学者或学术团体的对话形式。大陆对台研究这些年发展很快，拥有不少民间的台湾研究机构和涉台研究的学者；而台湾涉足两岸关系研究的机构和学者也有很多。由于分散而多元，这种形式的交流往往频率高，但影响力比较有限，较少引起关注。

---

① http://news.xinhuanet.com/tw/2013-05/10/c_124691879.htm.

② http://news.sina.com.cn/c/2013-07-05/090527585292.shtml.

第二种：智库社团的对话形式，即是由一定背景或影响力的智库社团举办的规模性的对话形式。大陆有很多智库性质的涉台社团和研究机构，对台工作的现任或卸任官员不乏任职于其中；而台湾也有不少智库性质的基金会或研究团体，有的具官方背景或政党背景，有的具蓝绿实力人物或派系背景，也有的具意见领袖背景。两岸社团智库或对社会有一定影响力，或对执政者有建言献策的影响力，因此，这种对话交流模式具重要且实质意义。该形式最具代表性的当属由大陆社科院台研所与两岸统合学会自 2009 年起迄今共同举办的"两岸和平发展路径系列研讨会"。研讨会虽由民间机构主持，内容却围绕两岸最核心的政治问题，包括认同、互信、史观、政治定位、和平协议等重要议题。特别是 2012 年以"深化和平发展"为主题的"台北会谈"和 2013 年以"探索政治安排"为主题的"北京会谈"，在两岸政治议题上的研讨充分展现了开拓进取的前瞻性。参加者汇集两岸政、军、学界人士，台湾方面除了有蓝营人士外，不乏绿营人士，对话具有一定的实质性。

这种智库社团形式的交流使两岸退役将领或卸任官员也有了对话的机会。除了 2010 年两岸退休将领的交流对话外，2013 年 6 月，大陆的中华文化发展促进会与台湾的两岸统合学会共同举办"筑信研讨会"，近 30 名两岸退役将领和学者共同探讨建立两岸军事互信机制。此外，2013 年，两岸退休涉外官员也进行了规模性的研讨交流。1 月，由方夏文化交流协会和两岸统合学会共同举办的"夏合研讨会"，就两岸涉外事务协商在内的议题进行研讨交流。近 30 名与会者中，包含了首次受邀的两岸退休涉外人员。

另外，大陆与民进党人士也得以通过智库社团的平台有机会进行沟通。2013 年 6 月，由谢长廷担任董事长的台湾维新基金会主办、中国社科院台研所协办的"两岸关系的发展与创新研讨会"在香港举行。台湾与会者由谢长廷领军，成员除学者外，还包括 9 位民进党籍不同派系的现任"立委"、3 位民进党籍市议员和 1 位民进党籍县府处长。大陆则由国台办副主任孙亚夫以海峡两岸关系研究中心主任身份领军，成员包括大陆北、中、南台湾研究重要智库的学者。虽然谢长廷定位香港研讨会为思想与政策研讨会，不是政治谈判或对话，但从与会者涉及的研讨内容看，涉及红绿政治立场方面的言论并不少。

第三种：政党对话形式。两岸之间的政党交流始自 2005 年连战以国民党主席身份首访大陆，目前主要以国共交流为代表，主要包括国共两党领导人会面及两岸经贸文化论坛等非官方形式。2005 年以来，国共已形成了年度交流机制，每年度不但有高层会晤，也有国共论坛。2012 年在哈尔滨举行的“国共论坛”上首次增设“两岸和平发展”小组，开始讨论政治议题。时任政协主席的贾庆林提出两岸同属一个国家的想法。2013 年“习吴会”上，习近平提出推动两岸关系发展的四点意见：坚持从中华民族整体利益的高度把握两岸关系大局；坚持在认清历史发展趋势中把握两岸关系前途；坚持增进互信、良性互动、求同存异、务实进取；坚持稳步推进两岸关系全面发展。吴伯雄则表示，两岸各自的法律、体制都主张一个中国原则，都用“一个中国架构”来定位两岸关系，而不是“国与国”关系。“习吴会”的重点在于马公开授权，吴有代表性地传达马的想法使两岸领导人有机会间接对话。作为两岸的执政党，国共党际交流平台对于两岸关系发展有一定的先导作用，是非常重要的一种对话形式。

从既往的两岸民间政治对话看，其对象包括：学界、智库、党政军人士及意见领袖，话题论及包括认同、互信、政治定位、军事互信、国际空间及和平协议等，呈现平台的多元性和对象的广泛性以及内容的包容性。同时由于约束少，因此表现出相当的创意和前瞻性思考，有一定的探索性。

三、两岸民间政治对话的功能和作用

两岸政治互动是两岸关系全面发展的重要组成部分，和平发展阶段的两岸政治互动从政治对话入手，以政治谈判为目标，最终达成军事安全互信机制以及签署两岸和平协议。一般而言，政治对话是指地区间、国家间以及政治团体间通过正式或非正式的沟通，以获得某种共识的活动。因此，很显然，政治对话的对象一般应该是官方。而两岸关系发展中之所以出现民间政治对话的倡议，则是因为两岸关系特殊性所致。由于台湾社会目前的政治生态，两岸公权力机关政治对话的环境与条件尚未成熟。但为了和平发展的两岸关系能够稳定持续地深化，两岸政治对话须以民间为起点，逐步探索政治议题的解决之道，必须积极主动地营造有利于进入公权力机关政治对话的环境与条件。

两岸民间政治对话应该成为未来两岸公权力机关正式对话的前奏，它是一种在当前两岸无法通过正式授权管道进行政治对话时由两岸民间先行探索的铺垫对话，时机成熟后则再由双方授权管道接手。两岸民间政治对话须对两岸公权力机关的政治对话产生先导作用。

政治对话民间先行遵循了先易后难、循序渐进的互动原则。民间相对于政府部门而言，具有某种程度的非正式性，对话中的分歧不至于对两岸关系造成直接冲击。民间政治对话非正式的特点比较容易打破台湾分裂社会甚或美国质疑的牵制，是先易后难、循序渐进的两岸互动原则在政治对话程序上的具体表现。

鼓励、支持民间展开具有建设性、前瞻性的政治对话是铺设两岸高层政治对话的重要路径。两岸民间政治对话须为两岸高层政治对话铺路搭桥。

首先，路径的铺设须有一致的方向。两岸民间政治对话需界定功能性目标。两岸民间政治对话须着力于解决两岸关系和平发展的制度化和稳定化，即旨在为和平发展的制度化、稳定化排忧解难，创造一个切实可行的路线图。

其次，路径的铺设须有明确的对话步骤。对话步骤牵涉对话议题设定，对话议题设定应包含现实和未来两大方向，与两岸关系相关联的政治性议题均可涉及，同时还可包含对于两岸高层政治对话的机制和内容探讨。由于承担造势铺路的功能，两岸民间政治对话必然主要围绕敏感政治议题。由于需求不同，目前两岸各方感兴趣的对话内容各有侧重。大陆关注的内容主要包括：两岸尚未统一前政治关系合情合理的安排；结束两岸敌对状态，建立军事安全互信机制；和平协议问题；一个中国框架的共同认知与大陆和台湾同属一个中国的认同表述。台湾关注的内容主要包括："中华民国"定位；台湾的"国际空间"。另外，民进党方面则特别凸显民主人权的对话。董立文在《两岸政治对话的美丽新世纪》一文中强调民主人权对话可以"把主权之争扩展向价值、制度之争；把政治对话转变为文明的对话"。① 由于两岸需要讨论的政治议题很多，为了更好地体现为现实两岸关系服务，需要对共同关心的政治议题作出梳理，在此基础上按照先易后难、先急后缓原则将对话内容做一先后顺序排列。综合而言，两岸需要着重处理的敏感政治议题主要包括：国家尚未统一前两岸政治关系的安排；两岸和平协议；军事安全互信机制；台湾参与国际活动。基于两岸关系发展的实际需要，统一前两岸政治关系的探讨最具迫切性，应该成为对话的首要关键议题，宜集中力量攻坚克难，对此一事关两岸关系的深层次、战略性重大问题进行富有成效的沟通

① 台湾《新新闻》第1370期，第10页。

与对话，集思广益并在此基础上进行前瞻性思考，以提出务实和具有建设性的共识性意见。

第三，路径的铺设须有机制化的设计。由于承担造势铺路的功能，两岸民间政治对话在保持多元渠道的同时，须致力于机制化的建立。两岸民间政治对话的机制化建设须注重形成以智库社团对话为主渠道的对话机制。为此，两岸有识之士已经提出了很好的建议。2012 年的国共论坛曾提出和平论坛的倡议；国民党荣誉主席连战在 2013 年 2 月的“习连会”上曾提出民间办理和平论坛的提议；刘兆玄 2013 年 4 月 28 日在台北举行的“辜汪会谈 20 周年纪念”座谈会上表示，两岸民间应成立共同智库和举办论坛，不分党派和意识形态，来探讨有争议、敏感的政治问题，理性探讨中华民族的未来。①；蔡玮教授建议两岸在和平论坛的架构下成立共同智库，甚至考虑建立常设的秘书处，双方都把事情按照大、中、小，重要性列出一个序列，看看那些是可以先做，哪些必须后做，做得成、做不到的原因，列出负责主管单位及相关时程。大陆已表态支持举办民间性质的两岸和平论坛，认为举办和平论坛，是一个很好的办法，也是一条可行的途径，期待两岸和平论坛能在 2013 年内举行。从两岸目前反应看，大陆意愿强烈，态度积极；台湾也不乏有兴趣的民间团体。作为两岸未来可以也是能够推动和经营的民间政治对话的机制化平台，和平论坛值得期待。为了凸显社会力和影响力，和平论坛的参与者须体现多元性和代表性，既要有学术精英，也要有意见领袖；和平论坛的成果须有共识性意见的累积展现。从有利于和平论坛的推展看，两岸民间共同智库的规划也是一个值得思考的方向。

两岸两会谈判是得到官方授权的一个渠道，以往是经济性、事务性协商谈判，未来在以经济性、事务性议题为主的情况下可否思考择时尝试处理一些政治性问题。

第四，路径的铺设需要有利于政治互信的累积。两岸政治对话的开启有赖于双方善意的表达。两岸民间政治对话须是增信释疑、聚同化异的过程。由于是非正式、非官方，民间政治对话可不设限制和框架。对象的广泛性有利于在广开言路的基础上增加了解，促进理解，换位思考，建立共识。双方应协同努力在各自关心的核心政治领域取得进展，逐步消除在政治关系、军事安全、涉外事务等方面的隔阂和误解，增进理解和信赖，从而为今后开展

---

① http：//www. chinanews. com/tw/2013/04 －28/4774867. shtml.

正式的两岸政治对话积累经验，营造社会氛围，以民间互信推动高层互信。期待两岸民间政治对话成为双方扩大了解、增进互信、拓展合作的重要平台。

第五，从各说各话、畅所欲言进入互动交流、寻找交集乃至发挥创意、建立共识是两岸民间政治对话的发展路径。两岸民间政治对话旨在讨论事关两岸关系发展的全局性、战略性、长期性问题，因此需要累积信任，相互磨合，共创未来，在这一过程中实现谅解、达成默契，达成共识。两岸民间政治对话先要经历各说各话的阶段，这是一个互相了解的阶段，在此阶段双方都需各抒己见，倾听彼此。两岸民间政治对话再要进入寻找交集的阶段。这是一个互相理解的阶段。在此阶段，双方都需换位思考，善意相待。最后，两岸民间政治对话还要进入建立共识的阶段，这是一个达成谅解的阶段。在此阶段，双方需发挥创意，展现前瞻智慧。

两岸政治关系发展的法律机制探析

福建省社会科学院现代台湾研究所　叶世明

两岸政治关系发展的法律机制是指调整和规范两岸在政治关系领域的规范和制度的总称，统摄两岸政治关系的法律和协议的总概括性概念。它在解决两岸政治议题，发展两岸政治关系上具有基础性和关键性作用，是保障两岸政治关系稳定发展的制度因素和结构性因素。构建两岸政治关系发展的法律机制，包括两岸政治关系发展的宪法机制、两岸政治关系发展的行政法机制，以及两岸政治关系发展法律障碍的解决机制等。本文将从和平发展的视角对两岸政治关系的法律属性、为什么需要法律机制以及构建两岸政治关系发展法律机制架构包括哪些主要内容等问题进行讨论。

一、构建两岸政治关系发展法律机制的释义

（一）两岸政治关系的法律障碍与法律属性

两岸最棘手的问题便是台湾与大陆之间存在着法理事实与政治事实认知上的落差。两岸对政治定位的现实认知不同，以致两岸各执一端，各依其理，无法妥善地按照现行的国际法和政治学学理来定位两岸之间的政治关系，两岸互不承认对方法律和公权力机关的合法性，导致法律适用和法律协作等一系列困难，衍生出许多问题无法解决，甚至使正常的法律业务无法开展，形成阻碍两岸政治关系发展的法律障碍。对台湾问题（两岸政治关系）的法律属性的认识，我们经历了一个逐步深化的过程。长期以来，大陆政界、学界和普通民众对台湾问题的认识主要停留在政治层面，较少从宪法和法律角度来思考台湾问题。与此同时，“台独”分裂势力却不断鼓噪“宪改”、“公投”等活动，以期实现“台湾法理独立”。“宪法”和“法律”俨

然成为“台独”分子谋求“台独”的重要手段。随着“台独”分裂势力运用的手段逐渐从政治领域向法律领域尤其向宪法领域转移，我们也逐步认识到了台湾问题（两岸政治关系）的法律属性。从法律角度而言，一方面，尽管两岸尚未统一，但两岸同属于一个中国的法律事实从未改变；另一方面，台湾问题实际上是中华人民共和国宪法与法律是否能有效适用于台湾地区的问题，是两岸法律体系之间的关系问题。而且台湾问题最终也应通过合乎宪法和法律的途径解决。《反分裂国家法》是我们认识台湾问题的法律属性的标志性成果，它将中央的对台政策法制化，已经成为我们对台工作的基本法律依据之一。就目前而言，我们不仅需要通过《反分裂国家法》重申一个中国原则，表明我们对台湾问题的基本态度和基本政策，而且还需要建构一套包括各个门类、各个层级的规范性文件在内的法律体系，对处理两岸政治关系进行全面、整体、明确的制度安排和程序设计，以期通过法律机制促进两岸政治关系发展。马英九也把修正“两岸人民关系条例”列为第二任重大施政目标。有鉴于此，我们极有必要从法学角度深化两岸政治关系法律属性的认识，完善两岸造法机制并研究如何运用宪法和法律手段解决了两岸政治议题，深化两岸政治关系发展的法制化进程。

（二）法律机制对于促进两岸政治关系发展的意义与必要性

法律的主要特征是程序性和理性，而法律要求人们服从合乎正义和理性的规则。探寻人类政治文明的发展规律可知，政治问题法律化是人类社会发展的必然趋势，也是人类政治文明成果的结晶。我国已将“依法治国、建设社会主义法治国家”写入宪法，依法执政已成为我们党治国理政的基本形式。因而，通过合乎法律的途径促进两岸政治关系发展也是必然的选择。法律机制对于发展两岸政治关系的重要意义，可以从两个方面来认识：一是法律机制为两岸政治关系发展提供了制度动力：二是保证了两岸政治关系发展的结构稳定性。比如，通过法律机制解决两岸政治议题可以增强解决问题的正当性；法律可以将有关民族认同和国家认同的共识规范化，运用规范的明确性、稳定性、强制性维护共识的权威性和有效性。不仅如此，两岸政治关系发展是未来祖国完全统一的前奏，法律机制对于提高两岸政治互信有着不可替代的作用。

构建两岸政治关系发展法律机制，一方面将“和平统一，一国两制”的主张法制化，不断丰富其实践内涵，为两岸政治关系发展奠定法理基础；

另一方面又建立相应的配套制度，将和平发展的思想具体化、程序化，使其能发挥实效，并以法律形式加以体现，可以提高政策的科学性和权威性，并加强政策的宣示效果，也可借助法律固有的稳定性、明确性特征，达到稳定台湾人民心理、震慑“台独”分裂势力的目的。因此，运用法律思维处理台湾问题，以法律手段反对和遏制“台湾法理独立”，以法促统、依法统一，在决不承诺放弃使用武力的前提下，按照宪法和《反分裂国家法》规定的各项原则、方针、政策处理两岸关系，用宪法和法律的武器震慑、制约、打击“台独”分裂势力，具有极为重要的意义。我们应充分认识法律机制解决两岸政治议题的主要意义，在对台工作中树立法律思维，以合适的法律规范合理地表达两岸共识，从而充分运用合乎法律的途径来处理相关问题，这对于最终实现祖国统一将具有重要的战略意义。

我们有必要在法学理论和法律技术的作用下，通过吸收现有工作方式和制度创新，将两岸政治关系发展的主体、客体、内容、程序等诸要素用法律形式加以明确，从而形成具有一致性、明确性和稳定性的法律机制。通过制度设计与实践，促进两岸政治关系发展，保障台海地区的稳定。如果我们给构建两岸政治关系发展法律机制下一个粗浅的定义，那么它可以被概括为调整两岸关系和平发展过程中各种事务的法律规范、法律制度和法律运行的总称。在实践中具有多元性，即在实践环节上，宏观层面的两岸政治定位、中央和有关部门依法开展的各项涉台活动，两岸有关机构相互接触、合作等活动，以及微观层面的司法裁判、行政执法行为和公民所进行的法律活动等，都构成两岸政治关系法律实践的一部分。具体说来，是将两岸政治关系发展转化为立法、执法、司法和守法的过程，通过对法律制度的贯彻落实，一方面使法律成为促进两岸政治关系发展的有力手段，另一方面则形成有利于两岸政治关系发展的法律秩序。两岸政治关系发展的持续动力来自制度通过对规范的实施和保障而产生的驱动，并将之转化为一种稳定的结构。

二、两岸政治关系法律机制的主要表现形态

（一）两岸政治关系发展的宪法机制

宪法在构建两岸政治关系发展的法律机制中居于核心地位。我们应重视宪法在国家统一过程中的重要作用，运用宪法思维来判断和解决两岸关系发

展过程中所面临的问题。在宪法中确认国家统一的事实与目标，可以为两岸关系和平发展和最终完全统一提供宪法上的依据，又构成在两岸互动中争取主动权的法律资源。两岸政治关系发展的宪法机制包括三个层面：其一是成文法典意义的宪法；其二为以宪法解释为主的宪法变迁形式；其三是具有宪法性法律性质的两岸和平协议与《反分裂国家法》等。党的十七大报告中首次提出“和平协议”这一重要概念，如同“九二共识”一样，“和平协议”将在凝聚两岸最大共识的基础上形成，将成为构建两岸政治关系发展宪政机制的基础性规范。可以预见，台湾地区的地位、台湾当局的性质、两岸关系和平发展的基本框架等重大问题，都将在“和平协议”中有所体现。当然，就目前局势而言，“和平协议”仅仅是一个基本设想，至于其内容、签订方式以及效力等问题均需进一步研究。

（二）通过释宪途径界定两岸政治关系的性质

就目前形势而言，在宪法层面界定两岸政治关系的性质十分必要。台湾问题是中国内战遗留问题。由于种种特殊的历史原因，新中国制定的宪法从未在台湾地区有效实施，现行宪法在台湾地区的效力和台湾地区在现行宪法中的地位等问题，在宪法中也没有说明。目前，中央对台政策主要表现为中央领导人的讲话和有关部门的重要文件，尚属于政策性规范，多数未转化为法律规范。上述问题都是对台工作的核心问题，既要体现法律性，也要体现政策性；既要考虑到宪法和法律的权威，又要顾及中央对台政策的延续性；既涉及对已有宪法规范的解释，也涉及对宪法未明确规定事项的阐明。从宪法学角度而言，解决上述问题最适宜的方法莫过于宪法解释。通过释宪厘清台湾问题的性质，其另一作用是可将中央的对台政策宪法化，使之成为具有宪法位阶的法律规范。从而起到仅从政策层面定位难以达到的效果。同时，善于运用宪法解释的方式，在个案中依据宪法的规定，平衡各方观点，既坚持统一的总体原则和方向，又不失时机地开放两岸政治关系深入发展的制度空间。

（三）通过共同修宪维持过渡性平衡

在我国政治实践中，通过宪法确认政策及其变化的主要方式是宪法修改，具有政治性的宣示意义。从两岸关系和平发展的长远趋势与国家统一大局来考虑，两岸未来要共同破解政治难题，其实无法回避共同修宪的问题。

过去的经验证明，即便是事务性、功能性商谈，只要涉及到公权力，更进一步的交流合作往往受阻于两岸关系政治定位的模糊不清，两岸关系和平发展也会因为外在环境缺乏安定性而无法得到稳定、持续发展。两岸关系“政乱则经慌”的局面也证明了这一点。可以说，对两岸政治关系性质的界定是对台工作的核心问题。这最终需要体现在两岸共同修宪的形式上，将给予台湾当局适当的法律定位与“一个中国”的法律化联系起来。从两岸政治对立及认同差异的现状来看，以两岸政体归一、政权合并、权力统一（传统的政治统一）为目标的全面性修宪的条件和时机并不成熟。积极且务实之计，是探讨局部性修宪的可能，亦即暂时不变两岸宪法本文，共同增加一段内容相同的宪法前言。目的是在两岸共同事务（经济合作制度化、人员与文教交流密切化等）与对外事务（台湾参与国际组织活动、两岸涉外双边与多边关系等）上建立“两岸一中”与“过渡性分治”的平衡。共同宪法前言的内容应该包括以下基本要点：两岸同属一个中国，两岸应共同维护“一个中国”原则，反对国家分裂，促进共同的国家认同。

（四）两岸行政事务的法律协作

台湾问题具有高度的复杂性，涉及经济、政治、文化、社会、外交等各个领域，牵涉公权力与公权力之间、公权力与私权利之间，以及私权利与私权利之间的错综复杂的法律关系。因此，构建两岸政治关系和发展框架的法律机制也具有复杂性。具体而言，公法所针对的问题包括两点：其一是具有根本性的台湾地区及台湾地区公权力机关的地位问题，此类问题主要通过宪法规范加以解决；其二是两岸公权力机关对涉台事务如何处理的问题，这些主要通过行政法规范来解决。与日益活络的民间交往及经贸交往相比，两岸公权力机关之间并无任何直接接触，甚至在某种程度上还处于敌对状态。但这一局面并不能削弱行政立法在两岸政治关系发展中的重要地位。大陆行政机关与台湾籍相对人之间的行政法律关系，已经从原来单纯的出入境管理，扩展到投资经营管理、税务管理、教育管理、基础设施建设管理、旅游事务管理、户籍管理等多个部门行政法领域，包括行政处罚、行政许可、行政给付、行政救助以及行政合同等主要行政行为形式在内，而一些台商也开始运用大陆的《行政复议法》和《行政诉讼法》维护自身的合法权益。与民事立法和商事立法相比，行政立法具有相当的复杂性，涉及一系列敏感问题，只能循序渐进、逐步建立，并在立法前加强沟通与协调，建造“两岸法”，因为，各自的域内法已不能满足两岸关系和平发展与政治关系发展的需求。

三、构建两岸政治关系发展的法律机制的精神与实践

（一）原则性与灵活性

两岸政治关系发展的法律机制基础是宪法观念和宪政建设的聚同。那就必须是全力以赴真正实现“依宪治国”的宪政建设。首先，依宪治国就必须强化和施行宪法至上的原则，必须恪守“一个中国框架”的国际国内法原则。“宪法至上”和坚持“恪守一个中国框架”，实际上就是两岸中国人民利益和共同意志至上，就是用宪法的实现性和时效性来凝聚两岸人民恪守一个中国宪法，让宪法一中框架扎根于两岸民众，贴近两岸社会生活。同时，转变在两岸关系问题上的思想文化误区，我们必须尊重历史，绝不能割断历史，也就是用尊重孙中山先生领导的新三民主主义革命和毛泽东领导的新民主主义革命的历史成果，给这两段历史的发展以一定的科学的法律的定位和辩证唯物主义观点的法律定位。

其次，构建两岸政治关系发展法律机制，必须确定一个中国原则和“九二共识”的政治基础。将一个中国原则从政治原则上升为法律原则，一个中国原则是发展两岸关系和实现和平统一的基石。也是两岸关系任何机制建立和维持的基础和前提。两岸共同维护中国的领土主权完整是务必坚守的原则，以推动两岸和平发展、共存共荣，兼具合法性与有效性、可接受性与可行性，进而在此基础上探讨符合政治现实和法理规范并面向未来、双赢的定位方案。

构建法律机制的过程就是各种利益集团之间的博弈过程，就是不同利益主体通过斗争与妥协寻求交汇点的平衡过程，是反复讨价还价和理性选择基础上博弈的结果。期间斗争固然重要，妥协同样不可或缺。如果各个利益主体自行其是，互不妥协，就难以找到共同支点，其结果必然导致问题悬而不决，妥协让步是以承认社会分歧与政治冲突的合理存在为前提的。在“一中原则”下的两岸政治定位可以适当保留弹性空间。法律机制构建的过程就是各方进行协商或沟通，并相互妥协达成一致的过程，其成果一般需要通过达成协议或成立相关机构来体现和落实。通过谨慎的主动选择，回避分

歧，不触及那些可能破坏交流互信乃至进程的问题，这种方法在解决事务性的问题上较为有效，在时机成熟时，两岸在政治定位问题上不应回避责任，而是要实事求是地面对分歧，推动两岸互动向更高层次发展，进一步建构共同的规则和制度。

（二）经验理性与建构理性的有机结合

经验理性与建构理性是近代以来流行于西方的两种不同的认识论和方法论，也是人们探求知识与改造世界的两种不同的思维方式和路径选择。经验理性和建构理性互有短长。经验理性更贴近现实，有利于社会的秩序稳定与持续发展而建构理性可以充分发挥人的主观能动性和历史首创精神，积极推动社会进步。经验理性特征更突出地体现在正视社会存在多元利益及其冲突的客观事实和善于通过妥协以化解政治矛盾的态度和方式上。理性建构也不是凌空蹈虚的，而是脚踏实地的。因此，单纯的经验理性和建构理性都具有片面性，正确的选择应是将二者有机结合在一起，扬长避短，优势互补。在两岸政治关系发展的法律机制的构建上体现经验理性与建构理性的有机结合。

一方面，历史的经验表明，每解决一个重大问题，每向前迈出一步，几乎都是冲突各方互谅互让的结果。因而，在创建两岸政治关系发展的法律机制过程中，在坚守基本原则的前提下，经常通过必要和适度的妥协让步，以解决各种矛盾冲突，达到利益的整合平衡。如，为两岸政治定位方案必须立足现实、面向未来、兼顾事实与情感，在可持续地维护中国主权、领土完整的基础上，充分考虑和尊重台湾人民的感受，协调两岸，有效性与合法性并重。其中，第一个要点表明两岸同属一个中国，相当于将“一个中国”政治原则再法律化，为第二个要点“互不否认对方为有效治理的政治实体”提供了政治前提和宪法约束，“两岸一中”与“过渡性分治”共同入宪，是两岸和平统一的重要阶段。结合现实及和平协商的考虑来看，压制分歧或“搁置争议”在一定时期内具有可取性。本着“妥协”精神，求同存异，寻求调适之道。一是体会到台湾岛内特殊的政治环境和两岸关系特殊的历史背景，为了使大陆的对台政策主张尽可能地被台湾民众所了解、理解和接受；二是为了在两岸接触商谈时，为台湾当局和两岸政治关系的处理留下余地，以便在维护中国的主权和领土完整不容分割的前提下，争取两岸互利双赢的结果。从当前两岸的情势来看，“搁置争议”成为双方达成默契的灵活策略，即可能将两岸政治定位的分歧压制和搁置。此外，政治法律、文化传统、历史经验、思想家的理论指导、立宪先贤们的个人才智与贡献，都是不容忽视的重要因素。

另一方面，构建两岸政治关系发展的法律机制需要两岸积极自觉地去“构建”，用法律的语言规避政治的争议，用法律的权威克服政治的盲动，形成法治型的两岸政治关系发展模式。以《反分裂国家法》为核心，制定专门以处理两岸政治关系为目的的法律体系，从而将中央的对台政策法律化。同时，两岸只有举行政治谈判并签订，才能改变两岸关系在过去20多年的时间里经常是跌宕起伏，徘徊在“危机”、“紧张”、“缓和”、“改善”之间的局面。在谈判中，各方不应使用涵义模糊的各种文字和语言，尤其在政治契约中不能存在两种以上的涵义或解释，以免日后各方利用不同涵义引发更大的争议；在签订政治契约后，各方应该认真履行政治契约，只有这样，才能消除各方之间的冲突，才能依据政治契约维护和平与共赢。当前两岸关系已经迈入和平发展的新时期，更需要通过理性建构法律机制，尤其是建构一个具有基础地位与能起统帅作用的宪制性协议，为可持续的两岸关系和平发展提供基础性的规范。

实践证明，将经验理性与建构理性有机结合起来，互不偏废，两条腿走路，是顺利踏进法制大门的一条成功之道。我们考察政治组织和制度安排，总结继承国内外正反两方面的历史经验，并将其视为宝贵的经验加以吸收运用，而反对坐而论道、闭门造车，单凭逻辑构思就轻率地进行无把握的政治试验。同时，有必要将国际公法与两岸公法综合起来，考虑一般的国家同一性与特殊的政府继承形式之间的政治平衡，并重新审视两岸政治关系背景下的基本政治概念，结合新形势与新问题进一步充实这些基本概念的内涵。

（三）搭建两岸政治关系发展法律机制的造法平台

构建两岸政治关系发展法律机制需在一定的目标指引下，遵循一定的原则，通过适当的程序或路径，经过各方努力达成一定的成果。构建两岸政治关系发展法律机制的首要任务是要搭建沟通、协商或谈判的平台，这就需要明确参与机制化的两岸双方的角色定位和建立协商制度和机构。两岸要想直接通过官方管道搭建机制化平台有一定的难度，双方只能务实采取建立某些会议制度和协调机构的方式，来间接搭建协商交流平台，如两会机制、党对党沟通平台机制、民间对民间协商机制等机制化产物。在严格意义上说，我们所探讨的两岸政治关系发展的法律机制不应是各自的域内法，而是“两岸法”，这就需要凸显和完善两会框架及相关平台的造法性功能。比如，海峡两岸的民间组织可以起草海峡两岸统一的法律文件，提交海峡两岸的立法机关审议通过，以法律的统一促进海峡两岸政治的统一。此外，台湾方面若能借助于修改“两岸人民关系条例”的历史契机，为海峡两岸的政治交流提供法律上的空间，那么，海峡两岸的政治和谈指日可待，海峡两岸的人民就会充分发挥自己的聪明才智，为海峡两岸政治关系的发展提出建设性的意见。

四、结语

法律机制是两岸政治关系发展的制度动力，它嵌入两岸政治关系发展框架的结构中，并起着强化这一结构的功能。根据中国共产党与中国国民党两党就两岸关系法律架构描绘的大致的轮廓看，未来两岸关系的法律架构不同于目前世界各国任何一个国家的法律架构，也不同于我国目前内地与香港、内地与澳门的法律架构，更不同于我国大陆地区的现行法律架构。这种法律架构的整体框架是传统宪政理论和实践的一种演绎和延伸。目前而言，从宏观制度思考构建两岸政治关系发展的法律机制，在决策和实务层面都缺乏相应的举措，在研究范畴也有待深入。

由于种种原因，对台湾问题的研究，大多侧重宏大叙事的历史阐述和应景式的对策分析，随着两岸交往的日益深入，当前两岸政治关系僵局构成了两岸关系发展的瓶颈，诸多问题一一暴露，其中绝大多数与法律有关，迫切需要寻求法理上的突破。在和平发展的大背景下，我们应充分认识到法律机制在构建两岸政治关系发展中的重要作用，应综合运用法律手段对台湾问题法律属性进行体认，加强学术研究，为两岸政治关系的法律机制构建提供概念话语和理论指引，构建法治型的两岸政治关系发展模式，始终为台海地区谋和平，为两岸人民谋福祉，从而为祖国完全统一奠定规范的、稳定的、“不可瓦解性”的基础。

参考文献：

1. 周叶中：《论构建两岸关系和平发展框架的法律机制》，《法学评论》（双月刊）2008 年第 3 期（总第 149 期）第 3－12 页。

2. 周叶中:《台湾问题的宪法学思考》,《法学》2007 年第 6 期第 38 - 46 页。

3. 巫永平、郑振清:《重构“一个中国”宪政框架建立台海两岸政治关系新平衡的理论探索(之一)》,http://www.21ccom.net/articles/zgyj/thyj/article_2011100546442.html.

4. 两岸政治谈判的一些法律问题,http://www.zaobao.com/special/forum/pages6/forum_tw080908c.shtml.

5. 朱国斌:《“复合制”:具有中国特色的新型国家结构形式》,http://www.110.com/ziliao/article-3657.html.

6. 魏镛:《迈向民族内共同体:台海两岸互动模式之建构、发展与检验》,《中国大陆研究》第 45 卷第 5 期。

7. 王鹤亭:《两岸政治定位的分歧处理及建议》,《台湾研究集刊》2009 年第 2 期。

8. 李鹏:《两岸关系和平发展的机制化需求与建构》,《台湾研究集刊》2009 年第 2 期,第 8 - 14 页。

9. 祝捷:《联邦德国基本法与德国的统一》,《武汉大学学报(哲学社会科学版)》2009 年第 63 卷第 5 期,第 727 页。

两岸经济关系与政治关系互动路径问题研究

厦门大学台湾研究院　陈先才

根据马克思主义的基本原理，经济决定政治，经济基础决定上层建筑，从两岸关系近三十年的发展历程来观察，在总体上确实体现了这一客观规律。但由于两岸关系又有其复杂的历史背景以及现实因素之制约，其特殊性的一面又相当突出和彰显，那就是两岸政治关系与经济关系的发展进程并不同步，发展节奏并不合拍，当然会对两岸关系和平发展以及祖国和平统一进程产生负面的影响。导致两岸经济关系与政治关系互动路径出现不畅的原因当然有很多方面，其中最为关键的因素还在于两岸双方的互信不足。

当前两岸关系和平发展的新阶段，如何实现两岸经济关系与政治关系的良性互动，为两岸关系和平发展道路保驾护航，不断推进祖国和平统一进程向前迈进，这本身就是一个重大而严肃的课题，对于相关问题的研究与探讨，其现实意义非常重要。

一、两岸经济关系与政治关系互动的现状与特点

（一）现状

在两岸关系长期的发展进程中，两岸经济关系与政治关系的互动无疑成为一条主线贯穿其中。自 1949 年以来，两岸政治关系无疑成为两岸关系的主轴，海峡两岸双方围绕中国代表权的问题进行了长时期的争夺。即使到了李登辉时期，台湾当局开始采取分裂主义路线，两岸双方的斗争，在本质上仍然是政治关系的范畴。双方围绕“台独”与反“台独”的斗争，仍然从根本上没有脱离政治思维的范畴。当然，在这一时期两岸政治关系的互动，

在总体上呈现出全面对抗、相互敌视的特征。同时，由于两岸处于相互敌对和隔绝的状况，双方经济关系完全处于断绝状况，海峡两岸经济关系基本上没有任何的互动。

但自从上个世纪80年代中后期开始，随着两岸民间交往的恢复和开启，特别是台商开始直接或间接到中国大陆投资生产，两岸经济关系至此开始重新连接。此后，随着台商大批到大陆发展，两岸经济关系的重要性日益提升，逐渐成为两岸关系的重要内容，也使两岸关系中的经济因素日益突出。截至2012年2月底，大陆累计批准台资项目86032个，实际利用台资547.3亿美元。[①] 在这一时期，尽管两岸经济关系不断发展，特别是两岸民间经贸关系频繁，合作程度不断加深，但由于李登辉当局及陈水扁当局不断推动“台独”分裂主义路线，两岸政治互信严重不足，台海紧张局势不断升高，也使两岸政治关系的互动陷入困境，并不顺利。在总体上，两岸经济关系与政治关系呈现出“经热政冷”的发展格局。

2008年5月以来，随着国民党在台湾重新执政，两岸关系出现了重大的转折，两岸关系快速改善，在此基础上，两岸经济关系发展进一步得到提升，2010年两岸签署《海峡两岸经济合作框架协议》(ECFA)，为两岸经济关系的正常化奠定了坚实的基础，有力地推动了两岸经济关系的快速发展。

在当前两岸关系和平发展新时期，两岸经济关系和政治关系已成为当前两岸关系的主轴，同时并存，并开始发生作用与影响力。例如在2012年台湾地区领导人选举中，尽管民进党的参选人蔡英文来势很猛，社会支持率不低，但由于台湾多数民众出于对两岸关系的顾虑和经济发展的思考，包括台湾企业界、经济界大佬在选举前夕纷纷出来力挺国民党候选人马英九，台湾民众最终选择了马英九，这充分说明两岸经济因素开始在台湾选举中发挥实质性的影响。

随着马英九连任后，两岸经济关系发展又开始进入到一个新的阶段。台湾当局逐渐放开大陆资本入台，这无疑为两岸经济关系互动提供了新的契机和平台。因为两岸经济关系开始逐渐步入相互投资的新阶段，从而一改过去台资单向流往大陆的不正常现象，这对于推动两岸经济关系正常化发展具有重要的意义。但是我们还要看到，尽管现阶段两岸经济关系越来越成为两岸

---

① 参见中台办、国台办网站“两岸经贸统计”。

关系中的重要内容和主要方面，但两岸政治关系的角色和分量仍然不容忽视和低估，毕竟两岸关系发展为历史及现实困境所制约，只要两岸政治关系在短时期内还没有找到彻底的解套之法，两岸政治关系发展仍然充满困境和挑战，它必然会对两岸经济关系发展带来冲击和制约，因此，政治关系在两岸关系中的分量和重要性仍然不容忽视。

因此，在现阶段两岸关系互动中，两岸经济关系与两岸政治关系成为两条主线，它们时而有交集，时而又平行发展。但从总体和趋势来观察，随着经济关系分量的不断增强，经济关系对两岸政治关系的影响力开始在提升，并呈显性发展，当然目前尚未达到根本性的制约效果。一方面，随着两岸经济关系不断朝正常化方向发展，两岸经济关系发展所展现的政治、经济及社会效应不断彰显出来。例如，两岸经济关系的紧密互动，客观上使两岸民间社会开始重新连接获得了新的动力和契合点，特别是两岸利益的不断结合，也开始对台湾的社会、政治产生一定的影响，包括对“台独”分裂势力的牵制效应也开始显现。

但是，我们也要看到，两岸政治关系的发展并没有与两岸经济关系的发展同步，并没有取得相应的进展。例如，从民调数据来看，绿营县市长基于推销农产品也纷纷来访问大陆，但其政治意识形态并未有大的改变。此外，台湾民心并没有随着两岸经济关系的大幅度发展和改善而朝政治关系方面转化。这可以从台湾各类民调的数据可看出来，两岸政治关系与经济关系呈现出来的“有发展但不同步”的不协调现象值得关注和思考。

（二）特点

首先，两岸经济关系与政治关系的互动呈现出不协调不同步的特点。

一方面，两岸经济关系发展不断有所突破，双方共识不断增加，另一方面，两岸政治关系互动仍然进展有限，步履维艰。同时，虽然两岸经济关系对政治关系的正面影响效应已开始发酵，但其能量并未全部发挥，在很大程度上甚至被折损掉一部分，从而让外界和两岸民众产生心理上的落差和误解。其主要原因在于，两岸双方在经济关系互动上的共识已基本形成，即使是在台湾内部蓝绿双方在这一点的共识也大致具备，这是两岸经济互动较为顺畅的重要原因。而在两岸政治关系互动领域，不但两岸双方尚未取得共识，即使在台湾内部蓝绿的差异与分歧也相当严重，这当然会对两岸政治关系的互动产生极大的制约与阻碍。

其次，两岸经济关系对政治关系的影响总体上呈日益增强的发展趋势。

从总体上来观察，两岸经济关系对政治关系的影响效应在不断增强，这对于两岸关系的长期发展而言是一件好事。随着两岸关系中的经济分量不断突显，经济对政治的影响力自然不断增强，这对于两岸政治关系发展当然会产生正面作用，经济对政治的化学效应自然会发生。特别是随着两岸经济关系的快速发展，两岸利益的不断融合，客观上也会使两岸政治互动逐渐朝良性健康的方向发展。

最后，两岸政治关系对经济关系的制约能力仍然客观存在。

两岸问题在本质上仍然还是政治问题，既有历史上的恩怨斗争，也有现实的利益折冲，但两岸关系的本质和核心还是在政治范畴，当前，即表现为如何实现整个中国统一的政治问题。当前两岸关系互动中，无论是台湾当局的政治定位，还是国际参与方面，都是政治范畴，这些问题的存在，从根本上制约了两岸关系的发展，包括经济关系的发展。这对于两岸关系和平发展是不利的。因为它会从根本上影响两岸经济关系的正面效应及能量释放，当台湾民众对两岸经济合作成效的有感相当有限的情况下，民众的观感和心理自然有很大的落差，自然会对两岸关系发展的认知出现不全面不尽客观的一面，从而减少两岸关系和平发展的群众支持基础。

二、两岸经济关系与政治关系互动的机遇和挑战

当前，积极推动和建构两岸经济关系与政治关系互动的新路径面临难得的历史机遇，当然也有其现实挑战。

（一）历史机遇

1. 大环境有利

自2008年国民党重新执政以来，特别是马英九当局坚持“九二共识”，两岸关系得到了迅速的改善，进入1949年以来最好的历史时期。两岸不但实现了通商、通航、通邮，并签署了包括ECFA在内的一系列重要协议，全面开启了两岸关系和平发展的新阶段。过去几年，两岸在经济、文化、人员、社会等领域的交流合作相当频繁与深入，两岸关系的极大改善客观上有助于两岸经济关系与政治关系的良性互动发展。随着两岸关系的持续发展，

两岸利益的日益结合，两岸民众对两岸关系和平发展的信心和信任度不断增长，两岸关系的积极发展必然有助于两岸经济关系的健康发展，有助于两岸经济关系的正常化。同时，两岸经济关系的正常化以及两岸经济联系的不断密切，也反过来有助于两岸政治关系不断朝良性的方向发展，为两岸政治互信不断充实基础，积累互信，增强共识。在两岸关系大环境改善的有利背景下，两岸民众利益的不断结合，两岸进行政治对话、增强政治互信、确保台海和平稳定机制建构的民意基础自然不断得到增强，这当然有助于推动两岸加强两岸政治协商的进程，有助于两岸关系向前发展。

2. 深水期形势

当前两岸关系发展进入到新的阶段，两岸关系发展进入深水期，如果不推动政治关系的改善，则会对两岸关系包括经济关系的下一步发展有阻碍和影响。而过去四年来，两岸在政治关系互信方面的积累也在增长。这对于两岸经济关系与政治关系的互动新路径当然有利。我们看到，尽管过去几年两岸关系在经贸、文化、教育、人员往来等领域取得了重大的进展，两岸也签署了 ECFA 等协议，也实现了陆客及陆生、陆资等入台，为两岸关系和平发展增添了不少新的积极因素，但是由于两岸在政治关系方面进展有限，特别是台湾方面对两岸政治对话和协商采取消极回避的态度，这在一定程度上使两岸互信的基础受到损害，这对于两岸关系进一步发展有负面的牵制影响。毕竟无论是文化协议，还是 ECFA 的后续谈判等诸多议题，虽然其范畴属于文化经贸议题，与政治议题的直接关联度较低，但其背后的政治因素却客观存在，正因如此，才使得两岸在上述议题的进展相对受阻。因此，在当前两岸关系和平发展新阶段，如果不推动政治议题的进展，则肯定会影响到两岸经贸交流及文化等领域的进一步进展。

在这种情势下，两岸双方都面临很大的压力。对于台湾而言，如果深水期的局面长期存在，自然在一定程度上影响到两岸交流，甚至包括两岸经贸关系的进一步发展，这对于国民党执政当局而言，并非好事。毕竟两岸交流才是马执政的最大业绩所在。而对于大陆而言，当然也需要克服深水期的障碍，不断推动两岸关系向前发展，因此，两岸关系深水期的问题出现，客观上也使两岸发展面临新的机遇和挑战，有助于双方加强合作，推动两岸政治关系与经济关系发展的良性互动。

3. 双方有意愿

两岸双方都有需求。例如在政治上双方都需要积累互信，共同维护两岸的和平与稳定，这不仅符合大陆的利益，也是台湾的现实利益所在。而两岸密切的经济关系也是需要的。所以，在这方面的需求很强。同时，双方都需要把两岸和平与发展的能量释放出来，转化为对己方有利的利基。2008 年以来的两岸关系发展，正是由于两岸双方基于构建台海和平之现实考量，因此双方对两岸和平的意愿相当高，均认为两岸和平是完全符合双方根本利益的。事实上，当前推动两岸在经济关系及政治关系的良性互动，本身就是建构台海和平机制的过程，对两岸而言也是双赢之局面，当然是双方所期待的结局。

（二）现实挑战

1. *台湾层面*

马英九当局不愿意碰触两岸政治关系议题，这是最大的挑战。其原因主要是基于选举选票的考量。国民党执政当局基于选举之考量，担心被对手抹黑抹红，所以在两岸政治议题方面比较保守，不愿意碰触。同时，台湾当局对大陆的防范意识仍然相当强，这是不愿意接触的深层次原因。此外，台湾民间社会对大陆缺乏信任，毕竟经过过去几十年的敌对与隔绝，台湾民众对大陆有诸多的负面认知和不了解状况。这就是问题所在。

2. *两岸层面*

过去四年，尽管两岸关系有了极大改善，但两岸关系中长期存在的结构性矛盾并没有化解，两岸的互信基础仍然相当不足。一方面，过去长达 60 年的两岸对峙及意识形态的对立不易在短短的四年多时间内完全化解。另一方面，当前两岸之间的结构性矛盾并没有随着两岸关系的和缓而得到根本的化解，包括台湾当局的政治定位以及参与国际活动等问题都没有得到通盘解决。正是由于政治互信不足，从而限制了两岸在政治问题上的进展。

3. *国际层面*

长期以来，两岸关系的发展都伴随有外部势力的干扰，美国等国际势力高度关注，政治问题是高度敏感的议题。虽然美国支持两岸关系和平发展，但对于两岸在政治议题上接触仍然关切，不希望两岸的路子走得太快，这仍然是美国的主流共识，在政治议题上当然会牵制台湾。

三、两岸经济关系与政治关系互动的路径和模式

（一）三种可能路径

客观而论，两岸经济关系与政治关系的互动路径极其复杂，绝非单线型发展，而应是多维度的发展模式。

1. 正向路径

两岸经济关系与政治关系的互动路径有可能是正向发展模式，即渐进路径模式。根据马克思主义经济基础决定上层建筑的原理，随着两岸经济关系的日益结合与利益连接，自然会促使两岸政治关系的不断改善，从而推动两岸双方进行政治议题的谈判与协商，这当然是当前最为期待、也最为理想的发展路径。

2. 反向路径

两岸经济关系与政治关系的发展也有可能呈现反向发展的路径模式，即背离路径模式。随着两岸经济关系的快速发展和不断结合，但两岸的政治关系非但没有进展，反而愈行愈远，因为随着两岸经济关系的发展，实力较弱的台湾方面有可能产生担心被大陆掏空的恐惧心理，从而对于两岸任何的政治谈判和政治对话都持高度谨慎与担忧的态度。

3. 平行路径

两岸经济关系与政治关系的发展还有一种可能就是平行路径，即两岸经济关系与政治关系的发展呈现两条平行线，双方之间不存在交集。一方面，两岸双方尽管目的不同，但都有发展经济关系的某种期待，另一方面，双方由于政治分歧较为严重，互信基础不易积累，政治关系进展遥遥无期。在这种情况下，推动双方经济关系互动的动力还在于民间社会。

在当前两岸关系和平发展新时期，两岸经济关系与政治关系的互动路径尚未最终定型，还处在发展之中，特别是上述三种路径的可能性及趋势都客观存在，这是我们需要注意的地方。事实上，对于两岸经济关系与政治关系互动之前景，不可能寄希望于激进的突变，而应当立足于现有的两岸现实政治、经济、文化、社会及氛围状况，应遵循相对合理的思路，在尊重两岸现实的基础上，寻求某种水到渠成的渐变模式。

（二）建构适宜的模式

首先，继续强化两岸经济的融合。

根据马克思主义原理，经济是政治的基础，经济基础决定上层建筑。而在两岸关系互动中，我们要继续深化两岸的经济合作，从而逐步提升经济合作对政治的效应。事实证明，大陆长期以来在对台战略中所坚持的“以经围政”等策略证明是非常有成效的。当前朝鲜半岛的形势也可以借鉴。南北朝鲜之间正是由于经济关系不够结合，纵使双方领导人实现了历史性的互访，但双方关系仍然是激烈的对抗，稳定性不强。而两岸正是由于经济关系结合度高，使两岸关系的稳定度有保障，即使是民进党执政时期，两岸关系相当紧张，但两岸民间交往关系及经贸关系仍然在向前发展，这与朝鲜与韩国关系存在重大差别。因此，继续强化两岸经济的融合与紧密联系，是两岸关系稳定的最大保障力量。

其次，积极强化政治对经济的引导效应。

两岸关系长期以来就有两种力量在拉扯和存在。一种是融合的力量，一种是分裂的力量。当前这两种力量仍然在拉扯之中，民进党和绿营代表的是分裂的力量，其论述主体是过分强调台湾的“主体性”与“独立性”，其后果是使台湾越来越陷入困境。而融合的力量，是强调以和平为基调，为两岸关系发展提供另外的思路。2008 年以后，随着两岸关系的快速改善，两岸融合的力量不断增长，这对于两岸关系的长期稳定发展至关重要，我们要积极引导两岸融合力量的增长。在两岸关系互动中，尽管两岸经济关系是基础，但我们仍然要高度强调政治的功能。两岸关系发展必须要坚持一个中国的基本原则，尽管两岸目前尚未实现完全的统一，但两岸的主权和领土并未分裂，两岸同属一个国家的事实从未改变。我方必须要强调这一基础。特别是在当前两岸关系和平发展新时期，我们应大力加强两岸民间政治对话，为两岸最终解决政治议题创造条件和准备。

再次，重新连接两岸民间社会关系。

当前我们要重建两岸社会的一体化。透过重构两岸民间社会，来推动两岸经济关系与政治关系的良性互动。自 1949 年两岸因内战隔离以来，两岸民间社会就按照各自的轨道发展，最终形成了两种不同的社会发展模式。尽管过去二十多年来，两岸民间社会开始重新交往和连接，但两岸民间社会的差异仍然很明显。这是当前影响两岸经济关系与政治关系良性互动的深层次原因所在。在重新建构两岸民间社会一体化的过程中，我们应努力发掘两岸民间的积极因素和力量，广泛利用两岸民间因素来增强两岸经济的密切度和联系程度，从而不断夯实两岸关系和平发展的稳定基础。同时，由于当前两岸互信不足，我们可以积极开展两岸民间的政治对话，特别是充分发挥两岸民间智库及研究机构的智慧，就两岸政治关系中的重大问题进行探讨，从而不断增强双方的互信基础，不断推进两岸经济关系与政治关系的良性互动。

第四，加强战略与战术的有机结合。

在推动两岸经济关系与政治关系良性互动中，必须加强战略与战术的高度结合，在当前，必须要采取官方主导与民间推动相结合的策略。两岸经济关系的持续发展，并不必然导致两岸政治关系取得重大进展，一味采取等待时机的做法并不可取，因此，要使两岸的经济效应最终能够外溢为政治效应，则必须要有战略上的助推。大陆方面一定要积极为两岸政治关系的互动创造条件，积累基础。同时，除了官方在战略上要主动作为外，还应善加利用民间的力量。毕竟两岸经济关系与政治关系之互动完全符合台湾主流民意之期待，因此，我们应尽可能地发挥民间力量，包括民间资本，民间人士以及民间组织的功能。

第五，强化两岸关系的法律规范问题。

从两岸关系发展的实践以及台湾现有情况来观察，两岸关系发展的法制化至关重要。因为只有把两岸关系互动用法律规范加以确认，其未来发展才具有稳定性。事实上，包括两岸关系和平发展的经济、文化、社会等成果，都应用法律规范来加以确认，都需要用法律来约束，从而防止因台湾政局变幻而使两岸交流的成果受到损伤甚至荡然无存。例如，把过去几年两岸经济交流的成果加以制度化法律化固定化，无疑能为两岸政治关系的发展奠定坚实的基础，当然有助于推动经济关系与政治关系的良性互动。即使未来台湾政局变幻，甚至是政党轮替，但经过法律固定化的成果则不易丧失，其原因主要有两点：一是使其成本上升，变更方要承担更大的责任和风险，从而陷入得不偿失的境地；二是变更法律的难度很大。从而为两岸经济关系与政治关系互动提供更为充足的时间和机遇。

四、结语

两岸经济关系与政治关系的互动路径有很多种发展模式和面向，并不必然只会朝单一面向发展，而两岸经济关系发展也并不必然会导致政治关系的进展，因此，在推动两岸经济关系与政治关系良性互动的进程中，还需要创造更好的条件和气氛，努力推动两岸经济关系与政治关系互动朝良性、健康的方向发展。

推进两岸政经良性互动的策略思考

福建省社会科学院现代台湾研究所　单玉丽

辩证唯物主义认为，经济是基础，政治是上层建筑，经济决定政治，同时政治服务于经济，对经济有着巨大的反作用。目前，两岸经济合作已进入深水区，尽管其中的影响因素很多，但最主要的是两岸政治互信不足，政治对话滞后于经济合作的发展，已严重制约了两岸经济合作的深化。因此，必须在进一步拓展经济合作空间的同时，尽早展开两岸政治对话，强化政治认同，扩大政治共识，累积政治互信，为深化两岸经济合作保驾护航，努力开创两岸关系和平发展新局面。

一、以“九二共识”为基础的政治认同是推动两岸经济合作的主动能

两岸关系最本质的内涵是政治关系，是上世纪40年代末期中国内战导致的两大政治集团对立形成的两个政治板块。就政治关系而言，“中国只有一个，应当统一，也必将统一”。[①] 台湾在其制定的“国家统一纲领”中也明确主张：“在一个中国的原则下以和平方式解决一切争端。”在两个政治板块中，中华人民共和国是国家的代表，台湾是中国的组成部分，这早已在联合国记录在案，是包括美国在内的国际社会公认的客观事实。1972年美国政府在《中美上海公报》中也明确指出：“美国认识到，在台湾海峡两边的所有中国人都认为只有一个中国，台湾是中国的一部分。”蒋介石、蒋经国在台湾主政期间都一再强调“大陆、台湾皆中国领土，不容割裂”。1978年，大陆改革开放，为振兴中国经济，使两岸化干戈为玉帛，开启了两岸经

① 余克礼：《维护政治认同与互信基础，深化两岸和平发展》，《研究要报》2012年8月8日。

济合作的大门。1979 年，全国人大常委会发表《告台湾同胞书》，号召两岸“发展贸易、互通有无、进行经济交流”；1981 年全国人大常委会委员长叶剑英发表《关于台湾回归祖国实现和平统一的方针政策》，呼吁两岸实行“三通”（通航、通邮、通商），“欢迎台湾工商界人士回祖国大陆投资，兴办各种经济事业”；1987 年台湾解除“戒严令”，开放民众到大陆探亲，1989 年 5 月原则允许有条件地开放对大陆间接投资，并开放民间团体赴大陆参加国际商展活动，并于 1990 年 7 月颁布《对大陆地区间接输出货品管理办法》，开放 24 类 2500 项产品赴大陆投资。至此，两岸在一个中国原则的共识基础上，迎来了第一波台商投资大陆热潮。据大陆海关统计，仅 1992 年，两岸贸易额达到 65.79 亿美元，其中，大陆出口 58.81 亿美元，进口 6.98 亿美元；同年台商投资祖国大陆协议金额达到 55.43 亿美元。①

在两岸经济合作取得成效的推动下，1992 年，两岸启动了分离 40 多年后的首次政治对话，即“汪辜会谈”，达成了以坚持“一中原则”为核心的“九二共识”，推动两岸关系进入一个新的历史时期，经济合作很快从试探性、局部性向稳定性、多领域的方向发展。至 2005 年，两岸贸易总额达到 912.3 亿美元，是 1992 年的 13.8 倍，其中台湾对大陆出口 746.9 亿美元，进口 165.5 亿美元；台商对大陆投资 103.6 亿美元，是 1992 年的 1.9 倍。

2005 年 4 月，台湾国民党主席连战访问大陆，国共两党达成坚持“九二共识”、反对“台独”、推进“两岸和平发展”的共同愿景。2008 年国民党胜选上台，同年 6 月 13 日，海协会与海基会在北京恢复了中断 9 年之久的商谈，之后签署了一系列协议，包括《海峡两岸空运协议》《海峡两岸海运协议》《海峡两岸邮政协议》和《海峡两岸食品安全协议》等，推动两岸实现了全面“三通”，有效促进了两岸经贸交流与合作的全面展开。

2010 年 6 月 29 日，《海峡两岸经济合作框架协议》（ECFA）的签署，标志着两岸经贸关系进入正常化、制度化、机制化新阶段。2012 年 8 月，两岸又签署了《海峡两岸投资保护和促进协议》和《海峡两岸海关合作协议》，有效促进了两岸经贸绩效的大幅增长。据大陆统计，2012 年两岸贸易总额 1689.6 亿美元，其中台湾贸易顺差 954 亿美元。② 从 2008 年 12 月两岸“三通”至 2012 年 10 月，两岸进出口贸易总额累计为 5542.7 亿美元。其

---

① 单玉丽主编：《台湾经济 60 年》，知识产权出版社 2010 年 3 月版，第 244 页。

② 《2012 年两岸贸易总额逾 1689 亿美元　台湾顺差 954 亿》，中国台湾网 2013 年 1 月 31 日。

中，大陆自台湾进口额为4384.0亿美元，对台出口额为1158.7亿美元；台湾大陆贸易顺差3225.3亿美元。[①] 2012年大陆批准台商投资项目2229个，实际使用台资金额28.5亿美元；截至2012年底，大陆累计批准台资项目88001个，实际利用台资570.5亿美元。[②] 与此同时，大陆赴台投资也取得新进展：台当局“经济部投审会”统计数据显示，2012年陆资赴台投资案达138件，年增35.29%，投资总金额达3.28亿美元，年增650.11%，陆资赴台投资的件数与金额，皆创开放以来新高。在两岸关系和平发展形势下，两岸金融合作也取得突破性进展，构建了两岸货币清算机制，不仅便利两岸资金往来，而且降低了汇率风险和经营成本。

目前，两岸已签署18项协议，成立了“两岸经济合作委员会”和“投资工作小组”、“研究咨询小组”、“两岸产业合作工作小组”等执行管理机构，第一批两岸经贸社团的办事机构已挂牌运作。目前，两岸已构建四大机制化交流平台，即作为政党交往的“两岸经贸文化论坛”平台，作为授权协商的“两会商谈”平台，作为民间交流的两岸“海峡论坛”平台以及以两岸企业家为主体的“紫金山峰会”交流平台。除此之外，还有大陆各省市为发挥比较优势，推动对台经济合作而构建的许多综合性或专业性两岸交流平台。这些平台尽管定位不同，功能各异，但都不可或缺，彼此间相互衔接、互动互进，形成有机整体，不仅共同推动着两岸经济关系的发展，也不断加深着两岸同胞的情谊。

纵观30多年来两岸关系的发展，不难发现，两岸经济合作取得的成果都是在“九二共识”基础上获得的。在两岸关系和平发展过程中，经济与政治密不可分，“经中有政，政中有经”，经济合作每前进一步都离不开公权力的推动。“九二共识”是两岸经济合作稳步发展和深化的主动能。

二、政治互信不足是制约两岸经济合作深化的主要瓶颈

两岸经济合作关系经过30多年的发展，取得了丰硕的成果。然而，由

---

① “三通”至今两岸贸易总额达5542亿美元。

② 商务部：《2012年两岸贸易总额逾1689亿美元　台湾顺差954亿》，中国台湾网2013年1月31日。

于两岸政治议题一直没有破题，政治关系虽有认同而互信不足，致使经济合作难以深化。因此，在学术界一度出现了对“两岸政经相悖”的担忧，一些台湾学者认为：两岸经贸合作对大陆的经济意义远低于台湾，而吊诡的是，台湾一方面吸吮大陆的经济利益，另一方面却豢养出越来越强的“台独”与“独台”意识。两岸经济合作的开展和人员交流的增加，并没有增进台湾人对大陆的政治信任。2009年5月，台湾“行政院”研考会的民调显示，在2007年至2009年连续三年的民调中，台湾民众认同是台湾人分别为63%、67%和65%，而认同中国人的分别为15.4%、13.6%和11.5%。中国人认同比重出现下降趋势。[①] 2009年5月台湾《中国时报》的民调显示，倾向“台湾独立”的民众比例为33%，比2008年3月大幅增加15个百分点；认为两岸政策维持现状或更保守者的民众比例高达68%；有47%的民众抨击马英九的两岸政策过分倾向大陆。[②] 这是因为当前台湾民众对“国家认同”、“民族认同”、“中华文化认同”、“民主、自由”等政治价值理念认同乃至于“共同家园认同”等还有偏差，影响到政治互信的建立。

台湾出现国家、民族认同缺失主要有两个原因，一是历史因素，二是“台独”势力的干扰。

就历史原因而言，台湾地区400年来经历了荷兰、西班牙、日本等殖民统治，以及郑成功、清朝和国民党政府的统治，近代独特而悲惨的历史经历造就了今日台湾民众的独特心态。特别是日本50年的“皇民化”教育和国民党50年的反共灌输，沉重的历史经历给台湾民众心理埋下了刻骨的伤痕，形成了强烈的“台湾意识”、“台湾情结”。

在“台独”势力干扰方面。从上世纪九十年代中叶开始，由于李登辉、陈水扁当局强力推行“台独”路线，“台独”思潮逐渐泛滥、“台独”势力活动猖獗，致使台湾社会出现了愈演愈烈的国家认同、民族认同、政治互信等问题，使台湾社会陷入蓝绿尖锐对立，两岸政治僵局难以破解。

如上所述，1992年两岸两会达成“九二共识”的核心是坚持“一中原则”，即“两岸同属一个中国”，以谋求国家统一为目标。在李登辉亲自主持制定的台湾“国家统一纲领”中，也明确指出，“大陆与台湾均是中国的

---

① 周志怀：《开创两岸关系和平发展新局面的挑战与动能》，全国台湾研究会编：《进一步开放两岸关系发展新局论文集》，全国台湾研究会2010年6月，第5页。

② 周志怀主编：《台湾2009》，九州出版社2010年4月版，第217页、218页。

领土，促成国家的统一，应是中国人的共同的责任”。[1] 然而，到1999年李登辉却反其道而行之，公然抛出“两国论”，为岛内“台独”势力推波助澜；2000年民进党上台，加紧推行“台独”路线，大肆鼓吹“一边一国”，否认“九二共识”，挑起“统独之争”，在社会上掀起一股“本土化”、“去中国化”的歪风，利用台湾民间独特的历史悲情，不断强化所谓“台湾主体意识”“台湾主体文化”，造成台湾民众政治认同分化扭曲。一些人否定“一中原则”，一些人基于选举考量，从眼前政治利益出发，在“一中各表”上做文章，影响到两岸之间的政治互信和经济合作的深化。

最近一段时期以来，两岸有关方面和经济学家都认为，两岸经济合作已进入“深水区”，进一步强化政治共识，增进两岸政治互信至关重要。虽然ECFA早收清单涉及800多项减税商品，但这只是两岸贸易8000多项商品的一小部分，两岸经济合作深化还有很多事情可做。目前两岸经济合作步入“深水区”的一个突出表现是：两岸两会领导人例行会议由一年两次减少为一年一次，每次签署的协议也从最多的3项减少到1项，每项协议协商的时间越来越长。如货物贸易和服务贸易协议已分别进行了多轮商谈；争端解决协议商谈也未完成；一些合作领域如两岸民众所期待的合作开发海洋资源，保护海洋渔权也无法做到。

两岸经济合作处于“深水区”的原因是多方面的：一是缺少政治层面的制度支持与保障。2008年以来，两岸关系的进展集中表现在经贸领域的合作上，虽然公权力在其中发挥了作用，但政治认同基础只是建立在对相互共同利益的共识上，缺少政治互信对经济合作制度的保障。尤其是台湾方面更多的是基于有利于台湾经济发展的考量，而并非是两岸的共同发展。这也是两岸协商进展缓慢的重要原因。二是两岸经济合作的特殊关系是史无前例的，无论是政治互信的累积还是经济合作的深化，都没有现成的模式可循，需要两岸共同摸索。而显然台湾在如何突破两岸政治议题方面，既没有准备好，也没有多大的意愿。三是由于ECFA后续协议的商谈范围广、内容多，涉及的技术性、政治性问题更加复杂，双方主谈业务部门要在目前政策、体制存在较大差异的情况下进行充分沟通和调整对接存在困难。[2] 四是当前经济发展的起伏波动和不确定性已大大超过理论的预期，后续议题协商缺乏实

① 余克礼：《维护政治认同与互信基础，深化两岸和平发展》，《研究要报》2012年8月8日。

② 高杨等：《不要让“先经后政”变成“只经不政”》，《人民政协报》2012年11月24日。

践参考。这些“深水区”难题的出现和解决，都不可避免地会触及政治议题。增进两岸政治互信越来越成为深化经济合作的必由之路。

长期以来，我们曾经寄希望于“以经济促进政治，以民间促进官方”、“以文化带动经济”理念的实现。然而，实践表明，这些期待虽然在一定程度上是可行的，但一旦进入“深水区”，无论是政治或经济都只能是治标而无法治本。在当前全球经济一体化的环境下，不少台湾工商界和民众仅把大陆看成是重要的贸易伙伴，而并非兄弟之间的互助双赢。民间亲属往来、姓氏宗族联谊，乃至学界和团体的互动，在党派林立、地方势力密布的台湾社会里，是不足以撼动台湾高层神经的。正如台湾淡江大学教授赵春山所说的，分享经济利益并不必然导致深化两岸互信，也不会加强两岸的民族认同、国家认同。① 因此，在两岸经济合作进入“深水区”时，必须有新的思维、新的举措，在政治、经济、文化、社会等领域，发展更多的共同价值，制定更具体的合作规范，建立可行的合作机制，不断累积两岸和平发展所需要的正能量——政治互信，不能为经济而经济，因为任何经济合作都不能独立于政治互信之外。

三、增进两岸政治互信，推动两岸政经良性互动的策略

从政治学理论讲，“政治信任是一种价值认同，也是一种责任期待”，因而价值认同与责任期待是深化政治互信的关键。② 就价值认同而言，两岸政治互信作为两岸共同价值信念的维系系统，是由两岸的政策互动内生的，存在于两岸社会的意识中，起着协调两岸双方行为规则的作用。鉴于两岸特殊的历史经历，目前两岸的政治文化、政治体制、法律制度和社会管理制度等方面都存在明显差异。特别是在60多年的分离过程中，台湾引入西方政治理念和政治体制，形成西方式的选举社会；而大陆则在自己的实践中成功地构建了具有中国特色的社会主义政治体系。基于两岸不同的社会制度及其相应的意识形态，两岸政治互信将是一个漫长的协调与磨合过程。这个过程

---

① 高杨等：《不要让“先经后政”变成“只经不政”》，《人民政协报》2012年11月24日。

② 周志怀：《开创两岸关系和平发展新局面的挑战与动能》，《进一步开创两岸关系和平发展论文集》，全国台湾研究会2010年6月，第8页。

将贯穿于两岸政治、经济、社会、文化、教育等多领域、多层次的合作与互动中，需要两岸各方共同做出艰苦的努力。

（一）推动两岸政治对话，扩大两岸政治互信，为实现两岸政经良性互动提供制度保障

最近一段时间，呼吁两岸政治对话的声浪悄然掀起，究其原因主要有二：

一是中共中央就两岸政治对话再度释出诚意，激起两岸各界的认同和热议。中共十八大报告指出："解决台湾问题，实现祖国完全统一，是不可阻挡的历史进程"，"希望双方共同努力，探讨国家尚未统一特殊情况下的两岸政治关系，做出合情合理安排；商谈建立两岸军事安全互信机制，稳定台海局势；协商达成两岸和平协议，开创两岸关系和平发展新前景"。中共中央台办原主任王毅在诠释"做出合情合理安排"时明确指出，所谓"合情"，"就是照顾彼此关切，不搞强加于人"；所谓"合理"，就是恪守法理基础，不搞"两个中国"、"一中一台"。祖国大陆对两岸政治对话务实与宽容的态度为开启两岸政治对话，深化两岸经济合作注入了新的动力，带来新的希望。2013 年 4 月 8 日，中共中央总书记习近平在博鳌会见台湾两岸共同市场基金会荣誉董事长萧万长时，针对两岸高层对话面临的困难，以"肯取势者可为人先，能谋势者必有所成"的名言，勉励两岸中国人切实把握历史机遇，顺应时代发展潮流，携手推动两岸关系和平发展，共同开创中华民族的美好未来。对此，台湾舆论给予高度评价，台湾《中国时报》发表评论称，"习萧会"定调两岸经济同属中华民族经济，是对台传达的"政治信号"。①

二是两岸经济合作进入"深水区"，政经相悖矛盾影响两岸经济合作的深化。2012 年 10 月，在由两岸统合学会、台湾大学政治学系、台湾大学社会科学院等联合主办的，以"强化认同互信，深化和平发展"为主题的"台北会谈"研讨会上，一些台湾学者和媒体针对台湾当局近期提出的"政治协商不是两岸最迫切的"言论，纷纷发表不同看法。有台湾专家认为，随着两岸关系顺利发展，经贸合作逐步进入"深水区"，两岸应尽早启动"政治对话"，对台湾来说，"政治对话"谈比不谈好，早点谈比晚点谈好；

① 肖师言等：《习萧会带动岛内"政治对话热"》，《环球时报》2013 年 4 月 10 号。

大陆愿意谈且释出善意，台湾应该知道，政治问题拖下去不解决，对台湾更不利。台湾一家主流媒体发表社论认为，两岸“政治对话”是大势所趋，台湾应尽早做好准备，毕竟积极面对比消极逃避好。台湾两岸事务主管部门前负责人苏起也认为，虽然两岸“政治谈判”在马当局任内不太可能做到，但“政治对话”却又不可避免。为此，他建议可采取非官方“政治对话”形式，沟通双方意见，凝聚共识，增进互信，推动经济合作深化。台湾政治大学一位专家表示，当前两岸经济合作已迈入“深水区”，解决经济协商难题离不开政治议题，缺少政治领域对经济合作制度的支持与保障，两岸经济合作难以向纵深发展。还有学者担心岛内外形势多变对两岸经济合作的影响。一方面是岛内“台独”势力的存在，另一方面是美国、日本的干涉和拉拢，而台湾是一个选举社会，政权轮替在所难免，如果不乘现在两岸关系向好之机，通过“政治对话”，把两岸经济合作的体制和机制法制化，一旦民进党上台，两岸关系和平发展的成果将难以维系。面对当前两岸经济合作面临的诸多不确定因素，两岸学界、商界、政界越来越多的人认为，“政治对话”是深化两岸经济合作、推动两岸关系和平发展的当务之急。

（二）健全经济合作机制，提升经济合作水平，为实现两岸政经良性互动奠定坚实的物质基础

在《现代汉语词典》中，所谓“机制”是泛指同一系统中各元素之间互相作用的过程和功能；在管理学上，“机制”是指行为主体的结构、功能和互相作用的方式和原则。“合作机制”即是行为主体为实现互利双赢目的，基于共同价值目标和利益预期而设定的组织机构、制度和共同遵守的合作原则、规范，以及决策程序的体系。因此，作为一个体系，两岸经济合作机制应该不仅是一种制度性合作框架，还应包括组织机构、运行规则、决策程序和共同的利益目标预期。

2008 年以来，大陆秉持“建立互信、搁置争议、求同存异、共创双赢”方针，按照“先易后难，先经后政，循序渐进”的思路，与台湾共同努力，在经济合作领域取得了历史性突破，签署了 ECFA（《两岸经济合作框架协议》），实现了两岸经济合作从功能性向制度性转变。这是两岸共同努力的结果，值得珍惜、维护。但也应该看到，ECFA 只是一个“框架协议”，两岸经济合作的“制度性”建设才刚刚开始，健全两岸经济合作机制，进一步深化两岸经济合作，还有漫长的路要走。

一要巩固发展《两岸经济合作框架协议》的既得成果，充分发挥ECFA框架内“两岸经济协作委员会”的功能，健全“委员会”属下的“投资工作小组”、“研究咨询小组”、“两岸产业合作工作小组”等机构建设，完善其工作机制；加强两岸经济领域的高层对话和协调，加强两岸经济形势、经济政策、经济发展规划沟通，增强经济合作的前瞻性和协调性。

二要着手研究深化两岸经济合作的深层次问题，为深化经济合作提供制度支持，诸如两岸文化合作协议问题、两岸租税互免协议问题、两岸智慧产权保障协议问题，两岸区域经济整合以及台湾参与国际区域经济合作问题等，在解决疑难问题过程中不断积累共识，探索新的合作路径，为深化两岸经济合作增添新的活力。

三要拓展经济合作领域，提高合作水平。（1）加强两岸新兴战略性产业合作。2009年，台湾确定的6大新兴产业和4项智慧产业，与大陆2010年颁布的7大战略性新兴产业，都是基于转变经济发展方式、推动产业转型升级的需要，存在着明显的互补性和契合点，两岸新兴产业合作有利于优势互补，抢占世界经济技术的制高点。（2）深化金融和服务贸易合作。应本着互惠互利原则，尽早完成相关协议的签署。（3）切实抓好农业产业合作。台湾在现代农业管理方面有许多先进的经验，如农业科技推广体系、农业土地利用、农民合作组织、农产品物流、农业自动化、资讯化等，大陆有30多个国家级台湾农民创业园，建议在有条件的“创业园”引进台湾的先进做法和经验，推动两岸农业合作从技术性向制度性合作发展。（4）建立两岸区域性经济合作平台，推进福建成为两岸政经互动的合作试验区。福建与台湾一衣带水，五缘相亲，以福建为主体的“海西区”是与台湾进行社会经济对接、融合试验的最佳区域，在福建探索两岸政经良性互动的途径和模式，对两岸经济合作健康持续发展有重要的现实意义。

（三）加快两岸文化融合，弘扬中华优秀文化，搭建推动两岸政经良性互动的精神桥梁

胡锦涛在纪念《告台湾同胞书》发表30周年座谈会上指出：“中华文化源远流长、瑰丽灿烂，是两岸同胞共同的宝贵财富，是维系两岸同胞民族感情的重要纽带。中华文化在台湾根深叶茂，台湾文化丰富了中华文化内涵。”30多年来，中华文化以其博大的胸怀、强大的生命力，在两岸不同政治制度下为两岸经济交流合作发挥了重要的推动作用。马英九在其2011年

元旦文告中也强调：两岸炎黄子孙应透过深度交流，在中华文化智慧指引下，为中华民族走出一条康庄大道。然而，由于特殊的历史原因和“台独”势力“去中国化”的影响，迄今部分台湾民众对中华文化的认同还存有偏差，随着两岸政治对话启动和经济合作的深化，新的摩擦和竞争将会不断给两岸民众的思想观念带来新的冲击。因此，推动两岸文化融合，对两岸政经互动乃至两岸关系和平发展都至关重要。因为文化既是新兴的产业经济，也是推动两岸经济合作的精神纽带。

一要加强中华传统优秀文化的宣传教育。中华传统优秀文化的特质，包括以和为贵、和合和谐的价值取向；胸怀天下，团结奉献的爱国情怀；节俭自律，自强不息的奋斗精神；扶正扬善，助人为乐的社会公德等，是五千多年来中华各族人民辛勤劳动创造的宝贵精神财富。过去，它激励了一代又一代炎黄子孙为民族和国家进步而不息奋斗。今后，中华文化仍将是维护两岸民族团结和国家主权领土完整的精神食粮。因此要尽快签订“两岸文化合作协议”，深入开展中华文化的宣传教育。

二要协同发展两岸文化产业。文化产业是新兴的朝阳产业，是两岸经济合作不可或缺的重要领域。由于“文化”与“产业”的相互渗透性和文化市场的共生性，“文化产业化”与“产业文化化”双向融合，已成为世界经济文化发展的新趋势。台湾前“行政院长”刘兆玄曾说过，“中华文化是两岸最大公约数”，两岸中华文化血肉交融，文化产业有先天的优势和很好的前景，应从基于中华文化的人、事、物出发，寻找双方合作的题材，整合双方研发、设计、生产、行销等环节的力量，以文化创意产业园区为载体，共创文化产业合作发展新模式。

三要提升文化软实力，共同应对经济全球化的挑战。文化软实力是社会文化领域里的思想影响力、民族凝聚力、市场吸引力，它通过发展模式、价值观、生活方式、制度和政策对外界施加影响，成为一个国家和地区综合竞争力的重要组成。当前两岸都面临着社会转型过程中价值失范、道德危机、文化庸俗化和西方文化的冲击等，提升两岸文化软实力是应对经济全球化和新一轮国际市场竞争的迫切需要。习近平总书记在接见萧万长时恳切地说，希望本着两岸同胞一家人的理念促进两岸经济合作。只要两岸同胞团结合作，共同致力于中华民族的伟大复兴，凡事都从中华民族整体利益考虑，就一定能克服前进道路上的各种困难和阻碍，推动两岸关系和平发展不断取得新成就。总书记把两岸经济合作与民族文化、民族复兴密切联系起来，既对两岸经济合作寄予厚望，又为进一步深化两岸经济合作指明了方向，两岸同胞当共同努力，进一步深化两岸经济合作，拧紧文化交流的纽带，力推政治对话破茧，早日开创两岸政经互动的新局面。

海峡两岸经济政治互动关系初探

南京大学台湾研究所　刘相平

海峡两岸经贸交流呈现出阶段性。第一阶段，1979 年至 1987 年。“两岸贸易已有来往，即海峡中走私风炽，大部分贸易是经由香港、澳门及其他国家”进行的。[①] 第二阶段，1988 年至 2008 年，为合法的“间接贸易”、“间接投资”阶段，呈现出“间接”、“民间”、“单向”的特点。第三阶段，2008 年至今，为“直接贸易”、“直接投资”阶段，是功能性经贸交流向制度性经贸交流过渡、转型的阶段。

在 30 多年的历程中，两岸经贸交流与政治关系的互动十分密切，探析其互动的方式、路径不但具有较大的学术价值，而且对两岸关系的后续发展具有很大的指导意义。

一、大陆在对台经贸政策中的政治意图及其效果

从对台经贸政策法规可以看出，大陆表现出极大的诚意希望加强与台湾的经贸关系。从经济层面考察，大量吸引台资，有助于填补大陆现代化建设中的资金缺口，有助于大陆出口增长，有助于大陆技术进步和产业升级；从政治层面考察，有助于海峡两岸的和平统一。大陆在制定对台湾经贸政策时，充分地考虑了经济和政治两个层面的因素。

1. 在经贸交流过程中，大陆坚持“不以政治分歧去影响、干扰两岸经济合作”的方针，采取“政治、经济分离”的方式。

1992 年 5 月 16 日，唐树备代表海峡两岸关系协会发表讲话，主张“海

---

① 于宗先：《两岸关系与台湾经济》，台湾《“自由中国”之工业》，1996 年 12 月。

峡两岸应把进行经济合作摆在特别重要的位置上，不要把政治上的敏感问题作为开展两岸经济合作的前提”。① 海协会长汪道涵也指出：“我们对两岸经济科技交流与合作的基本主张是：和衷共济、互补互利、共同繁荣、振兴中华。现阶段应当把两岸经济交流与合作放在两岸关系的首要位置上，政治上的歧异不应当妨碍经济合作。”②

1994年4月11日，国务院召开为期5天的对台工作会议。江泽民在会上强调，不断加强两岸的经济交流与合作，既可以促进两岸经济共同发展，又可以增进彼此了解，增进共识，从而推动两岸关系的发展和国家的统一。所以各地、各部门都要切实把对台经济工作这件大事抓紧抓好。③

1995年1月30日，江泽民发表《为促进祖国统一大业的完成而继续奋斗》的重要讲话，提出八项重要主张（即“江八点”），其中重要一条就是“面向21世纪世界经济的发展，要大力发展两岸经济交流与合作，以利于两岸经济共同繁荣，造福整个中华民族”。④

1996年3月8日，江泽民在八届全国人大四次会议上海代表团讨论时强调：“我们要继续发展两岸关系，加强对台经济工作，鼓励台商到大陆投资，并保护他们的一切正当权益。台湾人民是和平统一的重要力量。我们一定要做好台湾人民的工作，为促进祖国的和平统一进一步创造条件。”⑤

1997年，钱其琛在接见台港工商团体负责人时再次强调，我们强调不但不以政治分歧去影响和干扰两岸经济合作，相反还要进一步促进两岸经贸关系，长期执行鼓励台商投资的政策，贯彻《台胞投资保护法》，并扩大两岸贸易。不论在什么情况下，我们都将保护台商的一切正当权益。我们希望台湾当局不要再做阻挠台湾企业家到大陆投资的事，因为这归根到底是不利于台湾同胞的利益的。我们还呼吁台湾当局采取措施，减少祖国大陆对台商品输出的限制，逐步缩小大陆对台贸易逆差，使两岸贸易健康发展。⑥

同时，祖国大陆政府再三保证：“不论在什么情况下，我们都将切实维护台商的一切正当权益。要继续加强两岸同胞的相互往来和交流，增进了解

---

① 《人民日报》1992年5月18日。

② 《汪道涵提出关于海峡两岸经济交流合作的具体意见》，载姜殿铭：《台湾1993》，北京：中国友谊出版有限公司1994年8月第1版，第405－406页。

③ 《人民日报》1994年4月16日报道。

④ 江泽民：《为促进祖国统一大业的完成而继续奋斗》，《人民日报》1995年1月31日。

⑤ 《人民日报》1996年3月9日。

⑥ 《人民日报》海外版1997年4月8日报道。

和互信。"①

大陆"不以政治分歧去影响、干扰两岸经济合作"的方针，创造了双方经贸交流的良好环境。即使在海峡两岸政治关系陷入困境时，大陆台商的利益也能得到有力的保证，这确保了两岸经贸交流持续、稳定地发展。

2. 祖国大陆根据一个中国原则，从"和平统一，一国两制"的战略高度制订对台经贸政策，希望通过两岸经贸交流，"寄希望于台湾人民"，实现祖国完全统一。

自从1979年1月1日全国人大常委会发表《告台湾同胞书》后，1981年9月30日，叶剑英委员长又作了《关于台湾回归祖国实现和平统一的方针政策》，阐明了和平统一祖国的九条方针。1982年9月26日，邓小平在会见英国首相撒切尔夫人时提出了"一个国家，两种制度"的构想，1983年6月26日，邓小平在会见美国西东大学教授杨力宇时提出"一国两制"同样适用于台湾。② 此后，"和平统一，一国两制"成为中央对台工作的基本方针。

为此，大陆方面多次重申和强调要在坚持一个中国原则的前提下，积极开展两岸经贸工作。如，1992年10月12日，江泽民在中国共产党十四大报告中指出："我们坚决反对任何形式的'两个中国'、'一中一台'或'一国两府'，坚决反对任何旨在制造"台湾独立"的企图和行动。我们将继续促进两岸直接通邮、通航、通商，推动两岸人民的往来和各个领域的交流合作，特别是大力发展两岸经济合作，共同振兴民族经济。"③

1997年3月7日，时任国务院副总理兼外长的钱其琛在答记者问时依然坚持："在海峡两岸关系上，我们一直主张进行'三通'，广泛开展经济贸易关系，直接通航、通邮、通商。关键问题就是海峡两岸都应该在'一个中国'原则的认同上来开展两岸的关系。"④

在策略上，大陆方面则根据两岸关系发展的实际情况作出了调整。1979年，蒋经国领导下的台湾当局坚持一个中国原则，祖国大陆对其寄予某种希

---

① 《人民日报》1996年3月9日。

② 参见崔之清主编：《海峡两岸关系日志》(1949－1998)，人民出版社2001年11月第1版，第448－449页。

③ 江泽民：《加快改革开放和现代化建设步伐，夺取有中国特色社会主义事业的更大胜利》(1992年10月12日)，《十四大以来重要文献选编》上册第45－46页。

④ 《人民日报》1997年3月8日报道。

望，因而提出“寄希望于台湾人民，也寄希望于台湾当局”，“希望台湾当局以民族利益为重，对实现祖国统一的事业作出宝贵的贡献”。[①] 并提出“中国共产党与中国国民党两党对等谈判，实行第三次国共合作”。[②] 李登辉上台初期，也再三表示继续坚持“一个中国”，祖国大陆依然表示“完成祖国统一，我们寄希望于台湾人民，也寄希望于台湾当局”。[③]

此后，李登辉出于“台独”图谋，蓄意阻碍两岸关系顺利发展，祖国大陆因而“不再寄希望于台湾当局”，宣布：“在解决台湾问题，实现祖国统一大业的不懈努力中，中国共产党和中国政府坚持‘寄希望于台湾人民’的方针。”[④]

毋庸置疑，开展和促进海峡两岸经贸交流正是祖国大陆“寄希望于台湾人民”方针的重要体现。有香港学者对此评价道：“大陆方面对两岸经贸合作一直采取较为明确的政策，除希望透过这种合作促进自身经济增长外，更主要的目的是借以实现和平统一的战略目标。”[⑤] 这一分析不无道理。

二、台湾的大陆经贸政策中的政治意图及其效果

与大陆对台经贸政策相比，台湾大陆经贸政策十分复杂和琐碎，甚至存在前后矛盾之处，但总体而言，1988－1996 年间，以逐步开放为主；1997－2008 年间，以“管制”为主；2008 年至今，逐渐走入正常化。

按照台湾当局所制订的大陆经贸政策以及台商投资大陆的高峰、低谷的波动，可以将 1988 年至今的台商对大陆投资分成与两岸总体经贸发展同步的五个小的阶段：（一）1988 年至 1991 年，台商投资大陆“合法化”开始阶段；（二）1992 年至 1997 年，台商投资大陆快速发展阶段；（三）1998 年至 2000 年 5 月，台湾当局“戒急用忍”政策限制下台商投资大陆曲折前进阶段；（四）2000 年 6 月至 2008 年 4 月，台湾一次“政党轮替”后，两

① 全国人大常务委员会：《告台湾同胞书》，《人民日报》1979 年 1 月 1 日。

② 叶剑英：《关于台湾回归祖国实现和平统一的方针政策》，《人民日报》1981 年 9 月 30 日。

③ 江泽民：《在庆祝中华人民共和国成立四十周年大会上的讲话》（1989 年 9 月 29 日），《十三大以来重要文献选编》中册第 633－634 页。

④ 《人民日报》评论员文章：《寄希望于台湾人民》，《人民日报》1996 年 2 月 28 日。

⑤ 廖光生：《大陆市场经济的发展与两岸关系》，见廖光生编著：《两岸经贸互动的隐忧与生机》，香港中文大学、香港亚太研究所 1995 年 7 月初版，第 80－81 页。

岸“政治冷、经贸热”，台商投资大陆进入新阶段；（五）2008年5月至今，台湾二次“政党轮替”后，两岸经贸逐渐正常化。

这期间，台湾岛内政治生态对其大陆经贸政策走向的影响十分显著。

1980年代末期，台湾当局以“民间”、“间接”、“单向”、“渐进”方式，开放两岸经贸关系，1990年代初期，台湾当局主张“导禁结合、以导为主”，奉行“务实、稳健、前瞻”六字方针。所谓“务实”，就是在世界各国都集中注意大陆市场的开拓的形势下，台湾处于地缘、语言的有利地位，不能刻意忽略甚至放弃这个广大的市场。所谓“稳健”，则指台湾不应因经济利益而丧失政治的警觉性，为了保障厂商的权益，台湾不能让企业毫无规范地进行贸易活动，必须采取渐进、稳健的方式进行。①

虽然在实践中常出现摇摆调整情况，即所谓“民间与政府拔河、经济与政治较劲”的局面，但总的来说，在工商界的推动下，台湾的大陆经贸政策逐渐松动、放宽。

李登辉于1996年9月提出“戒急用忍”原则，标志着台湾当局大陆经贸政策从逐渐开放转变为以“行政手段管制为主”。

“戒急用忍”政策引起台湾岛内学术界广泛的质疑，② 主要观点有：1）两岸经贸应取决于市场机制，以自动调节市场供给需求的平衡，而非“政府”之干预；2）转口贸易可带动台湾经济成长；3）妨碍岛内产业结构的转型；4）他国企业，尤其多国籍公司（multi-national corporations，简称MNCs）积极进军大陆市场，“戒急用忍”政策无疑延误商机；5）影响产业根留岛内、两岸功能分工；6）“戒急用忍”不利于两岸关系的良性发展。而民进党前主席许信良则认为，对于台商赴大陆进行投资，即使台湾当局有管制的“意图”，也没有管理的“能力”，因而倡导“大胆西进”。③

“戒急用忍”政策更是遭到台湾岛内工商界人士的强烈反对和严厉抨

---

① 台湾《工商杂志》1993年3月号，转引自廖光生编著：《两岸经贸互动的隐忧与生机》，台北：允晨文化1995年版，第81页。

② 关于对“戒急用忍”政策及台湾当局设限管制对大陆投资的批评，参见钟琴：《为何大陆投资应该设限?》，载台《经济前瞻》第24期（1994年11月）；冷则刚：《从美国对南非的经贸管制探讨我对大陆的经贸政策》，载《中国大陆研究》第41卷第4期（1998年4月）；高长、徐东海：《两岸经贸发展趋势与因应对策剖析》，载《理论与政策》第11卷第4期（1997年秋季号）；周添城：《两岸经贸发展的战略思考》，载《理论与政策》第11卷第4期（1997年秋季号）。

③ 吴重礼、严淑芬：《“戒急用忍”或“大胆西进”？——“我国”对于大陆投资的影响因素评估》，载台湾《问题与研究》第38卷第7期（1999年7月），第43－61页。

击。不过，由于李登辉的一意孤行，“戒急用忍”政策仍然成为台湾当局大陆经贸政策的指导原则。

“戒急用忍”政策的实施，确实对两岸经贸交流造成相当大的负面影响。1998年2月6日，台“经济部投资审查委员会”宣称：“台商1997年对大陆投资平均个案金额规模缩小逾三成，显示台商赴大陆投资个案规模已由大变小，政府‘戒急用忍’政策已产生实际效果。”①

2000年5月，台湾实现所谓“政党轮替”，陈水扁当局在岛内民意压力下，被迫宣布放弃“戒急用忍”政策，代之以“积极开放，有效管理”。但是，从2001年11月7日台当局公布的《对大陆投资“积极开放，有效管理”执行计划》看，陈水扁当局对大陆经贸政策“积极开放”是虚，“有效管理”是实。该《计划》的主要内容有：②（1）简化大陆投资产业分类为禁止类及一般类：禁止类为基于国际公约、“国防”或“国安”需要、重大基础建设及产业发展考量（如核心技术或关键零组件），禁止前往大陆投资之产品或营业项目；一般类为非禁止类之产品或营业项目，其符合个案审查标准，准许赴大陆投资。（2）个案审查机制：凡列为一般类之产品及营业项目得准许赴大陆投资，要予以简易审查和专案审查：累计投资金额在2000万美元以下者（含2000万美元），采简易审查方式；个案累计投资金额逾2000万美元者，须经投审会进行专案审查。审查的标准和项目包括：是否根留台湾（如国内相对投资情形），是否全球化布局（加大陆投资占海外投资比例及全球化布局计划），是否债留台湾（如负债余额、负债比例等），技术移转是否可能导致国内业者核心竞争力之削弱，是否影响“国家安全”，是否影响两岸关系等等。

该《计划》的出台遭到台湾岛内普遍的质疑。有媒体对此评论道：对产业而言，“看似全面开放，实则全部需经审查，只不过分为‘简易审查’与‘专案审查’而已”，是“换汤不换药的‘松绑’”。③ 显然，“戒急用忍”在新的政策包装下继续延续，两岸经贸关系仍然固守在李登辉主政后期的政策框架内。

台湾当局之所以顽固坚持“戒急用忍”的大陆经贸政策，是因为他们认

① 台湾“中央社”1998年2月6日报道。

② 台湾“中央社”2001年11月7日报道。

③ 社论：《换汤不换药的“松绑”》，台湾《中央日报》2001年11月8日。

为开放的大陆经贸政策会给台湾带来所谓“经济安全”和“国家安全”问题。

在享受与大陆经贸“红利”的同时，台湾当局不断地在岛内渲染两岸经贸交流对台湾经济形成负面影响，强调所谓“经济安全”问题。主要观点有：(1）台商过分依赖大陆市场，将来不易寻找其他替代市场。(2）台商投资大陆的产业，以外销创汇为主要目的，故对台湾地区生产外销的类似产品，在国际市场上形成竞争；更有部分产品回销到台湾，直接打击岛内厂商。(3）台湾厂商热衷投入大陆市场必然造成同业外移的压力；同时台湾厂商既然可以原产品易地继续营运，必然减缓在台湾地区从事研究开发之诱因，降低产业升级和整体经济转型之动力。(4）制造业的长期大量外移，将造成产业空洞化的结果，即使以服务业填满，亦会降低台湾整体经济在国际竞争上的能力。①

台湾当局在岛内大肆宣扬开放的大陆经贸政策会给台湾带来严重的“国家安全”问题，主要包括以下几个方面：

(1）在两岸经贸交流中获得利益的台湾工商界人士组成利益集团，会给台湾当局制定大陆经贸政策甚至大陆总体政策施加影响，形成“以经促政”、“以经围政”的局面。“在经济面，中共由台商投资取得资金、提升制造技术、增加就业机会、创造产值、促进经济发展；而在政治方面，使台商形成利益团体，企图影响我大陆政策，更是取得极为有利的筹码”，“台商赴大陆投资一方面可使中共取得资金，另一方面又可以形成台商的‘利益集团’为中共所用，不知不觉地落入中共‘以商围政’、‘以经济促政治’的陷阱”。②

(2）如果台湾工商界在大陆投资过多，乃至形成台湾对大陆经贸依存度过高，大陆可利用这种经济联系促进和加快和平统一进程。

台湾当局认为：中共把对台工作的重点放在经贸往来上，运用“以经促政、以经促统”的策略，将两岸经贸往来与其政治任务结合。他们还以中共领导人的讲话作为论据，如杨尚昆在1990年12月的“全国对台工作会议”中，即要求“从祖国和平统一的战略高度认识对台经贸工作的意义”，“发展双方经贸往来，密切两岸联系，是遏制台湾分离倾向、促进和平统一的有力措施”，而对台经贸工作应该“为促进和平统一的政治任务服务”。

① 社论：《换汤不换药的“松绑”》，台湾《中央日报》2001年11月8日。

② 高孔廉著：《两岸经贸现况与展望》（修订版），台北：“行政院大陆委员会”1994年4月出版发行，第19－20页。

江泽民在1993年7月22日亦强调："实现祖国统一，台湾回归祖国，最重要的途径是扩大两岸交往，特别是加强经济联系。要多做台湾大中企业家的工作，吸引台资尤其是大宗台资到大陆，使台湾和大陆的经济，你中有我，我中有你，密不可分，在经济上把台湾拖住，这也就是用经济促统一。"由此得出结论："两岸经贸活动与政治层面已无法区分，值得从事两岸经贸活动者的注意。"①

（3）如果两岸政治关系恶化，大陆又可以利用这种经济联系给台湾当局施加压力，成为直接影响台湾政局的有力武器；如果两岸间发生军事冲突，大陆还可以将这种经济联系作为一种"统一战争"的重要辅助手段，甚至达到"不战而屈人之兵"的目标。

细究台湾所谓"国家安全"的概念，在不同时期有不同的内涵，它是随着海峡两岸关系的变化而变化的。

在两岸经贸交流的初期，台湾当局提出所谓"三民主义统一中国"。②台湾的一些学者也认为，如果不能以"武力光复大陆"，那么就应当通过文化与贸易等交流方式，来促进大陆制度的质变。因此，应该加快两岸交流以实现"和平转变大陆的使命"。③ 在台湾的一些官员尤其是与两岸关系相关部门的官员中，同样存在以"台湾经济转变大陆"的构想，只不过"大多认为宜作不宜说"。④ 1993年6月18日，李登辉也表示："过去多年来，大陆采取经济开放的政策，一般认为大方向是对的，因为经济开放才能走向政治民主，我们愿意和国际社会合作来积极催化大陆的转变。"⑤

此时，台湾当局将开放两岸经贸交流当作对大陆"和平演变"的工具，他们丝毫不认为这会给台湾所谓"国家安全"带来影响。但是，祖国大陆在经济高速发展的同时，并没有出现台湾当局所期盼的那种"民主化"，台湾当局以"台湾经济转变大陆"的企图根本无法实现。

---

① 高孔廉著：《两岸经贸现况与展望》（修订版），台北："行政院大陆委员会"1994年4月出版发行，第7－8页。

② 参见杨丹伟：《从统一到"台独"——1987年至1999年台湾当局大陆政策的政治分析》，南京大学博士论文（未刊），第1页。

③ 高希均、李诚、林祖嘉著：《台湾突破——两岸经贸追踪》，台北：天下文化出版股份有限公司1992年8月第1版，第8页。

④ 高希均、李诚、林祖嘉著：《台湾突破——两岸经贸追踪》，台北：天下文化出版股份有限公司1992年8月第1版，第57－58页。

⑤ 台湾《中央日报》1993年6月19日报道。

而随着综合国力的增强，祖国大陆的国际地位逐年上升，在处理台湾问题上的主动权越来越大，台湾当局感到谈判“筹码”越来越少，而经济上的优势是其最有力的“筹码”。他们认为，“台湾地区 40 年来的经济建设，已得到举世的肯定，而这股强大的经济实力，就是今天台湾生存的最大本钱，也是我们和中国大陆竞争的唯一武器。因为事实上，无论军事实力、尖端科技、外交关系、国际组织会籍等各层面来看，台湾都无法和中共相抗衡，因此，我们更应该谨慎运用在经济上的优势，并且继续保持经济实力，以争取我们最大的生存发展空间。”①

因此，他们认为，两岸经贸交流尤其是台商大量赴大陆投资，有助于祖国大陆经济的快速发展，削弱台湾的经济优势，从而减少台湾当局与祖国大陆抗衡的“筹码”。

不过，应该承认，在 20 世纪 90 年代中期以前，台湾当局的“国家安全”概念是以一个中国原则为基础的，其“安全威胁”的概念基本沿袭国、共两党对抗的思维，即由所谓的“制度之争”而不是“民族之争”、“国家之争”所引发。

但是，随着李登辉“台独”野心的逐步暴露以及陈水扁的上台，台湾所谓“国家安全”的内涵转变为：如何避免祖国大陆的遏阻，以“安全”地实现“台独”。

李登辉等人担心“两岸人民经由贸易往来而关系趋于密切之际，将使‘台湾独立’机会大为降低”，② 因此，想方设法阻碍海峡两岸经贸交流，推行“戒急用忍”政策。实际上，作为总体大陆政策的一部分，“戒急用忍”政策已经成为台湾当局“拒统求独”的重要工具。而陈水扁上台后，也多次强调两岸经贸交流必须服从于台湾所谓“国家安全”的观点，强调“有效管理”，实际上，也是以此达到“拒统求独”的目的。

祖国大陆明确宣示：“如果台湾的当权者，与社会上‘台独’分裂势力相互勾结一起公开搞‘台独’，公然向祖国大陆挑衅，向一中原则挑衅，那武力恐怕就难以避免。”“‘台独’就是战争”，③ 因此，台湾当局通过“戒

---

① 高孔廉著：《两岸经贸现况与展望》（修订版），台北：“行政院大陆委员会”1994 年 4 月出版发行，第 38 页。

② 侯家驹：《谈大陆经贸政策》，载高希均、李诚、林祖嘉著：《台湾突破——两岸经贸追踪》，台北：天下文化出版股份有限公司 1992 年 8 月第 1 版，第 92 页。

③ 《国台办副主任王在希称“台独”是一条底线》，中国新闻网 2003 年 11 月 18 日报道。

急用忍”达到其“拒统求独”的图谋绝对不可能得逞。如果他们一意孤行，那台湾所谓的“国家安全”更加没有保障。

上述分析表明，出于政治考量，台湾当局并不希望两岸经贸关系趋于密切。① 相反，台湾当局从狭隘的“本土化”思想出发，以“根留台湾”为口号，给台商投资大陆设置重重障碍。当将所有企业局限于岛内发展的企图无法实现时，他们转而希望将台商投资分流至大陆以外地区；当分流的图谋几近破产后，他们则对台商投资大陆实施严格的审查、管制措施；使得其对外经贸政策呈现出“全球化服从于本土化”的特征。另一方面，全面禁止大陆资金投资岛内。追根究底，台湾当局的大陆经贸政策的根本目的在于实现“经济台独”。

确实，台湾当局从谋求“与大陆对等的政治实体”、“两个中国”、“一边一国”的政治主张出发，对两岸经贸交往设置“警戒线”，并时常宣扬“忧患意识”、“危机意识”，阻碍两岸经贸关系的发展。于是，政治上离散力与经济上趋合力形成明显反差，两种力作用的结果，决定了台湾大陆政策的总体界限，即大陆经贸政策必须限制在不缩小两岸经济差距、不扩大台湾对大陆依存的范围内，在保证台湾岛内安全和竞争优势的前提下，渐进发展。“这一界限决定了台湾的大陆经贸政策总是落后于两岸经贸的发展的实践，失去了政策本身应具有的科学性和指导功能，也反映了台湾的大陆经贸政策为其大陆政策所左右，并为大陆政策服务的特点，从而决定了台湾大陆经贸政策的局限性。”②

从台湾对大陆经贸政策演变的过程中，自然可以看出其中存在“开放”和“管制”两种主张的角力和斗争，而且，“管制”的力量明显地占据了上风。从更加宏观的视角观察，“开放”和“管制”两种主张实际上同时也分别代表了台湾“全球化”与“本土化”两种不同的主张。

三、台湾在区域经济整合中的政治意图及其效果

目前，推动东亚区域经济一体化进程的机制主要是 APEC 和东盟国家与

---

① 吴能远：《台商投资祖国大陆与两岸关系》，载《台湾研究集刊》2000 年第 1 期，第 1 - 7 页。

② 李宏硕主编：《海峡两岸经贸关系研究》，中国致公出版社 1994 年 11 月第 1 版，第 178 - 179 页。

中、日、韩的“10+3”机制。不过，台湾尚未被“10+3”机制接纳，同时，它在APEC中的作用和地位也已出现“边缘化”趋势。

1. “南向政策”的政治意图及其失败

为了加强与东盟国家的经济联系，更重要的是出于政治考虑，台湾当局对台商赴东南亚投资一直保持积极支持的态度。1990年代以来，台湾当局先后三次提出和实施“南向政策”，都是以东南亚国家和地区为对象。

1994年，台湾当局提出并实施了第一轮“南向政策”。台“行政院”颁布了“加强对东南亚地区经贸工作纲领”，该“纲领”的实施期限为三年，实施范围为当时东盟七国（菲律宾、泰国、马来西亚、印度尼西亚、新加坡、越南、文莱），并选择了越南与菲律宾作为推行此项政策的重点基地。台“经济部”随后发表“南向政策（投资部分）说帖”，宣示其政策目标主要是：“1）协助国内企业较不具比较利益之产品移至东南亚生产。2）以部分东南亚国家取代1997年以后香港之地位，作为未来大陆经贸之‘中继站’。3）运用在台发展经验，扩大整合当地资源、经营规模，以有效支援台湾岛内产业达成厚植企业实力根留台湾。4）增进台湾与东盟国家之实质关系，以增强台湾在区域安全体系之关键地位。”①

事实上，“南向政策”是台湾当局为“避免对中国大陆投资过热之考虑”的一个“反制策略”，以“抑低对中国大陆经济的依赖度，确保（台湾）本身的经济实力及自主性”。② 台湾当局不愿意让台商“大陆热”升温，以免“政治和经济上陷于被动”，因此以此分散台商海外投资，减轻“对大陆依赖程度”。③

应当承认，台湾第一轮“南向政策”的实施，“在一定程度上抑制了台湾资本对祖国大陆的投资和促进了台湾资本向东南亚地区的投资”。④ 1992—1993年期间，台商在祖国大陆投资93.04亿美元，远远超过了其东南亚地区投资的25.84亿美元。而“南向政策”实施后，1994—1996年三年期间，台商在东南亚地区的累计投资额达127.74亿美元，超过了在祖国

① 杨丰硕：《从“我国”与东南亚经贸关系看南向政策之意义》，见《台湾经济研究月刊》1994年第8期，第37页。

② 林嘉玲：《“南向政策”平衡“西向发展”的成效评估》，见《台湾经济研究月刊》1999年第2期，第17页。

③ 姜殿铭：《台湾1993》，中国友谊出版公司1994年8月第1版，第33页。

④ 汪慕恒：《台湾当局的“南向政策”评析》，载《台湾研究集刊》1999年第1期，第36－40页。

大陆的累计投资额98.31亿美元。

但是，1997年，由于发生金融风暴，东南亚地区金融形势不稳、经济衰退、市场需求严重疲软，在东南亚投资的台商们尤其是中小企业遭受了严重的经济损失，并在较长时间里面临了空前的经营困难，包括银行信贷、原材料供应、出具出口信用证等，而欧美市场也不敢再向东南亚各国企业发出订单，更加剧了这种困难。

台湾岛内因而展开了一场“南向”与“西进”的激烈论战。台湾当局极力鼓吹“南向第二春”。1998年1月，台“经济部”制定了“加强对东南亚及澳新地区经贸工作纲领”，并派出高级官员到东南亚进行活动。3月，台“行政院”通过了加强推动对东南亚经贸的具体措施，推动“第二轮南向政策”，以马来西亚为重点。

台湾当局并以提供金融危机援助为诱饵，企图换取东南亚国家为台商投资提供安全保障和投资优惠，还设立东南亚投资公司，以集团投资方式减轻投资风险，并指令台湾银行为投资东南亚的厂商提供优惠融资。

不过，台商们对当局推动的“第二轮南向政策”普遍持消极态度，使得台湾企业对东南亚投资不但没有增加，反而大幅度缩减。根据台“经济部投审会”公布的数字，除了越南、马来西亚外，金融危机后一年（1997年7月至1998年6月）与危机前一年（1996年7月至1997年6月）相比，台商对东南亚国家投资额缩减了78%，与此相反，同时期台商在中国大陆的投资额则增长了78%。

在事实面前，台湾“国贸局”不得不于1998年9月24日发布新闻稿，表示，“鉴于东南亚地区政经形势不稳定，并恐有进一步扩大的趋势，政府将不再鼓励国内厂商到东南亚投资，因应国际经贸形势的变化，适时调整‘南向政策’”。至此，台湾当局所推行的“第二轮南向政策”以失败而告终。

“南向政策”的失败，意味着台商不愿听命当局的政治干涉，坚持市场经济原则，不再以东南亚地区作为对外投资的第一选择，而在金融危机中保持政治、经济稳定的祖国大陆成为台商对外投资的第一选择。

2. 台湾在APEC边缘化的趋势

1991年，祖国大陆以及台湾、香港根据一项协议（谅解备忘录，简称MOU），同时加入亚太经合组织（APEC）。这个“谅解备忘录”的主要内容是，APEC注意到中国政府关于世界上只有一个中国以及区分主权国家和地区经济的立场，在此前提下达成如下协议：台湾方面的称谓只能是“中国台北”；它只能派出与 APEC 有关的负责经济事务的“部长”出席“部长会议”，它的所谓“外长”或“副外长”不得参加 APEC 会议。香港在回归后其称谓将改为“中国香港”（HONGKONG，CHINA）。

APEC 重要目标是区域贸易与投资自由化。APEC 在成立之初便提出了贸易与投资自由化问题，1994 年 11 月雅加达会议通过并发表的《茂物宣言》则成为分水岭，APEC 的贸易与投资自由化从议论进入了实际行动阶段。

很清楚，APEC 是一个推动区域经济一体化的组织，它甚至刻意地保持与政治的距离。不过，自成为 APEC 的会员起，台湾当局就不断强调，这是它“自退出联合国之后，第一个得以与亚太各国首长、尤其是中国大陆平起平坐的国际组织，对于提升台湾参与国际经济事务的能见度及发言权，具有重大意义”，因而千方百计地渲染其政治意义。种种非理性行为，让台湾在 APEC 年会中不断“陷入诉求不清、失去着力点的困境”，使台湾在争取实质参与上几无所获，台湾在 APEC 发言的声音“愈来愈低”[①]，“边缘化”的趋势初现端倪。

3. 政治意图明显使得台湾对外签订 FTA 协议进展不顺

目前，“自由贸易区”（FTA）越来越成为区域经济合作的重要形式。其主要内涵是自由贸易区内各成员互相取消关税和其他贸易限制，但仍然维持自身对非区内成员的关税及贸易限制。

为了避免在新一轮区域经济合作趋势中被“边缘化”，2000 年下半年，台湾开始积极推动 FTA 的签订。此后，台湾当局多次表示希望与美国、日本、新加坡以及其他东盟国家等签订建立“自由贸易协议”，但并没有实质性的进展，目前，台湾只是先后与巴拿马、危地马拉、尼加拉瓜、萨尔瓦多和洪都拉斯等所谓“邦交国”签署了 FTA。

不过，台湾当局的主要目的不是为了发展与这些国家的经济关系，而是企图以此为途径，发展与这些国家的“官方关系”，利用区域经济组织进行“经贸外交”。比如，台湾与巴拿马等国之间的经贸往来并不频繁，贸易总额很少，因此，相互之间“自由贸易区协议”的签订除了兴起一波政治鼓噪外，对台湾的经济发展几乎没有积极作用。

① 社论：《台湾在 APEC 边缘化的危机》，台湾《联合报》2007 年 4 月 4 日。

在寻求提升包括东盟国家在内的“双边经贸关系”的过程中，台湾当局明确表示这是开展区域内的“经贸外交”的表现，企图由经济而政治，“寻求参与亚太多边安全对话或合作机制，积极扮演‘参与者’、‘合作者’及‘贡献者’的角色”，其政治图谋可见一斑。

台湾当局还企图藉此建立围堵大陆的“联盟”。2002 年 9 月 9 日，陈水扁表示，“全球的资本也不断大量流入中国大陆，相对降低了美国与日本在亚太地区经济的影响力”，因此要建立台湾与美国、日本以及台湾与东盟国家“自由贸易区”，以“强化亚太地区经贸结构的均衡与稳定”,① 以遏制大陆。

可以看出，陈水扁当局参加区域经济一体化进程的目的，不是为了让台湾更好地发展经济，不是为了台湾更好地参加经济全球化进程，而是为实现其政治“本土化”服务。

四、当前两岸经济、政治互动关系中的几个问题

从以上阐述可以看出，在 2008 年以前，政治对两岸经贸关系影响甚大。随着两岸关系的发展，两岸经济、政治互动关系出现一些新的变化，值得关注和探讨。个人在以下问题上至今认识模糊，在此请教诸位方家，恳请不吝赐教。

1. 经济对政治的影响力初见端倪，但该种影响力是否可持续？

2. 从大陆的角度，在两岸关系发展过程中，经济关系、政治关系孰轻孰重？增强两岸经济关系，除了经济利益之外，在政治上的需求是什么？是加强了解、降低敌意、推动和平发展、增进认同、促进统一？能做到么？目前出现效果了么？为什么？

3. 从台湾的角度，在两岸关系发展过程中，经济关系、政治关系孰轻孰重？增强两岸经济关系，除了经济利益之外，在政治上的需求是什么？不同利益集团，有不同的利益诉求？有部分人和大陆一样，是加强了解、降低敌意、推动和平发展、增进认同、促进统一？这部分人有扩大的可能？其他的人怎么看？

---

① 张青：《扁：台美签自贸协议，强化区域稳定》，台“联合新闻网”2002 年 9 月 10 日。

4. 海峡两岸处于不同的市场，两岸经济一体化并未完全形成，其经济、政治互动关系应该用何种理论或模型来考察？可以套用“经济基础决定上层建筑”原理么？如果能，其机制和路径是什么？如果不能，可用的理论是什么？可以用新政治经济学考察两岸政治经济关系？可以用国际政治经济学考察两岸政治经济关系？还是用两者结合形成新的范式来考察两岸政治经济关系？这种新范式的核心概念是什么？“生产—分配”？“利益与制度”？

5. 随着两岸关系的发展，两岸经济一体化的趋势越来越明显。这种趋势对两岸政治关系的影响是什么？如果两岸经济一体化最终可以实现，建立在这个两岸共同经济基础之上的政治架构将是什么？

两岸“先经”与“后政”的关系之辨

中国人民大学政治学系　王英津

自2008年以来，两岸关系出现了前所未有的跨越式发展，但遗憾的是，随着两岸经济的热络交流与合作，两岸政治关系却裹足不前，呈现出“只经不政”的局面。针对这一事实和现象，有人根据马克思主义关于经济决定政治的原理，认为两岸“只经不政”是暂时现象，“由经入政”是一个必然的自然而然的能动过程，不必人为推进；也有人因当下台湾方面“只经不政”而对我们“先经后政”的对台政策产生了动摇和怀疑。那么，如何科学看待当下的“只经不政”以及如何实现“由经入政”就成为一个不容回避的问题。基于此，本文结合相关学术理论与国际实践，拟对如何观察和解释两岸“经济—政治”关系互动提供一个合理的视角与方法。

一、两岸“先经”能否带来“后政”：从马恩的“经济决定政治”说起

在大陆，很多学者受马克思主义关于经济决定政治原理的影响，认为两岸经济互动必然会带来政治协商与对话。这种观点是对马克思主义关于政治与经济关系原理的一种误读，是片面的“经济决定论”。那么，如何正确理解马克思主义关于经济与政治关系的原理，以及如何运用这一原理来指导我们观察和分析当下两岸“经济—政治”关系的互动呢？我们尚须回溯到马克思主义经典作家的原始论述。

马克思和恩格斯出于创立唯物史观的需要，注重从经济的角度来把握政治。1845至1846年，马克思和恩格斯在《德意志意识形态》中第一次把政治同一定的生产活动方式联系起来，用“历史——经济的观点”来分析问

题。随后，马克思和恩格斯在《共产党宣言》、《〈政治经济学批判〉序言》、《社会主义从空想到科学的发展》等著作中都反复强调不能就政治谈政治，而应从社会经济关系的深处来发现政治本质的规律性。从马克思主义历史唯物论来看，政治属于上层建筑的范畴，一般说来，是由经济基础决定的，只要经济基础发生变化，政治上层建筑也会发生相应的变化。“任何时候，我们总是要在生产条件的所有者同直接生产者的直接关系——这种关系的任何形式总是自然地同劳动生产方式和劳动社会生产力的一定的发展阶段相适应——当中，为整个社会结构，从而也为主权和依附关系的政治形式，总之，为任何当时独特的国家形式，找出最深刻的秘密，找出隐蔽的基础”。①“人们在自己生活的社会生产中发生一定的、必然的、不以他们的意志为转移的关系，即同他们的物质生产力的一定发展阶段相适合的生产关系。这些生产关系的总和构成社会的经济结构，即有法律的和政治的上层建筑竖立其上并有一定的社会意识形式与之相适应的现实的基础。物质生活的生产方式制约着整个社会生活、政治生活和精神生活的过程”。② 马克思和恩格斯当时之所以紧扣经济关系来谈政治关系，是因为他们以前的唯心主义学派都本末倒置地离开经济基础来谈政治，如黑格尔等人就把历史看成是“绝对观念”的体现。为此，马克思和恩格斯从历史唯物主义出发，对经济和政治的关系作出了符合时代要求和社会发展的解释，认为经济与政治之间存在着决定与被决定、作用与反作用的互动辩证关系。一方面，经济是政治的基础；另一方面，政治又是经济的集中体现，但它又不是简单地被经济所决定，它具有相对的独立性。在现实的社会生活中，政治上层建筑经常并不紧跟经济基础、经济条件的变革而变革，它往往会落后于经济基础并与经济基础的发展要求相矛盾。以上便是马克思主义关于经济与政治关系原理的基本观点。

运用马克思主义的上述原理来指导我们发展两岸关系无疑是正确之举，但由于部分人片面理解马克思主义关于经济与政治关系的原理，甚至对该原理中的个别概念存在误解，加之简单、机械地照搬套用之，导致了实践中的以下两种错误认知或观点：一是从经济决定政治出发，认为只要两岸经济互动到一定程度，政治对话与协商一定会自然而然地实现，该观点把两岸经济

---

① 《马克思恩格斯全集》第25卷，人民出版社1975年版，第891－892页。

② 《马克思恩格斯选集》第2卷，人民出版社1972年版，第82页。

互动与两岸政治互动之间的关系简单地理解为决定与被决定的关系，过分夸大了经济互动所能产生的实际功效。二是因两岸政治对话与协商暂时难以取得突破和进展而产生悲观情绪，开始怀疑我们“经济先行”政策的正确性。导致这两种错误认知或观点的原因主要有以下两个方面：

第一，没有准确理解马克思主义关于“经济决定政治”中所指“经济”的内涵。“经济决定政治”这一论断中的“经济”，其含义是指客观存在的生产方式、生产力等物质条件。这可以从恩格斯的另一段论述中得到证明，他说：“我们视为社会历史的决定性基础的经济关系，是指一定社会的人们用以生产生活资料和彼此交换产品的方式来说的。因此，这里面也包括生产和运输的全部技术和装备。这种技术装备，照我们的观点看来，同时决定着产品的交换方式，以及分配方式，从而在氏族社会解体后也决定着阶级的划分，决定着统治和从属的关系，决定着国家、政治、法律，等等。此外，包括在经济关系中的还有这些关系赖以发展的地理基础和事实上由过去沿袭下来的先前各经济发展阶段的残余，当然还有围绕着这一社会形式的外部环境。”① 可见，恩格斯在这里使用的“经济”概念大体可包括生产的交换方式、生产的技术装备、地理环境和传统残余等，这些方面均属于生产方式的范畴，他在这里并没有把具体经济工作纳入到作为历史决定性基础的“经济”的范畴。分析至此，我们可以发现，马克思主义关于“经济决定政治”中“经济”的涵义与两岸经济互动中“经济”的涵义是不同的，笔者将这些不同概括如下：（1）马克思、恩格斯是从论证社会历史发展规律的角度来使用“经济”这一概念的，这里的“经济”是指生产方式、生产关系的总和或生产力；而两岸经济互动中所使用的“经济”概念指具体经济交流活动，这里的“经济”同政治一样也属于人的社会实践的范畴，而不是作为社会存在的客观物质基础。从唯物史观上讲，经济交流活动与生产方式是有区别的，其区别就在于经济交流活动是人们改造世界的一种实践活动，属于主观能动性的范畴；而生产方式则是客观的经济活动，属于社会存在的范畴。可见，作为生产方式的“经济”和作为人们生产或营利活动的“经济”是不能混为一谈的，而我们在讲“经济决定政治”时，恰恰是常把两个“经济”概念混为一谈的。（2）马克思主义关于经济决定政治的论断是从哲学层面上来讲的，是形而上的宏观论述，是对人类社会发展总体规律和历史

① 《马克思恩格斯选集》第4卷，人民出版社1972年版，第505页。

进程的概括。如同“人类社会由低级向高级发展”这个结论，其就人类社会发展的总体规律来说其无疑是正确的，但倘若简单套用，就会犯“机械论”的错误，因为实践中并不排除在某个特定阶段出现停滞或倒退的情形。而我们在论述两岸经济关系与政治关系时，却不能从社会发展规律的角度来阐述，而应从两岸关系发展的具体工作和具体实践活动方面来阐述，更不能简单地由经济基础决定上层建筑、经济决定政治推论出两岸经济互动必然带来两岸政治对话与协商的结论。

第二，忽视了政治是一个具有相对独立性的领域。虽然经济是政治的基础，但政治并不是完全被动地、机械地、简单地受经济的制约。在一定条件下，政治也会对经济起到决定性的反作用。对此，列宁在十月革命后，明确提出了“政治是经济的最集中的表现”,① “政治同经济相比不能不占首位。不肯定这一点，就是忘记了马克思主义的最起码的常识”。② 列宁的这些论断既说明了政治属于建立在经济基础之上的上层建筑的范畴，它以经济为基础，又说明了政治对经济的能动作用。毛泽东在其《矛盾论》中就指出：“生产力、实践、经济基础，一般地表现为主要的决定的作用，谁不承认这一点，谁就不是唯物论者，然而，生产关系、理论、上层建筑这些东西，在一定条件下，又转过来表现其为主要的决定的作用……当着政治文化等等上层建筑阻碍着经济基础的发展的时候，对于政治上和文化上的革新就成为主要的决定的东西了。”③ 人类社会实践也表明，虽然经济是政治的基础，但政治并不是简单地被决定而失去自己的相对独立性。就当下两岸关系来说，两岸经济互动并非必然带来政治上的互动（协商与对话），因为两岸政治关系是一个相对独立于两岸经济关系的另一“存在”，其一旦产生，就具有相对独立性，不能简单地由“经济决定政治”而误认为两岸“先经后政”是一个自然而然的能动过程。众所周知，政治问题的解决通常除了依靠经济手段之外，还得依靠政治、军事、文化、法律等其他手段。两岸政治关系的推进，除了通过“经济先行”为其创造基础性条件之外，还得综合依靠其他各种手段，特别是要有政治上的思维和操作。

---

① 《列宁选集》第 4 卷，人民出版社 1972 年版，第 416 页。

② 《列宁选集》第 4 卷，人民出版社 1972 年版，第 441 页。

③ 《毛泽东选集》第五卷，人民出版社 1991 年版，第 325 – 326 页。

二、德国处理“经济—政治”关系的经验和启示

在现实工作层面上，尽管不能从马克思主义的经济基础决定上层建筑简单地推出具体经济关系决定政治关系的结论；但也不能否认经济互动对于政治互动的基础性作用和重要影响。德国统一案例表明，尽管两德经济关系不能简单地决定其政治关系，但却为两德政治关系的发展创造了物质基础和条件。

两德之间的经贸往来开始于双方在 1951 年所签订的《柏林条约》，该条约并于 1960 年、1972 年不断加以修订，对两德间的货物、服务业往来以及付款的方式都做了明确的规范，使两德之间的经贸往来能发展出一套独特的经贸形式。在这套特殊的贸易形式下，联邦德国将其视为德国内部的交易行为，使其在实际运作时凸显出不同于国际间经贸往来的特定措施。两德这种特殊形式的经贸交易方式，亦受到国际间的认同，1951 年《关税及贸易总协定》的“多奎瑞议定书”，以及 1957 年西德在参与成立欧洲经济共同体及欧洲原子能共同体所签署的《罗马条约》，其中“两德贸易与相关问题协定书”中若干条约，即授予西德联邦政府制定对东德贸易政策的权限，使两德经贸往来不至于脱离国际经济组织的相关规范。两德之间这种特殊的经贸交易方式，受惠最大的还是东德。就东德而言，西德是它仅次于苏联的第二大贸易伙伴，在两德贸易中，东德不但享有西德所提供各项优惠条件，东德的产品也可在德国的名义下进入欧洲市场的其他会员国。概括起来，东德从西德的获利，主要表现在：其一，东德经常得到西德提供的数额巨大的低息和无息贷款；其二，在“德意志内部”贸易方面，除了东西马克按 1∶1 官方比价（东西马克按在国际市场上的实际购买力的比价为 100∶12）结算之外，东德每年仅免除关税这一项就可得到价值数百万（民主德国）马克的好处；其三，东德通过西德与欧共体各国进行贸易，同样也从免除关税中得到许多实惠；其四，东德每年可从西德与西柏林之间的公路和铁路等交通方面得到过境费达数十亿西德马克；其五，西德公民（包括西柏林人）每次进入东德须交入境费 25 西德马克和手续费 5 西德马克，这样，东德每年可从数百万西德公民的入境这一项费用上得到数千万联邦德国马克。此外，

东德还从两德的科技合作等项目上得到西德的经济和技术援助。[①] 东德虽也了解西德的真正意图，但巨大的现实利益使其不愿破坏这种特殊的经贸交易方式，实践证明两德间这种特殊的经贸交易方式，实为维持德意志民族共同体的最重要因素之一，也为后来两德关系正常化互动提供坚实的物质基础。[②]

在两德经济交往的基础上，西德为了加强和推进双方民众的社会、文化等相关领域里的互动与交流，以克服两德间日益加深的疏离感，维持德意志民族的一体共识，甚至不惜牺牲经济上的利益，以换取东德的合作与支持。譬如，从 1987 年 9 月 1 日起，把发给每个到西德旅行、探亲的东德人的“欢迎金”由 30 马克提高到 100 马克，东德人在西德乘火车减价 50%，乘坐其他公共交通工具或进出文娱场所，或免费或优惠。东德虽担心扩大人员往来会给它带来消极影响，但又希望从西德尽可能获得经济好处，因此在人员往来问题上总的是不断有所放松。[③] 虽然东德在 20 世纪 70 年代即开始大力推动“划界政策”，企图从形式上与社会文化上切断其与西德或整个德意志民族的联结，但是强大的经济诱因却使它无法拒绝与西德的各项交流。两德的频密交流，增进了双方民众的了解，维护了双方民众对于整个德意志民族的情感，为日后德国统一奠定了最深层的基础。[④]

当年西德处理两德“经济－政治”关系的实践，可以给我们处理两岸“经济－政治”关系提供以下启示：

第一，频密的经济往来可以有效地消弭分离主义。两德之间不断扩大和加深的交往，有助于实现西德所致力达到的目的——维系民族同一性和民族感情，使之不致因相互隔离而削弱和消失。两德的敌视减少，互相接触和了解的增加，久而久之，共同的历史和文化的意识、民族同一性的意识就能得到维持和发展。具体说来，两德之间频密的经济互动对于维护和实现“一个德国”所产生的积极功效主要体现在以下两个方面：一是拖住了东德的分离主义步伐，使东德的“划界政策”无法得逞。二是为两德的最终统一

① 高德平著：《柏林墙与民主德国》，世界知识出版社 1992 年版，第 44－45 页。

② 张五岳著：《分裂国家互动模式与统一政策研究》，台湾业强出版社 1992 年版，第 373－374 页。

③ 世界知识出版社编：《德国统一纵横》，世界知识出版社 1992 年版，第 14－15 页。

④ 张五岳著：《分裂国家互动模式与统一政策之比较研究》，台湾业强出版社 1992 年版，第 373－378 页。

创造了基础和条件。[①] 就当下大陆的“经济先行”政策而论，即便其不能有效地推进政治对话与协商，但也拖住了“台独”分离主义的脚步，使“台独”难以得逞。众所周知，当下两岸频密的经济联系将两岸紧密地“绑”在一起，让台湾在经济上与生存发展上无法与大陆分开，“你中有我，我中有你”，这在根本上削弱了“台独”的经济基础。换言之，两岸经济关系越密切，相互依赖的程度就越强，“台独”实现的可能性就越小。另外，“经济先行”虽不能保证一定能走向政治对话与协商，但无疑能为两岸走向政治对话与协商创造基础和条件。因此，对“先经后政”政策必须予以肯定和坚持，不能因为暂时未出现两岸政治对话与协商的局面就对其产生动摇和怀疑。

第二，以经济实力为后盾，以扩大交流与合作来推进政治合作。通过为两个德国居民之间的往来提供便利和建立贸易关系，来推动两德之间的相互接近，促进双方的相互了解，增进民族共属感和凝聚力，为最终实现统一目标创造条件，是德国统一的重要经验之一。西德这种以经济互动促进国家认同的策略之所以得以成功实施，一个重要原因是基于西德强大的经济实力。事实表明，西德强大的经济实力为德国统一奠定了坚实后盾。两德互动的经验对当下两岸的互动主要有以下两方面启示：一是大陆方面应继续凭借着自身强大的经济实力，以政治层面为主要考量，继续给予台湾各项优惠条件，通过双方频密的经济联系，维护和巩固“一个中国”框架。二是在政治争议一时难以解决的情况下，从国家统一的长远目标和两岸人民的现实利益考虑，海峡两岸应该搁置政治争议，以非政治领域里的交流与合作去促进和带动政治领域的交流与合作，早日实现“由经入政”。

第三，要从政治层面解决经济互动的障碍，以深化双方的交流与合作。两德经济互动尽管在 20 世纪 60 年代已很频密，但两德所处的对抗格局，使两德的经贸往来受到很大影响，加之经贸互动所衍生的其他各种问题，迫切需要两德官方从政治层面上加以解决，这也成为两德于 1972 年签署《基础条约》的动因之一。按照《基础条约》，东德得到了西德的国家承认（但未获得西德的国际法承认），但东德应允许在经济、交通、文化、体育等各领域内与西德展开合作。故该条约签订以后，两德之间的经济往来、文化交

① 需要指出的是，两德的经济互动对于促成两德最终的统一具有重要的影响和意义，但不能无限夸大这种影响和意义，倘若把两德统一完全归结于两德经济互动的结果，则有失客观。

流、人员互访都有了较快的增长。从西德（包括西柏林）前往东德和东柏林的人数，由1970年的250万人次增加到1978年的800万人次；而从东德到西德和西柏林的人数，1978年也达到138万人次，比1970年增加了三分之一。两德之间的贸易额，由1970年的45亿马克，增加到了1987年的140亿马克。[①] 比较《基础条约》签订前后的两德互动数据可以发现，通过双方签署《基础条约》这一政治举措，有力地促进和深化了两德经济和其他各项交流与互动。就两岸来说，当前双方的经济互动已经受到“只经不政”的束缚，意欲两岸经济互动方面取得更大的成就，双方应适时开启政治对话，就有关问题进行积极协商，通过早日签署两岸和平协议等政治举措来为两岸经济互动创造更加宽松的政治环境。

三、欧洲一体化处理“经济—政治”关系的经验和启示

众所周知，欧洲一体化通常被视为由经济统合到政治统合的典型范例。那么，欧洲一体化进程中如何处理经济统合与政治统合之关系呢？首先让我们一起回顾欧洲一体化进程中的三大路径。

联邦主义（federalism）路径。联邦主义是历史最久的欧洲一体化理论，它主张欧洲一体化采取联邦制的形式。该理论认为，采取联邦方式可以使组成联邦的各个单位或国家在一种既联合又独立的系统内维持权力的制衡局面，能够在确保联邦的统一性的同时，还能保持多样性，在多数统治下也能保护少数的利益。联邦主义者设计了欧洲一体化的两种路径：其一是通过制宪大会的方法。战后初期的联邦主义者关于建立联邦的清晰战略，是通过召集普选的立宪大会，为新的欧洲联邦起草一部将被欧洲各民族国家批准的宪法。立宪会议是战后初期联邦主义者所选择的一体化制度，并希望当时的欧洲委员会能够充当或创设这样的一个制度。随着欧洲委员会创立联邦努力的失败，赞成这种一体化手段的联邦主义者开始把他们的注意力转向了欧洲议会。他们希望通过拥有一个普选产生的欧洲议会，分阶段创立一个普选的立

① Gottfried - Karl Kindermann, “The Peaceful Reunification of Germany”, Issues and Studies, 27: 3 (March 1991), pp55 - 56.

宪会议，使欧洲议会担负起草《欧洲联盟条约》的重任。① 其二是通过政府间协议的方法。随着欧洲委员会创立联邦的初步失败，一些联邦主义者仍然赞成立宪会议的模式，但是其他一些联邦主义者（主要以意大利的阿尔蒂罗·斯皮内利为代表），转而采纳了共同体的方法作为实现联邦主义目的的手段，即通过直接的政府间协议。这些联邦主义者的思维逻辑是：创立一个联邦国家，必然涉及成员国把有关主权让渡给中央政府的问题，因此联邦制国家的形成只能在政府间的讨价还价中才能实现。联邦主义者的这种信条使他们的关注点集中到了欧共体委员会和部长理事会上，而不是在欧洲议会上。② 总之，联邦主义所主张的欧洲一体化途径是一种由上而下的统合途径，倡议者认为仅靠经济领域里的功能合作，并不能够达到统合。如果要使各成员国间真正的相互依存，应该以建立超国家（supranational state）的宪政体制为统合目标。③ 从统合的程序来看，联邦主义者认为政治统合应为优先，因为政治统合可以促进经济统合，但是经济统合却不必然促成政治统合，所以先建构一个超国家的“自主性中央机构”实属必要。

功能主义（functionalism）路径。与联邦主义相比较，功能主义更强调经济统合，它认为通过相互竞争的经济与贸易政策的逐渐和谐，最后这种和谐将会“溢出（spillover）”到政治领域。在功能主义者看来，政治逻辑与经济逻辑是平行的，这种方法是渐进的和务实的。米特兰尼于20世纪三、四十年代就提出了其功能主义一体化理论。米特兰尼认为国家间避免战争、获得和平的途径有三种：一是实现“国家联合”；二是建立地区性的“联邦体系”；三是通过功能合作途径。其中第一种途径并不必然导向一体化，第二种则不能保证消灭民族主义，只有第三种功能性的合作既可以避免国际机构过于松散的弊端，同时又能在公共生活的某些领域建立广泛而稳定的权威。按其功能主义理论，主权需要从地域单位转移到功能单位。④ 与联邦主义相比，功能主义是一种迂回的方法。主要体现在：功能主义者认为从各方具有的共同利益出发，积极合作建立共同的认知后，统合才可能完成。与联

---

① 房乐宪：《联邦主义与欧洲一体化》，载《教学与研究》2002年第1期。

② Hans J. Michelmann, Panayotis Soldatos ed., European Integration: Theories and Approaches, New York: University Press of America, Inc., 1994.

③ 张亚中著：《两岸统合论》，台湾生智文化事业有限公司2000年版，第248页。

④ Peter Wilson, “The New Europe Debate in Wartime Britain”, in Philomena Murray and Paul Rich, eds., p. 49.

邦主义主张的由上而下的统合相反，功能主义认为统合应该是一种由下而上的统合途径。功能主义视统合为一个过程，在这个过程中，民众的态度将随着跨国界功能组织的合作而逐渐增强他们对统合的看法。因此，功能主义不主张一开始就直接进入政治领域里的统合，并认为建立统一的联邦并不见得就优于现有的民族国家体系。①

新功能主义（neo-functionalism）路径。20 世纪 60 年代，哈斯（E. B. Haas）等学者通过总结一体化的实践，在功能主义的基础上提出了新功能主义一体化理论。新功能主义认为欧洲一体化是一个渐进的、自我发展的过程，在一个政策领域的一体化会产生“溢出（spillover）”压力，从而“扩溢”到其他领域。因此，一体化是一个不断演进的过程，目前无须指明其终极目标。在敏感的主权问题上，新功能主义提出了“超国家”的概念，以“主权的分享”代替“主权转移”的说法。在超国家性主张上，新功能主义与功能主义有着重要区别：新功能主义强调超国家机构的功能，主张通过外溢机制使一体化从技术性部门逐渐扩展到政治性部门，最终建立制度化的区域性超国家机构；功能主义更多地注重政府间合作，偏重内部结构不太紧凑的共同体形式，主张通过建立使民族国家权力逐渐流失的功能性组织，最终建立非政治化的功能性组织的集合体。可见新功能主义所谓的共同体是更具政治性的超国家机构，而功能主义所说的共同体更强调的是一种纯粹功能性的政府间合作机构。此外，新功能主义和联邦主义虽然都主张设立超国家机制，但二者也有差别：新功能主义所主张的超国家性机构是指各成员国通过部分主权的让渡与共享，在某些部门建立起来的、对成员国具有一定指导性和制约性的机构；联邦主义则主张通过各政府间的章程性谈判或立宪大会等宪政措施，最终建立一个统一的联邦国家，从而完成一体化进程。认识这些主张的差别有助于我们从另一侧面加深对新功能主义的理解。

从欧洲一体化的历史进程来看，上述三种一体化路径在欧洲一体化进程中均发挥过重要的作用。在新功能主义出现以前，功能主义对欧洲一体化建设的影响最大。欧洲煤钢共同体、欧洲经济共同体从一开始就体现了功能主义的一体化主张。在 20 世纪 60 年代新功能主义产生之后的二十多年，欧洲一体化进程受到了新功能主义的重要影响，欧共体在共同的关税同盟、共同

① Stephen George, Politics and Policy in the European Community, Oxford: Clarendon Press, 1985, p. 20.

的农业和渔业政策、政治合作、统一的汇率制度等方面取得很大进展。20世纪90年代以来，欧洲一体化因里程碑式的《马斯特里赫条约》的签署而进入了一个新阶段，联邦主义也因欧洲一体化不断深入与扩大的要求而成为人们关注的焦点。实际上，在欧洲一体化的进程中，联邦主义、功能主义与新功能主义对一体化进程的影响是很难区分开来的。如果说某一特定时期内某一种路径与其他路径相比占主导地位，那么在很大程度上是因为这一路径更贴近于当时的现实，或更容易为当时的人们所接受。① 在一体化的过程中形成一些路径设计，运用这些设计反过来推进一体化的实践，是欧洲一体化与其他区域一体化的重要不同。

欧洲一体化作为一种区域性国际组织从“分散”走向“集中”的成功案例，对当下处理两岸“经济—政治”关系的启示主要有：

第一，以经济合作促进政治统合。在欧洲一体化过程中，针对当时国际政治现实，绕过政治和意识形态的分歧，先从经济贸易方面加强往来与合作，以稳步、渐进的和平方式逐步实现统合。其经验启示我们：两岸可考虑通过较不具有争议性的经济、技术与社会层面的合作，以渐进的方式，逐渐消除双方的疑虑，双方在了解、互信和共识的基础上，先进行经济合作，然后再适时过渡到政治统合，为最后走向统一创造条件。同时，我们应该看到，统合是一种动态和有意识的过程，需要双方的配合与参与。我们要正确处理经济互动与政治互动的关系，经济合作可以促进政治统合，但并不必然地导致政治统合，这方面，我们还应认识到单纯功能合作的局限性。

第二，以政治操作推动和深化经济合作。从总体上说，欧洲一体化经历了经济合作到政治统合的过程；但从某个具体阶段来看，亦并非全然，有时也经历以政治统合来统领和促进经济统合的过程。可以说，欧洲一体化的进程是以经济合作为基础，但绝不是单纯依靠经济合作，其更注重经济合作与政治统合的相互促进和推动，即在推动经济合作的同时，也注重政治统合的规划和推动，特别是超国家机构（如部长理事会、欧洲理事会、欧洲联盟委员会、欧洲议会、欧洲法院、审计院等）的建立，对于推动欧洲一体化进程发挥了重要的作用。对于两岸来说，政治关系的推进不能单纯依靠经济合作，需要有政治上的操作。就当下两岸关系情势来说，可分两步走：第一步，互设办事机构，以办事机构的互设为契机，进一步推动两岸各项交流的

① 王丽萍著：《联邦制与世界秩序》，北京大学出版社2000年版，第230页。

深化与扩大。第二步，待条件成熟时，共设跨两岸的协调机构。根据欧洲一体化理论，可以将欧洲一体化的路径概括为国家间由“合作→统合→统一”的程式。从欧洲一体化的目前状况来看，欧洲一体化进程目前正处于“统合”阶段（能否到达“统一”阶段，目前尚为一个存有争议的问题）。按照经济学家贝拉萨（Belassa）在建构其“统合”理论时对“合作”与“统合”做的区分：“统合”与“合作”的不同在于它有超国家机构的建立，即“统合”不仅寻求经济之间的互动，更注重政治上的互动。而“合作”一般只寻求经济上的互动，不谋求政治上的互动。如果借贝拉萨（Belassa）的观点来观察两岸关系，我们只能说两岸目前正处于有限度的经济“合作”阶段，尚未达到政治“统合”阶段。所以，条件成熟时应尽快构建跨两岸的协调机制，作为深化两岸关系经济互动的推动力量。

四、结语

通过以上分析可知，无论是马克思主义经典作家关于经济与政治关系的论述，还是德国处理经济互动与政治互动的做法，抑或欧盟由经济合作到政治统合的经验，尽管它们对于经济和政治关系的论述和实践各有所侧重，但基本共识有二：一是经济对于政治具有重要影响，特别是能为政治问题的解决创造基础和条件；二是政治对于经济具有重要的反作用，深化和扩大经济互动，同样需要政治上推动和操作。

就目前两岸的互动情况来说，随着两岸经济互动的扩大与深化，“只经不政”已经严重不适应经济互动的步伐和需要，已影响到两岸经济互动向更深更广层次推进，因此“由经入政”问题就提上了议事日程。所以要通过两岸之间政治对话与协商来化解政治分歧，为深化两岸经济互动消除障碍。目前两岸政治对话和协商难以取得进展，不是由于“经济先行”政策存有问题，而是由于两岸政治关系本身的复杂性和相对独立性所导致。同时，我们也要充分认识到“经济先行”仅仅是影响或推进“政治互动”的因素之一，大陆要推进两岸政治对话与协商不能单单从经济入手，还应多管齐下，以共同推动“由经入政”，早日实现两岸政治对话与协商。

两岸经济关系与政治关系的互动路径与模式

北京联合大学台湾研究院　陈　星

两岸经济关系与政治关系的互动路径及模式一直是两岸关系研究中的一个重要问题。两岸关系中经济关系与政治关系的互动模式直接影响到台海局势的发展方向及国家统一大业的实现路径选择。目前两岸经济关系已经随着和平发展战略的持续推进越来越紧密，但是政治关系却仍没有走出有限对抗的阴影，台湾民众和各个政治势力对两岸政治关系的认知分歧严重，两岸的政治互信依然脆弱，两岸就政治议题方面的协商也一直迟迟无法展开。可以看出，两岸经济关系的发展对政治关系有较大影响，但是与政治关系发展并非简单线性相关的关系。本文拟从政治体系间政治关系和经济关系发展的不同逻辑及其相互影响特征的视角出发，对两岸关系中经济关系与政治关系的互动模式进行简单分析。

两岸关系中经济关系与政治关系的不同逻辑

两岸关系中经济关系与政治关系分别具有不同的运行逻辑，这种不同的逻辑是这两种关系之间不时呈现出张力的根本原因。一般而言，不同政治体系之间经济关系与政治关系无论在追求目标、实现路径还是受制约因素等各个方面都存在相当大的不同，这些差异使经济关系与政治关系的发展在绝大多数的时间点上都无法保持同步推进，经济关系与政治关系之间这种内在的紧张长期存在，并且交互影响，共同构成了不同政治体系之间整体关系变迁的基本内容。

在现代社会的语境下，经济关系的发展和扩张主要是在生产力发展的客观规律支配下完成的，在有可能的条件下，经济发展规律会推动资源的优化配置，以求获得最大的经济利益，这是不同政治体系之间经济关系发展的最基本推动力。马克思早就指出："不断扩大产品销路的需要，驱使资产阶级奔走于全球各地，它必须到处落户，到处开发，到处建立联系。"① 马克思以宏大理论的视角探讨经济关系的产生根源，概括性地描述出了个体之间、个体与群体以及不同政治体系之间经济关系发生及发展的基本路径。优化资源配置以获取利益的冲动一旦在适宜的情境下就会充分发挥出来，以巨大的力量推动经济关系的建立和加强，这也构成了现代经济理论的一个逻辑起点。以作为经济学理论分支的投资理论为例，一般投资理论主要从企业投资动机和目的探讨资本流动的行为，以区位角度分析企业投资的合理性，阐明企业的生产技术以及无形资产的流动方式和特点，从厂商优势、内部化交易等方面讨论投资的经济性。② 在全球化背景下，上述经济规律表现得更加明显，资本往往跨越国家、地区和族群的界限，使世界各地的经济联系空前加强。

经济关系的这种基本特征决定了其发展的一般性逻辑，即以资本优化配置为中心的逐利冲动要冲破一切的阻碍因素，不断冲破政治界限和政治障碍，使世界向着一体化的方向发展。在世界范围内经济关系发展的历史实证中，各地无论在政治制度、意识形态和经济发展水平的差异多大，对于经济交流与交往的要求是基本一致的，都希望在经济交流与交往中发展自己的经济，形成自己的利益最大化。这也意味着经济的发展相对政治具有一定的独立性，一旦寻得机会，经济就会自发地发展起来，最终形成比较强的经济联系。

两岸经济关系的发展历程与上述经济关系发展规律若合符节。大陆学者唐永红认为，两岸经济关系是两岸经济体为追求自身利益最大化，在经济全球化力量的推动下不断调整参与全球化方式的过程中，特别是在两岸政治经济博弈与不断调整两岸经贸政策的过程中形成并发展起来的；深受两岸政治关系约束的两岸经济关系有着强大的发展动力支持。③ 两岸经济关系的建立是在政治关系松动情况下经济发展规律产生作用的自然结果，随着大陆两岸

① 马克思：《共产党宣言》，中央编译局编：《马克思恩格斯选集》第 1 卷，人民出版社 1995 年版，第 276 页。

② 李非：《海峡两岸经济关系通论》，鹭江出版社 2008 年版，第 23 页。

③ 唐永红：《两岸经济制度性合作与一体化发展研究》，九州出版社 2010 年版，第 125 页。

政策的调整，台湾岛内的投资冲破台湾当局的限制，通过各种直接或者间接的渠道涌入大陆，形成了投资大陆的热潮。而随着两岸经济关系的不断紧密，台商投资大陆不断从广度和深度两个面向上向前推进，两岸经济关系的内涵越来越丰富，结构也不断调整并变得越来越复杂，双方合作的范围也越来越广。

两岸政治关系却是另外一种发展逻辑。大陆学者王沪宁认为，政治及政治活动的逻辑有其不同于其他活动的一般性特征，在进行任何政治分析时应当抓住三个基本变量：一是经济活动，一定的政治活动和政治关系问题与一定的经济与经济活动是联系在一起的，受后者的制约；二是政治体系的活动。政治体系是政治关系和政治活动的焦点；三是阶级集团的活动，政治体现一定的阶级关系是政治自身的逻辑，但是政治体现阶级关系并不一定是说政治体现的是对立阶级之间的斗争关系。① 这里需要强调的是，此处的政治与经济关系主要着眼于经济基础与上层建构的抽象层面而言，也强调了在微观层面上经济关系对政治关系有比较基础性的影响。在考虑到经济关系的基础性影响前提下，政治关系的一般逻辑是沿着政治系统的基本结构以及系统中利益集团和阶层结构的分化为基线展开，相对于经济关系具有一定的独立性。就两岸关系而言，在经济、文化领域，合作可以超越“国家主权”之争，因此合作、和解可以成为主题或主旋律。但在政治领域则不然，政治议题中最核心的是国家政权问题，双方的“政治定位”中已经蕴含了在“国家主权”上的对抗性，除非统一，否则双方都无法超越这种对抗性。② 这种对抗性特征中包含了政治体系内部利益集团、政党及民众在基本政治认知及意识形态等方面的不同想法，这些分歧短期内无法消除，双方的政治合作也无法像经济合作那样实现直线式的发展。

如果进行比较的话，我们会发现经济关系发展的逻辑链条比较简单与直接，从一般性的情形来说，经济关系发展的直接指向就是经济利益的获取，这是经济关系建立的基本动力，也在一定程度上决定了经济联系的基本样态。但是政治关系的发展路径却复杂得多。从驱动力上来说不同政治体系之间政治关系的建立与发展当然可以说是受政治利益的驱动，但是政治利益的概念定义却远比经济利益的定义复杂。从层次上说，精英个人的政治利益和

---

① 王沪宁：《比较政治分析》，上海人民出版社 1987 年版，第 18 – 22 页。

② 黄嘉树：《争取政治合作多于对抗》，《两岸关系》2010 年 8 月。

政治系统整体的政治利益显然并不一定重合，在通常的情况下，政治系统的结构会对精英的决策取向产生根本性影响，所以学界在讨论政治关系时往往将焦点集中在体系的层次而非个人的层次上。

大致而言，在分析政治关系时主要应从以下几个层次上展开：一是个人层次。这是最为基础的层次，诸如马英九和陈水扁对两岸关系的认知差别，构成了他们当政时两岸关系发展样态的重要影响因素。二是利益集团层次。利益集团是当代社会结构中的重要组成部分，也是影响政治生态的重要层面，经济发展带来的利益集团结构的分化会对政治关系建构和发展产生较为重大的影响。三是体系层面。政治体系在更大的结构当中的位置以及发展的历史，是政治关系发展走向的重大影响因素，两岸关系就是在内战问题没有解决的情境下展开政治关系的重新建构，历史遗留问题即是两岸政治关系的起点，同时自然会产生重大的约束。四是意识形态层次。意识形态相对于经济关系和短期的政治关系具有相对的独立性，意识形态结构对政治关系的建构产生的影响是持久的。在两岸和平发展推进到今天这个地步，在台湾受“台独”意识形态影响的民众对两岸政治关系的建立仍抱持反对的立场，就是一个典型的例子。可以看出，经济关系对政治关系的影响只是局部的，政治关系的发展有着与经济关系发展不同的逻辑。

此外，政治关系的产生与发展与政治体系的互动的模式和过程有关，在互动中政治互信或者得到加强，或者受到损害，从而形成了不同的政治关系样态，即有敌对、友好与合作等不同的政治关系存在。从上述意义上说，政治关系在实现路径上受到的影响因素具有比经济关系表现为多元性和复杂性，这是两者具有不同的运行逻辑使然。对于两岸政治关系和经济关系的互动来说，这种运行逻辑的不同形成了二者内在的张力，也使二者在一定程度上出现背离成为可能。

两岸政经关系互动的特殊语境

台湾问题是中国内战遗留下来的历史问题，这是两岸目前政治定位的一个重要法理基础，也是两岸经济关系与政治关系展开的逻辑起点，并构成了两岸经济关系与政治关系互动的特殊语境。易言之，两岸政治关系的发展与变迁其实是两岸在内战遗留下来的历史和法理框架中寻求互动模式的过程。从这个意义上说，两岸政治模式最起码有两个方面的意涵，一是两岸政治定位到底如何的问题，这是从静态的角度去讨论两岸政治关系，这方面的讨论更加注重于法理层面的探讨。二是两岸在政治上的互动过程，这个过程是通过两岸政治协商，根据形势的发展对两岸的法律定位和政治定位进行重构，进而解决内战遗留下来的问题，完成国家统一大业，这是一个动态的过程。也正是因为这种复杂的语境，两岸之间的政治关系与一般政治体系之间政治关系的差别极大，两岸的经济关系与政治关系的互动模式也与一般性的个案有较大差别。一般意义上的政治关系往往指在国际结构相对稳定的情况下，国际社会中各个国家之间或其他政治体系之间在协调与控制彼此之间的利益关系过程中形成的相互联系，这种相互联系以国家或地区之间的全局利益关系的协调与控制活动为基础。① 这种情况下的政治关系相对简单，但是两岸情况的复杂性在于历史遗留问题却一直没有解决，双方正是在政治对立长期存在的情况下摸索互动的模式与路径。

从两岸政治定位的角度而言，无论是就历史还是现实来说，一个中国原则都是两岸处理两岸政治关系的基础。由于两岸政治关系现状来源于国共内战，虽然1979年以后双方已经离战争的硝烟越来越远，但是两岸并没有通过协商解决两岸的政治定位和法律问题，故而从法律上说两岸依然处于内战状态。这种情况下的两岸关系有学者将其归结为政府继承尚未完成的状态。"两岸政治关系实际上包含了三个层面的内容：国家层面、政府权力能力层面、政府行为能力层面"。"1949年后，中华人民共和国完成了权利能力层面的政府继承，而尚未完成行为能力层面的政府继承"。② 在这种政府继承问题解决之前，两岸政治关系都会处于一种不稳定的状态，对两岸的经济关系会有比较大的影响。

事实上，两岸经济关系其实是被包含在一个中国原则的具体层次内涵中的。黄嘉树教授认为，一个中国原则的内涵可以进行四个层次的划分：政权涵义上的一个中国、主权涵义上的一个中国、经贸关系上的一个中国以及文化、历史、地理、血缘涵义上的一个中国等。③ 在一个中国的框架下面，两岸经济关系的产生和不断发展是1979年以来大陆对台政策调整的结果，也

① 柳剑平：《国际经济关系区别于国际政治关系的绝对性与相对性——兼评琼·斯佩罗"国际经济关系就是国际政治关系"的观点》，《湖北大学学报（哲学社会科学版）》1999年11月第26卷6期。

② 李秘：《两岸政治关系初探：政府继承的视角》，《台湾研究集刊》2010年1期。

③ 黄嘉树：《"一个中国"内涵与两岸关系》，《台湾研究》2001年4期。

是两岸政治关系变动的产物。不过，一旦经济关系突破了政治关系的部分束缚，就以自己的逻辑向前发展，逐步成为两岸关系中的一个重要组成部分，并对未来的两岸政治关系和其他两岸关系结构产生越来越深刻的影响。但不可否认的是，两岸经济关系仍然受到两岸政治关系的束缚与影响，仍存在着诸多变数。

两岸的政治关系大致来说可以分为三种类型：对抗、对抗与合作并存、合作。我们看到自 1949 年以来在相当长的时间内两岸政治关系都是以对抗的形态存在，大陆学者陈孔立教授将这种对抗形态称为“非合作博弈”。及至 1979 年以后中国大陆主动调整对台政策，两岸的经济关系虽然发展很快，但是政治对立的局面长期无法解决，1992 到 1993 年两岸有短暂的进行政治接触的尝试，但是随着李登辉快速走向“台独”道路而戛然中止。此后，两岸的政治对立一直持续到 2008 年民进党下台。2008 年以后，马英九放弃了李登辉和民进党在台海政策中的对抗路线，开始改善与大陆的关系，两岸政治关系开始有了结构性变化，实现了两会协商的制度化，同时也建立了国民党与共产党之间一定程度的政治互信。但是另一方面，两岸之间的政治对立并没有完全消除，政治分歧依然存在，两岸政治关系进入对抗与合作并存的阶段。

目前两岸政治关系中不稳定的因素依然很多，双方远没有达到相对稳定的政治关系状态。一方面，国共之间在许多政治问题上还存在着分歧，双方只是在经济发展以及民生议题重视方面有一定的共识，但是对于政治性议题，特别是关于两岸政治定位问题，目前还看不到破冰的可能，“当两岸涉及政治性、安全性议题并且需要签订有双方约束力的文件的时候，台湾方面必将要求解决‘我是谁’的问题。但在相当长的时间内，看不到真正解决这一问题的可能”。① 而且，台湾岛内还有一个强大的反对党存在，这股政治势力坚持“台独”立场，对大陆怀有敌意，一旦他们重新上台执政，未来两岸政治关系的发展又会进入一个高度不稳定的时期，两岸的经济关系也会相应受到影响。

两岸政经关系互动的基本路径

两岸经济关系与政治关系的互动是一个动态的过程，也是一个长期的历

① 黄嘉树：《两岸政治谈判的动力、阻力与路径》，《台湾研究》2010 年 6 期。

史过程。自1949年两岸隔绝以来，在近30年的时间内双方并没有经济上的往来，经济关系自然也无从谈起。从1979年以来两岸系统调整台海政策，台商投资大陆掀起了一个又一个热潮，两岸的经济关系逐步发展起来，政治关系与经济关系的互动成为两岸关系中的一个重要组成部分。

就政治关系影响经济关系的层面来说，在经济关系出现至今的历史进程中，政治关系对经济关系发展的制约作用呈现出越来越小的趋势。一般而言，政治关系对经济关系的影响主要表现在政策层面的限制。两岸经济关系实现破冰的30多年历史中，台湾当局对经济交流的限制俯拾皆是，20世纪80年代初台湾当局视台商投资大陆为寇仇，严加限制，及至后来阻挡不住，才不得不有所调整。从1985年的“转口贸易三原则”,[①] 到李登辉时期的“戒急用忍”，再到陈水扁时期的“有效开放、积极管理”和“积极管理、有效开放”，台湾当局一直被经济发展的客观形势拖着走，显得非常被动。究其原因，台湾当局一方面担心两岸经济过于紧密的交流与合作会危及其“政治安全”；另一方面，自李登辉到陈水扁，一直想在两岸经济合作与交流中塞进“台独”诉求和“一边一国”的内容，大陆对此当然不会同意。[②]也正是因为如此，两岸经济关系发展时疾时徐，“三通”问题从提出一直延宕了近30年才最后解决，就是一个例子。

经济关系一旦形成，会对政治关系产生较为长期的稳定的影响。马克思认为，物质生活的生产方式制约着整个社会生活、政治生活和精神生活的过程，不是人们的意识决定人们的存在，而是人们的社会存在决定人们的意识。社会物质生产力发展到一定阶段，便同他们一直在其中运动的现存生产关系或财产关系（这只是生产关系的法律用语）发生矛盾。[③] 马克思是从宏观的角度说明经济关系对社会关系和政治关系的影响，其所言也不仅止于政治体系之间，而是具有一般的普适性。不过这个论断在微观层次依然具有较强的解释力。从两岸关系30余年的发展历程来看，两岸政治关系的调整在

---

① 转口贸易三原则的主要内容为：不与中共贸易，不得与中共设在海外的机构和人员接触，对台湾出口产品转运其他地区不加限制。台湾当局的这种表态，比原先的禁止和消极默许两岸贸易前进了一步。相关论述见李保明：《两岸经济关系二十年——突破与发展历程的实证分析》，人民出版社2007年版，第41-44页。

② 唐永红：《政治关系僵局下两岸制度性经济一体化实现路径探讨》，见石正方主编：《台湾研究新跨越·经济分析》，九州出版社2010年版，第311页。

③ 马克思：《〈政治经济学批判〉导言》，《马克思恩格斯选集》第2卷，人民出版社1995年版，第32页。

相当大程度上都是经济关系发展的推动，即经济关系发展产生了两岸互动模式改变的强大需求，使政治关系不得不相应地调整以适应形势发展的需要。

两岸经济关系对政治关系的影响可以分为直接影响和间接影响两个层次。从直接层次上来说，随着两岸经济交流的紧密程度日益加深，客观上要求两岸解决发展中出现的一些现实的问题，诸如推动两岸的投资保护、实现两岸“三通”、签订相关的行业协议等。2008 年之后双方的政治关系有了突破性进展，签署了一系列的协议，就与长期以来两岸经济关系发展产生的客观需要有关。民进党执政时期虽然一直想压抑这种客观需求，但遭到的反弹力量也越来越强大。这也意味着，如果政治结构不出现根本性的调整，经济关系发展产生的这种强大需求虽然可以被压制，但是却不能被消除，并会呈现出越来越大的压力。就间接层次上来说，两岸经济关系的发展对台湾民众对两岸关系的认知产生了深刻的影响。以前的两岸关系基本与民众没有什么关系，政治体系之间的对抗距离民众相当遥远。但是在两岸经济关系发展起来以后，两岸关系与民众的切身利益的关联性越来越大，民众从自身利益出发要求行政当局调整两岸政治关系，以保证和平发展的局面可以持续下去。民间形成的这种压力对政党和政治人物产生的压力是巨大的，现在民进党已经感受到了这种压力，并且不得不做出调整的姿态。

两岸政经关系互动的历史表明，政经关系大致会沿着三个方向向前推进：一是双方由经济走向政治，这是不可避免的一个趋势。在经济关系发展过程中，一系列需要解决的问题构成了政治关系调整的内生性动力；二是双方的政治关系会随着经济关系的发展而由对抗转向合作，这也是不可避免的趋势。当然，这种合作的同时还会存在一定程度上的对抗，从而出现了合作与对抗并存的局面；三是政治关系由消极转向积极。对台湾当局来说，在政治关系方面一直是消极的，即一般不会主动在政治态度上或政策上进行调整。但是当台湾民意因为两岸经济关系的紧密而出现结构性改变的时候，台湾的政治势力对两岸政治关系的调整会转趋积极，以求在台湾岛内的政治博弈中占据较为有利的地位。

两岸政治关系的变化过程事实上也就是政治互动中新的行为规则不断建立起来的过程。在对抗的情境下，双方的行为规则基本是零和博弈的模式，即以消灭对方为目标，但是在合作日益占据主导地位的经济与政治关系情境下，则以非零和博弈为主要表征，即不是要打击对方、消灭对方，而是要引导对方与自己合作。陈孔立教授认为这种新的规则主要包括三个方面的内容：建立持久的合作关系；互相给予回应，即策略地处理合作中出现的问题，使双赢的合作最大限度地得以维持；要自己得分也要让对方得分。总体来说，是两岸在合作博弈中能够共同遵守游戏规则，取得利益最大化、损失最小化的功效。① 当然，这种新的规则的建立同时也是两岸政治互信建立的过程，这事实上是一体两面的关系，共同构成了两岸政治关系的基本内容。

两岸经济关系与政治关系本身就存在着张力。易言之，两岸经济关系的发展会推动政治关系进行相应的调整，而政治关系的发展也会反过来对经济关系的发展提供新的动力和制度支持。但是这种相互推动的张力也会存在极限的问题，即经济关系上实现了一体化，是否意味着政治关系会随之走向一体化？可能事情没有那么简单。学界一般认为，经济一体化和政治一体化是两个截然不同的概念，经济一体化趋势，并不意味着承认政治一体化趋势，因此并不能简单地预期两岸经贸关系发展必将加速两岸政治整合乃至统一，这显然低估了两岸关系中政治的决定性作用。② 同样，两岸政治关系的发展与国家统一概念之间也有非常大的差异。在当前的台海结构背景下，国家统一涵义上的政治关系发展可以分为"对抗→对抗与合作并存→合作→政治整合→统一"等层次，这也是国家统一进程的不同阶段。经济关系在这个过程中可以起到重要的推动作用，但是这个过程中的诸多环节还是要靠政治智慧来解决。两岸政治关系的发展有其自己的逻辑，涉及意识形态、制度设计以及民众对两岸关系的认知结构等各个方面的内容，处理起来远比经济关系的发展要复杂。

结语

两岸经济关系对政治关系的主要作用在于降低了台海紧张的局面，使台海局势的基本结构发生了变化。具体而言指以下两个方面：一是加强了两岸之间的利益联结，使两岸合作在一定层次上展开；二是在台湾岛内出现了一个支持两岸关系和平发展的群体，成为两岸政治关系实现突破的原生驱动力。总体上来说，两岸政治关系的发展有着比经济关系更为复杂的内部结

---

① 陈孔立：《走向和平发展的两岸关系》，九州出版社 2010 年版，第 43 页。

② 曹小衡：《东亚经济格局变动与两岸经济一体化研究》，中国对外经济贸易出版社 2001 年版，第 49 页。

构，其中既有历史遗留下来没有解决的敌对状态问题，也有岛内不同政治势力对政治关系未来走向的不同认知，还有两岸在政治关系发展过程中的分歧与冲突，同时更有外部势力的影响等方面的因素。所以在政经关系互动结构的分布上会出现诸多不对称的局面，如在经济文化领域，出现“合作压倒对抗”的局面，但在政治领域则表现出“对抗多于合作”的状态。有的学者认为，两岸经济交流的深化不能取代两岸的政治对话，两岸经济上的相互依赖可以使两岸在政治上“斗而不破”，但不能从根本上阻止两岸就一些政治问题继续保持“斗争”的态势，两岸尚未结束敌对状态，两岸之间还存在一些历史遗留的结构性难题尚未解决，在今后两岸关系和平发展的过程中还会遇到各种新的问题。① 这事实上意味着两岸政治关系的发展是一个长期的过程，在目前格局不发生大的变化情况下，经济关系持续发展以及由此带来的社会整合可以逐步消弭两岸的差异，包括制度、价值、认同等方面的差异，这对于两岸政治关系的进一步发展是有利的。不过，如果两岸在政治关系上实现进一步突破，需要两个前提条件，一是两岸对和平发展和政治整合形成较为一致的价值认知，二是对两岸政治整合有较强的内生性需求。在这两个条件的推动下，两岸政治关系通过结构性转换，最终可以实现较高程度的政治整合。

---

① 李鹏：《海峡两岸经济互赖之效应研究》，九州出版社 2010 年版，第 171 页。

试论两岸政经关系的互动轨迹和发展方向

浙江台湾研究会　周丽华

政治关系与经济关系具有不同内容和本质属性。一般来说，良好的政治关系可以促进经济关系的正常发展，而经济关系的密切和深化又能进一步增强和巩固政治关系的基础，促进政治关系的良性发展。然而，在两岸关系发展进程中，政治关系与经济关系作为不同维度下的两岸关系具体形态，由于其各自的发展蕴含在两岸关系曲折前行的进程之中，受到各个时期两岸关系特性及政策思维的影响，总体呈现“政经分离”、“政冷经热”的不对称形态。本文拟通过政经关系的互动理论，剖析两岸政经关系的具体生态，厘清两岸政经关系互动的脉络主线，寻揭其演化进程中存在的主要问题，并试图描绘出其演进轨迹和延伸路线。

一、沿循与游离：政经关系理论视野下的两岸政经互动

两岸政经关系的互动，总体上沿循了政治经济学理论中政经关系相互作用的动力路径，但亦蕴含了其本身固有的发展特性与模式，并不完全沿循政经关系理论的范式，呈现沿循与游离相互交织、不对称发展的特有轨迹和路线。

马克思主义政治经济学认为：“经济是政治的基础，政治是经济的集中体现，经济决定政治，政治对经济具有反作用，有时甚至是决定性作用”。这一经典关系理论深刻阐述了“经济基础决定上层建筑，上层建筑反作用于经济基础”的唯物史观。然而，两岸关系是特定历史背景下形成的产物，具有独特的属性，无法完全适用原侧重于国内政治经济互动关系研究的马克

思政治经济学理论，因此需要一个间接转化的过程，经由国内政治经济与国际政治经济之间的能量传递与效用波及，转换观察和研究的视角，运用国际政治经济学理论（本文中的“国际”一词指国际关系行为体之间，不特指主权国家之间）来揭示两岸政经互动理应呈现的演进轨迹和发展方向。

国际政治经济学是一门新兴的交叉边缘学科，可以定义为“研究国际关系中的各行为主体之间政治经济相互作用的一般形式和普遍规律的一门新兴学科”。① 其研究的核心为国际关系中政治与经济互动形式和一般规律，力图对国际政治和国际经济相互影响、相互作用的途径和机制作出明确而扎实的理论阐述。

西方国际政治经济学认为，“所谓国际政治与国际经济互动是指国际关系中国家与市场之间的相互影响和相互作用。即政治框架制度与国际经济利益分配之间的相互影响和作用，或者说，经济增长是有其国际政治根源的，而国际行为体间政治关系的发展，亦受其国际经济格局及相互经济诉求的左右。国际（外交）政策决定过程中的政治意图和经济利益的相互作用，致使国际政治经济相互融合，一定程度上国际经济关系本身就是国际政治关系”。②

无论是传统的马克思主义政治经济学理论范式，还是新兴的西方国际政治经济学中的国际政治经济相互影响作用的理论架构，虽然话语体系与观察视角不尽相同，但无不描述着政经关系互动的经典路径，即政治关系可以影响经济关系的正常发展，经济关系又能进一步增强和巩固政治关系的基础，促进政治关系的良性发展。然而，纵观两岸政经关系的互动进程，并不完全符合上述政经关系理论中的互动规律。两岸在“九二共识”、反对“台独”的共同政治基础上，恢复了“两会”的协商谈判，取得了一系列重大的成果，推动了两岸经济关系的大幅发展，走上了制度化的轨道，广泛而有深度的经济交流合作虽然对政治关系的改善有一定的助推作用，但事实上，两岸政治对话和协商尚未开启，政治互信基础仍然十分薄弱，两岸政治关系的进程与快速发展的两岸经济关系明显不相对应。政经关系理论视野下的两岸政经互动，虽然沿循着政经关系理论的基本规律，但也一定程度上游离理论规制的一般轨迹，呈现出两岸间特有的“政冷经热”的发展模式与运行态势，

① 樊勇明：《试论国际政治经济学的理论构建》，复旦学报（社会科学版）2003 年第 4 期。
② 樊勇明：《试论国际政治经济学的理论构建》，复旦学报（社会科学版）2003 年第 4 期。

交织为理论沿循与游离共存的演进图景。

二、不对称性：两岸政经关系发展的现状

在前20年发展的基础上，到2008年国民党重新上台执政，在“九二共识”和反对“台独”的政治基础上，“两会”恢复协商谈判，不仅实现了两岸“三通”、大陆居民赴台旅游、大陆资本赴台投资，还实现了两岸人员、资金以及物品等的双向往来。随着两岸间各项经济协议谈判渐次展开，尤其是2010年两岸正式签署《海峡两岸经济合作框架协议》（ECFA），经贸交流驶入了前所未有的快车道，经济合作制度化基本成型，实现了经济关系的良性发展。与此相对应，两岸政治关系发展未能取得突破，政治议题的协商对话迟迟未能开展，政治互信基础尚待巩固，台湾执政当局对于政治关系的发展心存抗拒，两岸政治关系呈现“欲突还僵、相对滞后”的境况。

（一）经济交流合作取得突破性进展

1. 两岸经济合作制度化建设取得重大进展

继2010年正式签署《海峡两岸经济合作框架协议》（ECFA）之后，2011年1月，两岸在“两会”框架下成立了“经济合作委员会”，专门负责ECFA签署后两岸经贸事务的协商，成为两岸经济合作、协商处理相关事务的重要平台；2012年8月，“两会”举行第八次高层会谈，签署了《海峡两岸投资保护和促进协议》与《海峡两岸海关合作协议》，这两项协议的签署标志着ECFA后续协商取得重大进展，消除了两岸投资管道障碍，为两岸货物进出、物流管道的畅通提供了保障；此后，两岸又签署了《海峡两岸货币清算合作备忘录》，2012年底，两岸指定的中国银行台北分行与台湾银行上海分行已正式启动办理人民币清算业务，两岸资金往来更加快捷便利。此外，两岸在互设办事处方面也取得进展，2012年11月，台湾海峡两岸观光旅游协会（台旅会）上海办事处正式设立，12月，台湾外贸协会相继在北京、上海设立办事处。如今，“两会”互设办事机构已提上议事日程，台湾“行政院”通过了“大陆地区处理两岸人民往来事务机构在台湾地区设立分支机构条例草案”，随着两岸经济交流中各项协议的签署和落实以及相关办事机构的成立，经济交流机制化、制度化建设更加完善，为今后的发展奠定了良好的基础。

2. 两岸贸易额快速增长

从总量上看，二十一世纪以来，两岸经贸联系日趋紧密，贸易额逐年增长。2012 年两岸经贸总额达 1689.6 亿美元，占当年台湾对外贸易总额的 29.55%，其中台湾出口大陆 1321.8 亿美元，占同年台湾出口总额的 42.90%。大陆已成为台湾第一大贸易伙伴、第一大投资地、第一大顺差来源地、第一大出口地及第二大进口地，经贸关系极为紧密，而且两岸合作的领域和层次正在不断拓展，涵盖了经贸、文化、教育、科技、旅游等诸多领域。2000 年至 2012 年两岸贸易详情见表一。

表一　2000 年 -2012 年两岸贸易统计表　　单位：亿美元

年份	贸易总额		大陆对台出口额		大陆自台进口额		贸易差额
	金额	同比（%）	金额	同比（%）	金额	同比（%）	
2000 年	305.3	30.1	50.4	27.6	254.9	30.6	-204.5
2001 年	323.4	5.9	50.0	-0.8	273.4	7.2	-223.4
2002 年	446.7	38.1	65.9	31.7	380.8	39.3	-314.9
2003 年	583.6	30.7	90.0	36.7	493.6	29.7	-403.6
2004 年	783.2	34.2	135.5	50.4	647.8	31.2	-512.3
2005 年	912.3	16.5	165.5	22.2	746.8	15.3	-581.3
2006 年	1078.4	18.2	207.4	25.3	871.1	16.6	-663.7
2007 年	1244.8	15.4	234.6	13.1	1010.2	16.0	-775.6
2008 年	1292.2	3.8	258.8	10.3	1033.4	2.3	-774.6
2009 年	1062.3	-17.8	205.1	-20.8	857.2	17.0	-652.1
2010 年	1453.7	36.9	296.8	44.8	1156.9	35.0	-860.1
2011 年	1600.3	10.1	351.1	18.3	1249.2	7.9	-898.1
2012 年	1689.6	5.6	367.8	4.8	1321.8	5.8	-954.0

资料来源：根据商务部台港澳司公布的数据整理而成。

3. 陆资赴台，实现双向投资

长期以来，两岸投资呈现单向模式，即台湾资本可以来大陆，而大陆资本入岛却受到限制。2009 年 4 月，在两会领导人举行的第三次会谈中，双方就大陆资本赴台投资达成共识，台“行政院”随后核定“大陆地区人民来台投资许可办法”及“大陆地区之营利事业在台设立分公司或办事处许可办法”，并于 6 月 30 日公布实施。此后，台湾依据“先紧后松、循序渐进、先有成果、再行扩大”的原则，以“正面表列”方式分阶段开放大陆资本。历经3次修正后，已累计开放陆资投资项目408项，其中制造业204项，开放比例为96.68%；服务业161项，开放比例为50.95%；公共建设43项，开放比例达51.19%。与此同时，台湾还放宽了两岸货品贸易的限制，持续增加开放大陆产品进口种类并大幅减少对大陆出口产品的限制。据台湾经济主管部门今年4月公布最新统计数据显示，自开放陆资以来，台湾已累计核准371件陆资投资案，核准投（增）资金额6.42712亿美元。[①] 仅2012年，核准陆资赴台投资件数为138件，比上年增加35.29%；投（增）资金额共计3.28067亿美元，比上年增加650.11%[②]，投资金额涨幅巨大。陆资赴台投资标志着过去单向投资的模式已被突破，实现了真正的全面直接双向"三通"。

（二）政治关系停滞不前，无法适应两岸经济关系发展

1. 国共高层交流密切、形成机制

国共两党领导人会面，探讨两岸关系发展中的重大问题，达成共识，是两岸政治关系取得进展的重要标志。2005年4月，胡锦涛总书记邀请时任国民党主席连战先生访问大陆，"胡连会"打破了两岸政治关系发展的坚冰，两党领导人共同发布了"两岸和平发展共同愿景"，达成"反对台独、坚持九二共识"一致意见，这是两岸首次就政治层面的话题达成共识。"胡连会"开启了两党领导人高层交流的范式。此后，国民党荣誉主席连战、吴伯雄等多次访问大陆，国共论坛、博鳌论坛上多次举行了"胡连会"、"胡萧会"、"胡吴会"。今年2月，习近平以总书记身份邀请并会晤了荣誉主席连战，"习连会"象征了国共高层定期交流机制的传承与延续。两党高层往来密切，交流顺畅，为进一步累积政治互信，推动两岸关系和平发展起到了强烈的推动作用，具有重要意义。连战、吴伯雄等在大陆发表了积极思考和促进两岸政治关系发展的谈话，引起了巨大反响，但有关讲话，特别是连战最近所提"一个中国、两岸和平、互利融合、振兴中华"[③] 十六字原则，被马当局相关单位澄清，所谈内容并未得到马英九的授权，只代表个人[④]，国共党际交流在两岸政治关系中的作用在台湾被人为地降低，连战、

---

① 台湾"经济部投资审议委员会"网站 http：//www.moeaic.gov.tw/.

② 台湾"经济部投资审议委员会"网站 http：//www.moeaic.gov.tw/.

③ 赖锦弘：《连习会连战提两岸16字原则》，台湾《联合晚报》2013年2月25日。

④ 蓝雍森、陈怡秀：《连战"一个中国"府：非总统授权》，台湾《联合报》2013年2月27日。

吴伯雄等人的努力也被冲淡了。

2. 马英九当局婉拒两岸政治对话

马英九上任后秉持“先易后难、先经后政”的谈判策略，与大陆展开经济社会层面的协商谈判。他曾公开表示：改善两岸关系必须分阶段推进，在两岸经贸领域实现正常化、解决台湾的国际空间问题后，才能谈签署和平协议。他在执政周年接受台湾中视记者专访时指出：“要谈的议题优先顺序非常清楚，三原则就是先急后缓、先易后难、先经后政，政治议题在经济性议题谈判时尽量不要触碰，以免造成困扰”①。对于马英九当局的态度和策略，大陆予以充分的理解。大陆认为，两岸政治关系涉及两岸政治定位，既是历史遗留的问题，也有两岸关系演进产生的问题，纷繁复杂，属于深层次、难解决的问题，需要双方累积相当的互信，需要“先易后难，循序渐进”地找寻破解之道。而且国民党重新执政，面临全球金融危机，发展才是硬道理，只有经济发展，改善民生，才能稳固政治基础。正是基于这样的认知，国民党上台后的四年，两岸才能签署15项协议。2012年，马英九再次当选，各界对马英九没有连任压力的情况下开启两岸政治对话充满期待，但马英九依然婉拒，一再表示经济是发展两岸关系的优先议题，两岸政治谈判的议题时机并不成熟。近期，他在接受《中国时报》强调：两岸现阶段仍有互设机构等更迫切的事，且台湾与对岸的政治对话时机仍不成熟，过去五年经验证明两岸可以和平稳定地发展下去，若要在政治上做什么，台湾的时机没有成熟，虽然外界有许多人一再表示两岸应进行政治对话，但没有人真正说清楚具体该谈什么，既然大家没有一致的意见，“那又何必急”？②

3. 两岸结束敌对状态、签订和平协议障碍重重

2011年10月17日，马英九在“黄金十年”记者会上公开表示，在“民意支持、‘国家’需要、国会监督”的前提下，未来10年中“审慎斟酌洽签‘两岸和平协议’”，在“大选”的关键时刻抛出如此敏感的政治议题，引发岛内震撼和各界高度关注，遭到民进党的猛烈攻击。马英九原想借此协议扩大两岸“和平红利”效应、主导两岸议题话语权，反被民进党诠释成“进入了统一进程、确定了急统时间表”，影响了民意支持度。三天之后，

① 《马：任内绝不与中国协商统一》，台湾《中国时报》2009年5月12日。

② 《两岸政治对话马英九：不知谈什么何必急》，http://www.chinareviewnews.com.2013年4月21日。

马英九专门召开记者招待会，对三前提做出进一步解释："民意支持"与"国会监督"指不排除民调、"立法院"决议或"公民投票"，"若公投没有过，就不会签和平协议"。马英九"签署两岸和平协议"的说辞虽然唤回部分深蓝民众的投票热情，凝聚了基本盘，但所提三条件十分苛刻，附加"公民投票"更是抬高了门槛，为两岸和平协议设置了人为障碍，也为两岸政治关系的发展带来隐患。

4. 民间禁忌打破，成为政治关系发展的重要推手

台湾当局对两岸政治对话态度保守，官方授权机构迟迟未能就政治议题展开对话，民间对开展政治对话、进行政治协商的呼声却日益高涨，也自发开辟了多个探讨政治议题的舞台。如，2009 年 11 月在台北举行的"两岸一甲子"研讨会，首次触碰了政治议题；2012 年 12 月章亚若教育基金会主办的"'九二共识'二十周年论坛——两岸关系发展之新情势与展望研讨会"以及今年 1 月由方夏文化交流协会和台湾两岸统合会共同举办的"夏合研讨会"，两岸重量级的退休外交官第一次正式座谈，连续三届的"台北会谈"等，两岸许多重量级的人物参加了上述民间研讨，有的还邀请了民进党的代表人物出席，红蓝绿三方人士共聚一堂探讨政治议题，体现了民间对政治议题的参与热情，也开启了两岸政治对话的民间舞台。两岸智库、学者及有识之士就两岸政治关系的相关话题进行广泛深入的讨论，对促进两岸政治关系是一种有益尝试，对改变两岸"政冷经热"的现状，为今后两岸政治对话的开启营造了氛围、累积了互信。

三、影响两岸政经互动不对称性的主要因素

两岸政经关系呈现出与一般关系不同的特点，与两岸经贸日益热络、经济关系正常化相对应的是两岸政治关系相对缓慢和冷淡，原因复杂，主要包括以下因素：

（一）"一中各表"成为两岸政治关系僵局难以打破的主要原因

坚持"九二共识、反对台独"是首次"胡连会"国共两党达成的政治共识，在两岸关系的发展中发挥了巨大作用，也为 2012 年国民党赢得选举立下汗马功劳。马英九虽然多次强调"九二共识是两岸关系的基础，也是

确保两岸和平发展的关键"[1]，但对"九二共识"的内涵以及"一个中国"的解读，两岸实际上存在明显分歧。大陆认为"九二共识"的内涵是"两岸均坚持一个中国，共同谋求国家统一，在事务性商谈中，对一个中国的政治意涵暂不讨论"，即共识的主要内容是坚持一个中国和追求国家统一；而台湾对"九二共识"的解读是"对一个中国的政治意涵双方可以各自表述"，台湾当局奉行的就是"一中各表的九二共识"。马英九在首次就职演说中表示："我们将以最符合台湾主流民意的'不统、不独、不武'的理念，在中华民国宪法架构下，维持台湾海峡的现状。一九九二年，两岸曾经达成'一中各表'的共识，随后并完成多次协商，促成两岸关系顺利的发展。今后将继续在'九二共识'的基础上，尽早恢复协商"。[2] 在连任后的就职演讲中马又郑重指出："两岸政策必须在中华民国宪法架构下，维持台海'不统、不独、不武'的现状，在'九二共识、一中各表'的基础上，推动两岸和平发展；而我们所说的'一中'，当然就是中华民国"。[3] "九二共识"是两岸现有的政治基础，是开展各项交流合作的前提，在事务性交流以及经济关系发展层面，"九二共识"被战略模糊，实质分歧也被暂时搁置。但在政治关系层面，双方分歧明显，互信基础尚显薄弱。大陆最新护照内页中印制了日月潭等风景点，触动了台湾敏感的神经，引起台湾"陆委会"等公权力单位的强烈抗议，反映了台湾对"一中各表"的坚持，也从一个侧面显示双方在政治关系的定位上暂无交集，政经互动出现落差，客观体现了两岸问题的特有属性。

（二）维持现状的主流民意加深了马当局开启两岸政治对话的顾虑

国民党的大陆政策获得了大部分民众的认可，但民意在统"独"等事关台湾前途问题上的认知尚未发生根本性的变化。去年3月公布的远见民调显示希望维持现状的民意占据半数多，达54.7%，赞成独立的24.5%，赞成统一的9.8%，赞成终极独立的46.9%，不赞成34.8%，赞成两岸终极统一只有21.8%，不赞成61.1%。[4] 另据去年9月《联合报》针对台湾前途

---

① 黄国梁：《马：九二共识是和平发展关键》，台湾《联合晚报》2012年11月9日。

② 马英九2008年就职演说。

③ 马英九2012年就职演说。

④ 《台湾民众统独观调查》，远见民调2012年3月16日公布。

的民调：有18%民众希望尽快独立，13%倾向维持现况以后再独立，5%主张急统，10%主张缓统，48%希望永远维持现状，仅4%无意见。如果把“急缓独”与永远维持现状三部分的民意归为不赞成统一，高达79%。[①] 在蓝绿政治立场严重分裂的台湾，国民党出于巩固执政地位、实现永续执政的长远目标，所推大陆政策必须考虑民众的感受。民众欢迎与大陆发展经济关系，享受由此带来的实实在在的利益，但顾虑两岸政治关系的发展，担心政治对话变成“统一前奏曲”，害怕政治协商成为“统一协商”，顾及民众的意愿和接受程度，在缺乏民意支持的情况下，马英九执政当局是不敢轻易触碰政治议题的。谨慎应对政治议题也是两岸政经关系产生落差的原因。

（三）民进党和“台独”势力的制衡是两岸政治关系滞缓的主要障碍

民进党作为岛内最大的在野党，坚持“台独”理念，拒不承认“九二共识”，反对与大陆开展经济合作与政治对话。国民党重新执政后恢复两会协商，陈云林会长首次访台期间，民进党使出十八套招数，举行了大规模的街头抗议活动。针对国民党与大陆开展的各项协商尤其是两岸签署ECFA，民进党先后多次组织“呛马”游行，打着“顾肚腹、护主权、要阳光、反一中市场、反掏空主权、反无能政府”等旗号，诬称ECFA将使400万台湾人失业，煽动民众反对马当局的大陆和解政策。马英九提出“审慎洽签和平协议”，遭到了民进党的猛烈攻击，批马“亲中卖台，矮化主权”，同时在“立法院”抛出“公投修法案”，主张两岸政治协商前须经“公投”授权，事后须经“公投”复决。民进党强烈反对两岸政治议题有其自身政党发展的需要，也束缚了马英九执政者当局的手脚。出于政党竞争的考虑，国民党不得不考虑放缓两岸政治关系发展的脚步，民进党的制衡一定程度上阻碍了两岸政经互动的进程。

（四）美国因素牵制了两岸政治关系的发展

两岸政经互动进程的背后，或多或少浮现出美国因素。两岸关系和平发展、马英九当局“和中、友日、亲美”的战略总体符合美国的利益，是奥

---

① 台湾《联合报》系民调中心公布的民调台湾《联合报》2012年9月23日。

巴马政府多次对两岸关系发展表示“乐观其成”的重要原因。美国支持马英九连任，给予“中华民国护照”赴美免签证待遇，同意出售高性能的F16C/D战机等，旨在拉拢台湾，成为美国在亚太的重要“制衡”力量。随着美国亚太再平衡战略的实施，美国需要马英九当局继续执行亲美路线与“和而不统”的大陆政策，台湾与大陆保持若即若离的关系，采取经济发展依赖大陆、安全保障依附美国的做法让美国安心。倘若两岸政治互信持续增强，经济一体化进程快速推进，两岸经济社会高度融合进而走向更高层次的政治对话甚至建立军事安全互信机制，将使美国长期经营的第一岛链中的台湾一环面临瓦解，一贯使用的“以台制华”的策略失去效能，势将影响美国的亚太战略布局，这是美国所不乐见的方向，必然会对台湾施加压力，尽早防范。近期，台湾民间对两岸联手保钓的呼声此起彼伏，美国不顾钓鱼岛主权的事实，一再对外声称钓鱼岛属于“美日安保条约”范畴，既阻止两岸在钓鱼岛问题上联手，也提前在两岸政治和军事关系上设防。对台湾当局来说，亲美，看美国的眼色行事，在美国的保护伞下寻求更大的国际空间，也是台湾当局的总体战略，因此，两岸政治的关系的发展也不得不照顾和迁就美国的利益。

四、两岸政经互动的发展方向

两岸政经关系互动的演进轨迹，呈现出经济关系较不受政治干扰的基本特征，一定程度上游离出传统政经关系理论揭示的一般规律，这只是特定环境和背景下的历史片段性“脱轨”，长远来看，两岸政经关系的互动仍然会沿着客观发展规律的轨迹演进。两岸经济、文化、社会、人员等层面关系的深度拓展，必将增进两岸政治互信的动能，促进两岸政治关系的良性发展。两岸政治关系的改善也必能进一步促进经济关系更深层次、更广层面的融合，促成两岸经济一体化的实现。

1. 两岸经济一体化加快

两岸经贸关系纵深化拓展的内部需要及当今经济全球化、区域经济一体化的大势，即内部驱使和外部推动，共同助推着两岸经贸关系的未来发展进入一体化的快速轨道。加强两岸经贸合作、实现经济一体化是两岸经济关系发展总体趋势和演进方向。

内部因素：近年来，两岸经贸发展现状虽然总体上乐观，但横亘在两岸经济交流进程中的体制、机制性障碍仍然相当大程度制约其向纵深化方向拓展，尽快深化、跟进两岸经济合作的体制、机制，是两岸经贸关系发展过程中亟待解决的课题。两岸经济关系日趋紧密为一体化奠定了良好的基础，经济利益的最大化诉求为一体化注入了内部动力，两岸经济和生产力之间各个要素的强力互补，有助于解决各自面临的问题，提升经济竞争力。大陆经济的磁吸效应越发显现，增强了台湾经济对大陆的向心力，推动着两岸经贸关系向深度扩展。

外部因素：全球金融危机的后期影响，欧债危机持续发酵，致使全球经济低迷不振，各主要经济体纷纷寻找经济发展的出路。自乌拉圭回合谈判陷入僵局后，区域性自由贸易签订方兴未艾，欧美、北美、中南美、美韩、东盟以及东盟十加一、十加三等自贸区域的形成以及正在进行的美欧、美日、中日韩、TPP、CREP 等谈判的开展，显示国际经济形态已从全球性的自由贸易向区域性自贸组织过渡，即国际经济格局已从全球性的 WTO 时代进入区域性的 FTA 时代，在可预计的将来，可能形成以美、中两国为核心的多个自由贸易区。台湾过去几十年实现经济的快速发展，主要原因是抓住了全球化的机遇，加入 WTO 融入了全球经济发展的大潮。但在区域性的 FTA 谈判中，台湾已明显落后，若不与大陆结合，很可能被新一轮 FTA 谈判浪潮边缘化，则未来经济发展堪忧。故对台湾来说，两岸经济一体化是提振经济、促进发展的快捷之路、必由之路。

2. ECFA 的后续效应将巩固两岸政治关系的基础

随着 ECFA 签署与实施，两岸经济合作步入正常化、制度化的新阶段。目前，ECFA“早收计划”执行情况良好，对台经济成效显著。在大陆经济带动下，台湾经济保持积极向好的发展趋势。虽然 ECFA 只是一个经济协议，但 ECFA 的签署，说明两岸因应各种问题，必须本着对等协商、互利双赢的精神，通过协商、谈判寻求方法和途径，任何单方面的放话、喊话，都不利于问题的解决。随着两岸经济上共同利益的不断拓展，相互依赖程度的不断加深，将逐渐构建起利益上的共同体，而两岸人员往来的频密，陆配、陆生、陆商、台商、台生、台配、台教在两岸的生根发展，使两岸政治敏感度进一步下降，从而弱化甚至避免两岸政治军事冲突的可能，并且会巩固两岸政治关系发展的基础，助推两岸政治关系的良性发展，使得两岸关系沿着和平稳定的方向前进。“ECFA 将两岸引往政治谈判、迈向和平，已是约莫可以琢磨出来的方向”。[①]

3. 岛内民意的变化和两岸社会的融合促进两岸政经互动的良性发展

民进党执政终结、国民党重新执政以来，有关两岸关系发展的台湾主流民意发生了积极转变，形成了一股反对“台独”、认同“九二共识”、支持两岸关系和平发展的潮流，2012 台湾“大选”，马英九获胜很大程度上得益于其两岸政策，而蔡英文败选主因在其否认“九二共识”的“台湾共识”上。两岸交流的丰硕成果及带来的“和平红利”让岛内广大民众认识到，任何形式的“台独”都不符合台湾同胞的真正利益，支持民进党、对两岸交流持负面态度较多的南部民众也正在改变对大陆的看法，搭上两岸和平发展的快车，更多的台湾民众对大陆的认知与了解渐趋客观，评价渐趋友善。此外，ECFA 的签署及两岸经济整合的加强，将逐步加深两岸民众的命运共同体观念，促进两岸社会融合过程。舆论认为，伴随两岸的互存发展，“两岸统一的急迫性降低，台湾‘独立’的可能性也降低，甚至已趋于零，北京将透过释放善意和诚意，提升台湾民众对大陆的好感与认同”。[②] 两岸各领域交流合作的深化，民众间友善感、相互间的包容度等都将逐渐增强，以经济融合为主要动力，两岸社会上的融合亦呈现出紧密交织的态势。

岛内民意的变化和两岸社会的融合，有利于增强两岸政治关系发展的后劲，扩大两岸政治关系良性发展的民意基础，逐步构建起两岸政治互信，增进社会、文化上的包容和认同，为两岸全方位的交流合作奠定坚实的民意、社会基础，对于两岸政经关系的良性互动起着不可或缺的助推作用。

4. 大陆综合国力的提升有利于两岸政经良性互动

2010 年，大陆经济总量超过日本，成为世界第二大经济体，2012 年国内经济总量为 51.9 万亿，学界预测到 2020 年中国经济总量将超越美国，成为世界第一大经济体。与台湾相比，大陆 GDP 已从 2000 年的接近四倍，放大到 2011 年的 15 倍，目前广东、江苏、山东、浙江等四省的 GDP 已超越台湾。大陆经济、社会各方面的进步，综合国力的不断提升，一方面增强了两岸政经关系良性互动的动力，另一方面，有效地降低了两岸政经关系互动的内、外阻力，推动着两岸政经互动关系的向前发展。与此同时，大陆社

---

① 《解读 ECFA 政治效应：增进互信推动两岸社会整合》，中国网，http://www.china.com.cn/news/tw/2010-07/20/content_20538624.htm.

② 《解读 ECFA 政治效应：增进互信推动两岸社会整合》，中国网，http://www.china.com.cn/news/tw/2010-07/20/content_20538624.htm.

会、文化、法制等各方面的发展进步和完善，对台湾向心力和影响力的增强，将成为两岸政治关系发展的最重要的内在因素，同时对于两岸政经互动的内、外部阻力，一定程度上亦会起着淡化作用，如逐渐降低岛内政党政治的制约作用，因大陆发展的红利日益为台湾民众所认可，岛内认同两岸关系和平发展的民意基础不断扩展，势必影响台湾的政党选举政治。又如对于外部美国因素的掣肘，随着中国综合国力的与日俱增，这种因素的阻力效用亦将逐渐降低。

结　语

中共十八大报告提出了未来对台工作的指导思想和努力方向，呼吁“希望双方共同努力，探讨国家尚未统一特殊情况下的两岸政治关系，做出合情合理的安排；商谈建立军事安全互信机制，稳定台海局势；协商达成两岸和平协议，开创两岸关系和平发展新前景”。这是需要两岸共同努力的目标，也是两岸关系进入新的历史阶段、迈入“深水区”后无法回避的重大历史任务。长期以来，在两岸关系互动中政治与经济无法分开，政治氛围的好坏制约着经贸与社会交流的松紧。当前，两岸政治关系的发展虽然无法与经济关系同步，政经互动不平衡不对称的现象仍将在今后一段时间内继续存在，但是经济与政治是建构“和平发展”的“双轨”，两岸经贸交流的日益频繁，ECFA 红利效应的持续释放，内驱力与外动力的双核牵引，两岸经济终将驶入相互融合的一体化快车道，必将带动两岸人员密切往来，消除对发展两岸政治关系的疑虑。随着两岸间政治互信量的不断累积，一定能实现政治关系质的改变，两岸政治对话、协商终将启动，政经互动中的游离因子将渐次消退，最终势必会沿循政经关系理论揭示的一般规律，打破“政经分离”、“政冷经热”的怪圈，融进政经关系互动发展的良性循环圈中。毕竟，经济上别无选择地选择与大陆融化的同时，政治关系的发展和突破也将不可避免。

两岸经济合作的政治效应问题探讨[①]

——理论阐释、经验检视与政策建议

厦门大学台湾研究院　唐永红

一、两岸经济合作的政治效应及其机制、限度与条件的理论阐释

（一）两岸经济合作的政治效应及其机制

在和平发展成为当今世界及两岸关系发展主题的时代背景下，在经济全球化与区域一体化已成为当前世界经济发展主流的趋势下，在中国大陆和平崛起并正在成为世界经济中心之际，抓住机遇，推进两岸经济合作与一体化发展，形成日益紧密的两岸经济共同体，乃是巩固和深化两岸关系和平发展乃至两岸和平统一之经济基础的战略性措施，具有重大的现实意义。

推进两岸经济合作与一体化发展，就是要在充分发挥市场机制的作用基础上，借助两岸公权力携手合作的作用，建立健全两岸贸易合作机制、投资合作机制、产业合作机制、两岸经贸争端解决机制，以制度化的方式推进两岸经贸活动的正常化、自由化与便利化，形成“你中有我，我中有你”的一体化发展格局和日益紧密的两岸经济共同体。如此，经济上可以克服市场机制的局限性，有助于进一步整合发挥两岸经济的互补性与比较优势，拓展两岸经济合作与互利共赢之利基，协调两岸经济体之经贸竞争态势，维护两

① 基金项目：中央高校基本科研业务费专项资金资助项目（Project Supported by the Fundamental Research Funds for the Central Universities）“大陆对台经贸政策措施的社会政治效应研究”（2011221034）。

岸经济关系发展的秩序，共同应对全球化与区域化之挑战。①

从政治关系与经济关系互动层面看，在两岸当前的政治经济关系状态与内外环境条件下，推进两岸经济合作与一体化发展，不仅是两岸应对内外经济环境、实现经济关系协调发展、追求利益最大化的必然要求，而且也有助于发挥两岸经济关系对两岸政治关系的促进作用，对于密切两岸联系、稳定两岸关系、促进两岸关系和平发展乃至两岸和平统一有着重大的现实意义。②

事实上，推进两岸经济合作与一体化发展，厚植两岸共同利益，不仅有助于夯实两岸关系和平发展的经济基础，而且有助于共同的认知与观念的形成乃至国家认同的建构，从而有助于促进两岸关系和平发展，推进两岸和平统一进程。

首先，通过推进两岸经济合作与一体化发展，特别是通过建立两岸产业合作机制，可以减少两岸经济竞争，预防两岸经济冲突；通过建立两岸经贸争端解决机制，可以有效处理两岸经济摩擦与纠纷，维护两岸经济关系发展的秩序。所有这些都最终有助于降低两岸出现对立或冲突的风险，促进两岸关系的和平与稳定发展。

其次，通过推进两岸经济合作与一体化发展，两岸共同利益将不断增长，当共同利益在两岸各自利益中占有难以割舍之比例与地位的时候，两岸双方各界会更加珍视两岸关系和平发展的环境，从而会更加重视维持两岸政治关系的稳定性，并更加愿意加强、深化和扩展两岸交流与合作。

最后，通过推进两岸经济合作与一体化发展，两岸共同利益将不断增长，当两岸共同利益在两岸各自利益中占有难以割舍之比例与地位的时候，两岸双方也会改变既有的观念，形成更多的共识，从而有助于两岸共同认知与观念的形成乃至国家认同的建构，进而有助于两岸政治问题的和平解决。

（二）两岸经济合作的政治效应的限度与条件

值得注意的是，两岸经济合作一体化发展，虽然可以巩固和深化两岸关系和平发展的经济基础，有助于推进两岸和平统一，但它并非两岸和平统一

---

① 唐永红：《ECFA 下两岸经济制度性合作与一体化发展问题探讨》，《台湾研究集刊》2012 年第 5 期。

② 唐永红：《两岸经济制度性合作与一体化发展研究》，九州出版社 2010 年 6 月版。

的充分条件。根据区域一体化理论与实践，经济合作与一体化深化发展，虽然客观上会相应提出一定程度上的政治合作与一体化要求，但政治合作与一体化的启动与发展仍然有其非经济因素层面的逻辑，至少需要双方共同的政治意愿与行动。① 事实上，双方共同的政治意愿与行动，还会在双方共同的认知与观念的形成、国家认同的建构等多个层面影响经济合作与一体化的政治效应。

经济合作与一体化本质上就是推进经贸活动的自由化与便利化。因彼此差异性的存在，这将是一个漫长的发展过程。在这一漫长的发展过程中，根据客观条件的不断成熟，经济合作与一体化可以有其丰富的一体化程度不同的阶段性内容形态，通常是从部分互惠贸易安排到自由贸易区，再到关税同盟、共同市场，进而经济联盟乃至完全的经济一体化。这些程度不同的合作与一体化形态，相应需要一定的经济条件才可付诸实践。例如，只有当各成员方产业竞争力接近因而对外关税水平接近的条件下，才能结成关税同盟；只有当各成员方经济发展水平接近因而工资等生产要素报酬接近的情形下，才能结成共同市场；只有当各成员方都能承受同一经济政策的冲击的时候才能结成经济联盟。

除了经济条件之外，经济合作与一体化的启动与发展还取决于各方的政治意愿。经济合作与一体化的根本动因与目的在于区域成员方实现自身利益最大化的内在需要。由于经济关系、政治关系、文化关系、社会关系之间的互动性，因此这里的利益包括经济、安全（政治）、价值（文化）三方面的基本内容。而在具体的实践中，经济合作与一体化通常有其不同的具体动因与主要目的，包括经济的、政治的、文化的、社会的，通常需要对各方面利益特别是政治与经济目的进行权衡与综合考虑，有时候甚至需要交换与取舍。只有当经济合作与一体化的收益大于成本，而且无论是区域整体还是区

① 随着实践的发展，围绕区域一体化至今已形成了众多的理论与不同的流派。各种理论和流派关注的视角与侧重的领域不同，观点各异，但基本上都可以定位到以政府间主义和超国家主义或者以现实主义和自由主义为基轴的坐标内，都有其自身理论范式的局限性，又都反映了当今区域一体化的部分现实，并相互补充，构成了区域一体化理论的主要内容，在实践与争论中发展，并在发展中相互借鉴和逐渐融合，但至今却没有一个统一系统的理论分析框架。笔者曾超越门派之见，从区域一体化的动因与必要性、条件与可行性、动力与路径、机制与模式等方面，对各种区域一体化理论的内容和观点进行扬弃与整合，归纳总结出一个可以系统研究区域一体化问题的综合性的理论分析内容框架。参见唐永红：《两岸经济一体化问题研究——区域一体化理论视角》，鹭江出版社2007年版。

域内部各成员方都具有这一成本－收益条件的情形下，经济合作与一体化才有可能产生与发展。

特别值得注意的是，经济合作与一体化的产生特别是深化发展，需要区域内部之间在主要价值上的相互适应性（相容性）以及在此基础上的行为上的相互可预测性。所谓各方之间主要价值上的相互适应性，是指有关各方对于一些基本问题有着共同的或相容的而非相互冲突的认识、标准甚至信仰。所谓各方之间行为上的相互可预测性，是指各方对彼此的意图偏好、行为习惯、思维模式、民族性格等方面有着相当的了解，相信对方不会轻易采取对己方有害的行动。显然，这种行为上的相互可预测性是建立在主要价值的相互适应性的基础上的，它消除了有碍于合作与一体化的敌对心态或互不信任。

两岸经济合作与一体化的启动与发展，总体上无疑也将遵循区域经济合作与一体化的一般规律与条件。当前，两岸经济合作与一体化确有内在动力与外在压力，并在经济相互依存性、经济市场规模、经济技术发展水平、经贸政策可协调性等方面已具备进行一定程度合作与一体化安排所必需的一些基本经济条件，以实现预期的经济效应；但由于两岸关系存在结构性矛盾，两岸政治互信脆弱，特别是两岸双方关于两岸关系和平发展的未来方向缺乏共识，预期不仅两岸经济合作与一体化的深化发展将面临严峻的政治考验，而且在两岸经济合作与一体化发展过程中，台湾方面在主观意愿上将不仅不会通过采取正面的言行推进经济合作与一体化向政治合作与一体化方向发展，而且还可能通过采取负面的言行抑制这种外溢发展。

二、近年来两岸经济合作政治效应的经验检视

自认同“九二共识”的中国国民党2008年在台湾重新执政以来，祖国大陆充分考虑两岸共同面对的新情况，以及台湾同胞的特殊心理，抓住机遇加快实施两岸关系和平发展战略，特别是采行以新功能主义与建构主义为代表的一体化思路与策略，沿着“先易后难、先经后政、把握节奏、循序渐进”路径，力求通过和平发展为两岸和平统一创造条件。和平发展战略一方面旨在通过强大自身综合实力，相对削弱台湾“台独”能力与国际势力干涉两岸统一的能力；另一方面旨在通过强大自身综合实力，增强对台吸引力，特别是通过紧密交流合作，提升两岸共同利益，促进台湾民众对“两

岸一国”的国家认同。以此观之，近年来两岸经济合作特别是大陆对台经贸政策措施在反“独”中起到了一定的积极作用，但在“促统”方面收效甚微，并面临诸多挑战，有着调整和改进的空间。

（一）和平发展理念深入人心，但国家认同尚未提升

实施两岸关系和平发展战略，推动了两岸协商取得一系列成果，实现了两岸全面直接双向“三通”，深化了两岸经济合作，促进了两岸交流合作制度化，并形成了两岸各界大交流格局，扩大了两岸交往规模。两岸同胞在经济交流合作中扩大了共同利益，在直接往来中增进了彼此感情。两岸经济合作特别是大陆对台经贸政策措施推动了两岸交流合作，对台湾社情民意产生越来越广泛的影响，两岸关系和平发展理念深入人心，“台独”分裂活动受到一定遏制，两岸关系和平发展趋势不断增强。笔者民调显示①，75.3% 台湾民众认为两岸举行 8 次“江陈会谈”，并签署 18 项协议，有助于台湾整体发展，认为没有帮助的民众只有 14.6%；82.7% 的受访者支持两岸继续在“九二共识”的基础上，持续透过制度化协商，来处理两岸间交流的问题，不支持的比率只有 17.3%；69.9% 民众支持拓展两岸交流合作，推进政治等其他层面的两岸交流合作，不支持的只有 30.1%。

另一方面，随着两岸交流合作与和平发展，当前，两岸敌意虽然有所下降，但台湾民众对“两岸同属一国”的国家认同并没有根本变化，希望两岸走向统一的意愿并未增强，特别是台湾民众中的年轻群体更是不认同两岸同属一个国家，而更愿意“台湾独立”。笔者民调显示，认为大陆方面对台湾人民友善的比例从 2010 年的 49.2% 上升至 57.9%，不友善的比例从 30.4% 下降至 23.3%；认为大陆方面对台湾当局的态度是友善的比例 53.1%，不友善的比例 25.7%，但认为“两岸分属于两个不同国家”的比例仍高达 57.7%，认为两岸同属一国的仅占 42.3%②，而且，希望维持现状的比例有增无减，高达 91.2%，不赞成两岸最终应该统一的比例 36.7% 高

---

① 本文所依据的民调数据源于笔者为了完成笔者主持的中央高校基本科研业务费专项资金资助项目“大陆对台经贸政策措施的社会政治效应研究”（2011221034）的研究任务，于 2012 年 10－12 月借助厦门大学台湾研究院民意调查中心所做的民调。

② 广义认同两岸同属一国的仅占 42.3%。其中，认同“台湾和大陆同属一个国家，但这个国家的名字两岸认知有所不同”者，占 31.09%；而认同“大陆和台湾同属中华民国”者，仅占总数的 9.95%；认可“大陆和台湾同属中华人民共和国”的最少，占总数的 1.24%。

过赞成最终应该统一的比例 31.5%。民调还显示，近 72% 的台湾民众表示，对两岸关系与国家认同的态度，并没有因大陆近年来的对台经贸政策措施与两岸交流合作而有所改变。需要强调的是，虽然不能因此证实或证伪两岸经济交流合作对国家认同建构的作用，但显然也不能将造成这种现象的原因仅仅归结为两岸交流合作时间尚短所致。

（二）先经后政可能是幌子，只经不政可能是实质

当前，台湾社会存在追求“独立”的政党团体和民意基础，而且如台湾民调显示的，即便主张维持现状的台湾民众在内心深处更多倾向“独立”而非统一；存在争议的国共之间的“九二共识”或“两岸一国”更未成为台湾共识与两岸共识；在利益多元化、多党政治与选举政治的背景下，国民党看起来越来越难以代表台湾人民的主流意志与利益，也不太可能永远执政。而且，即便是今天的国民党也已不再坚定不移的追求国家统一。在选举政治下，统一与“独立”都是国民党的选项，一切以民意为导向和依归。国民党即便口头上认可两岸同属一国（“中华民国”），宣称坚守“中华民国宪法”，但实际上可能趋于偏安与“独台”，与绿营政党的主张相差无几。

在这种情况下，一方面，在全面的真正的两岸共识达成之前，两岸关系和平发展的稳定性显然存在不确定性问题；另一方面，两岸对和平发展的方向与目标（是否要统一）没有共识，台湾当局对推行促进和平统一的措施的意愿不足，甚至根本不愿意，和平发展进程（先经后政）将难以深化，促进统一的成效可能有限。马英九当局不仅在过去四年未能在符合“中华民国宪法”要求下对陈水扁违背“中华民国宪法”“去中国化”的“文化台独”采取任何力所能及的拨乱反正措施，而且在连任胜选后依然以不具备民意基础条件为由拒绝进行两岸政党或官方政治对话与协商。而事实上，笔者民调显示，69.9% 的台湾民众支持拓展两岸交流合作，推进政治等其他层面的两岸交流合作，不支持的只有 30.1%。因此，尽管先经后政具有一定的理论与现实逻辑，但必须警惕先经后政在台湾当局方面可能是一个幌子，只经不政可能是其真实的动机。

（三）惠台让利政策正确性有待思考，有效性有待检验

实施两岸关系和平发展战略以来，大陆实施了一系列的对台经贸政策措施，包括两岸全面直接通航、大陆民众赴台旅游、大陆采购团赴台采购、大

陆资本赴台投资、大陆零关税进口台湾农产品、两岸 ECFA。这些对台经贸政策措施基本上都有着“兄弟让利说”的考虑，期望在有助于改善台湾民生经济的同时改变台湾民众对大陆政府的印象与认识，更希望有助于建构台湾民众对两岸一家的国家认同。

惠台让利尽管有助于两岸交流合作顺利开展，有助于和平发展理念深入人心，但如上所述国家认同目前并没有因此有所提升。不仅如此，在台湾民众多数不认同两岸同属一国的情况下，在结束敌对状态前的让利政策可能存在政治正确性问题。

事实上，惠台让利政策不仅可能存在政治正确性问题，如民调显示的，还存在有效性问题。当前两岸尚处于敌对状态，“穷人帮富人”式的让利让台湾各界认为大陆动机不纯，慷慨让利未必能赢得台湾民心。而且，当前台湾各界政经分离心态普遍，让利或许有助于降低敌意，但难以型塑国家认同。再有，由于种种因素，惠台让利的经贸政策措施实践中更多惠及了台湾的大财团，而以“三中”（中南部地区、中小企业、中下阶层）为代表的台湾基层社会没有感受或感受不明显。

三、提升两岸经济合作的政治效应的政策建议

综上所述，推进两岸经济合作与一体化发展，形成日益紧密的经济共同体，可以巩固和深化两岸关系和平发展的经济基础，有助于推进两岸和平统一，但并非两岸和平统一的充分条件；而且，推进两岸经济合作与一体化发展，以及发挥两岸经济关系对两岸和平统一的促进作用需要相应的主客观条件，至少需要两岸双方的共同政治意愿与积极行动，以便在共同利益不断增进的基础上建构国家认同；近年来两岸经济合作虽在“反独”中起到了一定的积极作用，但在“促统”方面收效甚微，并面临诸多挑战，有着调整和改进的空间。而国家认同的形成，乃是两岸和平统一的关键。因此，必须坚持特定的推进原则，选择适宜的推进方式，以提升两岸经济合作的政治效应。

（一）以正确的合作理念推进两岸经济合作

其一，推进两岸经济合作，应以形成两岸经济共同体、厚植两岸共同利益为导向，以积极开放、平等互利为原则，不宜过分强调单方利益。如此，

才能为两岸经济合作的持续发展提供动力，也才能形成“你中有我、我中有你”的一体化发展格局，更有助于共同观念乃至国家认同的形成，从而也才能在经济基础与意识形态方面为两岸和平统一创造条件。

其二，两岸经济合作是否推进，应以宏观整体利益为依据，不宜仅以企业生产者利益为依据，而不顾消费者与民众的利益。如此，一方面可以切实并及时推进总体上利大于弊的两岸经济合作政策，另一方面也能让两岸经济合作的成果惠及广大的两岸民众。

其三，两岸经济合作的推进，应兼顾长期利益与短期利益、动态利益与静态利益，而不宜仅以短期利益与静态利益为依据。如此，才能整合发挥双方互补性优势与比较优势，在获取短期利益与静态利益的同时，培育并提升两岸可持续的国际竞争力，并有助于两岸经济的持续发展。

（二）以“两岸一国”的前提推进两岸经济合作

两岸经济合作对大陆的经济意义有限，大陆推进两岸经济合作的主要目的在于其政治效应，特别是争取台湾民心，型塑国家认同。但两岸经济合作与一体化发展，虽然有助于但并不必然导致两岸和平统一。而且，两岸经济关系的政治效应的获得，特别是国家认同的建构，也需要两岸双方自始至终共同的政治认知、意愿与行动。

而在当前的台湾社会，“两岸同属一个国家”并非主流民意，国民两党还没有共识，国民党也没有推进两岸统一的意愿。因此，当前在公权力层面推进两岸经济合作，必须在必要的政治基础与前提条件下进行。应坚持将“两岸同属一个国家”的政治共识作为其政治基础与前提条件。如此，有助于“两岸一国”框架的维护与观念的普及，有助于国家认同的建构。否则，不仅将可能只有经济关系的发展而没有政治关系的发展，而且难以保证和平发展沿着和平统一的正确轨道进行。

（三）以“以经促政”的方针推进两岸经济合作

在“两岸一国”的前提条件下，推进两岸经济合作，尽管在战术与局部层面可以考虑“政经分离”的做法，但在战略与总体层面，不能搞“政经分离”，必须坚持“以经促政”、“以和促统”的方针。如此，大陆才可以掌控两岸关系发展走向，确保和平发展为和平统一创造条件。事实上，大陆在推进两岸经济合作发展中可以而且有条件实践“以经促政”的做法。两岸经济体在发展层面形成的众所周知的不对称性依赖为大陆实践“以经促政”奠定了经济基础与筹码条件。

实践中，在台湾方面要求更多经济利益和国际空间的时候，大陆至少可以要求台湾当局在台湾社会对“文化台独”进行拨乱反正，并积极推进两岸社会文化教育交流合作；可以要求台湾当局削减甚至停止采购军事武器；更应在不承认“两岸一国”的政党执政台湾的时候停止两岸经济合作，中止 ECFA 及其他惠台让利政策措施的执行。

（四）以“原则互利＋策略让利”的原则推进两岸经济合作

在 ECFA 后续协商谈判中，在推进两岸经济合作中，大陆应该而且可以以遵循 WTO 规则等国际经济惯例为由，坚持以积极开放、平等互利为原则。台湾经济规模纵深小，抗冲击能力因而受限，确有稳步推进开放的必要，但作为 WTO 会员，且是发达经济体，目前至少应遵循最惠国待遇原则，实现两岸经贸关系正常化，以拓展两岸交流合作与互利共赢的利基。如此，一方面有助于形成“你中有我、我中有你”的一体化发展格局，壮大两岸共同利益，促进国家认同的建构；另一方面，有助于大陆商品、资本、人员进入台湾市场，有助于台湾先进技术与战略产业向大陆转移，从而提升两岸经济交流合作对大陆经济发展的贡献。

在此基础上，适当考虑两岸经济合作对台湾中南部地区、中小企业、中下阶层（“三中”）等社会问题的可能影响与作用，在有助于解决台湾“三中”等社会问题的市场开放方面可做适当让步与让利，以有助于争取台湾基层社会民心，进而以自下而上的路径推进台湾各政党特别是绿营政党在国家认同上的态度转变。事实上，正如民调表明的，在推进两岸合作交流的过程中，有必要以适当的方式方法采取有针对性的措施，让台湾中南部地区民众、中下阶层民众、绿营政治倾向民众体认到两岸合作交流的好处。如此策略让利，也有助于加强台湾方面推进两岸经济合作深化发展的意愿。

此外，还可在大陆的一些竞争性不够的行业领域，向台湾多开放一些，以借助台湾业者或产品的进入压力，迫使大陆业者改进，并有助于提升大陆消费者的福利。

两岸政经互动：理论探索与路径选择

福建省社会科学院现代台湾研究所　刘凌斌

2008年国民党在台湾重新执政以来，两岸在反对“台独”，坚持“九二共识”的政治基础上，开创了两岸关系和平发展的新局面。五年来，两岸政治关系渐趋缓和，政治互信有所提升；两岸经济关系突飞猛进，经贸合作不断深化，二者之间形成了良性互动的新格局。然而，两岸关系和平发展步入“深水区”之后，因涉及双方更多、更广、更深的切身利益，两岸发展纯粹的经济关系的空间已经大大限缩，两岸交流合作“由经转政”的压力明显增大，两岸政治关系的相对滞后已明显妨碍到两岸经济关系的深化与发展。因此，在后ECFA时代，两岸如何在持续深化经贸交流合作的同时，进一步巩固与增进政治互信，开启政治对话与协商进程，实现两岸经济关系与政治关系的良性互动，正日益成为巩固与深化两岸关系和平发展进程中的一个重大课题。

一、从经济与政治的关系看两岸政经互动

根据马克思主义理论，经济与政治作为人类社会生活或社会关系的两个基本领域或方面，并非彼此分割、相互独立的，而是相互依赖、相互联系和相互作用的。① 回顾改革开放以来30多间两岸关系的发展历程，经济与政治之间相互作用的辩证统一关系体现得淋漓尽致，两岸关系中的经济领域与政治领域这两个基本层面之间始终存在相辅相成、彼此互动、相互影响的

① 经济是政治存在和发展的基础，政治是经济的反映，是经济的集中体现。一方面，政治发展尤其是政治制度、政治体制的变更有其经济根源，最终是由经济（生产力）的发展水平所决定。另一方面，政治对于经济具有相对的独立性，并对经济产生巨大的反作用，极大地指导、影响或制约（并在一定的条件下决定）经济的发展。参见陈振明主编：《政治学——概念、理论与方法》，北京：中国社会科学出版社1999年版，第11－13页。

关系。

上个世纪70年代末至80年代，虽然两岸政治上的对峙僵局并未缓和，但两岸经济交流交往与民间的交流成为不断冲击政治关系的内生力量，经济关系联结的紧密和交流交往的不断增加则会以量变的形式最终导致两岸政治关系的质变。[①] 这就迫使台湾当局不得不调整政策以适应两岸关系的发展，诸如放弃“三不政策”，逐步开放两岸人员往来与经贸合作，成立海基会并开启两岸两会协商等，最重要的成果自然是两岸两会在往来函电中形成的“九二共识”以及在此基础上于1993年4月举行的“汪辜会谈”，最终推动两岸政治关系实现了一定程度的缓和。可以说，正是由于两岸经济关系在“量”上的迅速发展，才有了后来两岸政治关系在“质”上的破冰。换言之，两岸经济关系的发展推动了两岸政治关系的改善。

但到了李登辉执政后期抛出两岸是“特殊国与国”关系的主张，以及民进党执政时期顽固坚持“台独”立场，导致两岸协商的大门被关死，两岸政治关系重新陷入高度对抗的僵局。这一时期两岸关系“政治与经济分离化”的现象相当突出，呈现出“政治冷经济热，官方冷民间热”的特点，即“与两岸经贸日益热络的形势相对应的是两岸政治的持续僵局”，但“两岸政经关系的当前表现只是一种暂时性表象，是政经互动在特定时期的一种阶段性表现。这种表象并不能也不会最终否定政治经济相互促进的规律”。[②] 由于两岸经济交流合作是大势所趋，随着两岸经贸往来的日益密切，两岸关系中政治与经济相互“制约化”的特点也在加大：一方面，政治因素对经济的影响力度不小。如台湾当局推行的“戒急用忍”、“有效管理、积极开放”和“积极管理、有效开放”的限制性两岸政策，拒绝不放宽台商到大陆40%投资上限，对“违法偷跑”到大陆的厂商进行惩处，以及拒不开放大陆企业赴台投资等政策障碍，均严重制约了两岸经贸交流合作的规模和水平。另一方面，经济因素对政治、政策的影响也在加大。“苏修路线”的提出与实施就是一个典型。正是两岸关系中密切的经贸合作潮流与民意，迫使台湾当局在坚持所谓“积极管理”的前提下，修正现行对大陆的经贸政策，宣

---

① 陈星：《继往开来，再创历史新局——“汪辜会谈”二十周年系列四》，华广网2013年4月17日。网址：http://www.chbcnet.com/pl/content/2013-04/17/content_519528.htm.

② 李非、刘澈元：《邓小平“一国两制”理论与两岸政经互动关系发展》，《台湾研究》2007年第3期。

布扩大“三通”范围，开放四节（清明、端午、中秋、春节）包机等。①

二、从相互依赖理论看两岸政经互动

作为国际关系研究领域的一支重要理论，相互依赖理论是从国际政治与国际经济相结合的视角来分析国际关系，着重研究经济相互依赖如何影响国家间的政治关系，即经济相互依赖与和平/安全之间的关系。但对于这一问题的解答，国内外学者的研究结论却有较大的分歧甚至截然相反。② 同样的，对于两岸经济相互依赖到底能否给台海地区带来和平与安全，甚至推动两岸走向政治上的统一，国内外学者的看法也存在明显分歧。③

鉴于两岸关系的特殊性和复杂性，两岸政经互动是一个错综复杂的进程，在运用相互依赖理论来研究两岸经济相互依赖的和平效应之时，应当将两岸经济关系与政治关系的互动置于特殊的时空背景下考量，以便更为客观地、全面地、动态地评估两岸经济相互依赖的政治效应。

（一）从短期来看，两岸经济相互依赖可能会使得两岸在经济、政治等领域的低级别冲突有所增加，给台海和平安全带来一定的负面影响

由于两岸政治互信不足，台湾当局和部分民众对大陆的偏见、不信任感甚至敌对心态并未随着两岸关系的改善而完全消弭，因此对于两岸经贸合作的深化仍然存在种种担心和顾虑。再加上台湾方面对于两岸经贸合作抱持的心态过于功利，在两岸经贸合作过程中总是坚持“多要少给”甚至“只要不给”的做法，导致两岸经贸合作长期处于不平衡的局面，客观上增加了两岸在经济合作中产生摩擦与冲突的概率，不利于两岸经贸合作真正实现互利双赢的局面，也不利于两岸和平发展局面的巩固与深化。此外，两岸经济

---

① 严安林：《海峡两岸关系发展的新形势、新特点与新趋势》，《台湾研究》2007 年第 3 期。

② 主要有四种观点：（1）经济相互依赖促进和平；（2）经济相互依赖导致冲突；（3）经济相互依赖有条件地促进和平；（4）经济相互依赖与冲突没有相关性。参见邝艳湘：《后 ECFA 时代两岸政治关系的走向：基于相互依赖理论的研究》，《台湾研究集刊》2012 年第 1 期。

③ 主要有四种观点：（1）两岸经济相互依赖有利于和平；（2）两岸经济相互依赖不利于两岸和平；（3）两岸经济相互依赖在一定条件下促进两岸和平；（4）两岸经济相互依赖不一定导向政治上的统一。参见邝艳湘：《后 ECFA 时代两岸政治关系的走向：基于相互依赖理论的研究》，《台湾研究集刊》2012 年第 1 期。

关系的突飞猛进反而加剧了民进党等“台独”势力及其支持者的危机意识，他们担心国民党“亲中卖台”，担忧自身经济利益受损，对于实现“台独建国”的理想愈发渺茫而感到焦虑和失望。因此，短期内绿营仍然会不择手段，以捍卫台湾“主权”和利益为借口，对两岸经贸合作加以干扰和破坏，甚至不惜利用两岸经贸合作中的偶发事件借题发挥，误导民意，煽动民众对两岸经济合作的恐惧和抵触情绪，故意制造两岸在经济、政治领域的低级别冲突，恶意刺激大陆，干扰和破坏两岸经贸合作的进程，影响两岸合作气氛与互信基础。

（二）从长期来看，两岸经济相互依赖将对两岸政治关系的改善产生积极影响，最终将有利于两岸关系的和平稳定发展

一方面，两岸经济相互依赖的不断加深，将成为拉动台湾经济增长的源头活水，对于改善台湾的经济民生大有裨益，使得台湾主流民意逐渐认同两岸经贸合作与改善两岸关系，从长远来看将逐步消融“台独”的社会基础，使得“台独”主张愈来愈丧失民心，成为遏制“台独”势力发展的重要力量。由于两岸经贸关系的发展大大提升了双方的“退出成本”，也使得以民进党为代表的“台独”势力在推动分裂活动时投鼠忌器，并迫使其调整与反思保守、僵化的两岸路线，加强与大陆的互动交流，从而在一定程度上降低了两岸之间爆发高级别冲突乃至战争的概率。另一方面，两岸经贸合作的日益深化，也将有利于两岸政治互信的巩固，为维护两岸和平稳定的安全形势创造有利的环境。同时两岸在经济层面的协商合作也将为两岸开展政治对话、改善政治关系累积经验，并创造良好氛围，从长远来看必将有利于台海形势的和平稳定。

（三）两岸经济相互依赖并不必然导致两岸最终实现政治整合与和平统一

由于两岸关系的症结在于政治上的对立与分歧，因此两岸经贸合作的深化不能取代两岸政治协商对话，“政治问题还需要政治解决，经济、文化只是助力罢了”。[①] 换言之，两岸问题的最终解决，两岸政治整合与和平统一

① 张亚中：《从“一德各表”到“一中同表”：德国统一经验的反思》，《中国评论》2010 年 10 月号。

的最终实现，并非只通过经济合作、文化交流就可迎刃而解了，归根结底还需要两岸通过政治协商谈判，消除政治分歧与政治对立，逐步改善两岸政治关系来解决。更何况，从学理上说，经济一体化和政治一体化是两个截然不同的概念，经济一体化趋势，并不意味着承认政治一体化趋势，因此并不能简单地预期两岸经贸关系发展必将加速两岸政治整合乃至统一。① 一个最典型的例子是，近些年来在两岸经贸合作突飞猛进，经济相互依赖日趋深化的同时，各种民调却显示台湾民众的“中国认同”不断下降，“台湾认同”则日益巩固，统独立场则仍然呈现“统消独涨”的趋势，产生“政治离心与经济向心”、“两岸愈交流、认同愈疏离”的矛盾，显示“只有经贸交流，并不一定能为两岸建立共同的重叠认同”。② 这也从一个侧面表明了两岸经济相互依赖与两岸政治整合、和平统一之间并无必然联系。

三、两岸政经互动的现状与问题

（一）两岸在反对“台独”，坚持“九二共识”的政治基础上增进政治互信和互动，深化经贸交流合作，共同推动两岸政经关系形成良性互动的新格局

2008 年 5 月国民党重新执政以来，两岸双方确立反对“台独”、坚持“九二共识”的共同政治立场，秉持建立互信、搁置争议、求同存异、共创双赢的精神，采取积极的政策措施，按照先易后难、先经后政、把握节奏、循序渐进的思路，推动两岸关系不断改善发展。③ 在共同的政治基础上，两岸不断增进政治互信，推动两岸政治关系取得一系列进展：实现两岸两会常态化、制度化协商，迄今共举行了 8 次会谈（“陈江会”），签署了包括两岸经济合作框架协议（ECFA）在内的 18 项协议。搭建了国共两党间的党际互动平台，迄今已举办 8 届的“两岸经贸文化论坛”成为两党凝聚共识、增进互信、交流互动的平台。实现国共两党领导人会晤常态化，共举行了 13 次“胡连会”（2005 年迄今）、5 次“胡吴会”和 1 次“习连会”，有助

① 曹小衡：《东亚经济格局变动与两岸经济一体化研究》，中国对外经济贸易出版社 2001 年版，第 49 页。

② 张亚中：《论两岸统合的路径》，《中国评论》2009 年 4 月号。

③ 王毅：《十年来对台工作的实践成就和理论创新》，《求是》2012 年第 20 期。

于两党领导人建立互信，加强沟通，增进了解。另一方面，两岸在政治领域的互信与互动为两岸经济合作创造了良好氛围，有力促进了两岸经济关系的发展。两岸经济合作不断深化，经贸规模持续扩大，合作层次日益提高。“两岸经济合作框架协议”（ECFA）的签署和实施，大大推动了两岸经贸合作正常化、制度化、一体化的进程。两岸贸易额持续递增，截至2012年底已达到1689亿美元，比2011年同比增长4.3%，是2002年的近4倍。[①] 台商赴大陆投资数额不断增加，大陆企业开始赴台投资，两岸双向投资结构日渐形成。两岸金融合作稳步推进，大陆银行开始赴台设立分支机构，两岸货币清算机制正式建立。两岸产业合作持续深化，“两岸产业合作论坛”、“两岸企业家紫金山峰会”和“两岸文创产业合作论坛”相继创办，为推动两岸企业家交流、拓展两岸产业合作搭建了新平台。

（二）与两岸经济关系相比，当前两岸政治关系的相对滞后，在一定程度上影响和制约两岸经贸合作的进一步深化与发展

与两岸在经济合作领域取得的成就相比，当前两岸在政治领域所取得的成果并不显著，两岸政治互信不足，政治关系相对滞后仍是客观存在的事实，这在一定程度上必将影响和制约两岸经济关系的进一步深化与发展。一方面，由于两岸在“一中”内涵、“中华民国主权”、两岸政治定位与两岸关系前景等政治敏感议题上的歧见，使得两岸的政治立场南辕北辙，其后果是双方的政治互信仍然比较薄弱，两岸政治协商的进程举步维艰，严重阻碍两岸关系向更深层次发展，对于两岸经贸合作势必产生负面影响。此外，由于担忧大陆将两岸经贸合作作为“以经促政”的“统战”工具，导致国民党当局仍不时以维护台湾的“主权”和安全为借口对两岸经贸合作采取一些不合理的政策与限制性措施，不愿意以平等互利的心态来对待两岸经贸交流合作，这无疑将不利于两岸经贸合作进一步迈向互利双赢的局面。另一方面，坚持“台独”立场的民进党等绿营政党迄今不认同、不接受“九二共识”这一两岸关系和平发展也是两岸交流合作的政治基础。因此，在民共两党找到新的政治共识基础之前，若民进党重新上台执政，两岸政治关系必将受到冲击，从而严重危害两岸经济关系的发展前景。

---

① 王英津、李龙：《十年来两岸关系发展论纲》，《中国评论》2013年4月号。

（三）台湾方面对发展两岸关系所普遍存在的“政经分离”的态度，不利于未来两岸政经关系的良性互动，也不利于两岸关系和平发展的巩固与深化

马英九当局执政五年多来，在大力发展两岸经贸合作的同时，却对敏感的政治问题极为谨慎，不敢碰触，其标榜的“先经后政”实际上早已蜕变为“只经不政”，反映出台湾当局实际上是采取“政经分离”的态度来发展两岸关系。然而，在两岸关系中的经济议题与政治议题难以截然脱钩，尤其在两岸关系和平发展步入“深水区”之后，两岸协商往往不再是单纯的经济议题，将不可避免地会受到政治因素的干扰。例如台湾方面特别重视的与其他国家洽签“自由贸易协定”（FTA）、融入区域经济整合等问题都牵涉到敏感的两岸政治定位与“主权”争议等问题。可以预见，若无两岸之间保持政治上的对话与沟通，上述问题都将无从谈起。可见，未来台当局若再用“政经分离”的思维来发展两岸关系恐将难以为继，对于未来两岸经贸合作的深化发展势必造成负面影响。此外，台湾当局对待两岸关系的“政经分离”心态也在一定程度上影响了部分台湾民众和民进党的政治立场。部分台湾民众尤其是南台湾基层民众“上行下效”，“支持ECFA，票投民进党”，在享受大陆的惠台政策与两岸“和平红利”的同时，票却照样投给支持“台独”的民进党，不支持两岸走向政治整合与和平统一。民进党方面，同样想用“政经分离”的方式来进行两岸政策调整，即在战略上不放弃“台独党纲”，不承认“九二共识”的同时，在具体策略上推出更加务实和开放的两岸经贸政策，并逐步加强与大陆的互动交流。综上所述，未来台湾方面若继续用“政经分离”的思维与态度来思考与发展两岸关系，恐怕将成为推动两岸政经关系良性互动与深化两岸关系和平发展的最大障碍。

四、深化两岸政经互动的路径选择

（一）维护巩固“一中框架”，夯实共同政治基础

在两岸关系和平发展已逐渐步入“深水区”的今天，两岸双方唯有恪守反对“台独”，坚持“九二共识”的共同立场，增进维护“一个中国框架”的认知，不断巩固与夯实这一共同政治基础，增进两岸政治互信，才

能促进两岸政治关系与经济关系的良性互动，维护与发展两岸关系来之不易的大好局面。

一是在坚守反对“台独”、坚持“九二共识”的基础上，努力还原“九二共识”的真实面貌。“九二共识”的核心是双方各自以口头方式向对方承诺了“坚持一个中国原则”，共同“谋求国家统一”，精髓是搁置争议、求同存异，即“求一中之同，存一中内涵之异”。然而，目前台湾方面所认同的“九二共识”，却呈现出将其解读为“一中各表”的越来越强烈的倾向，这就背离了“九二共识”的本来面貌，对于夯实两岸政治基础并无益处。因此，两岸在恪守反对“台独”，坚持“九二共识”共同立场的同时，更应本着客观公正的态度，正本清源，努力还原“九二共识”的完整内涵与真实面貌，避免单方面使用“一中各表”代替“九二共识”所导致的“各自表述，越表越远”的状况。唯有如此，才能继续发挥“九二共识”在推动两岸协商互动进程中的重要作用，不断推动两岸关系和平发展的巩固与深化。

二是巩固和深化对“一中框架”的共同认知，共同探讨“一中框架”的内涵。“一中框架”是国家尚未统一特殊情况下“一个中国”的具体实现形式，它从两岸的各自规定中来确认“一个中国”的共同认知，既确认和扩大两岸双方的共同点，也尊重和包容双方的差异性，① 为促进两岸双方求同存异提供了新的思考途径。未来两岸关系要进一步发展，两岸双方就必须切实维护与巩固对“一中框架”的共识。两岸学者应对“一中框架”的内涵展开探讨，不断充实与丰富“一中框架”的内涵，寻求建立两岸所能共同接受的“一中框架”的明确论述，使之发展成为巩固与深化两岸关系和平发展的坚实政治基础。

三是两岸应拿出最大的诚意、决心和魄力，不断增强两岸政治互信，维护两岸关系和平发展的大局。“双方应采取积极措施，多做有利于强化政治认同、增进政治互信的实事和好事，多讲有利于强化政治认同，增进政治互信的好话”，② 努力营造有利于深化两岸政经互动的良好氛围。针对两岸关系发展进程中出现的可能伤及两岸互信的突发事件，双方应本着互谅互让和

---

① 李秘：《探讨两岸政治问题应从讨论“一中框架”的内涵开始》，《中国评论》2013 年 4 月号。

② 余克礼：《增进一中框架共同认知　巩固深化政治互信机制》，《台湾研究》2012 年第 6 期。

“同情之理解”的原则，以最大的耐心与诚意协商解决，尽可能化解两岸之间的隔阂与误会，努力维护两岸关系和平发展的大局。

（二）破除交流政策障碍，加强法律制度建设

当前，两岸在进一步发展经济关系与政治关系的进程中，仍然面临着许多政策障碍和法律障碍的制约，为此，未来两岸双方应当强化法治思维，不断破除政策障碍，加强法律制度建设，为深化两岸政经互动、推进两岸关系和平发展提供有力保障。

一是逐步废除或修改制约两岸关系发展的法律法规与政策措施。两岸应逐步废除或修改彼此法律与政策中对对方民众的歧视性规定与条款，赋予对方民众享受“准国民待遇”或“国民待遇”。对台湾方面来说，台当局应展现更大的政治魄力，强力排除民进党等“台独”势力的阻挠，尽快完成对“两岸人民关系条例”中落后于时代步伐、不利于两岸经贸合作、民众往来与文教交流的相关条款及其他配套法律法规的修订工作，同时应对相关政策措施进行检讨与修订，逐步放宽对两岸经贸合作、文教交流的种种不合理限制。[①] 对大陆方面来说，除了应尽快修订现行的涉台法律法规与政策措施中不合时宜、制约两岸交流合作的条款外，还应该考虑制定一部《两岸关系条例》（或《两岸关系法》），使之与《反分裂国家法》形成互补与配套，作为国家尚未统一之前规范与处理两岸关系相关事务的根本大法。

二是加快推进两岸互设综合性办事机构的进程。两岸应加快协商，在坚持一个中国原则的前提下，秉持去政治化的原则，推动两岸两会互设综合性办事机构，并将其功能限定于经贸、文化、教育、旅游、急难求助等方面，为两岸民众提供“民间性、经济性、事务性”的服务，以避免引发政治争议或造成“国与国”问题。此外，两岸还可以借鉴海旅会和台旅会互设旅游办事处的模式，推动文化、教育、经贸等公权力部门授权以代表官方的“协会”名义互设办事机构，为两岸经贸合作和文教交流提供保障。

三是加快 ECFA 后续协商的步伐，深化两岸经贸交流合作。两岸应秉持“循序渐进、互谅互让，互惠互利、追求双赢”以及维护两岸人民权益及两

---

① 例如，放宽对陆资赴台的限制，逐步开放大陆农产品与大陆劳工赴台，废除陆生赴台就学的“三限六不”政策，扩大招收陆生规模，推动两岸学历互认，缩短陆配入籍年限等等。

岸交流的正常秩序的原则，以最大的诚意和魄力排除干扰，相向而行，推动ECFA后续协议的早日签署，深化两岸经贸交流合作，以取得更多惠及两岸民众的新成果。就大陆方面而言，应继续对台湾实施一定程度的“让利”，并尽量照顾到台湾的弱势群体、弱势产业、中小企业以及中南部民众的利益。就台湾方面而言，台湾当局和相关业者要摒弃以往在两岸经贸合作中“多要少给”甚至“只要不给”的心态和做法，以将心比心、平等互惠的态度对待ECFA后续协商与两岸经贸合作。

（三）鼓励民间学界先行，开启政治对话进程

虽然由于两岸政治议题的敏感性与复杂性、岛内政治分歧的严重性等原因导致在短期内两岸开展正式的政治谈判的时机仍不成熟，但从民间层面进行两岸政治对话的时机业已成熟。未来两岸应把握循序渐进、先易后难的思路，遵循“民间团体先行，学者智库次之，官方审慎跟进”的路径，不断推动两岸政治对话的进程。

一是鼓励两岸民间和学界就政治议题展开探讨。两岸智库、高校、研究机构以及民间团体应更多地联合举办以两岸政治关系为主题的大型研讨会，如由两岸重要智库联合举办或在国共平台下设立“两岸和平论坛”，并使之形成制度化、常态化；尤其要更多地在岛内与港澳地区举办较大规模的较有影响力的研讨会，邀请红蓝绿三方学者共同参与，亦可邀请两岸政要以民间身份参与，同台研讨两岸未来发展与两岸政治议题。要充分发挥民间的智慧，鼓励两岸学者就政治议题开展充分讨论，进行观点碰撞、思想交锋、以化解矛盾，消除分歧，凝聚共识，为今后两岸破解政治难题、开启正式的政治谈判创造条件。

二是加强民共对话与交流。大陆可考虑逐步放宽对泛绿学者登陆的限制，尽可能多地邀请他们到大陆参访交流，以增进双方学术界之间的互动与了解。应鼓励大陆智库与绿营智库联合举行研讨会与论坛，就政治议题开展对话沟通。欢迎赞成两岸关系和平发展的具有一定影响力的民进党人士以适当身份参访大陆，对有意登陆参访、招商、促销农渔产品或洽谈两岸合作事宜的民进党籍县市长、民意代表等公职人员给予必要协助，为其提供便利。鼓励大陆赴台人员多与绿营人士接触，多与民进党基层联系，增进彼此了解，消除歧见，化解隔阂。

三是积极促成两岸卸任领导人互访。未来两岸应积极促成卸任领导人互

访，并逐步提高互访层级，搭建另一种形式的两岸高层会晤机制，开辟两岸民间政治对话的新途径，从而为最终实现两岸现任领导人直接会晤与两岸政治协商谈判累积互信、扫清障碍、奠定基础。

（四）深化媒体交流合作，营造良好舆论环境

在资讯高度发达的当今社会，大众传媒在传播信息、引导舆论、教育大众、文化传承、社会监督等方面发挥日益重要的作用。未来两岸媒体应不断深化交流合作，引领社会舆论，引导两岸主流民意认同与支持两岸关系和平发展，努力营造有利于两岸政经关系良性互动与两岸关系和平发展的良好舆论环境和社会氛围。

一是深化两岸传统媒体的交流合作。两岸新闻主管部门应逐步放宽对两岸媒体交流合作的政策限制，推动建立两岸媒体交流合作的制度化与常态化。应扩大两岸媒体驻点范围，推动两岸媒体互设常驻机构，逐步实现报纸、电视相互落地。应逐步扩大两岸媒体交流规模，要更多地入岛举办两岸媒体交流活动，努力打造更多形式的交流平台。应不断深化两岸媒体在资金、人才、资源、创意、市场、营销等方面的合作，开展并推动两岸媒体间各层次从业人员互访，相互学习，交流经验，取长补短。推动两岸媒体开展稿件、版面，影音、图片内容的互换，开展委托采访、联合采访、联合制作广播电视节目、合拍纪录片与影视剧以及广告合作等。

二是推动两岸网络媒体合作。两岸应共同开发和利用互联网资源，加强技术合作，实现资源共享，共建功能强大的网络媒体（如主题网站，互动论坛，微博平台等），在经济、文化、旅游等民生项目上，加强网上相互推介，搭建两岸交流合作的网络互动平台。

三是利用微博搭建两岸交流新平台。① 大陆应充分发挥微博在对台交流中的作用，将其打造成为两岸民众相互了解与互动交流的新平台，为深化两岸政经互动与交流合作奠定民意基础。建议大陆应调整微博管理政策，针对台湾政治人物申请认证的微博账号，在核实其真实身份之后应允许设立，在设立后一切依法、依规管理；大陆的涉台专家学者可以更多利用微博平台与

---

① 微博作为在大陆互联网上兴起的一个信息发布与传播平台，具有操作便捷、互动性强、信息来源广泛与传播迅速等特点，近年来发展异常迅速，影响日益广泛。已经有越来越多的台湾政治人物、社会名流与普通民众在大陆开通微博账号。

台湾民众与政治人物进行互动沟通，既可向两岸民众宣扬大陆对台政策，又可与台湾民众建立友谊；同时还可利用微博平台探讨与辩论两岸经济、文化、政治议题与两岸关系前景，搭建两岸民间与学界进行民间交流与政治对话的特殊途径。

推进两岸政治关系的观察与思考

中国社会科学院台湾研究所　彭维学

2008年5月以来，随着两岸关系和平发展格局的不断深化，两岸政治关系总体上呈现良好发展势头，两岸政治对立与军事对抗程度明显下降，两岸政治互信不断提升。但两岸政治关系仍处于初级阶段，正常化、制度化、机制化水平偏低，两岸政治僵局仍未打破。由于制约两岸政治关系的战略环境和基本条件短期内不会根本改变，未来两岸政治关系的发展将充满复杂性与曲折性。本文将就两岸政治关系的发展现状、存在的问题及其未来发展的制约因素等问题展开探讨，希冀为巩固两岸和平发展成果、探讨两岸政治关系走向提供有益视角。

一、两岸政治关系从“紧张对抗期”、“高度危险期”跨入和平发展期，整体格局不断向前稳步迈进

政治学理论认为，政治关系是指政治角色在社会政治生活中、基于特定利益要求而形成的、以政治强制力量和权利分配为特征的社会关系。这些政治角色，既包括个人，如公民、政治家、政府官员，也包括集体，如政党、政治团体、政府机关、国家等。而两岸政治关系有广义与狭义之分。狭义的两岸政治关系是指两岸高层、两岸公权力部门或受权机构与人士，为处理两岸政治事务或重大政治议题对话，以正式身份、公开场合、直接接触方式，达成相应政治安排的一种互动关系。而广义的两岸政治关系是指两岸的政治角色为处理政治事务和其他事务，以适当身份、各种形式进行接触交流，而形成的一种互动关系。就广义而言，与李登辉、陈水扁时期两岸政治关系高度紧张、高度危险相比，马英九执政以来两岸政治关系跨入和平发展期，呈现“政治对立与军事对抗程度明显下降，政治角色交流往来人员增多、层

级提高、渠道拓宽、领域扩大，国共两党交流制度化水平明显提高、两岸政治互信不断提升”等特征。

（一）国共两党和两岸双方在坚持“九二共识”、反对“台独”，坚持“两岸非国与国关系”、“两岸同胞同属中华民族”、坚持两岸和平发展、共同振兴中华等问题上的基本立场趋于一致，在“一中框架”形成内涵更加丰富、路径更为清晰的共同认知方面取得一定进展

胡锦涛、习近平等领导人多次重申“九二共识”的内涵、精髓及其重要意义，党的十八大报告首次把坚持“九二共识”写入会议正式文件。继胡锦涛 2008 年 12 月 31 日首次提出“一个中国框架”概念后，贾庆林 2012 年 7 月 28 日在第八届两岸经贸文化论坛上表示：“一个中国框架的核心是大陆和台湾同属一个国家，两岸关系不是国与国的关系。”

马英九当局对大陆立场不同程度上作出了积极回应。马英九强调，“九二共识”是“两岸交流互信的基础，确保两岸和平发展的关键”；[①]“台湾与大陆不是国与国关系，而是特殊关系”，不论在岛内外，“都不会推动‘两个中国’、‘一中一台’或‘台湾独立’”；[②]“两岸人民同属中华民族，都是炎黄子孙”。马当局对陈水扁“去中国化”政策进行了一定程度的拨乱反正，要求把公文中称大陆为“中国”的做法，改以“大陆”、“中国大陆”代之。

国共两党高层在“两岸同属一中”、“振兴中华”等问题上达成共识。2012 年 3 月，国民党荣誉主席吴伯雄与胡锦涛会面时，首度提出“一国两区”，强调“彼此都坚持一个中国”、“两岸同属一中”、“自己是台湾人，也是中国人”。2013 年 2 月 25 日，国民党荣誉主席连战与习近平总书记会谈后在记者会上提出“一个中国、两岸和平、互利融合、振兴中华”四点主张。[③] 马英九 2011 年元旦以《壮大台湾，振兴中华》为主题发表讲话。

---

① 《马英九：要宣示“九二共识”是确保两岸关系和平发展的关键》，马英九在岛内“九二共识”20 周年学术研讨会上的讲话，新华网 2012 年 11 月 9 日电。

② 《马英九强调：不论岛内外都不会推动“两个中国”》，马英九在纪念“汪辜会谈”20 周年活动时的讲话，新华社 2013 年 4 月 29 日电。

③ 《连战提“平衡、对等、有效”的政治架构》，台湾《联合报》2013 年 2 月 26 日。

（二）两岸执政党交流对话基本实现制度化、机制化，中共与民进党人士交流取得突破性进展

2005年4月“胡连会”以来，国共两党高层直接对话，两党交流基本实现制度化。胡总书记多次会见连战、吴伯雄，习总书记也于2013年3月与连战举行“习连会”。2009年7月，胡总书记电贺马英九当选国民党主席，马回电致谢，开创两岸领导人60年来首次隔空互动新模式。2012年10月，马英九首次以国民党主席身份第一时间电贺习近平当选总书记，开启国共领导人“党对党”互动新模式。另一方面，国共两党党际沟通平台——两岸经贸文化论坛自2006年建立以来，至今成功举办8届，形成了100多项共同建议，大陆还借此平台宣布了100多项惠台政策。两党高层会晤机制、两党党际沟通平台，是目前两岸政治关系中互信基础最稳固、运作比较成熟的互动模式，在提升两岸政治互信、推动两会协商、协助台湾参与国际组织活动、汇聚“反独促和”力量等方面发挥了重要作用。值得一提的是，民进党中常委、前“行政院长”谢长廷2012年10月以台湾维新基金会董事长身份访问大陆，标志着中共与民进党重要人士交流实现突破，对推动民进党转型、扩大两岸关系和平发展民意发挥了积极影响。

（三）两岸高层往来、两岸半官方交流不断创新模式、提高层级、拓宽领域

2008年4月、2012年4月，胡锦涛、李克强分别与应邀参加博鳌论坛的萧万长、吴敦义会谈，开辟两岸高层互动新模式。2013年4月8日，习近平在博鳌与萧万长会谈。2008年11月以来，胡锦涛在一年一度的APEC峰会上与马英九的代表连战会晤，开启了两岸国际场合互动的新模式。这些高层互动对于两岸增强共识、累积互信、解决紧迫性问题发挥了不可低估的作用。

两岸两会自2008年恢复商谈以来，共进行8次会谈，签署了18项协议。两会实现领导人互访与两会协商正常化、制度化，两岸高级官员以两会顾问或专家身份直接参与谈判，有关司法互助、海关合作等协议涉及敏感的政治议题，标志着两会协商迈入“以官扮民”的“准官方谈判”阶段。尤其是，两会积极商讨互设办事机构，具有“一定的准官方色彩”，“无异为

两岸架接了从‘互不否认治权’，逐渐走向‘相互承认治权’的桥梁”,①引导两岸协商迈入新阶段。

（四）两岸对对方的一些重大利益关切展现善意、默契配合

台湾“国际空间”问题是岛内各界高度关注、本应通过两岸政治谈判解决的政治性议题。大陆对马当局保持高度善意，低调处理与台“邦交国”关系，善意安排台湾参与一些国际组织的活动。大陆先后于 2008 年、2012 年同意台湾候任“副总统”以适当身份出席博鳌论坛，2009 年以来同意马英九出席 APEC 峰会的代表提升到“前副总统”层级，2009 年 4 月以来允许台以“观察员”身份出席世界卫生大会等等。2012 年 11 月以来，胡锦涛、习近平分别对台湾“参与国际民航组织活动”、“参与区域经济整合”等问题作出积极回应。对“保钓”问题，马当局虽多次表示“不与大陆联手保钓”，但坚决捍卫钓鱼岛主权。两岸公权力部门各自行动，两岸四地民间组织联合行动，形成共同捍卫国家领土与主权完整的强大声势。马英九对涉及大陆社会稳定的敏感问题表达了一定善意，两岸开始对对方重大利益互体互谅，有效降低了两岸紧张对抗关系，减少了经济与政治内耗，增强了两岸互信。

（五）两岸半官方、学术界对政治议题的探讨取得一定进展

5 年来，两岸高层会谈、国共高层会谈、具有官方背景的智库学者进行学术研讨，都具有较强的政治对话意涵。国共两党、两岸具有官方背景的学者、民间机构、学术界，就探讨两岸政治议题进行了务实探索，有利于增信释疑、积累共识、为两岸政治对话营造氛围。2012 年 7 月 28 日，国共两党共同举办的第八届两岸经贸文化论坛，首次全面研讨两岸关系中的政治、经济等重要问题，为两岸探讨政治议题发挥了政策先导作用。12 月 10 日，两岸学术团体和机构举办“台北会谈”，首次在岛内围绕认同、互信的政治议题展开讨论，为从民间开始两岸政治对话进行了有益的尝试。

---

① 《准领事待遇，相互承认治权第一步》，台湾《联合报》2013 年 4 月 12 日。

二、两岸政治关系仍处于初级阶段，正常化、制度化、机制化水平较低，敌对性、非官方性、非直接性等特征明显

（一）两岸关系的敌对性没有根本改变

5 年来，两岸关系和平发展不断取得重大突破，但两岸敌对状态并未结束，两岸在政治、军事、外交、意识形态等领域的敌对心态与作为仍较严重。尤其是，两岸军事部署仍有一定针对性，台军更以大陆为“唯一假想敌”。台湾民众认为大陆官方对台当局、台湾人民“友善”的比例较过去增加了 10 个百分点左右，认为“不友善”的比例下降了 5 - 10 个百分点，但认为大陆“不友善”的比例仍超过“友善”的比例。①

（二）两岸在一个中国框架、两岸政治定位、台湾前途走向等重大问题上的立场分歧严重

2008 年 5 月以来，两岸双方都承认“九二共识”，但对一中内涵分歧严重，没有找到处理“正视现实”与“增强互信”关系的合理方案。大陆强调“一中框架”，但缺乏有关“中华民国”定位的论述。而马当局刻意突出“一中内涵”差异，强调“一中各表”、“一个中国就是中华民国”。马英九声称两岸是“主权互不承认、治权互不否认”的关系，两岸的宪法定位是“一个中华民国，两个地区”。在两岸关系和平发展前途问题上，大陆提出“在同心实现中华民族伟大复兴进程中完成祖国统一大业”，② 而马英九放弃了 2008 年竞选期间提出的“终极统一论”，重申在“中华民国宪法”架构下，维持台海“不统、不独、不武”现状，宣称“统一没有时间表”。在美国对台军售问题上，大陆历来强烈反对美国对台军售，而马英九宣称军购“使台湾与大陆接触更有自信”。

---

① 《民调：46% 台湾民众认为大陆对台湾态度友善》，台海网 2012 年 12 月 30 日讯。“陆委会”2009 年 12 月 29 日公布的民调显示，46% 台湾民众认为大陆官方对台当局态度“友善”，约 40% 认为“不友善”；约 46% 认为大陆官方对台湾人民态度“友善”，约 42% 认为“不友善”。认为大陆对台当局、台湾人民“友善”的比例均超过“不友善”的比例，这是近年来台湾民调中极少见的一次。

② 《胡锦涛十八大报告涉台部分》，香港中评社 2012 年 11 月 8 日电。

（三）两岸公权力机关公开、直接的交流对话管道仍未开启，两岸政治僵局仍未打破

两岸公权力机关交流没有实现正常化、全面化、高层化、制度化、机制化。两岸行政部门仍无法公开、直接交流，也不能就敏感政治议题公开对话，仍需通过两会“白手套”进行交流，或通过官方智库居中传话。两岸处理一些重大政治问题、重大利益关切，如台参与国际组织活动等，主要依靠两岸的互信、大陆的善意，缺少制度化、机制化安排。两岸军事、外交、立法等部门亦未建立正式对话管道。两岸领导人建立热线电话、以适当身份会谈、公开互访等，迄未实现。

（四）两岸政党关系正常化、机制化没有实现

当前，两岸党际交流主要是国共两党高层交流，其广泛代表性、互动基层性仍然不足。民、共之间缺乏政治互信，民进党被排除在两岸党际交流之外，国、民、共三角关系极不稳定、极不均衡。即使是国共交流，在台“总统”兼任执政党主席的情况下，两岸执政党最高领导人会面未能正常化，两岸执政党政治互信与执政当局政治互信仍存一定落差。

（五）两岸战略互疑较为严重，两岸政治关系脆弱性较强

两岸政治互信基础薄弱，两岸政治对立与政治歧见严重，两岸政治对话迟未开启，导致两岸战略互疑长期难解。台湾担心“大陆导弹威胁”、“被并吞”、“失去主体性与自由民主价值”的恐惧与疑虑强烈，而大陆对台湾“配合美国亚洲再平衡战略”、永远维持现状、乃至搞“两个中国”、“一中一台”甚至“台独”的疑虑并未根除。

三、美日全力阻挠破坏、两岸社会融合程度较低、两岸民意分歧严重、岛内蓝绿对抗结构固化难解，是制约两岸政治关系的重要因素

当前，大陆综合实力与影响岛内政局、两岸关系的实力持续增强，岛内支持两岸关系和平发展的民意基础持续增强，有利于两岸融合、不利于

“台独”发展的势头持续增强，这些变化有利于巩固和深化两岸关系和平发展格局，但尚不足以从根本上打破两岸政治僵局。在较长一个时期内，制约两岸政治关系的战略环境及条件不会根本改变，两岸政治关系的复杂性与曲折性不容小觑。

（一）美台、日台实质关系密切，美、日推行“以台制华”战略，是制约两岸政治关系的重要外部因素

未来 20－30 年内，美国的唯一超级大国地位不会发生根本性变化，中国的综合实力、尤其是军事与高科技实力仍与美国有较大差距。[①] 两岸经贸关系快速发展，将相对削弱台湾对美、日的外贸依存度，但美、日仍将通过投资、产业链条及核心技术控制台湾经济，美国更在投资、政治、安全、意识形态等领域对台维持重要影响。台湾社会“亲美媚日”心态浓厚，多数民众视日本为“最友善国家”,[②] 视美为“对台经贸发展最重要国家”、“最重要的安全伙伴”，国、民两党竞相争取美国支持，预示着中国在与美国争取台湾民意博弈中的劣势地位短期内仍难根本改变。

美国虽公开表示“欢迎两岸互动与整合”、“绝不会在两岸政治对话上幕后干预”,[③] 但实际上强力阻挠两岸政治对话与谈判，反对签订和平协议。前美国国务院高官、“美国在台协会”官员、知名智库学者断言，“台湾民众不支持”、“马英九没有做好准备”,[④] “签署和平协议非常难”。马英九在两岸政治谈判、签订和平协议问题上的立场不断倒退，甚至屡次公开拒绝，

---

① 王缉思：《20 年内美国仍是唯一超级大国》，《环球时报》2011 年 8 月 2 日。《切勿轻言轻信“美国衰落”》，香港中评社 2011 年 7 月 8 日电。

② 台湾财团法人金车教育基金会对岛内高中、大专生调查显示，对台湾“最友善的国家和地区”排名前三名分别是日本（44.4%）、美国（41.6%）、非洲“邦交国”（39.4%），而“最不友善的国家和地区”排名前三名分别是中国大陆（82.9%）、韩国（33.3%）、美国（29.7%）；对台湾经贸发展最重要的国家和地区前三名分别是美国（84%）、大陆（78.7%）、日本（75.7%）。参见《近 9 成学子：大陆对台湾不友善》，台湾《中时电子报》2011 年 11 月 23 日。台湾《远见》杂志和大陆零点研究咨询集团联合调查发现，台湾民众最有好感的国家和地区，排名第一的是日本。参见《关键调查：两岸民众互看价值观》，台湾《远见》杂志 2009 年 7 月号。台湾指标民调公司民调显示，针对“政府应该和大陆或美国的关系谁最优先、对台湾利益帮助比较大”的问题，17.2% 的岛内民众认为是大陆，15.4% 认为是美国，56% 表示看事情而定。愈年轻者愈认为应优先重视和大陆的关系，愈年长者愈认为应和美国关系优先，分歧的年龄转折点为 45 岁。参见《逾 7 成台湾民众不知道习近平》，香港中评社 2012 年 11 月 9 日。

③ 《两岸政治谈判美国变脸，摆马英九上台煎熬》，《多维新闻》2013 年 4 月 26 日。

④ 《薛瑞福盼台湾领导人在美国演说》，香港中评社 2013 年 4 月 17 日电。

显然与美国的强大压力密不可分。随着美国“亚洲再平衡”战略加紧推进，日本谋求东亚政治大国地位的企图日盛，美、日以与台签订 FTA 或类似协议、提升官方往来层级、扶持民进党为杠杆，美国更以强化美台军事关系为核心，增强台湾对美、日的全方位依赖，加大“拉马”、“压马”力度，破坏两岸政治互信，影响两岸政治关系进程。即使两岸现阶段就某些重大政治议题达成共识，美国也会从中作梗，破坏两岸政治谈判。

（二）两岸大交流大合作大发展大融合处于初级阶段，两岸民间互信与社会融合程度低，尚不能为两岸突破政治僵局提供足够动能

过去五年是“两岸交流合作成果最丰硕、两岸民众得利最多、两岸内耗最少、两岸关系发展最迅速的时期”，① 但两岸交流明显存在“各领域之间发展不平衡、各领域交流合作制度化机制化程度不高、政治经济外溢效果未充分发挥”等问题。一是已签 18 个协议远不足以满足两岸大交流需要，而既有协议的落实与预期效果有一定落差。二是两岸制度化紧密经贸关系的建立尚未完全实现，产业链、贸易链、价值链整合程度较低，两岸经济关系并未形成严格意义上“你有中我，我中有你”的局面。ECFA 只是两岸经济一体化进程中的阶段性目标，离两岸经济全面整合还有较大距离。② 三是两岸社会文教交流明显落后于两岸经济交流，两岸法制、科技、政治文化、公民社会领域的交流相当有限。③ 四是两岸经济社会交流的政治外溢效果有待加强，两岸交流中“贵族化”、“国民党化”、“北部化”现象有待克服。五是两岸社会融合度较低，“两岸命运共同体”意识淡薄。台湾民众认为大陆

---

① 《张志军在十一届两岸关系研讨会上的讲话》，香港中评社 2013 年 3 月 22 日电。

② 石正方：《加快 ECFA 后续协商，促两岸经济一体化》，华广网 2012 年 8 月 21 日。厦门大学台湾研究院唐永红认为，按照经济制度、政策趋同程度不同，经济一体化大致按照互惠贸易安排（如 ECFA）、FTA、关税同盟、共同市场、经济货币联盟等步骤演进。参见《经贸关系积累量变寻突破，两岸经济一体化已启程》，东南网 2012 年 8 月 11 日。

③ 以两岸民众往来为例，2012 年两岸民众往来 797 万人次，创历史新高，其中大陆居民赴台 263 万人次，远低于大陆居民赴港 3000 万人次。绝大多数大陆民众没去过台湾，约三分之二的台湾民众没来过大陆。

人是“生意伙伴”的比例高达53.6%，仅13.3%认为大陆人是“朋友”。[①]

（三）两岸民众对国家认同、台湾政治定位、台湾前途走向的认知存在巨大差异，尤其是岛内民众对大陆具有浓厚的恐惧与敌对心理，难以为两岸加强理论创新、突破政治僵局提供强大民意支持

在大陆民众看来，两岸同为一国，亲如一家，台湾人都是中国人；所谓“中华民国法统”已不存在，台湾迟早要与大陆统一；美、日是影响中国统一两个最大的障碍，两岸应联手抗衡美、日。随着两岸关系和平发展格局的深化，多数岛内民众支持两岸关系和平发展，但对大陆的负面刻板印象、恐惧敌视心理没有大的改变，对“中华人民共和国代表全中国”、“大陆与台湾同属一个国家”的说法难以接受，[②] 对台湾政治定位不明、国际空间受挤压强烈不满。他们在台湾前途问题上的立场呈现“独升统降、维持现状、反对一国两制”的态势，其国家认同、身份认同“去中倾台”趋势仍未根本扭转。[③] 不少民众害怕过早推动政治谈判会损害台湾的主体性和自由民主价值，70%多的民众支持两岸协商“先经后政”的顺序。[④] 萧万长认为，两岸分治60多年，政治观点认知，尤其涉及一个中国部分，仍有相当大的分

---

① 《远见》杂志与大陆零点研究咨询集团联合进行“2009年两岸民众价值观关键调查”，在“两岸最后会变成什么样的关系”一项，53.6%的台湾民众认为大陆人是“生意伙伴”，占比最高，只有13.3%认为大陆人是“朋友”。52.3%的大陆民众认为台湾人是他们的家人与亲戚，16.2%认为台湾人是生意伙伴。详见台湾《远见》杂志2009年7月号（第277期）。

② 2011年台湾“总统”选举期间，蔡英文提出“中华民国就是台湾，台湾就是中华民国”的主张，《旺旺》中时民调中心民调发现，50%表示认同，18%不认同。参见《“中华民国就是台湾”，5成民众认同》，台湾《中国时报》2011年10月14日。《远见》杂志2009年7月公布的民调显示，82.8%台湾受访者认为两岸目前是各自发展的国家。

③ 《远见》杂志2008年10月号公布的民调显示，台湾民众自我概念与认定依序是：台湾人95.9%、中华民族一份子75.4%、亚洲人73.5%、华人67.3%、中国人46.6%。“陆委会”2009年2月16日整理“2008年两岸关系台湾各界民意调查综合分析”，75.4%至81.6%台湾民众认同马英九“不统、不独、不武”理念，在“中华民国宪法”架构下维持台海现状。参见《马英九“三不”政策：八成台湾民众认同》，《多维新闻》2009年2月17日。

④ 2012年5月17日，“陆委会”委托台湾政治大学选举研究中心的民调显示，62%的民众支持台湾优先推动经济议题的协商，以后再谈其他领域；67%认为两岸共同参加国际组织或活动可建立两岸良性互动。参见台湾“中央社”2012年5月17日。2012年12月14日，台“陆委会”委托台湾政治大学选举研究中心的民调显示，57.2%民众支持以经济性议题为主，未来再谈政治性议题。参见《57.2%民众支持两岸协商先经后政》，香港中评社2012年12月15日。

歧，在短期内没有政治谈判的条件。[①]

（四）民进党等“台独”势力严重阻碍两岸政治关系进程

2012 年“总统”败选后，民进党出于争取中间选民需要，一度显露调整两岸政策迹象。但迫于“台独基本教派”的强大压力及“独”性较强的群众基础，[②] 民进党主席苏贞昌被迫重回“台独”老路。在较长一段时期内，民进党除塑造民共对话假象、摆出与大陆交往姿态、展现“处理两岸关系能力”外，不可能放弃“台独”政策，不可能支持两岸在“一中框架”下发展政治关系。由于蓝绿对抗格局短期内难以根本改变，国民党大陆政策及两岸政治关系将在较长时期内受民进党牵制。尤其是，民进党如果重新执政，推动“渐进式台独”甚至“法理台独”，将对两岸政治关系造成重大冲击。

（五）两岸政治博弈中的利害算计，尤其是台当局两岸政策的局限性、保守性与工具性，是制约两岸政治关系进程的政策因素

大陆增加一中框架包容性，但一直没有明确其具体内涵，担心对台湾做出过多、过于明确的承诺或让步，会在后续谈判中陷入被动；而台湾强调正视两岸“不统、不独、不武”现状、“两岸分治”现实，置台湾于谋取更多筹码的有利战略地位。

从执政环境而言，马英九在深陷执政困境、认定大陆对台政策“不太可能改弦易辙”的情况下，把内部改革和拼经济作为施政最优先选择，避免过早开启两岸政治对话引起美国、民进党反弹，影响 2014 年“七合一”选举和 2016 年“总统”选举。同时，马寄望以“先经后政”、“政经分离”甚至“只经不政”策略，通过在大陆与美国之间维持平衡关系，甚至“亲美远中”，既得到更多两岸和平红利，又得到更多美国政治安全承诺，达到巩固执政地位、争取更多筹码、为国民党 2016 年“大选”提前部署的多重

---

① 《萧万长：现阶段没政治谈判条件》，台湾《联合晚报》2012 年 4 月 28。

② 《新新闻》周刊 2012 年 2 月委托“山水民意研究股份有限公司”调查显示，66.8% 的台湾民众同意民进党不应排斥与中国大陆交往；49.6% 认同民进党废除“台独党纲”，才能调整对中国的政策，33.4% 受访者不认同。支持“蔡苏配”又认同废除“台独党纲”的只有 36.2%，显示多数民进党支持者仍不支持废除“台独党纲”。参见《近五成民众要民进党废除“台独党纲”》，台湾《新新闻》周刊 2012 年 3 月 1 日。

目的。

未来一段时期，无论是国民党、还是民进党执政，都可能以两岸政治对话为筹码，提高对大陆要价，同时在美国与大陆间玩平衡，捞取更多实质利益。所不同的是，国民党可能或多或少顾忌大陆感受，强调在大陆、美国间“不会向任何一方倾斜”；① 而民进党可能倒向美国，玩“联美日制中国”的“台独”老把戏。

四、壮大综合实力、深化互利融合、增强综合互信、加强理论创新、落实平等协商、增强民意储备，推进两岸政治关系不断取得进展

两岸政治互信的提升，两岸政治关系的推进，是一个长期、复杂、渐进的过程，我们应抓住机遇，积极有为，务实自信，稳步推进。同时，应辩证处理好推进两岸政治关系过程中五个要素之间的相互关系，即：大陆强大的软硬实力是根本，两岸交流融合程度是重要条件，两岸民间互信、台湾民意是核心，对台理论创新是关键，对话协商是手段。

（一）壮大综合实力，加强自我完善

中美综合实力博弈，将在相当程度上决定两岸政治关系的进程。中国潜心发展硬实力，用心提升软实力，在“建国百年”建成社会主义现代化国家，不但 GDP 总量超过美国，更主要的是大幅缩小与美国在军事与高科技方面的差距，不断完善民主法治建设。中美实力对比产生质变，“大陆强台湾弱”趋势更加明显、更加全面，将从根本上扭转制约两岸政治关系的战略环境。一是大陆影响两岸关系、岛内政局的实力显著增强，甚至赶超美国，处理两岸政治关系、推动理论创新将更加自信。二是美国对台湾的政经影响明显下降，美国介入两岸关系的成本大幅增加，介入两岸关系的能量与意愿下降。三是台湾民众“亲美媚日”心态将根本扭转，国家认同、民族认同与统“独”立场朝“两岸一国、两岸一家”方向深化，对大陆向心力明显提升，对两岸政治对话的要价趋于合理。四是民进党两岸政策出现重大

---

① 赵春山：《搁争议、共发展、创和平红利》，台湾《联合报》2013 年 4 月 17 日。

调整，民共关系出现重大突破，民进党成为推动两岸关系和平发展的重要力量。

（二）深化交流融合，增强综合互信

经济基础决定社会的政治、法律制度和设施，决定社会的各种思想观点和社会意识形态。没有两岸经济社会关系的全面深入发展，就不可能有两岸政治关系的全面、稳定、可持续性提升。两岸双方在较长一段时期内，仍应坚持“九二共识”，以经济民生为核心，着力加强两岸对话协商、经济整合、社会整合、文化整合、政党交流、共同机构等六大基础工程建设，不断提升两岸交流合作的正常化、制度化、机制化、一体化水平，尤其是推升“大陆资金、机构、人员、信息入岛”质量，促进两岸加强利益联结、加深同胞情感、增进社会互信、正视政治现实、培养价值认同。台湾有学者认为：两岸民众建立起长期、稳定的交往关系，建构共同的工作和生活圈，在长期共同的生活中不断破除过去的刻板印象，接纳和信任对方，形成稳定、不可逆的民间互信机制，促进两岸社会融合，形成“两岸命运共同体”。[①]

（三）解决重大关切，塑造共同价值

根据台当局施政步调，以适当途径、恰当方式，妥善解决民众高度关注的紧迫性政治需求，是两岸增加互信、推进政治关系的一个成功模式。近5年来，大陆对台湾参与APEC、WHA活动等问题持续释放善意，极大地赢得了台湾民众的好感。未来我们应更加自信、更加主动、更加灵活、更有成效地处理好、维护好台湾同胞的重大关切与利益诉求，增强台湾同胞“两岸一家”、“两岸命运共同体”意识。一是持续推动、认真落实惠台政策，利用大陆城镇化建设，吸引台湾“三中阶层”就业，回应台湾民众发展经济、提高生活水平的经济利益诉求。二是在不影响两岸经济整合情况下，理性协助台湾参与区域经济整合，回应台湾民众避免被边缘化的经济安全诉求。三是慎重处理台当局政治定位，逐步满足台湾民众要求正视“中华民国”的政治安全诉求。四是本着“先急后缓、加强沟通、适度开放、渐进可控”的原则，审慎处理台参与《联合国气候变化纲要公约》、国际民航组

---

① 王钦：《两岸新关系6悬念系列五——由民间互信进入社会融合》，台湾《旺报》2012年12月13日。

织活动等问题，适当满足台湾民众“扩大国际空间”的涉外安全诉求。五是大陆单方面宣布逐步减少海西区的导弹部署，宣布台湾海峡为“台湾不独、大陆不武”的台海和平示范区，适当满足台湾民众的军事安全诉求。

（四）平等对话协商，循序渐进推动，合情合理安排

打破政治僵局，推进政治关系，不可能一蹴而就，也不可能仅靠一项《和平协议》来解决所有问题。必须根据国际格局演进、两岸社会融合程度、两岸民意变化，通过长期对话协商，主动作为，先易后难，循序渐进、化整为零，以堆积木的方式，签订一系列协议，作出合情合理安排。

推进两岸政治关系要循序渐进推动，不能操之过慢，更不能操之过急。一是主动作为，创造条件。两岸双方要积极探索，化解歧见；抓住机遇，积极推动。二是先易后难，先简后繁。按政治议题敏感度、紧迫度、双方意愿、成功可能性的高低，渐次推动。三是先民后官，充分探讨。学术界先探讨达成共识，然后通过两岸公权力机关协商，签订协议。四是稳中求进，反对“四急”。要克服急躁冒进、急功近利、急于求成、急于回报的作为。避免贸然推动，凸现分歧、激化矛盾、伤害互信。五是化整为零，细堆积木。将军事互信机制、《和平协议》可能涉及的内容合理分割，分开对话，逐个达成共识或签署协议，条件成熟时形成总协议。

推进两岸政治关系要平等对话协商。不论是当前两岸两会协商，还是未来两岸公权力机关对话、谈判，都要本着平等尊重、坦诚沟通、互体互谅的原则。两岸对话协商，不是国家与国家对话，不是中央与地方的对话，更不是中国内战胜方与败方的对话；不搞单边主义，不强人所难，不强加于人；不通过放话、要狠，达到要价目的，即使谈判破裂，也不相互指责，推卸责任。

推进两岸政治关系，要充分考虑国际与两岸政治现实，尊重中国传统情理与礼仪，做出合情合理安排。一是正视现实，排除分裂。两岸政治协商的最终结果不是“统一安排”，但必须有统一指向（尤其是和平协议），不能造成事实上的“两个中国”、“一中一台”、“台独”或永远维持现状的恶果。二是舍得有度，符合情理。古语云：“施人慎勿念，受施慎勿忘”。[①] 两岸双方要有“两岸一家”的胸怀和“舍也是舍给自家兄弟姐妹，得也是谋

① 韩才主编：《增广贤文》，内蒙古少年儿童出版社2006年9月版，第71页。

求中华民族发展”的高度。尤其是，大陆要有舍、让的自信、责任、诚意与魄力，最大限度地尊重并满足台湾同胞的重大关切、利益需求、体面尊严。相应地，台湾也应将心换心，展现智慧，在推进两岸政治关系过程中适时适情适度让步。两岸协商不能以大欺小，以势欺人，拒不让步；也不能依小卖小，吃定对方，漫天要价，毫不妥协。三是排除外力，两岸解决。两岸政治对话、协商，两岸高层会晤，不用到第三地进行，更不应让第三方介入、仲裁、调停，不用挟外力谋取谈判筹码。

互信与两岸关系和平发展：制度的视角

中国社会科学院台湾研究所　汪曙申

2012年台湾“大选”国民党继续执政，两岸关系走向巩固深化阶段的前景更加明确，今后增进互信和推进制度建设将是支撑两岸关系和平发展的两大要素。互信与制度之间的相互作用及其对两岸关系的影响，是本文所要探讨的重点。

一、制度理论在两岸关系中的适用性

近几十年来，制度作为研究分析政经和社会问题的重要变量日益得到重视，适用范围不断拓宽。美国政治学家奥斯特罗姆认为，“制度是一整套规则，应遵循的要求和合乎伦理道德的行为规范，用以约束个人行为”。[①] 美国经济学者诺思认为，“制度是一个社会的博弈规则，或者更规范地说，它们是一些人为设计的，形塑人们互动关系的约束”。[②]。在国际社会上，国际制度被认为是“在一定国际关系领域中汇聚行为体期望的一组原则、规范、规则和决策程序”。[③] 总体上，研究制度的学者普遍认为，制度一般包含以下要素：规则和行为规范、约束和限制性、处理社会关系。

从功能上看，制度的价值主要在于：一是创设规则，为参与者所遵循，使其在预先设定的框架下行动、相互作用和发挥影响，并规定违反规则的惩

① ［美］V·奥斯特罗姆等：《制度分析与发展的反思》（王诚等译），商务印书馆1996年版，第226－228页。

② ［美］道格拉斯·C. 诺思：《制度、制度变迁与经济绩效》，上海人民出版社2008年版，第3页。

③ Stephen D. Krasner，ed，International Regimes，Ithaca：Cornell University Press，1983，p. 2.

戒机制。二是提供相对稳定的预期，减少事物及其关系的不确定性。“用经济学的行话来说，制度界定并限制了人们的选择集合”。① 三是减少交易成本。有效率的制度能够提供更加全面、及时和准确的信息，促进行为者之间合作的可能性，减少不必要的成本损耗，从而增进共同利益。

海峡两岸关系是两岸经济、政治、社会、文化、军事、民意等关系相互交错和渗透构成的一个整体系统。随着两岸关系和平发展由开创期步入巩固深化期，两岸经济关系在正常化的基础上逐步走向制度化；社会文化教育关系正在探索进一步加强合作的可行路径，构建常态化的制度是未来努力方向；政治军事关系虽尚未提上日程，但两岸结束敌对状态、签署和平协议、建立军事安全互信机制等都离不开良好完善的制度支撑。

从理论上看，适用于两岸关系的制度理论属中层理论，它既不同于关于国家、社会性质的宏观制度理论，也区别于规范一般组织机构的微观制度分析。制度理论在两岸关系中的适用性主要表现在以下方面。

第一，关于制度的形成。历史唯物主义的观点认为，制度的生成最终是由生产力水平决定的。两岸关系发展过程中形成的各种制度，归根结底也是由两岸社会各自生产力发展水平及其所衍生的经济社会需求所决定的。比如，20 世纪 90 年代初，两岸创设海协会和海基会并形成两会会谈制度，就是在两岸开放和互动的影响下根据双方经济社会发展需要所建立的。两岸关系的政治性强、敏感度高，制度的形成除了根植于社会经济力之外，还离不开政治力的上层推动和设计。因此，在两岸关系和平发展的整个进程中，制度建设主要还是由两岸根据双方经济社会发展要求进行理性稳妥的顶层设计，然后予以逐步实施和推进。也就是说，制度建设的主体是两岸公权力机关。

第二，关于制度的规范。规范是制度的重要内容。在两岸关系中，制度的适用范围广泛，涵盖政治、经济、社会、文化、军事等众多领域。制度首先规范的对象是两岸政治主体，它要求执政者尊重制度的合法性，运用各自的治权将内部治理统一到两岸制度的规范要求上来。如两岸签署 ECFA 后，两岸自然应根据协议要求调整内部相关经济政策和法规。其次，制度规范将推及到两岸经济主体、社会主体以及个人。如两岸投资保障协议对两岸投资人的权利义务进行了规范。总体上，两岸迄今签署的 18 项协议和达成 2 项

① ［美］道格拉斯·C. 诺思：《制度、制度变迁与经济绩效》，上海人民出版社 2008 年版，第 4 页。

共识，对制度规范的对象、内容、范围形成了明确的表述。在两岸关系和平发展进程中，制度的规范性需要两岸双方共同去维护和完善，这不仅是双方的共同利益所致，而且是互信增长的结果。

第三，关于制度的发展。基于适应生产力进步和人的发展需要，以及时代条件所限，制度往往呈现螺旋式上升的发展轨迹。“制度就会以一种自我实现的方式制约着参与主体的策略互动，并反过来又被政治主体在连续变化的环境下的实际决策不断再生产出来”。① 从20世纪80年代两岸初步开放交流到如今两岸步入大交流、大合作、大发展时代，两岸关系发展所需要的制度，其形式和内容都已发生重大变化，总体要求越来越高。从趋势上看，两岸关系制度发展不仅要紧跟两岸扩大全面交流合作的客观需要，还应发挥主动性和前瞻性，为深化两岸关系和平发展消除体制或机制上的各种障碍，创造更加有利的条件。

在两岸关系中，制度既是社会生产力发展的结果，也是两岸理性塑造的产物。党的十八大报告明确提出，“促进平等协商，加强制度建设”。2013年1月海协会会长陈云林访问洛杉矶时指出，党的十八大报告强调加强两岸关系和平发展的制度化建设，表明了我们愿通过平等协商，强化两岸各领域交流合作的机制化，以利于巩固两岸关系和平发展局面，并形成不可逆转的趋势。在维护两岸关系和平发展这一大局上，制度在妥善运用下将会发挥越来越大的效用，成为促进两岸全面互信与两岸关系和平发展之间形成良性互动的重要因素。

二、互信与两岸关系制度化的逻辑关系

正如新制度政治学所主张的，制度并不是决定政治、经济和社会行为的唯一因素，现实中是“制度攸关”而不是“制度决定”。根据制度的一般性功能及在两岸关系中的特殊适用性，制度在两岸关系和平发展进程中与互信的逻辑关系，主要体现在以下两个层面。

（一）基本逻辑Ⅰ：互信→制度→两岸关系

互信是指行为者之间在心理上彼此信任、对相互间行为具有稳定预期的

---

① ［日］青木昌彦：《比较制度分析》（周黎安译），上海远东出版社2004年版，第28页。

一种正面状态。互信是两岸关系保持和平发展正确方向的前提和基础，是四年多来两岸关系和平发展取得重大成就的关键所在。

两岸关系的制度建设，已完全超过一般意义上的交流互动，它涉及两岸经济、政治、社会、军事等领域的利益调整及其规范化、机制化。因此，推进两岸关系的制度化，必须倚赖两岸互信的巩固和深化。两岸关系发展的经验告诉我们，只有信任问题解决好了，才能协商去解决实务问题，信任度越高，越有利于达成共识和落实共识。在两岸关系进入巩固深化的新阶段，制度作为互信与两岸关系和平发展之间的衔接作用已日益突出。

两岸执政双方经过四年多的接触、对话、协商，对建立、维系和深化两岸互信的基本路径、方法进行了积极探索并累积了一定经验。从加强两岸关系制度化建设出发，未来深化两岸互信的基本路径可以参考如下：

第一，坚持不懈地培育和巩固两岸互信的政治基础。“两岸互信遍及广泛领域，人民之间的互信是基本命题，两岸双方的互信则起提纲挈领的作用”。[①] 尽管两岸在政治上仍有诸多历史遗留下来的复杂问题需要克服，在现实中亦面临各种负面干扰因素，但在双方既有的政治框架下，并不妨碍对“两岸同属一中”原则的共同坚持。在两岸关系和平发展新的形势下，两岸双方不断给予“两岸同属一中”更加清晰、明确的表述和宣示，对增进互信无疑大有裨益。2012 年 3 月，国民党荣誉主席吴伯雄与胡锦涛总书记会见时提出，国民党在大陆政策上坚持“九二共识”与反对“台独”，两岸“彼此都坚持一个中国”，“两岸并非国与国的关系”，释放了进一步推进两岸关系和平发展的积极信号。

第二，不断提升和夯实两岸互信的物质基础。两岸互信的深化离不开物质上共同利益的追求与实现。迄今，两岸签署的 18 项协议特别是对促进两岸经济关系机制化具有重大意义的 ECFA，为台湾积极应对全球化和区域经济一体化潮流提供了重要机遇。正是有了这些被实践证明为正确的重要成果，两岸双方才更有经验、更有信心、更有动力去进一步推进交流交往，扩大互利合作。随着两岸商谈的深入推进，双方在经贸合作上由浅入深、由易入难，将会触及到各自的一些重要利益调整，增添两岸商谈的难度，这势必将考验着两岸双方的智慧和耐心。目前，两岸双方对今后一个时期的经济合

① 孙亚夫：《客观地、全面地、辩证地看待认同问题》，《中国评论》2013 年 1 月号，第 11 页。

作及发展具有相当共识。两岸经济同属中华民族经济，两岸应有能力解决经济交流合作中的各种复杂问题，从而为增进互信奠定更为扎实的物质基础。

第三，不断夯实和提升两岸互信的民意基础。社会互信对政治互信的深化具有重要意义，两岸双方需要从文化、教育、情感、心理等层面入手，抓住和平发展的历史机遇全面深化两岸社会互信。正如吴伯雄所言，“台湾与大陆无论是历史脉络、血缘和文化关系，都是血脉相连、唇齿相依”。同时我们也清醒地看到，经过两蒋时期的长期对抗隔阂，李登辉、陈水扁时期的“台独”意识泛滥，岛内民众对大陆存在各式各样的误解和疑虑还难以在短期内消除，两岸在对促进互信有着重要作用的“共有观念”上仍显不足，未来还有很大的提升空间。今后，推动两岸文化教育交流与合作，加强社会基层更为广泛的接触与对话，将是不断深化两岸社会互信的重要途径。

第四，正式结束敌对状态、签署和平协议是从根本上解决两岸互信不足问题的必然之路。从历史上看，两岸在冷战时期形成的敌对心理迄未根本消除，台湾当局在政治、经济、军事等方面对大陆仍持有明显的防范倾向，是深化两岸互信的阻力。大陆方面提出两岸关系和平发展理论，对和平统一前的两岸关系发展进程进行了符合两岸实际情况和两岸人民利益的总体规划，展现出新思维和新观念。只有台湾方面真正打破冷战思维，与大陆一起以合情合理合法的方式正式结束敌对状态，签订和平协议，才能从根本上扫除互信障碍。

从上述逻辑关系看，互信是制度建设的关键前提。从以上四方面推进两岸全面互信，是保证两岸关系和平发展进程不断向前推进的基础工程。

（二）基本逻辑Ⅱ：制度→互信→两岸关系

20世纪70年代起，新制度经济学的有关理论被运用到国际关系领域。制度的功能从创造经济效益，扩大到政治、安全领域，即国家之间建立起良好的制度能够缓解权力现实主义的“安全困境”，从而增进国家间的信任与合作。“制度具有规范性、权威性、约束性和可预期性的特点”。[①] 在两岸关系和平发展过程中，制度如何以及发挥何种程度之作用，是我们认知两岸关系制度化的重要方面。我们知道，互信对两岸关系和平发展具有关键意义，两岸理应从战略高度进行规划、培育，使其始终朝有利于两岸关系良性发展

---

① 朱卫东：《对进一步增进两岸政治互信的战略思考》，《台湾研究》2012年第5期，第4页。

的方向演进。在此过程中，制度建设发挥着难以替代的重要作用。

第一，制度建设客观上要求两岸应从系统、前瞻的角度持续巩固深化双方互信。对于大陆方面，应将建立和深化两岸互信作为一个系统工程来看待，不仅需进一步明确两岸互信的基础、条件，而且要根据两岸关系发展的历史规律和阶段特点主动设计深化互信的进程、步骤，以与两岸关系的制度建设保持步调一致、相互协调，以确保两岸互信既能满足当前两岸关系发展的客观需要，又能为两岸进一步深化合作创造可持续条件。对于台湾方面，应将增进两岸互信纳入大陆政策框架的内核，作为制定和实施大陆政策的重要准则，从有利于两岸关系制度化的大方向思考决策。

第二，制度建设能够稳定两岸双方预期，减少不确定性。“制度能够增加人类行为的规律性，减少行为的不确定性，使解释和预测更加可靠”。[①] 随着两岸关系制度化持续推进，两岸在经济、社会、政治乃至军事上都可能实现更加紧密的对话、合作，双方在规则构成的制度框架下将会获得更加透明、准确和高效的信息，彼此行为都将受到约定的规范，相互提供稳定的预期，为维护和增进互信提供良好的制度环境。

第三，制度建设能够有效促进两岸互信、减少互疑。两岸互信是增长还是削弱，与两岸关系发展的实践密切相关。当两岸关系发展较顺利、稳步向前时，互信就容易累积、增长；当两岸关系遭遇挫折、冲击时，互信就自然消磨、减少。清楚把握这种相关性，两岸双方应进一步认清和强化“以实践促互信”的基本路径，多做、做好有利于增进两岸互信的事情，不断探索、开创有利于增进两岸互信的新方式、新途径。在此过程中，制度确实可以发挥两岸关系稳定器和推进器的作用，能够促进两岸关系平稳发展，减少不必要的误解和误判，从而维护和增进互信。

第四，制度建设能够减少交易成本，强化两岸合作的内在动力。在两岸关系中，合作的达成需要政治、经济和社会等方面条件的配合。制度建设有利于减少两岸交流合作的成本。如 ECFA 实施后两岸早收清单内容逐步实现零关税，显著促进了经贸合作的发展。随着两岸关系制度化由点及面的逐步铺开，两岸在经济、政治、社会文化等方面的对话合作势将进一步扩大，从而为两岸互信的增长提供更好的制度保障。

---

① 魏姝：《政治学中的新制度主义》，《南京大学学报（哲学·人文科学·社会科学）》2002年第1期，第59页。

以上论述说明，互信与制度是一个相互依赖和促进的关系，二者实现良性互动的结果是为两岸关系和平发展创造更稳定、更有利的条件。从不断巩固两岸互信、有力推进两岸关系和平发展出发，如何做好两岸关系的制度设计就显得至关重要。

三、推动两岸关系制度化的主要原则

认同与互信是两岸关系的基本问题，也是推动两岸关系和平发展的基础问题。[①] 两岸关系和平发展越深化，需要破除的难题越多，互信和制度的需求就越大。基于两岸关系发展的历史规律和现实特征，两岸关系制度设计应坚持以下原则。

第一，两岸公权力机关理应扮演好两岸关系制度化的设计者和维护者角色。两岸关系制度化要靠社会民间各方面力量的参与推动，更需要两岸公权力机关的意志与能力支撑。由于阻碍因素多、情况复杂，两岸关系制度化的统筹设计应由两岸公权力机关共同完成。双方应从两岸关系和平发展的大局出发，在互信的基础上求同存异，求同化异，尊重规律并发挥创新意识，力求不仅使制度建设满足两岸关系发展的要求，还要为两岸关系持续深化创造新的动力。

第二，两岸关系制度化应以有利于维护一个中国框架为前提。两岸关系制度化的宗旨是巩固深化两岸关系和平发展，为最终实现祖国和平统一筑牢基础。也就是说，在国家尚未统一特殊情况下，制度建设的首要前提是坚持一个中国原则，坚持反对"台独"。王毅指出，十八大报告"强调加强两岸关系和平发展的制度化建设，表明了我们愿通过平等协商，强化两岸各领域交流合作的机制化，以利于巩固两岸关系和平发展局面，并且形成不可逆转的趋势"。[②] 十八大报告首次把坚持"九二共识"写入党的代表大会正式文件，提出两岸双方应增进维护一个中国框架的共同认知，表明大陆方面希望在认同并坚持一个中国上寻求两岸双方的连接点，扩大彼此的共同点，增强相互的包容性，从而深化政治互信、加强良性互动，增添两岸关系和平发展

① 孙亚夫：《客观地、全面地、辩证地看待认同问题》，《中国评论》2013 年 1 月号，第 11 页。

② 2012 年 12 月 26 日王毅在"九二共识"20 周年座谈会上的讲话《十八大报告的对台工作论述具有继承性、创新性和前瞻性》，国台办网站 http：//www. gwytb. gov. cn/wyly/201211/t20121126 _ 3391676. htm. 上网时间 2013 年 1 月 24 日。

的前进动力。对此，台湾方面有必要在维护一个中国框架、坚持“两岸一中”立场上表明更加积极的态度。

第三，两岸关系制度化应坚持合情合理的原则。合情，就是照顾彼此关切，不搞强加于人；合理，就是恪守法理基础，不搞“两个中国”、“一中一台”。从这个意义上讲，一方面，制度建设需要基于两岸双方的共同意愿，不能将一方的意志强加于对方，制度建设过程中的矛盾和难点需要两岸通过平等协商谈判的方式去妥善解决。另一方面，制度建设不能违背见诸两岸各自内部规定的关于“一个中国”的法理基础，因此其目标是排斥“台独”路线，增进两岸对“一中”的认同。

第四，从增量的角度理解推进两岸互信和制度化建设。增量是相对于存量而言的，两岸互信需要在确保既有存量成果的基础上一步步向前推进，既不能停滞不前，又不能急于求成。有学者将两岸政治互信分为“基础性互信”、“长成性互信”、“融合性互信”三个不同层级。① 增量互信重视结果，即通过两岸执政双方在战略指导下的共同努力，不断夯实互信基础，提高互信质量。由于两岸关系内在的复杂矛盾，互信呈现螺旋式上升状态，不排除会因某些突发事件导致停滞甚至后退的情况发生。但对此不必悲观，只要大原则一致，经两岸努力完全可以排除障碍。对于受制于客观条件尚难达成的事情，双方也不必操之过急，要从符合事务本身发展规律的角度去对待和处理。既然两岸互信的增长是一个渐进的过程，以互信作为支撑的两岸关系制度化同样是一个增量递进的进程。制度建设既要符合两岸关系发展的实际，不滞后、不过度超前，也要发挥前瞻性和规划性，为两岸关系和平发展不断取得新的实质突破创造环境。

四、两岸关系制度化的动力和限制

理论和实践上，制度都不是一成不变的，它本身是动态发展的，制度变迁是连续的、渐进的，是一种创新的过程。一般而言，制度变迁在能够为相关主体创造高于成本的收益时才会发生，它需要驱动力。纵观两岸关系和平发展进程，制度化的动力在于：

---

① 刘国深：《增进两岸政治互信的理论思考》，载张文生主编：《两岸政治互信研究》，九州出版社 2011 年版，第 25 页。

第一，两岸公权力机关具有推进两岸关系制度化的意愿和能力。未来十年，大陆综合实力将保持稳步提升，对台战略的实施条件将更加有利，方向是继续以两岸关系和平发展为主题，在保持既定政策连续性的同时，根据两岸关系形势发展适时对政策进行创新发展，制度化是一项重点工作。十八大报告明确指出，希望双方共同努力，探讨国家尚未统一特殊情况下的两岸政治关系，作出合情合理安排；商谈建立两岸军事安全互信机制，稳定台海局势；协商达成两岸和平协议，开创两岸关系和平发展新前景。上述提法反映大陆方面希望两岸关系由经济的制度化逐步过渡到政治、军事关系的制度建设。马英九当局在第一任期内，高度重视并将“两岸关系制度化”作为保障台湾安全的三道防线之一，[①] 通过签署18项协议充实制度化的内涵。正如马英九所指出，“两岸和解制度化”是维护台湾安全最好、也是第一道防线。[②]

第二，两岸关系和平发展的内在需要是制度化的重要驱动。两岸关系和平发展是一个全面系统的过程，囊括经济、政治、社会、文化、军事、民意等领域。在两岸关系和平发展的总体路线图中，从经济制度化走向社会文化的制度化，最后逐步破解难题实现政治、军事领域的制度化，是符合事物发展规律和两岸关系特殊情况的稳妥路径。2012年两会在第八次会谈中签署两岸投资保护和促进协议、海关合作协议，推进了两岸经济交流合作的制度化建设。两岸经济合作框架协议（ECFA）早收计划实施成效明显，[③] 后续协商进展顺利。目前两岸已实现互设经贸办事机构，两会互设办事机构亦有望很快实现。这些都表明，两岸关系和平发展呈现阶段性递进的特征，其本身的能动性将对两岸关系制度化不断提出新的要求。

第三，两岸经济和社会一体化推进将为两岸关系制度化提供强大支撑。一般而言，制度创新从根本上受到制度供给能力与人的需求水平之间的矛盾驱动。两岸关系制度化，从一开始就是围绕两岸人民的需要建立起来的。当前，随着两岸经济、文化、社会联系达到了60多年来最密切的水平，两岸

---

① 2011年5月马英九在与美国战略与国际研究中心（CSIS）视讯会议中提出“两岸和解制度化”、“深化台湾在经济、文化上对国际发展的贡献”、“强化国防与外交”为内容的“三道防线论”。

② 《马：两岸和解制度化，保台第一道防线》，台湾《中国时报》2011年11月30日。

③ 根据大陆的统计，2012年1至11月，台湾企业享受关税优惠大约是30.86亿人民币，同比增长3.2倍。据台湾统计，同年1至11月，大陆企业享受关税优惠大约是5005万美元，同比增长1.4倍。

关系和平发展理念已深入台湾社会，成为各界共识。从经济面看，近几年来两岸贸易投资稳步增长，2012 年两岸贸易额达 1689 亿美元，同比上升 4.3%，占台湾对外贸易总量的约 39%。同时，两岸产业合作进一步走向制度化、机制化。从社会面看，2012 年两岸人员往来规模达 797 万人次，再创历史新高。大陆居民赴台 263.02 万人次，同比增长 42.56%，其中赴台旅游 197 万人次，同比增长 57.5%。两岸民间社会交流交往日益密切，大幅增进相互了解和感情融洽。台“陆委会”2013 年 1 月 3 日公布民调显示，64.2% 的民众赞成两岸两会互设办事机构，76.4% 的民众支持台湾当局进一步深化两岸在人权、法治、经贸、文教、公民社会等各项交流，以增进两岸民众的相互了解；67.1% 的受访民众认为应适度开放大陆资金赴台投资。

当前，两岸关系制度化呈现前所未有的重要机遇，但台湾问题的长期性和特殊性，使得两岸关系制度创新是一个复杂和敏感的过程。它的建立和完善务必要讲究条件、时机和策略，在把握有利条件的同时，不能忽视以下限制因素。

第一，两岸之间长期存在道路差异、制度差异、理念和观念差异。两岸关系制度化无法通过单方、强制的方式达成，只能是一种双向、协议式演化过程，它取决于大陆的对台政策和台湾当局的大陆政策。两岸长期存在的道路、制度和理念观念差异对两岸互信的深化构成重大障碍，加之两岸在地理环境、人口规模、经济总量、军事实力上的落差，使台湾方面在推进两岸关系制度化进程中难以去除作为相对弱势一方、因缺乏自信而产生的心理疑虑。“在台湾的国、民两党对于‘在一个中国原则下，什么都可以谈’这般话有着不信任与不安全感”。[①] 这种“只经不政”局面若长期维持下去，两岸关系制度化很难在政治、军事领域取得突破，互信的发展将会遭遇瓶颈。

第二，两岸重叠认同的塑造是一个艰难的过程。本质上，认同决定互信。淡江大学大陆研究所教授赵春山称，唯有两岸有共同思维想法、心灵相通、共同价值观，才有助于推动两岸和解制度化。[②] 根据台湾政治大学选举研究中心长期跟踪的调查数据，近 20 年来台湾民众的中国人认同持续下降，台湾人认同不断上升，2008 年国民党重新执政以来两岸关系和平发展未改

---

① 张亚中：《两岸和平发展期应是统合期：以统合深化认同与互信》，《中国评论》2013 年 1 月号，第 5 页。

② 《两岸政治协商议题，学者交锋》，台湾《中国时报》2012 年 7 月 29 日。

变这一趋势。同样，在多数人支持维持现状下，偏向统一的比例下降，偏向“独立”的反而上升。这说明两岸社会在大交流、大合作时代的“共同意识”、“共有观念”仍然不足，两岸关系和平发展在扭转台湾民众“去中趋台”、“去统趋独”方面还需要更多条件的配合，需要花费更大力气去耕耘。马英九当局实施的“不统、不独、不武”政策以维系两岸关系现状为目标，其缺乏明确方向所造成的消极性，制约了两岸社会从根本上持续扩大重叠认同。要扭转这一形势，需要马英九当局拿出更大的政治勇气和决心，破除旧观念和旧思维，进一步明确“两岸同属一中”、“两岸同属一国”的政治立场，与大陆方面一起将其文件化、法律化和制度化。

第三，“台独”势力始终对两岸关系制度化持抵制态度，是两岸关系实现“由经入政”的岛内最大阻力。2008 年以来“台独”运动在两岸关系和平发展大潮中步入低谷，民进党的两岸政策开始转以构建两岸稳定的关系为基调。但在政党竞争、选举利益、“台独”理念等影响下，民进党对两岸执政当局进一步推动经济关系制度化的政策，包括扩大大陆资本入岛投资、陆生赴台求学等，始终持疑虑和抵制态度。对于两岸进一步增进维护一个中国框架的共识、强化确认“两岸同属一中”，推动“一中各表”走向“一中共表”，民进党等“台独”势力势必会全力反制。两岸启动政治谈判以取得两岸关系制度化实质性突破将面临一定困难。

第四，以美国为代表的国际制约因素仍将长期存在。美国的台海政策向来以其自身的亚太和全球战略为依归，现实主义特性浓厚。台海局势关系亚太区域和平稳定，民进党执政时期，美国虽一度加强对“台独”行径的管控，但并没有放弃对台湾的支持。2008 年国民党重新执政后，美台关系快速恢复。从衡量美台关系的对台军售看，过去四年美国对台售武步入 20 年来经费最高、项目最多的阶段，总额达 183 亿美元。此外，美国正式给予台湾免签证待遇，访台官员层级也进一步提高。布鲁金斯学会东北亚政策研究中心主任、“美国在台协会”前理事主席卜睿哲撰文称，美中之间存在的摩擦越来越多，美国在台湾问题上向中国让步，无助于美国解决其他问题，反而会让日本、韩国等盟友担心美国会牺牲其利益。①

① Richard C. Bush III：Uncharted Strait，http：//www.brookings.edu/research/papers/2013/01/14 - taiwan - bush，上网时间 2013 年 1 月 15 日。

五、结论

在两岸关系和平发展的长期进程中，互信是前提和基础，制度化是路径和方式，二者犹如两根支柱，相互关联、缺一不可。互信的建立和深化有助于两岸关系制度化的持续发展，反之，两岸关系制度化的不断推进将为两岸互信的增长创造更加有利的条件，二者共同支撑着两岸关系和平发展这一主题。今后三年将是构建两岸关系和平发展框架的重要机遇期，只要两岸秉持建立互信、搁置争议、求同存异、共创双赢的精神，发挥两岸中国人的智慧，妥善处理好增进互信与拓展制度化之间的关系，两岸关系一定会取得更大的发展。

两岸交流合作中的自发秩序与制度建设

——以台湾人的大陆政治参与为考察中心

河南师范大学政治科学与公共管理学院　王鹤亭

随着两岸关系和平发展的深入，两岸交流合作也在广度、维度上持续拓展。两岸交流合作是两岸公权力机关、团体及个人等在多个层面的多维互动，从发展趋势或者说规范意义上来看，两岸交流合作不仅有经济、贸易、社会、文化等层面，也必然会触及到政治领域的互动；不仅催生两岸民众间、两岸公权力部门的互动，也一定会涉及此岸民众与对岸政治体系的互动。台湾人的大陆政治参与必然是两岸全面交流合作过程中的重要构成部分。就"一个中国"框架的规范性及两岸复归统一的指向性而言，台湾人对大陆以及中国的政治参与可能是一种必不可少的构建路径，其产生的压力、支持、服从及认同转换有助于逐步充实"一个中国"的内涵和构建两岸复归统一的秩序、制度。

一、研究回顾与反思

关于台湾人大陆政治参与的研究相对较少，包淳亮教授在《从国家认同与政治参与谈统一不确定性的极小化》① 一文中借助学理演绎推论认为，倘若台湾人民可以参与中国政治，则国家认同的范畴也可能随之变迁，倘若由于中国大陆的发展使台湾人重新认同中国，则台湾人也势必要求参与中国政治。而如果仅仅参与中国政治就意味着统一，则统一不意谓台湾的体制变

① 包淳亮：《从国家认同与政治参与谈统一不确定性的极小化》，《香港社会科学学报》第33期2007秋/冬，第59－88页。

动，其不确定性因之减至最低。两岸学界的相关研究较多集中在跨界流动下的台商、台生等群体社会融入与认同变迁等问题，[①] 主要从经济成本、社会资本、文化心理等方面归因，而对于政治参与较少探讨，或者将政治因素视为常数；而且多从全球化、跨国移民等理论视角出发展开研究，未必符合特殊的两岸关系情境。部分学者的研究也在关注台商对于台湾政治及两岸关系影响的同时，探讨了台商在大陆的政治影响，如童振源认为，台商是影响大陆政策决定的重要利益集团，因为台商为中国大陆的经济发展作出了巨大的贡献，所以包括“台资企业协会”成立、1995 至 1996 年的台海危机、1999 至 2000 年的“两国论”事件，大陆台商都能够在一定程度上影响大陆政府的政策。“台资企业协会”和大陆官员保持了一种非常紧密的关系，为了保护和发展台商利益，“台资企业协会”在和大陆方面进行协商与沟通的过程中发挥了关键的作用；[②] 耿曙、林琮盛分析了台商的政治角色，就“台湾影响对岸”的层面观察，认为台商的角色有“作为伙伴的台商”（Taishang as a partner）以及“作为说客的台商”（Taishang as a lobby）两种类型，籍由这两种身份，可以发挥其潜在的政治影响，作为改变、软化中共对台政策的力量。[③] 本文立足于前人研究成果，拟从“一个中国”的法理与现实框架出发，梳理台湾人对于大陆政治参与的合法性、合理性以及现状，将其作为两岸交流合作不可或缺的部分，尝试探讨作为行动者和代理人的台湾人在环境因应、利益追求及价值驱动等各种因素下的政治参与行为所形成的秩序，及其与制度的互动关系，从而试图为深化两岸交流合作、充实“一个中国”的政治内涵提供一点浅见。

倡导持续推动两岸交流合作，其中内含的预设之一即是，交流合作能够深化与巩固两岸关系的和平发展，进而能够“由下至上”、“由经及政”的化解两岸政治难题，经由社会经济文化的交流融合去缓和乃至结束两岸政治

---

① 如耿曙、林瑞华：《制度环境与协会效能：大陆台商协会的个案研究》，《台湾政治学刊》卷 11：2 期 2007. 12，第 93 – 171 页；林瑞华、耿曙：《经济利益与认同转变：台商与韩商个案》，《东亚研究》卷 39：1 期 2008. 01，第 165 – 192 页；林瑞华、胡伟星、耿曙：《‘阶级差异’或‘认同制约’？——大陆台湾人当地融入的分析》，《中国大陆研究》卷 54：4 期 2011. 12，第 29 – 56 页；王茹《“两岸族”台胞的社会身份认同与两岸命运共同体》，《台湾研究集刊》2010 年 1 期；《台湾“两岸族”的现状、心态与社会融入情况》，《台湾研究集刊》2007 年第 3 期；严志兰：《跨界流动、认同与社会关系网络：大陆台商社会适应中的策略性》，《东南学术》2011 年第 5 期等。

② 童振源：《全球化下的两岸经济关系》，台北：扬智文化 2003 年版，第 332 – 352 页。

③ 耿曙、林琮盛：《全球化背景下的两岸关系与台商角色》，《中国大陆研究》2005 年 3 月第 48 卷第 1 期：1 – 28 页。

对立。延续这种预设与逻辑，既有的研究、政策及现实世界话语中，存在一些值得斟酌或者说需加以补足的思维定式或“结论”：通过两岸大交流，尤其是台湾人在大陆的经济社会文化活动能够改变他们对大陆的刻板印象，通过共同利益的联结，进而作用于台湾政治体系，改变两岸关系结构；对台湾而言，两岸交流合作是“以商逼政”、“以民逼官”，西进台商是“屠城木马”；交流带来台湾民众文化认同、民族认同的强化，进而带来国家认同的转化；通过两岸“命运共同体”的构建，带来两岸“政治共同体”目标的实现；不少的研究以数据的增长来证明祖国大陆与台湾的经贸社会文化的联系越来越紧密，推导出或隐喻着功能主义或新功能主义的统合理论，即经济社会的连带作用、互相依赖性的增强能够使两岸政治关系改善乃至迈向完全统一；台湾民众被视为一种被动的行动者，大陆制定各种优惠政策，出台惠台措施，使台湾受益，台湾民众会逐步减少对大陆方面的“敌意”认知，产生对大陆的正面认同。然而两岸关系发展的实践却使得这些思路或“结论”需要进一步的斟酌、校正或补足：并没有充分说服力的数据可以证明台湾民众的政治认同发生预期的变化；或者说交流确实带来刻板印象的改变，但若触及深层的身份认同及统“独”立场时，交流互动并无法发挥撼动的力量；① 台湾民众对于两岸交流仍存在一定的矛盾心态；台湾民众并非是消极的被动者，而是具有自主性与能动性；台湾人是否真的对高阶政治、“国家定位”、政治谈判等不感兴趣呢，抑或是缺乏有效表达与参与途径下的无奈？“台湾主体意识”、“独立”与“维持现状”是否是一种对大陆或整个中国政治发展缺乏参与机会的情况下的一种自我保护心理和回避呢？台湾人的政治认同的形成具有特殊的环境，其中之一便是两岸隔绝，台湾人民无法实现“宪法一中”规范下的政治参与，也是一个重要诱因。台湾民众对于两岸交流合作的矛盾心态的原因是不是源于自己无法控制或管理交流过程与结果的疑虑？交流合作的经济、社会、文化与政治等各个面向是互相影响与纠结的，社会融入的相关研究说明了台湾人的大陆生活适应及融入处于较初级和局部的状态；命运共同体不能只有“利益共同体”，而缺乏“政治共同体感”的支撑。因此，笔者认为，需要补足的是台湾人之于大陆或者说整个中国的政治参与，台湾人作为中国人在应然与实然意义上的构成部

① 耿曙、曾于蓁：《中共邀访台湾青年政策的政治影响》，《问题与研究》49 卷 3 期 2010 年 9 月，第 29 - 70 页。

分，其政治参与填补了两岸交流合作的空白空间，与两岸经济、文化、社会交流合作相互影响，同时丰富了两岸公权力机关、团体、个人之间的互动维度，使其更加完整和全面，台湾人的大陆政治参与所形成的行为秩序与制度构建也必定具有应然与实然上的合法性、合理性与必要性。

二、台湾人大陆政治参与的合法性

台湾人的大陆政治参与合法性源自于“一个中国”框架下两岸中国人之于中国的应然的政治权利，以及相对于两岸复归统一目标的延伸（衍生）权利。

依据现代政治基本理念，国家由政府、领土、人民及主权等要素构成，人民为国家权力的最终来源，对于政治事务拥有相应的创议、决定等权利，而国家公权力的运行要受到民众的监督，政治体系的维持与再生产也依赖于民众的支持、服从与认同。两岸同属一个中国，台湾地区人民也当然是中国这个国家的构成要素，对于中国政治事务拥有应然的参与权。“中华人民共和国政府以唯一中国政府代表自居，虽国家未统一，有效统治不及台湾，但台湾人民仍是中国人，是中国国民。任何的中国政府都有责任视台湾的中国国民为国民”。[①] 因此，台湾人的中国政治参与权利除了对于台湾地区的参与外，对于中国大陆的政治参与也就成为重要的构成部分，而两岸政治对立格局对于这部分权利的限制并不能消除其存在。两岸关系的发展脉络也能证明这种权利的存在，在两岸竞争代表中国合法性的阶段最为明显，台湾方面的实践可以作为最明显的反证，依据“中华民国宪法”，“中华民国之主权，属于全体国民”，而由“国民大会”“代表全体国民行使政权”，在1949年之后很长时期内，“中华民国政权”力图维持其代表中国的政治架构，而“国民大会”则发挥着重要功能，例如选举“总统”、“修宪”等，在主观上代表着全体中国国民对“中华民国”政治体系的参与，“万年国大”的现象也从一个侧面证明，虽然因政治对立和意识形态原因而限制了实质上的权利行使，但客观上民众对于这种涉及整个中国的政治事务具有参与的合法性。而后的台湾“宪政改造”将“中华民国”划分为“大陆地区”和“自

---

① 王晓波：《台胞国民化和两岸一体化——也论台湾社会统一动力的重建》，台湾《海峡评论》杂志2006年8月第188期。

由地区”，将政权运行及政治参与的范围限定在“自由地区”，“自由地区与大陆地区间人民权利义务关系及其他事务之处理，得以法律为特别之规定”，实际搁置“大陆地区”人民的政治权利。而大陆在争取台湾地区的支持与参与方面也是不遗余力，并有相关的制度建设与政策措施，尊重台湾人民“当家做主的权利”不仅指对于台湾内部事务的决定权，也包括对整个中国事务的参与，如全国人民代表大会中设有台湾代表团；而大陆与移居大陆台湾同胞之间的管理、权利义务也绝非是所谓移居国与外国移民之间的关系模式。“寄希望于台湾人民”与“寄希望于台湾当局”的方针在现代民主的逻辑下，也证明了台湾人之于大陆政治参与（其实质是对中国政治事务的参与）的必要性与合法性。与完全统一的国家不同，中国内部存在着两岸政治对立的特殊情况，但依据两岸各自依循的法制，两岸人民都在对方“国民”涵盖范围之内。由于在竞争代表中国合法性的过程中，“中华民国”政权渐渐处于劣势，承认了大陆方面对于大陆地区的统治，而在“一个中国”框架的维持与运行过程中，与台湾相比，中国大陆方面承载着主要的能动性和主动性，在争取台湾人民的政治支持上具有更大的开放性，因此，在交流合作进程中两岸民众之于对岸的政治参与这一问题上，台湾人对大陆的政治参与才是重点。

总而言之，大陆人和台湾人对于中国的政治事务具有参与的合法权利，在涉及领土主权、代表整个中国等层面，两岸民众对于对岸政治体系也保有一定程度参与的权利，这是台湾人的大陆政治参与的合法性的基础部分；而在维持和充实“一个中国”框架以及追求复归统一的目标导向下，台湾人的大陆政治参与更为重要，如邓小平所言“井水不犯河水”，大陆人不参与台湾政治事务，因为台湾不再竞逐中国代表权之争，但这并不意味着台湾人不能参与大陆政治事务，只有补足台湾人的政治参与，“一个中国”框架和复归统一目标才能在实际运行中得以完整，这是台湾的大陆政治参与合法性的延伸部分。

三、台湾人大陆政治参与的合理性

如前所述，台湾人的大陆政治参与对于维持和充实“一个中国”以及渐进达成复归统一目标而言是必要的。同时，大陆政治参与的必要性与合理性也存在于其他方面。

对台湾当局和政治精英而言，可以增加其在两岸关系中的安全性和能动性。学者常以全球化的视角来论证内政越来越多地受到外在因素的影响，台湾不是一个国家，两岸关系并非国际关系，但在全球化及两岸关系的双重影响下，无论台湾当局和政治精英们将台湾与大陆的关系看做是“一个中国”的内部关系，还是“一中一台”的关系，显然将所谓“政治安全”或自主性局限在台湾内部显然是不够的。在台湾人在中国大陆的利益日益增加、两岸交流合作愈发深入的态势下，排斥大陆只会压缩自身的政治空间，使得两岸间的不平衡愈发扩大。而“参政中国给予台湾人能动性，毋宁也可以是一种化解焦虑的方式”。[①]。大陆政治参与并不是在两岸政治对立的环境中“选边站”，政治参与也不同于“隶属”，更不是“被统治”，而是藉由政治参与的过程，让台湾的政治精英直接与大陆政治系统“对话”。在两岸政治定位尚未获得共识之前，两岸公权力机关之间的正式交往或谈判不可求，强求则可能陷入零和，甚至造成两岸交流合作进程的倒退，而通过广泛的、常态性的台湾人的大陆政治参与，可以有更多的政治精英或普通民众与大陆进行平等的沟通、互动，可以将两岸高阶政治议题分解，增进理解与互信，也未尝不能为台湾累积更多的政治空间与能动性，更可能在两岸经贸社会文化联结的“安全网”之外，编织“政治安全网”，如前述童振源和耿曙的研究都从实证和理论方面证明了在陆台商的政治参与对大陆对台政策产生了有利于台湾的影响。

对台湾人民而言，可以增加自主性，降低不确定性，累积对两岸关系的可控感。“维持现状”反映了台湾人民对于两岸关系未来不确定性疑虑心态下的理性选择。台湾学者吴介民教授认为台湾社会心态应加以调整，从“背对中国”转向“面对中国”，[②] 笔者以为还应进一步深入，走向“参与大陆”。虽然在台湾内部的选择比较多元，但“独立”与“统一”都意味着改变现状与未知的不确定性。“一国两制”给予台湾巨大的自主空间，“然而一国两制容或在降低统一过程中的不确定性上有其可称道之处，但其强调‘体制’差异，无异于承认大陆的政治体制对于台湾毫无吸引力，因而分享了‘台独’论者所深刻认知到的中国大陆的体制远比台湾体制落后的观点；

① 包淳亮：《从国家认同与政治参与谈统一不确定性的极小化》，《香港社会科学学报》第33期2007秋/冬，第59－88页。

② 吴介民：《中国因素与台湾民主》，《思想》2009年第11期。

更甚者，由于一国两制不是从人民的角度出发，也不强调民主，忽略了政治参与对于促进沟通、形成共识上的根本重要性”，而“如果统一意谓‘受大陆统治’，固然绝不可行；如果统一意谓签订一个‘条约’，大幅改变‘中华民国’与中华人民共和国的政治体制，现实上的不确定性也很高。只有先求政治参与的空间，才能大幅减少不确定性，同时象征统一；而在此渐进的参与过程中，或许渐渐地台湾人也才会觉得没有与中国隔海对立的必要性”。[①] 通过参与大陆政治，发挥自主性与能动性，增加对中国政治及两岸关系的功效感，参与两岸交流合作不再有“丧失自我”的疑虑，而是一个维护自身利益、积累自身权力、实现自身权利的过程。

而对于登陆台湾人民而言，通过大陆政治参与保护自身权益更加具体、直接，具有迫切性和现实性。应然与实然之间的落差使得多元的政治参与更显务实和必要。“台湾地区居民成为中国官方范畴中的一个特殊身份团体，是一种既非一般‘中国公民’、也非一般‘外国人’的‘境外人士’”，旅居大陆的台湾人，“放在现代政治学的系谱中，比较接近国民，而非公民”。[②] 这是因两岸关系的特殊性所产生的权宜性选择，加上台湾方面对台湾人大陆政治参与的诸多限制，使得登陆的台湾民众虽然在大陆投资就业就学，深度融入大陆经济社会各领域，衍生诸多经济社会等方面的利益联结，却无法实现以充分的政治权利、全面的途径来维护自身利益。然而政治参与的形式和渠道是多元的，即便如“两岸人民关系条例”禁止台湾人担任大陆公职等，但仍可以通过其他方式参政议政，例如通过台商协会与政府沟通，在一些地区列席地方“两会”，参加相关部门定期召开的“恳谈会”发表意见。[③] 以适当方式参与大陆政治生活，“有利于台湾同胞逐渐融入当地社会，有利于增进两岸同胞的相互了解，也有利于更好地维护台胞的权益”。[④]

---

① 包淳亮：《从国家认同与政治参与谈统一不确定性的极小化》，《香港社会科学学报》第33期2007秋/冬，第59－88页。

② 曾嬿芬、吴介民：《重新思考公民身分的政治面向：移居中国之台湾人公民身分政策为例》，《政治与社会哲学评论》第32期2010年3月。

③ 《郑立中：大陆台商可以通过几种渠道参政议政》，中国新闻评论网，2010年3月8日，http：//www. chinareviewnews. com/doc/1012/5/2/4/101252439. html? coluid = 7&kindid = 0&docid = 101252439，查询日期：2013年2月15日。

④ 《国台办：望台方以建设性态度处理台胞在大陆任公职》，中国台湾网，2012年3月28日，http：//www. taiwan. cn/xwzx/la/201203/t20120328_2408407. htm，查询日期：2013年2月16日。

对于台湾民众政治认同的发展而言，有助于增加开放性。在海峡两岸分立的情况下，虽然两岸维持“一个中国”的法理架构和宪法约束，然而在政治实践上双方都难以实施相应的行动。加强交流合作可以增加了解，也希望能够带来台湾人民认同的改变，但目前以共同利益联结、“惠台”等方式具有一定的权宜性。更深层的思考，应该是在政治正当性层面有所作为，在这个层面上，经常以“血缘、文化、民族联结”等作为支撑，但这些只能看作是一种辅助性的环境因素，对于生成或复归倾向于“一个中国”以及“统一”的政治认同这一目标而言，具体而直接的符合程序正义的政治参与似乎更加根本、有效，无论是出于维护自身利益，还是受价值信念驱动，经由冲突、沟通、改变等构建一种共同政治空间，获致一种功效感，进而从微观层面生成“政治共同体感”。同时，因政治参与带来的正向的功效感与共同的文化、民族认同之间则可以相互补充而产生加乘效应。

对于两岸交流合作进程而言，台湾人的大陆政治参与能够增进交流合作的全面性和均衡性。两岸目前正面临化解敌意与相互协作的时期，双方应在各方面积极加强交流，建立互信。政治交流是两岸交流合作的重要部分，更是面临诸多难题的领域。政治方面的交流合作并不仅仅是两岸官方、政党之间的正式对话、协商，也包括更为日常、具体而多元的台湾人的大陆政治参与。两岸政治关系议题有“高阶”与“低阶”之分，其实还应注意到可以有另外的分类，比如相对平等的双向政治互动和相对非对称性的单向政治参与，这可以使我们能较为充分认识到两岸政治难题的消解可以换一种思维或路径。两岸交流合作虽秉持“先经后政”、“由低至高”、“求同存异”、“循序渐进”等原则，但交流合作的内容及进程却未必是线性的，政治作为一种配置资源、设置规则的权力活动，对于经济、社会、文化等活动具有相当程度的制约或引导功能，这在两岸关系中尤为明显，政治交流与其他领域的交流相辅相成，可以使两岸交流合作更加协调均衡。此外，台湾人的大陆政治参与能够使得可能存在的中央政策与地方政府执行之间的落差以及各政府部门之间的条块现象得以显现，通过问题的解决，能在微观层面推进两岸交流合作的协调性。

四、台湾人的大陆政治参与现状

受制于两岸关系特殊的政治环境与地理环境，台湾人的大陆政治参与并不具备较为顺畅的条件与渠道；同时加之相关制度的制约，使得这种参与并非充分而全面的。但在既有的结构性限制与制度性制约下，台湾人出于功能性或价值性需求，仍存在多个层面的大陆政治参与。

首先，在地的台资、台商、台干出于维护或追求经济利益的考虑而进行主动或被动的大陆政治参与。台商投资大陆会对政治风险作评估，两岸政治对立的外在环境是一项不可避免地影响投资动机与策略的因素，加上一定程度上的政策不确定性、制度的不透明性，从降低风险、寻求行政上的便利、降低成本、增加利润乃至利用制度漏洞等方面，台资、台商等通过各种方式或高或低地参与大陆政治事务或者说地方治理。在第一层次，台商“自力救济”，形成吴介民教授所称的台商“关系政治学”，台资企业用付给地方官员非正式租金的方式，寻求行政上便利、降低成本，增加利润，这种非正式的关系并非长久的、稳固的，台商与政府官员彼此间也只是利益交换、各取所需的“同床异梦”的关系，①，台商透过经营有效的政商关系来降低寻租的威胁与风险，并寻求保护与同盟，关系中的工具性性格逐渐发达，让投资者与地方政府间建立合作协定或共谋协议。② 在第二层次，当制度缺乏适用性、尚未规范或者说不存在规范时，台商可以与地方政府之间基于利益共生而达成某种默契或秩序，从地方政府在与台商的互动过程中，一些地方政府除了给予中央政策规定的优惠之外，在执行中央政策时会保持较大空间的弹性与缓冲，③ 台商的参与是一个很大的促因，而且地方政府在制定制度、执行政策时也会主动邀请台商参与议政。④ 在第三层次，通过组织化的方式参与，例如台商协会、全国台湾同胞投资企业联谊会，透过台商协会集结台商企业的力量，一方面提供会员在生活、投资方面的问题协助，另一方面台商透过台商协会的管道，能够参与地方政策规划上的谈判与协商，使得台协

---

① 吴介民：《同床异梦：珠江三角洲外商与地方之间假合资关系的个案研究》，载李思民等编《中国区域发展面面观》，台北/香港：台湾大学人口研究中心与浸会大学林思齐研究所，1996 年，第 176 - 218 页。吴介民：《“关系政治学”：台商在中国的生存策略与伦理处境》，载台湾中社编《危机时代，认识中国》，高雄：春晖出版社 2005 年版，第 37 - 63 页。

② Wu Jieh - min, 1997, Strange Bedfellos: Dynamics of Government - Business Relation between Chinese Local Authorities and Taiwanese Investors, Journal of Contemporary China, Vol. 6, No. 15, pp. 319 - 349.

③ 陈建成：《全球化下地方治理研究——以无锡台商参与地方经济发展为例》，东海大学硕士学位论文 2010 年，第 122 页。

④ 柏兰芝、潘毅：《跨界治理：台资参与昆山制度创新的个案研究》，载卢锋主编：《中国经济转型与经济政策》（第三辑上册），北京大学出版社 2004 年版。

确实发挥争取台资企业权益的制度性角色，提升台协在各项事务的影响力。在第四层次，通过融入大陆政治体系中的既有管道直接参政议政，如旁观、参选、列席政协、人大等，早在2006年厦门台商林重光就曾公开参选区级人大代表；2007年台商林佳蓉担任东莞市政协委员；2010年厦门市第13届人大会5次会议，3名台商代表首次被编入代表小组全程参与人大、政府工作审议讨论，发表意见和诉求；[①] 广东省等设常驻台籍特聘或特邀委员；[②] 直接担任省或全国政协委员；等等。大陆政府对于台湾同胞参政愿望也表示尊重和理解。[③]

其次，旅居大陆的台湾同胞出于增进社会文化利益而衍生对大陆的政治参与。旅居大陆的台湾人如台商、台干、台生、旅游者等，出于维护和增进自身或大陆的社会文化利益，会产生对于大陆政治体制、行政管理制度以及具体运行机制、政府作为、公职人员行为等的一些批评或建议等，甚至直接参与系列治理过程，影响或促进了大陆政治制度在微观层面的变化。例如台湾慈善组织深度参与大陆慈善事业，也引起对大陆行政管理部门在慈善事业中的角色与功能的思考，带来一些变化。因对大陆行政系统或慈善体系存在某种程度的不信任或不了解，一些台湾慈善组织和人士会对相关制度及其运行加以监督，甚至是要求加以重新设计或校正。如王建煊设计“王氏助学模式”来“防止爱心受伤”即是一个有趣的例证，为了避免捐款流程产生弊端，王建煊在大陆与港台各地拜访如红十字会、青商会、狮子会、慈济等慈善团体，了解他们对于捐款的监督与使用，最后与中国侨联签约合作[④]，每建一所爱心小学，都要签署爱基会、中国侨联和当地县政府的三方协议书，根据协议书，爱基会将20万人民币汇入侨联，侨联再汇入当地县政府的国库账户，由当地政府负责项目的实施，侨联系统负责与地方政府沟通与项目监督。“王氏助学模式”的独到之处是引入了对政府的监督，这是王建煊为解决“资金不到位”问题的解决方案，更是一种比较低阶的政治参与。

第三，台湾人在网络政治空间里通过新媒体所进行的大陆政治参与不容

---

① 黄嵩、鲁欣：《台胞大陆“参政”破禁发声护权益》，《政协天地》2010年Z1期。

② 《广东政协特聘台胞侨胞委员开全国先河》，新浪新闻2009年2月9日，http：//news. sina. com. cn/c/2009-02-09/075617175720. shtml. 查询日期：2013年2月15日。

③ 《国台办：尊重并理解在陆台商在当地参政议政愿望》，中国台湾网2010年2月24日，http：//www. taiwan. cn/xwzx/xwfbh/gtbxwfbh/wb/201002/t20100224_1262881. htm.

④ 《台湾政坛斗士大陆做慈善　惠及十万贫困学童》，搜狐新闻2008年9月2日，http：//news. sohu. com/20080902/n259333935. shtml，查询日期：2013年2月15日。

忽视。与两岸地理隔绝的实体政治空间不同，虚拟网络里的两岸政治互动却构建了事实上的新政治空间，网络政治空间能够超越地理与空间的限制，为两岸政治交流营造了新的平台。两岸民众在此空间内就两岸关系难题、台湾与大陆政治体制等各种问题展开交流、批评、激辩，不同理念与观点发生碰撞、融合，它不是两岸“内战”的“新战场”，而是两岸彼此深化了解与理解的桥梁。在此过程中，台湾政治精英或普通民众的政治理念及其对大陆政治体制的批评、意见或建议等也会对大陆民众的思想产生一定反响，甚至引起大陆相关部门的反馈、修正，这其中尤其以新媒体形式的政治参与最为明显。新型社交媒体如微博以其快速的扩散性和延展性、信息聚合功能、民意积聚功能，成为一种影响当代中国政经社会生活的重要渠道。比较典型的案例就是邱毅新浪微博声援南京法桐事件，[①] 在南京市民及大陆网民自发护树早期，官方并未充分满足民众诉求，[②] 邱毅通过新浪微博介入后，南京市政府多次与邱毅沟通，最终满足了护树诉求，而且承诺改变类似问题的政策制定的流程和议事规则。除邱毅外，许多台湾政治精英、知名人士已经或曾经开通新浪微博，如谢长廷、蔡其昌、郭正亮、陈长文、李敖、陈文茜、伊能静等，主动建立起与大陆沟通交流的窗口以及参与的管道，发表诸多关涉两岸关系和大陆政治的言论，其受众主要是大陆人群，其影响也会在网络空间中“发酵”。借助于新媒体的政治参与更加便捷直接，能迅速积聚民意和关注，并能引发受众持续而深入的思考，这是以往的政治参与渠道所不具备的，也给大陆政治体系带来新的压力与动力。

前两种参与比较适合于“治理”的解释框架，这种参与并没有非常浓

---

① 邱毅微博声援南京法桐事件：这起被称为“法桐事件”的事故，缘起于三月九日，为兴建地铁，南京移植市内太平北路沿线四十多株法国梧桐，有网民将梧桐树被连根拔起的照片贴上网络，引起许多对南京法国梧桐拥有美好记忆者的回响，其中包含邱毅。邱毅的反对，基于南京最早一批法国梧桐树，是国民政府时期栽种，是两岸历史记忆的一部分。邱毅介入此一事件的管道是“新浪微博”。开通“新浪微博”仅只三个月，丘毅已经拥有超过四十八万名粉丝。邱毅在新浪微博上表示，在两岸都正庆祝“辛亥百年”之际，针对南京市砍掉梧桐一事，他身为国民党中常委，须表达最深沉的抗议。邱毅对南京提出“一个改变、三项原则”建议，改变指南京应召开公听会，听取市民意见；三项原则是不砍树、以不移植为原则，若需移植，须以“最少数量”为准。据指出，南京市政府以正式公文“南京市人民政府对邱毅先生微博的回复意见”，给予邱毅积极回应，不但承诺南京主城区的法国梧桐均不移植，国民政府时期栽种的五千株法国梧桐也均不移植，此外，还承诺今后再有类似问题，将会先行公告，征求社会民众的意见，并且接受民众监督。引自《南京法桐事件邱毅声援奏功》，《中国时报》2011－3－20。

② 《南京为修地铁迁移梧桐树　官方称回归可能性不大》，雅虎资讯 2011 年 3 月 5 日，http：//news. cn. yahoo. com/ypen/20110315/259537. html，查询日期：2013 年 2 月 16 日。

重的“高阶”政治色彩，而后一种更符合政治交流的定义，交流的议题和作用对象较为多元，涉及一些“高阶政治”领域。前两种主要是一种功能性参与，而后一种则包含有较多的情感性和价值性色彩。总体来看，台湾人的大陆政治参与在规模和影响上逐步扩大，参与程度有深化趋势，这些参与在两岸政治关系格局下及大陆政治体系内形成一种特殊的“秩序”，具有自发性、局部性、相对无序、个案性等特点。

五、台湾人大陆政治参与的制度建设

可以预见，随着两岸交流合作的频密，政治交流的空间将逐渐被填补，台湾人或作为行动者（actor），或作为代理人（agent），出于不同动机，在微观和具体层面的大陆政治参与固然构建着“自发秩序”，但两岸的政策、制度对于参与门槛、过程及后果具有相当大的影响，而制度的限制、引导或驱动也在两岸关系宏观结构下从中观层面形塑台湾人大陆政治参与的行为与秩序。

在两岸政治对立的结构性矛盾制约下，两岸公权力机关在台湾人大陆政治参与问题上的政策、措施、制度等存在较明显的差异。从台湾当局的政策举措来看，相关制度较为封闭保守，对于台湾人的大陆政治参与具有明显的限制性倾向；而大陆则越来越具有开放性，甚至主动争取台湾人的政治参与，并逐步完善相关制度加以规范和引导。这一差异在两岸官方和台商围绕大陆参政问题上的互动、博弈过程中表现得尤为显著。台商基于维护和争取自身利益而发生大陆政治参与，从早期的“自力救济”发展到良性的“政商互动”再到组织化的参与以及进入大陆体制内参政议政，这种“自发秩序”具有良性运转与拓展的倾向，台商进一步的参政议政常态化、制度化理应得到两岸官方的理解与支持，大陆对此充分理解、尊重，并具体研拟相关制度，但台湾方面却消极应对，对于脱离时代的“禁令”未能有所作为。台湾当局在1992年制定的“台湾地区与大陆地区人民关系条例”第三十三条第二项规定，台湾地区人民、法人、团体或其他机构，不得担任经“行政院大陆委员会”会商各该主管机关公告禁止之大陆地区党务、军事、行政或具政治性机关（构）、团体之职务或为其成员，这构成了台湾人进一步参与大陆政治事务的制度性障碍。根据2004年“陆委会”的解释，禁止担任大陆地区党务、军事、行政或具政治性机关（构）、团体之职务或为其成员之原则有三：（一）涉及国家认同或基本忠诚度，（二）对台统战工作，（三）有妨害国家安全或利益之虞，[①] 这显然是以敌对思维来处理两岸交流合作，直至今天仍然延续这种固定思维模式来处理台商的大陆参政问题。这一问题的争议点在于，台商基于维护和争取权益而参政，台湾当局则以所谓“政治忠诚”、“国家安全”作为禁绝的理由，不可否认，在两岸竞争性权力结构中，大陆占据优势，台湾当局存在一定程度的安全顾虑是可以理解的，但这种制度设计既未与时俱进，不能满足台湾人民的合理要求，更凸显了台湾当局的信心不足和疑虑过度。2012 年 4 月“陆委会”所列的“开罚名单”有 32 人担任大陆党政军公职，但其中 31 人均为台商[②]，这也佐证了前述判断，台商参政是维护权益的合理需要，大陆为其提供制度性渠道，而台湾则是应对失当。

相对于台湾当局的封闭保守，大陆政府对于台湾人的政治参与应继续保持开放的渠道，在既有制度建设的基础上，持续增加台湾人政治参与的广泛性和代表性；注意建构一个协调有序的制度体系，避免自身在面临台湾人政治参与时可能的应对失序。首先，制度的设计和引导可以从台商扩大到台干、台生、台眷等，扩大政治参与的基础与范围。其次，促进台湾人的大陆政治参与逐步由象征性发展到实质代表性，“在大陆的台湾居民参政议政已出现了多元化发展倾向，二百多万名在大陆的‘新台湾人’——台商、台生、台眷，将会逐渐取代不到四万人的在大陆出生并是大陆居民的台属第二、三代‘老台湾人’。无论是‘台胞’身份的代表性，还是彰显两岸同属一个中国，台湾同胞直接参加国家事务管理工作的实质意义，都强得多”。[③] 第三，当前的两岸制度设计集中于可控性较强的登陆台湾人政治参与方面，大陆政府对于两岸政治交流、台湾人跨界政治参与应有更多的制度规划，在秉持“只要坚持‘一个中国’，两岸之间什么都可以谈”的精神，可以先期思考相应的宏观规划和细节支撑。第四，应注意进行对大陆政治体系内部的

① 《公告　台湾地区人民、法人、团体或其他机构，禁止担任大陆地区党务、军事、行政或具政治性机关（构）、团体之职务或为其成员》，2004 年 3 月 1 日“行政院大陆委员会”陆法字第 0930003531 - 1 号，www. mac. gov. tw.

② 《32 人涉任陆职　陆委会拟开罚》，大公网 2012 年 4 月 30 日，http：//202. 55. 1. 83/news/12/04/30/TM - 1475872. htm，查询日期：2013 年 2 月 16 日。

③ 《台商参加权力机关工作　厦门再先行先试》，中国评论新闻网 2010 年 1 月 20 日，http：//www. zhgpl. com/crn - webapp/mag/docDetail. jsp? coluid = 24&docid = 101203656&page = 3，查询日期：2013 年 2 月 16 日。

制度和功能整合，充分注意避免和消除大陆各部门之间因“条块分割”、思维和工作方式差异而产生的应对失序和互相冲突，面对台湾人的政治参与，各部门之间的制度规范及运行机制并不必然协调有序，制度阻碍或不合宜的应对方式都可能会抵消正面积极的制度驱动力，因此，有必要通过制度整合以形成制度驱动的合力。

六、结语

总之，在两岸同属“一个中国”、政治对立的宏观架构下，两岸交流合作的深入必然触及政治交流，而台湾人的大陆政治参与具有相应的合法性、合理性与必要性。台湾人出自于维护和争取自身权益、基于情感与价值性的驱动，对大陆的政治参与不断扩大与深入，在两岸既有政治格局及制度环境下，构建了一种“自发秩序”，对两岸政治体系产生了更多的压力和制度需求，而两岸公权力机关相应的政策作为、制度建设也将形塑台湾人进一步的大陆政治参与。台湾当局需要以更加开放的心态，逐步消除制度性障碍，大陆则应充分尊重台湾人的正当需求，顺势而为，加强制度建设与引导，推动台湾人大陆政治参与的良性有序扩展，同时应注意消除“条块分割”、“各自为战”，加强宏观规划，整合制度，使不同机构、制度之间的协调有序。而两岸公权力机关之间也应在两岸和解的情境下，加强沟通，保持一定的默契与共识。

持续推动两岸关系从量到质的跨越

厦门市台湾学会　杨仁飞

经过两岸双方共同努力，近年海峡两岸关系呈现快速发展势头，和平发展成为两岸主流民意与时代潮流。不过，由于两岸长期积累的敌意尚深，互信基础薄弱，因此和平的基石尚未牢固。当前两岸关系挑战与机会并存，两岸公权力机关与民众应抓住机遇，克服当前面临的困难，共同谋求两岸关系可长可久的发展。

一、推进两岸政治对话的有利条件

1. 两岸交流向制度化推进，和平发展与“九二共识”成为两岸主流民意，和平战略成效彰显

和平与发展是邓小平的远见卓识。[①] 近年来，特别是2005年以来，以胡锦涛为总书记的党中央领导集体推出一系列对台工作新论断、新政策、新举措，形成对台战略新思路——和平战略。[②] 2005年3月，胡锦涛总书记在《关于新形势下发展两岸关系的四点意见》中提出，“和平解决台湾问题、实现祖国和平统一，符合两岸同胞的根本利益，符合中华民族的根本利益，也符合当今世界和平与发展的潮流”。2006年4月胡锦涛总书记在会见国民党荣誉主席连战时首次系统地阐述了“两岸关系和平发展观”。2007年10月，党的“十七大”将“和平发展”正式作为中国共产党推动两岸关系发展的主题，并提出“在一个中国原则的基础上，协商正式结束两岸敌对状

---

① 邓小平于1984年时说，世界上有许多争端，总要找个解决问题的出路。我多年来一直在想，找个什么办法，不用战争手段而用和平方式，来解决这种问题。见《邓小平文选》第三卷，人民出版社1993年版，第49－50页。

② 杨立宪：《两岸关系和平发展理论是怎样形成的》，《统一论坛》2009年第3期，第53页。

态，达成和平协定，构建两岸关系和平发展的框架，开创两岸关系和平发展新局面”。2012 年 11 月，胡锦涛在十八大报告中进一步阐述两岸关系和平发展的基本主张，主张实现和平统一首先要确保两岸关系和平发展，必须坚持“和平统一、一国两制”方针，坚持发展两岸关系、推进祖国和平统一进程的八项主张，全面贯彻两岸关系和平发展重要思想。

厦门大学台湾研究院刘国深院长指出，和平发展使海峡两岸双方可以超越政权之争的政治藩篱，建立基本的政治互信，在此基础上双方可以达成“建立互信、搁置争议、求同存异、共创双赢”，可以让双方摆脱统“独”之争纠缠，找到彼此之间的政治交集，为双方创造出更多的时间和更大的空间，得以从容不迫地解决政治难题。①

在和平战略的推动下，2008 年以来，海峡两岸通过两会平台的协商机制得到新的发展，目前已经形成了双轨、多元和多层次的沟通交流机制。2010 年 6 月 29 日，海协会会长陈云林与海基会董事长江丙坤在重庆签署了《海峡两岸经济合作框架协议》，为两岸经济合作搭建了一个制度化的平台。今年 3 月 21 日两会协商谈判取得新进展，双方达成“同意将两会互设办事处纳入两会协商议题，适时进行业务沟通”，并争取年内有所突破。

2. 通过积极有效的对台争取、分化、转化战略与政策，争取台湾民心的工作取得一定成效，岛内支持两岸和平交流、合作对话的力量正在形成

迫使民进党改变“台独”立场与政策，阻止其破坏两岸关系和平发展是我对台政策的重要组成部分。通过持续努力，民进党内部出现支持两岸务实交流的声音。曾任民进党主席的谢长廷是目前民进党内部重新思考大陆政策的指标性人物。2012 年 12 月，人在美国的谢长廷称，必须正视大陆崛起对台湾产生的正面和负面的影响，台湾应稳健处理与大陆关系，经民间的两岸论坛增进台湾与大陆的相互了解，改善两岸关系。《美丽岛电子报》副董事长吴子嘉认为，民进党如果不改变两岸路线的话，根本不可能在以后的选举中取胜，甚至会变成两岸和平的障碍。② 2012 年 10 月谢长廷以个人名义访问厦门、北京等地，进行其“开展、互信、分享之旅”。这是 2000 年以来民进党内最重要政治人物的一次登陆行动，具有引导、推动民进党与

---

① 刘国深：《两岸和平发展价值观社会化探析》，《台湾研究集刊》2012 年第 6 期，第 7－13 页。

② www. my－formosa. com.

大陆加强交流的意味。在此前后，谢系人马接连派人参加在云南腾冲与福建平潭举行的两岸关系研讨会，并计划在今年内台湾维新基金会与大陆有关研究所在香港举办两岸论坛。民进党中央在党内一些人士的压力下，也释放出评估以“新境界文教基金会”名义与大陆智库合办学术研讨会的可能性。①

当然，民进党内部虽出现主张两岸交流、对话的声音，但他们的主要目的是为了实现民进党重新执政的目的。因此，主张发展两岸交流、民共交流只是民进党的政治工具而已。民进党“反共、反大陆”的本质，其“台独”的政党属性不会很快改变，现阶段我们不应被民进党内个别政治人物主张两岸交流而模糊了对民进党的认识，也不能高估了民进党党内主张调整两岸政策的力量。

争取台湾民心的工作，是我对台工作的基础。由于近年来两岸密切的交往与合作，两岸普通民众认知到战争不应当是两岸的选择，感受到两岸并非敌对，可以和平共处、理性对待，真正认识到和平的可贵与重要。目前台湾民众对大陆的看法正在发生积极的变化。2012 年 9 月台湾《联合报》民调显示，“大陆政府对台湾人民善意指数”从 2011 年的 33.9% 上升到 52.1% 。2011 年台“陆委会”的民调显示，超过半数的台湾民众认为两岸变得比较缓和（占 57.6%）。② 随着两岸交流的频繁与双边关系制度化的逐步推进，将为两岸关系和平发展的深化提供制度的保证与基础。

3. 在反对“台独”的共同诉求下，一个中国原则或“一中架构”认知得到强化

2000 年民进党上台执政，“台独”风险骤增。为避免、阻止民进党将台湾带上一条不归之路，大陆出台《反分裂国家法》，有效遏制了“台独”势力。

目前台湾岛内，特别是蓝营政治人物普遍形成反对“台独”，坚持“九二共识”的政治原则。2008 年台湾地区领导人马英九明确将两岸定位为地区与地区的特别关系，并非国与国的关系。2012 年月 3 月，胡锦涛总书记与国民党荣誉主席吴伯雄就两岸同属一个中国形成更为清晰的共同认知。

---

① 《绿营人士谈民共智库交流：能力与决心，苏恐怕都不足》，《海峡导报》2013 年 4 月 15 日。

② 金奕：《两岸关系和平发展对台湾民意影响深远》，华夏经纬网 2012 年 12 月 19 日。

2013 年 2 月国民党荣誉主席连战再次访问大陆，在与习近平主席会面时，连战明确提出“一个中国、两岸和平、互利融合、振兴中华”16 字基本原则，强调双方可以求“一中架构之同，存一中涵义之异”，发展更有意义、更具建设性的两岸关系。

4. 两岸经济关系日益密切，民间交流深入推进，为两岸政治对话打下扎实的基础

党的十八大报告明确指出：“希望双方共同努力，探讨国家尚未统一特殊情况下的两岸政治关系，作出合情合理安排；商谈建立两岸军事安全互信机制，稳定台海局势；协商达成两岸和平协定，开创两岸关系发展新前景。”大陆虽然没有逼迫台湾进入政治协商，但提示未来两岸政治关系的议题不可回避。

虽然马英九多次表态目前不会进行两岸政治谈判，堵住了未来两岸进行政治对话可能性，不过台湾不少有识之士认为两岸进行政治对话已具一定的条件。台湾前“国安会秘书长”苏起认为，两岸“先经后政”有其时空状况，两岸经济合作框架协议已经是低阶段政治的体现，未来四年一定是“有经有政”。苏起主张，马英九应先积极推动筹组“两岸和平发展委员会”，且可先“授意不授权”与大陆开启政治对话，及早争取主动权。国民党中评委主席团主席张荣恭表示，未来两岸政治对话不可避免，重点是两岸双方都把话说清楚之后，要寻找比较容易对话的议题。① 《中国时报》今年 4 月 27 日社论称，两岸进行政治对话对降低紧张、增加互信都有正面帮助。双方不妨成立两岸或区域和平论坛或智库，有系统、全面性地探讨两岸关系中有待解决的问题。② 民进党前主席许信良希望，两岸能够对话，透过对话达成政治谅解，台湾应该用正面的态度，这不只有益于两岸关系，也会有助于稳定东亚局势，台湾可以让中国大陆更有信心，不然中国大陆高涨的民族主义，很容易让台湾受到伤害。许信良还呼吁民进党提出新的两岸决议文。③

---

① 陈咏江：《“台北会谈”余音回响两岸》，《台湾周刊》2012 年 12 月第 50 期。

② 《两岸或为政治对话准备》，《海峡导报》2013 年 4 月 28 日。

③ 许信良：《支持连战看法勿避政治对话》及《两岸政治解决最终要对话》，http：//www.chinareviewnews.com，2013 年 3 月 12 日及 4 月 12 日。

二、两岸政治关系面临的主要障碍与存在问题

1. 台湾一些政党与政治人物借口两岸制度与价值观差异敌视大陆

迄今为止，台湾官方与民间即使认同30年大陆经济快速发展及支持两岸经济、民间交流，但仍自认台湾在民主建设方面是亚洲的楷模，台湾实行的政治制度比大陆优越。马英九在2008当选台湾地区领导人之时称，“台湾的民主已经跨越了一个历史性的里程碑”，“台湾是亚洲和世界民主的灯塔”，“因为台湾是全球唯一在中华文化土壤中，顺利完成二次政党轮替的民主范例，是全球华人寄以厚望的政治实验”。① 2012年马英九连任之时再次开门见山歌颂台湾的民主成就：“这是台湾民主迈向成熟的重要里程碑。自由与公正的选举程序，台湾全体选民所展现的高度民主素养，都获得国际社会的赞扬!”在谈到台湾文化竞争力时，马英九还声称，“民主制度造就了我们的公民社会，公民社会中开放的风气、自由的精神，成为创作家的土壤。开放的社会才会有奔放的创意，自由的环境才容许大胆的想象”。②

不仅如此，台湾领导人及政治人物还试图以西方及台湾的价值观、意识形态来影响与改变大陆。马英九曾称“期盼两岸民间团体在民主、人权、法治、公民社会等领域，有更多机会交流与对话，为两岸和平发展创造更有利的环境”。“两岸问题最终解决的关键不在主权争议，而在生活方式与核心价值。我们真诚关心大陆十三亿同胞的福祉，由衷盼望中国大陆能继续走向自由、民主与均富的大道，为两岸关系的长远和平发展，创造双赢的历史条件”。③

两岸敌对的历史记忆与政党操作需要，还使得台湾一些政党与政治人物将大陆视为“敌对的一方”，一有机会就会对大陆政治制度、执政方式进行批评。无论大陆做什么，尤其绿营政治人物往往习惯用敌对的思维来分析、评判，如遇到选举，更是将大陆作为攻击、抹黑的对象。就连近期两岸音乐

① 2008年马英九就职演说，http://www.zaobao.com/special/china/taiwan/pages11/taiwan080520e.shtml.

② 2008年与2012年马英九就职演说。

③ 2008年与2012年马英九就职演说。

界协同参与的湖南电视台《我是歌手》节目，也被民进党主席苏贞昌批评为大陆对台湾“入岛、入户、入脑”，要求台湾民众警惕。① 今年4月初，台湾行政机构通过海协会赴台设办事机构的条例草案，绿营政治人物却批评台当局是开大门让大陆“渗透”台湾，让两岸进入政治协商议程。可见，即使两岸交流30年，台湾一些政治人物仍对大陆充满敌意。②

2. 台湾主要政党不论蓝绿，均借台湾民意，或明或暗抗拒两岸走向统一

尽管马当局认为两岸为两个特殊的地区，但实际上却不愿推动两岸统一。马英九虽然提出过“洽签两岸和平协议”的主张，但更多强调维持台海“不统、不独、不武”的现状，在任内不会跟大陆谈统一问题，两岸要建立“互不承认主权、互不否认治权”的共识。2012年12月5日，“陆委会”主委王郁琦在国民党中常会上报告“中共十八大两岸关系发展”，称中国大陆将加强政治促谈压力，但台湾不接受涉及统一的和平协议。③

台湾政论家南方朔指出，马当局反中不敢明讲④，但在野党民进党不仅反中，而且明拒统一。民进党攻击和平协议将成为台湾的“卖身契”，是“卖台时间表”，是“定时投降协议”。民进党主席苏贞昌在谈到十八大报告时称，“台湾是个主权独立的国家，台湾和中国之间的差异是两岸之间无法回避的政治现实”，“这是台湾的主流民意，也是中国无法回避的政治现实”。“台独”是民进党的神主牌，民进党长期以所谓的“主权”与民意来对抗两岸统一，甚至连两岸开启政治对话也表示强烈的反对。

台湾蓝绿在大陆政策上存在“政策合流”的现象，因此在未来很长的时间内，蓝绿明里暗里抗拒两岸统一将是实现国家统一面临的最大挑战。

3. 民族主义不敌功利主义，台湾对大陆政策目光短浅

为了两岸和平统一的宏大目标，这几年大陆不断向台湾释放利好，甚至作出各种让步，包括ECFA早收谈判中，发展水平低的大陆却向发展水平较

---

① 《中国时报》2013年4月14日。

② 陈孔立教授在《两岸认同过程的五个阶段》一文中指出，在两岸未正式“结束敌对状态”之前，两岸从内部历史的延续上来说，仍然处于敌对状态，在政治上、国际活动上相互敌视的状态时常出现，在民众心态上或多或少存在敌意、对抗的意识。详见《台湾研究集刊》2012年第6期，第1-6页。

③ 《马英九会见博鳌代表团时重申“九二共识”与“三不”》，《台湾周刊》2013年第13期，第13页。

④ 南方朔：《北京祭出惩罚ECFA不再让利台湾》，《新新闻》第1341期，第26-29页。

高的台湾作出较多的让利，目的是希望通过不断的释放善意，争取台湾民心，为两岸政治和解与军事互信打下基础。虽然近年来，大陆一系列对台政策产生了积极的效应，开创了两岸和平的新局面，但也应该客观地看到，大陆一些政策与善意并没有得到台湾民众应有的理解与认同，反而被视为别有用心，政策的利好未能直接转化为民心的归向，这是必须正视的问题。

台南大学行政管理学系副教授吴宗宪认为，与民族主义相比，台湾代之而起的是比较功利的思考，从利益的角度设想经济该如何发展，怎么样能让大家的利害相关、利益得至平衡，让大家都能赚钱。[①] 王鹤亭、曹曦认为，台湾民众有利益和安全的忧虑，即使在两岸经贸合作领域，伪“经济民族主义”的意识仍有一定的市场，更有“悲情意识”的历史沉淀。[②]

台湾当局在对大陆政策上，存在片面追求自身利益的最大化，较少顾及两岸整体利益以及大陆民众利益的问题。[③] 如马英九当局第一个任期(2008－2012)，抓住两岸关系难得的发展机会，不断要求中国大陆向台湾经济让利，要求在国际空间问题、在对外关系等问题上释放善意。在马英九的第二个任期（2012－2016）开始，马利用亚洲形势发生重大变化，重在彰显台湾的“主权”地位与影响力，加强国际突破，包括出访教廷、提出东海和平倡议，旨在强化台湾的国际地位与拓展国际影响力。中国大陆虽然多次呼吁两岸联合保钓，捍卫钓鱼岛主权，但是台湾当局为了一己私利，明知日本离间两岸保钓，仍与日本于今年4月快速签署“渔业协议”，以获得一些渔权而沾沾自喜。此举表明，台湾日益明显的功利主义，甚至自私自利，正在不断伤害两岸关系，对未来两岸关系的进一步发展带来阴影。

4. 台湾虽然在许多领域保持优势，但大陆快速崛起令台湾产生强烈的危机感，转而重新拥抱比大陆更强的美日，而这又不断触痛大陆神经

从经济发达程度来看，中国大陆经济发展不平衡，且处于发展中阶段，而台湾地区早在20年前进入中等发达经济体之列。目前台湾人均GDP超21500美元，世界排名第37位，远比中国大陆高。

在社会层面，台湾已有足够富裕的物质基础来建构比较完善的社会保障

---

① 吴宗宪：《台湾年轻人愈来愈不重视国族民族》，http：//www.chinareviewnews.com，2013年3月17日。

② 王鹤亭、曹曦：《基于动力分析的两岸持续合作机制建构》，《世界经济与政治论坛》（南京）2012年03期，第131～144页。

③ 邱进益：《台湾政治人物，目光太短浅》，《中国时报》2013年4月27日。

体系与照顾社会底层生存状态的再分配体制，社会保险普及化，自 2008 年起正式实施“国民年金制度”，推行“全民健康保险”。

尽管如此，台湾面对大陆快速崛起产生了严重的焦虑与不安，[①]，出现不愿正视大陆崛起的情形。[②]

这种越发严重的危机感，使得台湾蓝绿政党、政治人物转向美日强国投怀送抱，争取深化与美日等国家的关系。

在美台关系方面，马英九上台后，全面实施“亲美、友日、和陆”的战略。在这一思路下，2008 年台军方首度明确台美军事关系为准同盟关系，[③] 这是台美“断交”且继“台美共同防御条约”废止之后，台“国防部”首次公开以“同盟”的字眼形容台美军事关系升温的现况。2009 年美智库报告也称美台为“准军事同盟关系”。马英九在他的第一任期内共向美国采购了价值 108 亿美元的先进武器，此外美台还在情报侦搜、军事训练、网络安全等领域进行了全方位的合作，2012 年马英九对外称，台美关系为 30 年来最好。2013 年 4 月，美国 AIT 主席薄瑞光在华盛顿有关智库召开的两岸与美国关系研讨会上表示，美台军事关系比任何时候都要强劲，美台有非常好的信息交流、训练，美台在许多层面的日常军事对话与合作已经制度化。

在对日关系方面，2008 年马英九上台后将台日关系定位为特别伙伴关系，即双方虽无正式“外交关系”，但实质关系却比有“邦交”更密切。在这样的安排下，台日高层互访频繁，台日机制性协商不断取得进展，2011 年台日签署“投资保障与开放天空协议”，2013 年台日签订“钓鱼岛渔权协议”，相互避免双重课税的谈判也在推进中。台湾“驻日本经济文化代表处”负责人沈斯淳于今年 3 月 14 日投书日本右翼媒体，大谈“台日关系良好”，“期盼台日在既有基础上加强在文化、观光、青少年等方面的交流，深化彼此的了解与信任，进一步促成台日紧密关系”。马英九在签署渔业协定后称，台日关系 40 年来最好，台日关系进入新阶段。台“立法院长”王金平也强调台日关系近年来提升很快，得来不易，应该珍惜。这些足以显

---

① 吴建民：《台湾人对我直言恐惧大陆》，2010 年 1 月 11 日，http：//news. sohu. com/20100111/n269488068. shtml.

② 李开复：《台湾不愿正视大陆崛起是件“奇怪的事”》，2008 年 1 月 10 日，http：//news. enorth. com. cn/system/2008/01/10/002628504. shtml.

③ 《自由时报》2008 年 9 月 1 日。

示，台湾当局对台日关系之重视，台日关系密切非同寻常。

在当今美日视我为强劲对手、全力遏制中国大陆崛起、损害我国家利益之际，台湾深度拥抱美日，深化台美、台日“同盟关系”及特别伙伴关系，实质伤害及危及两岸关系。

5. 先经后政或先经不政，台湾争取以时间换空间，谋取两岸关系的战略制高点

总体上，马当局强调两岸交流先经后政、先易后难、循序渐进，但在马的第二任期有目的地放缓“后政”时代到来的节奏与时间。马英九 2013 年 3 月 29 日接受英国《金融时报》（Financial Times）专访时再次强调，在两岸关系的原则上，台湾一向的立场就是“先急后缓”、“先易后难”及“先经后政”。这就是马英九上台执政以来屡次提及的“十二字”口诀。

台湾当局的先经后政策略，从根本上来说，是一种“以经缓政、只经不政”，或者以时间换空间的拖延策略。对于大陆近期提出的两岸签署和平协议，增进双方互信，台“陆委会”发言人吴美红于 2013 年 3 月 7 日明确表示，“两岸政治议题并非短时间可以处理，目前双边的重点还在经济发展、交流衍生的问题上”。台湾“陆委会主委”王郁琦表示，两岸商签和平协议，这在马英九第二任期里面不是优先推动的事项，且签订和平协议须具备三个条件，即“国家需要、民意支持与国会监督”，未来两岸和平协议，一定要先交付人民公投。① 台“国防部”认为两岸建立军事互信机制的主客观条件还不成熟，也不到推动的时机。马英九最近在接受台湾《中国时报》时明确表示，“两岸过去谈判了 18 项协议，多少会碰到政治问题，但都解决了；若特别要进行政治对话，那要谈什么”？“若要在政治上做什么，台湾的时机没有成熟，虽然外界有许多人一再表示两岸应进行政治对话，但没有人真正说清楚具体该谈什么，既然大家没有一致的意见，那又何必急”？② 马英九实际委婉否定了两岸进行政治对话的可能性。

6. 大陆以经促政策略与政策不够细腻、圆润，而且经济战略与政策对政治的影响力本身存在滞后的问题

近年来，大陆方面有意配合马当局的先经后政策略，但确实同时也存在以经促政、推动两岸政治和谈的考虑。这种以经促政的思路，虽产生了一定

---

① 王郁琦：《洽签和平协议有 3 条件》，《联合早报》2012 年 11 月 9 日。

② 《中国时报》2013 年 4 月 21 日。

成效，但也存在高估经济对政治影响力的问题。台湾石之瑜教授认为，若是因此而寄望让利能在政治上促成两岸更好的统合，甚至进而统一，就是不切实际的。[①] 这可以解释大陆越让利，两岸经济越密切，为什么台湾内部的担忧却在上升。台湾不论蓝绿都有一些人认为，在经济上依赖大陆，会造成“以商围政”的效果，不利于台湾利益的追求。[②]

当然，大陆的对台战略与政策在实际执行层面存在简单化、粗线条，甚至未考虑台湾民众感受的问题。

三、以可持续发展的理念经营两岸关系，逐渐推动两岸关系取得质的突破

面对目前两岸关系所呈现的挑战与困局，我们认为，应以超越传统经济或政治的单一对台工作与政策思维，以最大程度争取台湾民心为依归，探寻出新时期促进两岸关系、深化两岸关系的新思维、新路子。具体而言，我们应该：

1. 通过正面与迂回相结合的策略，继续耐心累积两岸互信。基辛格在《论中国》一文中指出，“西方传统推崇决战决胜，强调英雄壮举，而中国的理念强调巧用计谋及迂回策略，耐心累积相对优势”。

尽管目前大陆对台湾的相对优势有所显现，但总体上来说，我们的优势并不明显，台湾官方与民间也不买我们的账。在这一阶段，我们不能心浮气躁，更不能成为台湾方面借力使力提出更高价码的借口。[③]

因此在下一阶段，我们对台政策部分重在谋划如何耐心累积两岸的互信，累积我们在对台交流与合作方面的优势，包括累积对台政策与工作的主动权、主导权，争取更多的台湾民心归向。

2. 以符合市场规律的深度经济合作力促政治对话的启动。在两岸经济交流与合作环节要彰显市场经济的法则，真正以市场的手、市场的规律规范

---

① 石之瑜：《为何经济统一不可恃》，http：//www. chinareviewnews. com，2013 年 4 月 10 日。

② 苏贞昌：《马执政思维一切以中国为主体》，http：//www. chinareviewnews. com，2013 年 3 月 15 日。

③ 章念驰表示，我们要尊重两岸关系的规律和特点，要先易后难，先经后政，要耐得住寂寞，不要不适当地把难以解决的问题拿到条件不成熟时机解决，要坚持搁置争议，让交流、交往、经贸文化关系、对话与谈判的进程越长越好，在建立良好信任的基础上，再解决政治分歧更为妥当。见《要正确把握当前的两岸关系》，香港《中国评论》2009 年 11 月号。

两岸的经济交流，实现两岸经济合作的双惠共赢。今后大陆方面的对台经济让利，除了政治考虑外还须结合经济的本质规律。我们要用实实在在的政策、方式告诉台湾民众，两岸经济安排、密切的经济关系不仅对台湾人民有利，也有助于推进大陆地区的经济发展。我们要通过创造良好的制度环境、经济、生态与人文环境，通过建设美丽中国，以庞大的大陆市场继续增强对台湾的吸引力，打动及争取台湾民心，争取早日开启两岸政治对话。①

3. 要以同理心理解、包容对方，要善于吸取对方的先进经验，以历史、文化、教育、社会的多个视角，以软性的力量，深化两岸民众的感情纽带，深化两岸人民的国家、民族认同。

同理心，就是站在对方立场设身处地思考的一种能力。争取台湾民心的工作，是一个非常复杂又长期的工程，我们的对台政策、措施，实施执行党与国家对台战略与政策的部门与人员要站在国家战略利益高度去思考的同时，也要站在台湾及台湾人民的角度去思考政策是否会引起反弹，自己的言行是否与争取台湾民心的目标相一致。当然我们也要争取、影响台湾官方与民间，希望对方能以同样的同理心来看待大陆，与大陆交流，在这个层面实现两岸同理心的“对等”。前国台办主任王毅指出，“合情，就是照顾彼此关切，不搞强加于人；合理，就是恪守法理基础。”②

在两岸交流、合作中，我们不仅要强调相互交流，而且要强调学习对方的优秀成果，在相互学习中提升彼此。在经济领域，台湾有先进的管理经验与市场拓展能力、专业化程度高及创新能力强；在社会领域，台湾有比较成熟的治理能力与良好的社会保障体系；在文化领域，台湾有不拘泥于历史，并且不断推陈出新的能力。可以说，台湾许多领域值得我们学习。

我们要善用历史与文化的力量。我们不仅要尊重历史，而且要通过重新研究与评价，让两岸的历史回归真实的一面。如客观评价国民党在抗日战场中的贡献，对尚活在人世的抗战老兵及其后裔给予应有的物质与精神鼓励；如强化对二战前后台湾人在大陆的历史与族谱研究，让台湾民众对大陆的历史记忆从在祖先迁台的时间延伸到近代，甚至现代。

---

① 李韧在2011年由中共中央党校出版社出版的《和谐海峡论：两岸关系和平发展战略研究》一书中说，从根本上说，台湾问题，只有在现代化的进程中，实现国家的繁荣、富强、增强综合实力，实现两岸的和谐发展，进而加以解决。

② 王毅：《在“九二共识”20周年座谈会上的讲话》（2012年11月26日），参见国台办网站：http://www.gwytb.gov.cn/wyly/201211/t20121126-3391669.htm.

我们深知文化的力量是无形的，是有感召力的，有时比政治、经济政策更能打动平民百姓。我们要善用音乐、艺术等各种各样的文化形态，与台湾民众一道打造两岸交流与感情的桥梁。最近“我是歌手”节目在台湾受到热捧，反映了文化是有感染力及张力的，其效果不亚于向台湾采购水果、大米。我们要利用文化的影响力来推动两岸民心的融合，塑造两岸共同的价值观与追求，推动两岸关系发展从量到质的突破。

4. 探索破解美国阻碍两岸和平统一的方法、方式

在过去、现在以及今后很长一段时间，美国是阻碍两岸进一步和解实现统一的关键外部力量，目前两岸存在的许多问题因美国的干预而无法解决。美国在台协会前理事主席卜睿哲多次公开宣称“两岸政治对话非常困难”。卜睿哲认为，一旦两岸签署和平协议或军事互信协议，大陆势必会要求台湾减少或停止对美军购，美国提醒台湾应加强军力，以免大陆在实力不对等的情况下，逼台湾就范。因此两岸签署和平协议没有必要。[①] 美国前负责亚太事务的助理国务卿坎贝尔称，美国最终给予台湾的建议是如何冷静且非常小心地处理钓鱼岛、南海及两岸等问题。美国用各种手法力阻台湾与大陆过度亲近，因为会使美国无法掌控台湾，从而影响美国在亚太的利益平衡。因此美中关系的发展程度直接决定美台关系及两岸关系的进程。

实际上，美国为了自己的利益，长期以来不希望两岸进行政治对话签署和平协议，今后更不容许两岸走向统一。

从这一角度来看，经营两岸关系，要取得两岸从经济、文化等交流合作走向政治对话，必须同经营中美关系联结在一起，要通过中美的较量，打破或改变美国对台湾的新管控，从而谋求两岸政治关系的重大突破。

总之，当前两岸关系出现了一些新机会，也存在一些问题、新障碍，这些问题与障碍有台湾方面的功利主义考虑，也有域外大国干预的因素，当然也与我综合国力不够强大有关。正如习近平总书记所说的那样，打铁还要自身硬，我们要通过增强软硬实力，以更有效的方式推动经济、文化、社会的交流，持续累积两岸互信，最终实现两岸关系从量到质的突破。

---

① www. taiwan. huanqiu. com/taiwan _ opinion，2013 - 4 - 9.

论两岸关系和平发展中的民族认同

福建师范大学闽台区域研究中心　许　川

两岸关系之所以特殊，不是因为它们之间只有一湾浅浅的海峡相隔，也不是因为它们的政治对立，而是在于两岸都是中华民族的血脉，两岸人民同属于中华民族的子孙。上世纪七八十年代以来，两岸的交往，并不是一开始就触及到极为敏感的政治议题，而是利用“民族”最基础的因子“血缘”关系搭建起两岸交流的桥梁。《告台湾同胞书》的出台和台湾开放老兵探亲政策，都大大消融了两岸之间坚冰；民族认同在两岸交往中起着举足轻重的作用。另一方面，民族分裂势力的存在及其猖獗活动也给两岸关系正常发展埋下了不少隐患。“台独”势力抬头，引起了两岸关系的一度紧张，极大地干扰了两岸关系的和平发展和祖国统一的进程。

围绕民族因素和民族认同是如何影响两岸关系发展的，本文拟通过对两岸关系演变的历史和过程简单梳理，从中分析民族因素和民族认同在两岸关系中的作用。同时，指出民族认同在两岸关系和平发展中遇到的阻力，并根据当前两岸发展情势，就如何充分发挥民族认同的作用提出一些粗浅的建议，以期两岸关系和平发展能走好走稳、走长走远。

一、两岸关系中的民族因素、民族认同与国家认同

（一）民族与民族主义

民族，既可以说是一个人类学术语，也可以作为政治学概念来理解。在孙中山先生看来，他认为“民族就是国族。”[①] 民族与生俱来就与国家有着

① 迟成勇：《试析民族与中华民族的概念》，《黑龙江民族丛刊》2009 年第 6 期。

密不可分的关系。台湾社会绝大部分人都是来自大陆，传承着中华民族的血脉，台湾的前途必然会与“整个中国”① 唇齿相依，故台湾问题首先应该是一个中华民族内部发展中出现的问题。也正缘于此，“台湾所进行的本土化运动，是各种政治势力折冲角力的结果。这个结果迫使北京将台湾问题从一个本国内战的政治问题，重新定位成是全民族兴旺的问题。”② 民族往往又与国家也即是政治因素牵连在一起，有的民族因为各种原因分裂成几个国家，如德国；有的民族又因为各种原则组合成一个联盟国家，如苏联等。根据历史的发展轨迹来看，民族的这种演变趋势普遍存在于世界各地。那么，这种演进到底是好事还是坏事，是该支持还是该反对，有没有章法可循等一系列问题就成为过去和现在长期关注和争论的焦点。为此，民族主义应运而生。

“民族主义既可以被视为一种意识形态，也可以被视为一种政治运动、或是制度文物之表现。”③ 也有学者认为：“‘独立主权政府’及‘民族国家’乃成为现代民族主义的主要内涵。”④ 若是把民族主义嵌入两岸问题中去，它必然会将两者皆包含进去。就两岸政治定位而言，两岸在民族议题上着墨甚多。邵宗海教授就分析了两岸双方在制定不同政策的民族主义基础，并借用了 Snyder 的理论认为台北的大陆政策适用于“少数民族主义”理论，而北京的对台政策则运用了“大型民族主义”理论。⑤ 实际上，民族主义一开始就是运用在团结全民族去对抗外来侵略的基础之上。随着第二次世界大战的结束，国际上掀起了一波民族解放和民族自决运动的浪潮，加之民族主义的研究范围不断扩大和深入，有人将民族主义分成两类，“一种是领土式民族主义（territorial nationalism）……另一种是族群式民族主义（ethnic nationalism）”，⑥ 这在一定程度上使得民族分裂主义分子有了兴风作浪的机

---

① “整个中国”的概念，取自台湾大学教授张亚中的提法，详情请参阅张亚中：《〈两岸和平发展基础协定〉刍议》，《中国评论（香港）》2008 年 10 月号。

② 石之瑜：《民族、民族研究、民族主义：兼论作为意识形态的社会科学研究》，《问题与研究（台北）》第四十卷第 3 期。

③ 江宜桦著：《自由主义、民族主义与国家认同》，扬智文化事业股份有限公司（台北）1998 年 5 月版，第 36 页。

④ 詹哲裕：《从民族主义的观点论族群冲突之化解》，《复兴冈学报》第五十一期，第 90 页。

⑤ 有关少数民族主义与大型民族主义的论述请参见邵宗海：《从两岸关系的变迁探讨两岸关系的定位（上）》，《远景基金会季刊》第四卷第四期 2003 年 10 月。

⑥ 江宜桦著：《自由主义、民族主义与国家认同》，扬智文化事业股份有限公司（台北）1998 年 5 月版，第 41 页。

会，也给世界上各主权统一国家造成了极大困扰。如何防范这颗毒瘤，成为当前需要面临和解决的重要课题。

（二）民族认同与国家认同

“迄今，民族国家的目标仍在于建立公民之间共同的民族认同感”，[①] 此处的民族认同感，是国家认同的重要基础。民族认同在社会共同体的政治形式方面就体现为国家认同。国家认同简单地说“就是一个国家的自我定位，是经过不断地互动、协商、学习、定义及建构而成”。[②] 两岸关系中的国家认同呈现出复杂的局面。岛内部分政治势力透过狭隘的民族主义情绪试图建构新的国家认同，从而背离两岸人民的民族认同。照这样发展下去，势必会增加双方统合的难度。因此，国家认同是两岸关系正常发展中亟须解决的问题。两岸如能在共同的民族认同基础上推动和强化共同的国家认同（大陆和台湾同属于中国），两岸关系的发展就会步入坦途；反之，如果岛内某些政治势力形塑出了与大陆背道而驰的国家认同，那么两岸前途就格外堪忧。

国家认同，是国家统一的重要基础之一。建构国家认同的重要途径就是强化民族主义，通过民族认同的强化构建国家认同。有学者乐观地认为：“以民族主义为构成原则的国家认同彰显了若干其他认同无法发挥的功能。”[③] 以民族主义和民族认同的精髓构造国家认同势不可挡。当前，岛内“台独”势力顾虑到“新国家认同”会被大陆看作挑衅，故而仍旧处在模糊状态，而不能拨云见日。然而，值得注意的是，有人在理论上将国家认同分成三个层次，“族群认同、文化认同和制度认同”，[④] 从而为台湾建构“新国家认同”提供了似是而非的“理论”支持。于是，岛内有人将狭隘的民族主义肢解成上述三种主要形式，不仅大大降低了国家认同的敏感性，甚至还明目张胆地进行“新国家认同”的构建。这是我们进行反“台独”斗争中必须十分重视的问题。在这一斗争中，两岸的文化认同具有十分重要的意义。因为纵使台湾的族群和制度认同与中国大陆有一定距离，然其文化认同

① ［英］*Montserrat Guibernau* 著：《全球时代的政治社群》（周志杰译），韦伯文化（新北）2004年1月版，第213页。

② 施正峰：《台湾人的民族认同/国家认同》，《台湾民主集刊》第一卷第一期，第186页。

③ 江宜桦著：《自由主义、民族主义与国家认同》，扬智文化事业股份有限公司（台北）1998年5月版，第62页。

④ 江宜桦著：《自由民主体制下的国家认同》，《台湾社会研究季刊》第25期，第87页。

始终是处在中华民族文化的体制之下。也就是说，两岸的国家认同具有整合而一的稳固基础（文化认同）。因为民族国家需要以民族文化作为支撑，若是所谓的国家认同没有独自的文化内涵，那么这个国家认同就不能成为社会主导力量，而失去它本身存在的价值和意义。

岛内“台独”势力也意识到这是他们前进路上的致命弱点，但鉴于“民族主义文化性的本质内容体现在有利于保存多样而丰富的人类文化遗产，巩固民族认同，丰富社会的价值资源和文化生活”，[①] 故他们力图确立自己的所谓“国家”文化，这要求我们进行针锋相对的斗争。

（三）国家认同与两岸关系

1980 年代，台湾社会体制发生转型，民主化与本土化情绪不断高涨。在强大民意的趋使下，台湾很快就确立了资产阶级民主体制，并以此为傲。但台湾社会的各种矛盾并没有因为民主化和本土化的实现而有所缓和与改善。在经历选战的厮杀后，岛内社会逐渐分化成针锋相对的两股势力。与两岸关系息息相关的统“独”议题也成为选举的重要议题。统“独”是自民主化运动以来台湾政治社会争辩最激烈、影响最广泛的议题，这不仅牵动着中国大陆的敏感神经，也引起了美国等国际社会的高度关注。

1949 年国民政府迁台后至上个世纪 70 年代末，台湾社会尽管出现了本土化和民主化的迹象，但在当时威权政治的强力控制和监管下，这股力量似乎还未能形成气候，故台湾社会的国家认同并没有出现多大偏差，大部分人都认为台湾属于中国，承认自己也是中国人。然而，随着本土化运动的不断延烧，加上民主化的催化作用，台湾社会演化出了本省与外省、统一与“独立”两派。省籍意味着要改变自己的地缘属性，统“独”则预示着要修正与对岸的关系，这都必然会带来严重的国家认同危机。

美国著名学者亨廷顿认为，国家认同的销蚀主要有如下几项特征：“多元性文化和多样性在某些精英分子之间流行，以及将种族、族裔、性别和其他次国家认同置于国家认同之上所带来的特殊利益。”[②] 在大陆看来，台湾社会中存在的国家认同的转变，必定会影响到两岸关系的健康发展；在岛内

---

① 花永兰：《试论“中华民族的民族主义”》，《广西民族研究》2007 年第 2 期，第 21 页。

② 赛缪尔·杭廷顿：《谁是美国人——族群融合的问题与国家认同的危机》（高德源等译），左岸文化（新北）2008 年 12 月版，第 149 页。

“台独”势力看来，重构属于自己本身的“国家认同”是一种不可离身的利益需求。如何强化对一个中国的国家认同，消弭两岸民众在国家认同方面的差异，成为两岸关系和平发展走向统一过程中遇到的严峻挑战。

二、民族认同对两岸关系的影响

（一）民族认同对两岸政治交往的影响

上个世纪80年代末，两岸关系出现松动，不仅民间往来热络，连政治交往也一度出现了缓和痕迹。大陆提出了“和平统一、一国两制”方针，台湾方面亦做出了积极回应。成立了海基会，并组织运作“国统会”，颁布了“国统纲领”。然而，由于各自的固有立场相异，且没有及时沟通和化解，以致出现了1996年的台海危机。随后，尽管中途双方有意改善两岸政治氛围，又因李登辉的“两国论”只好作罢。陈水扁上台后，继续奉行冒进的“台独”路线，使得两岸关系一度陷入了冰点。

2005年，为遏制“台独”活动，扭转两岸政治交往的颓势，大陆开始从民族大义和整体利益出发，强调中华民族认同，绕过执政的民进党，转而积极主动接触在野的国民党。国、亲、新三党顺利登陆并圆满成功，使得两岸政治交往又春暖花开。两岸政党之间达成多项共识，尤其是国共的“五项共识”对后来两岸政治交往进入正常状态奠定了坚实的基础。2008年，坚持“九二共识”和中华民族认同的国民党在岛内再度掌权，将两岸交流进一步升华，政治上不仅恢复两岸两会复谈，还积极支持两岸政党交流和非/半官方接触。台湾地区领导人马英九在其就职演说中曾多次提到“中华民族”的概念，显示出“中华民族”已成为两岸最大公约数。而大陆的对台政策也从2009年正式转向了“两岸关系和平发展”。2012年10月初访问大陆的谢长廷也深有感触地说：“政治不能超越人性，不能因为政治立场不同，否认祖宗。”① 尽管两岸存在着政治对立，但基于民族利益和宗亲血缘，双方都试图以民族因素和民族认同为基础，积极往来，维护和平。以中华民族作为两岸交往的认同基础，已逐渐成为两岸的共识。

---

① 谢长廷：《主动安排祭祖　政治不能超越人性》，台海网 2012－10－03. http：//www.taihainet. com/news/twnews/twdnsz/2012－10－03/956696. html.

（二）民族认同对两岸经贸交流的影响

1978年，中国大陆实行改革开放，经过30多年的迅猛发展，大陆的经济建设取得了辉煌的成就。台湾经济发展在上世纪末就达到了相当高的水平，并渐次进入后工业时代。如何保持经济的继续增长，满足民众的物质需要，便成为岛内各政党制定两岸政策的重要考量因素。两岸经贸交流曾呈现良好势头，后来由于李登辉和民进党推行“戒急用忍”，实行“积极管理，有效开放”，使得两岸经贸交流不如人意。

2008年国民党赢回执政权，其领导人马英九多次强调两岸同属中华民族，积极顺向两岸关系发展的潮流，出台了有效的两岸经贸政策，大陆也做出正面回应，两岸经贸交流日益热络。台湾经济之所以能在世界金融危机和欧债危机的阴霾下还能保持稳健增长，也主要是得益于两岸经贸合作的成效。自5年前两岸两会第一次恢复商谈至今，已签署了18项协议和达成了两项共识，特别是两岸经济合作框架协议（ECFA）的签署，不仅给大陆的经济发展带了先进技术和充足资金，也给疲软的台湾经济注入了不少活水。如今，据大陆方面统计，“2011年，两岸贸易总额已达1600亿美元。台湾是大陆第七大贸易伙伴和第九大出口市场，大陆则是台湾最大的出口市场和贸易顺差来源地”,① 由此观之，经贸合作已经成为两岸交往的黏合剂。

2012年4月初，国务院副总理李克强与台湾地区准副领导人吴敦义在海南博鳌会谈时，也多次强调了“两岸同胞同属中华民族，两岸经济同属中华民族经济。进一步深化两岸经济合作，有利于促进两岸共同发展、造福两岸同胞”的理念。② 由此可见，两岸经贸合作之所以能够长足发展，主要是得益于两岸同属中华民族的民族情结，中共“十八大”后，两岸经贸合作态势有增无减。两岸经贸合作的现状不会因为大陆领导层的更替而改变，两岸经贸合作前景十分令人乐观。

（三）民族认同对两岸文化交流与传承的影响

民族文化是一个民族存在和发展的灵魂，拥有民族文化才能立足于世界

---

① 蒋耀平副部长在第七届两岸经贸合作与发展论坛上的致辞，2012－09－14，中国商务部官网，http：//tga. mofcom. gov. cn/aarticle/subject/hzfzseven/subjectii/201209/20120908340265. html.

② 李克强会见吴敦义一行，人民网2012－04－01. http：//politics. people. com. cn/GB/99014/17564643. html.

民族之林，也才能受到来自其他民族的尊重。而两岸都繁衍于中华民族，固然有着同文同种的民族文化。为此，文化传承是两岸中华民族认同的基础，也是两岸交往中的重要一环。“经贸与文化是不可分割的一对，尤其在文化创意产业大发展的今天，两岸文化交流合作将对两岸经贸文化、民众思想情感等产生不可忽视的影响”。[①] 不论是从文化价值本身出发，还是从丰富其他角度理解，两岸传承共同的中华民族文化应当成为往后双方合作的题中之义，唯此，两岸才能从多个领域多个视角突破瓶颈，将两岸关系推向高潮。

有人说“台湾比中国还中国”，不可否认，即使在所谓的台湾南部地区，中华民族的文化影子也随处可见。每年孔子诞辰日前往孔庙祭拜的人群络绎不绝；妈祖文化、客家文化以及各种民间信仰对台湾人民影响根深蒂固。同样，大陆各界也逐渐意识到保护民族文化的重要性，在大陆不但兴起了国学热，还在世界各地开办孔子学院，以便将中华民族的文化发扬光大。台湾方面也持续跟进，继而成立“文化部”，以示对中华民族文化教育和传承的重视。总体而言，“两岸人民的主流都是既学习外来文化，又发扬本土文化，文化原教旨没有市场，这也为两岸人民的价值观交流扩展了平台”。[②] 如前所述，文化认同不仅是民族认同的重要内容，也是国家认同的重要组成部分。因此，加强文化交流、增强民族认同，两岸人民共同传承和弘扬中华民族文化精髓，不仅可以唤起两岸人民的共同记忆，而且可以从根本上强化两岸关系的根基，巩固来之不易的两岸和平发展成果。

（四）民族认同对台湾“国际空间”问题的影响

“国际空间”问题一直是两岸双方博弈的重要战场。自 1949 年两岸正式分离以来，双方为维持（争取）在国际上中国的代表权或者说“正统地位”而争论不休，致使中华民族在国际上不断内耗。上世纪末，在李登辉提出两岸为“特殊的国与国”关系后，更是引起台海局势的紧张。应当看到，岛内“台独”势力所推动的民族主义运动致使台湾主体性意识得到强化，而“认同平行外交与民族主义运动却常是一体两面，因民族认同无论

---

① 刘国奋：《扩大和深化两岸文化交流合作之初探》，《中国评论（香港）》2011 年 4 月刊，第 2 页。

② 俞新天：《两岸关系中的文化认同问题》，《台湾研究（北京）》2010 年第一期，第 4 页。

是论述建构或作法实践上，都有需要借助认同平行外交之处”，[①] 因此岛内“台独”势力主张的外交政策其实质就是分裂民族、分裂祖国的行径。两岸的综合实力已今非昔比，鹿死谁手不言而喻。而在国际社会中的这种“零和游戏”，给两岸人民特别是给台湾人民带来了深深的损伤。但在全球化的浪潮下，“国际空间”又是不得不面对的问题，故自两岸交往伊始，双方在国家空间上的角力就没停止过。

2008 年泛蓝阵营在岛内的胜选后，这一问题的解决有所转机。泛蓝主要三党都强调两岸的中华民族认同，在岛内执政的国民党摒弃了过去民进党的“烽火外交”，以民族大义为基础，修复中华民族文化，在国际上推行理性务实的“和解休兵”的“外交”政策；而大陆也释出善意，使台湾在一个中国框架内尽可能多的参与国际事务。两岸驻外机构也正常来往，相互减少敌意。岛内执政党也认识到，两岸共同维护中华民族的利益，践行中华民族的民族价值和精神，会更有利于参与国际活动，得到国际社会的接纳和认可。

三、发挥两岸中华民族认同对两岸和平发展的促进作用

（一）意识形态分歧及台湾主体性意识对两岸民族认同的不利影响

从历史角度而言，两岸现状是冷战的产物，两岸形成了不同于对方的意识形态。当前，“两岸如果一味地强调狭义的‘爱国主义’与分离的‘民族认同’只会引发两岸更激进与对立”。[②] 意识形态的相异是阻碍两岸交往的重要因素。“作为群体理性产物的意识形态……事实上贯穿了整个自我的构建、群体的凝聚以及错觉的形成等一系列过程，其中至少同时包括理想的功能、偶像的认同与观念的投射等不同的面向”，[③] 建构一种新的意识形态势

---

① 辛翠玲：《从民族主义到认同平行外交：魁北克经验》，《政治科学论丛》第二十四期，第 117 页。

② 谢政谕：《民族认同与公民社会：以两岸的发展为例》，《国家与社会》第二期（2007 年 6 月），第 67 页。

③ 于治中：《意识形态中的主体性形构》，《台湾社会研究季刊》第六十二期，第 102 页。

必会对旧的或者相异的意识形态产生强大冲击力。由于两岸之间存在不同的体制、理想以及观念，要化解两岸在意识形态上的隔阂实属不易。当前两岸关系处在大交流、大合作、大发展阶段，人员往来也是历史之最，然而，两岸人民之间的距离并没有因为日常的交流而有所缩减，探其根由，源于意识形态的弊病在作祟。尽管民族因素在开启和发展两岸关系中起到了不可替代的作用，但这并不能说因为有了民族因素的参与，两岸间各种问题就随之迎刃而解了。强化两岸对中华民族的认同，还需要做从多方面增进相互的信任，深化民族认同。

在这一过程中，台湾近年来主体性意识的强化需要我们认真考量。台湾主体性意识产生之初是在于“他们此时的抗争形式更多地表现为维护民族本原的文化斗争和争取权益的议会斗争”,① 并非一开始就朝着要独立于中华文化之外的体系发展。不过，那时的大陆并无有力的回应，从而“助长了台湾人‘孤儿意识’与‘弃民意识’产生异化，加上日本在皇民化政策下加速去汉民族意识，这等意识的深植，将一丝一丝断裂台湾与大陆祖国意识的脐带关系”,② 故台湾主体性意识开始发生流变，便转向了寻求“独立”的台湾民族和民族文化。然而，“民族独立代表对既有民族与国家的重新定义，则全世界的国家与民族连带都会受到客观性上的创伤”,③ 台湾主体性意识要走国际路线是行不通的。

（二）强化两岸全方位交流，巩固两岸对中华民族的认同

两岸全方位的交流，有助于两岸人民树立共同的民族认同，使两岸人民对中华民族的认同深入人心，并体现在两岸人民社会生活的方方面面，使两岸关系和平发展有坚实的基础。

首先要加强两岸经贸交流。美国波士顿大学专门研究民族主义与经济发展的资深学者里亚·格林菲尔德，通过对世界上东西五个大国（美、英、日、德、法）的历史分析得出中心论点是民族主义与经济增加的密切关系，认为：“民族主义是导致经济活动一再趋向发展的决定性因素”、“现代经济

① 安然：《台湾同胞：中华民族抵御外敌的光辉篇章》，《求是杂志》2005年19期，第18页。

② 谢政谕：《民族认同与公民社会：以两岸的发展为例》，《国家与社会》第二期（2007年6月），第51页。

③ 石之瑜：《民族、民族研究、民族主义：兼论作为意识形态的社会科学研究》，《问题与研究（台北）》第四十卷第3期，第103页。

的持续增长并非自我维持，它需要民族主义的激励和支撑”。[①] 因此，巩固和深化两岸经贸交流与合作，不仅可以造福于两岸人民，也对增强民族认同和发挥民族主义有着积极作用。目前，ECFA 在岛内已形成一种旋风式效应，然而，南部尤其是在民进党执政县市的能量和潜力还未完全发挥出来。若把台南学甲虱目鱼契作模式试验区域扩大，应用到其他领域，且延长契约年限，以后选举中这些地方的开票结果应该会有相当大的改观。大陆具备广阔的市场，较强的竞争能力，且已成为世界第二大经济体；台湾拥有世界领先技术，在专业和人才方面占优势，惟两岸合作互补，方能创造另一个经济奇迹。随着世界区域经济的日渐整合，两岸经济合作也须不断深化，确保两岸经济持续繁荣。

其次要加强两岸文化教育交流。文化和教育作为两岸交往内在的软实力，作为一种非政治因素，一直在连接民族情感，增进民族认同中扮演着重要角色。胡锦涛同志多次在公共场合提及加强两岸文化交流；2012 年 10 月，马英九在其政策说明会上也表示要提高中华文化在世界的发言权。两岸双方不约而同地表达了对今后文化交流的期许，这对两岸关系向深层次方向发展发出了积极信号。为此，要积极推动两岸签署文化交流协议。同时，也要完善两岸青少年交流机制，重视培养两岸下一代共同的民族认同。

再次，要努力开启政治交往和政治谈判的大门。政治议题是两岸交往最敏感最核心的地带。当两岸经贸合作逐步完善、各种交往持续展开的情况下，政治协商或谈判的需求就会浮出水面。两岸应当早做准备、未雨绸缪，以正面和积极态度去迎接挑战，不仅在内政上要全面互动，且在国际方面发生的问题也要妥善处理。两岸政党要保持互动局面，不仅要保持国共之间的固有关系，同时也要加强红绿之间的对话和交流。国际事务是内政的延伸，只有当内政外交合为一体，共同处理之，才算得上是政治对立的完全解决。因此，台湾的“国际空间”问题也应当与政党互动同步运作。既然两岸都以“搁置争议、求同存异”为指导精神和优先原则，那么在国际空间问题上就不必非此即彼，完全可以搁置主权争议，在不损害整个中国主权和利益的前提下，共同分享整个中国的代表权、参与权和话语权。至于如何分享，还有待进一步研拟和商榷，但至少可以先确定这样的理念，为后续发展铺陈

① ［美］里亚·格林菲尔德：《资本主义精神：民族主义与经济增长》（张京生、刘新义译），上海人民出版社 2004 年版。

道路。

四、结束语

回顾海峡两岸交往的历史，我们能够清楚明晰的定位民族认同在台海交流的不同领域、不同层次中扮演着不可替代的作用。可以看出，在两岸关系最艰难的时候，是民族情感充当了两岸交往的支柱。它不仅是打开台海僵局的第一推手，更重要的是，它也为往后化解两岸政治难题提供了最后一道防护伞。尽管民族主义与自由主义还在相互较量，但民族主义和民族认同一直都被各主权国家视为当前乃至未来社会安定团结、领土完整的守护神，故自由主义欲完全超越民族主义而主导社会发展潮流，可谓是难乎其难。尽管两岸在民族认同的大趋势下，也活动着一些民族分裂势力，但只要我们坚持与之斗争，有效加以遏制，就可以保持两岸关系和平发展的良好势头。尽管两岸民众之间还有相当多的隔阂和误解，但这并不影响他们认祖归宗的夙愿，不会使两岸民中国众对中华民族的认同出现逆转，反而为两岸提供了努力工作的方向。当前，中华民族发展正处于一个关键时期，双方都应当以民族利益为重，以人民福祉为依归，创造更宽的平台、搭建更多的桥梁，不断强化两岸人民对中华民族的认同，为两岸关系和平发展提供更为坚实的基础和更为强劲的动力。唯此，海峡两岸才可能永葆祥和与繁荣。

深化两岸认同的路径研究

——基于社会组织的分析视角

中国社会科学院台湾研究所　谢　楠

2008 年 5 月以来，两岸关系进入一个大交流、大合作、大发展时期，“三通”的实现、ECFA 的签订以及一系列相关协议的签署标志着两岸和平发展格局正在不断深化发展，但两岸间的相互认同增强趋势却并不明显，减弱势头却较强。针对如何深化两岸相互认同的问题，已有不少研究者进行了深入的研究，提出了两岸之间通过建构“集体记忆”与“共有观念”进入两岸认同的发展过程。① 笔者拟在“集体记忆”和“共有观念”概念的基础上，借助社会组织的研究视角，对深化两岸相互认同的路径进行具体论述。

一、两岸经济往来与两岸认同

近 20 年来两岸之间经济贸易发展速度惊人（如图 1），2012 年两岸贸易金额达到 1689. 9 亿美元，其中大陆从台湾进口 1322 亿美元，向台湾出口 367. 9 亿美元，大陆成为台湾对外贸易顺差主要来源地。但同时，岛内民众对中国的“国家认同”却呈现弱化趋势，岛内统“独”对立情况愈发严重（如图 2、3）。岛内的“去中倾台”趋势并未随着两岸日益密切的经济关系而得以扭转。

从图 2 中我们可以看出，岛内民众认同自己既是“中国人”又是“台湾人”的比例在过去的 20 年中稳中有降，已从最高 1995 年的 49. 3% 下降

---

① 陈孔立：《两岸认同的过程——双管双向互动模式》，《台湾研究集刊》2012 年第 5 期，第 10 – 16 页。

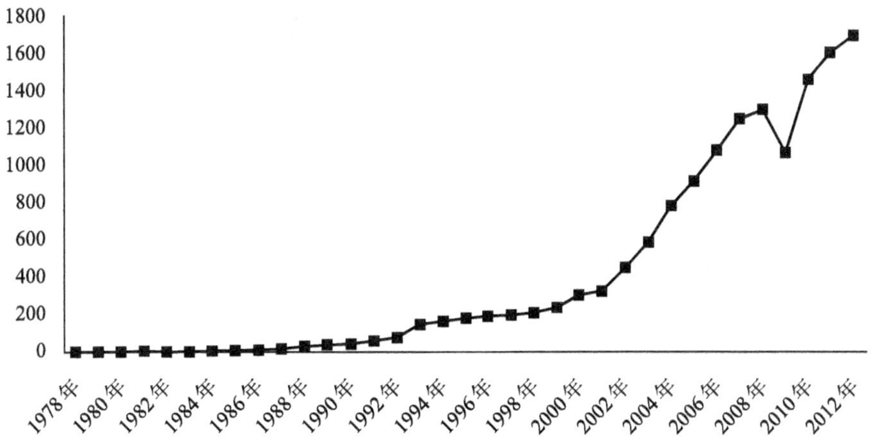

图1：1979－2012年两岸贸易图

数据来源：商务部台港澳司。

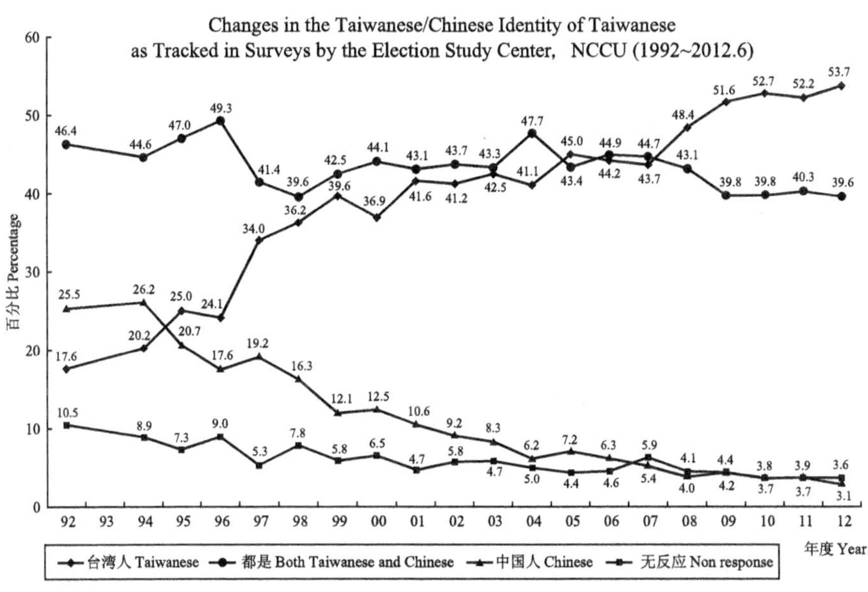

图2：台湾民众台湾人/中国人认同趋势分布图（1992－2012）

分布图由台湾政治大学选举研究中心制作，数据来源：台湾政治大学选举研究中心数据库。

到2012年38.5%，认同自己是“台湾人”的比例大体呈上升趋势，2012年已达54.3%，认同自己是“中国人”的比例则一路下滑，以后1993年最高的26.2%下降至2012年的3.6%。从图3中我们还可以看出，岛内民众对两岸统一的态度日益暧昧，虽然主张“维持现状再决定”的比例一直维持在35%左右、“偏向独立”的比例增长也不多（增长仅8个百分点），但主

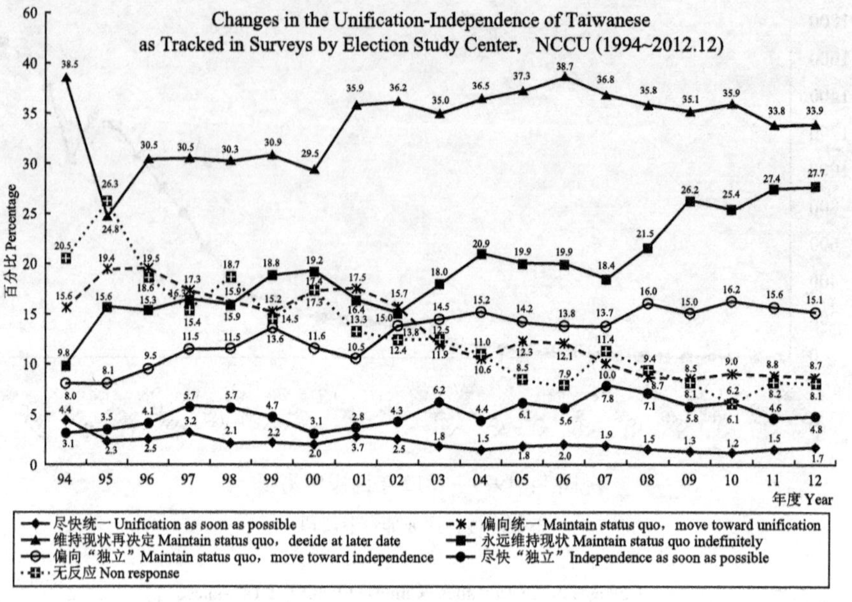

图 3：台湾民众统“独”立场趋势分布图（1994－2012）

分布图由台湾政治大学选举研究中心制作，数据来源：台湾政治大学选举研究中心数据库。

张“永远维持现状”（保持两岸现有的这种在政治对立、彼此关系和平发展的状况）的比例却呈现明显上升趋势，已从 1994 年的不到 10% 上升至 2012 年的 27.7%，同时“偏向统一”的比例也出现了明显下降，已由 1996 年的最高峰 19.5% 下降至 2012 年的 8.7%。

反映岛内民众国家认同的调查不少，虽然具体数据有所差异，但所反映出的岛内“台湾主体意识”逐渐上升，“独台”、“偏安”意识日渐浓厚的趋势却基本一致。①

马克思认为人们在自己生活的社会生产中，发生相适合的生产关系，其总和构成社会的经济结构基础，制约着竖立其上的法律、政治、社会意识等上层建筑。② 但社会意识有其自身发展的独立性，并非与社会存在变化发展亦步亦趋。两岸相互认同程度明显落后于两岸间经济依存度的状况，充分说明了两岸间日益密切的经济往来只是两岸相互认同的必要条件而非充分条件。两岸间经济贸易的迅速发展主要是两岸经济发展程度客观上互补性强，

① 这里所指的“偏安”意识是引用台湾大学政治系张亚中教授的说法，意指岛内的一种满足于现状、不希望改变两岸间“不统、不独、不武”的状态、希望长期享受两岸和平红利的态度。

② 马克思：《政治经济学批判序言》，中共中央马克思恩格斯列宁斯大林著作编译局编：《马克思恩格斯选集》第 2 卷第 2 版，人民出版社 2004 年版，第 32 页。

当然也有大陆主观让利的成分，但都是双方理性选择的结果，本质上是一种基于利益考虑的交换。在经济基础上所构建的两岸的合作框架及机制，其本质上应该属于一种惩罚式或预防式机制，根本作用应该在于控制可能出现的台湾背离大陆的风险。这种基于经济利益关系所建立和强化的信任关系属于一种工具型信任，是一种理性计算与预期的结果，并非是一种认同型信任。① 具体而言，两岸经济往来的日益密切可以有效实现对“法理台独”、“急独”行为的遏制，但难以阻止台湾“独台、偏安”意识的上升，也难以对两岸相互认同的深化起到立竿见影的作用。

以大陆对南台湾开展的虱目鱼契作合作为例，2010 年 8 月国台办副主任郑立中赴台南与当地虱目鱼养殖渔户直接座谈，促成由上海水产公司与代表学甲养殖渔户的台南学甲食品公司达成协议，与 100 户养殖渔户签订契约协议，以每台斤高于成本价新台币 10 元的 45 元保证收购价格，上海水产公司并预付参与契作养殖户每台斤新台币 10 元订金。2011 年共收购 300 万台斤；2012 年契作户数增加至 120 户，2012 年 12 月收购完成 360 万台斤，估计占全台湾虱目鱼总产量的 5% 。运行两年的虱目鱼契作模式带来了良好的社会经济效益，稳定了收购价格，使参与契作的台湾渔民获得真正受益，赢得了当地渔户的真正支持，形成了当地渔民与大陆经济上的紧密联系。当地渔户协会理事长喊出了“经济是渔民最关心的，不容任何政党破坏，反对契作就是反对渔民”，这已初步具有“经济利益共同体”意味。虽然契作在 2012 年选举未能扭转台湾学甲当地基本盘，但在蓝绿政党阵营 3：7 的投票倾向中，投票率 71% 比全市的 74% 低，废票率 0. 8% 比全市的 0. 7% 高。这意味着当地选民开始对岛内民进党消极的不投票、投废票，逐渐展现对其消极面对两岸交流的不满态度。

虽然台南学甲区居民还未积极投票支持蓝营或者直接支持两岸交流政策，但这是一个令人期待的开始。我们相信，随着大陆对台湾（特别是南台湾地区）经济合作方式的不断调整，随着大陆善意持续的、适宜的展现，岛内群众将会越来越多的支持两岸交流政策，两岸之间的认同也会在这过程中得到逐步深化。

现阶段两岸间经济与政治发展的二律背反现象促使我们正视两岸认同构建的复杂性和艰巨性，因此有必要深入研究“认同”概念的内在涵义及发

---

① 沈惠平：《社会认知与两岸互信的形成》，《台湾研究集刊》2013 年第 1 期，第 7 - 13 页。

展规律，以寻找到深化两岸认同的可行路径。下文拟从“集体记忆”、“共同观念”及“社会参与”的概念入手，深入剖析“认同”的构成要素。

二、集体记忆、共同观念与社会参与

（一）集体记忆、共同观念与两岸认同

“认同”（Identity）是一个社会心理学概念，所回答就是通常意义上的“我是谁”的问题，涉及社会如何将自我概念赋予个人、个体又如何产生群体概念的相关问题。“认同”是社会成员对自己某种群体归属的认知和感情依附，[①] 是“一个人或群体的自我认识，它是自我意识的产物——我或我们有什么特别的素质而使得我不同于你，或我们不同于他们”。[②]“认同”一方面强调了归属，强调你和某群人有何共同之处，另一方面强调区别和排斥，强调你和他者有何区别之处。按照建构主义的观点，“认同”是社会建构的产物。其中，集体记忆是集体认同形成的重要因素，“集体记忆在一个集体，特别是民族集体，回溯性的身份认同中起到持久的作用”。[③] 同时建构主义强调共同观念在集体认同形成中的重要作用，认为“观念建构身份，身份决定利益，利益决定行为”。[④] 由此可见，两岸认同是由两岸民众的集体记忆和共同观念所构建的，如果我们能够构造新的集体记忆，发展共同观念，我们就能够深化两岸认同。

基于集体记忆的可重构性特征，在深化两岸认同方面，研究者提出正视多年来两岸各自在政治社会化过程中所建构的集体记忆的差异性，以开放心态纠正、消除彼此的差异，促进相互理解和包容，另一方面通过两岸之间的互动构建新的集体记忆。而对于两岸间的共同观念，研究者认为两岸的长期交流已经形成了一些共有的观念，如“两岸关系应当和平发展”、“两岸关系不能倒退”等，提出两岸在互动过程中继续构建更广泛、更深刻、更密

---

① 王希恩：《民族认同与民族意识》，《民族研究》1995 年第 6 期，第 17 页。

② 亨廷顿：《谁是美国人？美国国民特性面临的挑战》（程克雄译），新华出版社 2010 年版，第 17 页。

③ 格罗塞：《身份认同的困境》，社会科学文献出版社 2010 年版，第 37 页。

④ 陈孔立：《两岸认同的过程——双管双向互动模式》，《台湾研究集刊》2012 年第 5 期，第 10 – 16 页。

切的共有观念。[①]

（二）集体记忆与社会参与

从历史发展的维度上观察，集体记忆具有历史性和现实性的分别，而对集体记忆本身进行考察，我们发现集体记忆可以是宏大的、标志性的、规范意义上的，也可以是零碎的、分散的和日常性的。理解集体记忆自身的复杂性和多样性，对构建新的集体记忆大有裨益。

两岸之间协商签署的诸多合作协议，如 ECFA 等，就属于宏大的（涉及两岸各自整体之间的相互关系）、标志性的（代表着两岸之间的合作达到一个新的高度）、规范意义上的（以约束性的文本规范两岸彼此之间的权利与义务）新的集体记忆。另一方面台湾对大陆开放自由行促使每年几十万陆客进入台湾旅游、两岸青年学子彼此交流留学等等，也属于新集体记忆的构建。通过两岸民众互动所产生的大量零碎的、分散的和日常性的记忆事件，有助于增进对“他者”的了解，消除彼此之间的“刻板印象”，推动两岸认同从区隔走向重构。[②] 正如格罗塞所言，“集体记忆通过家庭、阶层、学校和媒体来传承”，[③] 集体记忆的建构建立在广泛的社会参与基础上。

现阶段两岸正不断创造条件以促进两岸民众在社会领域相互参与。但笔者认为，当下两岸民众在社会生活领域的参与行为更多具有“推着走”的特征，往往是两岸公权力机关、学校等官方正式组织动用“有形的手”强力组织动员民众参与。我们应该创造条件，积极为两岸民众的社会参与行为“解禁”，使其具有自我推动、自我发展的内在动力。

（三）共同观念与社会参与

共有观念来自行动者的社会性实践活动。“建构主义理论意味着共同观念的存在取决于具有知识的行为体之间的互动。没有实践活动，结构就不会发挥作用。”[④] 回顾两岸关系由敌对状态走向和平发展的历史过程，正是双方不懈努力、勇于实践的结果。两岸之间既有的一些共同观念如“两岸关系应

① 陈孔立：《两岸认同的过程——双管双向互动模式》，《台湾研究集刊》2012 年第 5 期，第 10－16 页。

② 孙升亮：《两岸认同从区隔走向重构》，《台湾研究》2009 年第 5 期，第 7－12 页。

③ 格罗塞：《身份认同的困境》，社会科学文献出版社 2010 年版，第 34 页。

④ 温特：《国际政治的社会理论》，上海世纪出版集团 2008 年版，第 19 页。

当和平发展”、“两岸关系不能倒退”、“两岸人民属于中华民族”等都是在两岸持续互动交往中不断碰撞、调整而形成的。展望未来，两岸之间想要形成更多的共同观念，必然是秉持求同存异的精神，在相互肯定双方既有的同质性的基础上，通过广泛的社会参与形成更广泛、更深刻、更密切的共有观念。

以两岸最终实现完全统一的目标来看，“两岸关系应当和平发展”、“两岸关系不能倒退”、“两岸人民属于中华民族”这类共同观念只是两岸现阶段之间的最大公约数，属于一种底线共识，是一种彼此不可突破也不应突破的基础性规范。“两岸关系应当和平发展”、“两岸关系不能倒退”是海峡两岸人民、红蓝绿政党都接受的共识，而“两岸人民属于中华民族”则是两岸对自身历史文化的共同认知。当两岸共同观念继续向前发展，就涉及对彼此发展道路、生活方式、价值理念的不同认知。客观上说，1949 年以后大陆与台湾就走上了不同的发展道路，至今都在实现现代化的道路上不断摸索和实践。两岸之间的隔阂与差异在短时间内确实难以消除。因此，未来两岸间共同观念的继续建构，不仅仅需要两岸在政治领域达成共识形成协议，更是需要两岸民众在社会生活领域广泛参与，以实现对彼此的生活方式和价值理念产生认同。这是一个彼此包容理解的过程，更应是一个彼此砥砺、共同发展的过程。

三、发展两岸间社会组织是深化两岸认同的重要路径

无疑，深化两岸认同需要通过两岸民众的积极社会参与以形成新的集体记忆、发展共有观念。社会参与的形式有许多种，包括社区参与、网络参与等等。其中最重要的应该是参与各类社会组织，以实现制度化、组织化的社会参与，这也是公民现代性的重要组成部分。①

（一）社会组织的特征与功能

社会组织的概念有广义与狭义之分，广义上讲社会组织是人们为实现特

① 王兵：《当代中国人的社会参与研究述评》，《哈尔滨工业大学学报（社会科学版）》2012 年第 6 期，第 22 – 26 页。

定目标而建立的共同活动的群体，亦称次级社会群体①。狭义的社会组织概念，又被称之为“民间组织”、“非政府组织”，泛指那些在社会转型过程中由各个不同社会阶层的公民自发成立的、在一定程度上具有非营利性、非政府性和社会性特征的各种组织形式及其网络形态。② 在本文的讨论中，如无特别说明，笔者一般应用狭义的社会组织概念。

社会组织存在多种形式和类型，但也有相对稳定的共同特征：一是特定的组织目标。组织成员一般都是围绕着某一特定而具体的目标来从事共同的活动。二是相对固定的成员。成员进入、退出和活动都有相应的程序，成员对组织能形成归属意识。三是合法性。社会组织应该在国家法律许可下，登记注册开展活动。四是自治性。社会组织一旦成立，就应该在相应范围内自主。开展活动，实现有效的自我管理。从这个意义上说，大陆的很多社会组织与政府之间依旧是从属互补合作关系，民间性和自治性尚不完全。③ 五是非盈利性。这强调社会组织与市场经济中的公司组织之间的差别，突出社会组织的服务性特征。社会组织的发展目标不在于获得盈利，而在于向社会提供多样的社会服务。

社会组织的功能总体而言在于满足人们的经济、政治和社会需要。具体而言，社会组织功能的发挥取决于社会组织自身的定位。如果将大陆社会中的社会组织定位于政府、市场之外的第三方，是社会治理“多中心”的一方，那么社会组织的主要功能在于弥补市场“无形的手”和政府“有形的手”的不足，可以推进政府向“有限政府”的转型，同时有助于企业摆脱“企业办社会”的状况，推动企业的专业化发展。④

另一方面，从社会转型发展的角度上说，社会组织的基本功能在于培育和发展与市场经济相适应的价值体系、社会规范、道德和伦理实践体系。⑤ 各种社会组织内社会个体之间、社会组织相互之间在频繁持久的互动过程中

---

① 参见：《中国大百科全书（第一版）》网络版“社会组织”条目，作者：李路路。

② 王名：《走向公民社会－我国社会组织发展的历史及趋势》，《吉林大学社会科学学报》2009年第3期，第5－12页。

③ 文军：《中国社会组织发展的角色困境及其出路》，《江苏行政学院学报》2012年第1期，第57－67页。

④ 张尚仁：《“社会组织”的含义、功能与类型》，《云南民族大学学报（哲学社会科学版）》2004年第2期，第28－32页。

⑤ 冯钢：《论社会组织的社会稳定功能——兼论“社会复合主体”》，《浙江社会科学》2012年第1期，第66－73页。

将逐渐形成、并为社会普遍认同的价值和社会准则。从这个意义上说，大陆社会自身在快速变迁的过程中所存在的社会约束力失控、价值“失范”现象需要通过形成新的社会组织体系，并通过社会集体组织的正常运作来重新规范个体行为，并逐步形成社会普遍认同的价值和社会准则。而大陆社会与台湾社会未来要形成真正意义上的“生命共同体”，也应该通过社会组织（广义层面）这个媒介，使彼此的社会个体与社会组织能够在频繁持久的互动过程中形成双方都认可的价值和社会准则，为两岸最终统一奠定观念认同基础。

（二）发展两岸间共有社会组织的优势

现阶段，大陆和台湾之间的交流，社会组织已经发挥了重要的作用。每年两岸公权力机关、学校及行业协会等各类组织都组织大量的交流活动，如各类两岸论坛、两岸青年交流营，最近台湾还逐步放宽了陆生赴岛的限制。两岸之间大量的交流活动确实对修正彼此之间的刻板印象大有裨益。但坦白而言，这类交流互动行为普遍存在着“推着走”的情况，基本都是在既定组织之间发生的。这种行为有助于增进理解，结束两岸之间的“敌对状态”，推动两岸民众从“互不理解”到“相互理解”。[①] 但当两岸认同建构进入获得“群体资格阶段”,[②] 两岸民众要获得彼此群体成员特征，除了选择成为对方社会中的一员以融入当地社会，如长期居住在大陆的台商逐步强化对迁移地的认同,[③] 进入台湾的大陆配偶逐步融入台湾当地社会，还应创造条件使彼此社会中的个体能够在共同的社会组织中持续互动，不断扩大两岸之间价值观念和社会规范“交集”的范围，成为真正意义上的“你中有我，我中有你”，如图4所示。

两岸间共同的社会组织与两岸各自的既有组织在促进两岸互动方面的区别在于：前者可以使两岸彼此的社会个体能够在共同的目标下，制定彼此都认同的程序、规范，实现真正的共同管理，以形成共同的归属和认同。而后

---

① 陈孔立提出两岸的认同过程存在五个阶段：“对抗”、“不对抗”、“利益相关者”、“群体资格”与“认同重构”这几个渐进向前的发展过程。参见陈孔立：《两岸认同过程的五个阶段》，《台湾研究集刊》2012年第6期，第1-6页。

② “群体资格”是社会认同理论中的重要概念，是社会认同的来源。行动者获得某一群体“群体资格”的过程也是相关集体记忆和社会知识的习得过程。

③ 耿曙：《“资讯人”抑或“台湾人”：大上海地区高科技台商的国家认同》，台湾《“国政”研究报告》2002年5月28日。

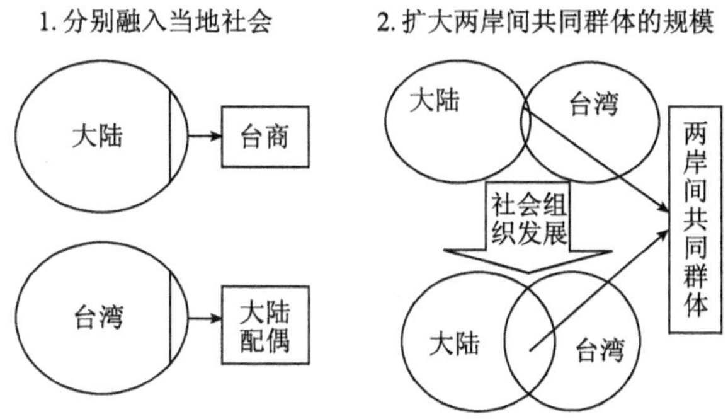

图 4：两岸认同构建的不同路径示意图

者的社会个体一方面难以有长期持续的互动，另一方面受自身组织的规范和观念影响，个体在互动时往往会出现“我了解你，但我不认同你”的状况。

（三）优先发展两岸间的公益慈善服务类社会组织是合适的选择

社会组织的类型划分多样，按照大陆的《社会团体登记管理条例》、《民办非企业单位登记管理暂行条例》和《基金会管理条例》，民政部将纳入管理的民间社会组织分为社会团体、民办非企业单位和各类公益性基金会三大类，学术界有按照美国霍普金斯大学非营利组织比较研究中心制定的分类法，将中国民间组织分层 12 各大类 27 个小类：文体类、教育类、卫生保健类、公益基金及志愿服务类、宗教类等。① 鉴于两岸政治社会生态的具体情况，笔者认为应优先发展两岸间的公益慈善类社会组织。

主要理由：

一是大陆开始逐步降低社会组织登记准入门槛，社会组织活动空间有所扩大。2012 年 1 月 1 日起，广东省社会组织管理改革迈出实质步伐，放宽了社会组织的限制，各类行业协会、异地商会以及公益服务类、社会服务类、经济类、科技类、体育类、文化类社会组织不再需要挂靠主管单位，可以直接到民政部门申请登记。按照大陆社会管理发展的趋势来看，沿海经济发达地区都可能会效仿广东，放宽对社会组织发展的限制，以促进社会组织的发展。

按照广东省委、省政府印发的《〈关于进一步培育发展和规范管理社会

① 邓国胜：《非营利组织评估》，社会科学文献出版社 2001 年版，第 5 -6 页。

组织的方案〉的通知》的具体要求，行业协会商会已经允许吸纳港澳台人士在广东省内工商注册的企业为会员，同时强调应加强与港澳台社会组织交流合作，推进港澳服务提供者以独资民办非企业单位形式举办养老机构和残疾人福利机构。未来我们应该积极推动在特定社会组织领域（如公益慈善类社会组织）内，进一步放宽对港澳台社会个体参与大陆社会组织的限制，将两岸三地的合作层次由组织对组织的合作推进到组织与个人的合作甚至是个人与个人的合作。

二是公益慈善服务类社会组织政治功能较弱，其价值理念无涉两岸政治敏感区。必须认识到社会组织具有非政府性、非营利性和资源性特征的同时，同时也具有政治性、对抗性，主要发挥社会功能的同时，也具有一定的政治功能。① 在自由主义语境下的西方公民社会理论较为强调国家与社会之间的二元对立划分。西方发达资本主义国家甚至还经常以非政府组织为中介，向非西方国家灌输西方的民主观、人权观和社会观。这是值得我们警惕的。我们必须走国家与社会组织有效整合的发展道路。

公益慈善类社会组织的“帮助弱势群体”的核心理念具有较强的普适性，较易与两岸之间现存的政治敏感区进行区隔，能够在两岸之间形成“共同观念”的连接点，即便对两岸中政治态度差异较大的社会个体也能形成共鸣，有助于互动的持续进行。

三是可以吸收台湾地区先进的经验，有助社会组织水平的提升。台湾社会组织建设取得了令人瞩目的成就，截至 2012 年底，台湾地区各类社会组织总数超过 5 万个②，成为社会治理的重要组成力量。台湾社会组织管理理念较为先进、监管体系严密、管理机制以及管理手段多元化，这些经验都值得大陆借鉴。③

四是可以充分吸引两岸青年人的参与。从台湾的“国家认同”调查来看，岛内的青年群体对“中国”的认同相对与其他年龄群体更低。岛内《天下》杂志的调查显示：62% 受访者认为自己是“台湾人”，自认“既是台湾人也是中国人”的有 22%，自认是“中国人”的仅 8%；其中，19 到

---

① 白平则：《如何认识我国的社会组织》，《政治学研究》2011 年第 2 期，第 3 - 10 页。

② 数据来源：台湾内政统计资讯服务网 www. moi. gov. tw/stat.

③ 郑振宇：《台湾社会组织管理的经验、问题与启示》，《探索》2013 年第 3 期，第 142 - 146 页。

29岁的年轻族群认为自己是台湾人更高达75%。[①] 导致台湾青年国家认同观念转变的原因与台湾李登辉时期开始的“去中国化”教育密切相关。这既说明了两岸认同构建工作的艰巨性，也指明了工作的主要对象应是岛内的青年群体。

两岸青年群体固然在国家认同观念层面有着巨大的差异，但在热衷慈善公益、积极参与志愿服务工作方面有着极强的共性。发展两岸间公益慈善社会组织，能够充分吸引两岸青年人的参与，可以为两岸青年的长期互动交流、增进相互理解提供很好的条件。

（四）发展两岸间公益慈善社会组织的目的

发展两岸间共同的公益慈善社会组织的目的在于将两岸各自的社会个体以公益慈善理念汇集起来，在共同组织内互动交流，为共同的目标—“帮助弱势群体”共同努力。在此过程中，两岸具有不同生活习惯、思维方式和价值观念的社会个体能够逐步构建出鲜活、积极的集体记忆，并在互动中提升扩大“共有观念”，共同努力构建一种双方均能接受的新行为规范和价值理念，稳步推动两岸认同的深化发展。

自2008年马当局执政以来，两岸关系进入了快速发展阶段。现阶段两岸关系进入了公认的“深水区”，而两岸认同被普遍认为是未来两岸深度整合的关键性因素。两岸认同在不同层面上展现出不同的面貌：两岸民族认同长期保持高度同一性；两岸文化认同中的同一性大于差异性，差异性值得正视和消除；两岸国家认同同一性已被差异性赶超，差异性还有扩大的趋势。[②] 台湾“国家认同”的转变是岛内政治生态变化等综合因素影响变化的结果。消除两岸认同的差异性、重新走向同一性，需要两岸长期共同努力。深化两岸认同的可选路径有许多，选择以发展两岸间共同社会组织为抓手，优先发展公益慈善类社会组织，从“帮助弱势群体”这个两岸都普遍认同的观念入手，吸引两岸的社会个体特别是青年群体广泛参与，循序渐进，逐步增强两岸在文化价值理念层面的认同，为建构“两岸一家人”的观念提供可靠基础。

---

① 《2010国情调查》，台湾《天下》杂志第437期，2009年12月16日。

② 刘相平：《两岸认同之基本要素及其达成路径探析》，《台湾研究》2011年第1期，第1－6页。

台湾意识的认知现状与发展趋势

——增强两岸互信之思想基础

首都师范大学台湾研究室　崔　萍

“台湾意识”是指台湾民众在长期共同生活中所形成的共同心理认知，是“中国意识”在台湾地区的反映。“台湾意识”是影响台湾民意趋向的社会思潮，是牵动两岸关系走向的敏感神经。全面、正确理解“台湾意识”的内涵与本质，有助于把握台湾民众长期以来形成的共同心理认知，从而加深对台湾地区由于各种因素所形成的独具个性的政治文化的理解，为增强两岸互信提供必要的思想认知基础。

一、“台湾意识”的内涵

“台湾意识”是台湾民众在长期的共同生活中所形成的一种特殊的社会意识，是基于台湾特殊的历史、政治、经济环境下所产生的不同于中国其他地方的特殊意识。

1. “台湾意识”的社会意识涵义

“台湾意识”属于社会意识的历史范畴，社会意识与社会存在相对应而存在。从社会意识的形式来看，它包括社会心理和社会意识形式两方面内容。社会心理是人的潜在的精神与思维活动，属于低级层次的社会意识。其特征是“自发性、散乱性和不稳定性”。[①] 社会意识形式是社会意识的高级层次，是形式化和具体化的社会意识，包括政治、法律思想、哲学、艺术、宗教等内容。在社会意识中，社会心理占据最大比重，它是社会意识形式的

① 张保权：《意识、社会意识和意识形态》，《兰州学刊》2006 年第 9 期。

基础和源泉，而社会意识形式则是“社会心理的集中、概括、提炼和升华”。[①] 因此，“台湾意识”是社会心理的层面的集中表现，随着实践活动的发展，部分社会心理会向社会意识形式转化。社会意识取决于并反映社会存在，因此“台湾意识”必然具有“中国意识”的普遍特征。当然，由于历史的发展与政治的演变，“台湾意识”又独具个性，产生了与中国其他地区不同的地方性意识。“台湾意识”与“中国意识”的关系是“台湾意识”的本质问题，也是围绕“台湾意识”探讨的核心所在。从社会意识与社会存在关系的角度来看，“台湾意识”可以理解为台湾民众在长期共同生活中所形成的共同心理认知，是“中国意识”在台湾地区的反映。

2. “台湾意识”的政治文化涵义

“台湾意识”又属于政治文化的范畴。美国政治学家阿尔蒙德认为：“政治文化是一个民族在特定时期流行的一套政治态度、信仰和情感。”[②] 关于政治文化的内涵，阿尔蒙德提出了“三大要素说”，即“政治认知”、“政治情感”和“政治评价”。所谓“政治认知”，是指“人们经由传承教化和社会生活经验得来的对政治现象是非善恶、因果对错等问题的既成认识”。[③] 反映在“台湾意识”的内涵中，它包含了台湾人民对祖国大陆、台湾地区以及两岸关系的政治历史与政治现实的认识。所谓“政治情感”，是指“社会成员在已有的政治认知基础上对政治现象产生的亲疏好恶等情绪性反应”。[④] 据此，“台湾意识”的内涵具体包括了台湾民众对政治权威、政治体系以及政治现象的态度倾向和对自身历史境遇的心理感受。所谓“政治评价”，或称“政治价值取向”，是指“人们在基本政治认知、政治经验和直观的政治情感基础上的思想与态度的升华，包括政治理想、政治信仰、政治价值观念、群体意识、政治追求等理性思维和主张”。[⑤] 因此，“台湾意识”内涵还具体包括台湾人对两岸关系未来走向的追求，对本土民主自由的意见和主张。无论是从理论角度去分析，还是从实践经验来观察，政治评价对台湾政治文化的发展产生最具实质性的影响。全面理解“台湾意识”的内涵，

① 张保权：《意识、社会意识和意识形态》，《兰州学刊》2006 年第 9 期。

② ［美］罗纳德·H·奇尔科特著：《比较政治学理论》（高恬等译），社会科学文献出版社 1998 年版，第 244 页。

③ 刘国深：《台湾政治概论》，九州出版社 2006 年版，第 2 页。

④ 刘国深：《台湾政治概论》，九州出版社 2006 年版，第 13 页。

⑤ 刘国深：《台湾政治概论》，九州出版社 2006 年版，第 21－22 页。

就必须深入了解台湾民众的心理认知、态度情感和目标价值。

3. “台湾意识”的历史发展涵义

从历史的发展进程来看，“台湾意识”的内涵在不同的历史时期，都有不同的内容。“台湾意识”形成于明清时期，此时更多表现为爱乡爱土的炽热情怀。“台湾意识”的形成是一个渐进的过程，台湾早期的移民大部分来自祖国大陆的福建、广东一带，他们将闽粤文化、风俗习惯传播到台湾岛，并怀有对祖国的热爱、对故乡的思念之情。大陆移民在开拓、定居、建设台湾的过程中，与当地的文化风俗不断交流、融合，共同奋斗，发展经济，这是中华民族形成过程的一个缩影。从三国一直到明清时期，历代政权一直都很重视对台湾的开发与建设，在当代台湾也保留了很多思乡爱国之情的民间风俗和体现中华传统文化的历史古迹。直至明清时期，“台湾意识”从个别意识上升为社会认同，由松散的意识发展成为集体自觉。由乡土观念、民俗习惯凝聚汇成的民族认同，是“台湾意识”的最初意识形态。日据时期，日本强占台湾半个世纪，但是台湾人民从未放弃反抗日本殖民统治的斗争和争取回归祖国的努力。对于《马关条约》的割台条款，台湾人民表示：“台湾属日，万民不服，如赤子之失父母。”① 这是台湾人民悲情意识的起源。此后，日本企图同化台湾同胞为日本顺民的皇民化运动也并没有动摇“中国意识”的主导地位，民族意识、祖国意识一直是“台湾意识”的主流。在台湾光复初期，台湾人民历经磨难终于回归祖国时的兴奋感很快被现实打碎，变为对国民党政权的不满与失望。国民党政权的腐败无能、军队的涣散暴力，加深了台湾民众同国民党当局的矛盾与隔阂。此时期，台湾民众不仅有历史的悲情意识，更有对民主、自由、权利的向往与追求。

较早定义“台湾意识”内涵的学者是旅日著名台湾史学家戴国煇先生，他提出，“台湾意识”是指“日据时代，视中国为祖国和中国意识、中国文化为主体，对抗日本殖民统治、殖民文化和皇民化的一种爱祖国、爱乡土的爱国意识”。② 这是基于当时的台湾所处的殖民环境所做出的解释。台湾光复后，尤其是台湾民主化以来，台湾与大陆长期处于分离、隔绝和对峙的状态，因此“台湾意识”不免出现了淡化“中国意识”的倾向，但是“中国

---

① 倪建中：《台湾祸福——梳理大陆与大洋之间的历史流变》（下），中国社会出版社 1996 年版，第 887 页。

② 参考中国社会科学网，《促进政治关系两岸必由之路》，http：//www. cssn. cn/news/137879. htm.

意识”依然是两岸关系的主流。李登辉上台以后，强行将“台独”意识灌输给台湾民众，“台湾意识”被曲解为“台独”意识的趋向越来越严重，以至于有相当人群将“台湾意识”与“台独意识”混为一谈，加深了两岸民众之间的误解。2009年，中共总书记胡锦涛在纪念《告台湾同胞书》三十周年座谈会上发表重要讲话，将“台湾意识”与“台独意识”严格区分开来。同年7月全国政协主席贾庆林在“第五届两岸经贸文化论坛”开幕式演讲时强调：“台湾同胞因近代以来特殊的历史遭遇和形成的‘台湾意识’，反映的是爱乡爱土的炽热情怀和自己当家做主的朴素愿望。”① 对“台湾意识”内涵做出新的界定。

综上，“台湾意识”可以从三个层面理解：一是爱乡爱土的炽热情怀，这是“台湾意识”的最初形态，也是贯穿“台湾意识”形成与发展各个时期的最基本内容。这是从意识层面理解的“台湾意识”；二是历经磨难的悲情意识，这是台湾民众遭受外部民族侵略以及内部高压统治所形成的一种特殊的情绪心理，是从历史层面理解的“台湾意识”；三是自己当家做主的朴素愿望，这是台湾民主化以来“台湾意识”演变发展的最新内容，是从政治层面理解的“台湾意识”。

二、“台湾意识”的认知现状

目前两岸关于“台湾意识”的认知，焦点在于“台湾意识”的本质问题，即“台湾意识”与“中国意识”的关系。大陆对“台湾意识”的本质认知很明确，即“中国意识”是“台湾意识”的本质特征，也是台湾社会的主流意识。台湾地区对“台湾意识”的认知不尽相同。一部分认为“中国意识”是“台湾意识”的核心思想，另一部分认为“中国意识”与“台湾意识”是完全对立的。在台湾不同政党执政时期，“中国意识”在台湾社会意识的主流思想中也存在微妙的变化。在民进党执政时期，“台独意识”一度占据主导地位，而“中国意识”在主流思想中就表现出微弱的态势；在国民党重新执政的这段时间，“中国意识”重新与“台湾意识”联结，但是“台独意识”依然是一股不可忽视的社会思潮，并且随着社会存在的变

---

① 参考中国台湾网，《推进两岸文化教育交流合作的五点意见》，http://www.chinataiwan.org/zt/wj/lt/jh/200907/t20090711_948998.htm.

化而出现此消彼长的态势。

1. 大陆对“台湾意识”的认知

对于“台湾意识”大陆主要是侧重于对“台湾意识”的内涵，“台湾意识”与“台独意识”、“中国意识”的关系进行探讨。

关于“台湾意识”的内涵方面，大陆基本上从四个层面来理解。一是乡土意识或地方意识。这是一种自生的、最纯朴的“台湾意识”，“乡土意识的产生可以说是一种十分自然之事。在台湾成长、生活的人，对自己的母社会产生一种依恋之情，进而在意识上要求认同台湾，关怀社会，这便是乡土意识的由来”。[①] 台湾作为中国的一部分，是一种地方意识，“和中国其他地方的地方意识形态没有本质区别”，“如果说和中国一般的地方意识有所区别，充其量也就是可以和‘香港意识’、‘澳门意识’相提并论”。[②] 二是民族意识和爱国情感。从大陆移民定居、开发、建设台湾和反对外来侵略的历史过程中，祖国意识一直是“最基本的意识”。[③] 台湾民众以五千年的中华民族文化为荣，“抗战时期，台湾人民的坚决抵制和英勇反抗”，“台湾人民将中国视为自己的祖国，想方设法光复台湾”，回到祖国的怀抱，这种不屈不挠、英勇抗日的精神便“体现了台湾民众的民族意识和爱国情感”。[④] 在李登辉、陈水扁执政期间，台湾同胞的祖国意识主要表现为反对“台独”活动、发展两岸交流、推动和平统一。三是民主精神。由于台湾民众在历史上受到殖民主义的侵略蹂躏，加上国民党统治时期基本权利被无情剥夺，因此出现了“一种不愿任人宰割摆布、要求自己当家做主的心理反映”。这种民主意识发展到今天主要表现为“台湾出头天”的情结。[⑤] “民主意识是自发意识中最深层的因素”，[⑥] 其在台湾流行的主要原因：对殖民统治的憎恨，对专制统治的反思，以及移民的社会性质所决定；四是敢于打拼的性格。台湾大多数祖先是“被逼上梁山、逼下台海、从死亡线上活过来的硬汉。凡

---

① 方曙兵：《“台湾意识”及大陆对台政策的反思》，《当代经理人》，2005 年第 2 期。

② 参考中国台湾网，《解读“台湾意识”的三种形态》，http：//www. chinataiwan. org/plzhx/hxshp/whshh/200708/t20070801 _ 411093. htm.

③ 刘红：《剖析台湾的各种社会意识　了解台湾同胞的所想所需》，《统一论坛》，2006 年第 1 期。

④ 参考中华网，《抗战时期台湾人民的祖国意识是维系两岸的纽带》，http：//news. china. com/zh _ cn/news100/11038989/20051026/12787853. html.

⑤ 吕晶华：《“台湾意识”剖析》，解放军外国语学院 2002 年。

⑥ 刘红：《台湾主要社会意识与现实的关系分析》，《台湾研究》2006 第 1 期。

经不起台湾海峡的风浪，战不胜荒岛瘴气，敌不过外来侵略统治者的，都难以在台湾这片土地生存下来”。[①] 今日台湾的繁荣也正是台湾同胞大无畏的精神所铸就的。因此，这种打拼的性格也是“台湾意识”的重要内容。

关于“台湾意识”与“中国意识”、“台独意识”的关系方面，大陆方面所持观点基本一致，认为“台湾意识”从属于“中国意识”，而与“台独意识”是对立的，“台湾意识”的本质是“中国意识”。第一，“台湾意识”与“台独意识”在本质上截然不同。“大陆从来没有把‘台湾意识’和‘台独’等同起来”，虽然有“台独”势力利用和操纵“台湾意识”、将“台湾意识”异化为“台独意识”，“但是大陆对这一个问题，对他们之间的不同和界限是非常清楚的”。[②] 第二，“台湾意识”的本质是“中国意识”。台湾人民的主流意识是“中国意识”，即“认同自己是有5000年光辉灿烂文明历史的中华民族的优秀儿女”。[③] “台湾意识”与“中国意识”是相互融合的，而“台湾意识”的本质，“是追求民族昌盛的中华意识”,[④] 即“中国意识”。第三，“台独意识”是“台湾意识”的异化。“二二八事件”后，台湾民众对国家的认同受到巨大冲击，少数“台独”分子“在外国反华势力的支持下趁机而入，挑拨离间，逐步误导‘台湾意识’与‘中国意识’相脱离，并将‘台湾意识’异化，扭曲为‘台独意识’”。[⑤] 但是也有少部分学者认为当今的“台湾意识”已经与“中国意识”脱离，发展成为了“台独意识”。究其原因，首先是“台独”分子利用悲情意识“强化台湾本土意识”。其次是由于两岸长期隔离，“台湾人对祖国大陆由陌生、疏离到排斥对立”。此外，“台湾青年人的‘中国意识’与中华民族感情淡漠”也是一个重要原因。[⑥]

2. 台湾对“台湾意识”的认知

“台湾意识”一词近年来在台湾岛内出现频率非常高，受“台湾意识”

---

① 郑坚：《“台湾意识”的基本特征》，《台声》，1994年第6期。

② 参考中国台湾网，《“台湾意识”和“台独”界限很清楚》，http：//www. chinataiwan. org/zt/szzt/songchuyuinterviewed/views/200807/t20080711 _ 694820. htm.

③ 刘芳彬：《探析“台湾意识”》，《中央社会主义学院学报》2006年第2期。

④ 参考中国台湾网，《“台湾意识”是爱土爱乡的情感　绝非等同于“台独”》，http：//www. chinataiwan. org/zt/lszt/kangzh/zhuanj/200801/t20080102 _ 528745. htm.

⑤ 刘芳彬：《探析“台湾意识”》，《中央社会主义学院学报》2006年第2期。

⑥ 参考中华网，《抗战时期台湾人民的祖国意识是维系两岸的纽带》，http：//news. china. com/zh _ cn/news100/11038989/20051026/12787853. html.

的异化影响，台湾关于“台湾意识”的理解与认识大致分为两种观点。

一种认为“台湾意识”不等于“台独意识”，而是“中国意识”的一部分。其基本观点包括三个方面：一是两岸同属“一个中国”，“台湾意识”从属于“中国意识”。“海峡两岸均坚持一个中国原则”是“九二共识”的核心内容，也是维持两岸关系和平发展的基础，深受广大台湾同胞的肯定与支持。2012 年国民党荣誉主席吴伯雄在“九二共识”发表 20 周年之际，强调“‘九二共识’是白纸黑字的历史事实，今后两岸和平发展仍要以此为基本”。[①] 国民党副主席蒋孝严也表示，“九二共识”是“巧政治的展现”，是台湾民众可以“高度接纳的历史事实”。[②] 台湾新党主席郁慕明在接受《旺报》采访时，指出解决台湾出路问题最根本的就是坚持“一中、就是终极统一”。[③] 承认“一个中国”，即承认“中国意识”是两岸共同的价值追求，“台湾意识”从属于“中国意识”，是“中国意识”不可分割的重要组成部分。二是两岸同属中华民族，拥有共同文化，“中国意识”是“台湾意识”的本质。“台湾意识”是“立足于中华文化、中华民族的基础之上”的社会意识，[④] 是“中华文化体系下多元文化的表现”，[⑤] 是绚丽多彩的中华文化的组成部分。中华传统文化在台湾一直都是主流，“‘台湾意识’所强调的‘爱乡、爱土’也是中华传统文化的一部分”。[⑥] 马英九发表 2013 年元旦祝词时提到，“两岸同属中华民族，都是炎黄子孙”。[⑦] 吴伯雄出席《中华儿女策马中原》新书发表会时表示，“一个人可以选择朋友、伴侣，但不能选择祖先”，他呼吁台湾年青人应该“多接触中华文化，不能放弃自己是炎黄子

---

① 参考中国台湾网，《“九二共识”是白纸黑字的历史事实》，http：//doc. lib. taiwan. cn/taiwandiqu/201212/t20121224 _ 3483465. htm.

② 参考中国台湾网，《“九二共识”是“巧政治”的展现》，http：//doc. lib. taiwan. cn/taiwandiqu/201212/t20121224 _ 3483340. htm.

③ 参考中国台湾网，《解决台湾出路　最根本的是两岸一中、统一》，http：//doc. lib. taiwan. cn/taiwandiqu/201212/t20121219 _ 3469236. htm.

④ 参考华夏经纬网，《重建台湾的核心价值观》，http：//www. huaxia. com/la/bfyl/2007/00644185. html.

⑤ 参考中国台湾网，《连战记者会　肯定经贸论坛成果解读台湾意识》，http：//www. chinataiwan. org/zt/jmkj/forum/report/200807/t20080725 _ 709588. htm.

⑥ 参考中国台湾网，《相同文化促统一》，http：//www. chinataiwan. org/zt/gjzt/10 _ hwtch/10 _ whtchzf/201107/t20110713 _ 1921584. htm.

⑦ 参考中国台湾网，《两岸同属中华民族　台海永久和平是首要之务》，http：//doc. lib. taiwan. cn/taiwandiqu/201301/t20130104 _ 3509670. htm.

孙的一分子”。[①] 三是“台独意识”与“中国意识”、“台湾意识”是完全背离的。少数“台独”分子将“台湾人”与“中国人”区隔、对立，其目的是“煽动族群情绪的选举谋略”，这样“既无助于台湾内部的团结，也有碍海峡两岸的相互沟通与友谊的建立”。[②] 亲民党主席宋楚瑜2005年在清华大学演讲时强调，恳请大陆同胞不要把“台湾意识”与“台独”意识画上等号。“‘台湾意识’是在长期的历史脉络中自然形成的一种认同台湾人跟地的一种情感，‘台独’是要把台湾与中国大陆彻底地去割裂的一种企图”。[③] 2012年3月吴伯雄赴郑州参加壬辰年黄帝故里拜祖大典时表示：“我深爱台湾，同许多台湾人一样有强烈的‘台湾意识’，但这决不同于主张永远分离的‘台独意识’。”[④]

另一种认为“台湾意识”即“台独”意识，与“中国意识”是平行或者对立的。他们将“台湾意识”等同于“台独”意识，高举着“台独”旗帜，号称是正统的“台湾人”，挟持台湾民众尤其是中南部选民的感情为政治选举服务。民进党为了上台，“竭力推动‘台湾意识’与‘台独’意识的等同关系，抽出完全不同的区隔成分，混淆一体。”谋得执政党后，又充分利用公权力大搞“台独”活动，“力求将‘台湾意识’等同于‘台独’意识的关系合法合理化”。[⑤] 将“台湾意识”导向“台独”意识是民进党等“台独”势力操纵政治选票的工具，每逢选举，对大陆“以刺激性的语言意图惹恼中共，迎合深绿支持者，严重威胁台海安全和区域和平”，对岛内“制造省籍对立、族群分裂，弄得人心不安”。[⑥] 这是民进党参与政治、谋取自身利益的一贯手段，把“台湾意识”异化为“台独”意识，把“台独”意识绑架于民主意识，操弄民粹争夺选票。因为民进党人始终认为“只有

---

① 参考中国台湾网，《两岸都是炎黄子孙　不接触太可惜》，http://doc.lib.taiwan.cn/taiwandiqu/201301/t20130128_3594923.htm.

② 参考中国台湾网，《相同文化促统一》，http://www.chinataiwan.org/zt/gjzt/10_hwtch/10_whtchzf/201107/t20110713_1921584.htm.

③ 参考人民网，《亲民党主席宋楚瑜在清华大学演讲全文》，http://tw.people.com.cn/GB/26741/47108/47528/3379817.html.

④ 参考台海网，《“台湾意识”绝不同于“台独意识”》，http://www.taihainet.com/news/twnews/bilateral/2012-03-23/829306.html.

⑤ 参考华夏经纬网，《扁家让民进党吃尽苦头　有苦说不出》，http://www.huaxia.com/thpl/sdfx/3121059.htm.

⑥ 参考凤凰网，《“台湾意识”决不是“台独意识”》，http://news.ifeng.com/taiwan/1/200809/0927_351_808692.shtml.

拥抱其所谓的‘台湾意识’，才有胜选机会”。①

三、“台湾意识”的发展趋向

当前“台湾意识”表现出两种发展趋向：一种是与“中国意识”相背离，“台独意识”继续发酵；一种是与“中国意识”重新联结，具体表现为“台湾认同”。

1. “台独意识”与“中国意识”相背离

“台独”分子极力灌输“台独”意识，将台湾人民爱乡爱土的炽热情怀捏造为“爱台湾”与“爱中国”相对立，将台湾人民要求当家做主的朴素愿望歪曲为要求台湾政治“独立”的诉求。2000年和2004年民进党通过博得台湾民众的同情谋取政治选票，获得上台执政的机会，使“台独意识”泛滥开来，“台湾意识”最终被异化为了“台独”意识。“台独”意识有意割裂“台湾意识”与“中国意识”的关系，制造民族矛盾，分裂国家主权，是与“中国意识”完全背离的。

从表面来看，“台湾意识”被异化为“台独”意识，并取得了一定的成效；从短期来看，“台独”意识在当今台湾社会还有一定的影响，尤其是岛内青少年的“国家认同”情感逐渐降低。但是，“台独”意识破坏了以“和平与发展”为主题的世界趋势以及两岸关系潮流，违背了中华民族的优良传统和中国人民的共同意愿，更损害了广大台湾同胞的根本利益。从本质以及长远来看，“台独”是一条没有前途的道路。

2. “台湾认同”与“中国意识”相融合

“台湾认同”与中国其他地区的地方认同一样，是一种乡土认同，是台湾同胞在开拓和定居台湾的过程中，逐渐形成的对乡土的热爱与眷顾之情，可以被看成是“台湾意识”的具体表现。这种地方认同与国家认同并不相悖，热爱家乡是热爱国家的一种表现，积极投身家乡建设与发展也是报效国家的重要方面。然而，由于台湾特殊的历史发展与政治动态的演变，“台湾认同”又被赋予了“民族认同”、“国家认同”层面的含义，这是“台湾认同”的特殊性。所谓“民族认同”主要是指认同两岸同属一个民族，即中

---

① 参考中国网，《“和而不同、和而求同”与“台独”有何不同》，http：//www. china. com. cn/news/tw/2011 -02/28/content _22019864. htm.

华民族；"国家认同"主要是指认同两岸同属一个国家，即中华人民共和国。李登辉、陈水扁执政期间，"台湾意识"被异化为"台独"意识，造成了台湾政治认同观的混乱。据多项调查，自1990年以来台湾同胞的"国家认同"度呈下降趋势，而"本土认同"度逐年上升。对于此现象和在"台湾认同"的理解上，我们要仔细分析，区别对待。

第一，"台湾认同"，或称"乡土认同"，是"台湾意识"的具体表现，我们应予以尊重。"台湾意识"主要包含了三层含义，即爱乡爱土的炽热情怀、历经磨难的悲情意识和自己当家做主的朴素愿望。而"乡土认同"正是反映了"台湾意识"中爱乡爱土的炽热情怀这一层含义。台湾地区从一个荒芜贫瘠之岛发展成为富庶繁荣之地，是一批批大陆移民披荆斩棘开拓出来的，是世世代代台湾儿女辛勤浇灌创建形成的。由主体为大陆移民组成的台湾同胞，在开拓、扎根台湾的历史形成过程中，很自然地对这块土地产生了热爱之情，进而由地域的归属感上升为"乡土认同"。这是"台湾意识"的自生发展，也是"台湾意识"的最原始含义。因此，"乡土认同"并不是"台独"意识。我们应充分尊重台湾同胞爱乡爱土的炽热情怀，将具有"乡土认同"感的广大台湾同胞同少数鼓吹"台独意识"的分裂分子区别开来，孤立少数极端的"台独"分子，这样才能真正赢得多数台湾民意、民心。

第二，"国家认同"度下降是历史与现实因素综合作用的结果，我们应高度警惕。历史上台湾遭受过荷兰、西班牙、葡萄牙、英国、法国、日本、美国等国家的侵扰，并先后沦为荷兰与日本的殖民地，尤其是近代以来日本对台湾的殖民统治长达半个世纪之久。巨大灾难在台湾同胞心中深深刻下了悲情的历史印记，他们缺少祖国的关怀，缺少独立的人格，因而这种"悲情意识"很容易被分裂分子蛊惑、渲染，产生对祖国的疏离感。国民党入台后，当局的腐败无能又深深刺痛了台湾同胞的爱国情感，他们很快由回归祖国后的喜悦之情变成对当局的不满，渐渐对祖国产生了失望感。长期以来国民党当局封锁台湾海峡，实行恐怖统治，进行反共复仇的宣传，抹黑大陆政权，至今对台湾同胞来说还心有余悸。台湾民主化与自由化以来，"台独"势力从夹缝中崛起。李登辉、陈水扁等分裂分子不遗余力的将"台湾意识"异化为"台独"意识，使台湾同胞"国家认同"的价值观也随之混乱和扭曲。我们应始终高度警惕和抵制"台独"分子潜移默化地灌输"台独"意识，高度重视台湾同胞被政治挟持而产生对"国家认同"的淡化，这是影响两岸关系长远发展的毒瘤与症结。

第三，“民族认同”是两岸同胞凝聚共识的契合点。目前，从“国家认同”的角度争取台湾民意还有不小的难度，毕竟历史的隔阂、误解很难在短时间内消除、融化。但是从“民族认同”的立场出发，有利于缩小台湾同胞与大陆人民的情感距离。两岸同属中华民族，这是不争的历史事实，是无法改变的亲缘血统。相对于国家层面，台湾同胞更容易接受同属于中华民族的论述。远见杂志在 2009 年 7 月通过一份民意调查，发现约八成台湾的受访民众认同自己是“中华民族的一分子”，约六成认同“两岸民众同属中华民族”。① 2013 年 2 月 27 日，有最新民意调查显示：90% 的台湾人认同自己是中华民族的一员，认为自己非中华民族者占 6%，② 这是台湾竞争力论坛与艾普罗民意调查公司联合公布的，调查结果具有很高的科学性和可信度。可见，台湾同胞的民族认同感还是比较高的。例如，2008 年奥运前，两岸关于“中国台北”与“中华台北”的争议，台湾当局对“中国台北”名称持反对态度，反映了目前两岸在政治认同上的差异与分歧。而“中华台北”可以被视为中华民族的分子或中华文化的子文化，于是最终被两岸共同接受。

总之，我们应该尊重经过历史迁移所形成的“台湾认同”，警惕当前台湾民众“国家认同”度下降的趋势，重视“民族认同”在推动两岸关系和平发展中的作用。因此，我们可以在搁置争议的基础上，凝聚两岸共识，从“民族认同”着手逐步推进台湾同胞树立正确的“国家认同”观，深化互信，扩大往来，为两岸关系稳定发展提供坚实基础。

---

① 汤绍成：《台湾的认同问题》，台湾问津堂书局 2012 年版，第 18 页。

② 参考中国台湾网，《一份科学、可信的民调》，http：//www. taiwan. cn/plzhx/zhjzhl/zhjlw/201303/t20130304 _ 3855868. htm.

台湾民众认同问题的历史与现实：以大陆台商社会认同的实证研究为例

复旦大学　严志兰

社会认同具有结构性特征，根据不同的标准，可以将认同划分为不同的类型。两岸关系研究语境下台湾民众的“认同”又有其特定内涵。目前两岸学界多从政治角度关注、研究台湾民众的“认同”问题，其中台湾民众的“国家认同”被讨论得最多。但由于长期以来两岸之间的特殊关系，不管是研究者，还是认同的主体，对“国家”的理解存在诸多不同的认知。大体上，“国家认同”中的民族认同、文化认同、制度认同是目前对两岸关系影响最大的因素。[1]随着两岸关系不断改善，两岸之间各个领域、层面的交流不断深入，影响乃至改变岛内台湾民众认同的因素增多的同时，对台湾民众“认同”的研究也要随之调整。必须从更广阔的视角来观察，运用不同学科理论，对台湾民众不断变化着的认同现象做出比较客观的解释。

本文首先沿着历史的脉络简单梳理台湾民众的认同形成及变迁过程，然后聚焦于2008年以来台湾民众的认同乱像，着重分析两岸关系进入新的历史时期以来台湾民众认同的新动向，探析未来两岸关系巩固深化阶段台湾民众认同危机的化解与修复以及两岸共同认同的建构。

一、台湾民众认同问题的产生及其国家认同意识的变迁

（一）台湾民众认同问题的产生

作为一种心理现象，台湾民众认同的基础是作为一个以地域关系为主的

共同体（社会群体）的形成。明代郑成功收复台湾以来直至清代，台湾逐渐形成了一个以汉族移民为主体的移民社会，由此逐步形成以“乡土意识”为核心的对台湾本土的认同。但这种认同属于以地域为认同标准的地方性认同（本质性认同），无涉国家认同。[2]

台湾民众的国家认同成为一个问题始于1895年，被殖民经历是其重要历史根源。[3]受到外力冲击的台湾社会逐步形成具有“主体性”的“台湾意识”，一方面，台湾被从中华民族母体强行割占出去的历史记忆对台湾民众的国家认同造成难以磨灭的伤痕，另一方面，日本对台湾人民实行的皇民化教育又造成了近代台湾民众国家认同的混乱。同时，台湾被迫同祖国大陆分离的50年，正值中华民族国家观念形成的关键时期，[4]台湾民众也就失去了与大陆人民形成共同历史记忆的关键时机，由此对台湾民众形成正确的国家认同造成致命伤害。刘国深教授将这一时期台湾民众的认同危机称为认同异化，并认为此后台湾社会所经历的种种历史遭遇不断加深台湾民众的认同异化，最终导致台湾民众国家认同与民族认同（中华文化认同）的断裂、错位。

历史研究表明，《马关条约》割让台湾给日本，对台湾当地人民造成严重伤害。但在日本占领的前半期，台湾人民保持了中国的文化和对中华民族的认同，他们回归大陆的意愿从未减退。随着台湾被殖民时间的加长，日本侵略者对台湾的皇民化教育削弱了台湾民众同中华传统文化联系的同时，也使台湾民众的中华民族认同开始削弱。这一时期，台湾民众的国家认同与民族认同（中华文化认同）基本上是统一的，并未发生折裂。1945年，国民党在国共内战中战败退台，在两蒋治理台湾时期，逐渐建立起台湾民众对“中华民国”的“国家认同”。应该说，20世纪70年代以前，退台的国民党当局旗帜鲜明的坚持“一个中国”，反对台湾“独立”，大部分台湾民众也以“中华民国”为主观认同的对象，台湾民众的国家认同与民族认同和谐一致。

但是，由于国民党当局对台湾统治的一些失误，也使得台湾人民与大陆人民产生隔阂。尤其是1947年的“二二八事件”，为后来台湾部分民众国家认同与民族认同的断裂、错位，台湾民众认同危机的产生、深化以及“台独”势力的发展埋下隐患。

（二）台湾民众认同危机的深化

进入20世纪70年代以后，台湾民众的认同异化加速，认同危机深化。

1971 年台湾当局被清理出联合国，国际上代表中国的是中华人民共和国，也是全世界大多数国家承认的中国唯一的合法政府。好不容易建立起来的“中华民国”这一台湾民众的中国认同虚像开始迅速破灭。那么在台湾当局是一个什么性质呢？台湾方面说不清楚，台湾民众也弄不清楚，陷入迷茫的台湾民众开始将台湾认同（其实质为乡土认同）异化为“中国认同”。20 世纪 90 年代以来，台湾民众认同的“台湾认同”强化和“去中国化”趋势较为明显。出生、成长于日据时期的李登辉在执掌台湾后，利用公权力的力量，一方面解构与重构台湾民众对过去 400 多年台湾所遭受历史的新历史记忆，另一方面借助于当时岛内盛行的民主化和本土化趋势，兜售“两国论”和“一边一国”论，由此重塑台湾民众新的“国家认同”（建构性认同），台湾民众的国家认同与民族（中华文化）认同发生严重错位、断裂，导致已经出现的认同危机走向激化。

综上所述，台湾民众的认同危机最主要的表现是国家认同与民族（中华文化）认同的错位。民族、国家等概念几乎都是同时出现在近代史上，无论是单一民族组成或多元民族组成的国家，民族和国家这两个概念指向原本不相矛盾，即民族认同与国家认同应该基本一致，但在台湾却发生了严重的错位现象，造成岛内长期以来的族群对立、社会冲突，也对两岸关系的和平发展与和平统一造成长期、深远的负面影响。现阶段台湾民众的国家认同出现多元化特征，大体上表现为“一个中国”、“一中一台”和“两个中国”三类国家认同。[5]这三类国家认同之间又是互相对立的，由此导致台湾民众的国家认同更加扭曲、畸形，国家认同的危机在台湾社会埋下了冲突、对立的种子。

（三）2008 年以来台湾民众认同的新动向

2008 年台湾“总统大选”历经二次政党轮替，2012 年代表国民党竞选的马英九成功连任，两岸关系持续和平发展，现在两岸关系和平发展已经从开创期进入巩固深化阶段。

但是，与两岸经济、社会、文化等各领域交流持续升温形成鲜明对比的是，台湾民众的台湾本土认同却呈现逐年上升趋势。根据台湾政治大学选举研究中心的跟踪调查数据（见图1），[①] 自2008年下半年开始，自认是“台湾人”的比例显著超过自认“既是中国人也是台湾人”的比例，到2012年6月，自认“是台湾人”的比例比自认是“中国人”的比例超出50多个百分点。这就是说，两岸关系大幅改善，但认同是“台湾人”的比例反而比民进党执政八年任何一个时期都还要来得高。这一看似矛盾的现象再次告诉我们：两岸关系和平发展与和平统一道路曲折；台湾民众的认同，尤其是政治认同的形成与改变有着复杂的运作机制，是政治、经济、社会、心理等多种因素综合作用的结果，也是未来两岸关系和平发展与统一绕不开的一道难题。

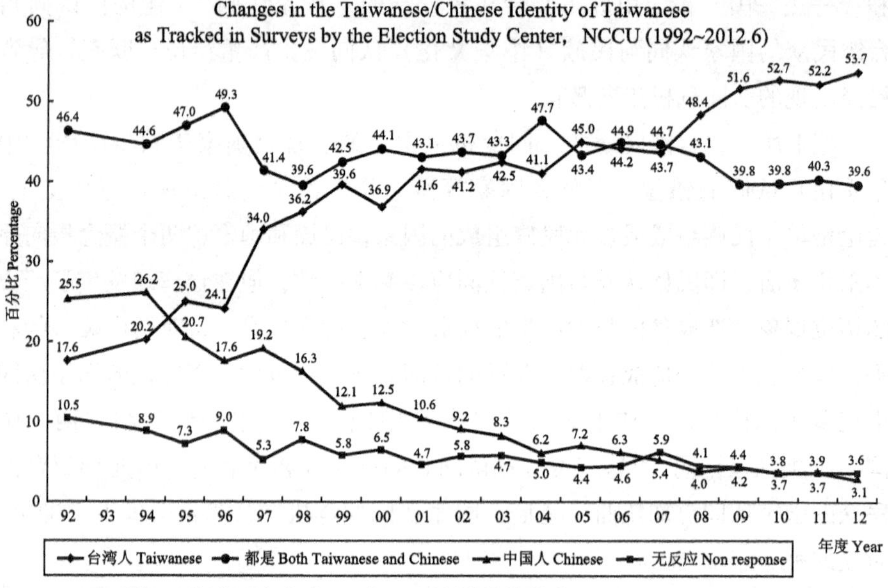

图1 台湾民众台湾人/中国人认同趋势分布（1992-2012.06）

资料来源：台湾政治大学选举研究中心网站. http://esc.nccu.edu.tw/modules/tinyd2/content/TaiwanChineseID.htm.

① 根据格罗塞的观点，媒体所做的民意调查往往也是建构扭曲的社会认同的重要因素。两岸有不少研究者也指出，台湾岛内诸如此类关于“中国”或“中国人”认同的民意调查，往往已经预设了政治前提，有误导之嫌，并不能真正反映受调查者的认同倾向。即便如此，本文认为此处引用的调查数据亦能曲折的呈现台湾民众的若干认同变化。参见［法］阿尔弗雷德·格罗塞著：《身份认同的困境》（王鲲译），社会科学文献出版社2010年版；刘国深：《偏狭民调乱台湾乱两岸乱世界》，中评网 http://www.zhgpl.com/doc/1021/5/1/8/102151858.html? coluid=7&kindid=0&docid=102151858&mdate=0702094003，2012年7月2日；汤绍成：《台湾认同问题的吊诡》，香港：《中国评论》2012（6）。

如果在台湾民众认同的民意调查问卷中将民族与中华文化认同和国家认同区分开来，那么又会得出不同的调查结果。依据台湾《远见》杂志2009年7月的一份民调结果，近八成台湾的受访民众认同自己是“中华民族的一分子”（2008年6月是77.2%），约六成认同“两岸民众同属中华民族”。[6]《远见》杂志在2010年10月所发布的另一份民调数据表明，“两岸关系已改善，但民众对大陆做法仍较反感的主要是”：77.2%限制台湾参加国际组织、68.4%不民主且欠缺言论自由、67.6%瞄准台湾的飞弹。[7]由此可见，台湾民众的认同变化主要集中在国家层面的政治认同，影响台湾民众认同变化的主要因素是两岸关系中的制度与政治方面的因素；台湾民众的民族与文化认同心理目前仍然比较稳定。

（四）20世纪50年代以来影响台湾民众认同变化的主要因素

台湾民众的认同变化及随着两岸关系日益密切而突出的认同危机（或称为认同异化、认同撕裂、认同混乱）出现的原因大体上可以从岛内、大陆和国家三个方面去理解：

首先，岛内各种政治社会力量强力介入民众认知的修复与重构，是影响台湾民众认同变化最主要的因素。这主要表现在：“台独”势力通过历史教科书有计划、系统性的修改社会记忆；“台独”思想附体台湾的民主化、本土化浪潮，台湾民众健康的国家、民族认同心理被利用；岛内新闻媒体政治对立色彩明显，片面、失真、缺乏客观性的报道，干扰民众建立理性的社会认同。

当然，我们还要看到台湾当局和台湾民众的认同选择动机是不同的。李登辉、陈水扁在位期间推行“去中国化”政策，否认“中国认同”是岛内选举政治、选举文化、选举利益高于一切的特殊政治环境使然。但是，台湾民众的认同选择在很大程度是基于一种自尊心理需要，[8]应该给予一定的尊重与理解。

其次，大陆对台政策与两岸经济社会发展差距的消长对台湾民众认同变化的影响越来越大。大陆因素主要通过内生和外生两个方面，通过直接和间接两种方式对台湾民众的认同产生影响作用。中华文化是作用于台湾民众认同的长期、持久的内生力量。作为一种国家政策的大陆对台政策，对台湾民众认同的影响日益从间接影响力变成直接影响力。此外，大陆在政治、经济、文化、社会等各个领域的发展水平提高、国家综合实力增强、对外形象改善以及国际地位提升，都会影响到台湾民众的社会认同。

第三，长期以来美、日等国不放弃插手干预台湾问题，干扰台湾民众健康认同的建构是影响台湾民众认同的重要国际因素。

二、大陆台商社会认同的实证研究

下文将重点转向弱政治性的社会认同，以 2009 - 2010 年间在福建生活的台商为研究对象，通过田野调查和实证分析，深入剖析以大陆台商为典型代表的台湾民众在两岸关系进入大交流、大合作、大发展阶段的社会认同特征及细微变化。

本研究所做的问卷调查侧重受调查者的主观感受和认知，[①] 从四个方面了解台商的社会认同状况。

（一）与当地社会的互动感受

与当地人的互动感受包括自己与大陆本地人异质性的心理感受以及被大陆本地人接纳程度的心理感受。

见表 1，57.4% 的受调查者只是偶尔意识到自己是台湾人，超过三分之一的受调查者感觉自己常常被提醒是台湾人；

表 1　日常生活中对自己是“台湾人”的意识

日常生活中的“台湾人”意识		频数	百分比	有效百分比	累计百分比
有效值	常被提醒自己是台湾人	43	34.4	35.2	35.2
	偶尔意识到	70	56.0	57.4	92.6
	常常忽略掉	9	7.2	7.4	100.0
	小计	122	97.6	100.0	
缺失值		9	3	2.4	
总计		125	100.0		

见表 2，一半以上的受调查者感觉自己作为台湾人的行为特征比较突出，很容易被认出是台湾人。

① 本研究对大陆台商“社会认同”的操作化基于笔者在深度访谈中所形成的认知。

表2 一看就知道我是台湾人

一看就是台湾人		频数	百分比	有效百分比	累计百分比
有效值	非常同意	26	20.8	21.8	21.8
	比较同意	38	30.4	31.9	53.8
	一般	43	34.4	36.1	89.9
	不太同意	11	8.8	9.2	99.2
	不同意	1	0.8	0.8	100.0
	小计	119	95.2	100.0	
缺失值		9	6	4.8	
总计		125	100.0		
Mean = 2.35					

见表3，62.8%的受调查者感觉大陆当地老百姓“一般都可以接受”台湾人，同时认为大陆当地居民要接受自己“需要时间，得慢慢来”。有受访者认为台湾人在语音语调、着装习惯、饮食和卫生习惯等方面与当地老百姓有明显不同，因此在与当地老百姓的互动中比较容易被感觉与众不同。被对方认出来自台湾不会引起对方特别的反应，但是在消费购物时有被漫天要价的担心。

表3 感觉大陆当地百姓是否能够接受台湾人

感觉当地人是否接受台湾人		频数	百分比	有效百分比	累计百分比
有效值	一般都可以接受	76	60.8	62.8	62.8
	需要时间，得慢慢来	41	32.8	33.9	96.7
	不太容易接受台湾人	4	3.2	3.3	100.0
	小计	121	96.8	100.0	
缺失值		9	4	3.2	
总计		125	100.0		

不少受访者感觉在大陆人印象中台湾人是有钱人的代名词，他们自身却并不认同这种评价，反而向笔者解释自己出身贫寒，现在有点钱也是吃苦受累打拼挣来的。

（二）地域身份认同

地域身份认同回答的是“我将归属在哪里”的问题。[9]本研究从哪边过春节、哪边像家、哪边生活比较习惯、理想的工作和生活地点五个方面了解台商地域身份认同情况。

见表4，85.5%的受调查者大部分春节是在台湾过的。

见表5，近三分之二的受调查者认为“台湾那边比较像家”。

表4 哪边过春节

哪边过春节		频数	百分比	有效百分比	累计百分比
有效值	福建	16	12.8	12.9	12.9
	台湾	106	84.8	85.5	98.4
	其他地方	2	1.6	1.6	100.0
	小计	124	99.2	100.0	
缺失值		9	1	0.8	
总计		125	100.0		

表5 福建与台湾，哪边像家

哪边像家		频数	百分比	有效百分比	累计百分比
有效值	福建这边比较像家	2	1.6	1.6	1.6
	台湾那边比较像家	82	65.6	65.6	67.2
	两边都像家	40	32.0	32.0	99.2
缺失值		1	0.8	0.8	
总计		125	100.0	100.0	

见表6，“台湾”仍然是理想的生活地点和理想的工作地点的首选，不

表6 理想的长期工作/生活的地方

理想的长期工作/生活的地方		频数		百分比		有效百分比		累计百分比	
		工作	生活	工作	生活	工作	生活	工作	生活
有效值	台湾	42	68	33.6	54.4	33.9	54.4	33.9	54.4
	福州	31	16	24.8	12.8	25.0	12.8	58.9	67.2
	厦门	20	16	16.0	12.8	16.1	12.8	75.0	80.0
	上海、杭州、苏州等地	20	19	16.0	15.2	16.1	15.2	91.1	95.2
	国内其他省市或地区	9	5	7.2	4.0	7.3	4.0	98.4	99.2
	国外	1	1	0.8	0.8	0.8	0.8	99.2	
	说不清	1		0.8		0.8		100.0	
总计		125		100.0			100.0		100.0

过选择台湾为理想生活地点的比例比选择台湾为理想工作地点的比例要高20.8%。福州成为继台湾之后的理想工作地点；上海、苏州、杭州则成为继台湾之后理想生活地点。此外，理想的长期工作的地点与理想的长期生活的地点大致是重合的，以福州为理想工作地点的受调查者多倾向于以福州和台湾为理想的生活的地点；以上海、苏州、杭州为理想工作的地点的受调查者则会选择以上海、苏州、杭州、台湾及国外为理想的生活地点（见图2）。

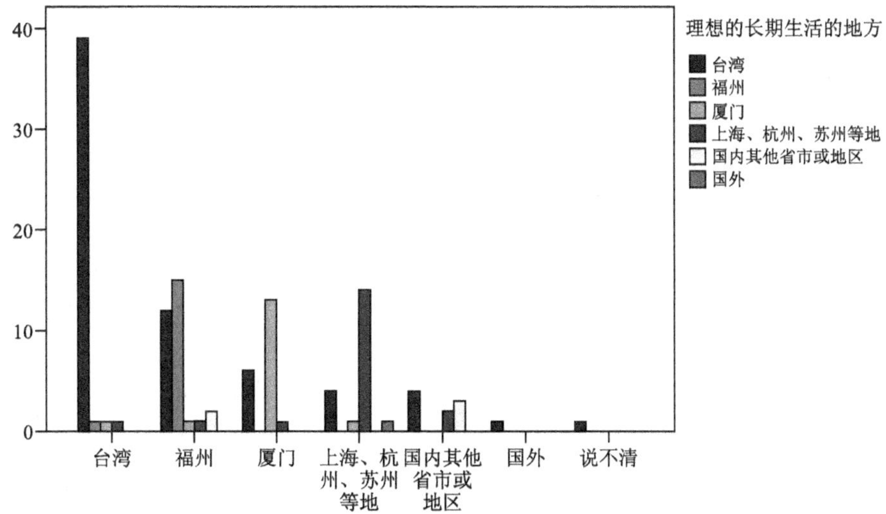

图2 理想的长期工作的地方与理想的长期生活的地方

（三）群体身份认同

群体身份认同是对“我归属于哪个群体”的回答，外地——本地群体是比较常见的群体划分方法，到大陆投资的台商与当地社会居民共处同一社会空间，却存在社会边界的划分，由此形成了台湾人群体和大陆人群体的区分。本研究从群体信任感和群体同质性认知两个方面分析台商对群体身份认同的情况。

见表7，受调查者对“台湾过来的人”的信任程度远远高于“大陆本地人”，认为“台湾过来的人”大多数可以信赖的比重超过“大陆本地人”40个百分点。

见表8，近40%的受调查者对参加台湾人在大陆的社团组织或活动兴趣不高。

表 7 “台湾过来的人”/“大陆本地人”是否可以信赖

“台湾过来的人”/“大陆本地人”是否可以信赖		频数		百分比		有效百分比		累计百分比	
		台湾	大陆	台湾	大陆	台湾	大陆	台湾	大陆
有效值	大多数可以信赖	62	12	49.6	9.6	49.6	9.6	49.6	9.6
	部分可以信赖，部分不可以信赖	61	100	48.8	80.0	48.8	80.0	98.4	89.6
	只有小部分可信赖	2	13	1.6	10.4	1.6	10.4	100.0	100.0
总计		125	125	100.0	100.0	100.0	100.0		

表 8 更愿意参加台湾人在大陆的社团组织和活动

更愿意参加大陆台湾人的社团组织		频数	百分比	有效百分比	累计百分比
有效值	非常同意	37	29.6	30.6	30.6
	比较同意	36	28.8	29.8	60.3
	一般	46	36.8	38.0	98.3
	不太同意	2	1.6	1.7	100.0
	小计	121	96.8	100.0	
缺失值		9	4	3.2	
总计		125	100.0		

见表9，有一半的受调查者不认为在福建的台湾人是一个整体。他们在情感上更倾向于信任与自己来自同一地域和成长环境的台湾人，同时在理性上也认识到台湾人跟台湾人不一样，有好也有差。

表 9 在福建的台湾人大体上是一个整体

在福建的台湾人是一个整体		频数	百分比	有效百分比	累计百分比
有效值	非常同意	19	15.2	16.5	16.5
	比较同意	35	28.0	30.4	47.0
	一般	49	39.2	42.6	89.6
	不太同意	9	7.2	7.8	97.4
	不同意	1	0.8	0.9	98.3
	说不清	2	1.6	1.7	100.0
	小计	115	92.0	100.0	
缺失值		9	10	8.0	
总计		125	100.0		

（四）文化身份认同

文化身份认同是对“我应该采用哪一种文化模式”的回答，文化认同体现在穿戴的服装、吃的食物、交往的人群、坚持的价值观，以及用来适应新文化和当地人的策略等方面。[10]台商从台湾迁移到大陆，虽然两岸语言相通、文化同源，但由于两岸社会制度、发展水平、历史经历等方面存在较大差异，台商依然面临文化身份转换的问题。本研究从语言使用、思想观念的差异性和对中华文化认同三个方面了解台商对文化身份认同的情况。

见表10，55.8%的受调查者倾向于跟台湾人讲闽南话。

表10 更愿意与在大陆的台湾人讲闽南话

愿意与大陆台湾人讲闽南话		频数	百分比	有效百分比	累计百分比
有效值	非常同意	30	24.0	25.0	25.0
	比较同意	37	29.6	30.8	55.8
	一般	49	39.2	40.8	96.7
	不太同意	3	2.4	2.5	99.2
	说不清	1	0.8	0.8	100.0
	小计	120	96.0	100.0	
缺失值		9	5	4.0	
总计		125	100.0		

见表11，75.2%的受调查者认为自己与大陆人的观念和想法存在部分差距，还有14.9%的受调查者认为这个差距非常大。

表11 自己的观念与想法是否与大陆人差不多

观念想法与大陆人差不多		频数	百分比	有效百分比	累计百分比
有效值	不，还是差非常远	18	14.4	14.9	14.9
	有部分类似，有部分还有差距	91	72.8	75.2	90.1
	是，已经没有太大的差别了	12	9.6	9.9	100.0
	小计	121	96.8	100.0	
缺失值		9	4	3.2	
总计		125	100.0		

见表12，60%的受调查者认同两岸相同的文化根源是发展事业的有利

因素，但也有近四成的受调查者认为作用不明显。

表 12　与当地社会有着相同的文化根源对我的事业发展很有帮助

相同的文化根源有助于我的事业发展		频数	百分比	有效百分比	累计百分比
有效值	非常同意	26	20.8	22.6	22.6
	比较同意	43	34.4	37.4	60.0
	一般	43	34.4	37.4	97.4
	不太同意	3	2.4	2.6	100.0
	小计	115	92.0	100.0	
缺失值		9	10	8.0	
总计		125	100.0		

台商在文化身份的选择上具有“求同存异”、“和而不同”的特点，一方面将自己置身于中华文化的大背景中，这是顺利融入当地社会的基础；另一方面倾向于保持自身所具有的台湾文化特质，按照在台湾社会中习得的价值观念和行为方式来处理问题。

（五）结论

台商在心理上感觉自己能够被当地社会所接纳，不会与当地社会产生太大的文化摩擦或冲突。在群体身份认同方面，出现情感与理智的分离，在情感上更信任来自群体内部的台湾人，同时在理性上也认识到台湾人跟台湾人不一样，有好也有差。在文化身份认同方面，意识到两岸文化大同小异，但更倾向于保留台湾的语言习惯，并坚持按照在台湾社会中习得的价值观念和行为方式处理问题。在地域身份认同方面，台商情感依恋的对象仍然是台湾，主要体现为春节在台湾过，理想的生活和工作地点首选台湾，尽管长期生活在大陆，但心目中的家仍然在台湾。

三、在绵密的两岸双向交流中夯实台湾民众认同的社会基础

（一）从政治认同到社会认同：全面观察台湾民众认同的变化、发展

前述台湾民众认同问题的产生及认同危机的深化更多的指涉较为宏观和

政治层面的国家认同，以及由此引起的民族、文化身份认同混乱问题。台湾民众认同危机造成的后果是十分严重的。两岸都意识到台湾民众的认同危机关系到两岸互信的建立，关系到两岸和平发展的民心导向，已经成为当前和未来两岸关系发展中亟须面对的重要问题。

只有站在历史发展的脉络中理解台湾民众认同问题的产生及发展，才能准确、客观地把握台湾民众认同的心理脉动，提出符合民心国情的求解之道。笔者认为，20 世纪 50 年代以来台湾民众的认同心理及其变化经历了三个历史阶段，在不同历史阶段，认同变化的社会基础也不同。第一阶段是 20 世纪 50—80 年代，两岸之间的主要矛盾是国共两党之间的矛盾，是政治制度之间的矛盾。这一阶段，台湾民众逐渐建立起对“中华民国”的国家认同，国家认同与民族（中华文化）认同统一。第二阶段是 20 世纪 90 年代中期—2008 年，两岸之间的主要矛盾是统“独”矛盾。这一阶段，台湾民众的国家认同与民族认同被严重撕裂，台湾民众认同问题的关键在于是否承认台湾是中国的一部分，以及台湾是否应该寻求“独立”或与大陆统一。[11]第三阶段是 2008 年至今，两岸之间的主要矛盾仍然是统“独”矛盾，但两岸关系发展的社会基础已经发生了变化，可以暂时搁置政治认同，在其他层面的社会认同方面取得突破。在前两个阶段，两岸民众少有在日常生活中进行长期地交流互动，台湾民众对大陆尚有明显的防备与排斥心理，到了第三阶段，两岸民众从未如此密集地在同一个地域和社会空间面对面进行全方位、多层次的交流互动，互相深入到对方日常社会生活中的经历，将对两岸民众各自对对方的认同心理带来潜移默化的影响。

以大陆台商群体为例，在两岸社会的交往、交流中，没有哪一个群体能像台商群体这样与两岸社会同时保持密切、深入、持久的联系，也没有哪一个群体像台商群体这样处于两岸社会的夹缝之中，遭遇身份认同的模糊与尴尬。基于上文的实证研究发现，笔者认为大陆台商群体在两岸民间交流中扮演着重要角色，是两岸民间交流的使者和强有力的推动者、两岸社会融合的先行者，更是两岸社会共同认同的建设者。台商在大陆的社会适应与融入就是两岸间弥补历史造成的隔阂、建构新型两岸认同的重要途径。首先，台商在大陆获得经济上的成功是台商社会适应的基础。其次，是台商与当地民众在长期的社会交往中逐步实现平等交往、和谐共处，建立深厚的同胞情谊。最重要的是，在台商与大陆民众共同的日常生活与相处中，实现两岸民众的相互理解、尊重，台商能在思想感情上融入到当地社会，把当地社会当成第二故乡，乃至在两岸民众对各自政治、文化、社会等方面的差异性和共性的深刻了解的基础上，建立起一种新型的两岸社会共同认同。

（二）两岸认同的困境：经济交流与政治认同不会自然衔接

如果沿用上述第二阶段观察台湾民众认同的标准，不可避免地会看到在第三阶段持续滑落的台湾民众“中国认同”趋势与两岸热络频密的经贸往来、民间交流形成鲜明反差。想当然地认为台湾老百姓仅仅因为得到了大陆经济利益的好处，两岸的差异和隔阂由此瞬间消除是不现实的。因此，我们需要认真思考两岸经济交流与台湾民众认同，乃至两岸政治统合的关系。

首先，经济交流有利于台湾民众认同倾向的改变。在经济和社会上的往来与交流中建立起相互依赖的关系，可以促使相互依赖的各方学习用他者的眼光来看待自己，可能会导致自我身份的再定义和新的集体认同出现。两岸经济往来有利于争取台湾民心，也有利于增强两岸民众的认同感和亲近感，这是台湾同胞中国认同的物质基础。但也不能因此静待两岸统一的到来。目前两岸经济交流尚处于盘整深化阶段，如果过于关注经济交流的政治效应，可能适得其反，正如台湾学者刘文斌所说，两岸经济因素逐渐统合，但“国家认同”的政治因素却造成两岸关系的紧张。[12]

其次，两岸在经济交流中加深了解的同时，两岸在深层次上的差异也开始显现。两岸大交流对台湾民众的“制度认同”的影响是潜移默化的。上百万的台商在大陆正常经营，上百万的台湾同胞选择在大陆长住生活，本身已经证明制度的差异本不应该成为两岸走到一起的障碍。当台湾越来越多的民众了解到大陆的政治和社会制度并不是他们在岛内舆论报道和书上所描述的那样，当他们通过交流亲身感受到大陆必须实行与国情相适应的制度，他们就不仅不会感到恐惧，还有可能更加深入的思考大陆制度的某种合理成分，从而促进两岸在制度认同上差异的缩小。[13]

第三，在经济利益共识的基础上跨越制度的差异性，建构更具包容性的两岸共同认同。有台湾学者认为，两岸之间的“九二共识”只是经济利益的共识，如果要建构政治和文化的共识，必须要跨越两岸公民意识与制度认同的鸿沟。[14]正如两岸交流遵循先经后政、先易后难、搁置争议、求同存异的原则一样，在两岸共同认同的建构上，理应解析出台湾民众认同的结构性与层次性，并将建构深具包容性的两岸民众共同的“国家认同”作为两岸共同认同的最终目标。而两岸对“一个中国”的共同认同正是两岸走向统一的社会心理基础。当前需要迫切解决的问题是如何倡出并有效地开导台湾结由负转正，然后把正的台湾结（健康的台湾意识）与新格局具有说服力及整合力之中国结（健康的中国意识）连接在一起，动员所能动员的一切活动以开创新局面，即让人民多参与，能提供满足老百姓真正的“归属感”。[15]还有学者提出，密切的民间交流会有助于强化同属于中华民族的文化认同和情感联络，但同属于一个民族的意识并不必然地自动地导向同属于一个国家的意识。任何一个民族或族群对于民族国家的认同都是在一定的制度环境之下，通过一定的政治安排才能实现和维持的，也就是说，这个进程必须要有来自政治体系的制度力量参与其中才能完成。[16]而这又需要大陆和台湾双方执政者各自提出更具包容性的、切合历史与现实的理论设想，并将之落实在政治社会化教育过程中。

（三）共建新的集体记忆：台湾民众认同的危机也是建构两岸共同认同的历史转机

2008 年以来两岸关系在“九二共识”基础上迈向和平发展轨道，两岸大交流、大合作、大发展局面初步形成。2012 年代表国民党的马英九成功竞选连任，两岸和平发展关系步入巩固深化阶段，两岸的协商交流也逐渐由“浅水区”进入“深水区”，经济议题进一步深化，制约两岸经济关系发展的政治议题逐渐浮出水面。而化解台湾民众的认同危机，修复台湾民众错乱的认同将为建立两岸政治军事互信，推动两岸关系和平发展提供新的动力源。

一方面，在两岸关系从危机管理进入机遇管理阶段的历史大背景下，将台湾民众认同危机转化成两岸共同认同的可能性开始出现。另一方面，两岸关系和平发展的过程本身就是两岸新的集体记忆和国家认同共建与重构的过程。在两岸持续充分交流的过程中，投入交流的个体行为者越来越多，他们之间会形成共有的行为模式和行为规范，而且会遵循社会规范选择与自己身份相符的方式行动，通过互动建构起“公有知识”，[17]进而建立起共同的观念认同和身份认同。从两岸社会自然的新陈代谢过程来看，拥有旧的两岸历史记忆的社会群体自然更替，拥有两岸交流交往新经验的新一代则会逐渐成长、壮大。两岸关系和平发展不仅要靠两岸公权力机关从制度上加以确定，而且要靠两岸民众心理上、情感上的认同。只要两岸执政者和民众胸怀中华民族复兴的历史责任感，珍惜得之不易的两岸和平发展关系，在两岸日常交流过程中建立起来的各个层面的认同就能逐渐转变成有利于两岸统一的新的集体记忆。

（四）构建两岸命运与生活共同体：夯实两岸共同认同的社会基础

当前台湾民众的国家认同（政治认同）是历史、政治、国际和社会心理等诸多因素综合、反复作用的结果，在短期内根本扭转台湾民众歪曲、错乱的国家认同是不现实的。

但是两岸交流从经济领域一直贯穿到文化和私人生活领域，由此形成的弱政治性的新型社会认同使我们看到了影响台湾民众认同意识、建构两岸共同认同的着力点。比如，有学者敏锐地捕捉到了台商作为一种新型社会认同载体的重要意义。[18]

建构新型两岸认同可以从两个层面着手，这两方面都是将建构两岸共同认同的出发点和着力点放在两岸民众社会生活经验基础上：一是在历史和宏观层面强化两岸“命运共同体”意识。在日常社会生活中形成的社会认同是国家认同（政治认同）的社会心理基础，国家认同必须扎根于日常社会生活。两岸持续互动，两岸和平发展关系巩固深化，在两岸经贸往来和民间互动中不断加深了解、加强互赖的大陆与台湾，实际上也在建构一个实实在在的“命运共同体”。二是在现实和中观层面构建“生活共同体”。如果说“命运共同体”观点有较多的历史色彩，那么笔者在常驻大陆的台商群体不断壮大背景下提出的“生活共同体”观点则更加具体，更具现实性。两岸民众在同一个地域空间中长期共同生活的经历将会造就能涵盖越来越多数量的两岸民众的“生活共同体”。

正如大陆学者余克礼所指出的：影响两岸长远关系的重要因素，并不只是台北以及北京的精英，更关键的是两岸人民是否能相互尊重理解，这种深厚的社会基础比经济利益更具有深远作用。[19]民间经济文化交流是形成两岸民众共同社会认同的重要社会土壤。在两岸血浓于水的天然关系和中华文化纽带的作用下，即便是两岸政治隔绝及民进党执政时期两岸严重对抗，两岸民间经济文化交流也不曾停止。现在有过大陆经验的台湾人已越来越多，相关交流涉及投资、经商、考察、学习和旅行等诸多方面，已逐渐形成连接两岸社会的“连缀社群”，他们乐见两岸关系不断改善，也成为改善两岸关系的强大草根力量。台湾民间对大陆的印象随着两岸民间交流的逐年推进而发生着缓慢的变化。

参考文献：

[1] 李鹏．从两岸大交流看两岸民众共同认同的建构 [A]．全国台湾研究会编．全国台湾研究会2011年学术年会论文集 [C]，2011：85.

[2] 刘国深．试论百年来“台湾认同”的异化问题 [J]．台湾研究集刊，1995（3/4）：95.

[3] 胡文生．台湾民众“国家认同”问题的由来、历史及现实 [J]．北京联合大学学报（人文社会科学版），2006（2）：84.

[4] 黄兴涛．现代“中华民族”观念形成的历史考察——兼论辛亥革命与中华民族认同之关系 [J]．浙江社会科学，2002（1）：128－141.

[5] 鞠海涛．当代台湾民众“国家认同”透视 [J]．两岸关系，2005（3）：6－10.

[6]《远见》杂志民调中心．两岸互动一年：马英九满意度 [EB/OL]．http：//www. gvm. com. tw/gvsrc/200907 _ GVSRC _ others. pdf，2009年7月16日．

[7]《远见》杂志民调中心．“马总统满意度；大陆撤飞弹相关议题”民调 [EB/OL]．http：//www. gvsrc. net. tw/dispPageBox/GVSRCCP. aspx? ddsPageID = POLITICS&view = 2010&dbid = 3111112010，2010年10月22日．

[8] 陈孔立．自尊需求与“台湾人认同” [J]．台湾研究集刊，2012（2）：1－7.

[9] Paasi，A. Region and Place：Regional Identity in Question. Progress in Human Geography，2003，27（4）.

[10] Ward，C.，S. Bochner&A. Furnham. The Psychology of Culture Shock（2nd ed.）. Boston：Routledge Kegan Paul，2001.

[11] 汪天德．台湾的认同危机和“台独”势力的发展 [M]．思想战线，2007（4）：14－20.

[12] 刘文斌．台湾“国家认同”变迁下的两岸关系 [M]．台北：问津堂书局，2005：22.

[13] 李鹏．从两岸大交流看两岸民众共同认同的建构 [A]．全国台湾研究会编．全国台湾研究会2011年学术年会论文集 [C]．2011：82－94.

[14] 黄清贤．两岸身份认同的建构——南台湾观点 [EB/OL]．中国评论网 http：//www. zhgpl. com/doc/1020/6/2/2/102062294. html? coluid = 7&kindid = 0&docid = 102062294&mdate = 0407004820，2012年4月7日．

[15] 雷玉虹．戴国煇的台湾人身份认同研究视角 [J]．台湾研究，2011（6）：39－44.

[16] 林红．和平发展形势下台湾民众的“中国意识” [J]．香港：中国评论，2012（5）.

[17] 陈孔立．台湾社会的历史记忆与群体认同 [J]．台湾研究集刊，2011（5）：8.

[18] 王茹．“两岸族”台胞的社会身份认同与两岸命运共同体 [J]．台湾研究集刊，2010（1）：76－83.

[19] 余克礼．正视台湾认同危机深化两岸和平发展 [J]．香港：中国评论，2011（3）.

台湾地区公民教育发展中“文化认同”变迁之研究①

上海市教育科学院台湾教育研究中心　尚红娟

在两岸统一大业的各种障碍性因素中，文化认同是为关键性的因素之一。然而，也正如台湾文化总会会长刘兆玄所言，两岸在取得包括签订“ECFA”在内的经济层面的沟通成果以后，在中华文化这一基础上，两岸可以找到一条出路，“中华文化是两岸之间的最大公约数”。②

两岸文化同根同源，本为一家。甲午战败台湾割让日本后，两岸处于长期分离状态，文化建设在历史的发展中形成了各自的特色。尽管，经过30年的交流交往，两岸的经济结合和利益的融合已是十分的广泛和深入，但经贸关系的发展，并不直接而且必然地带来两岸同胞的认同感差距的缩小。迄今为止，根据台湾方面有关的民调显示，两岸民众的国家认同感差距仍在持续扩大中，台湾同胞“国家认同”混乱的局面并没有得到明显改善。③ 两岸间这一“经济合作”与“政治疏离”共存的悖反现象，④ 一定程度上与解严后执政者所主导的“国家认同”、“文化认同”的发展趋势有关。⑤

---

① 本文为国家青年基金课题《台湾公民教育发展与两岸文化认同研究》（CEA100132）的阶段性成果。

② 刘兆玄：《中华文化是两岸最大的公约数》，《21世纪经济报道》2010年12月9日。

③ 杨毅周：《海峡两岸文化交流的意义》，《台声杂志》，2009年第7期。

④ 包宗和、吴玉山主编：《争辩中的两岸关系理论》，五南图书公司1999年版，第3页。

⑤ 依据台湾政治大学选举研究中心重要政治态度分布趋势图中“台湾民众．台湾人/中国人认同趋势分布图（1992年6月至2009年12月）”，从1992年6月到2009年12月，自我认定“既是台湾人也是中国人”的人数比例一直在40% －50%之间；但自我认定“是台湾人”的比例持续上升，至2009年12月已达到51.3%；而自我认定“是中国人”的比例持续下降，至2009年12月仅剩下4.2%，还不到1992年6月时的六分之一。转引自许建明：《两岸关系、台湾政治生态与中国国家认同》，《当代中国研究》2010年8月。

一、台湾地区的“国家认同”与“文化认同”

现阶段台湾地区讨论的“国家认同”[①] 多是指台湾各种政治势力及广大民众对于台湾的法律地位前途走向的看法，亦即关于台湾的“国家归属”、“国际地位”的观点，其中包含对于海峡两岸历史和现实的利益关系、各阶级及其政党、社会集团的利益与民族利益的关系等问题的态度。台湾地区“国家认同”的两大主流是“中国认同”与“台湾认同”；在民众国家认同观异化的过程中，这两种认同观始终处于对峙冲突状态，[②] 由此造成了“各领风骚的黄金时期”。正是这一鲜明的、赤裸裸的拮抗，使得台湾民众国家认同观不仅仅是对“中国”或是“台湾”的认同，更是对统、“独”的认同、制度的认同、尤其是文化的认同。

（一）“国家认同”的异化

“国家认同”在台湾地区一直是极具争议且影响面较广的重大议题。1980 年代以前，鉴于国民党的威权统治，“认同中国”、“两岸同文同种”、“和平统一中国”等一直是台湾政治与社会的主流趋势。这一时期，“国家认同”争议是禁忌，在公共领域中几乎没有公开讨论的空间。解严后，随着台湾政治社会“自由化与民主化”的发展，台湾意识逐渐抬头，“台湾认同”和“中国认同”两种认同的意识形态互相对立，“国家认同”争议犹如猛虎出柙，冲击整个台湾社会。“国家认同”分歧的出现，不但是台湾社会政治纷扰、族群对立的最主要根源，更进一步影响台湾中小学阶段的国家认

① 国家认同，是在有他国存在的语境下，人们构建出归属于某个“国家”的“身份感”，即某个地区的人们（包括阶级及其政党、政府和社会集团、个人）对该地区“国家归属”（对内政权、对外主权）的认定和赞同。

② 林震认为，两种观点从冲突对峙走向合流：台湾民主化进程中，“中华民国”在推动民主改革的同时也成为解构的对象，这使台湾社会的国家认同观出现分裂，在消解与捍卫对“中华民国”的认同的斗争中，民进党为首的反对派成功地瓦解了部分台湾人对“中华民国”的认同；国民党逐渐居于下风，“中华民国”成为一团介于“真实”与幻想之间的模糊体。90 年代开始，在突破外部环境约束的过程中，两种对立的国家认同观在“中华民国”缩小化的基础上培育了共同点，直至最后实现了合流，但仍然没有解决“中华民国”的认同危机。总之，民主化的进行不但没有强化台湾人对“国家”的认同，反而使台湾社会在国家认同问题上处于进退两难的境地。只有恢复被威权统治损害了的国家统一的价值和声誉，才是消除台湾社会国家认同危机的根本途径。林震：《论台湾民主化进程中的国家认同问题》，《台湾研究集刊》2001 年第 2 期。

同教育，使其始终在不同的政治意识形态的角力中不断地摆荡，寻找方向与定位。[①]

"认同是人们意义与经验的来源"。[②] 认同问题，即身份问题，是解决台湾问题所面临的核心因素。国家认同则包含政治认同与文化认同两个层面，"政治认同和文化认同都是国家认同的重要层面，他们共同创造了公民对国家忠诚的感情"。[③] 在台湾学者认为，文化认同是国家认同的三大组成部分之一。[④] 事实上，台湾地区的文化认同并非是单纯的对文化的一种认同，更多是对"国家认同"的辅助、强化或是升华；文化认同的变迁与"国家认同"的演变始终保持着高度的一致。所以，在国家认同观的异化过程中，原有单一的文化认同随之产生分化；在国家认同观的争议中，同时走向了分歧。

"台湾意识"、"中国意识"及"本土意识"均是一种意识形态，而且每个政党及领导人均有意识形态。因为意识形态的影响，同样是从中国大陆迁移至台湾的中国人，因为移居的先后、生活习惯改变、国家认同等种种因素，发展出"台湾意识"与"中国意识"。众所周知，台湾不是一个国家，目前是作为中国分离的一个省份而存在的，因此在"主权"问题上台湾属于中国。台湾民众对台湾的眷爱之情和大陆其他各地人民对家乡执着的依恋一样，都是中国人民的传统美德。正如葛永光教授所说，台湾认同是中国认同的一部分，正常、健康的"台湾认同"与"中国认同"是不相抵触的。[⑤] 自100年前台湾认同首次出现台湾民主国[⑥]认同的异化以来，先后经历了日

---

① 刘文斌：《台湾国家认同变迁下的两岸关系》，台湾政治大学中山人文社会科学研究所博士论文，2004年6月。

② 曼纽尔·卡斯特：《认同的力量》（夏铸九、黄丽玲等译），社会科学文献出版社2003年版，第2页、第4页。

③ 江宜桦：《自由主义、民族主义与国家认同》，台北扬智文化事业股份有限公司1998年版，第90页。

④ 江宜桦的这一观点基本得到了台湾岛类多数学者的认同，在与台湾地区"国家认同"有关的课题研究中，多被引用，或已经成为主流观点。详见江宜桦：《自由主义、民族主义与国家认同》，台北扬智1998年版。

⑤ 有很多学者将"二二八事件"当做台湾人发生中国认同变迁的起点，如台大政治系教授葛永光就认为，"造成部分台湾同胞中国认同变迁的是"二二八事件"。详见葛永光：《文化多元主义与国家整合》，台湾正中书局1991年7月版，第128页。笔者更为认可刘国深学者所提出的以1895年台湾民主国的建立为国家认同异化的开端。详见刘国深：《试论百年来"台湾认同"的异化问题》，《台湾研究集刊》1995年第3/4期。

⑥ 葛永光：《文化多元主义与国家整合》，台湾正中书局1991年7月版，第128页。

据时期、“蒋氏父子时期”、“李登辉时期”和“陈水扁时期”四个不同的历史阶段。两蒋威权统治时期采“教化式同化”方式，使民众在其社会启蒙中建立了“中华文化”、“中华民国”的国族想象。李登辉时期开始消解国民党的“党国意识形态”，至陈水扁时期，已使之从官定、独占的意识形态退位甚至消失；并以“本土化”取代“中国化”进而“去中国化”，进入了“台湾人”、“台湾国”的“新国家认同”阶段。

由此，“中华民国在台湾”为认同虚像的台湾认同异化，达到了登峰造极的阶段；同时也使得以往任何一种异化形式，且被当局所压制的“异端邪说”发展成为了台湾当局的“官方学说”。掌握着各种政治社会化工具的台湾当局，正在利用各种途径向岛内民众及国际社会传播这一经过精心包装过的认同虚像。① 在此过程中，“国家认同”的争议也衍生为岛内一种政治危机，最终沦为政党选举操纵民意、换取选票的政治工具。而“中国认同”与“台湾认同”则此消彼长，中国传统文化与台湾文化的融合与渗透，人为的厘清与篡改也成为“国家认同”演变的最直接表现。

（二）“文化认同”的分化

众所周知，中华文化有着五千年的悠久历史，台湾人民的祖先绝大多数是来自中国大陆的移民，因此也就把祖国文化带进台湾，使台湾文化成为中华文化的一个不可分割的组成部分。台湾地区作为中国的省份之一，其文化认同应与大陆的文化认同相一致，分化出的台湾文化认同至多作为一种地方文化的认同。但是，光复后台湾的文化认同，先是在扫除皇民化的基础上确立了中国文化的合法化，李登辉继任后不久，在其“修宪、冻省”的操作下，营造出台湾“本土文化”，刻意强调突出其与中国文化的不同。陈水扁执政时期公开地打出了“两国论”，大搞与中国文化对立的“台独”文化。

所以，在“国家认同”异化的情况下，台湾民众的文化认同出现了分化，中国传统文化、台湾文化，附带有西方文化的冲击。前两者是台湾民众文化认同分化的两大主流，也是执政当局干涉最深，着力最重的两点，而且影响着台湾民众的政治认同、国家认同等，对台湾未来定位相关的重大问题。西方文化则是台湾民众主动的接受与引进，并且是一种无形的冲击，故不在本文的讨论范围。而且，台湾地区的文化认同带有强烈的政治色彩，本

① 刘国深：《试论百年来“台湾认同”的异化问题》，《台湾研究集刊》1995年第3/4期。

地化是以台湾“本土化”为主轴，不抗拒全球化，却拒斥中国化。

台湾的中华文化认同、西方文化认同和“本土文化”认同的不和谐，台湾的文化发展，长期被这种分化的文化认同纠结。台湾关于“中”与“西”，“传统”与“现代”，“中国情结”与“台湾情结”的纠缠、争论此起彼伏，因为无法肯定文化认同的对象，摇摆于中西、传统与现代、“中国与本土”之间，而不知道何以为根，最终影响了台湾文化的发展。中华文化与台湾“本土文化”的分离，也使得台湾民众的自我身份的认同出现分化，在分化中而变得多元化。

二、公民教育“中国认同”中国文化

作为台湾的新生代，青少年文化认同观的形成受到当局意识形态的严重影响，其主要的塑造途径之一则是由政府强势介入的公民教育，尤其是学校领域的公民科课程。在所有的学校课程中，社会科课程或公民课程，是国家进行政治社会化、培养国家认同意识的核心课程，其传递、再制意识形态的作用更为显著。“公民教育无论就其终极目标——造就适合国家社会的公民，或工具性功能——政治社会化，陶铸公民意识与行为，均不脱政治教育的目的，而在这政治教育中，首重的即是国家认同概念，盖国家认同可谓一切政治教育的核心。因此，在无独立政治教育的学科以从事此等认同教育时，公民教育便是国家认同教育的最佳形塑工具。”①

两蒋执政时期的国民党当局，在对台湾确立“正统中国认同”的同时，采取了一套严密的戒严体制，从社会的各个方面对台湾民众灌输中国意识，并将中国文化的渗透作为其建构中国国家认同的主要策略之一。台湾学者对此评价为：在威权统治的浸淫之下，教育便是一个国家展开霸权宰制不可或缺的工具。台湾的教育在此背景之下，不仅必须配合政策严厉推行“国语运动”，教科书中也处处可发现“三民主义统一中国”、“中华文化正统”、“反共复国”等中心思想标语的踪影，教育环境被塑造成只有“中国”而无“台湾”的单纯且专一。明显至极的，人民普遍认同的是虚幻的“心底的中国”，而非台湾“本土”的文化。与此同时，教育在这一过程中，成为了塑

① 廖容辰：《台湾与香港公民教育教科书中国家认同内涵之比较》，暨南国际大学比较教育学习硕士论文，2006 年。

造中国意识，强化中国文化的主要工具，其中公民教育受到了特别的“重用”，其功能也被发挥到了极致，产生了极其明显的效果。

（一）公民教育与“中国意识”的大一统

国民党治台初期，在中小学课程即教科书政策上，所显现的是以“大中国”、“大中华民族”、“大中华文化”三位一体的概念，建构一个大中国意识的威权教育体系。①

两蒋时期推行的公民教育是以民族精神教育为内容的道德教育。从1950至1960年代，在历经10余年“反共抗俄”的基本国策后，由于岛内外情势的变动，蒋介石反攻大陆的目标已经遥不可及。因此，在建构三民主义思想教育的系统下，台湾地区的中小学课程中已不再特别强调“反共抗俄、戡乱建国”，而以“复国建国、维护国家尊严”取代。② 同时，以民族精神教育为核心，继续强化“大中国、大中华民族、大中华文化”三位一体的“大中国意识”。在三民主义、公民与道德、国文、历史、地理、军训、健康教育、辅导活动、生活与伦理等相关学科中，（甚至包括体育、音乐、美术），均强调以“民族精神教育”为中心思想，以灌输固有文化，建立民族意识，激发学生爱国思想，教育学生成为一个足以表现中华民族道德文化，堂堂正正的中国人。

在两蒋治台的四十年中，“中国化”是国民党当局的最高指导原则，国民教育的发展受到政治意识形态的支配，重视中国文化，宣扬民族主义。“一元化”的标准，成为一种“文化霸权”。③ 举凡教科书的内容编定、街道的命名等等，均是以“中国化”为第一要务。国民党以所有可操控的文化霸权工具宣扬大中国意识，希望一方面有效地去除岛内皇民化现象，一方面塑造“中国中心、台湾边陲”的概念。国民党当局透过文化霸权，尤其是学校教育的国家机器，灌输儿童许多大中国的意识形态。④ 相对地，教科

① 蓝顺德：《教科书意识形态历史回顾与实证分析》，华腾文化股份有限公司2010年版，第121页。

② 台湾教育部门：《高级中学课程标准》，台北正中书局1983年版；《国民中学课程标准》，台北正中书局1985年版。

③ 陈伯璋：《文化霸权与教育——我国高中“潜在课程”的剖析》，载陈伯璋主编：《意识形态与教育》，台北师大书苑1988年版，第223－229页。

④ 彭鸿源：《国小教师本土化概念及其运作课程之研究》，台北师范学院课程与教学研究所硕士论文，2001。

书亦缺乏以台湾为主题的论述，从教育目标、课程标准、教材编选、教学实施以迄教学评量、评鉴，无不以大中国意识为内涵，较少关怀台湾的历史、社会、文化、地理等为基础的本土意识的陶冶。①。

（二）公民教育与“中化文化”的塑造

文化中国认同的本质，是一种软性的大中国认同意识。在公民类教科书文本中，虽然不会直接提到统一中国的目标，但是其内涵却是藉由叙述中华文化的优点和博大精深，传递“我们中国人”的意识，以达成大中国认同的目标。② 在文化认同上，两蒋当局试图将这类认同意识形态，从血缘、民族情感和文化等方面，将中华民族、中华文化与“中华民国”合而为一，强调台湾与大陆文化血脉相连、不可分割的关系，以及“中华民国”主政者在复兴中华文化方面的努力，试图从强调中华文化的道统，以建构中国认同的意识。有学者将两蒋时期台湾地区文化认同的演变梳理为以下三个阶段③，事实上公民教育对中华文化认同的塑造基本涵盖在内，因为文化认同的核心内容即是公民科教育的主旨。

公民教育作为大中国认同的构建、中国意识大一统的最强有力的支撑，在文化中国认同过程同样扮演了重要的角色。蒋介石曾明确指出，“公民生活教育不止是灌输知识，更要使其了解中国伦理习性，父慈、子孝、兄友、弟爱、夫义、妇顺的六项正德，乃是做中国国民必不可少的基本条件。同时亦要改变学生的性格与行为，使其尊应独立自由国家的生活”。④ 台湾光复后，为塑造台湾民众对中国文化的认同，孔孟学说在当局的推动下，广泛地存在中小学课程中，成为了中华传统文化在台湾发展的主要形式；《中国文化基本教材》作为国民党版本的孔孟学说之集大成，出现于高中生的公民科领域。三民主义在文化复兴中则被重构为传统中国文化的根基，服务于当局稳固政权，以实现其“三民主义统一中国”的目标。

---

① 陈丽华：《台湾社会的意义性结构及其在国小社会科教育的体现分析》，《台北市立师范学院学报》1995 年第 26 期，第 163 - 198 页。

② 刘文斌：《台湾国家认同变迁下的两岸关系》，台湾政治大学中山人文社会科学研究所博士论文，2004 年 6 月。

③ 洪振华：《廿世纪台湾师范教育与国家认同塑造》，台湾师范大学第四次教育哲学史研讨会，http：//pb1. ed. ntnu. edu. tw/ ~ seph/1029 - 2. htm，其认为教育的目的可以协助同化，认为师范教育体制可说明文化认同对国家认同的影响情形。

④ 《伟人的智慧—蒋公嘉言》，伟文图书出版社有限公司 1979 年版，第 82 页。

国民党当局退台，为了稳固政局，合理化台湾为复兴基地的关键角色，自1950年代起，文化认同的训练除了“去皇民化”，更积极地灌输“中华文化”，以强化台湾人的民族文化与爱国情操，同时将三民主义思想推展到各层面。所有与“反共抗俄”对立的论述，都视为非法而被禁忌。1952年的“文化改造运动”、1954年的“文化清洁运动”和1955年的“战斗文艺运动”，都是借助所谓“文化运动”的方式进行教育体系的改造与文艺出版界的整编，从而积极塑造“中华民国政府”统治台湾的正当性，但一直到1966年发起的中华文化复兴运动，整个文化论述才算完备。①

所以，“由中华文化对三民主义的强调，以及在学术上对儒家学说的侧重可见，文复会所欲复兴的中华文化有别于地方文化，而是一种国家认可的、一种支持反共作战与重光民族的唯一文化，亦是能代表全中国、而且全民均应熟习的标准文化。全体人民都应把握着标准文化，统一在国家之下，为同一目标惕砺意志”。②

两蒋当局在塑造中华文化认同的过程中，于1961年成立孔孟学会，并将儒家思想作为传承中华文化的重点。蒋介石曾一再表示，“中国文化传统思想，就是孔孟之道”。“孔孟学说博大精深……不仅为我国学术思想的主流，抑且为兴灭继绝、扶颠持危、实现天下为公的大道，数千年来函濡孕育，深入人心，成为我中华民族悠久博厚的历史文化”。在他认为：“若要保存和发扬中国的文化，就应该以经书为我们文化的基本材料。”③

儒家思想在战后台湾可以分为两个阵营，一是以正式教育途径存在于中小学教科书中的“官方儒学”，对儒家思想进行高度选择性的解释，以支持国家政治目标或为政治领袖的言行提供传统文化的基础；二是非正式教育途径存在的民间学者或知识分子所研究的“民间儒学”。④ 其中，在官方的诠释中，孔孟学说基本上发挥保卫国民党政治体制的作用，它是一种意识形态的机器，也是政治目标的支持者，强调对政治权威的服从，发挥了巩固既存体制的作用。

---

① 林果显：《“中华文化复兴运动推行委员会”之研究（1966－1975）》，台北稻乡，第1页。

② 林果显：《“中华文化复兴运动推行委员会”之研究（1966－1975）》，台北稻乡，第84页。

③ 《伟人的智慧——蒋公嘉言》，伟文图书出版社有限公司1979年版，第88页。

④ 黄俊杰：《战后台湾的转型及其展望》，台湾大学出版社2008年版，第188页。

三、公民教育“台湾认同”台湾文化

李登辉与陈水扁执政期间的“本土”政策，在教育及文化上都是与推动乡土的教育或文化主题或政策有关。曾经在台湾地区中小学校公民领域教材中频频出现，并被高度强调的“大中国认同”、“中华文化认同”已经被执政当局，即带有浓厚的“台独”色彩的李登辉、陈水扁一步步瓦解，至最终消失。取而代之的是对“台湾主体性”宣扬与倡导，旨在通过乡土化、本土化教育，将其致力于从中国大陆分离的台湾，作为一个主体来学习和对待，进而确立所谓“新台湾国”的认同，最终实现其台湾“独立”的政治目标。

（一）公民教育与“台湾意识”的大发展①

台湾地区公民领域教育历经解严后，在李登辉与陈水扁“本土化”教育与“台湾主体”性教育策略的推行下，“其教科书内容在 1995 年与 2005 年的课程改革中，已基本趋向述说台湾现况的国家认同，并逐渐确立台湾主体价值”。② 与“国家认同”相关的章节中，“中国意识”、“大中国认同”已完全消失，这在一定程度上表明了“台湾作为一个主体”，塑造“新台湾国”认同方面已所取得了一定的效果。

“教育本土化”在许多国家都是自然而然的事，但是在台湾地区却是个极具政治性的议题，亦即“本土化”教育具有浓厚的政治性格。③ 在台湾，使用“本土化”这一名词时已具有普遍的认知，因为这是过去二十五年来

---

① 台湾意识所展现出来的具体意义有三：1. 确立台湾在历史与客观现实上独特的“主体地位”：台湾意识论者以台湾政经的历史发展，论证了台湾社会、人民相对于中国大陆成立一个政经共同体，两者之间便存在着对立而不相统属的关系。2. 追求“去中国中心化”的政治立场：中国意识论者无视两岸分隔的现实，以台湾人的汉族、汉文化意识为桥梁，或预设未来统一的立场，或加上文化、历史的中国，来统合现实上分隔的两岸，并进一步向台湾社会的中国立场挑战。3. 注意到台湾多元文化的事实：当台湾意识论者在批判中国中心意识时，很自然地必须论述台湾历史发展的独特性，亦注意到台湾存在着多种殊异文化的事实。吴由美：《台湾国家认同的发展与反思》，载施正锋主编：《国家认同之文化论述》，台北市翰芦，第 83－116 业。

② 郭丰荣：《高中公民领域教材中国家认同变迁之研究——1995 年至 2008 年为主》，台湾师范大学政治学研究所硕士论文，2008 年。

③ 蓝顺德：《教科书意识形态历史回顾与实证分析》，华腾文化股份有限公司 2010 年版，第 190 页。

最重要的文化与政治运动。[①] “本土化”是指以台湾为发展中心的意识观念和做法，含有“根植台湾，对抗大陆”的涵义。在台湾，“本土化”运动的最大推手是来自于政治人物及政党，“不土不爱台”就是非“本土化”候选人。[②] 因此台湾“本土化”不但具有政治意义，还有“台湾化”的意识形态夹杂其中。陈昭瑛将1980年代以来的台湾“本土化”运动归类为“反日、反西化、反中国”三个阶段之中的反中国阶段，并提及“本土化”的大方向下所包括的“原住民”运动和环保文学等支线，进而归纳出“本土的本来就与外来的对立”，并突显出台湾“本土化”的颠覆性格。[③]

乡土教育和本土教育虽然都是强调地区、家乡、认同，两者的基本意义有一定的重叠、可以相通、交互使用。但在台湾地区逐渐发展演变的结果，却产生不同的面向。乡土教育的影响面更多是对岛内居民，尤其是对原住民“本土意识”的“启蒙”；“本土教育”（“本土化”）则逐渐发展为以“台湾意识”对抗“中国意识”的“台湾主体”性教育。[④] “台湾主体意识”是一种以台湾为“主体”的思考方式或意识形态。它是由对抗国民党威统治所衍生出的，一种解构“中国主体意识”的力量，旨在追求台湾在政治、民族、文化等三个层面上的“主体”地位，用以对抗“中国”、“中华民族”、“中华文化”这三个属于“大中国意识”的概念。[⑤]

1993年公布的小学“乡土教学活动”与1994年公布的初中“乡土艺术活动”课程是台湾正式实施乡土教学的开始；1996年，李登辉成为台湾首任直选的“总统”，代表台湾的民主化与“本土化”运动的一个里程碑。时任“教育部长”郭为藩在1993年9月公布《小学课程标准》时所言，增设

---

① John Makeham and A - Chin Hsiau. Cultural, Ethnic, and Political Nationalism in Contemporary Taiwan. Bentuhua. New York, N. Y.: Palgrave Macmillan, 2005, p. 11.

② 高格孚：《风和日暖：台湾外省人与国家认同的转变》，台北允晨文化实业股份有限公司2004年版，第76页。高格孚认为台湾的本土化的现象包含八个部分：1. 政治人物、军人与行政人员的族群交替；2. 政治象征的变化；3. 政治机构；4. 有关台湾认同与两岸关系的官方言论；5. 政治社会化，包括教科书；6. 语言政策与社会语言自然的变化；7. 在社会中，台湾各地乡土文化的复苏；8. 若干台湾电影与电视节目的“本土”色彩。若将其内容加以归纳，就可以分为政治（第一项至第四项）、教育（第五项）、文化（第六项至第八项）等三项。

③ 陈昭瑛：《论台湾的本土化运动：一个文化史的考察》，《中外文学》，第6-43页。

④ 蓝顺德：《教科书意识形态历史回顾与实证分析》，华腾文化股份有限公司2010年版，第161页。

⑤ 赖建国：《台湾主体意识发展与对两岸关系之影响》，台湾政治大学东亚研究所硕士论文，1997年6月。

乡土教学活动，在课程上是一小步，但是在教育政策上是一大步。[①]

很显然，李登辉执政期间，实施的乡土教学与文化地方化的“本土化”政策，完全脱离了之前国民党“中华民国五权宪法”的架构、中华文化为主的教育及大中国意识的认同，使得“台湾化”与“台湾意识”成为主流意识。其在教育方面的“本土化”策略，主要表现为推动乡土教育课程与修订新教科书，即乡土教学活动的实施，“认识台湾”课程的增加以及教材的台湾化。民进党执政后在迈向台湾“本土化”的教育改革理念下，以“去中国化”及建构“台湾化”作为区隔国民党执政的主要施政目标，对于学校教育则采取解构过去传统课程稳定结构，并批判隐蔽存在的中心与边缘不合理的课程支配权力关系。

（二）公民教育与“台湾文化”的营造

台湾文化原本是中国文化的一部分，这是不争的事实。但是，台湾解严后，伴随着台湾意识、“台湾主体”性意识、“台独”意识的逐渐兴起，台湾认同趋于主流，台湾文化也被染上了“独立”的色彩。而在李、陈相继推出的“文化台独”策略中，台湾文化不仅与大陆文化、中华文化割裂，而且还自成体系。

李登辉上台后不久，便为岛内“台独”势力在文教领域的分裂活动大开绿灯。“文化台独理论”的倡导者之一史明在其《台湾人四百年史》中，公开宣称，曾统治台湾的国民党及之前的政权等都是“外来政权”，并带来“外来文化”。李登辉在其执政后期也公然地宣扬，台湾“必须是台湾人的东西”，宣扬“台湾意识”、“台湾精神”、“台湾魂”等论调，鼓吹“新台湾人主义”；并且十分重视做文化扎根“养独”工作，声称“登辉无时无刻不在思考文化的重建与新生”，“教育不改，人心也不会改变，过去教育都限制在大中华的观念范围中，台湾不需要中大华主义”。[②]

陈水扁上台后，继承李登辉衣钵，继续不遗余力地推行“文化台独”。他多次在公开场合宣扬“台湾文化不是中国文化的一个分支”，而是台湾“原住民”文化受“外来文化”影响而形成。为强调“原住民”文化是台

---

① 蓝顺德：《国民小学乡土教学的规划与展望》，载台北师范学院主编：《“国小”乡土教育课程与教材研讨会》，1996 年，第 43 – 48 页。

② 《评台湾当局“文化台独”：荒诞不经难以得逞》，http：//news. xinhuanet. com/newscenter/2003 – 10/13/content _ 1120010. htm.

湾文化，有其独立起源，他从人种的角度否定台湾与祖国的血缘联系，同时还利用台湾在历史上曾遭受荷兰、西班牙、日本殖民统治的特殊经历，片面强调外国殖民统治对台湾文化的影响，以此来“矮化”中国传统文化的地位，将中国传统文化歪曲成仅仅是形成“台湾文化”的影响因素之一。

为了加快推动“文化台独”，陈水扁当局还有步骤地采取了多种推动形式，主要有：一是借助“台湾论”，鼓吹“台湾意识”，二是推行“本土化教育”政策，以“台湾”取代“中国”，三是抬出“通用拼音”方案，挤压“汉语拼音”，四是用文学鼓吹“台独”，设立“台湾文学系”。①

归纳李、陈的“文化台独”表现主要有两种：一是重新解释“台湾文化”与中国传统文化的关系，企图从历史的角度否定中国文化在台湾的地位，虚构一种“独立”的“台湾文化”。将中国历史归入世界史便是台湾当局利用政治力量企图扭转整个历史文化主轴的一部分。二是刻意在文化上制造台湾与祖国大陆的差异与区分。② 而且，在“去中国化”的同时，以乡土文化、海洋文化等所谓“本土文化”来建构其“台湾主体文化”、特色文化。于是，在台湾地区的中小学公民教育领域中母语教学、历史教学、主体性教育等方面处处充斥者台湾文化认同的意识与目标。

结　语

1945 年台湾复归中国的版图，1949 年底国民党退守台湾，这两项关键的历史转折，也使得了台湾社会发生了两大变迁：摆脱日本殖民统治，与中国大陆长期分离。接收的国民党政权亟欲重新塑造有别于殖民地时期的国家认同、民族意识及国民性格，所以，之前在大陆实施的公民教育内涵在台湾地区产生了重大转变。两蒋时期所推行的“国家的公民教育”集政治教育、国民教育、道德教育于一体，尤其是政治教育的色彩在战后台湾这一特殊时代、地域、特别的政治情势下更为突出。“去皇民化”、“反共复国”、“民族精神教育”三位一体的中国化教育，既是两蒋治台时期的施政理念，也是台湾地区公民教育发展四十年来的核心理念，其首要目标即是在台湾这块土

---

① 《评台湾当局“文化台独”：荒诞不经难以得逞》，http：//news. xinhuanet. com/newscenter/2003－10/13/content＿1120010. htm.

② 《“文化台独”粉墨登场愈演愈烈》，http：//www. cctv. com/news/china/20031013/100315. shtml.

地上塑造中华民族的文化认同，构建中华民族国家的认同；教育台湾的中小学生，未来的公民，进而做一个堂堂正正的中国人。

如果说两蒋时期，台湾的教育是“中国化”教育，那么从李登辉起，台湾的教育便进入了“台湾化”阶段。解严后，台湾地区的公民教育，在李登辉、陈水扁所推行的“本土化”策略与所谓的民主化进程中，从“乡土教育”转变为“本土教育”，至“台湾主体性教育”；发展至2000年，已完全融入到九年一贯课程的社会学领域，仅有高中保留了公民与社会科。

无论是课程标准、课纲的修订，教材的编辑，课程科目的调整，还是辅助课程，诸如“乡土教育活动”、“母语教学”、“现代社会”、“深化认识台湾行动”的实施等，所具有的鲜明特色便是“去中国化”，一切向“本土”看齐，即要处处体现，层层渗透“台湾特色”。国民党当局为了去殖民化，首要措施之一是“国语运动”；李、陈二人的台湾化过程中，同样以所谓“台湾母语”教育为依托，逐渐展开其“乡土教育”进程。

所以，李、陈二人主政时期推行的所谓的“社会的公民教育”，是打着回归教育本质的旗号，在“多元化”、“民主化”的掩盖下推行其“本土化”、泛台湾化的“台独”教育。如此，解严后台湾地区公民教育的发展趋势、实施模式（尽管取消了单独设科，实行科际整合，但其目的完全是基于“本土化”的需要），与两蒋时期的几乎是同一路径。即“去中国化，立台湾化”与“去皇民化，立中国化”。

国民党是在对“大中国意识”的认同下，将“复国”与公民教育结合，李、陈则是在“台湾主体意识”的认同下，将“独立”与公民教育结合。两蒋时期，借助于戒严时期的威权统治，构建了高度集中的中央管制教育体制；之后的李、陈时期，则是在教育“自由化”的改革中，将“本土化”推广到极致，实现其“台独”色彩的“台湾化”认同。

综上，光复后，台湾地区公民教育近六十年的发展，其目标从“反攻复国”至“独立建国”，所主导的国家认同也从“大中国认同”转为“台湾认同”。因当权者执政的需要，塑造这一认同意识的公民科课程从初中小学、高中的单独设科，发展至“九年一贯的社会学领域”的科际整合，课程名称频繁改变：公民科、公民与道德、公民与社会、生活与伦理、现代社会、认识台湾等；课程目标多次修订：1952年版、1962年版、1975年版、1983年、1995年、2000年等，教材内涵随之及时调整：大中国文化的全面复兴与渗透至台湾本土文化的营造与构建。传递当权者主流意识的公民领域教科书所灌输于学生的，则是从“大中国”的强化，演变至“台湾国”的论述。无论是以民族精神教育构建中华民族意识，以中国化教育灌输大中国意识，以乡土教育启蒙“本土”意识，以“本土”教育彰显“台湾主体”意识；还是以文化复兴重构三民主义，以正式途径编撰官方的儒家学说，以“母语教学”凸显“本土”文化，以“主体性”教育推崇台湾的海洋文化，公民教育的实施与民主社会的追求似乎渐行渐远，其本质始终是台湾当局稳固政权，实现执政理念的合法性工具，而且带有浓厚的台湾“本土化”色彩，即政党政治对教育的全面介入，尤其是对公民教育的过分干涉与利用。

很显然，不论是威权时期的“反攻复国”，还是民主时期“独立建国”，台湾地区的公民教育始终沦为当权者传递施政理念、构建文化霸权的政治工具。在一定程度上来说，台湾地区的公民教育也是“台湾问题”的潜在推手之一，更是“文化台独”策略在学校的合法性载体。从“党化教育”至“中国化”教育、“台湾化”教育的这一目标演变中，公民教育的课纲被多次修订，科目名称变化多端，教材内容更是反复增减，唯一不变的则是政治教育的本质。所以，在1945－2008年间，近代中国以培养公民意识为目标的公民科，却在赤裸裸发挥着意识形态灌输的功能。如果说从“大中国认同”的确立到“台湾国认同”的构建，从“中华文化认同”的塑造到“台湾文化”的营造，是其政党色彩的显著特征；那么“国家认同”模糊，“文化认同”缺失，“民主、多元”的公民社会成为虚像则是其“本土化”发展的必然结果。

从两岸社会对辛亥革命的不同解读看两岸国族认同的重构

上海国际问题研究院台港澳所　张哲馨

2011年，两岸以纪念辛亥百年为题举办了多场活动，其中不乏双方学者、媒体人士或者青年学子之间的对话和研讨。他们在对辛亥革命历史意义的解读上有何异同，这对于我们思考当前两岸在国家和民族认同上存在的巨大差异有哪些启示，未来应该从何处入手来增进两岸之间的国家和民族认同，这些是本文要探讨的核心问题。

一、两岸社会对辛亥革命历史意义的不同解读

2011年，两岸各种民间组织为纪念辛亥革命百年举办了多场横跨两岸的交流活动，双方学者、媒体精英和青年学生之间的对话和互动是其中的重头戏。参加活动的不仅有“泛蓝”人士，还包括许多“泛绿”方面的社会精英及民众，因此可以说，两岸参与者在这些活动中表达的观点能够在相当程度上反映两岸社会的主流思想和意见。从效果来看，这些活动有力地促进了两岸社会对辛亥革命的记忆和理解，并在很大程度上拉近了两岸民众特别是青年之间的心理距离，但同时也反映出双方对辛亥革命的认知和解读——特别在如何评价辛亥革命的历史意义上——差异较大。

从对这些活动的报道和分析中可以发现，来自台湾的参与者无论在政治倾向上“偏蓝”还是“偏绿”，对辛亥革命所取得的历史功绩都持正面态度，这一点同大陆方面是一致的：虽然大多数人不很清楚辛亥革命前后的详细历史，却普遍认为这场革命的主要功绩在于“推倒了千年帝制”，是日后“革命力量的先驱”；同时，他们也都对革命先贤在推翻帝制、争取民族复兴的过程中所展现的义无反顾的精神和舍我其谁的责任感崇敬有加。不过，

在如何看待辛亥革命对20世纪中国所走过的道路的影响上，两岸人士有着较为不同的解释和侧重：台湾人多认为辛亥革命的最大影响是在思想和制度变革层面，即树立了民权至上、言论自由、三权分立等现代民主理念，而大陆人则倾向于从权力变革和民族革命角度来解读，认为其最大影响在于推翻清政府并开启了摆脱西方列强压迫的民族独立进程。① 换言之，大陆方面更重视辛亥革命的“反帝反封建性”，关注点在“国（state）”与“族（nation）”；而台湾方面更重视辛亥革命所承载的“三民主义”理想，关注点在“制（institution）”与“民（people）”。

追根溯源，这不仅体现出两岸史学界对20世纪上半叶中国革命道路的认知差异，也反映了两岸多年来在政治、社会、文教等方面的不同侧重。大陆主流史观一直认为，辛亥革命虽然推翻了满清王朝，但仍属旧民主主义革命，因其并没能改变旧中国半封建半殖民地的社会性质，也没能实现民族独立和人民解放。直到中共成为中国革命的领导力量，先是取得新民主主义革命的胜利，建立了独立自主的人民共和国，再通过大规模社会主义建设不断推动国家和社会进步，促进民族和睦与共同发展，方迎来今日中华民族伟大复兴的光明前景。② 尽管这一过程常伴随着国家和集体利益同个人权益之间的矛盾，但也正因为国家和民族利益至上思想深入人心，执政党才能够长久地凝聚国人之心力，使偌大的中国从积贫羸弱、四分五裂的局面逐步走向强大和统一。特别在全球化时代国家主权及政府权力不断受到侵蚀的情况下，这种以国家和民族精神为号召，集中力量进行一些需要长期投入方可见效之建设的动员能力，则是中国大陆的经济增长多年来在全球独领风骚的重要原因。

反观台湾，从最初强调中国国民党领导作用的官方史观到民间史学界的修正与补充，再到近20年来在“中华民国史观”、“台湾史观”和“台独史观”之间不断游移分化，对辛亥革命之后历史的认识自上世纪60年代至今一直呈多元化发展，总的趋势是愈加淡化民族精神和国家统一思想在革命斗争与社会发展中的地位和作用，而强调以自由、民主、市场为核心的价值秩

① 见媒体相关报道，如新华视点：“两岸青年学子关于辛亥革命的对话”，2011年10月8日；国际在线：“两岸青年聚首香港　共话辛亥革命百年”，2011年10月3日；人民网：“香港调查指两岸四地青年对辛亥革命认知度不足”，2011年7月25日；中评社：“台湾青年如何看待两岸关系”，2011年6月18日，等。

② 尽管近年来少数大陆学者对中共以外其他政党或政治势力在1949年前所起的历史作用提出过一些不同的解读，但无论官方还是主流学界都大致认同这一史观。参见胡锦涛：《在纪念辛亥革命100周年大会上的讲话》，北京，2011年10月9日。

序及政治社会制度的建立与演化过程。如今，台湾主流社会关于辛亥革命的论述大多集中于它对中国社会及价值体系发展过程的推动，特别是辛亥先贤所弘扬的三民主义精神和原则对台湾近几十年的民主转型产生的影响。马英九先生在“纪念辛亥革命一百周年讲话”中开篇即表示：“一百年前，中国历史只有朝代的更替，人民不能当家做主。‘中华民国’的建立，向人民许下民主的承诺……（以及）均富与教育的承诺……这些承诺，正是三民主义的理想；这些承诺，透过世代的努力……逐步实现在我们的生活中……（我们）逐步在台湾实现中山先生的理想。”① 一些台湾媒体则更加直白地说：“辛亥革命的核心理念是三民主义：民族、民权、民生。如今一百岁的‘中华民国’，在民权主义上已经实现完全的民主政治；在民生主义上也实现了自由经济，并勉力朝‘福利国家’前行；唯在民族主义上，由于两岸分裂分治，仍处于问津寻岸的情境。”② 可见，相对于民权和民生而言，民族主义在台湾官方和主流媒体话语体系中已被置于较次要的地位。

二、从对辛亥革命的不同解读到国族认同差异

两岸社会对辛亥革命历史意义的认知偏离是双方多年来经过的不同社会发展道路的反映，而史观建构和社会发展历程的不同，又是当前两岸在国族认同上存在巨大差异的根本原因。所谓“国族认同”，既包含对承载着相同文化、历史和血缘关系的广义民族的认同，也包括对拥有统一主权的国家的认同。③ 具体到两岸社会，就是双方是否都认同自己是广义上的“中国人”以及是否认同“两岸同属一个大中国”。尽管人们可以从法律、人类学、社

① 马英九：《纪念辛亥革命一百周年讲话》，2011 年 10 月 10 日。

② （台湾）《联合报》社论：《面对两岸未来“中华民国”的力量源自辛亥革命》，2011 年 10 月 10 日，第 1 版。

③ 本文无意对“国族认同”的概念作一学理上的系统梳理，而仅采用其最具普遍意义的内涵，即“对自身所属一个超越族群、地域、文化等因素的‘大民族’以及具有政治统一性和地域一体性的国家实体的认同”。参见刘泓：“国族与国族的认同”，载《学习时报》2006 年 12 月 18 日。作者不赞同一些学者（如邸永君：《加强对“中华国族”的核心认同》，载《中国特色社会主义研究》，2010 年 6 月，第 21－22 页）在概念上将“国族认同”混同于“民族认同”，因为基于共同血缘、历史和文化的“中华民族认同”并不等于对一个政治上的广义的大中国的认同，甚至也不完全等同于强调历史记忆的“祖国认同”。而我们之所以对“国族认同”问题进行讨论，不单旨在重新确立两岸的“中华民族认同”，还要在共同的民族认同和祖国认同基础上，达成两岸对未来国家形态及彼此安排的基本共识。故此处“国族认同”是不可与其他概念混用的。

会学等角度对“国族认同”进行不同的概念界定，但在“国族认同”对一个国家和民族保持对内和平与社会发展的重要意义上则有着相似的理解。正如台湾大学张亚中教授所说：“‘认同’作为区别‘我群’与‘他群’的判定，从正面来看，‘认同’可以凝聚人民共识，风雨同舟、共度艰难；从负面来看，‘我群’与‘他群’的‘分别心’，也很容易将仇恨插入人民的生活，使得民族或国家内部、民族或国家之间发生悲剧的灾难。”① 两岸关系过去20年来的发展过程便为这种认识写下了清晰的注解。

上世纪90年代之前，两岸社会还基本处于相互隔绝状态，但双方在对“中国人”和“两岸同属一中”的认同上尚未出现较大裂痕。② 据台湾“陆委会”1990年代初的统计，台湾民众认同自己是中国人的有48.5%，既是中国人也是台湾人的有32.7%，二者合计达81.2%，而认同自己只是台湾人的仅有16.7%。③ 可是，就在不到一代人的时间里，台湾民众的国族认同已经出现了根本逆转。据台湾政治大学选举研究中心2011年的一项调查，台湾民众认为自己是中国人的比例仅有4.1%，认为自己既是中国人也是台湾人的也仅有39%，而认为自己是台湾人的则达到了54.2%。④ 这一变化产生的原因，固然有全球化时代世界民众的国族认同普遍弱化的因素，但更重要的是台湾方面在史观建构和社会发展道路选择上与大陆日益疏离。

人们一般认为，台湾的主流史观发生本质性变化，大致源于李登辉所代表的国民党“主流派”为巩固权力基础而在台湾社会上下挑起的关于“台湾意识”与“台湾地位”的论争。李登辉在1990年当选“总统”后，在国民党内面临着郝柏村、林洋港、李焕等“非主流派”大佬的挑战。为了全面肃清“非主流派”的影响，李登辉不但通过一系列或明或暗的党内运作

① 张亚中：《统合方略》，（台湾）两岸统合学会出版2011年版，第81页。

② 有学者认为，由于日本在台殖民统治达半世纪之久，台湾当地民众在上世纪40年代末对中华民族和“中国”的认同不如大陆民众那样强烈。直到国民党当局迁台并进行大量文化历史教育，才逐渐建立了台湾主流社会对中华民族及“中国（中华民国）”的认同，但其代价是忽视与掩盖了台湾自身的历史记忆，在上世纪70年代国民党当局面临重大“法统”危机后，引发了关于重新认识台湾历史的社会大讨论并延续至今。见陈孔立：《台湾社会的历史记忆与群体认同》，载《台湾研究集刊》2011年第5期，第1－10页。但据台湾学者陈毓钧的研究，即便在日据时代，台湾民众仍持有很深的“祖国意识”。见陈毓钧著：《我们是谁？台湾是什么？——台湾的过去、现在和未来》，上海译文出版社2006年版，第35－49页。

③ 张亚中：《统合方略》，（台湾）两岸统合学会出版2011年版，第83页。

④ 台湾政治大学选举研究中心：《台湾民众台湾人/中国人认同趋势分布（1992－2011.06）》，2011年7月。

排挤对手，还借炒作“省籍议题”、发动“本土化运动”、推动台湾“入联”等，将“国民党的‘起源自中国近代冲突的革命政党属性’，转化为‘归属于台湾的现代的民主政党属性’”，使“台湾人受外来者欺压、争取自决的历史意识”逐渐泛滥。[①] 到了陈水扁执政，更是通过修改历史教科书、推动“入联公投”、甚至公开主张“一边一国”等，故意放大两岸之间的分歧并突出“台湾主体性”，大肆宣扬“台独”史观。结果，在李、扁执政的近20年时间里，台湾社会对大陆的“他者”甚至“敌者”认识迅速上升，给台海地区稳定和两岸关系发展造成了巨大的障碍。即使在2008年马英九上台执政后，台湾当局也没能采取足够的积极措施来纠正这种错误史观，令相当一部分台湾民众在“去中国化”的道路上越走越远。[②]

除上述政治力量的作用外，台湾社会过去20年的发展也是导致台湾民众的国族认同发生变化的重要原因。台湾自1970年代中期起逐渐进入政治转型期，随着政治反对运动和各种社会运动的兴起，以及大型资本和地方派系势力上升，台湾的政商关系逐渐从过去的“威权侍从关系”走向“大小伙伴关系”，行政部门力量弱化而财团、地方甚至民间组织的力量日益强大，一个强有力的公民社会逐渐形成并在此过程中进一步完成民主转型。[③] 正是由于台湾的政治结构和社会结构的“去威权化”，才使得今天的台湾民众更多地关注经济和民生问题，特别是同自身密切相关的相对狭隘的利益。如今，对于相当多的台湾人而言，对保障个人和小团体权益的追求已超过了对社会共同利益的考虑，无怪乎台湾“中央研究院”近代史研究所黄克武所长称，台湾社会正逐渐远离孙中山先生所提倡的“天下为公”精神与民族理想，只求建立一个“小而美的生命共同体”。[④]

从上可见，由于秉承着不同的史观及社会发展道路，两岸在国族认同上的差异越来越大。大陆从“国”的角度考虑，寓中华民族复兴于两岸统一之中，而台湾则从“民”的角度考虑，置乡土利益于国家和民族利益之上。

---

① 张茂桂：《台湾政治民主化与“公民社会”的发展》，载朱云汉等著：《台湾民主转型的经验与启示》，社会科学文献出版社2012年版，第102－103页。另见王建民等著：《国民党下台内幕》，新华出版社2005年版，第116－146页。

② 张迎来：《“台独史观”误导民众的身份认同》，载（澳门）《九鼎月刊》2012年第12期，第41－43页。

③ 王振寰：《民主转型与政商关系重组》，载朱云汉等著：《台湾民主转型的经验与启示》，社会科学文献出版社2012年版，第46－74页。

④ 共识网：《黄克武：谈台湾学界对辛亥革命的研究》，2011年7月12日。

这一认同差异不但在过去严重阻碍了两岸公权力机关与民间的相互理解和交流合作，还是两岸关系未来发展必然要面临的巨大挑战。如张亚中教授所说："如果同一个国家，或同一个民族间的'认同'已经断裂，或者已经消失，那么，国家将不再是个'命运共同体'，民族也不再是一个'生命共同体'，它们将只是一盘没有共同目标的散沙而已。"① 因此，如何重塑两岸的国族认同，使两岸民众得以为着一个共同的愿景团结奋斗，既是两岸的根本利益所在，也是双方共同的历史使命。

三、从年轻一代入手重构两岸国族认同

近年来，两岸政学商等各界人士对如何塑造两岸共同的国族认同进行了大量思考与讨论，一般认为应首先构建互惠互利、相互依赖的"利益共同体"，继而形成文化价值观共享的"文化共同体"，之后方有望逐渐走向彼此信任、荣辱与共的"命运共同体"。② 然而，需要指出的是，尽管这一路径在逻辑上是有先后次序的，但在实践当中，并不是非要等"利益共同体"与"文化共同体"形成之后才能培育双方的"命运共同体"。特别在现阶段，更不宜过分强调经贸与文化交流对国族认同差异的弥合作用，因为经济互依与文化认同，甚至包括共同的历史记忆都仅仅是国族认同的必要条件，而非充分条件。否则，英国同美国、德国与奥地利等等都应具有很强的国族认同才是。笔者认为，要促进两岸形成共同的国族认知，应当从现在做起，特别要从培养年轻一代的国族认同入手，以坚持两岸关系和平发展为基础，在不断巩固和扩大两岸经贸、文化及民间交流成果的同时，促进两岸共同史观、共同愿景及共同参与机制的形成。

对于台湾的年轻一代而言，过去20年不但是他们在人生中学习成长最关键的20年，也是整个台湾社会走向自由开放，各种利益团体和社会组织蓬勃

---

① 张亚中：《统合方略》，（台湾）两岸统合学会2011年版，第81页。

② 刘强：《社会记忆与台湾民众的国族认同》，载《江苏省社会主义学院学报》，2011年第2期，第60-63页。另见中国网，杨立宪：《两岸观念文化的交流应尝试"相向而行"》，2011年8月31日。此外，已故的台大政治系教授魏镛也曾提出"联锁社群（linkage communities）"的概念，认为两岸通过社群之间广泛的社会、文化、商业或其他形式的接触，会形成跨越双方体系界限的"联锁社群"。双方联锁社群规模越大、整合程度越高，便越容易导致两岸在政治上和平统一。见中评社：《台湾青年如何看待两岸关系》，2011年6月18日。从内容上看，这一概念似乎是"利益共同体"与"文化共同体"的结合。

发展的20年。因此，他们的“民国意识（即“中华民国”与中华人民共和国是两个体制不同、相对独立的政治实体）”和“台湾人意识（即自己是台湾人而非大陆政府管辖之下的中国人）”是与生俱来的，而他们对两岸共有的历史记忆和爱恨交织的复杂情感则知之甚少，几乎无人再抱有其祖辈父辈深埋于心的如“葬我于高山之上兮，望我大陆”那样厚重悲壮的祖国情结。他们自出生起耳濡目染的，是民众对各种公共事务越来越多的参与，是大众媒体对台湾特别是当地社会民生问题的每日报道和讨论，是“台湾主体性”在思想上的渲染和法律、制度上的不断强化。因而，他们对广义的“中国”和“中华民族”并没有多大认同，更遑论“天下兴亡，匹夫有责”的使命感与责任心了。

然而，正由于台湾年轻一代对于国族认同问题没有什么心理上的历史包袱，他们也不像其祖辈父辈之中一些人那样对大陆持有很强的敌意和戒心。事实上，从到大陆学习工作的台湾年轻人逐年增多的趋势看，大陆对于台湾青年来说更多代表着一种机会而不是威胁。尤其自2008年以来，两岸关系的历史性转折使两岸青年交流进入历史上最活跃的时期，双方在经济、文化、教育等各领域的广泛交流正不断加深彼此的理解与包容。随着两岸关系和平发展趋势继续巩固和强化，从双方的年轻一代入手，逐渐塑造两岸人民共同的历史记忆，促使他们在看待国家和民族的视角上相向而行，进而重塑共同的国族认同，不但符合两岸加强友好合作的现实需要，也是全球化时代下两岸携手复兴、创新并弘扬中华文明的必由之路。

如上文所述，由于两岸当前的国族认同差异很大程度源于各自政治文化对“国”与“民”的侧重不同，因而，双方首先应在史观建构上积极地换位思考和彼此借鉴：大陆方面需要更多从“民”的角度阐释历史，特别要关注台湾民众因各种历史和现实原因而产生的对大陆的疏离感；台湾方面也需尽快纠正“台独”史观中关于“台湾人在中国近现代史中几近空白”的错误表述，从“国”（即包括两岸在内的广义的中国）的角度看待台湾的发展历史，认识到“台湾人的政治或社会活动不只是与整个中国现代化历史接的上，也是参与其中的”。[①] 令人高兴的是，近几年两岸已开始对各自史观进行了大量反思和重新梳理，这种开放的态度无疑是构建共同史观的第一

---

① 郑鸿生：《台湾人如何再作中国人》，载《台湾社会研究季刊》第74期2009年6月，第136页。

步。此外，台湾方面还需尽快修正陈水扁当政时期开始的在中小学推行“乡土教学”、修改高中历史教科书等所谓的“本土化教育”，还台湾青少年一个真实的宏观的中国历史。

两岸在努力构建共同史观的同时，还需大力培育双方的共同愿景。中共中央前总书记胡锦涛同国民党前主席连战早在 2005 年 4 月就指出，两岸“应步入合作的良性循环，共同谋求两岸关系和平稳定发展的机会，互信互助，再造和平双赢的新局面，为中华民族实现光明灿烂的愿景”。过去几年来两岸关系的迅速进展为两岸塑造更加明确的共同愿景奠定了基础。未来，两岸特别要在几个关键问题上加强讨论以逐渐形成共识，例如，为何两岸统一是中华民族复兴的必经之路、台湾的乡土意识如何可以同更广泛的国族意识并行不悖、两岸政治和社会架构有哪些可以相互学习之处及相互融合的可能，等等。[①] 由于年轻一代更易接受新事物、新思想，两岸需进一步扩大青年交流的层面和范围，尤其是为双方尽可能提供以平和宽容的心态畅所欲言的交流平台。

为了促进双方共同史观与共同愿景的形成，须为两岸民众特别是年轻人创造更多参与彼此社会、经济、文化等事务的机会，使双方真切感觉到两岸之间有着不可分割的利益与心灵的纽带。比如，通过志愿者活动深入对方社区、组织观摩对方的地方行政与立法事务、鼓励双方对彼此的经济社会发展献计献策，等等。诚如台湾大学电信研究所的蔡宗谕先生所言，“现代台湾年轻人不敢去想如何帮助大陆，那种清末民初想要救全中国的情怀，在台湾

---

① 对于第一点，中国新古典主义儒学学者杨万江在 2011 年 6 月 19 日“博客中国”上发表名为“国家的意义何在：台湾青年应当如何思考两岸问题”的文章，http：//yangwanjiang. blogchina. com/1157820. html（2013 年 1 月 10 日访问），认为“从内部能够获得良好治理的角度看，台湾民众有理由认为一个民主宪政的国家是实现政治理想的必要制度条件。从外部能够获得尊重、保障、权力和影响力的角度看，在国际社会，大国比小国更有能力保障自己的国民和实现自己的理想。因为只有大国才能塑造世界。甚至只有大国才能把国民的思想、道德和创造力提升到人类最普世和根本的那种前沿水准上去。美国是这样，中国也必将是这样。小国注定了自己的国民只是大国政治和文化追随者而不是创造者的命运。在这个意义上说，‘台独’不可能让台湾人民有前途。甚至，如果从你是什么样的人的文化角度，‘台独’实际上使台湾民众丧失了过去一直保持的华夏文化中的大国政治及其天下意识，变得只有靠反对大陆才能找到自己的存在感，但却没有建构自己形态文化的前途。去中国化的‘台独’，实际上是台湾在文化上的倒退和政治上的矮化。台独只能使台湾政治不配在全球意义上来打量台湾”。此外，一个较有启发性意义的观点认为，两岸应通过追求“民族共融、民主共建、民生共赢”的“新三民主义”来达到和平统一的最终目标。见天涯论坛：《新三民主义：台海两岸关系的新思维》，作者：月明共谁秉烛，发表于 2005 年 10 月 2 日，http：//www. tianya. cn/publicforum/Content/news/1/59115. shtml（2013 年 1 月 2 日访问）。

这一代是不敢想象的……（然而）年轻人需要改变世界的梦想与冲劲，当一个国家没有办法给予年轻人这种感觉，年轻人一定会被影响的”。[①] 因此，两岸交流活动的组织者在设计二者共同参与项目时，应考虑到年轻人参与热情高但重娱乐性的特点，尽量避免以往过于正式、追求一切细节完美的交流模式，在“抓大放小”的原则下多一些自发的即兴式的活动。毕竟，由于全球化的深入影响，如今两岸的年轻一代在道德理想、文化偏好甚至个性展示等方面都有很多共同点。他们可以勇对挑战，但拒绝接受平庸；可以理解分歧，但不能认同虚假；可以原谅不完美，但不会容忍单调。如果两岸越来越多的青年通过各种议题的共同参与，真切感到为两岸的社会经济发展做出了贡献的话，彼此的认同自会水到渠成。

当然，要实现上述目标，关键需要两岸高层政治意志的推动和保障。当前的问题是：大陆有决心、有恒心、有耐心，而台湾当局则常常态度游移，“进三步退两步”。如台湾统一联盟文宣部部长戚嘉林所言，马英九强调自由、民主、人权、法治是核心价值，然后再用这些观念来区隔台湾与大陆的不同，似已落入李登辉与陈水扁当局固化分离意识的巢窠，如经常用“中华”代替“中国”，用“中华民族”代替“中国人”，甚至提出具有主权意涵的“台湾前途须由全台 2300 万人决定”，说明“蓝营政治人物论述核心语汇及其语境的改变，不但强化了绿营“台独”论述的正当性，而且潜移默化了误导台湾民众的国族认同，其严重性蓝营似浑然不觉”。[②] 的确，台湾地区领导人在选举政治下必须考虑到多数选民的意愿，而岛内蓝绿力量几乎势均力敌的现实也限制了领导人的决策。然而，一个真正的政治家不应总为短期的民意浪潮所推动，而理应基于自身的远见和决断说服民众，带领他们驶向虽然未知但却更加美好的远方。从这层意义上说，马英九当局在未来三年左右的时间里恐怕需要展现更多的决心和魄力。

总而言之，只有双方本着宏观视野，共同致力于两岸关系和平发展大方向不动摇，才能通过两岸交往的不断扩大深化，使双方民众特别是年轻人逐渐形成休戚与共的国族认同，在辛亥革命百年之后的今天，一道迈向当年革命义士甘愿为之“以血荐轩辕”的民族统一与复兴之路。

---

① 中评社：《台湾青年如何看待两岸关系》，2011 年 6 月 18 日。

② 戚嘉林：《台湾的新祖国认同与祖国论述》，《中国评论》2011 年 10 月号。

两岸关系和平发展背景下的台湾民意变化

——基于TEDS系列调查资料的分析[①]

上海交通大学国际与公共事务学院　吴维旭

2008年台湾地区实现二次政党轮替，至2012年马英九先生成功连任台湾地区领导人，这其中在2010年两岸共同签署ECFA协议，这是两岸经济交流制度化的重大进展，两岸关系进入了和平发展的新阶段。目前，两岸已然呈现大交流、大合作与大发展格局[②]。这是两岸关系发生历史性变化的四年（即2008至2012年）也是两岸之间交流合作制度化卓有成效的四年，在这四年中，台湾民意发生了什么样的变化，是一个值得且急需检视的问题。特别是台湾民众的统“独”立场、身份认同的持续与变迁，以及台湾民众对ECFA的态度等，既是台湾岛内政治的重要议题，也一直是关心两岸关系人士所关注的焦点。

就本文而言，从身份认同开始，根据台湾政治大学选举研究中心的历年民调资料显示自认为是台湾人的比例继续上升，但这是否必然就会导致台湾

---

① 本文使用的数据全部（部分）系采自“2005年至2008年‘台湾选举与民主化调查’四年期研究规划（Ⅳ）：2008年‘总统’选举面访计划案”（TEDS2008P）（NSC 96－2420－H－004－017）、“2009年至2012年‘选举与民主化调查’三年期研究规划（Ⅲ）：2012年‘总统’与‘立法委员’选举电访调查”（TEDS2012－T）（NSC 100－2420－H－002－030）、“2009年至2012年‘选举与民主化调查’三年期研究规划（Ⅲ）：2012年‘总统’与‘立委’选举面访案”（TEDS2012）（NSC 100－2420－H－002－030）。“台湾选举与民主化调查”（TEDS）多年期计划总召集人为台湾政治大学黄纪教授，TEDS2008P为针对2008年台湾“总统”选举执行之年度计划，计划主持人为游清鑫教授；TEDS2012T、TEDS2012为针对2012年台湾“总统”与“立委”选举执行之年度计划，计划主持人分别为黄纪教授、朱云汉教授；详细资料请参阅TEDS网页：http：//www. tedsnet. org. 作者感谢上述机构及人员提供数据协助，惟本文之内容概由作者自行负责。

② 参见林冈、吴维旭：《从台湾民意变化看两岸关系和平发展的前景》，《巩固深化两岸关系和平发展研讨会会议论文集》（2012年6月），第115页。

民众“独立”意识的增强？这里需要考察四年中台湾民众的统“独”立场的变化，需要分析台湾意识与台湾“独立”之间关系的经验数据。自认为台湾人比例的持续上升，是否台湾民众也会在同时期看低两岸合作的前景？这涉及到台湾民众对ECFA的实施、马英九当局两岸政策等问题的态度。上述问题均涉及两岸和平发展最终是否有利于推进中国和平统一进程这一关键问题（即两岸和平发展的方向问题，是和平统一，还是和平分离，抑或永远维持现状）。对此，本文根据台湾主要民意调查机构所公布的数据，特别是其在2008年和2012年进行的四年期民意调查原始数据（即TEDS系列调查资料），来考察2008年以来数项台湾民意的微妙变化，并试图根据相关结论，探讨台湾相关民意变化对两岸交流合作与制度化建设的影响。

一、台湾民众身份认同的变化

台湾地区民调机构对民众身份认同的测量一般是询问受访者自认为是台湾人、中国人，还是都是（即重叠认同、连锁认同或双重认同）的问题，此问题多被用于考察岛内民众的台湾意识比例上升与否。根据台湾政治大学选举研究中心的身份认同变化趋势图①，截至2012年12月，可以发现20年间（即1992－2012年），台湾民众自认为是台湾人的比例已升至第一位，由17.6%至54.3%，重叠认同的比例由46.4%下降至38.5%，认为自己是中国人的比例由25.5%下降至3.6%。若考察2008年12月至2012年12月这四年间的变化，可以看到自1992年12月至2008年12月的16年间，自认为是中国人的比例平均每4年下降约5%，2008年至2012年总体下降0.4%，基本不变。认为自己是台湾人的受访者比例，在1992年至2008年平均每4年上升近8%，在2008年至2012年总体上升5.9%，有所减缓。认为自己既是台湾人也是中国人的比例，基本保持稳定（见表1）。

① 台湾政治大学选举研究中心网站公布的政治态度趋势图资料是根据政大选研中心根据历年的电话访问研究案做出，访问资料每年合并一次，较面访案同类数值稍有不同。可参见台湾政治大学选举研究中心重要态度分布趋势：http：//esc.nccu.edu.tw/modules/tinyd2/content/TaiwanChineseID.htm.

表1　台湾民众身份认同的变化（2008—2012）

	1992.12	2008.12	2009.12	2010.12	2011.6	2011.12	2012.6	2012.12
台湾认同	17.6	48.4	51.6	52.7	54.2	52.2	53.7	54.3
重叠认同	46.4	43.1	39.8	39.8	39.0	40.3	39.6	38.5
中国认同	25.5	4.0	4.2	3.8	4.1	3.9	3.1	3.6

资料来源：台湾政治大学选举研究中心重要态度分布趋势（1992.12－2012.12），http：//esc.nccu.edu.tw/modules/tinyd2/content/TaiwanChineseID.htm.

如果对比2005－2008年台湾选举与民主化调查四年期研究规划中的2008年“总统”选举面访案（以下简称TEDS2008P）和2012“总统”与“立法委员”选举面访案（以下简称TEDS2012）和电访案（以下简称TEDS012TR），也可以看到台湾认同的上升趋势有所缓和①。根据TEDS012，持台湾认同的受访者从2008年的53.1%，上升为2012年的57.3%，增加了4.2%；持重叠认同的受访者从39.9%下降为36.2%，升降的幅度均不如上述政大选举研究中心的民调数字。而若根据TEDS2012TR，持台湾认同的受访者下降为50.3%；持重叠认同的受访者则上升为42.7%②，即比较2008至2012年的面访案同类问题，台湾认同比例上升，重叠认同比例下降，而若比较2012年的电访案（TEDS2012T）与2008年的面访案（TEDS2008P）同类问题，则可看到台湾认同比例下降，重叠认同比例上升，这是一个需要注意的地方（见表2）。导致身份认同的原因很多，诸如代际更替、政治社会化等，且在相关民调资料中暂未发现因果关系的专项问

表2　台湾民众身份认同的变化（2008—2012）

身份认同	台湾认同	重叠认同	中国认同
TEDS2008P	53.1%	39.9%	4.8%
TEDS2012	57.3%　+4.2%*	36.2%　－3.7%	3.7%　－1.1%
TEDS2012T	50.3%　－2.8%	42.7%　+6.5%	3.7%　－1.1%

资料来源：TEDS2008P报告书，第366页；TEDS2012报告书，第455页；TEDS2012TR Q149数据整理所得。*表示与TEDS2008P做比较。

---

① TEDS2008P调查独立面访问卷1905份，面访时间是2008年7月－9月初。TEDS2012调查独立问卷1826份，面访时间是2012年1月16日－2月18日。详细资料请参阅TEDS网页：http：//www.tedsnet.org.

② TEDS2012_TR调查独立问卷4806份，电访时间是2011年12月10日－2012年1月13日。详细资料请参阅TEDS网页：http：//www.tedsnet.org.

题考察此议题，在此不予探究。通过考察2008年至2012年台湾民众身份认同的变化，可以发现台湾（认同）意识有所上升，但上升势头较之前减缓，重叠认同比例下降，渐趋稳定。这里存在需要继续讨论的一个问题，即台湾意识上升的同时，在台湾民众的统“独”立场方面，偏“独”的比例是否会同步上升?

二、台湾民众统“独”立场的变化

对台湾民众的统“独”立场进行综合考察，目前可资借鉴并比较可信的考察方式（或观察指标）主要有两种：一是台湾政治大学选举研究中心的统“独”立场趋势图（6分法），趋势图是根据历年的电话访问研究案做出，访问资料每年合并一次；二是考察TEDS系列民调中对统“独”立场的问题，在此方面又可细分为三个次项目，分别为6分法问题、11分值问题以及设定条件下的问题考察。

根据台湾政治大学选举研究中心的追踪调查（即统“独”立场6分法趋势图），在1994年接受访问的民众中，主张维持现状再决定的占38.5%，无反应者占20.5%，偏向统一的占15.6%，永远维持现状的占9.8%，偏向“独立”的占8.0%，尽快统一的4.4%，尽快“独立”的占3.1%，呈现维持现状为主，统大于“独”（20%比11.1%）状态。在2000年接受访问的民众中，主张维持现状再决定的占29.5%，其次为主张永远维持现状（19.2%）、无反应（17.4%）、缓统（17.3%）和缓“独”（11.6%），再次为主张急“独”（3.1%）和急统（2.0%），统只是略大于“独”（19.3%比14.7%），两者的差距缩小。而在2012年12月的同样调查中，主张维持现状再决定的占33.9%，永远维持现状的占27.7%，缓“独”的占15.1%，三者的比例均较10年前明显增加，合占76.7%。①

若细加观察2008年以来的民意变化，可以发现根据同样的民调数据，倾向“独立”的受访者（包括主张尽快“独立”和偏向“独立”的受访者）已经从2008年12月的23.1%，回落到2012年12月的19.9%，属于近年第一次明显下降。主张永远维持现状的受访者增加了6.2%，主张先维

① 相关数据节选自台湾政治大学选举研究中心重要态度分布趋势（1992－2012）。http://esc.nccu.edu.tw/modules/tinyd2/index.php?id=3.

持现状再决定的受访者下降了1.9%，不同程度倾向统一的受访者则维持在10%。(见表3)。

表3　台湾民众统“独”立场的变化（1994.12—2012.12）

	2008	2009	2010	2011	2012
维持现状再决定	35.8%	35.1%	35.9%	33.8%	33.9%
永远维持现状	21.5%	26.2%	25.4%	27.4%	27.7%
偏向“独立”	16.0%	15.0%	16.2%	15.6%	15.1%
偏向统一	8.7%	8.5%	9.0%	8.8%	8.7%

资料来源：台湾政治大学选举研究中心“台湾民众统‘独’立场趋势分布”（1994-2012.12）。http://esc.nccu.edu.tw/modules/tinyd2/content/TaiwanChineseID.htm.

根据TEDS2012的数据，主张尽快“独立”和偏向“独立”的受访者由2008年的23%，微弱上升到23.4%，倾向统一的比例下降了1%，主张维持现状再决定的下降了2.4%，主张永远维持现状的上升了4.1%。而根据TEDS2012T的数据，倾向台湾“独立”的比例，下降了4.5%，主张尽快统一和偏向统一的受访者，也下降了3.2%，下降的幅度小于前者；同时，主张永远维持现状和先维持现状再决定的受访者，从57.5%上升为63.5%。其中主张永远维持现状的增加了10.4%，主张先维持现状再决定的减少了4.4%。TEDS2012和TEDS2012T的数据存在较大差异，其共同点是维持现状再决定的比例都有不同程度的下降，而主张永远维持现状的比例则有不同程度的上升（参见表4）。①

表4　台湾民众统“独”立场的变化（2008—2012）

统“独”立场	倾向“独立”	维持现状再决定	永远维持现状	倾向统一
TEDS2008P	23.0%	39.5%	18.0%	13.1%
TEDS2012	23.4%	37.1%	22.1%	12.1%
TEDS2012TR	18.5%	35.1%	28.4%	9.9%

资料来源：TEDS2008P报告书，第366页；TEDS2012报告书，第455页；TEDS2012T中Q145原始数据整理。

若将6分法中维持现状再决定者与永远维持现状者合并计算，可以看到选择维持现状的比例由2008年的57.5%上升为2012年的59.2%，合计比例远超倾向“独立”与倾向统一的比例，维持现状者中是否具有更为明晰

① 参见林冈：《台湾政党政治的发展趋势》（未刊稿），第21页。

的统“独”立场，是一个需要解答的问题。在此，可对 TEDS2008P 中的问题 M3 和 K1 和 TEDS2012 中的问题 N3 - M1 数据交叉分析，即 6 分法与 11 分值问题进行交叉分析。在 TEDS2008P 中，选择维持现状者中，持偏“独”立场（选择数值 0 - 4）的占 15.9%（172 人），持偏统立场（选择数值 6 - 10）的占 14.4%（158 人），真正持中间立场（选择数值 5，即不统不“独”者）的占 61.8%（678 人），偏“独”者比例高出偏统者 1.5%。而根据 TEDS2012 的原始数据，持偏“独”立场的占 12.9%（141 人），持偏统立场的占 13.3%（146 人），真正持中间立场的占 64.2%（704 人），偏统者的比例高出偏“独”者的 0.4%。①

若比较 TEDS2008P 的 K1 与 TEDS2012 的 M1 数值，则为用统“独”立场的 11 分值问法来考察台湾民众对自我在统“独”光谱中的定位。根据 TEDS2008P，当受访者在以 0 代表尽快宣布“独立”、10 代表尽快统一的光谱中进行自我定位（问题 K1）时，选择中间立场（5）的最多，占 44.1%，选择尽快宣布“独立”（0）的占 12.6，选择尽快统一（10）的占 5.7%。TEDS2012 年的数据呈现了类似的分布，只是选择中间立场的略有增加，选择尽快“独立”（0）和统一（10）的比例有所下降（参见表 5）。

表 5　台湾民众对自我在统“独”光谱中的定位（2008—2012）

	0	1	2	3	4	5	6	7	8	9	10
TEDS2008P	12.6*	2.3	3.1	4.7	4.5	44.1	4.5	4.4	3.2	0.6	5.7
TEDS2012	11.2	1.6	2.7	5.8	4.4	47.5	5.8	3.5	3.0	0.6	3.5

资料来源：根据 TEDS2008 报告书（p. 353）和 TEDS012 报告书（p. 451）的资料整理制图，其中 0 代表尽快宣布“独立”，10 代表尽快统一。* 表中数值均为百分比。

若将 0 - 10 分值合并，即 0 - 4 为偏“独”，5 为不统不“独”，6 - 10 为偏统，可以看到台湾民众 10 分值自我统“独”定位的整体变化（见表 4），可以发现，偏“独”者比例下降 1.5%，偏统者比例下降 2.0%，而不统不“独”者比例上升 3.4%（参见表 6）。

测量台湾民众统“独”立场的另一方法是询问受访者在特定情况下的统“独”偏好。根据 TEDS2008P，受访者被问到“如果台湾宣布‘独立’后，仍然可以和中共维持和平的关系，则台湾应该成为一个新国家”（即“和平分离”选项）、“就算台湾宣布‘独立’后，会引起中共攻打台湾，

① 参见林冈：《台湾政党政治的发展趋势》（未刊稿），第 22 页。

台湾还是应该成为一个新国家”（即“战争分离”选项）、“如果大陆和台湾在经济、社会、政治各方面的条件相当，则两岸应该统一”（即“有前提统一”）和“就算大陆和台湾在经济、社会、政治各方面的条件差别相当大，两岸还是应该统一”（即“无条件统一”）四个问题。这种特殊问法则具有假设性，偏重于测量受访者的主观偏好，2008 年与 2012 年的比较可参见表 7。若将该表格中“非常同意”和“同意”两个选项合并，可以发现 2008 年倾向接受和平分离选项的受访者合计 57.6%，2012 年合计 56.8%；2008 年愿意接受在特定前提下统一的受访者合计 33.1%，2012 年合计 34.9%，即和平分离的比例小降 0.8%，有前提统一的比例小升 1.8%，但值得关注的是战争分离的比例上升 2.9%。①

表 6　台湾民众对自我在统“独”光谱中的定位（合并项）

统“独”立场（11 分值）	偏“独”（0－4）	不统不“独”（5）	偏统（6－10）
TEDS2008PX（K1）	27.2%	44.1%	18.4%
TEDS2012（M1）	25.7%　－1.5%	47.5%　＋3.4%	16.4%　－2.0%

资料来源：根据 TEDS2008 报告书（p. 353）和 TEDS012 报告书（p. 451）的资料整理制图。

表 7　台湾民众在特定情况下对统“独”问题的看法（2008—2012）

态度 / 选项	非常同意		同意		不同意		非常不同意	
	2008	2012	2008	2012	2008	2012	2008	2012
和平分离	11.7%	16.1%	45.9%	40.7%	24.7%	25.5%	5.5%	7.4%
战争分离	4.2%	6.0%	24.5%	25.6%	47.1%	42.5%	11.4%	14.2%
有条件统一	2.5%	2.9%	30.6%	32.0%	45.2%	44.2%	7.1%	8.1%
无条件统一	0.5%	0.9%	9.4%	9.4%	62.9%	60.5%	14.3%	17.1%

资料来源：TEDS2008P ±　pp. 367－68.

三、台湾意识不等于主张台湾“独立”②

通过对 TEDS2008P 中的问题 M1（受访者自我身份认同定位）与 M3（受访者对两岸关系未来发展的选择）所得数据的交叉分析，可以发现在自

① 详见林冈：《台湾政党政治的发展趋势》（未刊稿），第 23－25 页。

② 该节题目可见于林冈《台湾政党政治的变化趋势》（未刊稿）第 41 页，关于台湾民众身份认同与统“独”立场更为详尽地分析，可见《台湾政党政治的变化趋势》（未刊稿）第 41－48 页，

认台湾人的受访者中，主张急“独”的占11.4%，主张缓“独”的占25.2%，合计36.6%，高于一般比例（23.0%）。主张急统的占1.3%，缓统的占3.5%，合计4.8%，又低于一般比例（13.1%）。在主张急“独”和缓“独”的受访者中，自认台湾人的比例高达84.3%，这表明倾向“台独”者主要源于坚持以台湾为唯一认同对象的民众。同时，根据TEDS2012的数据，在自认台湾人的受访者中，主张急“独”的占10.3%，主张缓“独”的占24.8%，合计35.1%，高于一般比例（23.4%），但比四年前少了1.5%；主张急统的占0.5%，缓统的占6.4%，合计6.9%，这比四年前增加了2.1%。在主张急“独”和缓“独”的受访者中，自认台湾人的比例下降为81.3%，比四年前少了3%。上述数据表明，台湾认同与主张“台独”立场的相关性较四年前有所减弱（参见表8①）。

表8 台湾民众身份认同和统“独”立场（6分法）的关系（2008—2012）

身份认同 / 统“独”立场		台湾认同		重叠认同		中国认同	
		2008	2012	2008	2012	2008	2012
尽快统一	人数	13	21	26	26	10	14
	%	1.3%	.5%	3.4%	2.1%	10.8%	12.3%
维持现状，后统一	人数	35	108	138	256	25	43
	%	3.5%	6.4%	18.2%	17.3%	26.9%	23.3%
尽快“独立”	人数	115	145	13	21	2	5
	%	11.4%	10.3%	1.7%	1.0%	2.2%	1.4%
维持现状，后“独立”	人数	255	545	52	156	1	6
	%	25.2%	24.8%	6.9%	6.1%	1.1%	1.4%
维持现状，再决定	人数	347	745	366	865	30	39
	%	34.3%	31.4%	48.2%	46.8%	32.3%	26.0%
永远维持现状	人数	184	622	134	649	20	54
	%	18.2%	20.3%	17.7%	24.5%	21.5%	30.1%

资料来源：对TEDS2008P问题M1－M3交叉列表和TEDS2012问题N1－N3交叉列表合并制表。

如果将身份认同与测量统“独”态度的另一指标（11分法）进行交叉分析，也可看出类似的变化苗头。根据TEDS2008P数据，持台湾认同的受访者中持偏“独”立场的占42.2%，持中间立场（维持现状）的占

① 参见林冈：《台湾政党政治的发展趋势》（未刊稿），第42页。

38.6%，持偏“独”立场的比持中间立场的高出3.6%。持中国认同的受访者，50%偏向统一，31.5%倾向维持现状。而根据TEDS2012数据，在认同台湾的受访者中，持偏“独”立场占36.6%，较四年前减少5.6%；持中间立场（维持现状）的占42.5%，较四年前增加3.9%；持偏“独”立场的比持中间立场的反而低了5.9%。与此同时，在台湾认同者中，持偏统立场的受访者也比四年前增加了1%。根据上述这两个民调资料，持台湾认同的比例虽然在四年间增加了4.2%，但并不意味着倾向“台独”的比例的同步上升。此外，在持重叠认同者中，倾向“台独”的比例也有下降（参见表9①）。

表9　台湾民众身份认同和统“独”立场（11分法）的关系（2008—2012）

身份认同 / 统“独”立场		台湾认同		重叠认同		中国认同	
		2008	2012	2008	2012	2008	2012
偏统（6－10）	人数	86	98	216	172	46	26
	%	8.5% *	9.5% **	28.4%	25.7%	50.0%	35.6%
中间（5）	人数	391	439	409	386	29	31
	%	38.6%	42.5%	53.8%	57.7%	31.5%	42.5%
偏“独”（0－4）	人数	427	378	82	62	7	8
	%	42.2%	36.6%	10.8%	9.3%	7.6%	11.0%

＊8.5%表示在TEDS2008P，8.5%的台湾人身份认同者持偏统立场。

＊＊9.5%表示在TEDS2012，9.5%的台湾人身份认同者持偏统立场。

资料来源：对TEDS2008P问题M1－K1的数据、TEDS2012问题N1－M1的数据交叉列表制表。

四、台湾民众对部分两岸关系议题的态度

在TEDS2008P中，在被问到若（台）当局完全开放两岸经贸，台湾的经济将会如何的问题时，在独立问卷中，有38.3%的受访者表示会变好，在追踪问卷部分，认为台湾经济将因两岸经贸变好的比例达到41.7%（参见表10）。

---

① 参见林冈：《台湾政党政治的发展趋势》（未刊稿），第43页。

表 10　若（台）当局开放两岸经贸，则台湾经济将会如何？（2008）

	独立问卷		追踪问卷	
	次数	百分比	次数	百分比
变好	729	38.3	315	41.7
变坏	486	25.5	180	23.8
不变	364	19.1	132	17.5
合计*	1905	100.0	755	100.0

资料来源：TEDS2008P 的 K5 描述统计结果，见 TEDS2008P 报告书第 363 页。

*合计栏中包括拒答、很难说、无意见、不知道等项。

若 TEDS2008P 中的问题 K5 是对未来“完全开放两岸经贸”的期望，则 2012 年是对两岸签订“经济合作架构协议”（即 ECFA，自 2010 年 9 月 12 日起实施，这是两岸经贸全面交流的指标性协议）1 年半时期内台湾经济状况的评价判断。在 TEDS2012T 中，当被问到在两岸签订 ECFA 之后，台湾整体经济状况作何变化时，在独立问卷部分，有 28.7% 的受访者表示变好，有 39.2% 的受访者表示没有发生变化，表示台湾经济因为 ECFA 变坏的受访者有 19.1%。而在 TEDS2012 中，对同一问题的回复结果显示：有 36.2% 的受访者表示变好，表示没有改变的比例为 38.2%（其接近 TEDS2012T 的 39.2%），表示变坏的比例为 11.6%（见表 11）。①

表 11　ECFA 对台湾经济的实际影响（2012）

	TEDS2012T		TEDS2012	
	次数	百分比	次数	百分比
变好	1379	28.7	659	36.1
变坏	915	19.0	213	11.6
没有改变	1883	39.2	698	38.2
合计*	4805	100.0	1826	100.0

资料来源：TEDS2012T 的 Q5 描述统计结果和 TEDS2012 报告书中对 M2 的次数分配，表中数值均为独立问卷数值。

*合计栏中包括拒答、很难说、无意见、不知道等项。

---

① 这三次问卷的问题有些微差异。TEDS2008P 的问题（K5）是假设两岸经贸完全开放，台湾经济将受到何种影响，属于预期判断。TEDS2012T 的问题（Q5）是对两岸签订 ECFA 后，台湾经济受到何种影响的实际判断。TEDS2012 的问题（M2）与 TEDS2012T 相同。由于 ECFA 是两岸经贸全面开放的指标性协议，对这两个问题的调查结果具有一定的可比性。

通过对 TEDS2008P 原始数据的交叉分析，可以发现持台湾认同的受访者，在被问到两岸经贸全面开放对台湾经济的可能影响时，只有 24.4% 的受访者认为将导致台湾经济变好，但有 37.3% 的受访者认为全面开放将导致台湾经济变坏。与此相反，在持连锁认同的受访者中，有 55% 认为两岸经贸全面开放可能使台湾经济变好，只有 12.5% 的受访者认为可能使台湾经济变坏；持中国认同的受访者则更肯定两岸经贸全面交流对台湾经济的益处（见表 12）。

表 12 身份认同与对两岸经贸开放的态度（2008）

两岸经贸完全开放对台湾经济的可能影响 \ 身份认同		台湾认同	连锁认同	中国认同
变好	人数	247	418	57
	百分比 * *	24.4	55.0	61.3
变坏	人数	377	95	10
	百分比	37.3	12.5	10.8
没有改变	人数	205	140	12
	百分比	20.3	18.4	12.9
总人数 *		1012	760	93

资料来源：根据对 TEDS2008P 问题 M1 和 K5 的原始数据交叉列表分析结果制表。

* 总人数含不回答、拒答、无意见、不知道等受访者，高于表中相关数字之和。

* * 百分比表示占同一认同者的比例，如 24.4% 意为 247/1012。

通过对 TEDS2012T 原始数据的交叉分析，可以看到在持台湾认同的受访者中，在考虑 ECFA 对台湾经济的实际影响时，认为其使台湾经济变坏的比例，已经从 3 年多前（即 TEDS2008P）的 37.3% 下降到 28.1%，认为 ECFA 使台湾经济变好的比例，固然也从 24.4% 下降到 16.8%，但下降幅度不如前者。同时，在持连锁认同的受访者中，认为 ECFA 使台湾经济变好的比例，从 3 年多前 55% 下降到 40.7%，认为 ECFA 使台湾变坏的比例，也从三年多前的 12.5% 下降为 9.8%。① TEDS2012 原始数据的交叉分析（M2 - N1）结果显示，在持台湾认同的受访者，认为 ECFA 使台湾经济变好的比例比 3 年前仅下降 0.9%，认为 ECFA 使台湾经济变坏的比例则由

① 参见林冈：《台湾政党政治的发展趋势》（未刊稿），第 40 页。

37.3%下降到16.9%；持连锁认同的受访者中，认为ECFA使台湾经济变好的比例较3年前的55%上升至56.8%，认为ECFA使台湾变坏的比例，也从三年多前的12.5%下降为4.9%（见表13）。

表13 身份认同与ECFA对台湾经济影响（2012）

身份认同 / ECFA对台湾经济的实际影响		台湾认同		连锁认同		中国认同	
		TEDS2012T	TEDS2012	TEDS2012T	TEDS2012	TEDS2012T	TEDS2012
变好	人数	406	243	834	380	96	44
	百分比**	16.8	23.5	40.7	56.8	53.9	60.3
变坏	人数	679	175	201	33	10	2
	百分比	28.1	16.9	9.8	4.9	5.6	2.7
没有改变	人数	1004	444	802	197	43	14
	百分比	41.5	43.0	39.1	29.4	24.2	19.2
总人数*		2418	1033	2051	669	178	73

资料来源：根据对TEDS2012T问题Q5和Q149，TEDS2012问题M2和N1的原始数据交叉列表分析结果制表。

*总人数含不回答、拒答、无意见、不知道等受访者，高于表中数字相关数字之和。

**百分比表示占同一认同者的比例，如16.8%意为406/2418。

通过比较上述三个问卷的结果，可以看到，台湾民众认为ECFA对台湾经济发展有利的比例（2012年的28.7%和36.1%）低于原先预期两岸经贸全面交流有利台湾经济发展的比例（2008年的38.3%），对此方面数值的降低是可以理解的，毕竟在2012年民调时，ECFA仅实施1年多，其在台湾的影响广度和深度尚有限。但认为ECFA有碍台湾经济发展的受访者比例（19%和11.6%）也明显低于原先预期两岸经贸全面交流不利台湾经济发展的比例（25.5%）。肯定ECFA有利台湾经济的民众比例远远多于认为其不利台湾经济的比例。同时，通过对相关问题的交叉分析，可以看到就是在这1年多的时间中，持台湾认同的民众对ECFA的态度发生了类似的变化，这些都表明虽然ECFA实施才1年多，但已经有效降低了台湾民众中对两岸经贸全面交流持反对态度的人数。随着ECFA积极效应的持续，可以预料更多的台湾民众对两岸经贸交流将不会持异议态度，从而增进两岸和平发展的程度①。

① 参见林冈、吴维旭：《从台湾民意变化看两岸关系和平发展的前景》，《"巩固深化两岸关系和平发展"研讨会会议论文集》，2012年6月，第120页。

台湾民众对两岸经贸全面合作的支持，从 TEDS2012T 的民调数据（独立问卷部分即 TEDS2012TR）也可看出。当民众被问到对马英九这三年多来处理两岸关系的表现满意不满意时，有 48.5% 的受访者表示非常满意或有点满意，只有 30.8% 的受访者表示不太满意或非常不满意（见表 14①）。在选后的追踪调查（TEDS2012TP）中，有 26.8% 的受访者主张加快两岸交流的速度，44.2% 主张维持目前的速度，只有 16.9% 主张放慢速度（见表 15②）。这说明多数民众满意马英九当局处理两岸关系的表现，同时也认可目前两岸的交流速度，与多数民众主张两岸关系维持现状的情况大致契合。

表 14 台湾民众对马英九处理两岸关系的满意度（2012）

	人数	百分比	累积百分比
非常满意	886	18.4	18.4
有点满意	1544	32.1	50.6
不太满意	796	16.6	67.1
非常不满意	682	14.2	81.3
拒答	41	0.8	82.2
很难说	48	1.0	83.1
无意见	353	7.3	90.5
不知道	457	9.5	100.0
合计	4806*	100.0	/

资料来源：由 TEDS2012TR 中问题 Q4 数据整理所得。

*样本数为 4805，此处是基于各选项数字四舍五入后总体出现差异。

在 TEDS 系列民调中，也可以看到台湾民众对“九二共识”态度。根据 TEDS2012T 的民调数据，当被问及在两岸协商的议题上，是否应该继续用九二共识（即一个中国各自表述）问题时，42% 的受访者表示继续用“九二共识”，只有 24.2% 的受访者表示不应该再用“九二共识”。③ 在 TEDS2012 中，面对同样的问题，42.5% 的受访者表示继续用“九二共识”，有 14.2% 的受访者表示不应该再用“九二共识”（见表 16）。

---

① 参见林冈、吴维旭：《从台湾民意变化看两岸关系和平发展的前景》，《“巩固深化两岸关系和平发展”研讨会会议论文集》，2012 年 6 月，第 117 页。

② 参见林冈、吴维旭：《从台湾民意变化看两岸关系和平发展的前景》，《“巩固深化两岸关系和平发展”研讨会会议论文集》，2012 年 6 月，第 118 页。

③ 相关具体分析请参见林冈：《台湾政党政治的发展趋势》（未刊稿），第 40 - 41 页。

表 15　台湾民众对两岸交流速度的看法（2012）

	人数	百分比	累积百分比
加快	544	26.8	26.8
维持现在的速度	898	44.2	71.0
放慢	344	16.9	87.9
拒答	3	.2	88.1
很难说	50	2.5	90.6
无意见	72	3.5	94.1
不知道	121	5.9	100.0
合计	2032	100.0	

资料来源：TEDS2012－TP（选后追踪问卷2032份）报告书第13页，其问题表述为"在马英九连任'总统'后，您认为两岸交流的速度应该要加快、维持现在的速度，还是放慢"。

表 16　台湾民众对"九二共识"的接受程度（2012）

	TEDS2012T		TEDS2012	
	人数	百分比	人数	百分比
继续用"九二共识"	2017	42.0	775	42.5
不应该再用"九二共识"	1165	24.2	259	14.2
都支持	38	0.8	18	1.0
都不支持	52	1.1	9	0.5
不知道	1099	22.9	318	17.4
合计	4806*		1826	

资料来源：由TEDS2012T中问题Q134以及TEDS2012中问题N2数据整理所得。

*样本数为4805，此处是基于各选项数字四舍五入后总体出现差异；另合计栏还包括拒答、看情况、无意见等项。

在TEDS2012中，问题R4是询问受访者在2012选举后，其对未来两岸关系是缓和还是紧张的态度，有13.3%的受访者（243人）表示两岸关系将是非常缓和的，有38.6%的受访者（705人）表示两岸关系将有点缓和，此二项比例合计为51.9%；认为未来两岸关系没有改变的比例为35.6%（650人），认为未来两岸关系有点紧张和非常紧张的合计比例为4.9%（89人）。以上也间接表明自2008年以来，两岸关系已进入一个新的缓和期，这对双方进一步推动经济与政治方面的交流的制度化是非常有利的。

五、小结

对岛内民众台湾意识的研究存在着多种理论视角以及多种研究方法的运用，通过对相关经验数据的考察，可以看到在2008年至2012年的民调中，台湾意识的概念有明确的可操作化的问题，即自认为是台湾人的身份认同。TEDS中的面访案数据显示，四年间台湾认同总体上升4.2%，这其中固然涉及台湾代际更替、政治社会化等客观因素，但较之以前，上升幅度已明显减缓。同期，重叠认同比例下降。但若比较电访案（其样本数超过面访案），则发现台湾认同基本稳定，且有小降，重叠认同有所上升。若考其缘由，这四年间两岸和平发展必然是原因之一。

在统“独”立场方面，可资观察的数据指标较多。在6分法考察方面，首先从电访案综合而成的趋势图来看，四年间倾向“独立”的受访者（包括主张尽快“独立”和偏向“独立”的受访者）下降了3.2%（即2008年12月的23.1%到2012年12月的19.9%），主张永远维持现状的比例增加6.2%；比较四年期民调数据（即TEDS2008P与TEDS2012以及TEDS2008P与TEDS2012），TEDS2012中倾向“独立”的比例没有发生明显变化，TEDS2012T倾向“独立”的比例下降4.5%，TEDS2012和TEDS2012T的数据的共同点是维持现状再决定的比例都有不同程度的下降，而主张永远维持现状的比例则有不同程度的上升。若将维持现状再决定者与永远维持现状者合并计算，则维持现状的合计比例上升1.7%，达到59.2%。在11分值考察方面，合计偏“独”者下降1.5%，不统不“独”者比例上升3.4%，达到47.5%。在设定特定问题的考察方面，主张和平分离的比例小降0.8%，有前提统一的比例小升1.8%。

将台湾民众身份认同与统“独”立场相关数据的交叉分析结果进行四年前后的比较，可以考察身份认同与统“独”立场之间关联的变化。身份认同与6分法统“独”立场的交叉比较结果显示，在主张急“独”和缓“独”的受访者中，自认台湾人的比例下降为81.3%，比四年前少了3%；身份认同与11分法统“独”立场的交叉比较结果显示，持台湾认同的受访者中，偏“独”立场比例较四年前减少5.6%，在持重叠认同者中，倾向“台独”的比例也有下降。上述数据表明，台湾认同与主张“台独”立场的相关性较四年前有所减弱，持台湾认同的比例虽然在四年间有所上升，但并不意味着倾向“台独”的比例的同步上升。

在对两岸关系相关议题的态度方面，虽然台湾民众认为ECFA对台湾经济发展有利的比例（2012年的28.7%和36.1%）低于原先预期两岸经贸全面交流有利台湾经济发展的比例（2008年的38.3%），但是肯定ECFA有利台湾经济的民众比例远远多于认为其不利台湾经济的比例。特别是在持台湾认同的受访者中，在考虑ECFA对台湾经济的实际影响时，认为其使台湾经济变坏的比例，已经从3年多前（即TEDS2008P）的37.3%分别下降到28.1%（TEDS2012T）和16.9%（TEDS2012）。这表明虽然ECFA实施时间尚短，但已有效降低了台湾民众中对两岸经贸全面交流持反对态度的比例，这也说明两岸更应该加强经贸交流制度化的必要性。在“九二共识”的态度方面，TEDS的两项数据显示在两岸协商的议题上应该继续用“九二共识”（即一个中国各自表述）的分别为42.5%（TEDS2012）和42%（TEDS2012T），均在诸选项中位列第一位。

2008年至2012年的四年是两岸经贸相互依赖与整合的四年，是两岸交流合作发展制度化不断向前推动的四年。对相关经验数据的分析表明两岸关系的和平发展有助于降低台湾民众的“台独”倾向，增强台湾民众对两岸未来和平发展的信心，消除双方的隔阂与敌意，进而为未来的政治整合提供必要的民意基础。

台湾民众政治取向变化与两岸交流的路径选择

福建省委党校社会发展研究所　廖中武　李金旺

两岸及民众之间的交流已有二十余载，期间两岸关系出现了坎坎坷坷的波折，终于在2008年国民党重新执政后再现缓和与融合的趋势。然而深入分析台湾民众的政治取向，却依然处于“十字路口”的徘徊之状，很重要的原因就在于台湾民众对自身的政治身份定位和国家取向产生了种种的矛盾，使得台湾民众难以抉择。

一、台湾民众政治世代的政治取向变化与认同选择

台湾民众的政治身份定位牵涉到他们的国家认同和国际身份，是一个不得不面对却又十分棘手的现实问题。实际上多数台湾民众并不了解也不清楚海峡两岸之间的政治定位，包括台湾的统派媒体也称台湾是个“国家”。从中国传统的政治观念看，由于1946年国共谈判破裂，国共两党及其领导的武装力量陷入争夺何者为正统的内战，当中华人民共和国成立，同时意味着国民政府正统性被以中国共产党为代表的新政权所取代，这从新中国建国初期得到广大民意支持便可以反映出来。[①] 而从国际法规则看，尽管在美国的扶持下，台湾的“中华民国”多年来一直在国际舞台上以代表“中国”的身份自居，然而从“中华民国”被驱逐出只有主权国家才有资格参加的联合国起，其在国际舞台中代表一个主权国家的资格已被终止，这也是美国前

① 中华人民共和国成立后，中国共产党政权获得高达八成以上的民意支持，见拙作：《新中国政治文化变迁的研究》华侨大学2005年硕士学位论文，第10页。

国务卿鲍尔称台湾不是“主权国家”的原因。① 然而多年来台湾的国民党当局从不承认大陆政权的合法性和正统性，到了李登辉、陈水扁治下，更是通过政治社会化方式塑造台湾民众错误的国家观，如李登辉的“特殊国与国”关系、陈水扁的“一边一国”论造成台湾民众国家认同上的混乱，这些积非成是的观念，在很长一段时期内难以扭转。在陈水扁时期，由于有意对“中国”丑化、恶化、污名化，在“台湾主体意识”日益凸显的状况下，很多不明真相的普通台湾民众对认同“一个中国”产生怀疑、动摇以至于走向反面。②

为了说明台湾民众“国家观”的发展变化，有必要从政治世代更替的角度来做番梳理。相关研究结果显示不同世代的台湾人生活经历和政治社会化内涵不同，由此产生的国家认同指向也不同，如美国学者 Shelley Rigger 在分析了台湾四代人政治观后发现，四个世代台湾人的生活经历和政治社会化方面的差异造成了对台湾政治两岸关系和中国大陆的态度有重大差别，较老的几代人——尤其第二代人——倾向于对中国和海峡两岸之间关系持强烈的和感情用事的看法，而年轻一代则倾向于比较温和和务实，对他们来说，爱台湾并不意味着仇恨中国。③ 台湾学者陈义彦结合台湾族群划分研究政治世代的变化，得出本省人与外省人第一、二代较强烈的各自认为是“台湾人”与“中国人”，但到了第三代逐渐持双重认同，外省人各世代较强烈地要求“统”而不愿走向“独”，本省各世代主张“看情形再决定统独”为最多，趋“独”的比例并不高。[1]台湾研究生李静婷分析了台湾不同族群中四个政治世代的认同差异，认为第一、二世代认同“中国”和持双重认同与政治世代有明显关联，到了第三、四世代时有了显著转变，由“中国人”认同转向“台湾人”认同居多。[2]对于这种现象，可以理解为在台湾戒严前后成长起来的台湾年轻世代受李登辉和民进党陈水扁 20 年来异化教育、“去中国化”的影响，已然觉得中国再好，也是“中国是中国，台湾是台湾，两岸一边一国”，这样的言论和思维在台湾将会变得越来越普遍。

---

① 2004 年 10 月，时任美国国务卿鲍威尔公开表示“台湾不是独立的，也不享有作为国家的主权”，见刘国深等著：《台湾政治学概论》，九州出版社 2006 年版，第 19 页。

② 相关活动和数据见拙作：《和平发展视野下的两岸文化交流状况及其前瞻》，《江苏省社会主义学院学报》2011 年第 2 期，第 39 - 40 页。

③ 相关观点见美国东西方中心网站的论文：Taiwan's Rising Rationalism：Generations，Politics，and “Taiwanese Nationalism” 阐述。

两岸之间的关系原本不是什么特别复杂的关系，而是由于内战未结束所导致的内部关系，但受李登辉尤其是陈水扁时期“去中国化”的影响，在各种言必称“台湾”、宣导以“台湾”为中心的政治社会化氛围下，越来越多的台湾民众只认同台湾不认同“中国”，台湾学者包淳亮指出，（台湾）许多人的自我认同从“中国人”转变为“台湾人”，另一个台湾学者张麟征指出这是人为制造出来的：“从李登辉到陈水扁，他们是刻意地“去中国化”。经过20年的政策推广，所以制造了不只是一代，现在差不多三年就有一代了，不是20年才一代。所以，很多台湾人他们就会觉得，讲我是台湾人，他觉得理所当然。但是，他忘掉了，其实每个人的身份都不只是一种身份。”[3]台湾政论者南方朔认为：“台湾现在谈这个（认同）问题，基本上是把台湾认同与中国认同对立起来。”[4]为了解决这个问题，有些台湾学者提出“双重认同”的主张，台湾政论家南方朔就提出：“台湾要有双认同，我是台湾人，我也是中国人。”大陆学者陈孔立等也赞成这种政治认同做法。[5]以笔者的观点，台湾民众认同自己是“台湾人”，未必代表他们是从政治意义上表明他们的身份，可以说更多的是从地域角度来表明他们自己的身份，而持观望态度也表明他们的身份认同存在转变的可能。这种认同的区分是在以中国大陆作为参照物的基础上进行，台湾也可以“中华台北”、“中国台北”等名义来参加相关的国际政治组织和活动，如在参加奥运会中台湾代表队就以“中华台北队”的形式来参加，而参加亚洲银行时，以“中国台北”的身份参加，这种模式被称为奥运模式、亚银模式，这些称呼和身份表示其实是一种双重身份认同和表达，淡化了政治色彩，更具包容性和开放性。

二、和平发展时期两岸的交流与融合路径

进入21世纪以来，从上个世纪就已经出现和发生的全球化和区域化趋势愈发明显，全球性和地域性之间的交往越来越频繁密切，没有哪个国家和地区能置身全球化和区域化之外，成为漂移海外的“蓬莱岛国”，如1998年引发于泰国的东南亚金融风暴，在短期内席卷整个东南亚地区，使得整个东南亚惨遭金融“海啸”的洗劫，几乎所有东南亚地区的国家与地区都无法独善其身，连日本、台湾、香港也遭受金融风暴的强烈影响。当2008年起源于美国的金融风暴再次席卷全球，继而在欧债危机的加重下，世界经济

动荡不安、萎靡不振，只有中国大陆以其独特的社会环境和调控体系成为世界经济活动中的“定海神针”，起着“稳压器”的作用。以外向型经济为主的台湾，不可避免地受到外界经济危机或金融风暴的影响，难以锁门自保。在台湾经济无法提振的背景下，台湾地区领导人马英九坚决开放两岸往来，实施有利于两岸往来的两岸政策，这项政策尽管饱受民进党等泛绿阵营的批判，被批为“亲中卖台”、“锁进中国”，然而马英九当局由于实施这项政策，每年给台湾带来了700多亿美元的贸易顺差，不但稳定了台湾经济，还使得台湾经济在逆势中得到成长，正如马英九在2012年“大选”中高调宣传的那样，台湾经济在2011年奇迹般地出现了10.24%的增长，成为台湾10多年来首次的经济大增长，这不能不说跟马英九所实施的开放和增强两岸交流与合作有极大的关联。

全球化在当今时代已经成为不可阻挡的大趋势，伴随全球化趋势的是区域融合的趋势，这是现今两岸所处的时代特征和外部大环境，台湾将无法置身于外，否则将不可避免地失去重大的发展机遇，遭受重大经济损失，其结果已被陈水扁执政期间的8年实践所验证，也为马英九上任以来两岸开放政策所验证。正是在这种大的时代背景下，笔者认为可以从四个方面推动两岸接轨，促进两岸之间的交流与融合。

（一）发展两岸的文化教育交流　促进两岸文化教育的互补

美国学者亨廷顿认为：“人民之间最重要的区别不是意识形态的、政治的或经济的，而是文化的区别。人民和民族正试图回答人类可能面对的最基本的问题：我们是谁？他们用人类曾经用来回答这个问题的传统方式来回答它，即提到对于他们来说最有意义的事物。人们用祖先、宗教、语言、历史、价值、习俗和体制来界定自己。他们认同于部落、种族集团、宗教社团、民族，以及在最广泛的层面上认同文明。人们不仅使用政治来促进他们的利益，而且还用它来界定自己的认同。我们只有在了解我们不是谁。并常常只有在了解我们反对谁时，才了解我们是谁。”[6]亨廷顿还指出：“文化既是分裂的力量，又是统一的力量。人民被意识形态所分离，却又被文化统一在一起。”[7]文化认同是民族认同、国家认同的重要基础，而且是最深层的基础。文化认同促进民族认同，进而产生民族凝聚力，从民族凝聚力到国家凝聚力的提升，这是一个从文化认同到政治认同发展的过程，而国家凝聚力是以政治认同为基础的，正因为如此，文化认同比政治认同、社会认同、族群认同等具有更深远的内涵，与其他的认同相比，丧失文化认同，引起的病理性焦虑的影响更为深远。

受各种“台独”思想的影响，台湾越来越多的团体和民众开始强调台湾“独立”的文化认同，强调与中国大陆的文化区隔，试图把台湾描绘为一个“非中国”的社会。在李登辉时期，就借故操弄文化议题，于1990年公开声称“台湾文化不是中国文化的一部分”，加快了“文化台独”的步伐，导致“文化台独”出现恶性蔓延的势头。到陈水扁上台执政，更是在历史、教育、文学、艺术等领域全面推行“文化台独”路线。对于李陈执政时为何如此操弄“文化台独”的议题，大陆学者陈孔立做了这样的分析：他们之所以不肯认同中国文化，强调台湾文化的认同，并不是因为台湾民众不认同中国文化，实际上很多人都认为不能不认同中国文化，只好肯定了“文化认同”，也不是因为台湾民众只愿意认同台湾的乡土文化，人们发现台湾的乡土文化脱离不开中国文化，甚至是“愈乡土愈中国”。他们之所以害怕文化认同，是担心对中国的文化认同导致对中国的国家认同，他们鼓吹认同台湾文化也是为了它的政治目的：从对台湾的文化认同到对台湾的“国家认同”。[8]在此，陈孔立教授一语中的地指出“文化台独”的目的。由此可见，“台独”分子居心叵测地大力推行文化“台独”，其真正目的是为了割断台湾与祖国大陆的精神脉络和心理联系，为“台独建国”做文化思想方面的准备。

因此通过文化交流与合作来增进两岸的共识在当前显得极其重要。胡锦涛在纪念《告台湾同胞书》发表三十周年座谈会上的讲话中指出：中华文化源远流长、瑰丽灿烂，是两岸同胞共同的宝贵财富，是维系两岸同胞民族感情的重要纽带。中华文化在台湾根深叶茂，台湾文化丰富了中华文化内涵。2010年，胡锦涛在会见吴伯雄荣誉主席时又强调，推动两岸关系和平发展，不但要厚植共同利益，也要增强休戚与共的民族认同。[9]国民党执政当局也认为“中华文化是两岸最大的公约数”，台湾地区领导人马英九在2011年元旦讲话中提出“两岸炎黄子孙应该透过深度交流，增进了解，培养互信，逐步消除歧见，在中华文化智慧的指引下，为中华民族走出一条康庄道路”。[10]

针对台湾在陈水扁执政期间割裂两岸史观的做法，两岸之间应该尽快建构起共同史观，形成两岸共同的历史认同，此外，还应该继续开展和拓宽文化教育领域的交流与合作。由于两岸在文化教育领域的共性和互补，因而具有广阔的发展空间和前景。自2008年5月马英九上台以来，抛弃了陈水扁当局的“文化台独”政策，两岸的文化交流呈现递增势头，取得了显著的成果：2008年7月百余位大陆京剧艺术家在台北戏院演出新编历史京剧《妈祖》、9月在北京紫禁城上演了台湾的南音乐舞《洛神赋》，2009年两岸故宫交流、联合编纂《中华大辞典》、在台北举办大陆图书展，大陆各地优秀的文物、剧目展，如“秦兵马俑特展”、“永远的孔子大展”、“屈原的故乡——楚文化特展”、齐白石作品展以及京剧、越剧、昆剧、闽剧、歌仔戏、南音、高甲戏等纷纷赴台亮相展演，2010年7月在广州举办的第六届经贸文化论坛，有关专家专门就两岸文化教育问题展开专题讨论。再从海峡两岸文化产业博览交易会（简称文博会）的发展情况看，2008年11月首届文博会创下了58.7亿元人民币的成交佳绩，2009年11月第二届文博会又创下了87亿元人民币的新佳绩，比增近五成，2010年6月举办的第三届文博会成交金额近99亿元人民币，继续呈现良好的增长势头，2011年11月第四届文博会则突破性地达到了300多亿元的总签约额，比上届增长了2倍多，由此可以看出两岸文化在相互交流中彼此得到繁荣和发展。③

（二）继续发展两岸之间经贸社会往来形成两岸利益共同体

马克思曾经说过，“人们奋斗所争取的一切，都同他们的利益有关”[11]，台湾民众的所作所为也正是基于其利益考量，用利益的观点来审视台湾民众的需要和心理变化不失为好的视角。在笔者看来，利益可以分为物质利益（即经济方面）、政治利益（即政治权利）、文化利益（即精神生活）、社会利益（即社会生活）等面向，台湾民众多年来所努力和奋斗的无非也是为了实现其基本的利益，特别是政治利益。由于台湾民众尤其是台湾本省籍和中南部基层民众在政治参与与政治权利保障方面长期以来处于一种受压抑的状态，在开放选举后政治能量呈现井喷式的释放，出现政党轮替和政权变更。然而台湾民众在追求实现其政治利益的同时，亦不能脱离物质利益、文化利益和社会利益等方面的需求，尤其在当今全球化、区域化趋势下，两岸之间如何应对这种机遇和挑战，建构起共同的利益共同体是一个不可绕开的话题。在陈水扁当局与民进党执政的8年，两岸的经贸往来处于一种缓慢发展甚至停滞状态，台湾也由昔日的亚洲“四小龙”之首跌落到“四小龙”之尾，尽管台湾有识之士呼吁提出“大胆西进”的策略主张，却总受到台湾内部一股反对势力的阻挠。在饱尝经济萎靡之苦后，台湾民众逐渐认识到开放两岸经贸社会往来的重要性，这从两岸两会在多次磋商后终于实现了多年以来所强烈要求的“三通”、签订 ECFA、开放陆资陆客入台等目标可以看出，对两岸之间发展正常的经贸和社会往来持赞成态度的台湾民众变得越来越多。也只有两岸之间顺利地实现正常的经贸社会往来，形成利益共同体，才能有助于两岸民众产生命运共同体的感受。

其实，两岸在和平发展的过程中，通过签署合作协议，不断实现共享和平红利，这其中的好处，陈孔立教授早在 12 年前就做了详细的说明，指出不管是在安全、生活、文教、法制、科技合作、经济合作、国际地位等等方面都会给两岸民众带来巨大的好处。[12]这些好处有的已经实现了，如经济、文化、科技等方面的交流与合作等。马英九当局在开放大陆学生、大陆游客、大陆资金入台等方面还在逐步推进中，据有关方面统计显示，到 2011 年年底为止三年间两岸人员往来达 1686 万人次，仅 2010 年就超过了 680 万人次。大陆居民赴台旅游已达 242 万人次，三年来两岸贸易总额高达 3808 亿美元，2010 年创下了 1453 亿美元的新纪录。[13]而据最新的数据统计，2012 年大陆与台湾之间的贸易额达 1689. 6 亿美元，占同期大陆外贸总值的 4. 4%，比上一年增长 5. 6%。其中，大陆对台湾出口值为 367. 8 亿美元，增长 4. 8%；自台湾进口值为 1321. 8 亿美元，增长 5. 8%。2012 年大陆进口台湾 ECFA 项下商品的货值为 84. 3 亿美元，增长了 1. 05 倍。全年两岸人员往来的规模达到 797 万人次，再创历史新高；大陆居民赴台旅游 197 万人次，同比增长 57. 5%。两岸交流不但在数量上持续发展，更重要的是，两岸交流更加深入基层，更加贴近普通百姓。[14]

从这个发展状况看，两岸的交流与合作呈现出良好的开端，区域合作日益密切，从未来发展趋势看，还有很大的空间和良好的前景，将呈现不断发展的势头，这对于促进两岸之间的融合不无裨益。

（三）增强两岸的政治互信与合作为创建两岸“政制中国”做前提准备

由于多年来人为的阻隔和对立所造成的敌意，台湾内部对大陆的误解颇深，从政治层面的认知和情感看，两岸之间的政治互信与合作尚处于一种低水准状态。就大陆而言，从目前的状况看，“一国两制”无疑是大陆政治层面所释放出的最大善意和宽容，用大陆官方层面的观点，“一国两制”在台湾的实施可拥有比香港、澳门特别行政区更多的自主权，不但拥有自主的财政税收权、人事任免权，还拥有司法终审权以及保有足够的自卫武装力量。然而由于两岸政治间的低信度，即便再好的政策也无法在台湾得到落实。在台湾开放选举以来，选举已经成为台湾选民甄辨、去留执政党和当局的重要方式，台湾的执政者不得不受制于台湾选民的取舍，因而如何赢取台湾多数选民的支持显得尤为重要，“只要一个政府是建立在赞同的基础上，那么以集体的名义采取行动就不可能是一种毫无意义的形式。”[15]从当前台湾的政治形势看，台湾当局要采取任何事关两岸的举措，尤其是建立两岸的互信与合作，都不得不争取多数台湾民众的支持，唯此才能推动两岸之间政治互信的建构和稳固，为未来两岸政治制度上的融合——创建“政制中国”做好准备。

（四）加强国际外交领域的合作建构起统一国际人格

两岸在国际外交领域方面的现实状况就是：中国大陆与世界上大多数国家和地区建立了正式的外交关系，成为世界上最重要国际组织——联合国的创始会员国和联合国安理会常任理事国，中国大陆在国际舞台上的地位日益提升、发挥着重要作用；另一方面台湾目前尚有23个“正式建交”的“邦交国”，还与世界上大多数国家和地区保持着半官方和民间的往来渠道，两个政治体系依然有其自身的“生命力”和“运动能量”。实现两个政治体系的融合与统一，不得不面对二者在国际外交领域的交往与合作关系，从维护整个中华民族总体利益的角度看，二者“合则共荣、分则共损”，在国际外交领域上的对抗和分裂，造成的是两岸整个中华民族总体利益的损失。陈水扁的“烽火外交”、“对抗外交”，结果是损失了台湾民众的利益，得利者是其他国家和地区。大陆学者刘国深认为，两岸在面对外交事务方面，应该采用“肩并肩”的合作方式。[16]两岸之间不单单在第三方国家与地区有着利益的交集与合作空间，就是近在“家”门口的钓鱼岛主权问题、南海主权问题等共同利益和事务方面，都需两岸共同合作与发挥作用，来维护共同的领土与主权统一。

法国政治学家布丹第一个提出了国家主权理论：“认为国家主权是一种绝对的永久的最高权力，并将主权视为国家的最重要的特征，确立了国家与主权之间的联系，有国家就有主权，而有主权就只能是国家的主权。”[17]布丹关于国家主权的思想论述阐释了国家与主权的密不可分的内在关联性，也给如何定位两岸的国际地位以及两岸关系提供了理论上的依据。两岸高层在这个问题也有着共同的立场和观点，胡锦涛说“两岸之间是遗留的内战问题，不是领土和主权的再造”，马英九也明确表态“两岸问题最终解决的关键不在主权争议”，[18]这些观点都为两岸的融合扫除了理论上的障碍，为两岸统一的实现提供了理论基础。正是因为主权概念在国际外交关系中是如此重要，而两岸高层的看法一致，有助于在国际外交领域建构起统一的国际人格，以“一个中国”的名义开展国际外交领域的合作，处理应对国际上一系列外交事务。

根据上述的论述，笔者认为为了推动两岸的融合，可以从两岸教育文化方面的交流与互补等（即文化中国）、利益共同体（即经济中国）的形成渐次达到政制共同体（即政治中国）的融合、共同国际人格（即国际中国）的塑造等，从而推动、培植两岸民众共同的政治认知与认同，形成共同的国族感，完成两岸的融合与统一，如下图所示：

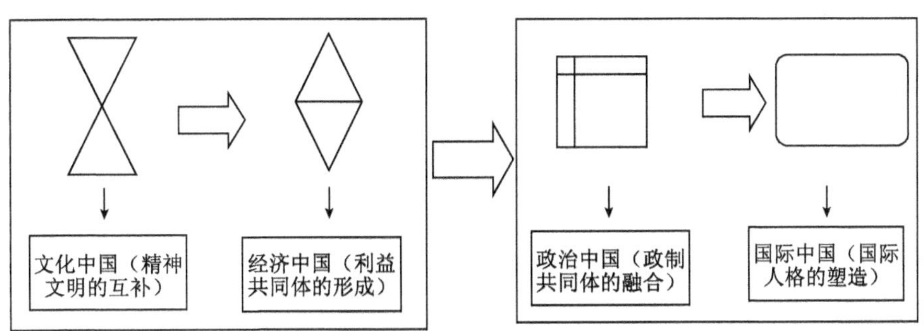

两岸政治认同的建构与演进图

上述图例，展示在两岸融合方面的步骤和演进方向，由于经济文化交流相对容易，易于达成，而政治外交领域的融合显得困难重重。从总体上看，两岸发展趋势是走向融合，因此这个趋势可分为两大阶段：第一阶段，以经济文化的交流与融合为主，通过两岸文化精神领域的互补、经济利益的交流与增加，形成两岸之间日益紧密的文化利益关系共同体，增进两岸的共识，为后续政治融合铺垫基础；第二阶段，在“一个中国”的基础上，达到两岸政治制度层面、国际外交事务层面的协商与合作，最终在国家层面、国际层面做到一种声音说话、一个面孔对外。这种交流和融合的演进步骤和方式，符合两岸之间历史和现实的状况，也符合两岸政界和学界关于两岸融合“先易后难”、“先经济文化后政治”的思路。

三、结语

尽管台湾民众的政治身份与政治取向成了当前横亘于两岸之间最大的政治心理障碍，使得两岸交流会出现梗塞甚至反弹的状况，但笔者相信随着两岸关系大环境的缓和，两岸之间愈加密切的文教、经济往来与互动，在打通“政治中国”（海峡两岸政治状况）与“国际中国”（国际政治舞台上“中国”的融合）的任督二脉后，两岸之间的真正融合依然有期可待。

论两岸法制的构建

武汉大学法学院　祝　捷

自“构建两岸关系和平发展框架”的战略思考提出以来，经过多年的研究和探讨，学界和政界对于法治思维在构建两岸关系和平发展框架方面的作用已经有了比较清晰的认识，基本形成了两岸关系和平发展框架应当包括并且主要体现为法律机制的共识。但是，宏大地、抽象地研究法律在构建两岸关系和平发展中的意义，早已不能满足实践的需求。尽管有学者注意到两会协议构成两岸和平发展的法治化形式这一特点，[①] 但在总体上学界对于调整和规范两岸关系和平发展的法律到底指涉为何并无清晰的认识，体现为两岸关系和平发展框架的法律机制究竟是仅存在于理论形态或观念形态中，还是已经初现端倪这一根本性问题仍未获得解决。为此，本文提出“两岸法制”的概念，作为统摄两岸各自处理涉对方事务的法律规范以及两岸透过两会事务性商谈机制形成的协议的总括性概念，为更加深入和准确地探讨法律在两岸关系和平发展中的地位与作用提供智识资源。由于学界缺乏对两岸法制相关问题的论述，一些学者甚至对两会协议是否具有法律属性仍存有质疑，因此，本文将对什么是两岸法制、两岸法制的表现形态、两岸法制的构建方法等理论作一阐述，以求教于方家。

一、两岸动力系统与构建两岸关系和平发展框架：“两岸法制”的概念与功能

立基于法律机制在构建两岸关系和平发展框架中的作用，[②] 两岸法制不

---

① 参见杜力夫：《论两岸和平发展的法治化形式》，载《福建师范大学学报》2011 年第 5 期，第 5 页。

② 周叶中：《论构建两岸关系和平发展框架的法律机制》，载《法学评论》2008 年第 3 期，第 3 页。

妨可以作一个描述性的定义：两岸法制是调整和规范大陆和台湾在两岸关系和平发展过程中各类行为的规范和制度的总称。显然，描述性的定义没有揭示出两岸法制的特点，也没有对实践中两岸法制所遭遇的困境和诘问作出回应，远远不能满足两岸关系和平发展的需要。因此，有必要立基于两岸关系和平发展框架对于制度的需求，对“两岸法制”的概念作一更加精准的分析。

台湾学者苏宏达在分析欧盟形成的原因时指出，欧洲各国基于自利原则都不愿意为了欧洲整合而让渡主权，欧洲整合的动力来自于整个欧盟的结构性制约和导引。① 据此，苏宏达提出一个有意义的结论：欧洲整合的动力在于它的“不可瓦解性”，在欧洲整合面临“共同体既有成果”受到威胁时，面对欧盟结构可能被动摇甚至瓦解的恐惧时，可以进一步刺激整合的深化，此即欧洲动力系统。② 尽管欧盟模式不具有可移植性，③ 且欧盟与两岸关系也无必然联系，但苏宏达对欧盟研究的成果，对两岸关系具有极为重要的参考意义。类似于欧盟动力系统，大陆和台湾亦形成了两岸动力系统，其任务是为两岸关系和平发展框架提供持续的推动力。依循两岸动力系统的特点，两岸法制对于构建两岸关系和平发展框架的意义，可以从两个方面来加以解读：其一，两岸法制为构建两岸关系和平发展框架提供了制度动力；其二，两岸法制保证了两岸结构的稳定性，从而为两岸动力系统提供了具有“不可瓦解性”的结构。本文将尝试以两岸动力系统为分析工具，对两岸法制的概念作一讨论。

（一）制度动力：两岸法制对两岸关系和平发展的推动作用

两岸动力系统的动力主要来自于两个方面：其一，中国传统文化中的大一统观念，以及由此形成的对中国统一的追求，构成两岸动力系统的历史动力；其二，维护台海地区稳定、维护两岸人民福祉构成了两岸动力系统的现实动力。这两种动力在当前的实现方式主要是：历史动力被解读为两岸对于统一的民族情感和对“中国”符号的认同，因此，历史动力的实践方式主要

---

① 苏宏达：《以“宪政主权建造”概念解释欧洲统合之发展》，载《欧美研究》第31卷第4期，2001年12月，第651页。

② 参见苏宏达：《以“宪政主权建造”概念解释欧洲统合之发展》，载《欧美研究》第31卷第4期，2001年12月，第666页。

③ 参见王泰诠：《欧洲联盟之本质及其形式》，载施正峰编：《欧洲统合与台湾》，前卫出版社2003年版，第46页。

集中于对中华文化的散播性宣传以及对一个中国原则的反复宣告；现实动力则被理解为对两岸民众经济利益的满足，尤其是在当下两岸政治对立的情势下，现实动力更加被理解为大陆通过优惠政策向台湾单方面的利益输送。

对于两岸动力系统的上述实现方式，在效果上不可谓不明显。至少自2008年后，对“中华民族”和“九二共识”两个符号的运用，以及大陆一系列惠台政策的运用，对于两岸关系和平发展起到了至关重要的推动作用。然而，在台湾地区充斥“族群”、“省籍”议题的非理性政治场域中，此种实现方式能否持续，则相当令人质疑。以2012年台湾地区立法机构选举为例，从大陆惠台政策中直接受益的一些选区并未在选情上发生正面变化，相反，蓝营在几乎所有的“大陆采购区”都遭遇了选票下滑的现象。同样的，国民党对于“九二共识”的坚持，在相当程度上也被选民理解为两岸关系和平稳定的必要途径，而“九二共识”所具有的“一中性”意涵，则并未获得台湾民众足够的认可。立基于以上事实，寻求两岸动力系统新的实现方式显得尤为必要。

法律这一制度性因素可以发挥民族情感、国家认同乃至于经济利益无法起到的作用。在历史动力的实践方面，法律可以将有关民族认同和国家认同的共识规范化，运用规范的明确性、稳定性和强制性维护共识的权威性和有效性。在欧洲整合运动中流行一时的宪法爱国主义，就是将人们对于国家的认同寄托于宪法，以论证欧洲制宪的必要性。① 贾庆林在第八届两岸经贸论坛的讲话中，提出：“一个中国框架的核心是大陆和台湾同属一个国家，两岸关系不是国与国的关系。两岸从各自现行规定出发，确认这一客观事实，形成共同认知，就确立、维护和巩固了一个中国框架。”从政策话语上肯定了法律规范在确认民族认同和国家认同方面的重要性。因此，合适的法律规范可以合理地表达两岸共识，尽量减少两岸因“主权”和“国家”而产生的“概念之争”，以最大限度地体现共识。在现实动力的实现方面，可以发挥法律作为社会关系调整器的功能，将两岸之间的利益关系，转变为权利义务关系，用权利义务机制肯定和保障人们对现实利益的需求与实现。当前大陆的惠台措施，主要体现为政策形式，因而在灵活性有余的同时有着规范性和稳定性不足的问题。政策与法律的落差，导致了政策在台湾方面的接受度

① 参见王展鹏：《宪法爱国主义与欧洲认同：欧盟宪法的启示》，载《欧洲研究》2005年第10期，第115页。

和信任度并不尽如人意。将现实利益予以法制化，推动现实利益的“权利化”，以肯定和保障权利的方式，消除现实利益的不稳定性，从而持续的、稳固地满足相关主体的利益需求。

两岸动力系统的目的，是为两岸关系和平发展提供持续的推动力。类似于欧洲动力系统，两岸动力系统的持续推动力，也来源于两岸关系和平发展的“不可瓦解性”，而此种“不可瓦解性”不可能仅仅来自于一种处于持续变化状态的认同与情感、一种不稳固的现实利益，而同时也必须来自于制度透过对规范的实施和保障而产生的驱动。两岸法制的释出，切合了两岸动力系统的需求，为构建两岸关系和平发展提供了制度动力。

（二）制度依赖：两岸法制对两岸关系和平发展框架的保障机理

更进一步，两岸动力系统不仅要透过两岸法制来驱动两岸关系和平发展，而且需要将两岸关系和平发展转化为一种稳固的结构，透过结构的稳定性来强化两岸关系和平发展的“不可瓦解性”。此种结构就是政策话语所表述的“两岸关系和平发展框架”，两岸关系和平发展框架因而可以被理解为是为强化两岸对和平发展的制度依赖而构建的结构。

考察两岸关系的历史与现状，两岸关系是否和平发展对于人的因素有着较大的依赖。亦即：两岸关系的发展状况与两岸政治人物、主要党派乃至于两岸所处的国际背景都有着密切的联系。这一现象表明，两岸关系和平发展在相当程度上依循着一种“人治型”的模式。在“人治型”的发展模式下，两岸关系和平发展的前途、步骤都是仰赖于人的意志，尤其是台湾地区领导人的统“独”观点、个人品性在两岸关系中成为具有决定性意义的因素。这种“人治型”的发展模式已经不止一次被证明不利于两岸关系和平发展的大势：政治人物的行为、党派的政策调整可以从根本上改变两岸关系的总体局面，例如2008年后两岸关系和平发展的良好局面，与台湾地区发生有利于两岸关系和平发展的政治局势变化也有着密切的关系。岛内“政党轮替”已经呈现出常态化的样貌，将两岸关系和平发展的希望寄托在台湾地区的某一个党派甚至某一个人已不现实。克服两岸关系和平发展中的偶然性，关键是消除两岸关系和平发展中的“人治”思维，建立“法治”型的两岸关系和平发展框架，藉由制度的稳定性，来弱化、消除两岸关系和平发展的偶然性，从而提升其必然性。

值得疑问的是：两岸并不存在一个类似于欧盟之于欧洲各国的“超两岸”框架，亦即两岸法制事实上并不具有强制适用的效力，那么，法治型的发展模式又如何透过两岸法制保障两岸关系和平发展框架的构建呢？在大陆，依靠公权力机关与民众对国家统一事业的追求与认同即可为两岸法制提供足够的效力源泉，而在台湾地区，答案则不会如此简单。对此，可以用台湾学者吴玉山提出的“选票极大化策略模式”理论加以解释。

吴玉山认为，台湾当局的两岸政策包括两个面向：其一是统“独”争议，即“认同面向”；其二是经济与安全的冲突，即“利益面向”。这两个面向构成了台湾地区两岸政策的“议题空间”。① 根据台湾地区近年来民意调查的结果，台湾民众在“认同面向”和“利益面向”构成的议题空间内，出现选择趋中的现象：所谓“趋中”的现象是指台湾民众在“统”与“独”之间选择“维持现状”，在“经济”与“安全”之间选择“和平发展”。两岸法制体现了两岸关系和平发展的价值取向，也透过两会框架的制定程序，充分体现了两岸共识，因而正好落在台湾民众可以接受的议题空间内范围。在“选票极大化”的驱动下，台湾地区政党和政治人物必须根据自身选票最大化决定政策的倾向，因而对两岸法制产生了制度上的依赖。政治力在形成两岸法制的同时，也自觉地进入了两岸法制所设定的规范框架，并且产生了对两岸法制的依赖，反而为两岸法制所限制，必须服从于两岸法制，而不能与之相违背。随着此种依赖的加深，两岸法制通过制度依赖强化了两岸关系和平发展框架的“不可瓦解性”。

立基于以上的讨论，两岸法制的概念可以从三个层次上加以理解：在外在表现的层次上，两岸法制体现为调整和规范两岸交往中各类关系的规范体系；在方法论的层次上，两岸法制构成了推动两岸关系和平发展的制度动力，是固化两岸关系和平发展成果的规范方法；而在本体论的层次上，两岸法制嵌入了两岸关系和平发展框架的结构，并起着强化这一结构的功能，是保障两岸关系和平发展框架的制度因素。

二、两岸法制的表现形态

两岸法制是一个在两岸关系曲折发展的历程中逐渐成长起来的概念。由

---

① 参见吴玉山：《台湾的大陆政策：结构与理性》，载包宗和、吴玉山主编：《争辩中的两岸关系理论》，五南图书出版股份有限公司1999年版，第180页。

于两岸关系的复杂性，两岸法制并未呈现出单一的形态，而是根据构建方法和构建主体的不同，呈现出不同的形态。总结两岸法制的表现形态，对于窥探两岸法制的外在表现形式以及探讨与两岸法制有关的效力、接受、适用方式等法技术问题，都有着重要意义。以两岸法制的构建主体划分，两岸法制有着以两岸各自作为构建主体的两岸涉对方事务法制以及两会协议两种表现形态。两岸涉对方事务法制在本质上仍是两岸依循各自域内的立法机制所构建的两岸法制，因而不具有“两岸性”，是两岸法制的初级形态。而两会协议是两岸经由制度化的商谈机制形成的“两岸间”规范，因而属于两岸法制的进阶形态。

（一）两岸法制的初阶形态：两岸涉对方事务法制

“两岸法制”一词的出现，表征着两岸从不接触状态到接触状态的转变。在 1987 年前，两岸间仅有极为偶然的几次接触，并无大规模的人员、资金、货物往来，因而两岸之间并不存在两岸法制的生成条件。1987 年两岸恢复接触后，两岸民间往来日益密切，两岸因人员往来而发生的法律适用问题也逐渐出现，由此产生了对于两岸法制的原初需求。在两岸恢复接触之初，大陆和台湾尽管已经创建了事务性商谈的框架，但后者的造法特征并不明显，且双方互信并未获得足够的累积，因此，两岸法制首先出现的表现形态是两岸在各自法域内制定的、以调整对方人员在本法域内行为以及解决法律适用问题的规范性文件。

1992 年 7 月台湾地区颁布的“台湾地区与大陆地区人民关系条例”（以下简称“两岸人民关系条例”）是两岸间最早也是迄今为止综合程度最高的规范性文件。台湾地区正是以“两岸人民关系条例”为核心构建起台湾地区的涉大陆事务法律体系。目前，台湾地区的涉大陆事务法律体系已经涵盖经贸交流、文教交流和社会交流等各个方面，成为台湾地区法律体系的重要组成部分。以“两岸人民关系条例”为核心的台湾地区涉大陆事务法律体系，在台湾地区法律体系中的地位，是延续台湾地区“六法全书”的传统，将涉大陆事务的法律根据其内容，归类到不同的部门法中。如“两岸人民关系条例”被归类为“宪法类”、“大陆地区人民来台投资许可办法”等属于行政法类，等等，此种方式事实上否认涉大陆事务的法律自成一独立的法律部门，而仅仅认为其不过是具有“大陆事务”这一相同的调整对象。

在 2005 年《反分裂国家法》颁布之前，并没有类似于“两岸人民关系条例”的涉台事务基本法律。2005年制定的《反分裂国家法》虽未如台湾地区的“两岸人民关系条例”对于涉大陆事务作成全方位的综合性规定，但也起着统摄大陆涉台立法的作用。然而，《反分裂国家法》仅仅在第6条对于调整和规范两岸交往行为作出了相当原则性的规定，大陆的涉台立法因而仍呈现出分散立法的状态。根据国务院台湾事务办公室编纂的《台湾事务法律文件选编》，大陆涉台事务的法律包括宪法类、经济法类、行政法类、民法商法类、社会法类、诉讼法类等。[①] 由此可见，大陆涉台事务的法律在主流观点中，也没有被视为是一个独立的法律部门，而仅仅是由分散于各个部门法中、共同调整对台事务的规范性文件组成的法律体系。

两岸涉对方事务的法律虽然在立法主体、程序和效力渊源上有所不同，但两岸涉对方事务的法律都是在内容上体现出“两岸”性，在本质上仍是两岸各自域内的法律：其一，由于两岸在各自制定涉对方事务法律时，遵循的是己方根本法所规定的立法程序，涉对方事务法律是两岸各自域内法律体系的重要组成部分，因而与对方的法律体系无涉；其二，由于两岸依然存在政治对立关系，因而在制定涉对方事务的法律时，两岸缺乏立法前的沟通与协调，仅仅以己方的两岸政策指导立法，导致两岸涉对方事务的法律不可能体现两岸共识，而只能是两岸各自政策独白的法律表现；其三，由于两岸立法的域内性，两岸涉对方事务的法律在效力上并不及于对方，除因法律适用规则在己方法域内适用对方的法律外，两岸各自的涉对方事务法律主要在己方的域内产生效力，因此，在严格意义上，两岸涉对方事务的法律依然是各自的域内法，而不是“两岸法”。

由于上述原因，两岸涉对方事务法制虽均以两岸事务为调整对象，但彼此之间并不协调，相冲突之处亦不少见。相较而言，台湾地区涉大陆事务的法律对两岸交往施加的较多的限制，在一定程度上造成两岸交往的不便与困难；而大陆涉台事务的法律虽以“惠台”为主轴，但一些规定也未见得能够为台湾当局和民众所接受和认同。如果说在两岸刚刚恢复接触的初期，两岸由于制度化的事务性商谈机制尚未有效运转和两岸关系遭遇波折的原因，无法透过协商达成共识并将之法制化，因而只能透过各自域内立法的方式处理涉及对方的事务，那么，在两岸关系和平发展已经比较成熟和持续深化的

---

① 参见国务院台湾事务办公室编：《台湾事务法律文件选编》，九州出版社2001年版，第1页至第5页。

情况下，两岸涉对方事务的法律在两岸关系和平发展中的作用就显得有所不足了。因此，两岸涉对方事务法律文件在量上为数众多，但事实上已经不能满足两岸关系和平发展的需求，甚至已经不足以构成两岸法制的主干。

（二）两岸法制的进阶形态：体系化的两会协议

截至2012年12月底，两岸透过海协会和海基会构成的两会事务性商谈机制签署了28项协议（含共识、共同意见、办法、纪要等，以下简称“两会协议”），透过规范化的协议形式表达了两岸开展事务性合作的共识，并规范了合作的范围、形式和程序。两会协议在两岸关系和平发展框架中具有重要的地位，起着固化与表达两岸共识、引导与规范合作行为的关键作用。目前，两会协议在量的累积基础上，呈现出体系化的趋势。两会协议体系化的主要方式是在前一协议中设定议题，再由后续协议落实议题成果的方式完成，亦即“预先设定议题的体系化方式”。

预先设定议题的体系化方式，在本质上是从内容上对两会协议进行体系化的一种方式。早期的《汪辜会谈共同协议》曾通过列举年度拟讨论议题的做法，为后续两会谈判设定的议题，进而按照该安排分别通过谈判制定两会协议。然而，由于两岸关系发生巨大变化，《汪辜会谈共同协议》的协议体系化尝试未能成功。2008年6月至2009年6月两会先后通过的《海峡两岸包机会谈纪要》、《海峡两岸空运协议》和《海峡两岸空运补充协议》是透过预先设定议题的方式所完成的第一个两会协议体系，即两岸空运协议体系。2008年6月，两会就常态化包机签订《海峡两岸包机会谈纪要》，建立了制度化的两岸包机直航，其中第10条和第11条分别设定了两岸开展货运包机和定期航班的议题。2008年11，两会又签订了《海峡两岸空运协议》，其中第5条实现了《海峡两岸包机会谈纪要》第10条所规定的“货机包机”，同时，《海峡两岸空运协议》第3条和第4条又规定两岸同意对扩大直航航点和定期客货运航班作出安排，为后续商谈设定了议题。2009年6月，为落实《海峡两岸空运协议》第3条和第4条所设定的议题，两会以此两个条文为依据，签署了《海峡两岸空运补充协议》，对扩大直航航点和开通定期客货运航班的事宜进行了规定。在两岸空运协议体系中，《海峡两岸包机会谈纪要》是具有引导性的协议，引导了后续两个协议的商谈与签署。但是，有关两岸空运的三个协议中，并没有一个协议相对于其他两个协议具有基础性，因而此种体系化仅仅是依靠内容上的关联性而构成的体系，与域内法以基本法律为核心构建的法律体系仍有区别。

2010年6月，两会签订的《海峡两岸经济合作框架协议》（ECFA）继续通过预先设定议题的方式，尝试在经济合作领域的实现两会协议体系化。ECFA第5条和第6条分别就“投资”和“经济合作”开列了若干议题，包括“投资保障机制”、“知识产权保护与合作”、“金融合作”、“贸易促进及贸易便利化”、“海关合作”、“电子商务合作”等内容，并要求两会在“六个月内”或“尽速”协商达成协议。2012年8月，两会签订的《海峡两岸海关合作协议》和《海峡两岸投资保护和促进协议》，分别在前言中援引ECFA第5条和第6条作为签订协议的依据，从而在两岸经济合作领域，以ECFA为核心形成了一个初步的协议体系。与两岸空运协议不同，两岸经济合作协议体系有着明确的核心协议，即ECFA。尽管两会并未就协议之间的效力等级形成明确的规定，但ECFA在两岸经济合作协议体系中已经隐然具有超越其他协议的地位。以ECFA构成的两岸经济合作协议体系与域内的法律体系已经有着高度的类似之处，暗示了两会协议的进一步成熟。

满足“法治”型的两岸关系和平发展模式对于制度的需求有着两种方式：一是藉由立法者立法，以提供制度；二是通过主体之间的相互协商，以形成制度。显然，大陆和台湾之上没有一个“超两岸”的主体，因而不存在为两岸制定共同规范的“超级立法者”。立基于此认识，对两岸关系和平发展进行制度供给，必须依赖大陆和台湾之间的协商，两会框架亦因此而成为两岸制度供给的主要来源。就现实层面而言，大陆和台湾通过协商创制制度的主要形式是两会协议。体系化的两会协议，使得两会协议已经具备了类似于域内法的规范特征和体系特征。两会协议以规范性文件的形式，将两岸共识予以制度化，从而为两岸关系和平发展提供了规范依据。因此，较之两岸所制定的涉对方事务的法律，两会协议能够更加充分地运用法律规范表现两岸共识，因而也更加有利于规范和调整两岸交往行为。可以说，体系化的两会协议已经成为了“两岸法”，是两岸从政策独白到法理共识转变的标志。

三、两岸法制的构建方法

两岸法制经由两岸各自域内的涉对方事务立法和两会协议及其体系化的尝试，已经初具雏形，对于构建两岸关系和平发展框架以及规范和调整两岸交往行为起到了重要的作用。然而，距离法治型的两岸关系发展模式对于制度的需求，当前的两岸法制还有着相当的差距。尤为重要的是，当前的两岸法制，无论是两岸涉对方事务的法律，还是体系化的两会协议，更多的是在“两岸法制”这一概念统摄下的学理描述，因而并不是两岸基于两岸关系和平发展对于法律和制度的需求而进行的主动行为。构建两岸关系和平发展框架，需要两岸以更加积极的心态，从自发地“形成”两岸法制转变为自觉地“构建”两岸法制，用法律的语言规避政治的争议，用法律的权威克服政治的盲动，形成法治型的两岸关系发展模式。在构建两岸法制的过程中，签订两岸宪制性协议、完善两岸造法机制和引导公民有序参与等，都可以作为具体的方法加以运用。

（一）签订两岸关系的宪制性协议

两岸各自域内的法律因两岸仍存在着政治对立，并无法在对方域内生效，因而对于两岸交往行为的调整强度和范围比较有限。由此可见，尽管当前两岸涉对方事务的法律在量上占据着两岸法制的多数，但从两岸关系和平发展的长远来看，两会协议在调整和规范两岸交往行为方面将起着更加重要的作用。

两会协议经由预先设定议题的方式已经实现了开始了体系化的尝试，而且在某些领域已经形成了简单的协议体系。然而，当前体系化的两会协议距离一个法域内的法律体系仍有较大的差距，集中体现为两会协议缺乏一个具有基础地位的宪制性协议，导致两会协议当前只能是处于体系化的阶段，而未能因宪制性协议的统帅作用形成两会协议的体系。多有学者曾经提出两岸签订基础性、综合性协议的设想。如台湾学者张亚中曾经提出过“两岸和平发展基础协定”的设想，[①] 大陆学者周叶中教授也曾提出过中共十七大报告所提的海峡两岸和平协议是两岸关系和平发展的基础性规范。[②] 综合以上学者的观点，如果说要在两岸之间形成一个具有宪制地位的协议，那么，和平协议无疑是最佳的选择。

和平协议作为两会协议中的宪制性协议，应当起到统帅两会协议体系、

---

① 参见张亚中：《〈两岸和平发展基础协定〉刍议》，载《中国评论》2008 年第 10 期，第 1 页。

② 参见周叶中：《论构建两岸关系和平发展框架的法律机制》，载《法学评论》2008 年第 3 期，第 9 页。

解决两会协议中具有基础性、根本性问题的作用。两会协议要真正地成为一个法律体系，必然涉及一些法律技术方面的问题，如两会协议是否具有法律效力、两会协议可否在两岸各自域内适用以及如何适用、两会协议与两岸域内涉对方事务的法律如何衔接、两会协议的解释、变更和废止等问题，都亟须解决。由于两岸缺乏宪制性协议对两会协议的上述法律技术问题进行系统规范，导致两岸在实施协议的实践中，对一些问题产生了不同认知，有些已经对两岸实施协议、进一步累积互信产生了消极影响。如台湾方面在以何种方式通过需要修改台湾地区域内法的《海峡两岸海运协议》等协议，以及是否应当以“公民投票”的方式通过 ECFA 等问题上，都出现了一些不利于两岸关系和平发展和协议实施的声音与现象。和平协议作为两岸关系和平发展的宪制性协议，尽管主要任务在于确认两岸关系的若干优先性内容，并规定两岸关系和平发展的制度与程序，[①] 但也有必要对于两会协议制定与实施中的法律技术问题加以规定，解决两会协议制定与实施中的法律障碍，为推动两会协议的规范化提供宪制性保障。

（二）凸显和完善两会框架的造法性功能

综观两岸自 1990 年起至今所形成的协议，除 1990 年由两岸红十字组织签署的《金门协议》外，其他协议均是由海协会和海基会构成的两会框架经由商谈签订，可以说，两会框架不仅是两岸事务性商谈的机制，而且已经成为两岸法制的形成机制之一。随着两会协议在两岸法制中的地位逐渐提高，两会框架的造法性功能亦应随之得到凸显和完善。

当前，两会框架是两岸进行公开接触的核心途径。大陆和台湾在“一个中国”的问题上仍存在不同认知，因而双方无法透过官方管道进行直接交流，而只能在一种微妙的默契下，采取迂回的方式开展沟通与对话。授权不具有公权力性质的民间团体开展商谈，是两岸采取的主要迂回方式。两岸成立了诸多专门服务两岸对话和沟通的民间团体，其中海协会和海基会是综合程度最高、影响力最大的民间团体。按照成立的目的，海协会和海基会在两岸公权力机关授权的情况下，开展两岸商谈与合作，因此，其职能范围不限于制定两会协议。两会框架除了制定两会协议外，尚有其他方面的职能。

---

① 参见周叶中、祝捷：《海峡两岸和平协议（建议稿）》，载《法学评论》2009 年第 6 期，第 3 页。

如就某一具体事务开展商谈、处理两岸突发事件、代替两岸公权力机关传递信息等。

2008 年后，两岸制度化合作的形式发生了深刻的变化，体现为两会协议所设立的联系主体机制的逐渐成形和两岸共同机构的出现，由此，两会协议的实施职能从两会框架中切割出来，导致两会框架逐渐向着两岸间的造法机制转变。联系主体制度是两岸在两会机制中具有特色的制度，两岸借联系主体制度，将协议所规定的具体业务交由被指定的联系主体办理。ECFA 则创设了名为“两岸经济合作委员会”的常设性两岸共同机构，作为两岸开展经济合作的磋商机制和 ECFA 实施机制。两会协议无论采取上述何种方式实施，都表明两会协议一旦签署，两会框架则不再涉及两会协议的实施事务中。从两岸关系的未来走向来看，两会协议中的联系主体制度将逐渐定型化，而类似于两岸经济合作委员会的两岸共同机构也会越来越多，因此，两岸事务会体现出早期欧洲一体化过程中的“分支化”现象，即两岸事务被分割到一系列共同机构中，而并非由单一机构完成。两岸事务的分支化，使得两会框架能够更加专注于两会协议的制定，从而使得两会框架的造法功能愈加强化。

两会协议实施职能的切割，表明两会框架已经具备从两岸交流与合作的综合性框架向专门造法机制转变的条件。将两会框架理解为两岸专门的造法机制，则两岸透过两会的商谈可以理解为两岸法制的立法程序，两岸亦因而可以按照类立法程序的设计改造两会当前的商谈程序。这一理解和改造有利于强化两会协议的规范属性，使得两会协议的法律效力不仅可以透过两会协议的目的正当性获得证成，也可以透过制定程序的规范性获得证立。

（三）有效引导公民参与两岸事务

将“公民参与”的理念引入两岸事务，是两岸关系和平发展至新阶段的必然。目前，两岸透过“两会框架”所进行的商谈，具有比较浓厚的秘密政治特征。普通民众除了能够观看到两会领导人的会谈以及事后阅读正式协议文本外，根本无从知晓两会协议的商谈过程，更无法参与协议的制定并表达利益诉求。由于在当前的情势下，两岸关系的主题词是恢复和加深交往，因而只要符合两岸恢复和加深交往的两会协议，都被认为是符合两岸民众利益的，因而也能够获得大多数民众的认同。在此背景下，两岸公民是否参与到两会协议的制定过程，对于两会协议本身的正当性而言，并无实质性的影响。

然而，公民参与的缺乏虽在目前尚未显现出弊端，但对两岸法制的构建在一个可预见的未来将产生消极作用。其一，建立完善的程序，实现程序正义，是法治的核心理念之一，而公民参与是程序正义的必然要求，缺乏公民参与的两岸法制，不足以构成法治型的两岸关系发展模式的规范基础。其二，公民参与的缺乏，使得两岸民众将逐渐沦为两岸关系和平发展的“旁观者”，被动地接受两岸公权力机关所设置与安排的发展范围、步骤和方式，使得两岸法制沦落为两岸关系发展的剧场。显然，被剧场化的两岸法制，将导致两岸法制的构建成为两岸政治人物展现政治观点的方式，又使得两岸法制重新坠入“人治型”的两岸关系发展模式。其三，未来两岸民众的利益格局将在两岸关系持续和平发展的背景下发生深刻变革，两岸民众因交往产生的利益冲突，将直接拷问两岸关系和平发展的正当性。ECFA 签订后，一部分台湾地区政治人物以 ECFA 可能对台湾经济造成负面影响鼓动台湾民意，获得台湾地区部分民众回应，已经表现出了这一趋势的端倪。引入公民参与两岸事务，将两岸民众的利益诉求体现在两会协议的制定过程中，尽可能地在协议中包容各方利益，是强化两会协议正当性和可操作性的重要方式。

台湾地区领导人马英九曾经提出，台湾与大陆签订和平协议需满足民意支持和立法机关监督等三项条件，实际上已经包含了将公民参与引入两岸事务的观点。相对于台湾地区积极引入公民参与两岸事务的倾向，大陆方面对此问题尚缺乏足够的认识。因此，有必要在两岸事务中也树立起程序意识和引导公民参与的意识，透过两会框架形成相应的机制，有效引导公民参与到两岸事务中，将民众的利益需求借由公民参与导入两会协议的制定过程，更加有效地构建两岸法制。

四、结语

考察中共十八大报告，制度建设已经成为构建两岸关系和平发展框架的重要组成部分，也是进一步推动两岸关系和平发展的重要动力。构建健全的两岸法制，在两岸交往日益热络的背景下，对于深化两岸关系和平发展的前景和固化两岸关系和平发展的成果，具有重大而现实的意义。目前，两会事务性商谈的造法功能不断发酵，规范两岸交往行为、为构建两岸关系和平发展框架提供规范依据的两会协议不仅有量的累积，而且已经有了初步的体系化尝试。但是，真正从宏观制度构建的高度思考构建两岸法制，尚在决策和实务层面缺乏相应的举措。本文在理论上对两岸法制的构建进行了宏观探讨，以为对于如何构建两岸法制、为两岸关系和平发展提供持续的动力机制提供概念话语和理论指引。需要说明的是，本文所提出并论证的，是仅具静态意涵的两岸法制。至于两岸法制在实践中的运行状态——暂且称之为“两岸法治”，则是另一更为复杂之问题，只有留待另文论述。

修正“两岸人民关系条例”与两岸交流合作的法制化

中国社会科学院台湾研究所　刘世洋

“台湾地区与大陆地区人民关系条例”（简称“两岸人民关系条例”）是台当局规范两岸人民往来并处理衍生法律事件的“母法”，自公布施行20年来对两岸交流合作产生了重大深远的影响。该条例含有大量限制两岸交流合作的条文，虽几经修正但并未根本改观。随着2008年后两岸关系进入和平发展新阶段，以及两岸大交流、大合作、大发展局面日趋成型，该条例许多条文已越来越不合时宜。马英九连任后多次宣布将通盘检讨修正“两岸人民关系条例”作为第二任重大施政规划，若能顺利落实，将大幅深化两岸交流合作的法制化进程，推动两岸关系制度化建设再上新台阶。

一、“两岸人民关系条例”的出台及历次修正

“两岸人民关系条例”是台当局为因应两岸关系发展新形势而制定的法律，公告施行后随着两岸交流合作不断发展而经历了多次大修小补，可谓“修正是常态、不修是例外”。

（一）“两岸人民关系条例”是两岸进入交流合作新阶段的产物

1987年11月，台当局开放民众赴大陆探亲，两岸由隔绝对峙走向民间交流新阶段。为“确保台湾地区安全与民众福祉，规范台湾地区与大陆地区人民之往来，并处理衍生之法律事件”，1989年2月，台“法务部”提出“台湾地区与大陆地区人民关系暂行条例草案”，历经“立法院”4个会期

18 次会议长达 3 年的审议，特别是在 1991 年 4 月台“国民大会”临时会议通过“宪法增修条文”第 11 条“自由地区与大陆地区人民权利义务关系及其他事务之处理，得以法律为特别之规定”后，最终于 1992 年 7 月 16 日三读通过，并定名为“台湾地区与大陆地区人民关系条例”。

“两岸人民关系条例”兼具实体法与程序法，民事法、行政法与刑事法，一般私法、公法与涉外民事法律适用法，是台当局处理两岸关系的基本法和母法，同时因内容涉及对“宪法”许多规定的突破和补充，在“六法全书”中被列入位阶最高的“宪法及其关系法规”类。这是台当局首次将“一国两地区”、“一国两政治实体”的意图化为具体法律，立法过程中坚持“台湾优先，安全第一”的原则和出发点，制定了大量限制两岸各项交流合作、歧视大陆人民在台权利的条文，但“委托立法”方式则为因应两岸关系未来变化预留了空间。

（二）“两岸人民关系条例”随着两岸交流不断发展而经历了多次修正

“两岸人民关系条例”自 1992 年 9 月正式施行以来，在两岸交流不断深化的历史潮流和广大民意推动下，20 年间已经历 14 次修正，几乎是“每年一小修、十年一大修”，其中 1997 年、2003 年修正力度最大。

1997 年，李登辉当局为落实“戒急用忍”政策，对“两岸人民关系条例”进行了 5 条增订和 20 条修正，明显强化了对委托机构与大陆订定协定的控制，加强了对大陆民众赴台交流定居及两岸海空交通与投资合作的管制，并对两岸交流衍生的继承、许可、仲裁、违法等问题做出具体规定。2003 年的修正则是在陈水扁当局加紧推动“台独”施政及两岸民间经贸交流十分热络的背景下展开，此次共增订 37 条、修正 55 条，占全部 133 项条文的 70%，是“公布施行以来最大幅度的修法工程”。[①] 此次修正以“原则开放、必要管制”为指导，出台了方便台湾民众来大陆探亲旅游的措施，增加了大陆民众在台居停留、大陆机构赴台招生及设立办事处、两岸直航、人民币进出台湾的弹性，明订两岸事务协商仍采“复委托”机制，但同时强化了对许多纯经济和民间事务的管理，尤其是对大陆配偶的管理查核机制，禁止台湾民众在大陆担任党务、军事、行政等职务，因此呈现出“开

① 《两岸条例三读通过　两岸协商可委托民间》，《联合报》2003 年 10 月 10 日。

放没到位、限制不放松、缺乏前瞻性”[①] 的特征。2013 年是第二个“十年”关头，在两岸关系和平发展新形势下，“两岸人民关系条例”有必要再次大修。

（三）现行“两岸人民关系条例”已无法满足两岸交流合作新形势的要求

2008 年国民党重新执政以来，两岸关系逐渐进入和平发展新阶段，与“两岸人民关系条例”出台之初的时空背景已发生根本性变化。经历了 1990 年代两岸开放交流之初的“乍暖还寒”、2000 年代“台独”政权干扰下的“大起大落”之后，两岸交流合作已呈现全然不同的新面貌，两岸大交流、大合作、大发展的局面已然形成。在此背景下，“两岸人民关系条例”仍然延续“确保台湾”而非两岸双赢的单向思维，仍以“表面开放、实质管制、立足防堵”为政策考虑，不愿在两岸交流合作机制化、制度化方面迈大步，日益成为阻滞两岸交流互惠深入发展的法律性、体制性障碍。这主要体现在：现行条例对两岸经贸互动、技术合作、人员往来、文化交流等设定了诸多限制或禁止规定，对大陆民众在台观光、求学、工作、婚姻、继承等权益充满歧视，甚至以刑法处理纯粹的两岸民间经济文化交流行为。这些不合理而又过时的种种规定应尽速予以全盘纠正。

与此同时，有利马当局通盘修正“两岸人民关系条例”的内外环境也正在发生积极变化，修正工作已具备充分可行性。一方面，岛内主流民意高度支持。“陆委会”1 月 3 日公布的民调显示，72.4% 的民众支持马当局全面检讨并修正“两岸人民关系条例”，以符合民众实际需求；67.5% 赞成分阶段修改“两岸人民关系条例”，落实移居来台的大陆民众人权及平等权；67.1% 认为应适度开放陆资来台，60.3% 认为开放陆资来台有利于两岸投资平衡发展，并对两岸经贸往来有所助益；64.2% 赞成两岸两会互设办事机构，71% 认为此举有助于两岸关系发展。[②] 另一方面，大陆明确给予正面肯定。国台办多次呼吁，“在两岸关系和平发展的新形势下，台湾方面确实有必要与时俱进，尽早修改不合时宜的政策规定，以适应两岸大交流、大合作

---

① 李翌鹏：《新“两岸关系条例”到底有多“新”?》，《福建日报》2003 年 10 月 14 日。

② 《“民众对政府大陆政策之看法”民意调查（2012－12－22～2012－12－25）》，“陆委会”网站。

的客观需要”。[①]

二、马当局通盘修正“两岸人民关系条例”的政策规划

为满足两岸交流合作持续发展的需要，马英九上台后已连续5度修正“两岸人民关系条例”，2012年初连任后进一步宣示“过去制定的两岸相关法规已不合时宜，“陆委会”正全面检讨，要让法规走在时代前面”，[②] 主张“取消不合时宜的限制与歧视性规定”，[③] 明确将通盘检讨修正“两岸人民关系条例”列入第二任期两岸政策的三大工作目标。

（一）2008年以来“两岸人民关系条例”已完成5次修正

马英九上台伊始就着手修正“两岸人民关系条例”，以配合其两岸开放政策的落实。马在第一任内的修正要点包括：为配合陆客赴台而开放人民币在岛内兑换、放宽大陆民众赴台居留限制、加强大陆民众在台权益保障、取消对两岸航空业者双重课税、承认大陆学历并开放陆生赴台就学、加强处罚大陆渔船越界捕鱼等。具体情况如下：

第一次修正：2008年6月，台“行政院”发布第38条、第92条修正条文，为人民币在岛内兑换及管理赋予了法源。其中，第38条增订两岸签订双方货币清算协议或建立双方货币清算机制之前，“大陆地区发行之币券，在台湾地区之管理及货币清算，由中央银行会同行政院金融监督管理委员会订定办法”；第92条规定违反者没入其大陆地区发行之币券及价金，得处或并处新台币30万元以上150万元以下罚款。

第二次修正：2009年8月，台“行政院”发布第12条、第17条至18条、第57条及第67条修正条文，放宽了大陆民众申请赴台居留的限制，并加强了对保险、工作、继承等权益的保障。其中，第12条“经许可受雇在台湾地区工作之大陆地区人民，其眷属在劳工保险条例实施地区外罹患伤病、生育或死亡时，不得请领各该事故之保险给付”的规定被全文删除；

① 《国台办新闻发布会辑录（2012-10-17)》，国台办网站。

② 《马：推海基、海协互设机构》，《中国时报》2012年5月19日。

③ 《马“总统”吁扩大深化两岸交流》，《联合报》2013年1月2日。

第17条删除申请在台依亲居留须“结婚已满二年”或“已生产子女”的规定，删除申请在台定居须“年满二十岁”且“有相当财产足以自立或生活保障无虞”的规定；第17条之1删除依亲居留者在台工作须“向主管机关申请许可”及“主管机关为前项许可时，应考虑台湾地区就业市场情势、社会公益及家庭经济因素”的规定；第18条针对已取得居留许可但有不当行为者增订“内政部入出国及移民署于强制其出境前，得召开审查会，并给予当事人陈述意见之机会”，并删除将从事与许可目的不符之活动或工作之情事的大陆人民“由治安机关径行强制出境”的规定；第57条将“父母之一方为台湾地区人民，一方为大陆地区人民者，其与子女间之法律关系”由“依父设籍地区之规定，无父或父为瘝夫者，依母设籍地区之规定”改为“依子女设籍地区之规定”；第67条增订大陆配偶在岛内继承遗产时不适用“总额不得逾新台币二百万元之限制”规定，允许长期居留者“得继承以不动产为目标之遗产”。

第三次修正：2010年6月，台“行政院”发布第29条之1条文，为解决两岸海空运业者面临的双重课税问题赋予了法源。该条文增订“台湾地区及大陆地区之海运、空运公司，参与两岸船舶运输及航空运输，在对方取得之运输收入，得依第四条之二规定订定之台湾地区与大陆地区协议事项，于互惠原则下，相互减免应纳之营业税及所得税”，“前项减免税捐之范围、方法、适用程序及其他相关事项之办法，由财政部拟订，报请行政院核定”。

第四次修正：2010年9月，台“行政院”发布第22条、第22条之1条文，正式承认大陆学历并开放陆生赴台就学。其中，第22条明定“在大陆地区接受教育之学历，除属医疗法所称医事人员相关之高等学校学历外，得予采认”，“大陆地区人民非经许可在台湾地区设有户籍者，不得参加公务人员考试、专门职业及技术人员考试之资格”，“大陆地区人民经许可得来台就学，其适用对象、申请程序、许可条件、停留期间及其他应遵行事项之办法，由教育部拟定，报请行政院核定之”；第22条之1关于台商或组织在大陆设立台商学校的规定被全文删除。

第五次修正：2012年3月，台“行政院”发布第80条之1条文，加强了对大陆船舶违法进入及渔船越界捕鱼的处罚力度。该条文增订“大陆船舶违反第32条第一项规定，经主管机关扣留者，得处该船舶所有人、营运人或船长、驾驶人新台币一百万元以上一千万以下罚锾”，“前项船舶为渔船者，得处其所有人、营运人或船长、驾驶人新台币五万元以上五十万元以下罚款”，“前二项所定之罚锾，由海岸巡防机关执行处罚”。

（二）马英九将通盘检讨修正“两岸人民关系条例”列为第二任重大施政目标

马英九在2011年10月“大选”期间抛出“黄金十年愿景”，主张“建构长期、稳定、制度化的两岸关系”，“常态化两岸人员往来机制，落实民众权益保障，完善法制规范”，“循序稳健推动两岸互设办事机构”。马成功连任后，即于2012年2月指示“陆委会”、“教育部”、“卫生署”等相关单位通盘检讨“两岸人民关系条例”的相关规定。5月18日，马在海基会新大楼启用典礼上宣布“未来将朝检讨与修正法规、互设机构，并扩大双方交流项目而努力”。① 此后马又在8月14日国民党中山会报、10月10日“双十讲话”、11月2日《亚洲周刊》专访、11月9日“九二共识20周年学术研讨会”致辞、12月20日接见大陆各地台商代表、2013年元旦讲话、2月18日出席“大陆台商春节联谊活动”等场合反复重申，“未来政府将朝扩大与深化两岸交流、两岸两会互设办事机构，以及通盘检讨与修正‘两岸人民关系条例’等三项目标而努力，希望超越目前两岸互动的格局，为彼此打下长远永固的基础”。马英九还特意任命有法律背景、具协调能力的子弟兵王郁琦接替赖幸媛出任“陆委会主委”，希望更好地推进“两岸人民关系条例”修正工作。

马英九积极检讨修正“两岸人民关系条例”，主要有三点考虑。一是完善两岸交流合作的法制保障，推动两岸关系走向正常化制度化。马英九当局反对李登辉当局的“两国论”及陈水扁当局的“一边一国论”，坚持“九二共识”、“两岸同属中华民族”、“两岸不是国与国的关系”的定位，因此主张逐步废除对两岸民间各领域交流合作的不合理限制，取消对大陆民众特别是大陆配偶在岛内居留和生活等方面的歧视，并为两岸正常的交流合作提供法律和制度保护，逐步推动两岸关系走上正常轨道。岛内高层分析指出，此举显示“马第二任期有意让两岸进入‘一个新阶段’”。② 二是为台湾经济

---

① 《总统出席“财团法人海峡交流基金会办公厅落成启用典礼”》，“总统府”网站2012年5月18日。

② 《翻修两岸条例“陆委会”动起来》，《中国时报》2012年8月29日。

社会长远发展创造更多制度化“和平红利”。随着大陆越来越扮演世界市场和全球经济发动机的角色，各国纷纷前进大陆，台湾以往相对于大陆的比较优势日渐式微。马当局希望通过清除有关障碍，进一步扣紧大陆经济高速列车，为台湾长远发展注入活力。特别是，“修法”松绑大陆金融业及服务业等陆资赴台，开放大陆在岛内投放业态广告，不仅有助ECFA后续商谈，更将推动两岸经贸关系走向正常化；“修法”将陆生纳入健保不仅可提高陆生赴台就学意愿，提升台湾高校及整体竞争力，还因陆生须自负多数保费而带动台湾保险业发展，活络岛内经济。三是进一步深化两岸关系以巩固个人历史定位。马连任成功后宣布，“未来4年，没有连任的压力，但有历史评价的压力，一定会尽心尽力把事情做好，在国家跟社会的历史上留下典范”。①马在第一任内大幅改善两岸关系获得高度赞誉，增强了其深化两岸关系的信心，因此希望在第二任为两岸关系和平发展进程建立起法律化制度化的长久保障，从而进一步巩固其在两岸关系方面的历史评价。

（三）马当局通盘修正“两岸人民关系条例”的基本规划

从目前各方面透露出来的信息看，马当局未来检讨修正“两岸人民关系条例”，将大致坚持以下思路和原则。

1. 修正目标

一是强化大陆民众在台期间的权益保障。例如，第18条修正草案将“内政部入出国及移民署”强制违反规定的大陆地区人民出境前“得召开审查会”修正为“应召开审查会”，就是为了确保当事人有陈述意见的机会；将“于强制出境前，得暂予收容，并得令其从事劳务”修正为“受收容时间以60日为限，必要时得延长一次，最多为120日”并删除“得令其从事劳务”规定，从而避免变相长期收容及“一罪二罚”。马当局此举不仅符合其标榜的人权主张，同时也有利于更好地落实2009年马英九签署的《公民与政治权利国际公约》及《经济社会文化权利国际公约》有关保障人身自由的精神。

二是保障大陆配偶在岛内生活及工作等权益。目前大陆配偶在岛内仍受到最严格的限制和歧视，成为“二等公民”。例如，现行条例第21条规定“大陆地区人民经许可进入台湾地区者，除法律另有规定外，非在台湾地区

① 《“总统”：未来4年尽心力留下典范》，《中国时报》2012年1月15日。

设有户籍满 10 年，不得登记为公职候选人、担任公教或公营事业机关（构）人员及组织政党”。这导致虽已取得台湾身份证但设籍未满 10 年的大陆配偶，就连在公教机关担任工友、驾驶、清洁工、临时人员、停车场管理及病房助理等编制外、庶务性且无涉公权力行使的广义公职人员职务也不可能。对此“陆委会”已表示，将“考量新移民权益立场，检讨陆配设籍认证相关规定”。[①]

三是为两岸正常的交流合作提供更多便利。“立法院副院长”洪秀柱表示，“条例修改必需方便两岸未来的发展”。[②] 未来修法将进一步放宽甚至废除对两岸经贸、文教、社会等领域往来与合作的限制政策，为两岸正常的人流、物流、金流等往来营造宽松良好的环境，推动两岸交流进入正常化轨道。

2. 修正原则

一是简政原则。制定各行政程序时尽量简便易操作，避免给当事人增加时间和金钱等不必要负担，同时也降低台当局行政成本。例如，第 18 条之 1 及第 87 条之 1 条文修正草案增订“逾期居留未满 30 日，原申请居留原因仍继续存在者，经处新台币 2000 元以上 1 万元以下罚锾后，得重新申请居留，无需强制出境”规定，就是针对偶因疏忽未依期限办理延期造成逾期居留等情况而新增的便民方案，避免当前条文“治安机关得径行强制出境”给当事人造成无谓困扰。

二是公平原则。减少甚至取消对大陆民众的歧视性规定，即便受客观条件制约无法在尊重人权目标下达成对两岸民众权益的平等对待，至少也应实现对大陆民众与侨外民众的一视同仁。以第 22 条修正草案将陆生在台就学期间纳入健保范围为例，“陆委会主委”王郁琦就表示，“最主要考量还是公平性，现在侨生跟外籍生都已经纳入健保，只有陆生还没纳入健保，这样对陆生并不公平”。[③] 同样，第 17 条原规定大陆配偶取得身份证需 8 年，2009 年修正后缩短为 6 年，新修正草案改为 4 年，也是希望大陆配偶在取得身份证年限上获得与外籍配偶相同的公平待遇。

三是平衡原则。受现实条件制约，为保障台湾民众权益并减少修正阻

---

① 《陆配服公职限制拟修法调整》，《中国时报》2012 年 10 月 2 日。

② 《国民党“立委”盼速修两岸条例》，《今日新闻网》2012 年 12 月 21 日。

③ 《陆生纳健保　王郁琦：不会增加健保负担》，《中国时报》2012 年 10 月 11 日。

力，在改善大陆民众在岛内权益的同时，也尽量以不对岛内民众造成冲击为前提。例如，在逐步放宽“三限六不”政策以维护陆生公平公正权益的同时，仍坚持不得影响台生工作权益，防止引发岛内就业问题；在逐步放宽陆资赴台政策的同时，仍反对采取比照外资待遇的一体化原则，特别是禁止陆资投资部分敏感企业项目，防止产生所谓的“国安”问题；在将陆生赴台就学期间身份由“停留”改为“居留”以便合法纳入健保范围的同时，又增列“撤销或废止许可事由”，规定只要就学事由与时间终止就可撤销居留身份，防止衍生长期居留及定居等后续身份联结问题。

3. 修正时程

马当局通盘检讨修正“两岸人民关系条例”工程浩大，旷日持久，很难一次到位，势必采取“先易后难”的方式“分区块”逐步推进。2012 年 5 月 18 日，时任“陆委会主委”赖幸媛称，“未来会将修正草案‘一块、一块’地送交立院审议，每个会期都会持续提出”。① 11 月 22 日，新任“陆委会主委”王郁琦指出，“陆委会持续推动修法，且分区块修正，已修好的部分呈送行政院再送立法院审议，并持续检视已送立法院部分，例如两岸避免双重课税，同时持续修法送行政院审查”。②

综合“陆委会主委”王郁琦 2012 年 10 月 3 日在“立法院”备询③及 2012 年 12 月 5 日在国民党中常会发表的“中共‘十八大’后两岸关系发展”专题报告可以看出，大幅翻修现行“两岸人民关系条例”中不合时宜的条文将分为三阶段实施：第一阶段配合联合国《难民地位公约》的修正，拟订避免双重课税问题、大陆人民强制出境及收容制度的修正草案，并于 2012 年 6 月底在第 1 会期送到“立法院”审议。第二阶段拟提案修法加强对大陆配偶权益的保障、推动陆生比照外籍生纳入全民健保、调整大陆地区人民取得身份后服公职的限制、重新检讨大陆广告管理规范等，并于 2012 年下半年的第 2 会期送“立法院”审议。第三阶段修法重点包括配合 ECFA 后续协商进程循序检讨修正经贸交流相关规定、配合政策需要研议规划两岸两会互设办事机构的法规（拟于 2013 年上半年完成法制化作业）、配合两岸关系现况调整刑事相关规定等，预计在 2013 年至 2014 年底间完成。

① 《赖幸媛：台商任大陆公职不考虑修法放宽》，《中国时报》2012 年 5 月 18 日。

② 《王郁琦：修正两岸条例以合时宜》，《中国时报》2012 年 11 月 23 日。

③ 《王郁琦：优先推陆生纳保及修法》，《中国时报》2012 年 10 月 3 日。

4. 修法方向及方法

据透露，马当局将朝“开放的”、“公平的”与“前瞻的”三大方向，全面修改“两岸人民关系条例”，为另一个20年的两岸关系确立经纬。[①] 对此，广大台商及两岸有识之士纷纷呼吁，“两岸人民关系条例”应朝向“更前瞻、开放、宽松、直接与鼓励双向”的角度修正（上海台商协会会长叶惠德），[②] 使两岸关系导入“正常化及制度化”（中国文化大学中山大陆所助教刘性仁），[③] 让两岸人民往来能往“更便利、开放、自由”的方面发展（上海台湾研究所长俞新天）。[④]

在具体操作上，将主要有三种修正方法：一是全文删除不合时宜的规定。二是细化量化规定及罚则，防止在执行中被滥用。三是变通“合宪不合理”的条文，例如尽管不修正禁止台商担任大陆政协职务等规定，但仍“会从职务上作为区分，不会对政协特邀、特聘的委员开罚”。[⑤]

（四）“两岸人民关系条例”修正重点及“行政院”已完成的草案要点

2012年10月2日，“陆委会”送到“立法院”的书面报告指出，“将通盘检讨修正《两岸人民关系条例》，修法重点包括保障陆配权益、调整大陆地区人民取得在台身份后服公职限制及配合两岸互动新局及经贸往来需求，重新检讨中国大陆广告管理规范”。[⑥] 11月8日，马英九接受《亚洲周刊》专访时称，“全面翻修《两岸人民关系条例》目前几乎已近完成，届时将送立法院”。[⑦] 从目前已公开的进展看，“两岸人民关系条例”将重点修正如下议题：

1. 大陆配偶在岛内生活及工作的权益保障

目前在台大陆配偶已由两岸开放交流之初的零星现象，发展到目前逾30万人的规模，成为数量相当可观的群体。但受制于“两岸人民关系条例”在身份变更、学历认证、工作权等方面设置的一系列人为限制与歧视，其在

① 《马英九的两岸历史定位》，《台湾立报》2012年12月30日。
② 《两岸条例不副实　台商促大修》，《旺报》2012年12月18日。
③ 《台〈两岸人民关系条例〉修法方向之探讨》，《北大公法网》2012年12月26日。
④ 《两岸条例不副实　台商促大修》，《旺报》2012年12月18日。
⑤ 《台商任大陆公职　不开放》，《中国时报》2012年7月12日。
⑥ 《陆配服公职限制　拟修法调整》，《中国时报》2012年10月2日。
⑦ 《总统接受〈亚洲周刊〉专访》，“总统府网站”2012年11月8日。

岛内的居留、定居、工作、生活都面临诸多困难。以取得身份证为例，由于依亲居留后须再等6年才能取得，目前仅有9万多人取得身份证。[①] 目前“行政院”已完成第17条修正草案，主张参照“入出国及移民法”、“国籍法”外籍配偶申请定居规定，将大陆配偶申请定居年限由6年修正为4至8年，规定“依亲居留连续居留满3年，且每年在台湾地区合法居留期间183日以上者，得申请长期居留；长期居留满1年且居住335日以上，或连续居留满2年且每年居住270日以上，或连续居留满5年且每年居住183日以上者，得申请在台湾地区定居”。另参照外籍配偶制度，增订“大陆配偶于申请定居时需具备国民权利义务基本常识，协助尽速适应在台生活”。未来还将进一步修正第21条，届时大陆配偶取得身份证后，无需满足设籍10年的规定，就可到公教机关担任无涉公权力行使的广义公职人员职务。

2. 大陆民众在岛内旅游及交流的权益保障

据台“观光局”初估，2012年大陆赴台游客约197万人次、商务及专业人士约22万人次、医美健检团约5万人次，合计达223万人次，占全部赴台旅客700万人次的36%。在此背景下，“两岸人民关系条例”中仍存在诸多限制和歧视大陆民众赴台权益的条文，迫切需要修正。以放宽大陆地区人民逾期居留的规定为例，目前“行政院”已完成第18条、第18条之1、第87条之1修正草案，其中第18条修正“得强制大陆地区人民出境之法定事由”，规定“内政部入出国及移民署于强制其出境前应召开审查会”；修正“收容大陆地区人民之要件”，删除“得令受收容人从事劳务”的规定，增订延长、废止收容相关规定，赋予受收容人对于收容方法、程序及其他侵害利益情事的即时救济途径。第18条之1及第87条之1增订“主管机关对于逾期停留、居留之大陆地区人民，得处罚锾”、“逾期居留未满30日，原申请居留原因仍继续存在者，经处新台币2000元以上1万元以下罚锾后，得重新申请居留，无需强制出境”等规定。

3. 大陆学生在台就学期间的权益保障

2010年8月台“立法院”三读通过“陆生三法”修正案、正式承认大陆学历并开放陆生赴台湾学以来，迄今已连招两届大陆学位生，2011年实录928人，2012年实录955人。马当局已宣布将扩大规模，承认学历的大陆高校将由985工程、41所扩大到211工程、逾百所，并招收大陆专科生

---

① 《“行政院会”通过两岸人民关系条例修正草案》，《台湾时报》2012年11月9日。

赴台修读二技学位①。但陆生在台就学仍受“三限六不”的严格限制，甚至因其身份为“停留”而非“居留”导致不能享受健保，成为影响陆生赴台就学意愿的重要原因。预估未来将会逐步“修法”放宽这些不合理的限制。目前“行政院”已完成第22条修正草案，主张将陆生在台就学期间身份从“停留”修改为“居留”，从而可比照侨生及外籍生纳入健保第六类人口，每个月保费新台币1249元，其中“政府”负担500元、陆生自付749元，每年自付保费8988元；并增列“撤销或废止许可事由”，规定只要就学事由与时间终止就可撤销居留身份。

4. 大陆企业资本在岛内从事经济活动问题

目前两岸相互投资存在严重不对称，截至2012年11月底，大陆累计批准台资项目87760个、实际利用台资567.6亿美元，仅2012年1－11月就达25.6亿美元，而台当局自2009年7月1日开放陆资赴台至2012年11月底，仅累积核准330件、总计3.5亿美元，就连马英九也认为“开放中国大陆资金来台3年仅3亿美元，实在太难看”。② 究其原因，主要是台当局对大陆企业赴台投资存在非常严苛的限制。其中最为突出的是，尽管两岸商业活动大幅开放、经贸交流持续深化甚至已洽签ECFA、台当局已累积开放陆企可投资408项内容，但绝大多数大陆广告仍受“两岸人民关系条例”第34条“许可制”的制约而无法刊播，就连岛内媒体以专辑、特刊等方式刊播大陆各地风情、文化、旅游、经贸等内容也屡遭“监察院”纠正。目前“陆委会”正规划检讨松绑大陆企业在岛内投放广告等议题，未来应在扩大开放领域的同时，着重加强对大陆企业权益的保障，才能真正提高陆资赴台的意愿和成效。

5. 两岸经贸中的双重课税问题

由于两岸征税系统缺乏互惠协议及税务协助，致使两岸民众及组织自对方的收入所得不得不面临两次征税，不仅给业者造成损失，也影响两岸经贸交流的深入发展。为此，业界强烈呼吁尽快采取措施解决这一问题。目前“行政院”已完成第25条之2修正草案，明定“在互惠原则下，对于大陆地区人民、法人、团体或其他机构自台湾地区取得的收入或所得，以及台湾地区人民、法人、团体或其他机构自大陆地区取得的收入或所得，减免其应

① 《采认陆生学历　拟增70所》，《台湾立报》2013年1月14日。

② 《马：陆资来台3年3亿美元，太难看》，《中国时报》2012年8月28日。

纳的所得税及营业税”，且“为维护租税公平并确保税收，得相互提供税务协助”。

6. 两岸两会互设办事处问题

为更好地服务两岸交流合作，早在2008年第一次陈江会谈时，海协会长陈云林就提议由香港中旅社到台湾设办事处，当时海基会回应称要设就应由两会互设机构。随后大陆多次呼吁并释放善意，广大台商积极奔走，马英九在2012年10月提出的“黄金十年愿景”中也明确宣示“循序渐进推动两岸互设综合性办事机构”，连任后多次重申将推动两岸两会互设办事机构，显示两会互设办事处的时机日渐成熟。但“两岸人民关系条例”第6条仅规定得依对等原则许可大陆机构赴台设分支机构，且许可事项须“以法律定之”，并未明文许可台湾机构赴大陆设分支机构。未来须待“立法院”修正该条文赋予法源后，海基会才能就此议题和海协会展开协商。

7. 台商在大陆担任公职问题

目前大陆台商已达8.7万家，人数逾百万，仅凭台湾同胞投资企业协会已无法满足台商需求。大陆为台商设身处地考虑，已开放台商通过政协平台参政发声。但“两岸人民关系条例”第33条明文规定“台湾地区人民、法人、团体或其他机构，不得担任经行政院大陆委员会会商各该主管机关公告禁止之大陆地区党务、军事、行政或具政治性机关（构）、团体之职务或为其成员”。“陆委会主委”王郁琦也多次表示，“政协具有统战成分，开放台商担任政协委员的部分，我方还是不能接受”，[①] 但“特聘或特邀的政协委员，只有发言权而没有投票权，性质上类似荣誉职，这部分有讨论研究的空间”。[②]

三、“两岸人民关系条例”修正前景展望

（一）“两岸人民关系条例”修正将为两岸关系长远发展提供法制保障

一是为两岸人民带来更多福利。此次通盘检讨将会大幅修正涉及两岸民

① 《“陆委会”表态：政协具有统战成分　我方还是不能接受》，《今日新闻网》2012年12月27日。

② 《绿阻陆生纳保　王郁琦轰嘴上人权》，《旺报》2012年12月28日。

间交流活动中人民权益与民事关系的相关规定，为两岸民众往来及交流合作营造更便捷的环境。例如，第 17 条修正草案通过后，大陆配偶取得身份证的年限将与外籍配偶一致，最快四年就可取得身份证，估计将有 2 万余人受益。[①] 另外，两岸经贸交流中不合时宜的规定也将松绑，特别是放宽对陆资赴台的诸多限制，给两岸企业提供更广阔自由的合作空间。

二是推动两岸关系走上制度化轨道。马英九明确指出，通盘检讨修正“两岸人民关系条例”等三项工作，“将使两岸在结构上做好基础工程，未来无论何人执政，方向都不会改变，这才是可大可久的目标”。[②] 此次修正还有望从制度上为两岸两会互设办事机构解套，将两岸交流合作的机制化程度再提升一个层次。马当局各项修法规划特别是两岸民众关心的议题若能真正落实，将比此前历次修正更具历史意义，可为两岸未来 10 年乃至更长时期的交流合作打下基础。

（二）马当局修正“两岸人民关系条例”仍将有不尽如人意之处

一是许多不合时宜的条文并未列入修正规划。现行“两岸人民关系条例”中对公职人员登陆须申请并经审查许可等规定及对大陆涉台民事法律与刑事判决的歧视，目前并未看出有修正的征兆。对于台生到大陆高校读书的服兵役问题、台胞在大陆的就医问题以及如何进一步完善服务大陆台商的机制问题，特别是台商参加政协等机构的松绑，也是马当局未纳入修正范围的重要议题。

二是政治定位及政治议题可能不在本次修正范围。时任“陆委会主委”赖幸媛指出，“禁止台湾民众或台商担任大陆公职，包括地方政协委员职务的规定，由于两岸法律不相容，目前不会修改不允许民众出任大陆公职的规定”。[③] “两岸人民关系条例”明定两岸是“一国两区”定位，此举不仅来源于“宪法”增修条文第 11 条，而且也符合马当局一贯主张，加之事涉两岸关系基本规范的任何变动都极为敏感，马当局此次修正可能不会纳入“两岸同属一中”等更为清晰的两岸政治定位论述。

---

① 《“行政院会”通过两岸人民关系条例修正草案》，《台湾时报》2012 年 11 月 9 日。

② 《陈长文安排陆法学者见马　府内谈半小时》，《联合报》2012 年 12 月 12 日。

③ 《台商任大陆公职　不开放》，《中国时报》2012 年 7 月 12 日。

三是虽亟须调整但可能对台湾造成冲击的限制政策短期仍将延续。目前很多条文若调整将有利两岸交流合作，但可能对台湾造成一定冲击，这种政策将暂不调整。以两岸间单纯的招商行为为例，“陆委会”已明确表示，“由于大陆来台投资与台湾赴陆投资目前严重不对等，台赴陆投资比例远高于大陆来台投资比例”，加之“对等不代表相等，由于大陆经济量体远大于台，因此目前不对等的情形，并非指双方金额不相等”，因此“暂时不考虑开放大陆人士赴台招商”。①

四是不排除加入部分不利两岸关系和平发展的条文。马当局为澄清绿营对其修正“两岸人民关系条例”是“倾中”之举的攻击，同时也为了与绿营妥协以降低其杯葛阻挠力度，不排除在一定程度上纳入部分绿营要求管制两岸关系的主张。例如，针对绿营为帮助“藏独”、“民运”及大陆异议人士赴台居留而订定的“难民法草案”，马英九已明确表示，“陆委会正通盘检讨、修正两岸人民关系条例，当中也包括‘难民法’部分，未来会做详细报告，这是未来三年半两岸关系的重要基础工作，一定会有明确交代”。②

（三）马当局通盘修正“两岸人民关系条例”面临一定困难与挑战

一是民进党等“独派”顽固阻挠。其一，恶意杯葛提案。例如“行政院”提出修正第22条以将陆生纳入健保范围，民进党与“台联党”不仅叫嚣让陆生“全额自负保费”，更在“立法院”连续9度杯葛，旨在缩短大陆配偶在台取得身份证年限的第17条修正草案也被阻挡5次。其二，无理设置前提。对于两岸互设办事机构，民进党主席苏贞昌声称，“一定要地位对等、定位清楚，功能要符合台商及各方面现在解决各种问题的需要，而且运作要透明”。③ 针对外国人在台湾申请身份证须放弃原国籍，但大陆配偶因适用“两岸人民关系条例”无需放弃国籍，民进党台北市议员徐佳青要求马当局在缩短大陆配偶取得身份证年限的同时，“应先要求陆配放弃中华人

① 《台商任大陆公职　不开放》，《中国时报》2012年7月12日。

② 《马：关切中国人权　不是赶时髦“立委”：马说多做少根本是伪善》，《自由时报》2012年12月19日。

③ 《马提两岸互设办事机构苏：要对等透明》，《中国时报》2012年10月11日。

民共和国国籍”。[①] 其三，借势提出对案。为反制马当局不断松绑陆资赴台限制，民进党提案修正第73条，要求将“经济部”据此颁订的“大陆地区人民来台投资许可办法”提升到法律位阶，在“两岸人民关系条例”中专章规范，不仅明订禁止投资业别、严禁大陆军方资金赴台，还规定逾5亿新台币的投资案须列入审查。民进党“立委”萧美琴甚至提出“难民法草案”，要求给“藏独”、“民运”及大陆异议人士合理的身份，以帮助其在台居留及就业。[②]

二是岛内仍有部分民众担忧两岸交流过快会造成冲击。岛内主流民意支持两岸关系和平发展，乐见马当局修正不合时宜的有关法规，但仍有部分民众因长期接受恐共教育及“台独”宣传，害怕两岸交流过快可能引发一些无法预知的后果，进而冲击民众的工作生活甚至台湾前途走向。2012年12月“陆委会”公布民调显示，39.8%的民众认为目前两岸交流速度“刚刚好”，17.8%认为“太慢”，31.7%认为“太快”。国民党“立委”陈学圣指出，目前社会氛围并不希望太快开放，很多问题要沟通；江启臣也认为“不能期盼一次大调整”，建议分短、中、长期修法，较敏感的留到后头。[③]这直接牵制了马当局推进修正工作的力度和意愿，近日有台商就私下抱怨“行政部门的态度比民进党还保守”。[④]

三是“立法院”复杂政治生态不利修正草案的审议。“二合一”选后“立法院”形成两大两小格局，政治生态更加复杂化，将严重影响修正草案的审议进程。例如，为了给两岸签署租税互免协议提供法源进而实现避免双重课税，“行政院”早在2009年3月就通过第25条之2条文草案并送“立法院”审议，但期间不仅民进党、“台联党”联手杯葛，就连亲民党也以“两岸签署租税协议前不应先修法空白授权给行政机关”为由表示反对，导致至今尚未列入“立法院”议程。另外，国民党内部也并非意见完全统一，部分国民党“立委”对一些修正条文不愿全力支持。未来随着各项修正草案陆续送交“立法院”进而纳入议程，“立法院”四个党团之间的合纵连横

---

① 《中国配偶身分证取得年限拟下修“立委”：应要求放弃中国籍》，《自由时报》2012年8月29日。

② 《马：关切中国人权　不是赶时髦“立委”：马说多做少根本是伪善》，《自由时报》2012年12月19日。

③ 《台企联赴“立院”疾呼开放台商加入陆政协》，《中国时报》2012年12月22日。

④ 《台商维权争取任职大陆政协》，《中国时报》2012年12月22日。

势将更加激烈。此外，“两岸人民关系条例”修正通过后的一系列子法修正工作也将异常繁杂。

（四）马当局修正“两岸人民关系条例”应更具魄力

一是着眼长远，拉高站位和格局，对立法体系和思维做出大刀阔斧的修正。两岸关系近年的迅猛发展为通盘修正“两岸人民关系条例”提供了强大支持，马当局应抓住机遇为未来10年奠定新的交流秩序。否则若仅就细枝末节的技术问题略作修补松绑，不用多久两岸关系获得新发展后将再度面临左支右绌的局面，而机会稍纵即逝后再想回头将十分困难。因此，马当局应排除各种困难，扭转过去立法中的防堵心态和限制思维，全盘清除加诸两岸关系的不合理限制，特别是彻底抛弃“……，应申请许可”、“……得予限制”等表述，转以开放、合作、共赢的精神为两岸交流合作建立新的法制保障。

二是借修法契机将两岸政治互信成果特别是“两岸同属一中”法制化。“九二共识”已被证明是两岸关系和平发展的重要政治基础，理应被正式纳入修正条文。“一国两区”是20年前台当局对两岸交流状况的描述，已不能完全适应两岸政治新格局的战略发展趋势。此次修正马当局应在立足“宪法”及“一国两区”基础上，进一步明确“两岸同属一中”的政治定位，为探讨新形势下两岸政治关系战略构想创造条件。

三是建立和完善有利两岸交流合作制度化发展的战略布局。马当局在修正“两岸人民关系条例”的过程中，应明确订定两岸设置各项交流平台及委员会的政策规范，不仅满足当前两岸两会互设办事处的即时需求，更为未来设置两岸和平发展委员会等机构提供法源，进一步完善两岸交流合作的机制化建设，为两岸和平发展制度化打下更坚实的基础。

四是为两岸人民的感情交流与社会融合创造有利条件。“两岸人民同属中华民族，都是炎黄子孙”，展望两岸关系未来十年的发展，两岸民众心理距离将更加拉近，共同的民族认同更加增强，社会融合程度更加提高。马当局应顺应这一发展趋势，在此次修法中为未来两岸洽签文教交流协议、共同开发平潭试验区、共同建设社区试点等可能性预留空间，进而有效提升两岸交流的质量和层次，深化两岸融合进程。

两岸共同维护中国海洋权益探析

全国台湾研究会　严　峻

随着“黄岩岛事件”、日本“国有化”钓鱼岛列屿、“广大兴事件”、菲律宾向中国提起国际强制仲裁，东海、南海争端日渐白热化。面对“美日安保同盟”以及可能出现的所谓“南沙集团”甚至“卡拉特集团”,① 争端各方中的中国大陆及台湾似乎略显势单。于是，有关两岸合作维护中国海洋权利的呼声近年来不断高涨。然而，尽管中国大陆官方在海洋争端问题上主张“主权在我、搁置争议、共同开发”，台湾当局也提出高度相似的“主权在我、搁置争议、和平互惠、共同开发”政策，但两岸公权力机关在合作维护中国海洋权利上仍然面临相关法理问题。

一、两岸公权力机关在海洋问题上有关合作（不合作）维护中国主权的立场分析

长期以来，两岸公权力机关在两岸是否合作共同维护中国海洋主权上有着不同的表述。外界一般认为，台湾当局反对在维护海洋权利上进行两岸合作，而大陆方面的立场则反之。

（一）台湾当局立场分析

从历史上看，两蒋时期台湾当局对是否与中国大陆合作维护中国的东海、南海主权没有进行过明确、正式的官方表述，但由于当时台湾当局的政

① “南沙集团”源自2009年7月2日马来西亚《吉隆坡安全评论》文章，鼓吹东南亚国家联合起来在南沙问题对抗中国，参见方辉：“‘南沙集团’不可能成型”，香港《文汇报》2009年7月14日，A22版。“卡拉特”是美国每年与东南亚6国（菲律宾、泰国、新加坡、马来西亚、印尼）举行联合军事演习的名称。

策是对大陆“不接触、不谈判、不妥协”，所以从逻辑上讲，既然连接触、谈判都不做，就更谈不上主张两岸合作了。据有关媒体报道，1992 年“汪辜会谈”时，台方代表曾表示可与中国大陆在南海议题上合作，但具体合作对象及合作内容并不清楚。[①] 1993 年外电也曾报道，台“国防部长”孙震表示“不会阻止也不会排除与中共交换意见，探讨和平发展与管理南沙群岛的可能性”。[②] 1994 年台湾当局“行政院大陆事务委员会”还委托撰写了《两岸就南海诸岛事务进行对等合作可行性之研究》，当年台“行政院”核准的“南海问题讨论会议结论”中有 6 项涉及两岸合作。[③] 但台湾当局 1996 年 9 月成立跨“部”、“会”的“钓鱼台案工作小组”后，确立 4 条工作原则，第一次明确提出“不与中共合作解决”的政策；民进党上台主政后沿袭了该政策，曾全文重申上述工作原则。[④] 2008 年台湾执政权再次轮替后，作为曾经的保钓积极人士马英九也表示在维护海洋主权上不会与中国大陆合作，这曾令外界较难理解。

那么，台湾当局声称不与中国大陆合作，是不与中国大陆的什么对象合作呢？从以前台湾当局的“中共”这一用语看，显然是指不与中国大陆方面合作。2008 年后在两岸关系大幅改善的背景下，马英九当局官员较少在公开正式场合使用可能被误解为带有贬义及敌意的“中共”一词。如 2012 年 4 月 26 日，前“陆委会主委”赖幸媛在台“立法院”针对钓鱼岛争端表示，“钓鱼台是中华民国固有领土”，对钓鱼岛的主权“我们不会与对岸共同或一起维护”——这里的“对岸”是仅指政府层面或者还包括民间，赖语焉不详。但从台“外交部”网“钓鱼台列屿之主权声明”中有关“我不与中国大陆合作或联手之原因”正式文告的内容上下文看，里面的“中国大陆”指政府层面。[⑤] 台当局“新闻局长”杨永明 2011 年 7 月 15 日在美国“全国新闻俱乐部”发表演说时，则明确使用“北京政府”一词，称“有关南海问题，台湾政府不会与北京政府咨商或合作”。[⑥] 由此可见，台湾当局称不与中国大陆合作维护海洋主权，主要是指不与政府层面合作。据媒体披

---

① 《思想者论坛：两岸海洋事务合作前景》，香港《中国评论》2012 年 10 月号，第 67 页。

② Jane's Defence Weekly，July 17，1993：32.

③ 冯梁、王维、周亦民：《两岸南海政策：历史分析与合作基础》，《世界经济与政治论坛》2010 年第 4 期。

④ 李明杰著：《台湾地区海洋问题研究》，中国社会科学出版社 2011 年版，第 216－217 页。

⑤ 《在钓鱼台列屿争端中我不与中国大陆合作或连手之原因》，见台“外交部”网。

⑥ 《南海问题杨永明称两岸不咨商合作》，香港中国评论新闻社 2011 年 7 月 17 日台北电。

露，2013 年 2 月 18 日马英九在国民党"国家发展研究院"举办的会议中再次表示两岸不能联手保钓时，仍用"中共"一词，这也可作为台湾当局将合作对象指向政府的一个辅证。① 但对于两岸民间联手维护海洋权利，台湾方面似未曾表示过反对意见。

（二）中国大陆官方立场分析

近年来中国大陆官方在正式场合多次表示两岸应共同维护国家海洋主权。如 2012 年 7 月 5 日，外交部发言人刘为民在例行记者会上表示："中方将继续采取必要措施坚决维护钓鱼岛主权，维护祖国的领土完整与主权是两岸同胞的共同意愿，也是双方的共同责任。"同年 9 月 24 日外交部发言人洪磊在记者会上表示："钓鱼岛及其附属岛屿是中国的固有领土。在民族大义面前，两岸同胞应齐心合力，以各自的方式，共同维护国家的主权和领土完整，共同维护民族的整体和根本利益。"2013 年 1 月 30 日国台办发言人杨毅在记者会上表示："维护钓鱼岛及其附属岛屿的领土主权是两岸同胞的共同责任。"3 月 27 日杨毅面对记者表示："不管是钓鱼岛也好，还是你讲的南海诸岛也好，两岸同胞都应当共同维护中华民族的整体的、根本的利益，在民族大义面前应该超越分歧、同心协力。"② 从这些资料可见，在两岸维护海洋主权的合作者的身份上，外交部和国台办正式口径都是"两岸同胞"。那么，"两岸同胞"仅指两岸人民，不包括两岸公权力机关呢，还是包括两岸公权力机关在内，两部（办）发言人都没有具体说明。当然，大陆官方有时也不用"两岸同胞"而仅用"两岸"或"海峡两岸"，如 2012 年 4 月 25 日国台办发言人范丽青在记者会上表示："中国对南海诸岛及其附近海域拥有无可争辩的主权，钓鱼岛及其附属岛屿是中国的固有领土，海峡两岸都有责任加以维护。"③ 这里的"海峡两岸"具体指什么对象仍然未清楚表明。此外，从目前笔者搜集的资料看，中国大陆官方在正式发言中，强调两岸应"共同维护"主权，或强调维护主权是两岸"共同责任"，或者表示两岸"都有责任"，但从未出现两岸"合作"或者"联手"的用语。

通过上述资料，可以大体得出如下结论：从合作（不合作）对象上看，

---

① 《马：钓岛主权不会让步，两岸不能联手保钓》，香港中国评论新闻社 2013 年 2 月 19 日台北电。

② 资料来自中华人民共和国外交部、国务院台湾事务办公室官网。

③ 国务院台湾事务办公室官网，2012 年 4 月 25 日。

台湾当局“不与大陆合作”主要指不与中国大陆官方合作，至于两岸民间是否应该或可以合作维权则未说明，但似乎并不反对；大陆官方主张两岸共同维权，在对象上指称“两岸同胞”，至于“同胞”是否包括两岸官方则未明示，不过依中文语义之一般理解似乎重点在民间而非官方。

二、台海两岸官方合作维护中国主权的政治与法理基础解析

然而，从国际法的角度看，维护主权主要应由政府（官方）来实行，单纯的民间活动较难在法律上用来主张领土主权。[①] 因此，如果两岸仅仅是在民间层次进行合作，共同维护中国海洋权利，其法律效果将大打折扣。那么，中国大陆官方是否可以明确表示“希望台湾当局与大陆方面共同维护海洋主权”呢？甚至是否可以进一步表示“两岸官方合作维护海洋主权”？从两岸关系上看，目前是困难的。这里主要涉及两岸合作的法理基础问题。有学者认为，两岸关系自2008年以后在“九二共识”的基础上取得巨大进展，那么，“九二共识”也同样“使两岸南海合作具备了政治前提”。[②] 台湾有媒体也认为两岸应将“九二共识”的“效益极大化”，以共同维护海洋主权。[③] 不过笔者认为，“九二共识”在处理东海、南海争端上面临两个困难：第一，“九二共识”仅是处理两岸之间而非涉外事务的共识；第二，“九二共识”仅是处理非政治的事务性业务的基础，而东海、南海争端则具高度的政治、军事性质。所以，以“九二共识”作为两岸处理涉外海洋争端的基础有困难。

那么，能否以“九二共识”的核心内容，即“一个中国”作为两岸合作维护海洋权利的共同基础？依目前国民党当局将“九二共识”作“一中各表”的态度分析，其在岛内对于“九二共识”的解释难以只提“一中”不提“各表”——而“一中各表”又是大陆方面不能认同的。就大陆方面立场而言，“九二共识”在两岸事务性商谈中可以不涉及“一个中国”的内涵，然而一旦涉及国际事务，大陆方面则不能不提及“一个中国”的内涵，

---

① 魏静芬著：《海洋法》，台北：五南图书出版股份有限公司2008年版，第353页。

② 冯梁、王维、周亦民：《两岸南海政策：历史分析与合作基础》，《世界经济与政治论坛》2010年第4期。

③ 《将“九二共识”的效益极大化》，台湾《新生报》2012年10月31日社论。

具体表述是“世界上只有一个中国，中华人民共和国政府是代表中国的唯一合法政府”。若加上“大陆和台湾同属一个中国”这一事实，那么从逻辑上一般可以理解为：台湾当局是中国的地方政府。对此台湾方面不少人表示不满意，认为大陆方面这是在“欺骗”台湾，因为邓小平等领导人说过“两岸平等协商……不提中央与地方谈判”，① 而且大陆方面在两岸关系上已经用“新三段论”（即，“世界上只是一个中国，大陆和台湾同属于一个中国，中国的领土主权不可分割”）取代“旧三段论”（即“世界上只是一个中国，中国的领土主权不可分割，中华人民共和国政府是代表中国的唯一合法政府”）了，而“新三段论”重点就是凸显两岸平等。然而，依现行国际法原则，一个主权国家只能有一个中央政府，为了避免国际上形成“两个中国”的印象，大陆方面也只能“内外有别”，在国际上强调“中华人民共和国政府是代表中国的唯一合法政府”。大陆学者黄嘉树甚至认为这是大陆方面“在未统一状态下对台湾行使主权的唯一体现”，“如果大陆不再这么做，无异于在国际领域‘自废武功’……等于全面颠覆当前国际上已经形成的‘一个中国’框架”。②

所以，尽管现在两岸在两岸之间都不提双方是“中央”与“地方”的关系，但根据两岸有关规定和政策，从法律逻辑上仍然是：从大陆的观点看，就国际场合而言，中国的中央政府在北京，台湾是中国的一个地方政权；反过来，从台湾的观点看，台北是中央政府，北京是地方政权。③ 那么，一个国家的地方地权可以宣示维护其所属“国家”的“主权”吗？现行国际法规约对此似未明确规定，主流国际法理论，如《奥本海国际法》则略有提及，但主要也是针对联邦制及加盟共和国形式进行讨论，对单一制国家形态则未涉及。④ 就国内法而言，《中华人民共和国宪法》规定涉及国家主权的外交及国防权利仅属于全国人民代表大会及其常务委员会、国家主

① 邓小平：《中国大陆和台湾和平统一的设想》，《邓小平文选》，北京：人民出版社 1993 年版，第 30 页。

② 黄嘉树：《和平发展阶段两岸处理政治关系的矛盾与难点》，载于《两岸关系的发展与创新会议论文集》，香港，2013 年 6 月。

③ 《中华人民共和国宪法》规定：“台湾是中华人民共和国的神圣领土的一部分。”2005 年《反分裂国家法》的提法为“台湾是中国的一部分”；台湾方面的“中华民国宪法”、“两岸人民关系条例”以及整套“中央政府机构”在台北，易使台湾当局“一个中华民国，两个地区”的政策从逻辑上被理解为“台北是中国的中央政府”。

④ 参见［英］詹宁斯·瓦茨修订：《奥本海国际法》，北京：中国大百科全书出版社 1995 年版，第 163－164 页。

席、国务院。地方政府仅有主要运用于接待、交流的外事权而非外交权。然而，一般理解，一国境内的组织和个人表示要维护国家的主权应该是允许的，地方政府应该也可以宣示国家主权，只要它不以“中央政府”的名义来宣示。

从法理上讲，两岸不能承认对方拥有主权，否则对方就不是地方地府而是又一个中央政府，两岸就成“两国”。这似乎好理解，为什么大陆方面在呼吁两岸共同维护中国海洋主权时，只提“同胞”而不提“当局”；反过来，马英九当局“不与大陆（政府）合作”的提法多少也反映了其“两岸互不承认主权”主张。① 总的看，两岸结构性政治难题（主要是两岸既同属一个国家，又都自认为是中央政府，这在现行国际法中难以找到双方都满意的解释）是两岸难以合作维护海洋主权的主要法理症结所在。例如，南海在地缘政治中战略地位十分重要，“谁控制了这里，谁就控制了海上运输的生命线，掌握了制海权，从而在争夺东南亚和亚太地区乃至世界事务主导权的斗争中取得主动地位。”② 不过，在谈及南海问题时，有大陆学者认为，“两岸共同维护南海主权，这实际上是‘中华民国’是否具有国际地位的问题”，“两岸合作维护南海主权，不仅对于处理问题没有帮助，还会引起两岸之间不必要的主权争议冲突。”③ 台湾有学者也认为“南海问题与两岸关系问题是两个在某种程度上存在一定对抗性因素的问题，将二者联系起来，需要谨慎评估、处理其中隐含和可能衍生的各种风险”。④ 然而，风险与效益往往挂钩，两岸官方在海洋领域的合作可能正是两岸开启政治对话乃至进行政治合作的一个着力点，也许可以“不要把东海与南海的合作视为是两岸政治关系必须先改善后的下一步，而将其视为两岸政治合作的先行者”。⑤ 也就是说，一般理解上，海峡两岸要先就彼此的政治关系达成“合

---

① 当前马英九当局对两岸法律关系的定位是两岸“互不承认主权，互不否认治权”。

② Gplin Mac Andrew and Chia Lin Sien，Southeast Asian Seas：Frontiers for Development，McGraw－Hill International Book Company，1981，P. 234.

③ 李秘：《两岸南海合作：性质、路径和空间》，载于上海市台湾研究会、上海市日本学会、上海国际战略问题研究会编：《两岸海洋合作前景研究会论文集》，上海，2013 年 6 月，第 102、103 页。

④ 台湾学者孙国祥观点，见《思想者论坛：两岸海洋事务合作前景》，香港《中国评论》2012 年 10 月号，第 73 页。

⑤ 台湾学者张亚中观点。他认为两岸可以“政治默契、民事互助、经济合作”方式开展海洋合作。见《思想者论坛：两岸海洋事务合作前景》，香港《中国评论》2012 年 10 月号，第 76 页。

情合理的安排”后,[①] 才有可能共同维护中国领土主权，但由于两岸政治关系要达到两岸双方都认为“合情合理的安排”具有高度困难性，所以，从某个角度看，也许两岸在官方合作共同维护中国海洋主权上能够摸索出一条新的路径，从而为何谓“合情合理的安排”提供某种参考。

三、对两岸官方合作维护中国海权的相关政治与法律思考

值得注意的是，马英九 2012 年 9 月提出要在钓鱼岛问题上“三组双边”对话，首度表示可与大陆方面（从其上下文内容看，主要指官方层面）进行协商。[②] 马当局此举有凸显台湾“国际法主体地位”的用意，但某种程度上也是对“两岸（官方）不合作”的首次突破，海内外一些媒体对此给予肯定。如香港《中国评论》在社论中表示：“马英九关于两岸可以就钓鱼岛问题展开对话的言论，是值得肯定和密切关注的重大政治讯息。”[③] 那么，两岸官方如何合作？近年来学者们就此发表不少论文，在建议方面却大多还是主张“民间先行”，也有部分学者提出要“由民入官”，便如何“由民入官”却较少具体论述。事实上，两岸民间海洋合作一直在开展，具有一定官方背景的“学术二轨对话”已经连续召开十余年，两岸公营企业海上合作也已多年。为在国际法意义上进一步增强两岸维权的法理效力，今后可以着重研究如下涉及两岸公权力机关合作的问题。

（一）“主权宣示”的困境与可能出路

主权宣示是维护主权的重要方式，两岸都宣示南海诸岛、钓鱼岛属于中国，客观上对其他声索国造成一种聚合压力。但理论上，为避免“两国论”，两岸又似应对对方的领土主权宣示进行否定。不过在实践上，这样做恐怕容易伤害两岸关系。所以有学者曾就钓鱼岛问题提出两岸应“互不否认对方的‘主权’主张”，因为这有助于两岸对日本的立场造成冲击、客观

① 中共十八大政治报告提出“希望双方共同努力，探讨国家尚未统一特殊情况下的两岸政治关系，作出合情合理安排”，胡锦涛：《坚定不移沿着中国特色社会主义道路前进为全面建成小康社会而奋斗》，《人民日报》2012 年 11 月 9 日。

② 《钓鱼台问题，台湾展现理性务实》，香港中国评论新闻社 2012 年 9 月 18 日台北电。

③ 见香港《中国评论》月刊 2012 年 10 月号社论：《坚持“一中论述”，共卫中华海疆》。

上形成两岸共同维护“祖权”的良好局面，在国际上昭示“一中”以及有助于增进两岸政治互信等。① 事实上，这些年当台湾当局宣称“中华民国对南海诸岛（或钓鱼台列屿）拥有无可争议的主权”时，大陆的确并未直接予以驳斥与否认，而是重申“维护中国领土完整与主权是两岸同胞的共同责任”，展示了较大的灵活性。不过，从主权角度观察，两岸关系存在“相互否认主权——互不承认主权——互不否认主权——相互承认主权”的由“一国”渐进到“两国”的光谱。可以说，“互不否认主权”比马英九提出的“互不承认主权”给对方提供了更大的主权空间。为防止两岸法理关系朝国家分裂方向（即“相互承认主权”）滑动，大陆方面是否有必要在内部单方面采取相应立法措施？例如可否专门出台相关规定，许可地方政府在一定条件下可以代表中央政府宣示主权？如果可行，今后台湾当局再单方面宣布维护“中国主权”时，大陆方面不进行批驳，从法理上就可以解释得通。另外据悉，马英九当局曾发布新闻稿称，由于大陆仍是“中华民国宪法上的领土，故对大陆当局宣称的钓鱼台列屿为中国固有领土的主张，自然不能表示异议”，② 但目前台湾法学界似乎尚未论证“地方政府”可以代表“中央政府”宣示“主权”，台湾当局也未从法律上做过相关许可。当然，这种内部出台相关法律许可的措施出台后，两岸如何既能合作宣示主权以对其他声索国形成合力优势，又不致产生“两个中国”的法理危机，需要两岸法学家认真研究。此外，台湾当局一直希望参与南海多边磋商机制，这也是其凸显“主权”的一个重要机会。对此大陆方面一直是“封杀”的，但也有大陆有学者提出“这又涉及台湾参与国际空间问题，需要大陆全盘考虑，不妨以更开放的姿态，在一个中国框架下让台湾合理参与南海争端的处理，共同维护两岸的利益或中华民族的利益”，③ 但两岸如何在涉及主权问题的国际多边机制中体现“一中框架”，需要两岸学者，特别是研究国际组织的学者仔细推敲。

（二）为今后可能的国际司法与仲裁程序做准备

实践上，大国在处理领土争端上一般不走国际司法途径，这不仅有

---

① 王伟男：《论两岸在钓鱼岛问题上的合作》，《台湾研究》2013 年第 1 期。

② 转引自倪永杰：《马英九东海、南海政策及两岸合作前景》，载于《两岸海洋合作前景研究会论文集》，上海，2013 年 6 月，第 71 页。

③ 王建民：《海峡两岸南海政策主张与合作问题探讨》，香港《中国评论》2012 年 8 月号。

“胜之不武，败则为笑”的心理矛盾，也有实力优势比司法裁决更易获取战略利益的考虑，[①] 中国大陆长期以来在处理东海、南海争端时也不主张走司法途径。然而面对日本长期实际占有钓鱼岛，这一问题久拖不决可能不利于中国，近年来有一些大陆学者主张中国应以国际司法途径解决东海争端。[②] 也有学者从国际法争端解决机制上考察，提出中国大陆可以考虑像韩国那样就《联合国海洋法公约》第 298 条发表声明，排除三类争端的管辖，以排除导致有拘束力裁判的强制程序的适用。[③] 笔者赞同这种提法，因为依目前国际争端解决机制的运作规则，中国在该机制中获胜可能性有，但风险也大。现在日本政府也宣称“尖阁群岛问题上不存在领土争议”，因此也不会主动挑起司法裁判。然而，不排除今后日本为避免事态严重恶化而主动选择国际司法途径，届时中国可能将无法回避司法解决，对此有学者预言钓鱼岛争端排除法律手段解决的时间是有限的。[④] 所以两岸现在要切实加强合作，为今后可能的国际司法程序预做准备。

两岸公权力机关可否考虑组成“共同专家组”，对这些指定研究人员开放所有有关档案，由专家组成员完成史料整理，并甄别真伪。特别是台湾“国史馆”拥有自 1930 年代以来丰富的对外交涉资料，这些资料在今后可能的国际司法裁决上将发挥重要作用，两岸可加强对这些资料的研究工作，然后在史学工作的基础上对这些资料进行国际法意义上的“证据处理”，依“无主地”、“有效占领”、“条约效力”等法律原则进行有利于中国的国际法论证。需要注意的是，对中国不利的证据，两岸学者也要正视，然后共同思考如何进行相对有利的论述。例如，日本有些学者和政府官员曾拿出一些所谓“史料”，声称中华人民共和国建立后，中国大陆有关报纸文章、出版的世界地图以及政府官方讲话都曾表示过“尖阁列岛”属于日本。日本方面拿这些似是而非的“论据”来指责中国违反国际法的“禁止反言”原则。对此，中国大陆可以依据相关国际法进行反驳。此外，可否考虑两岸在这些问题上合作，共同弱化争端对象国所谓“证据”的证明力。例如，两岸是

---

① 参见苏晓宏：《大国为什么不喜欢国际司法》，《法学》2003 年第 11 期。

② 参见姚莹：《解决中日东海争端的司法路径探析》，《当代法学》2011 年第 3 期；王玫黎、宋秋婵：《论新形势下钓鱼岛争端的解决策略——以法律手段为视角》，《西南政法大学学报》2011 年 8 月号；管建强：《论中日东海划界、领土争端解决的法律方法》，《学术界》2010 年第 5 期。

③ 吴慧：《国际海洋法争端解决机制对钓鱼岛争端的影响》，《国际关系学院学报》2007 年第 4 期。

④ 管建强：《和平解决东海划界争端方法之研究》，《法学》2008 年第 11 期。

否可在“外交承认对象”（有些“证据”是争端对象国与中华人民共和国未建交而与“中华民国”保持“外交”关系时出现的）上依据国际法相关法理进行反证？当然，这势必涉及中国的政府继承、“中华民国”的历史地位等敏感问题，为防止造成“两个中国”，防止出现的顾此失彼、顾外失内的窘境，两岸国际法学者需要进行慎重仔细的学理推论。

此外，日本宣称钓鱼岛主权归属与“琉球法律地位”密切相关，因为日本认为钓鱼岛属于琉球，而琉球属于日本。对此，中国大陆不予认可。但退一步讲，即便钓鱼岛主权归属与琉球有关，日本也未必能在法理上完全站得住脚。在此问题上，台湾当局可能比中国大陆具有更有利的论述条件，例如，1953 年 8 月美国决定将琉球北部之奄大岛交给日本时，台湾当局“外交部”于当年 11 月 24 日递文给美国驻台“大使馆”，表示“中国政府对于美国所作旧金山和约并未使琉球脱离日本主权之解释，不能同意……自 1372 年至 1879 年间，中国在琉球享有宗主权，此项权利仅因日本将琉球侵并始告中断……中国政府对琉球并无领土要求，亦无重建宗主权之任何意图，惟愿见琉球居民获得选择其自身前途之机会……中国政府对琉球问题的基本立场，坚持对于琉球的最后处置，有发言之权利与责任。”[①] 台湾“中央研究院”有学者也认为“中华民国根据开罗会议期间的讨论、对会议宣言与《波茨坦公告》的理解，至今仍主张‘琉球群岛之未来地位，应由主要同盟国予以决定’。”[②]“琉球地位”问题对日本拥有钓鱼岛的主张具有较大威慑力，但处理不好也可能会影响到中国新疆、西藏问题，两岸今后在这些问题上如何扬长避短进行合作有待进一步研究。再者，面对南海诸岛声索国可能越来越多的向国际法院提告，两岸在 9 段或 11 段的“断续线”、“历史性水域”与“历史性权利”上如何进一步进行法理整合，也是两岸维护中国海洋权利必须认真思考的问题。

对于一些重要的争端焦点，两岸也可以事先达成共识。例如，有学者指出，两岸“长期坚持与自然延伸概念有关的划界主张将会付出高昂的政治和经济代价”，[③] 那么，应该主张什么样的划界方法对中国最有利？对于这些问题，两岸学界不妨先进行沟通。另外，由于中国在东海、南海区域诸多

① 丘宏达著：《关于中国领土的国际法问题论集》，台北：商务印书馆 2004 年版，第 83 页。

② 林泉忠：《〈开罗宣言〉的现在进行式》，台湾《中国时报》2013 年 11 月 18 日。

③ 李令华：《关于最终解决东海划界的理论基础问题》，《中国海洋大学学报》（社会科学版）2008 年第 2 期。

争端中大多是其中当事一方，即便某一案件的国际司法裁判对中国有利，但其判决标准却可能对中国在另一争端中的权利争取不利，因此要特别注意其联动效应，以免影响中国的整体利益与长远发展，[①] 两岸对此也需要共策共力，相互配合，以最大限度维护中国海洋权利。

（三）台海两岸应加强地方行政执法上合作

两岸还应加强地方行政执法上的合作。事实上，这个问题还涉及一个两岸军力合作的问题。中国大陆高层曾说过，两岸统一后允许台湾保留自己的军队。但在统一前台湾当局是否具有“国防权”（哪怕这里的“国”是指整个中国）在法理上仍有可议之处，而维护海权最坚实的后盾与手段就是军事力量与行动。两岸若能在军事上进行合作，对争端对象国将是巨大的威慑。不过，据台湾有关政治人物透露，马英九当局在维护海洋主权上所谓“不与大陆合作”主要恰是指“不与大陆在军事上联手”。[②] 台湾当局采取这种政策，有其仍然视中国大陆为主要敌人，并在安全上严重依赖美国军事力量及美日安保体系的考虑。但历史上，台湾当局曾经在中国人民解放军的南沙、西沙保卫战中给予过默契式帮助。“战略思想在每个世纪，或在历史的每一时刻中，从经验本身之中吸取其灵感”，[③] 今后两岸可以进一步总结历史经验，继续军事战略上的默契，这事实上也有利于台湾自身的安全利益，因为倘若两岸能在东海、南海上达成某种“军事安全互信机制”，将使两岸关系进一步融洽，也将使一些海洋问题争端国更加顾忌对台湾采取挑衅动作。可以说，如何以行政执法的方式进行实质的战力合作，是需要两岸进一步探讨的一个问题。

值得欣慰的是，近年来两岸都各自在海洋维权上加重行政执法分量。就行政区划而言，东海、南海海域在两岸分别隶属福建、海南、高雄、宜兰等地方政府。由两岸行政部门尤其是地方行政部门进行海事行政合作，在法理上更易避开敏感的主权问题。当然，从法律角度看，两岸在海域管辖权冲

① 梁咏：《从国际法视角看中日东海大陆架划界争端》，《法学》2006 年第 8 期。

② 《思想者论坛：两岸能否在南海东海携手合作》，香港《中国评论》2012 年 11 月号，第 77 页。

③ Raymond Aron, The Evolution of Modern Strategic Thought in Problems of Modern Strategy, Studies in International Security, 14, New York: Published for the Institute for Strategic Studies by Praeger, 1970, P. 25.

突、领海基线划定等方面尚存在大量需要协调的地方,[①] 这需要两岸海洋主管部门乃至更高层进行商谈。在东海争端问题上，两岸也应该考虑如何进行行政执法合作，尤其是与两岸民生问题密切相关的护渔问题。总之，今后两岸可以考虑签订类似 ECFA（“两岸经济合作框架协议”）的 MCFA（“海洋合作框架协议”，Maritime Cooperation Framework Agreement)，以更有力地维护中国海洋权益。

应该说，目前两岸在合作维护海洋权利上存在一些法理难点，这些难点的存在，影响、削弱了两岸共同捍卫中国领土主权的力道，这需要两岸从维护中华民族整体利益的高度出发，进行相关政治对话，共同商议解决之策。当然，法理世界本质上是理想主义世界，在海洋维权上也不应过于夸大其作用，不过随着人类社会发展，“文明的进步可以被看做是从武力到外交、从外交到法律的运动”。[②] 善于利用法理工具，往往可以在争取道义支持以及获得实际利益上取得事半功倍的效果，这值得两岸中国人重视。

① 有关两岸海域管辖冲突协调问题，可参见吴慧、商韬：《两岸合作维护海洋权益研究》，载于周志怀主编《海峡两岸持续合作的动力与机制》，九州出版社 2012 年版，第 462－465 页。

② Louis Henkin, How Nations Behave: Law and Foreign Police (2nded), New York: Columbia University Press, 1979, P. 1.

海峡两岸资产追缴协助机制研究

——以《海峡两岸共同打击犯罪及司法互助协议》第9条为基础

南开大学法学院　高　通

随着两岸交往的快速增加和不断深入，当前海峡两岸跨境犯罪种类更加多元化，犯罪重点也从传统的严重暴力犯罪以及带有政治性的犯罪转向发展“黑色经济”。如大陆加入世界贸易组织以及两岸开放“三通”后，海峡两岸间的洗钱活动日益猖獗。据亚太防制洗钱组织（APG）2005年的调查，每年透过两岸地下通汇移转的现金高达700亿美元，超过台湾外汇存底2536亿美元的四分之一。① 此外，台湾地区伪造人民币的犯罪也十分严重，涉案金额十分巨大。2004年9月至2005年4月，台湾地区共查获伪造人民币案五起，其中每起案件的涉案金额都在1亿元以上。② 这些“黑色经济”为两岸跨境犯罪提供源源不断的资金支持，严重影响了两岸正常的经贸往来。但长期以来，两岸在打击经济犯罪等问题的合作上成果较少，这也增加了两岸协助资产追缴的难度。为打击两岸跨境犯罪的嚣张气焰，有观点提出两岸可以借鉴国际引渡惯例，在移交人犯时，将人犯所持有的财物，包括人犯非法犯罪所得、犯罪工具、犯罪财物等赃物一并移送。③ 但实践中，两岸协助追缴犯罪资产的进展仍然十分有限，主要停留在学术探讨层面。为彻底改变这一局面，两岸在《海峡两岸共同打击犯罪及司法互助协议》中明确

---

① 《两岸洗钱天堂每年地下通汇移转700亿美元》，载http://ido.3mt.com.cn/pc/200508/20050816132286.shtm，访问时间2011年5月6日。

② 这五起案件分别是台中昱翔印刷工厂案、台中美金及人民币伪造案、彰化仕宇印刷案、高雄伪造人民币地下工厂案和台南伪造人民币印刷工厂案。

③ 钟德勋：《两岸刑事司法互助与共同打击犯罪之研究》，台湾东华大学公共行政研究所2003年硕士学位论文，第230页。

规定了“罪移交”程序，双方同意“在不违反己方规定范围内，就犯罪所得移交或变价移交事宜给予协助”。随后，台湾“法务部”又发布《海峡两岸调查取证及罪移交作业要点》是为岛内进行协助的法律来源，其第6条规定“大陆地区主管部门依请求所移交或变价移交之犯罪所得，如未经台湾地区法院宣告没收，亦无从发还权利人而无留存之必要者，除大陆地区主管部门已通知无用返还者外，应返还之”。当前大陆地区尚未就两岸协助资产追缴问题发布相关规定，但随着双方在重大经济犯罪等领域合作的加强，两岸协助追缴资产问题必然会成为未来两岸刑事司法合作的新重点。

一、国际资产追缴制度考察

赃款赃物的追缴和移交是国际刑事司法合作的重要内容。早在1988年《联合国禁止非法贩运麻醉药品和精神药物公约》的“序言”中即已指出“意识到非法贩运可获得巨额利润和财富，从而使跨国犯罪集团能够渗透、污染和腐蚀各级政府机构、合法的商业和金融企业，以及社会各阶层，决心剥夺从事非法贩运者从其犯罪活动中得到的收益，从而消除其从事此类贩运活动的主要刺激要素”。近些年来国际社会普遍加大资产追缴的协助力度，资产追缴协助正逐渐成为刑事司法协助的“新中心”。① 如2000年《联合国打击跨国有组织犯罪公约》第12、13、14条对没收事宜及相关国际合作进行规定；2003年《联合国反腐败公约》进一步明确针对财物进行协助活动的必要性，指出“将腐败或其他非法所得资产转至国外给来源国造成了一些严重的甚至是灾难性的后果。它损害了外援，使现金储备耗竭，减少了税基，加剧了贫困，不利于竞争，并削弱了自由贸易。因此，所有公共政策，包括有关和平与安全、经济增长、教育、保健和环境方面的公共政策，都有可能受到严重影响。这些所谓‘贪官当政’的盗贼行径举目可见，窃取国家财富、腐败、贿赂、敲诈、有系统的劫掠和非法出售自然资源或文化财富以及把借自于国际机构的资金转作他用，仅为其中几例。在这些例子中，没收并返还所盗资产（通常由最高层公共人物执行）是许多国家所面临的一个紧迫任务。因此，任何政策，若能行之有效并具有震慑力，就必须超越国

① 黄风：《国际刑事司法合作的规则与实践》，北京大学出版社2008年版，第107页。

界，处理返还资产于受害国或其他当事方的问题”。[①]《联合国反腐败公约》对“资产的追回”进行专章规定，并在第 51 条申明返还资产是公约的一项“基本原则”，授权缔约国“在这方面相互提供最广泛的合作和协助”。对此有学者评论道，《联合国反腐败公约》最终决定把第 46 条第 3 款所列举的司法协助形式与第五章“资产的追回”挂起钩来，这向国际社会发出一个明确的法律信号：应当更多地从国际司法合作的角度看待第五章规定的各项追缴犯罪所得或收益的机制和措施。[②] 这实际上是将资产追缴相关措施作为国际刑事司法协助条款的补充，一些传统的协助形式也可以围绕资产追缴进行，开创了为追缴犯罪所得或收益而开展调查取证、冻结、扣押、没收等方面国际刑事司法合作的体系。此外，一些国家也通过了专门规范犯罪资产追缴的法律，如英国《2002 年犯罪收益追缴法》、澳大利亚《2002 年犯罪收益追缴法》等。

《联合国反腐败公约》等国际公约主要确立了两种资产追回方式，即“直接追回财产的措施”和“通过没收事宜的国际合作追回资产的机制”。首先，《联合国反腐败公约》第 53 条确立了三种“直接追回财产的措施”：一是通过民事诉讼程序返还，即“允许另一缔约国在本国法院提起民事诉讼，以确立对通过实施根据本公约确立的犯罪而获得财产的产权或者所有权”；二是通过支付补偿或损害赔偿返还，即“允许本国法院命令实施了根据本公约确立的犯罪的人向受到这种犯罪损害的另一缔约国支付补偿或者损害赔偿”；三是简易返还，即“允许本国法院或者主管机关在必须就没收作出决定时，承认另一缔约国对通过实施根据本公约确立的犯罪而获得的财产所主张的合法所有权”。其次，通过没收事宜的国际合作追回资产的机制。《联合国打击跨国有组织犯罪公约》和《联合国反腐败公约》都规定有“没收事宜的国际合作”条款，对没收请求“应当在本国法律制度的范围内尽最大可能”。依据法律途径不同，该机制主要包含两种方式：一是承认和执行外国的罚没裁决。如《联合国反腐败公约》第 54 条第 1 款规定：“为依照本公约第五十五条就通过或者涉及实施根据本公约确立的犯罪所获得的财产提供司法协助，各缔约国均应当根据其本国法律：（一）采取必要的措施，使其主管机关能够执行另一缔约国法院发出的没收令”；二是通过在财

---

① 《联合国反腐败公约实施立法指南》，第 229 页。

② 黄风：《国际刑事司法合作的规则与实践》，北京大学出版社 2008 年版，第 108－109 页。

产所在地国展开刑事或民事没收。《联合国反腐败公约》第54条第1款进一步规定“……（二）采取必要的措施，使拥有管辖权的主管机关能够通过对洗钱犯罪或者对可能发生在其管辖范围内的其他犯罪作出判决，或者通过本国法律授权的其他程序，下令没收这类外国来源的财产；（三）考虑采取必要的措施，以便在因为犯罪人死亡、潜逃或者缺席而无法对其起诉的情形或者其他有关情形下，能够不经过刑事定罪而没收这类财产”。对于被追缴和没收财产的处置问题，《联合国打击跨国有组织犯罪公约》第14条“没收的犯罪所得或财产的处置”和《联合国反腐败公约》第57条“资产的返还和处分”分别进行规定。总的来说，国际公约确立了返还加分享的处置被追缴财产的原则。首先，基于“如果不没收犯罪分子的犯罪所得并将其返还合适的当事人，则预防工作、对法治和刑事司法程序的信任、正当有效的治理、官员的廉政或正义感及对腐败做法不会带来好处所持的信念，都无从谈起”① 的认识，两公约原则上要求应当将没收的犯罪所得返还请求国或当事人。其次，为了鼓励各国积极参与有关的国际司法合作，充实或弥补合作各方的财力，两公约还确立了“被没收财产的分享机制”，即“根据本国法律或行政程序，经常地或逐渐地与其他缔约国分享这类犯罪所得或财产或变卖这类犯罪所得或财产所获款项”。②

协助追缴资产除在国际刑事司法合作获得广泛适用外，它也是区际刑事司法合作的重要形式。以中国大陆地区与香港、澳门地区间的协助追缴资产为例。随着跨境犯罪案件的大幅增加，大陆与港澳间追缴资产的协助活动越来越具有紧迫性。如在大陆央行的一份研究报告中指出，香港、澳门已经成为大陆贪官洗钱外逃的主要中转地区。③ 香港和澳门回归祖国之前，由于地缘上的特殊关系，广东的公安司法机关与港澳地区之间已经存在追缴犯罪所得方面的合作。但时至今日内地与港澳之间仍未签订全面的司法合作协议，三地间的协助追缴资产仍然主要以“个案协助”的形式进行。在“个案协助”模式下，协助资产追缴主要通过三种方式得到实现。一是通过提起民事诉讼的方式，即通过提起民事诉讼，确认对犯罪所得的资产的合法所有

---

① 《联合国反腐败公约实施立法指南》，第261页。

② 如《联合国打击跨国有组织犯罪公约》第14条第3款（b）项、《联合国反腐败公约》第57条第5款的规定等。

③ 央行反洗钱监测分析中心课题组：《我国腐败分子向境外转移资产的途径及监测方法研究》（参评精简本），第43页。

权，并申请他方司法机关执行该民事判决或裁定以追回资产；二是委托方式，即获得当事人的授权对相关资产进行处置，这是当前比较通行的追缴资产方式；[①] 三是劝导知情人自愿归还的方式，即办案机关一旦发现涉案赃款赃物存放在境外时，可以请求港澳廉署协助查明赃款赃物的存放地点，受托方在查明案情后可以设法找到知情人，并向其讲明该款项是案件嫌疑人使用非法手段所获得的赃款赃物，劝导知情人自愿归还。

二、两岸协助追缴资产机制的主要内容

《海峡两岸共同打击犯罪及司法互助协议》第 9 条规定："双方同意在不违反己方规定范围内，就犯罪所得移交或变价移交事宜给予协助。"依此，两岸协助追缴资产机制的主要内容有如下几个方面：

第一，追缴协助的主体和方式。首先，资产追缴协助的主体。依据《海峡两岸共同打击犯罪及司法互助协议》中的表述，两岸追缴资产的协助主体为两岸业务主管部门。台湾《海峡两岸调查取证及罪脏移交作业要点》将协助追缴资产工作交由台湾检察机关负责，检察官可以自行或指挥检察事务官、司法警察官或司法警察执行。大陆尚未就追缴协助相关主体进行明确规范，但依据《海峡两岸共同打击犯罪及司法互助协议》中确立的"联络人"制度，大陆负责追缴资产协助的主体应包括公安机关、检察机关和法院等业务主管机关。虽然台湾《海峡两岸调查取证及罪脏移交作业要点》明确台湾"法务部"作为协助联络人、检察机关作为追缴协助的主体，但对于这一主体能否顺利实现追缴资产协助，笔者仍持怀疑态度。依据现代诉讼法理论，只有法院才有定罪权，除法院之外的任何机关，尤其是行政机关与立法机关都不得行使司法裁判权。没收和追缴无论是在大陆还是在台湾，都是法定的刑罚方式，只有法院才有权作出没收或追缴的裁判。所以，在国际资产追缴协助中，除存在某些特殊犯罪中的犯罪嫌疑人在逃、失踪或死亡的情形时，追缴和没收的协助一般由法院来实施，检察机关并无权决定能否进行没收或追缴协助。那么，台湾《海峡两岸调查取证及罪脏移交作业要

---

① 如在温庆巍受贿境外追赃取证案中，温庆巍在香港银行开设保险箱和多个账户，并用部分赃款 100 余万元在澳门购置房产。为能够顺利地从香港地区追回赃款赃物，在香港廉政公署的支持协助下，并在取得温庆巍的授权后，由大陆办案人员依照香港法律和银行规定的程序进行处理，最终将温庆巍的全部赃款及时转回大陆。

点》将追缴资产协助工作迳行交由检察机关行使的做法，必然会带来检察机关是否有权行使该项协助的争论。综上，笔者认为两岸协助资产追缴宜交由法院负责，这既体现现代刑事诉讼基本精神，也符合两岸“法律”的规定。其次，资产追缴协助的方式。两岸业务主管部门依据《海峡两岸共同打击犯罪及司法互助协议》，透过大陆业务主管部门的联络人和台湾“法务部”进行联络和协助。两岸协助请求主要通过书面方式提出，特殊情况下可以通过电话、口头、传真、电子邮件等形式与对方直接联络，但应留存联系记录，并于结果通报书中叙明。除通过《海峡两岸共同打击犯罪及司法互助协议》通道外，受害人也可以通过提起民事诉讼或附带民事诉讼的方式来解决。该渠道主要是建立在海峡两岸相互认可执行民事裁决的基础之上的。最高人民法院先后出台《最高人民法院关于人民法院认可台湾地区有关法院民事判决的规定》和《最高人民法院关于认可台湾地区有关法院民事判决的补充规定》，明确大陆法院对台湾地区法院民事判决、民事裁定、调解书、支付令以及台湾地区仲裁机构裁决的认可程序；台湾“台湾地区与大陆地区人民关系条例”第 74 条规定：“在大陆地区作成之确定民事裁判、民事仲裁判断，不违背台湾地区公共秩序或善良风俗者，得声请法院裁定认可。前项经法院裁定认可之裁判或判断，以给付为内容者，得为执行名义。”

第二，追缴协助的对象。两岸协助追缴的对象是“犯罪所得”，这与国际公约中的表述是一致的。[①]《联合国反腐败公约》中将“犯罪所得”定义为“通过实施犯罪而直接或间接产生或者获得的任何财产”，其中“财产”系指“各种资产，不论是物质的还是非物质的、动产还是不动产、有形的还是无形的，以及证明对这种资产的产权或者权益的法律文件或法律文书”。除包括直接犯罪所得、价值与这种所得相当的财产以及犯罪的财产、设备或其他工具外，“犯罪所得”还包括如下三种形态：一是替代收益，即“犯罪所得已经部分或全部转变或转化为”的其他财产；二是混合收益，即“犯罪所得已经与从合法来源获得的财产相混合”。对这类财产，《联合国反腐败公约》规定“应当在不影响冻结权或者扣押权的情况下没收这类财产，

① 在《联合国打击跨国有组织犯罪公约》和《联合国反腐败公约》的英文版本中使用“proceeds of cirme”，对应的联合国正式中文版本中，将其翻译为“犯罪所得”。但“犯罪所得”在大陆和台湾的相关文献中表述并不太一样。

没收价值最高可以达到混合于其中的犯罪所得的估计价值”；三是利益收益，即“来自这类犯罪所得、来自这类犯罪所得转变或者转化而成的财产或者来自已经与这类犯罪所得相混合的财产的收入或者其他利益”。可见，联合国公约中对“犯罪所得”的界定是十分广泛的，只要来源于犯罪的任何财产都属于“犯罪所得”。大陆刑法学界对“犯罪所得”概念的认识并不如公约中规定的那么宽广，主要来源于《中华人民共和国刑法》第 64 条关于没收的规定和第 312 条规定的掩饰、隐瞒犯罪所得、犯罪所得收益罪的规定。当前一般认为，在赃物罪中犯罪所得及其产生的收益是指犯罪所得的物或者财产上利益及其产生的天然孳息和法定孳息，但只有物化的财产上利益才可以成为本罪的犯罪对象。[①] 台湾学者将“犯罪所得”区分“犯罪所生之物”与“犯罪所得之物”，犯罪所生之物是指因犯罪的结果所产生之物，如伪造货币行为所产生的伪币；犯罪所得之物是指因实施犯罪而取得之物，如因窃盗而窃得的财物、因犯罪行为而获得的报酬等。刑法实务上，“犯罪所得之物系指因犯罪直接所得之物”。[②] 综上可见，虽然“犯罪所得”在两岸有关规定和国际公约中的表述一致，但其内涵并不完全一致。

《海峡两岸共同打击犯罪及司法互助协议》中虽提出“犯罪所得”一词，但并未对其内涵进行规定，在适用中留下模糊空间。对此，许多观点都认为应依据国际公约中的规定对两岸移交“犯罪所得”进行解释，“犯罪所得”应当包括“直接或间接地通过犯罪而产生或获得的任何财物”。从打击犯罪角度来讲，应当依据“嫌犯财产”理论极力扩充犯罪所得的范围，[③] 将犯罪所得的任何价值增值，即使与犯罪无关，也应当没收。但从实践来看，当前不宜对“犯罪所得”做宽泛解释，仍宜将其限定为双方法律都认可的直接犯罪所得。财产权是一项非常紧要的权利，并且受到法律的特别保护，对被非法转移至境外的资产进行追缴涉及一些相当复杂的问题，如没收的依

---

① 参见杨金彪：《赃物罪中“犯罪所得”的含义》，载《社会科学》2008 年第 2 期。

② 林山田：《刑法通论（下册）》（增订九版），台湾大学法学院图书部 2006 年，第 445 - 446 页。

③ 如《联合国反腐败公约技术指南》指出，鉴于犯罪会尽快将主要犯罪所得出手，以阻止追查这些财产的调查努力，这项规定对于适用物品没收模式具有重大相关性，目的是避免与可能的善意第三人的冲突，并为调查和起诉活动提供便利。这项规定体现了价值没收模式背后的同一种理论：重要的是使罪犯不能通过不法手段致富。该规定遵循所谓“嫌犯财产”理论，根据该理论，嫌犯财产与“干净财产”发生交换后，后者变为嫌犯财产。尽管这可能引发关于善意接受的问题，但各国已经制订了要求，立法据此将“嫌疑”的不可撤销性放在第一位，无论重复转移、接收和转换了多少次。《联合国反腐败公约技术指南》，第 76 页。

据、程序等。即便是在《联合国反腐败公约》中，协助追缴资产问题也经历了比较长的讨论和斟酌过程。[①] 事实上，许多国际条约也都要求在开展追缴赃款赃物时要充分尊重被请求国的有关法律制度。这一规定在两岸各自的法律中也存在着，如《中华人民共和国和加拿大关于刑事司法协助的条约》第 17 条第 3 款规定“在法律允许的范围内，被请求方可以根据请求方的请求将上述赃款赃物移交给请求方”；台湾“驻美国台北经济文化代表处与美国在台协会间之刑事司法互助协定”第 17 条第 3 款也规定“犯罪所得或犯罪工具须依缔约上方所属领土内之法律规定予以处理。缔约之任何一方在其所属领土内之法律许可之范围，且认为适当时，得移转该财物、变卖所得之全部或部分予他方”。因此，笔者认为，两岸罪赃移交协助的“犯罪所得”仅指两岸都认可的直接犯罪所得，并不包括间接产生或获得的犯罪所得。

第三，追缴协助的限制条件。虽然《联合国反腐败公约》将协助资产追缴作为一项基本原则，并要求“各缔约国应在本国法律制度的范围内尽最大可能采取必要的措施，以便能够没收”，但《联合国反腐败公约》也要求追缴协助应当遵循被请求国的法律。海峡两岸移交犯罪所得制度亦是如此，也规定了一些限制性条件。如台湾《海峡两岸调查取证及罪脏移交作业要点》第 7 条规定：“‘法务部’接获大陆地区主管部门提出协助之请求时，认为有下列情形之一者，得不予协助并将该事由通知大陆地区主管部门：（一）请求内容不符合台湾地区法令规定。（二）请求书所述之事实，依台湾地区法律认为未涉嫌犯罪。但认有重大社会危害且经双方同意个案协助者，不在此限。（三）执行请求将有背于公共秩序或善良风俗。（四）执行请求将妨碍正在进行之侦查、起诉或审判程序。（五）有其他情事人有拒绝或暂缓提供协助之必要。”除上述情形外，台湾《海峡两岸调查取证及罪脏移交作业要点》第 12 条第 7 款第 1 项还规定台湾检察机关还应当就如下事项进行审查：“（1）请求书所述之犯罪事实，依台湾地区法律亦构成犯罪。(2) 请求移交或变价移交之犯罪所得未经台湾地区法院宣告没收。(3) 对犯罪所得，在台湾地区并无得主张权利之人，或经过主张权利之人同

---

① 如联合国反腐败公约特设委员会在审议“犯罪所得”时指出“特设委员会决定将重新审议本项，以确定为了对‘犯罪’一词加以限定是否有必要添加‘根据本公约确立的’一语”，虽然公约最终并未添加上述用语，但这的确反映了特设委员会专家在该问题上的担忧。《联合国反腐败公约修订草案》，第 5 页。

意。”从上述规定来看，台湾对追缴资产协助的审查，除双重犯罪、违背台湾地区法令、公共秩序等内容外，主要是对是否已被没收或存在权利主张人进行审查。值得注意的是此处之“主张权利之人”是否包括善意第三人。传统民法认为，盗赃物原则上不适用善意取得，但是近代以来为了保护交易安全，一些国家作出不同的规定。总体来看，犯罪所得能否适用善意取得当前主要存在三种立法模式：一是犯罪所得不适用善意取得的立法模式，如《德国民法典》第 935 条规定：“物从所有人处被盗、遗失或以其他方式丧失的，不发生以第 932 条至第 934 条为依据的所有权取得。在所有人只是间接占有人的情况下，物从占有人处丧失的，亦同。对于金钱或无记名证券以及公开拍卖方式出让的物，不适用上述规定。”① 二是肯定犯罪所得适用善意取得的立法模式，如澳大利亚《2002 年犯罪收益追缴法》第 330 条第 4 款规定了不属于犯罪所得或犯罪工具的情形，（a）项规定“如果犯罪收益或工具被第三人取得，该第三人为此付出了足够的对价并且不知晓该财产为犯罪所得或犯罪工具或不存在引起这种合理怀疑的情形”时，则该财产停止作为犯罪所得或犯罪工具。《联合国反腐败公约》也持该种观点，第 55 条第 9 款规定“不得对本条规定作损害善意第三人权利的解释”。三是犯罪所得例外适用善意取得的立法模式，德国、法国、日本和我国台湾地区的法律都规定犯罪所得一般不适用善意取得，但是有例外规定，符合特定条件才适用善意取得。如台湾地区“民法典”第 949 条第 1 款规定：“善意取得之动产如为盗赃或遗失物时，丧失动产之被害人或遗失人自被盗或遗失之时起二年内得向占有人请求回复其物。”第 950 条规定：“盗赃或遗失物，如占有人由拍卖或公开市场，或由贩卖与其同种类之物之商人，以善意买得者，非偿还其支出之价金，不得回复其物。”大陆地区《物权法》回避了犯罪所得能否适用善意取得，② 有关犯罪所得善意取得制度的司法解释和规章对该问题态度前后不一，有些规定对于赃物采取“一追到底”的态度，有些规

---

① 《德国民法典》（陈卫佐译），法律出版社 2004 年版，第 295 页。

② 对此，立法机关的解释是“对被盗、被抢的财物，所有权人主要通过司法机关依照刑法、刑事诉讼法、治安管理处罚法等有关法律规定追缴后退回”；“在追赃过程中，如何保护善意受让人的权益，维护交易安全和社会经济秩序，可以通过进一步完善有关法律规定解决，物权法对此可以不作规定。”胡康生：《中华人民共和国物权法释义》，法律出版社 2007 年版，第 244 页。

定又采取“无条件善意取得”的态度。[①] 对此，笔者认为，既然大陆地区有关犯罪所得适用善意取得较为混乱的规定，而台湾地区采取例外适用犯罪所得的模式，如果否定犯罪所得的善意取得的化，则明显违背两岸的相关法律制度。同时，为了避免两岸追缴资产协助在该问题上争论不休，两岸资产追缴协助原则上应当适用犯罪所得的善意取得原则，这也是与国际公约的基本精神相一致的。

第四，与追缴协助相关的辅助措施。一般来说，与追缴协助相关的辅助措施主要包括通知、调查和保全制度。首先，通知制度。资产追缴程序中应当为相关人员提供适当机会和时间提出抗辩或异议，以证明有关资产的合法性或主张自己的权利。而抗辩或异议的前提即为通知，相关业务部门在作出是否进行追缴协助时，应当向财产所有人以及与之有利害关系的人员发出书面通知，并向上述人员抄送相关文件和材料。其次，调查制度。为完成追缴协助，应当赋予相关业务部门一定的调查权，相关业务部门可以依据己方法律规定对相关人员采取讯问或其他调查措施。最后，保全措施。为了防止相关资产被转移和迅速有效地对可能属于犯罪所得的财产进行搜查、扣押，应当予以在资产追缴协助中适用相应的保全措施。如《联合国反腐败公约》第 31 条第 2 款规定“各缔约国应当采取必要的措施，辨认、追查、冻结或者扣押本条第一款所述任何物品，以便最终予以没收”，第 3 款规定“各缔约国应当根据本国法律采取必要的立法和其他措施，规范主管机关对本条第一款和第二款中所涉及的冻结、扣押或者没收的财产的管理”。

三、两岸协助追缴资产制度的完善

第一，建立相对独立的资产追缴程序。

如前所述，独立的没收和追缴程序主要是指没收和追缴独立于刑事定罪程序，不以刑事定罪为前提条件，甚至可以在尚未启动刑事诉讼程序的情况

---

① 如 1992 年 8 月最高人民法院研究室在《关于对诈骗后抵债的赃物能否判决追缴问题的电话答复》中指出：“赃款赃物的追缴并不限于犯罪分子本人，对犯罪分子转移、隐匿、抵债的，均应顺着赃款赃物的流向一追到底，即使享有债权的人善意取得的赃款，也应追缴。”但大陆地区 1996 年《最高人民法院关于审理诈骗案件具体应用法律的若干问题的解释》规定，行为人将诈骗财物已用于归还个人欠款、贷款或其他经济活动的，如果对方明知是诈骗财物而收取属恶意取得，应当一律予以追缴；如确属善意所得，则不再追缴。

下独立地为没收和追缴程序。一般来说，独立的财产没收程序主要有如下特点：一是对物不对人。传统的资产追缴程序一般依附于引渡制度而存在，因而有学者认为，“物的引渡”只有在“人的引渡”可行的情况下才可行，两者必须同时进行。[①] 但物的附带引渡带来诸多弊端，不利于国际追缴犯罪所得。1988 年《联合国禁止非法贩运麻醉药品和精神药物公约》将追缴毒贩收益规定为一项国际义务，美国为履行该项义务创设民事没收制度，后来该制度被扩展至洗钱犯罪以及与洗钱犯罪相关的其他上游犯罪。如美国司法部“资产没收与反洗钱处”的一位专家解释说“财物的所有主并不一定是干坏事的人，如果坏人利用某人的财物实施犯罪，我们就可以在民事上没收该财物，因为有关诉讼行为针对的是物（in rem）”。[②] 二是不以被告人定罪为前提。由于独立的资产追缴程序是一项只针对物，而不针对人的追缴制度，因此，它的实施可以独立于对有关人员的刑事追诉程序和追诉结果。如在美国的民事没收（civil forfeiture）制度中，只要证明有关的财物“构成、起源或者来自于直接或间接通过犯罪取得的收益”，即可对之实行扣押、冻结和没收，即使有关的犯罪嫌疑人、被告人或者其他关系人在逃、失踪、死亡或者被监禁在其他国家。三是适用民事诉讼的证据规则。独立的资产追缴程序不以刑事定罪为前提条件，在诉讼规则上主要适用民事诉讼规则，也不要求公诉机关完全承担关于犯罪收益的举证责任。如在关于民事没收的诉讼中，作为原告的美国政府应当证明：有关财产与犯罪之间存在着“实质性联系”；另一方面，如果任何人认为对有关财物享有权利或者认为民事没收的决定过分严厉，他则同样负有举证的责任。如果某人宣称自己是有关财物的“无辜所有主（innocent owner）”，有关的证明责任将由该人承担。[③] 独立的资产追缴程序能使追赃摆脱对定罪的依赖性，凸显追赃的独立性和重要性，有利于大幅提升追赃的及时性和有效性，对海峡两岸追缴资产作业大有裨益。此外，独立的资产追缴程序也较符合当前的两岸资产追缴机制。如前所述，台湾《海峡两岸调查取证及罪脏移交作业要点》将资产追缴协助的审查决定权交由台湾“法务部”和检察机关，但依据台湾地区相关法律没收只能由法院依法作出，检察机关并无权作出没收决定。如果确立独立的资产追缴程

① 张智辉：《国际刑法通论》，中国政法大学出版社 1999 年版，第 328 页。

② 黄风：《论对犯罪收益的民事没收》，载《法学家》2009 年第 4 期。

③ 黄风：《论对犯罪收益的民事没收》，载《法学家》2009 年第 4 期。

序，资产追缴决定应由相关主管部门来作出而并不必然要求法院作出，[①] 符合当前资产追缴机制的要求。

两岸法律中都存在一定的相对独立的资产追缴程序。首先，大陆地区相关法律中也规定有一些主管机关在未定罪情况下的没收程序，如《刑事诉讼法》第142条第3款规定："人民检察院决定不起诉的案件，应当同时对侦查中扣押、冻结的财物解除扣押、冻结。对被不起诉人需要给予行政处罚、行政处分或者需要没收其违法所得的，人民检察院应当提出检察意见，移送有关主管机关处理。有关主管机关应当将处理结果及时通知人民检察院。"[②] 其次，在台湾地区，台湾"刑法"第40条规定的"违禁物单独宣告没收"是一种相对独立的没收程序。在台湾，没收属于从刑的一种，原则上必须依附主刑的宣告而宣告，"但违禁物或其他不宜任令在外流通之物，因性质特殊，得不必附随主刑宣告，而且'免除其刑者，仍得专科没收'。故本法乃规定'没收，除有特别规定者外，于裁判时并宣告之'"。[③] 2002年台湾地区修订"刑事诉讼法"增订第259条之一明确规定相对独立的没收宣告程序，规定"检察官依第253条或第253条之一为不起诉或缓起诉之处分者，对供犯罪所用、供犯罪预备或因犯罪所得之物，以属于被告者为限，得单独声请法院宣告没收"。虽然大陆和台湾都存在一定程度的相对独立没收程序，但都与国外独立的民事没收程序存在重大区别：两岸相对独立的没收程序虽然不以定罪为前提条件，但仍附随于刑事诉讼程序，只是在刑事诉讼程序无法继续进行或出现法定中断事由时，对违禁物或违法所得等实施的一种没收程序，其本质上仍然要以刑事诉讼程序进行为存在前提；而国外独立的民事没收程序并不以刑事诉讼程序的开始为前提，只要"有合理怀疑"有关人员实施了某些犯罪，即可针对有关的财产实施扣押、冻结和没收。因此，结合两岸刑事司法实践，两岸不宜确立完全独立的资产追缴程序，宜采用相对独立的资产追缴程序，仅适用于已经启动刑事诉讼程序但在

---

① 如依据《美国法典》第18章第981条（b）款（1）项的规定，司法部长、财政部长或邮政部门都有权作出民事没收的决定。

② 当然，我国目前独立的没收程序缺乏体系化、系统化，而且适用范围也非常狭窄，无法解决当前所面临的复杂情况。因此，有学者建议借鉴外国的民事没收制度以及相关的成功经验，在大陆尽快建立针对犯罪所得或者违法行为所得的、独立的财产没收制度。参见黄风：《论对犯罪收益的民事没收》，载《法学家》2009年第4期；宋英辉、何挺：《区际追赃合作中的独立财产没收》，载《人民检察》2011年第6期。

③ 林山田：《刑法通论（下册）》（增订九版），台湾大学法学院图书部2006年，第446页。

法院定罪前犯罪嫌疑人或被告人死亡、逃跑或失踪的情形。确立相对独立的资产追缴程序后，海峡两岸可以据此进行追缴协助。两岸进行追缴资产协助时，可以参考《联合国反腐败公约》第 55 条第 1 款的规定：“在没收事宜的国际合作中，被请求国在收到对腐败犯罪拥有管辖权的请求国关于没收位于被请求国领域内的犯罪所得、财产、设备或者其他工具的请求后，可以由主管机关取得本国没收令后执行或者依据请求国法院发出的没收令予以执行。”

第二，确立两岸追缴资产的分享机制。

犯罪资产的分享指的是合作破案的国家或地区间分享经合作而没收的犯罪所得的制度。传统国际刑事司法合作中，犯罪所得是负责没收的缔约国专属财产的观点一直占主导地位。[①] 如《联合国打击跨国有组织犯罪公约》第 14 条第 1 款规定“缔约国依照本公约第 12 条或第 13 条第 1 款没收的犯罪所得或财产应由该缔约国根据本国法律和行政程序予以处置”。但为了鼓励各国积极打击某些国际犯罪，国际社会在实践中形成对被没收资产的分享机制。1988 年《联合国禁止非法贩运麻醉药品和精神药物公约》率先提出各缔约国应当“按照本国法律行政程序或专门缔结的双边或多变协定，定期地或逐案地与其他缔约国分享这类收益或财产或由变卖这类收益或财产所得的款项”。此后的该项公约中也大都包含有关于分享的类似条款，“资产分享”的做法后来也被一些国家扩展至普通刑事案件的司法合作中，用以解决有关的请求国返还被追缴的犯罪所得问题。《联合国反腐败公约》则在“资产分享”的基础上更前进一步，确立了所有权人的优先返还权。对于海峡两岸协助追缴资产的分享机制，《海峡两岸共同打击犯罪及司法互助协议》并未规定，台湾“法务部”颁布的《海峡两岸调查取证及罪赃移交作业要点》也未规定资产分享机制。大陆在对外司法合作实践中并不认可追缴资产分享机制，但在与外国签订的公约中并未反对这一分享机制，某些条约甚至包含了资产分享的相关内容。如《中华人民共和国和日本国关于刑事司法协助的条约》第 16 条第 2 款规定“被请求方如果因为根据第一款提供协助而保管犯罪所得或者犯罪工具，可以在本国法律允许的范围内并在其认为适当的条件下，将全部或者部分的犯罪所得或者犯罪工具，包括出售这些资产的所得，移交给请求方”。台湾不是国际法上的主体，无法对外签订

① 《联合国反腐败公约实施立法指南》，第 265 页。

国际条约，但从台湾既有的司法互助协定来看，台湾新近立法也承认了追缴资产的分享机制。台湾“驻美国台北经济文化代表处与美国在台协会间之刑事司法互助协定”第17条第3款规定：“犯罪所得或犯罪工具须依缔约双方所属领土内之法律规定予以处理。缔约之任何一方在其所属领土内之法律所许可之范围，且认为适当时，得移转该财物、变卖所得之全部或部分予他方。”① 既然追缴资产的分享机制都客观存在于两岸刑事司法合作实践中，那么随着未来两岸资产追缴合作的深化，两岸资产追缴协助中引入资产分享机制并不困难。

《联合国反腐败公约》将追缴资产的利益分享这一问题交由各缔约国自行解决，“在适当的情况下，缔约国还可以特别考虑就所没收财产的最后处分逐案订立协定或者可以共同接受的安排”。由于资产追缴的分享机制对两岸都是较为新鲜的事物，两岸也缺乏资产追缴分享的经验，因此，在建构两岸追缴资产的分享机制时，我们可以借鉴国际社会中较为成熟的做法。目前，美国是最擅长运用这一策略的国家，并通过一系列立法行动将有关的分享机制具体化。根据美国的有关法律和实践，与外国分享罚没的资产需要符合以下条件：第一，有关国家直接或者间接参加了依照美国法律开展的扣押、冻结或者没收犯罪所得的活动；第二，美国司法部长或者财政部长批准向有关外国移交分得的被追缴资产，并且上述移交资产的决定获得美国国务卿的准可；第三，美国与有关外国通过双边刑事司法协助协定或者有关的个案协定就分享达成协议。澳大利亚《2002年犯罪收益法》规定了与外国分享被罚没资产的两项条件：一是澳大利亚司法部长认为，有关外国在澳大利亚开展的资产追缴活动或者对有关违法行为的调查或追诉活动作出了“重要贡献”；二是与外国就资产追缴问题达成了协议。② 可见，美国和澳大利亚与外国分享追缴资产的条件主要有三项，一是司法部长或财政部长同意，

---

① 台湾与美国签订“驻美国台北经济文化代表处与美国在台协会间之刑事司法互助协定”时，台湾法律体系中并未有“追缴资产分享机制”。上述协定签订后，台湾“法务部”立即着手推定相关立法，并于2003年1月13日通过“洗钱防制法”第十二条之一（2009年“洗钱防制法”修订后为“新法”第15条），规定“依前条第一项没收之犯罪所得财物或财产上利益为现金或有价证券以外之财物者，得由‘法务部’拨交检察机关、警察机关或其他协助查缉洗钱犯罪之机关作公务上使用。外国政府、机构或国际组织依第十六条所签订之条约或协定或基于互惠原则协助我国执行没收犯罪所得财物或财产上利益者，‘法务部’得将该没收财产之全部或一部拨交外国政府、机构或国际组织”。

② 黄风：《国际刑事司法合作的规则与实践》，北京大学出版社2008年版，第169－177页。

二是该外国在资产追缴活动中作出重要贡献，三是与该外国就资产追缴问题达成协议。两岸分享追缴资产时，也可以借鉴上述做法，具体来说：一是一方在协助另一方进行资产追缴获得或对有关违法行为的调查或追诉等活动中作出重要贡献，即两岸间存在实质司法合作；二是追缴资产分享应当征得两岸相关主管部门的同意，如在台湾可以由“法务部拨交使用审议委员会”①，大陆可由相关主管机关进行审议；三是两岸就追缴资产的分享问题达成协议，可以是个案协议，也可以是双边有关资产追缴协助的合作协议。至于分享比例，应由两岸依据个案中协助的程度等具体协商。此外，追缴资产的分享不得损害被害人、财产合法所有人和善意第三人的权利。如《联合国反腐败公约》确立了对某些财产的优先返还权，并且“优先考虑将没收的财产返还请求缔约国、返还其原合法所有人或者赔偿犯罪被害人”。

第三，设立金融情报机构。资产追缴协助离不开金融机构间的合作，如《联合国打击跨国有组织犯罪公约》第7条规定了打击洗钱活动的措施，第4款要求“缔约国应努力为打击洗钱而发展和促进司法、执法和金融管理当局间的全球、区域、分区域和双边合作”。为促进各国金融机构间的信息共享，《联合国反腐败公约》第58条鼓励各国设立金融情报机构，负责“接受、分析和向主管机关转递可疑金融交易的报告”。自1990年以来，已有超过110个国家设立了金融情报机构。国际上的金融情报机构主要有如下几种模式：一是行政型模式。这种情报机构或者附设于监管/监督机关，例如中央银行或者财政部，或者作为独立行政机关。以一个行政机构作为金融机构和其他举报部门以及执法部门之间的“缓冲器”，各机关可以更容易地取得举报机构的合作，举报机构常常意识到它们与执法机构的直接制度化联系在客户心目中产生的不利影响。二是执法型模式。在某些缔约国，由于强调金融情报机构的执法方面，金融情报机构是被作为一个独立公共机构或者执法机构的一部分设立的。这被视为设立一个拥有适当执法权的机构的最容易的方式，不必在一个新的法律和行政框架内设计一个新实体。三是司法或检察

① 台湾为履行“驻美国台北经济文化代表处与美国在台协会间之刑事司法互助协定”，台湾“法务部”于2004年通过“洗钱犯罪没收财产管理拨交及使用办法”。依据该办法，台湾于“法务部”内部成立“拨交使用审议委员会”，负责审核拨交使用之案件。“洗钱犯罪没收财产管理拨交及使用办法”第6条第2款规定：“前项审议委员会置委员九人，其中一人为主任委员，有‘法务部’次长担任，其余委员，分别由‘最高法院检察署’、‘行政院海岸巡防署’、‘内政部警政署’、‘国防部军法司’、‘财政部关税总局’、‘法务部调查局’、‘台湾高等法院检察署’、‘法务部检察司’代表各一人担任，均为无给职。”

型模式。这种类型的金融情报机构一般设立在司法部门内部，并且最经常处于检察官管辖之下。在具有大陆法传统的缔约国，这种安排具有典型性，这些国家的检察官是司法机关成员，并有权管辖侦查机构。四是混合型模式，即上述几种模式的组合。如有些金融情报机构将行政型和执法型金融情报机构的特点相结合，而另一些则将海关机构的权力和警察的权力相结合。① 大陆地区的金融情报机构采用行政型模式，2004 年于中国人民银行内成立中国反洗钱监测分析中心，负责收集、分析、检测和提供反洗钱情报；台湾虽无法参加《联合国反腐败公约》，但主要由“法务部调查局”中的“洗钱防制中心”负责与各国金融情报机构联系。两岸资产追缴协助首先需要建立两岸金融情报共享机制，如《海峡两岸金融合作》第 2 条第 1 款规定：“双方同意为维护金融稳定，相互提供金融监督管理与货币管理资讯。对于可能影响金融机构健全经营或金融市场安定的重大事项，双方尽速提供。”至于信息共享机制的构建，可以利用现有框架下大陆地区的中国反洗钱检测分析中心与台湾的“法务部调查局洗钱防制中心”，两岸金融情报机构间就收集、分析、检测和提供犯罪资产情报进行合作。

① 《联合国反腐败公约技术指南》，第 173 - 176 页。

台日“投资协议”的法律特征与政治逻辑

厦门大学台湾研究院　季　烨

在台湾地区发展对外关系方面，长期以来，学界普遍关注其在参与非政府组织以及功能性政府间国际组织方面的诉求，对其所达成的双边经贸安排却着墨不多。这或许是因为，迄今为止台湾当局所缔结的双边经贸安排多属于“政治驱动型”，经济效用并不明显，象征色彩大于实质意义。然而，2011年台湾与日本透过各自民间团体正式签署的“亚东关系协会与财团法人交流协会有关投资自由化、促进及保护合作协议”（Arrangement Between Association of East Asian Relations and Interchange Association for the Liberalization，Promotion and Protection of Investment，简称台日“投资协议”），却是两岸签订《海峡两岸经济合作架构协议》（Cross - Strait Economic Cooperation Framework Agreement，ECFA）后，台湾与其主要贸易伙伴签署的第一个促进与保护投资的双边安排，[①] 其经济功能和法律特征均值得探究，本文拟就后者发表管见。

一、台日“投资协议”的背景与由来

现代意义上的双边投资条约（Bilateral Investment Treaty，BIT）肇始于传统的友好航海通商条约，后演变为与投资保险制度相衔接的双边投资保证协定。到了20世纪50年代后期，旨在促进和保护跨国投资并兼有实体性和程序性规定的双边投资协定开始成为双边投资条约最普遍的形式。1959年

---

① 杨珍妮：《台日“投资协议”不是日本的经济殖民协议》，http：//www. moea. gov. tw/TJI/main/news/News. aspx? kind = 1&menu _ id = 40&news _ id = 11，2012年8月15日访问。

11月，联邦德国与巴基斯坦两国政府签署了全球第一个BIT，启动了二战后世界经济重建进程的重要一环。[①] 时至今日，BIT被普遍认为是一个经济体吸引外来资本参与内部建设的重要法律机制和战略。也正因为如此，BIT的发展势头异常迅猛，截至2011年底，全球BIT的缔结总量已达2833项，约占现有各种国际投资协议的89.5%。[②] 针对BIT的繁盛，德国学者阿克塞尔·伯杰（Axel Berger）提出了“外国直接投资的全球治理体系”的概念，并主张BIT成了外国直接投资治理最重要的法律制度。[③]

台湾当局也曾力推双边投资保护战略，但实践效果不佳。自1952年与美国政府签署“关于保证美国投资制度换文”以来，台湾当局迄今以各种名义和身份与相关国家仅签署了29个双边投资保护安排。相比之下，大陆在改革开放以来短短的30多年中，就与128个国家商签BIT，缔约数量仅次于德国而位居世界第二。[④] 除了缔结数量有限，台湾地区签订的双边投资保护安排多集中于上个世纪90年代，在内容方面也仍然拘泥于投资保证这一早期形态，甚至还包括了与美国和马拉维政府签署的两个单边保证协议。此外，在谈判对象方面，台湾当局的谈判对象主要集中于极少数与其建立所谓“邦交”关系的国家。

台湾当局的双边投资保护实践之所以进展有限，其原因是多方面的。首先，就缔约意图而言，台湾当局似乎一开始就并未遵从BIT所固有的经济逻辑，而是借此机会扩大其所谓的“国际能见度”。一个鲜明的例证便是，台湾对外签订且生效的诸多双边投资保护安排系在其与所谓“邦交国”之间展开，在吸引外来资本方面的实际效果极为有限。同时，台湾当局的自我定位模糊也阻碍了其实践的发展。从行政机构到经济主管部门再到对外关系主管部门等，台湾对外双边投资保护安排的签订主体不一而足，反而进一步彰显了台湾当局将双边投资保护安排作为其“国际活动空间”有所扩大的政治点缀。最后，两岸关系的波动也成为制约台湾对外经贸安排发展的关键因

---

① 关于国际投资双边法制的形式变迁史简介，可参见陈安主编：《国际经济法学》（第四版），北京大学出版社2007年版，第363~365、369~373页。

② 参见UNCTAD，World Investment Report 2012：Towards a New Generation of Investment Policies，New York and Geneva：United Nations，2012，p. 84.

③ 参见［德］阿克塞尔·伯杰：《中国双边投资协定新纲领：实体内容、合理性及其对国际投资法创制的影响》，载于《国际经济法学刊》第16卷第4期，法律出版社2010年版，第72页。

④ 参见UNCTAD，World Investment Report 2010：Investing in a Low－Carbon Economy，New York and Geneva：United Nations，2010，p. 82.

素。在 2008 年之前台湾当局片面否认“九二共识”、挑衅“一中框架”并冲击两岸政治互信的背景下，台湾方面要通过对外缔结双边经贸安排更容易被视为颇富政治意味的企图，非但大陆并不乐见，台湾的经贸伙伴也心存顾虑。对此，位于布鲁塞尔的欧洲智库“欧洲国际政治经济中心”曾发布研究报告表示，台湾地区要对外商签自由贸易安排，首先要得到来自北京的“绿灯”，如果大陆认为这样的讨论有悖于“一个中国”政策，任何一个国家都不会跟台湾展开类似讨论。① 这种观察是符合实际的，例如，新加坡政府资政李光耀就曾表示，新加坡与台湾的关系，不能快过台湾与中国大陆的关系，这是新加坡的立场，一旦两岸关系改善，台新之间讨论签署自由贸易协定（Free Trade Agreement，FTA）将不成问题。②

但在 2008 年马英九担任台湾地区领导人之后，两岸关系因当局重新承认“九二共识”而进入和平发展的新时期。2010 年 6 月，两岸两会领导人在重庆签署 ECFA，从而为两岸经贸交流的制度化和规范化奠定了基础。借此东风，国台办主任王毅在 ECFA 签署仪式后的记者会上表示，只要两岸保持良性互动，不断增进互信，对于台湾与他国签订自由贸易协议，大陆会“合情合理对待，务实妥善处理”。商务部副部长姜增伟也公开表示，了解台湾参与国际活动，扩大国际交往的愿望，在不违反“九二共识”的前提下，两岸可找到切实的解决之道。这也是大陆官方首次正面响应台湾地区对外签署经贸安排的提议。③

大陆态度的转变也使得台湾当局与日本关于双边投资保护协议的商签工作逐渐明朗。据台湾经济主管部门透露，鉴于台日之间密切的经贸往来，④台湾长期以来积极推动与日本洽签双边投资保护协议，不过日方碍于政治因

---

① 参见 Iana Dreyer，Fredrik Erixon，Hosuk Lee - Makiyama，Razeen Sally，Beyond Geopolitics - The Case for a Free Trade Accord between Europe and Taiwan，ECIPE OCCASIONAL PAPER ? No. 3/2010，p. 5.

② 参见陈孔立：《走向和平发展的两岸关系》，九州出版社 2010 年版，第 74 页。

③ 参见唐家婕、章涛：《ECFA：一道前菜》，《新世纪》2010 年第 27 期。

④ 据台湾经济主管部门称，日本是台湾第二大贸易伙伴，也是其外资与技术的主要来源。2010 年台日贸易额近 700 亿美元；过去 50 年来，日本对台直接投资金额高达 165 亿美元；台湾对日本投资金额接近 16 亿美元。参见台湾“经济部”经贸谈判代表办公室：《对台日签署投资协议表示欢迎》（2011 年 9 月 22 日发布），http：//www. moea. gov. tw/TJI/main/news/News. aspx? kind = 1&menu _ id = 40&news _ id = 10，2012 年 8 月 15 日访问。

素，迟迟没有给予正面响应。但自 ECFA 签订以来，日方态度转趋正面。[①]该项谈判于 2010 年正式启动，经多次磋商，双方于 2011 年 7 月就文本草案达成初步共识，此后双方举行了多轮会谈推敲文字，并于 2011 年 9 月 15 日确认最终协议草案。9 月 22 日，台湾地区“亚东关系协会”（the Association of East Asian Relations）会长彭荣次与日本“财团法人交流协会”（the Interchange Association，简称“日本交流协会”）新任会长大桥光夫在台北正式签署《亚东关系协会与财团法人交流协会有关投资自由化、促进及保护合作协议》。

二、台日“投资协议”的非典型性法律特征

传统上，BIT 是国家之间缔结的，旨在保护和促进相互间跨国私人投资流动的法律文件。然而，台日“投资协议”在缔约主体、名称和内容等方面均与传统的投资条约呈现出较大差异。上述差异对于从法律角度正确把握台日“投资协议”的性质、科学看待台湾对外签订双边经贸安排的可行性及其实施机制等问题，具有重要意义。

（一）缔约主体

从台日“投资协议”的文本看，其主体一方是台湾地区的“亚东关系协会”，另一方则是“日本交流协会”，二者均属各自法律体制下的民间团体。之所以透过这样的渠道签署协议，这是因为，随着 1972 年 9 月 29 日日本国政府与中华人民共和国政府正式建交，日本与台湾当局不再维持所谓“外交”关系。但是，为因应维持两地在贸易、经济、技术、文化等方面的交流与合作，双方于当年 12 月分别成立了上述两个民间团体，并签署“互设驻外办事处协议书”，从而维持民间层面的经贸文化往来。[②]

---

① 参见《“行政院”院会通过〈亚东关系协会与财团法人交流协会有关投资自由化、促进与保护合作协议〉》，（台湾）《“行政院”焦点新闻》2011 年 9 月 29 日。但亦有消息报道，日本前首相安倍晋三则认为，日本有其既定政策的规划，台日签订投资保护协议和 ECFA 无关。参见黄筱筠：《绿转述安倍称：台日投资协议无关 ECFA》（中评社东京 10 月 6 日电），http：//www. zhgpl. com/doc/1018/5/8/6/101858618. html？coluid = 93&kindid = 2931&docid = 101858618，2012 年 8 月 14 日访问。

② 关于 1972 年起建立的台日之间民间层次的双边关系，参见何思慎、蔡家增主编：《“七二年体制”下台日关系的回顾与展望》，财团法人两岸交流远景基金会 2009 年版，第 6 ~ 7 页。

尽管台日“投资协议”是以双方民间团体的名义签署，但这并不影响台日双方理应承担的责任。一方面，从谈判的参与主体来看，台湾当局和日本政府的有关职能部门都实质性地参加了协议的谈判工作。具体而言，台湾方面的谈判由亚东关系协会牵头，谈判成员来自对外关系、内政、经济、交通、法律、教育、卫生、金融、农业、银行、文化建设、通讯传播、公共工程等主管部门；日本方面则由交流协会牵头，成员来自经济产业省、财务省、农林水产省、国土交通省和总务省。另一方面，无论是从国际法还是行政法理论上看，经法律授权而行使政府权力要素的实体，在特定情况下以受权的资格行事时，其行为应归于政府。① 台湾地区“行政程序法”第2条第3项也规定，受托行使公权力之个人或团体，于委托范围内，视为行政机关。据此，亚东关系协会经台湾内部法律授权而从事的签署协议的行为，应视为台湾当局的行为，且协议的履行责任亦应由台湾当局承担。

应予指出，虽然台湾是中国不可分割的一部分，但这并不必然妨碍台湾以合适的名义和身份参与条约实践。晚近的国际法实践表明，主权国家只是条约实践的主要而非唯一主体，非主权实体参与缔结国际条约并非罕见。② 这一主张亦可从香港在经济领域的条约实践得到佐证。③ 惟台湾与香港的不同点在于，香港特区在对外事务领域（包括经济、经济、贸易、金融、航运、通讯、旅游、文化、体育等领域）的自主权有1984年《中华人民共和国政府和大不列颠及北爱尔兰联合王国政府关于香港问题的联合声明》和1990年《中华人民共和国香港特别行政区基本法》的法律保障；④ 而鉴于海峡两岸关系尚未完全正常化的现状，台湾当局在对外事务中的自主权亦处于不稳定状态。

---

① 例如，国际法委员会于2001年8月10日通过《国家对国际不法行为的责任条款》第5条即作此规定。联合国大会注意到了这些条款，“提请各国政府加以注意”，并将其作为2001年12月12日第56/83号决议的附件。

② 参见李浩培著：《条约法概论》，法律出版社2003年版，第4～10页。

③ 关于香港对外自治权理论与实践的论述，参见ZENG Huaqun, Unprecedented International Status: Theoretic and Practical Aspects of the HKSAR's External Autonomy, The Journal of World Investment & Trade, Vol. 9, No. 3, 2008, pp. 275－297.

④ 《中英联合声明》第三条第（十）款规定：“香港特别行政区可以‘中国香港’的名义单独地同各国、各地区及有关国际组织保持和发展经济、文化关系，并签订有关协定。”《香港基本法》第一百五十一条规定：“香港特别行政区可在经济、贸易、金融、航运、通讯、旅游、文化、体育等领域以‘中国香港’的名义，单独地同世界各国、各地区及有关国际组织保持和发展关系，签订和履行有关协议。”

(二) 缔约名称

台日“投资协议”在岛内被称为“协议”，事实上，其作准的英文名称是“Arrangement”,[①] 似乎翻译为“安排”更为妥当。对此，向来对缔约名义颇为看重的台湾经济主管部门有关人员在签约后的记者会上解释道，之所以用“arrangement”而非国际常用的“agreement”（协议），只是为了照顾到双方既有的缔约习惯，因为双方过去签订的文件向来都使用前者。[②]

然而，事实并非如此简单。回顾 ECFA 的酝酿阶段，不难发现，之所以 ECFA 的签订一波三折，其主要障碍之一便在于名称的选择问题。针对起初拟议中的内地与台湾之间的“更紧密经贸安排”（closer economic partnership arrangement，CEPA），岛内主要反对力量即以“港澳化”、“矮化”为由表示强烈反对；[③] 即便后来台湾当局将其改称为“两岸综合性经济合作协议”（comprehensive economic cooperation agreement，CECA），亦因为其英文名称与 CEPA 相近而不被反对者所接受，以至于当局又将中文改为“两岸综合性经济合作协定”，试图强化其条约的属性，从而凸显所谓的台湾“主权”与“对等”。[④] 几经周折，才最终命名为“海峡两岸经济合作架构协议”（ECFA）。

从法律的角度看，名称的意义并不如岛内少数反对力量所想象得那么重要。1969 年《维也纳条约法公约》第 2 条第 1 款（甲）项规定：所谓“条约”，是指“国家间所缔结而以国际法为准之国际书面协定，不论其载于一项单独文书或两项以上相互有关之文书内，亦不论其特定名称如何”。李浩培教授进一步指出，上述规定只是意在说明该公约使用的“条约”这个名词所具有的意义，而非对条约的定义；事实上，条约的实践者不限于国家这

① 台日“投资协议”规定，协议以英文作成。据此，中文翻译文本仅供参考。

② 参见庄慧良：《台日签署投资协议进一步迈向自贸协议》（2011 年 9 月 23 日），http://www.zaobao.com/special/china/sino_jp/pages4/sino_jp110923.shtml，2012 年 8 月 15 日访问。

③ 参见《苏起：两岸将协商签署 CECA》（中评社台北 2009 年 2 月 14 日电），http://www.zhgpl.com/doc/1008/8/6/4/100886453.html? coluid=7&kindid=0&docid=100886453，2012 年 8 月 1 日访问。

④ 尽管台湾现行所谓“宪法”并未就“协定”一词有所解释，但根据“大法官会议”第 329 号解释，“宪法”所称之条约，系指台湾当局与其他国家或国家组织所缔结之国际书面协定，包括用条约或公约之名称，或用协定等名称，而其内容直接涉及“国家”重要事项，或人民之权利义务且具有法律上效力者而言。由此可见，“大法官会议”倾向于将“协定”理解为台湾当局和其他国家签订的“条约”。

一唯一主体，非国家实体亦具有条约实践的行为能力。此外，广义的条约还包括专约、公约、协定、议定书、文件、宣言、换文、临时协定、谅解备忘录、安排和联合公报在内。① 据此，笔者无意执着于台日“投资协议”中“arrangement”一词的翻译正确与否，但应予指出，既然在台日“投资协议”中可以使用“arrangement”（安排）一词作为文件的名称，而在两岸经济关系制度化的过程中却成为“矮化”台湾的标志，这一事实说明，岛内少数反对力量似乎并没有抱着开放的心态和专业的精神来对待两岸间的交流与合作，这种“为了反对而反对”的非理性主张也在一定程度上表明，两岸关系正常化与制度化的政治互信与社会基础仍有待进一步厚植。

（三）缔约内容

就全球范围内而言，自20世纪80年代，尤其是90年代以来，以双边投资条约为主体的国际投资法制出现了明显转向，即从以往以投资保护为中心目标的欧式协定向以投资自由化为主要目标的美式协定转型。较之于前者，美式协定的突出特点在于，它通过扩大受条约保护的投资与投资者的范围，将最惠国待遇和国民待遇标准从准入后阶段延伸适用至准入前阶段，通过列举“负面清单”的方式竭力扩大缔约方的开放领域和部门，并拓展禁止业绩要求的适用范围。② 由于这种高标准的投资自由化条款在很大程度上限制了东道国规制外资的权限，对东道国的市场开放度和行政能力都提出了较高的要求，因此，尽管在美国的竭力倡导下，包括加拿大、日本等少数发达国家采取了类似实践，但总体上，这种美式投资条约在国际社会仍属“非主流”。③

就台湾的实践而言，台湾当局目前与29个国家签有“投资保障协议”，却始终不曾与主要贸易伙伴国家签署类似的双边安排，而且，过去签署的协议也仅限于投资保障，未触及投资自由化。因此，台日“投资协议”系台湾与其主要贸易伙伴签署的第一个双边投资协议，也是第一个以投资自由化为主要目标的投资协议，以至于台湾经济主管部门负责人以“进步型、全

① 参见李浩培著：《条约法概论》，法律出版社2003年版，第1～10、21～28页。

② 参见陈安主编：《国际投资条约的新发展和中国双边投资条约的新实践》，复旦大学出版社2007年版，第20～21页。

③ 参见UNCTAD，Bilateral Investment Treaties 1995－2006：Trends in Investment Rulemaking，New York and Geneva：United Nations，2007，pp. 21－23.

盘性”对其表示高度肯定。[①] 具体而言，台日“投资协议”的自由化特征主要表现在以下三方面：

首先，在实体待遇方面，该协议以互惠方式授予缔约任一方投资者以国民待遇和最惠国待遇，并延伸适用于投资准入阶段。该协议第 3 条和第 4 条规定，任一方投资者及其投资在他方领域内之相关投资活动，应受到不低于他方投资者及其投资在同类情况下所受到的待遇，亦不低于任何其他国家或区域之投资者及其投资在同类情况下所受到之待遇。而根据第 2 条第 3 项的解释，“投资活动”不但包括投资的营运、管理、维护、使用、收益、出售或其他处分，还包括了投资的设立、收购和扩充。

其次，该协议引入了详尽的禁止业绩要求条款，极大限制了缔约方对投资者及其投资的管辖权。传统上，业绩要求是外资进入一经济体或享受特定优惠的前提，该经济体也借此机会对外资进行调控以便服务于其内部的经济社会发展目标。但自 20 世纪 80 年代以来，以美国为代表的发达国家以业绩要求措施扭曲跨国贸易和投资流动为由，竭力要求予以限制直至取消。此类主张在世界贸易组织（WTO）框架下也取得了部分进展，乌拉圭回合多边谈判达成的《与贸易有关的投资措施协定》便明确禁止使用当地成分要求、贸易平衡要求、外汇平衡要求和当地销售要求等四项投资措施。作为 WTO 成员，台湾当局也承担着上述义务。但是协议第 7 条进一步扩大了业绩要求的范围，将出口要求、当地原材料要求、国内销售、当地雇佣、技术转让、总部处所、高管聘任、当地研发要求等方面的限制也纳入禁止之列，从而大大地削减了缔约双方的投资壁垒，提升了投资自由化水平。

最后，在部门开放幅度方面，该协议通过采用“负面清单”的方式极大地拓展了投资准入的范围。与“肯定清单”相比，这种义务承担方式的特点在于，在协议中设定普遍适用的高水平的义务范围，仅允许缔约方通过谈判对其设定有限的例外，且将通过后续谈判逐渐消除这些例外。[②] 由于这种义务承担方式要求协议各方具备推进投资自由化的高度决心和勇气，能够应对高度的投资自由化可能引发的经济风险，具备对其限制贸易与投资的措

---

① 参见庄慧良：《台日签署投资协议进一步迈向自贸协议》（2011 年 9 月 23 日台北报道），http：//www. zaobao. com/special/china/sino _ jp/pages4/sino _ jp110923. shtml，2012 年 8 月 15 日访问。

② 参见 Scott Sinclair & Jim Grieshaber – Otto，Facing the Facts：A Guide to the GATS Debate，Ottawa：Canadian Centre for Policy Alternatives，2002. p. 12.

施进行识别和分类的充足行政能力，因此，实践中只有美国、加拿大等极少数发达国家在其 BIT 中采用了这种方式。尽管台湾行政机构基于其侨外投资条例的授权，[①] 在制定“侨外投资负面表列—禁止及限制侨外人投资业别项目”时已采用“负面清单”方式来界定侨外投资者允许投资的范围，[②] 但在其对外双边投资保护安排中采用类似实践还是第一次，即便就全球 BIT 实践而言也具有一定的超前性。

然而，与几乎所有 BIT 如出一辙，台日“投资协议”也并非一种毫无防线的高度自由化协议。一方面，协议采纳了大量的例外条款，包括一般例外［第 18 条第 1 款（a）至（c）项］、基本安全例外（第 18 条第 2 款）、金融服务审慎监管例外（第 20 条）、税收措施例外（第 22 条）、不降低健康、安全、环保与劳工标准条款（第 24 条）等，藉此为缔约方采取相关的经济调控与社会管理措施保留必要的政策空间；另一方面，协议还以行业为导向，通过引入关于“不符措施”的规定（第 8 条），放松核心实体待遇条款的约束强度。根据协议，国民待遇、最惠国待遇和禁止业绩要求条款不适用于协议附录 I 所列举的行业、子行业或活动及相关措施，但不得更具限制性。这些规定对于附录 I 所列举的不符措施具有“锁定并逐步回退”（stand still and roll back）的“棘轮效应”，从而逐步提升投资自由化的水平。同时，针对附录 II 所列举的特定行业、子行业或活动，缔约方还可以继续维持既有不符措施，甚至采取新措施或更具限制性的措施。换言之，附录 II 所列举的相关措施已经完全豁免于上述核心实体纪律之外，是对特定行业的特殊保护政策。

三、台日“投资协议”的法律与政治逻辑

尽管从表面上看，台日“投资协议”是一份典型的经济协议，但其背后所蕴藏的法律意义和政治逻辑却不可小觑。长期以来，台湾地区对外商签

---

① 例如，台湾地区“外国人投资条例”第 7 条规定，对“国家”安全、公共秩序、善良风俗或“国民”健康有不利影响之事业，以及法律禁止投资之事业，外国人禁止投资；投资人申请投资于法律或基于法律授权订定之命令而限制投资之事业，应取得目的事业主管机关之许可或同意。对于禁止及限制投资的业别，由“行政院”制定，并定期检讨。此外，台湾地区的“华侨回国投资条例”第 7 条也有类似规定。

② 参见 2010 年 12 月 21 日台湾地区行政机构发布的“院台经字第 0990066528 号令”。

经济协议的可行性问题一直存疑。对此，我国政府的立场一以贯之，即对台湾同外国开展民间性的经济往来不持异议，但反对任何国家与台湾商签具有主权意涵和官方性质的协议。① 从表面上看，台日“投资协议”的签署也同样遵循了上述逻辑。作为一份以经济合作议题为中心的法律文件，台日“投资协议”本身并不具有高度的政治含义。此外，台日“投资协议”在序言部分也开宗明义，双方缔结协议的法源依据是1972年12月26日签订的“亚东关系协会与财团法人交流协会互设驻外办事处协议书”，根据该协议书，双方的权能仅限于缔订或协助缔订双方之间贸易、投资、技术合作等事项方面的民间协定。② 因此，台日“投资协议”是透过台湾地区和日本双方各自的内部民间团体这一“白手套”机制谈判并达成一致，可理解为发展双方经济交往的一种民间法律安排，而非中国政府一再反对的台湾地区与外国之间的“官方协议”。

诚然，上述从协议外观入手的方法固然可以作为对台日“投资协议”法律属性的一条诠释路径，甚至不排除被台湾当局作为日后对外商签类似协议或安排的一种模式。然而，单纯依靠这种立足于外观主义的法律分析方法显然不足以解释台日“投资协议”的商签过程和运作机理。例如，作为台日“投资协议”的法源，“亚东关系协会与财团法人交流协会互设驻外办事处协议书”竟然在双方内部均无任何法律基础。③ 从谈判过程来看，台日“投资协议”由台湾当局和日本政府双方的主管部门工作人员直接参与磋商和谈判，只是在最后阶段由双方民间团体负责人完成签署行为。作为对台民间窗口，日本政府一直试图突出交流协会的民间性，但其成员却主要来自外务省和经济产业省（即原通商产业省）等政府部门，经费主要由日本政府以补助金的形式编列，其派驻人员和经费来源的政府背景十分引人注目。④ 又如，该协议针对潜在的投资争端设立了“投资者诉政府”争端解决机制，允许一方投资人向另一方有关主管机关提出书面请求咨商或谈判未果的情况下，经双方同意，将投资争端提交国际调解或仲裁，⑤ 有关主管机关可能被

① 参见国台办新闻发言人：《国台办新闻发布会辑录（2012－06－27）》，http：//www.gwytb.gov.cn/xwfbh/201206/t20120627_2764190.htm，2012年8月15日访问。

② 参见“亚东关系协会与财团法人交流协会互设驻外办事处协议书”第3条第1款及第7款。

③ 参见［日］浅野和生：《一九七二年体制下日台关系之再检讨》（何义麟译），载于《台湾国际研究季刊》第3卷第1期，第4页。

④ 参见巴殿君著：《冷战后日本对台湾政策研究》，九州出版社2010年版，第45页。

⑤ 参见台日“投资协议”第17条第4款。

仲裁庭判决承担金钱赔偿或将财产恢复原状的责任。[①] 可见，从责任承担的角度看，该协议项下的义务履行方和最终责任人都是有关当局的主管机关。

尽管如此，就笔者有限的关注范围来看，大陆有关方面并未对台日“投资协议”表达激烈的反对，而是采取了缄默的立场。在锱铢必较的对外关系场合，这种缄默无疑具有重要的政治象征乃至法律意蕴。在传统国际法的观念中，主权国家是唯一的条约主体。但随着国际法理论的更新和实践发展，非国家实体等派生国际法主体的有限国际法律人格逐渐得到承认。例如，著名华裔国际法学者郑斌教授便主张以“实体”（entity）的概念来重构国际法的主体理论。他认为，凡在国际法律体制中有能力（capacity）享有权利并承担义务的实体，便是国际法主体，而这种能力则是由该实体自身所处的法律体系所赋予的。[②] 本质上，这种法律体制是一种同意与承认机制，即国际法律人格可以在既有国际法人的同意下，以明示或默示的方式授予一个非国家实体。[③] 正是从这个意义上看，我们对台日“投资协议”的沉默或许可以被视为对台湾当局此次缔约能力的默示授权。这种授权的法律意义在于确认台日“投资协议”的合法性以及台湾当局在此协议项下责任承担的相对独立性。换言之，当日本投资者认为台湾当局的措施侵犯了其在台日“投资协议”项下的合法权益，即可在双方同意的情况下，以自身名义并以台湾当局为被申诉人，将投资争端提交国际调解或仲裁。

然而，这种授权缔约方式并不稳固。即便台湾地区的学者也承认，非国家实体只有在被允许成为条约主体的架构下，才能成为该条约所创造的国际法制度的主体，同时，这并不能使该实体自动获得在其他条约规范下的国际法主体地位。[④] 换言之，除非另有说明，这种基于原始国际法主体（国家）的授予而享有的缔约权利只具有个案效应。至于授权的缘由，则是一种复杂的政治决断，考虑的要素可以包括台湾当局对于一个中国原则的态度、两岸关系的稳固性、两岸政治互信的程度以及相关协议本身的重要性与紧迫性等。毫无疑问，台日“投资协议”的签署在上述因素上都展现出较为积极

---

① 参见台日“投资协议”第17条第8款。

② 参见 Bin Cheng, Introduction to Subjects of International Law, in Mohammed Bedjaou ed., International Law: Achievement and Prospects, Martinus Nijhoff Publishers, 1991, pp. 23–25.

③ Id., p. 36.

④ 参见高圣惕：《以“实体”作为国际海洋法条约规范主体的理论与实践：以台湾的条约实践为中心》，载陈纯一主编：《丘宏达教授赠书仪式暨第一届两岸国际法学论坛学术研讨会实录》，政治大学国际事务学院国际法学研究中心2010年版，第162～163页。

的一面。

四、余论

在两岸关系平稳的大背景下，台日“投资协议”在双方各自民间团体的运作下顺利签署，并成为台湾当局迄今为止与其重要经济伙伴签署的第一份关于投资保护与促进的双边安排。透析这份“投资协议”可以发现，该协议不但在实质内容上跳出了传统 BIT 以投资保护为中心的范式，而是沿袭美国、加拿大等发达国家的 BIT 实践，体现了投资促进的价值导向，而且，该协议在缔约主体和名称等形式方面也具有不同于传统 BIT 的非典型性。该协议在形式和内容方面的非典型性固然在一定程度上反映了台湾当局有限的法律地位，还体现了台湾当局试图扩大对日实质关系的法律策略。

此外，台湾当局从经济入手提升台日实质关系的企图也不会止步于这份“投资协议”。事实上，早在 2001 年秋季，台湾经济部门负责人就与日本经济产业大臣一致同意启动双边 FTA 的民间研究，并完成了“日台 FTA 民间研究中期报告”，其中明确提出应签订投资自由化等系列经济合作协定。台湾当局更于 2001 年将签订 FTA 作为提升对日关系的五大目标之一。由于中国的反对，日本方面的态度转趋消极，台湾当局也不得不将对日 FTA 战略调整为：先签署相互简化投资企业准入手续等方面的投资保护协定，之后进入经济合作协定，最后实现签署 FTA 的共同理想和目标。① 可见，台日“投资协议”绝非一份单纯的双边投资保护与促进安排，在台湾方面看来，它承载着迈向全面性双边 FTA 的长远期待，更具有提升对日关系、拓展所谓“国际空间”的政治意蕴，这也解释了中国政府在处理台湾对外签署“官方协定”方面态度审慎的原因。鉴于此，未来台湾方面意欲拓展其对外关系法律安排的空间，不但需提出更具说服力的法律依据，更应以实际行动展现维护两岸关系和平发展和巩固深化的诚意。唯有如此，台湾地区参与国际活动的空间方可随着两岸关系的行稳致远而得到合情合理合法的妥善安排。

---

① 参见巴殿君著：《冷战后日本对台湾政策研究》，九州出版社 2010 年版，第 106 ~ 107 页。

两岸在国际合作中的路径及制约性因素分析

上海交通大学　曹军强

基欧汉和约瑟夫·奈在《权利与相互依赖》一书中开篇即言“我们生活在一个相互依赖的世界中”。[①] 然而就相互依赖的动力而言，当代国际关系的相互依赖不只是一种学术的视角，它是近代以来席卷全球的市场经济和工业主义内在的逻辑的必然结果。相互依赖只是一个历史的过程，随着工业资本的扩散和商品经济在全球范围的伸张，过去那种地方的和民族的自给自足和闭关自守状态被各民族的相互依赖所代替了。[②] 在一个整体的而又相互联动的相互依赖体系中，各个国际行为体的内部决策和治理越来越受到外部的或者国际的因素制约，国家内部的许多经济社会问题越来越具有国际影响的痕迹。相互依赖的核心是制度与合作，在当代国际关系中，追求绝对获益成为自由主义的核心观念，也是相互依赖理论在新时期得以应用的关键所在。面对全球化的浪潮，大陆和台湾都不可避免的参与其中，两岸在国际竞合体系中处于不同的位置，在竞争中如何处理利益分配以及在面临共同问题的时候如何加强合作，这都需要从国际化的背景中寻找答案。[③]

---

① 基欧汉和约瑟夫·奈：《权利与相互依赖》（林茂辉译），中国人民公安大学出版社 1992 年版，第 1 页。

② 马克思：《共产党宣言》（第一卷）（中共中央马恩列斯编译局译），人民出版社 1972 年版，第 255 页。

③ Philip G. Cerny：“Globalization and the Changing Logic of Collective Action,” International Organization，Winter 1995，pp. 608 – 612.

一、合作与利益的概念界定

(一) 合作的含义

简单地说，合作就是行为者为了达到一定的目标而采取的行动，罗伯特·尼斯贝特在为《国际社会学百科全书》撰写“合作”的词条里，从社会学意义上把合作定义为“为了达到某种目的而采取的联合或者协调性的行为”，在合作中，存在着获取共同的利益或者报酬的希望。合作的可能是自愿的或者非自愿的，指令的或者非指令的，正式的或者非正式，但是不管怎么样，合作总是为达到特定的目标而做出的各种努力，合作的所有参与者都有自己现实的或者想象的利益。① 罗尔斯则从另一个意义上论述国际社会中的合作现象，合作有以下几个要素组成：（1）合作区别于单纯的社会性的协调活动。（2）合作有公认的规则和程序指导，那些在进行合作中的人认可这些规则和程序，并且认为他们恰当的调节着他们的行为。（3）合作包含着关于公平的理念，这些条件是每个参与者都有理由接受的，公平的合作条件规定了一种互惠的理念。②

罗尔斯对合作的看法，为我们理解国际合作提供了一个自由主义的思路，他对合作的理解包含着“善”、“正义”和“道德”的观念，具有强烈的规范色彩。首先，合作的演进与命令和强制性无关；其次，规则或者程序对合作的进步是重要的，最后，规则和程序的被认可，是合作合法性的基础，是合作得以进步的关键。

尼斯贝特与罗尔斯从不同的视角对合作的规范，让我们对国际合作有一个比较清晰的认知，一般来说，在国际关系中我们倾向于接受基欧汉关于国际合作的界定：当行为者通过政策协调，将自己的行为调整到与其他行为者的实际偏好和预期偏好相一致的时候，合作就会出现。或者合作可以用更加正式的形式概括为——作为政策协调过程的后果，当一个政府实际采取的政策也被他的同伴们视为是对他们自己的目标的认定时，政府之间的合作就有

① Ann Arbor：How to Manage Interdependence，The University of Michigan Press，1997，p. 11.

② 更准确地说，这与现实主义者对相互依赖与国际冲突的看法有关。

可能发生。①

基欧汉的这个概念与国内学者俞正梁关于国际合作的概念很相似。俞正梁指出国际关系行为体全面或者局部的协调、联合等行为，是一种相互适应，它是基于各行为主体在一定的领域和范围内利益或者目标的基本一致或者部分一致。② 分析国际合作的界定的意义在于我们通过概念的界定，厘清国际合作包括两个层面的内容：第一，它假设每个行为体的行为都是以一定的目标为指向的，尽管对于不同的行为体来说，各自的目标并不一定是相同的，但是他们的行为导向是一致的。第二，合作意味着行为主体可以获得收益和报酬，尽管对每一个主体来说，收益和报酬在种类和规模上并非一定相同，但重要的是合作对每一个行为体来说都有一定的收益。③

通过不同学者对国际合作的界定，可以得出以下几个方面的结论——

首先，两岸在国际社会中存在着合作的可能性，这个可能性基于利益或者目标的一致性或者部分一致性。大陆与台湾在国际社会中有诸多层面的利益交叠，除去政治主权意义之外的领域双方存在着极大的合作空间，不仅仅是经济利益上的，还有文化观念上的利益重叠。在推广中华文化向国际社会传播中，大陆与台湾在彼此利益的结合中某种程度上在践行着国际合作的秩序，在观念性制度的约束下实现儒学在国际传播中的广泛影响力，从而为两岸之间在国际软实力的合作中开辟一个新的方法和途径。

其次，国际合作的界定以利益为核心，在合作中不强调利益的绝对一致，而是强调在合作中的参与者都有一定的收益。那么什么是利益，利益的分类及利益的分配，利益与实力的关系在利益分配中的作用将是两岸在国际合作中面临的核心问题。

第三，国际合作需要双方的协调，两岸在参与国际合作中的制度性安排将是两岸参与国际合作的重要保证。随着 ECFA 的签署以及“两岸经济合作委员会”的运作，两岸在国际合作中的制度性建设取得重大进展。但是国际合作是全方位的合作，如何把经济领域的合作延伸到政治、文化、军事等领域是摆在两岸之间的一个迫切性与敏感性的话题。

最后，相互依赖在国际合作中关注绝对获益的阐述为大陆与台湾在国际

---

① Klaus Knorr：The Power of Nation：The Political Economy of International Relations，New York：Basic Books，1975，p. 208.

② 俞正梁：《当代国际关系学导论》，复旦大学出版社 1996 年版，第 117 页。

③ Ann Arbor：How to Manage Interdeperdence，The University of Michigan Press，1997，p. 17.

合作中调解矛盾与纠纷奠定了理论基础，强调利益产生于合作之中，在彼此的合作中各取所需，实现利益的最大化与最优化。

综上所述，国际合作概念的界定为两岸之间在国际合作中存在各种可能性提供了一个窗口，合作的目的在于追求利益，在相互依赖的国际体系中大陆与台湾是两个不尽相同的行为体，或者说台湾不具备国际法人的资格，在国际合作中如何保证自身利益的实现，在与大陆互动参与国际合作如何实现自身利益的最大化。国际合作的界定非常紧迫地引导出下一个议题，即什么是利益，利益如何分类，两岸之间在各种利益的交叠中如何实现彼此利益的最优。

（二）利益的界定

不管是现实主义关于国际合作的解释还是自由主义对国际合作的定义，核心点都是利益，在当代国际关系中合作也是为了谋求在力所能及的范围内的更大的利益。没有永恒的敌人，没有永恒的朋友，唯有永恒的利益。大陆与台湾在国际舞台上以合作者的面目出现很大程度上也是为了实现利益的最大化，两岸之间参与国际社会中的合作出发点与归宿点都是利益，抛开利益谈国际合作是画饼充饥，建在流沙上的楼阁，经不起时间的考验。

权力利益

根据卡普兰关于“利益是满足行为体的需要，有与行为体的需要相一致的对应性”的论断,① 在国际体系中，行为体需要什么，那么行为体追求的利益就是什么。如何满足行为体追求自身的利益，摩根索认为是权力，他认为“政治家是按照权力来规定利益的概念并进行思考和行动的”，他甚至认为，以权力界定利益的概念“对行为者来说提供了行动的合理原则，造成了惊人的外交政策上的连续性……无论动机、偏好以及理智和道德上的品质有何不同，政策的连续性始终和自身目标是一致的”。② 如果我们看到作为政治实体的所有行为体在追求权力时所界定的利益，我们就能对所有的行为体做出公正的评价。③ 基欧汉与约瑟夫·奈在他们合著的《权力与相互依

---

① 卡普兰:《国际政治的系统与过程》，威力出版社 1962 年版，第 151 页。

② 倪世雄选编:《当代美国国际关系理论流派文选》，学林出版社 1987 年版，第 40 页。

③ 倪世雄选编:《当代美国国际关系理论流派文选》，学林出版社 1987 年版，第 46 页。

赖》一书中说的也很明白，所谓权力，就是行为者迫使他人做他们不愿意的事的一种能力，权力也被看做是控制事情结果的能力。① 权力的这种性质规定了权力的行为者所获得的利益，是剥夺他人利益的结果，是以强制性为前提的，行为者的权力有多大，权力利益也就有多大，利益的大小是由实力决定的，权力利益包含政治、经济、军事等体现国家综合国力的诸多层面。卡特政府的国家安全顾问布热津斯基说过，"当需要在运用美国的实力和维护人权两者之间进行选择时，我认为居首位的应是实力，没有可靠的实力，我们就不能保护我们的利益，也不能促成更多的人道的目的"。权力也是一种利益，权力利益在国际舞台上表现为支配或者控制、影响其他行为体的能力，两岸在当代国际社会中可以通过有效的合作，获得整体权力利益的收益，在国际的博弈中实现 1 + 1 > 2 的效果。权力利益的界定可以为两岸在国际合作中，尤其是在处理非洲、太平洋岛国等国际问题上提供一个合作的理论依据，权力利益不仅仅是中国和平崛起的需要，也是大国崛起的保障。在国际合作中，权力利益是实现其他利益的重要后盾，没有权力利益的诉求，没有强大的支配力能力，在国际博弈中往往会依赖大国强权制定的"游戏规则"，在众多话语权的掩盖下利益被掩埋，从而丧失在国际社会中的地位与尊严。

道德利益

国际关系理论发展到今天，已经从赤裸裸的以实力为后盾上升为制度层面的解释，如前面我们分析没有权力利益的界定其他利益的诉求就没有强有力的保障，但是并不能排除其他的利益诉求在国际关系中的影响力。两岸在权力利益上的合作可以保证其他层面利益的实现，但是也要重视包括道德利益在内的利益的追求，道德利益运用于文化与话语权的构建，在软实力等层面实现行为体的利益。二战后道德利益曾一度被摩根索等人严厉批评，摩根索认为"政治现实主义认为，不能把一个特定的国家道义上的愿望同支配全人类的道德法则混为一谈"。他强调政治上思考与从道德上思考不同，认为国家利益不能从抽象的道德观念出发，他认为政治家和外交家在国际舞台上不能为所欲为一个重要的原因就是"道德禁令在我们这个时代在不同层

① 倪世雄选编：《当代美国国际关系理论流派文选》，学林出版社 1987 年版，第 201 页。

次上有着不同的效力，但是它只是辅助手段”。[①]

随着冷战的结束，世界格局“一超多强”，道德利益的追求很大程度上限制了美国霸权的扩张，随着亚洲一系列新兴国家的崛起，美国已经不能仅仅依靠实力来实现其全球霸权的目的。“人权高于主权”等论调在冷战结束后十年时间成为美国实现其国际利益的手段，虽然披着道德利益的外衣，但是不能否认在美国强力的宣传和推行下，道德利益即非军事或者说不完全是军事的行动成了实现国家利益的主要手段。大陆在崛起过程中不可避免的与美国的利益产生矛盾，而日本面对中国大陆的崛起也抱以怀疑的态度，在传统与非传统领域挑战大陆的利益。两岸在国际合作中追求道德利益的一致性，可以有效地遏制美日等国家的围堵与威胁，在国际社会营造一个有益于中国崛起的舆论环境。道德利益的核心是文化，大陆的和平崛起与台湾的“有台湾特色的中华文化”之间从某种程度上是一种呼应，中国大陆“和平崛起”建设“和谐世界”是基于当前的国际现实提出的符合大陆发展的外交路线，台湾与大陆同文，在道德利益的诉求上有很强的一致性，在追求道德利益的过程中大陆与台湾有较好的文化基础。

二、两岸在国际合作中的路径界定

前文我们分析两岸之间基于利益的追求存在着合作的可能性，在权力利益和道德利益的获取上两岸之间存在最大的公约数。国际合作是一个复杂的谈判和不断的博弈过程，这个谈判和博弈的过程，其目的在于如何使集体的行动代替个体的行动，使个体在集体行动下的收益大于单方面行动下的收益，最终达到国际社会合作中的利益最大化的目标。

（一）保证型合作路径

表 1　保证型国际合作路径

	B1	B2
A1	(4, 4)	(1, 3)
A2	(3, 1)	(2, 2)

① 摩根索：《国家间权力——为权力与和平而斗争》，诺普弗出版社 1985 年版，第 237 页。

在这种合作路径中，博弈的双方都不存在主导的战略，各自的战略随着合作的双方的战略而制定，但是双方存在着两种纳什战略均衡 A1B1 或者 A2B2。第一，只要在参与国际合作的行为体 B 选择第一种战略 B1，那么 A 就同样选择同样的战略 A1，而如果行为体 A 选择 A1，那么行为体 B 就选择 B1，这样的平衡结果就是 A1B1，行为体 A 和行为体 B 都能达到各自收益的最大收益 4，这是一种理想的帕累托最优状态。第二，另一种均衡结果是 A2B2，这个结果是行为体 A 和 B 同时选择第二种战略时，表面上行为体 A 的收益是 3，行为体 B 的收益是 1；反之行为体 A 的收益是 3，行为体 B 的收益是 1。但是由于双方在国际合作中的相互依赖，行为体 A 和行为体 B 在选择不同的战略时，它们的收益结果正好成为另一种均衡，而这种均衡却是最差的均衡，但是基于参双方都是理性的、追求利益最大化的，它们会按照利益的原则选择第一种战略，从而实现各自利益的最大化。

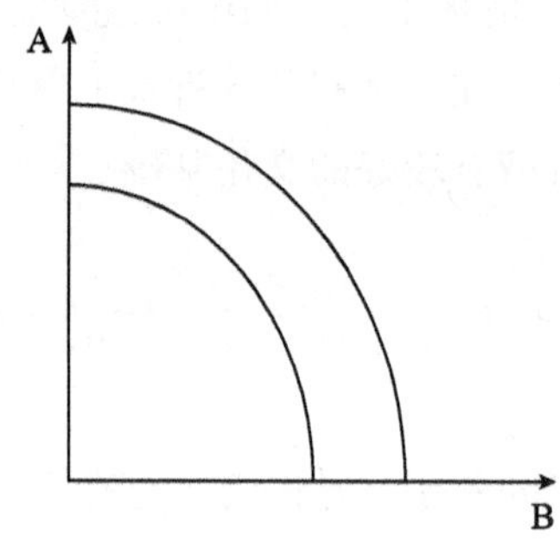

图 1　保证型合作路径的帕累托效用边界

保证型合作方法是一种合作性的博弈过程，它是具有两个纳什均衡的混合战略组成。[①] 但是存在着合作的共同利益并不意味着双方就一定能够合作成功，双方能否合作的关键取决于谈判的成效，取决于利益的分配是否与实力等因素成正向分布。在这种合作方式下，合作的双方沟通成为关键性因素，在保证型合作路径下行为者合作的障碍是彼此之间的信任与理想选择。

保证型合作是目前两岸之间在国际合作中存在的最有效的合作路径，合作的双方能够达成的制度也能够克服集体行动失败的问题。[②] 这种合作方式的实现不一定需要监督和迫使双方按照理想的战略行事。在这种合作模式下

---

① 所谓混合战略不存在稳定的被双方接受的战略，是一种动态的平衡战略。

② Todd Sandler：Collective Action：Theory and Applications，p. 42.

行为体需要实现的最大利益与集体需要达到的最大利益是一致性的，两者之间不存在背离的问题。这种模式面临的问题不是对行为体的在国际合作中的惩罚或者约束，而是如何通过信息的沟通和交流，使行为者在合作中能够认识到怎么样才能实现利益的最大化。

卢梭在《论人类不平等的起源和基础》说，当大家在捕一只鹿的时候，每个人都知道自己应该遵守自己的岗位，但是如果有一只兔子从其中一个人眼前经过，这个人会毫不犹豫地去追捕这只兔子；当他捕到了兔子以后，他的同伴因此没有捕到其他猎物，他也不会太过在意，这是无需怀疑的。①

在捕鹿游戏中每个人都面临四个偏好序列。第一，都合作；第二，采取不合作态度，个人收益最大；第三，所有人都去捕捉兔子；第四，坚守岗位。这四个偏好序列中，第一种偏好是最优策略，捕到鹿之后每个人都可以饱餐一顿。

2008 年 8 月，中国国家海洋局副局长陈连增在“海峡两岸第七届海洋科学研讨会”上，就呼吁两岸应加强海洋事务合作以维护共同利益。2010 年 3 月，中国国家海洋局国际合作司副司长陈越也表示，钓鱼岛和南沙群岛是两岸有共同点的议题，维护海域、岛礁的主权和管辖权是非常重要的问题，两岸应该共同合作。台湾方面也表达出希望两岸在国际社会合作的愿望。2010 年 10 月，台“陆委会”发言人刘德勋在例行记者会上表示，“两岸如果能在国际空间上有更好的合作，相信更能发挥两岸在国际上的影响力，两岸在国际上的合作，也是两岸互利双赢、良性互动的方向”，希望“在这方面能够有很好的发展”。

相较于“捕鹿游戏”，两岸在国际合作中在利益一致的前提下往往能够采取合作策略。华尔兹在《人、国家与战争》一书中说：“理智可能已经告诉双方，彼此的长远利益要依靠建立起这样的信念：合作的行为将使合作的双方受益。”②

范青丽在国台办两岸共同保钓记者会上表示，钓鱼岛及其附属岛屿自古以来就是中国的固有领土，两岸同胞对这一事实有着共同认知和主张，对日

① 雅克·卢梭：《论人类不平等的起源和基础》（李常山译），商务印书馆 1962 年版，第 114－115 页。

② 肯尼斯·华尔兹：《人、国家与战争》（倪世雄译），上海译文出版社 1991 年版，第 144－145 页。

本近期策动的“购岛”闹剧同感愤慨，坚决反对，绝不接受。两岸同胞是一家人，“兄弟阋于墙，外御其侮”。维护钓鱼岛及其附属岛屿的主权，维护中华民族整体利益，是两岸同胞义不容辞的共同责任。两岸各自采取的维护中华民族整体利益的举措都会得到全体中华儿女的坚决支持。

因此，两岸在国际合作尤其是相关功能性合作层面，在理性主义的范畴内，在利益攸关的领域能够达成广泛的共识，并采取合作一致的策略，共同参与国际社会的竞合游戏。

（二）协调型合作路径

第二种国际合作方式为协调性合作，在这种合作状态下，也存在两个纳什战略均衡，因此这种合作的模式也是一种混合的战略合作。与前一种合作方式不同的是，协调性合作的两个纳什均衡都是帕累托最优。

表2 协调性合作路径

	B1	B2
A1	（4，3）	（1，2）
A2	（2，1）	（3，4）

在协调性合作中，当行为体A采取第一种战略时，它的收益要么是4要么是1，当其采取第二种战略时，其收益或者是2或者是3，从收益排序看，第一种战略的潜在收益大于第二种战略的潜在收益。对行为体B来说，它的收益得失与行为体A是一样的，但是它采取第二种战略的收益要优于第一种战略的收益。因此，在这种国际合作模式下，对行为体A和B来说，面临的战略选择要么采取第一种战略要么采取第二种战略，绝对不要在对方采取第一种战略时自己选择第二种战略，或者对方采取第二种战略时自己采取第一种战略。因此，在这种合作路径下，没有主导型的战略，但是它存在两个纳什均衡结果，任何一方的偏好都支持一个平衡结果而不愿意接受另一个偏好结果，因此双方合作的关键在于双方的协调，如何在退让与进取之间寻找利益的平衡点。

在这种合作路径下合作的双方都不能背叛或者欺骗，从而影响最终的获益。与前一种合作路径一样，协调性合作存在两个最优的结果，问题在于如何协调两种均衡的结果，以达成共同的收益。在这种合作模式下，关键问题

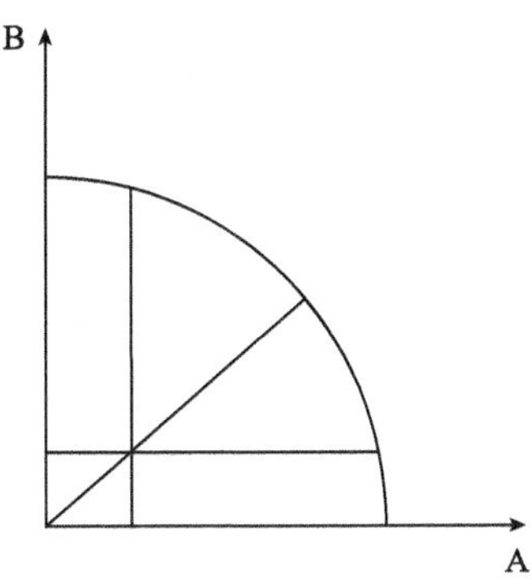

图2 协调型合作路径下的帕累托效用边界

不是时间问题，[①] 而是如何决定那一种平衡能够占优的问题，[②] 即一种对最终收益如何分配的问题，只要合作双方的偏好是相同的（有共同的利益诉求），那么合作的双方对结果就不会有太大的争议，重要的是合作的双方到底要达成哪种纳什均衡。由此看来，协调型合作具有重要的分配性含义，正如克拉斯纳所说“协调性合作最主要的意义是分配性含义，分配性问题有时候会使合作性的解决方案难以达成”，虽然合作双方都认为有协议总是比没有协议好，但是在具体的采取什么样的协议上会存在争端。[③] 一方面，在协调中双方又面临着相对收益问题，即对任何一方来说，获益到底是3还是4。如果合作的双方关注的主题是绝对的获益，那么在合作的时间点上，双方总是会达成合作的可能性，因此，协调是这种合作能够成功的关键所在。

在协调合作中，公共利益的实现需要集体的行动，而决定采取哪一种分配结果，权力的因素是成败的关键。如果行为体A的实力相对强大的话，那么协调的结果可能是A1B1，A的收益是4而B的收益是3；反之亦然。协调性合作有时候也需要制度性作为保证，但是这种保证力量并不意味着强权。此外协作型合作与劝说型合作在国际合作中也是比较常见的合作路径，但是它要求主权国家意义上的合作与大陆和台湾的现实状况有所出入。

一对夫妻要结伴逛街，但是他们的目的并不相同，男的想去看球赛，女的希望逛商店。如果男的陪女的逛商店，那么他的希望就可能无法达成；如

① Lisa L Maritin：“The Rational State Choice of Multilaterlism,” p. 96.

② Lisa L Maritin：“The Rational State Choice of Multilaterlism,” p. 101.

③ Stephen D. Krasener：“Global Communicationa and National Power,” World Politics，Vol. 43，April 1991，p. 339.

果女的陪男的看球赛，则女的预期也无法实现。初看上去，两者似乎无法达成符合双方意愿的共识，但深究之后我们发现，两者结伴逛街的前提是“希望在一起”，与看球赛或者逛商店相比，在一起并参加一项快乐的活动是一种更高的偏好，也是相较于看球赛或者逛商店更没有争议的选项。为了这个偏好，夫妻双方往往能够自愿地在活动安排上做出妥协。①

协调型合作路径的主导战略不是背叛或者欺骗，因为背叛和欺骗带来的收益对双方来说都不是最优的，与保证型合作路径一样，协调型合作路径的关键在于如何调整两种均衡结果，以达成共同收益的目的。

因此，协调型合作路径具有重要的分配性含义，正如克拉斯纳所说：“协调型合作路径具有主要的分配性含义，分配性问题有时候会让合作性的解决方案难以达成，尽管合作的双方都认为有协议比没有协议好，但是在采取什么样的协议问题上会存在争端。”② 因此，共同规避一些问题对合作的双方而言都是必要的也是重要的。

具体而言，两岸在国际合作中应循序渐进，先易后难。首先，领土与领海权益。在不造成“两个中国”或“一中一台”的前提下，在“一中”框架内对于在领土、领海等主权议题方面进行合作。两岸应从中华民族的根本利益出发，共同保护中国的领土与主权完整。2010 年 8 月，第一份由两岸南海问题专家合作撰写的《2010 年度南海地区形势评估报告》出炉，两岸的南海合作已经有所行动。

其次，海外华人华侨的合法利益。无论中国大陆还是台湾，都有越来越多的公民前往世界各地从事各种活动，各类企业从事经济活动，以及驻外机构和组织从事相关的活动。这些在海外的公民和组织都会面临各种风险与威胁，如地区冲突与恐怖活动构成的威胁，由于经济利益出现矛盾而产生的伤害事件，带有种族歧视与排华性质的民事伤害事件，针对两岸中国人的非法行政事件，非法移民伤害事件，两岸留学生心理疾病而导致的恶性伤害事件，不可抗力的意外事故等导致的伤害等。两岸在这些方面都应该构建合作机制，进行充分的互助与合作，以确保两岸人民的人身财产安全。③

---

① 丹尼尔·布罗姆利：《经济利益与经济制度 - 公共政策的理论基础》（陈郁等译），上海三联书店和上海人民出版社 1996 年版，第 108 页。

② Stephen D. Krasener：“Global Communicationa and National Power,” World Politics，Vol. 43，April 1991，p. 339.

③ 孙云：《新形势下两岸在国际社会的合作析论》，厦门大学学报哲学版 2012 年 02 期。

再次，海外经济利益。根据商务部公布的《2009 年度中国对外直接投资统计公报》显示，截至 2009 年底，中国 12000 家境内投资者在国（境）外设立对外直接投资企业 1.3 万家，分布在全球 177 个国家和地区。截至 2009 年底，中国大陆对外直接投资存量已达 2457.5 亿美元，境外企业资产总额超过 1 万亿美元。从台湾的情况看，台湾是一个对外联系密切的经济体。据统计，从 1959 年到 2005 年，台湾对中国大陆以外地区投资合计 11023 件，总额为 445 亿多美元。两岸在海外投资领域面临各种压力和挑战，对海外投资与海外贸易的协调合作对两岸而言都具有重要的意义。

最后，海外能源开发。2008 年 12 月 26 日，中国海洋石油总公司（中海油）与台湾中油股份有限公司（台湾“中油”）在北京签署四项协议，双方将携手进行海外勘探开发。其中《肯尼亚 9 号区块部分权益转让协议》则规定，中海油下属非洲有限公司 CNOOC AFRICA LTD.，将肯尼亚 9 号区块 30% 的工作权益转让给台湾”中油“股份公司下属公司 OPIC CHAD CORPORATION。另外三项协议是《合作意向书》、《台南盆地和潮汕凹陷部分海域合同区石油合同修改协议》、《乌丘屿凹陷（南日岛盆地）协议区联合研究协议》。这次的能源合作首先是一个“搁置争议”的结果。中国海洋石油总公司与台湾的“中国石油股份有限公司”都是“中”字头的公司。依以往之例，仅就这种“中”字头的解释，就可能导致要么是干脆无法坐下一起谈，要么是即使想谈也是无果而散。这种政治称谓的纠纷长期困扰两岸关系，也长期为国际社会的一些国家所利用，最终受损的是两岸的中华民族。

此外，两岸在国际社会中弘扬中华文化方面也可以进行积极有效的合作，大陆与台湾在推广孔子学院、传播中华文化方面可以进行深入的交流与合作。文化是建构话语权的重要元素，文化权力的强弱与在国际体系中话语权的大小息息相关，中华文化在世界范围内的广泛传播有利于两岸的共同利益。两岸在国际社会的合作，不仅可以避免内耗、增进互信，更好地争取民心，而且有利于培育两岸的共同体意识，更好地维护中华民族的整体利益。

三、两岸在国际合作中的制约性因素

通过对两种合作路径的分析，我们可以清晰地明白两岸在国际合作中的制约性因素。在保证型合作中，互信是合作得以成功的关键；在协调型合作中，利益的分配成为合作能够继续进行的核心，因此，从这两个层面挖掘两岸在国际合作中的制约性因素就显得十分重要。

（一）两岸政治互信需要深化

两岸政治互信简单地说就是各自在政治上给予对方政治信心。对台湾来说，就是要给予大陆“台湾不会走向分裂、海峡两岸最终会走向统一”的信心；对大陆来说，就是给予台湾“保持台海的和平稳定，两岸和平统一对两岸人民有利”的信心。但是两岸在建立政治互信上存在着结构性矛盾，目前两岸之间的政治互信并非完全稳固，尤其是在国际舞台上，大陆还没有足够的信心能够保证台湾不会脱离“一个中国”的轨道，在主权意义上还存在着极大的疑虑；台湾对大陆的各种惠台政策都疑似“统战”手段，双方在主权意义上的分歧短时间无法弥合，在更大程度上表现在国际舞台与国际合作中。大陆与台湾虽然在钓鱼岛、南海等诸多国际问题上有充分合作的可能性与必要性，但是双方在合作中关于主权的论述，关于合作的身份认同存在着极大的争议，归根结底还是政治互信不足，双方无法在高阶议题上达成更深入的共识。台湾以观察员身份加入 WHA，一定程度是大陆的妥协，也是大陆增加政治自信心的开始。2008 年胡锦涛总书记在纪念《告台湾同胞书》发表 30 周年座谈会上讲话中说：“两岸在事关维护一个中国框架这一原则问题上形成共同的认知和一致立场，是构建政治互信的基石，什么事情都好商量[①]”。如何构建两岸之间的政治互信是一个长期而又复杂的过程，但是没有两岸的政治互信，两岸在国际合作中的深度将会受到很大的制约，保证型合作模式就很难深入进行，最终必将影响两岸在国际博弈中的利益。

（二）利益分配与实力不相适应

合作双方能够得以成功的动力在于彼此之间对于利益的一致性或者局部性一致的诉求，利益的一致性并不一定达成合作的成功，还要看合作之后利益的分配。利益的分配不仅仅是一个技术性的议题，也是关于合作的双方能否成功合作的关键，协调型合作路径本身关注的重点就是利益的分配。正如斯奈德尔所说：“协调型国际合作的延续会使行为体更加关心特定协调结果的分配性问题，从极端意义上说，这可能诱使他们故意打破流行的协调结

---

① 胡锦涛：《携手推动两岸关系和平发展》，《人民日报》2009 年 1 月 1 日，第 2 版。

果，以建立其他对自己更有利的协约或者制度。”① 大陆与台湾基于实力的不同在国际合作中所处的位置也不尽相同，但是在利益分配问题上却出现与实力不相适应的现象。大陆与台湾在国际社会的广泛合作不仅仅有利益的考量，也有物质与非物质的成本的考量。科斯定律就简单地指出，交易费用为零的情况下，不管初始的权力如何分配，自由交易都会达到资源的最优化利用。这种情况下，两岸在国际合作中都能得到自己最大的利益收益，合作的空间就非常广泛，但是科斯定律还强调这是一种理想状态，没有成本的合作只存在于理论模型之中；在交易费用大于零或者交易费用为正数的情况下合作的双方对于合作的效率与效果就比较重视，如果合作的一方认为合作的收益远远小于付出的成本，那这种合作就存在破局的风险；合作的双方如果存在相对的剥夺感，那么合作的风险系数也会比较大，在合作中不可避免遇到各种各样的摩擦，斯蒂格勒说一个没有交易成本在内的合作就如同自然界没有摩擦力一样，是非现实的。②

（三）制度化建设相对滞后

国际合作制度是由一系列主要由行为者在协调环境下形成的准则和在协作环境下创立的规约构成，③ 制度是一种权力约束，它规定行为者在追求自身利益的时候知道什么是可以做的，什么是不可以做的。任何一种制度约束都包含着积极和消极两个方面的意义。从积极方面来说制度建设可以扩大合作的参与者在国际范围内的自由行动；从消极的层面来说，制度就是禁止或不允许行为者做什么，它们的目的在于限制、约束行为者在国际合作中的行为。两岸目前在国际合作上缺乏制度性的保证，两岸在国际合作中也没有惩罚性的措施在内，在合作中关于利益分配的纠纷问题如何解决也缺少长期性的方案，仅仅依靠薄弱的交流产生的选择理性不能保证两岸在国际合作中真正地做到相互信任，没有制度的约束只依赖人类天性的善的道德力量促成国际合作无疑是高风险的。欧洲一体化过程中的机制化原则，对推动两岸关系有重要的启示。两岸关系的和平发展，两岸的融合与一体化，实际上也是一个不断实现机制化的过程，需要一系列机制化的保障。目前，两岸在经济合

① 卡尔·多伊奇：《国际关系分析》（周启鹏译），世界知识出版社 1992 年版，第 350 页。

② 张军：《现代产权经济学》，上海三联出版社 1994 年版，第 7 页。

③ 道格拉斯·诺斯：《制度、制度变迁与经济绩效》（刘守英译），上海三联书店 1994 年版，第 3 页。

作方面已经初步实现了机制化，也就是两岸经济合作框架协议的签署（ECFA）。两岸在国际社会的合作，也同样需要一系列的机制化安排，如两岸在涉外事务上的磋商机制、资讯通报机制、紧急救援机制、突发事件的会晤与处理机制等。[①] 此外，两岸之间政治制度上的结构性矛盾、台湾岛内的政治生态、美日及东南亚等第三方因素也在某种程度上影响与制约两岸在国际社会的合作。

四、结语

全球化的到来让国际社会的每一个因子都处在相互依赖的体系之中，大陆与台湾在新一波的全球化浪潮中也扮演着重要的角色，如何在新的国际局势下通过在国际社会中的合作实现双方现实的利益和战略利益是摆在两岸之间的一个重要课题。两岸在以往的国际事务中时常处于被“讹诈”状态，但是随着两岸之间关系的缓和，两岸在国际事务中由对抗走向对话、由对立走向合作的趋势在不断的增强，台湾对外关系的发展、国际地位的提升和两岸关系的良性发展有密切关系，而这些议题都需要大陆与台湾在国际社会明确彼此的利益所在，通过保证型合作路径与协调型合作路径，求同化异，加强合作，实现利益的双赢。两岸在国际社会中加强合作，不仅能发挥彼此的比较优势，也符合两岸关系和平发展的整体趋势。两岸在国际合作中如果能够正视制约性因素，深化两岸政治互信，按照互信互利原则合理分配利益，全面强化两岸合作的制度化，创造性地破解两岸在国际合作中的僵局，在一系列重大议题上找到双方都可以接受的契合点，必将对两岸关系的和平发展产生深远的影响，也一定能够把两岸的全方位合作推向新的阶段。

① 孙云：《新形势下两岸在国际社会的合作析论》，《厦门大学学报》（哲学版）2012 年 02 期。

马英九任内美国对两岸政治对话的态度及其影响

中国社会科学院台湾研究所　钟厚涛

随着两岸关系和平发展逐渐步入“深水区”，两岸举行政治对话，为两岸进一步发展扫除障碍的必要性和迫切性日益增大。美国作为影响台湾问题的重要外部因素，对于两岸开展政治对话具有难以忽视的影响。本文主要分析美国对于两岸政治对话的基本态度及其影响，并对如何减少美对两岸开启政治对话的担忧和干扰提供一些思考。

一、基本态度

美国对于两岸政治对话的态度较为复杂，美国既欢迎两岸深入开展对话，以维持台海和平稳定，避免美国利益受损；同时又担忧两岸关系发展过快，两岸政治对话将加速两岸统一进程。因此美对两岸政治对话的态度充满矛盾、摇摆不定，其内部也始终未形成统一意见。美对两岸政治对话的基本态度主要包括：

（一）显性层面上宣称“欢迎两岸政治对话”

对于两岸谈判，美国早有既定政策。1982 年 7 月，时任“美国在台协会理事主席”李洁明晋见蒋经国时，曾向蒋口头承诺“六项保证”（Six Assurances），其中第六条即是“美国不会迫使台湾与大陆进行谈判”（The United States would not pressure Taiwan to enter into negotiations with the PRC.）。[1] 但时过境迁，美国

① Richard C. Bush. At Cross Purposes：U. S. – Taiwan Relations since 1942. New York：M. E. Sharpe，Inc. 2004. p. 174.

的官方说法已经由早期的“不会迫使”变成“支持”。2009 年 11 月 11 日，中美两国元首在北京会晤，共同发表《中美联合声明》，美方表示：“欢迎台湾海峡两岸关系和平发展，期待两岸加强经济、政治及其他领域的对话与互动，建立更加积极、稳定的关系。”① 这是美国第一次表态支持两岸政治对话，具有一定的积极意义。《中国时报》认为“奥巴马声明乐见两岸加强‘政治对话’的说法前所未见，显示美方台海政策明显超越小布什时代”。② 当然，必须看到，美国此种表态，更多停留在象征意义层面，甚至有人猜测，奥巴马如此表态是受到了中国影响。例如，民进党“政策会执行长”兼“驻美代表”吴钊燮就称：“其实奥巴马到达北京之前，就有人说中国会要求美国谈及两岸政治对话，中国希望美国认可中国现在对台政治布局，以此形塑一种国际环境，让中国推动对台政治对话成为理所当然，让台湾陷入被动，丧失拒绝政治对话的本钱。”③

虽然这显然是对中国大陆的恶意抹黑，但从另外一个层面也说明，即使是岛内都已经意识到，美国此种表态完全是外交辞令，美国政府难以真诚地支持两岸政治对话。事实上，奥巴马北京之行后不久，2009 年 11 月 24 日，美国政府就派出“美国在台协会理事主席”薄瑞光赴台向蓝营和绿营重要人士澄清：“《中美联合声明》中美国支持两岸政治对话的‘政治’一词，只是泛泛说法，人们无需过多关注。”④ 也正是由于这种原因，2009 年之后，美国对于两岸政治对话的态度逐渐由“欢迎”、“支持”滑向“不反对”、“不劝阻”，甚至有意进行模糊化处理，“支持”色彩明显淡化。例如薄瑞光 2013 年 4 月 23 日就表示：“美国从未隐讳地或明确地劝阻台湾不要和中国进行政治谈判。”⑤ 2012 年马英九发表“就职演说”之后，美国白宫高级官员随即回应：“我们非常欢迎两岸关系升温，也支持两岸继续各项对话。”此处美国只是泛泛地声称支持两岸各项对话，至于其中是否包含政治对话，

---

① 《人民日报》(海外版) 2009 年 11 月 18 日。美方的翻译是：The United States welcomes the peaceful development of relations across the Taiwan Strait and looks forward to efforts by both sides to increase dialogues and interactions in economic, political, and other fields, and develop more positive and stable cross – Strait relations.

② 台湾《中国时报》2009 年 11 月 18 日。

③ 台湾《自由时报》2009 年 11 月 23 日。

④ George W. Tsai. “Cross – Taiwan Straits Relations from Taipei ’ s Perspective”, in Cross – Taiwan Straits Relations Since 1979: Policy Adjustment and Institutional Change Across the Straits. Singapore: World Scientific Publishing Co. Pte. Ltd, 2011. p. 143.

⑤ 台湾《自由时报》2013 年 4 月 25 日。

则并不明确。

（二）隐性层面上施压反对两岸政治对话

美国由于忧心两岸关系发展过快，对两岸政治对话一直严加防范，竭力通过具有官方背景的智库学者向台湾喊话，或明或暗地向台湾施压，阻挠台湾与大陆进行政治对话。例如美国国务院前副发言人、现任史汀生中心东亚研究室主任容安澜（Alan Romberg）2012年11月19日在华盛顿举行《台海两岸：从对立到合作（2006-2012）》新书发布会时明确宣称："中国大陆想要推动政治对话，但目前看不出台湾近期有任何时间表，大陆太过急切只会造成台湾陷入困境。"① 另外，"美国在台协会"前理事主席、布鲁金斯学会东北亚政策研究中心主任卜睿哲（Richard Bush）2013年3月25日在约翰霍普金斯大学高级国际研究院举行座谈时也表示："台湾的民意和舆论都不支持，两岸要开展政治对话非常困难。"② 4月9日在台北举行《未知的海峡：两岸关系的未来》新书发表会时，卜睿哲又提出了近乎完全相同的论调。

（三）政策作为上有意干扰两岸政治对话氛围

2012年以来，随着东海、南海局势的日益紧张，台湾民间要求两岸进行联手合作的呼声逐日增长，两岸进行政治对话的氛围也日渐浓厚。例如，钓鱼岛争议出现后，台湾《中央日报》刊文称："台湾要想真正获得钓鱼岛海域的渔权，两岸联手保钓是唯一的选择。"③ 在这种格局下，两岸完全可以顺应民意，携手应对，共同维护钓鱼岛主权。但美国竭力防范两岸联手，美国前亚太事务副助理国务卿、"2049计划"执行长薛瑞福（Randall Schriver）警告台湾：在钓鱼岛问题上，应避免与中国大陆有任何协作。在美国强大压力下，马英九2013年2月18日明确拒绝与我联手保钓。台湾东吴大学刘必荣教授分析称，马当局此举"是向美国输诚，保证台湾绝对不会在钓鱼岛问题上制造事端，更不会与大陆联手，促美放心"。国民党前"立委"邱毅指出："台湾坚决不搞两岸联合保钓，是为了配合美国'以台

---

① 台湾《自立晚报》2012年11月20日。

② 台湾《联合报》2013年3月27日。

③ 台湾《中央日报》（网络版）2013年3月19日。

制中’的亚太战略。”① 如此，美国就成功地强化了台美实质关系，离间了两岸关系，降低了两岸联手保钓的可能性，破坏了两岸建立政治互信的可能性。除了在东海、南海等问题上破坏两岸政治对话氛围，美国还利用种种手段扩大对台湾影响力，例如加强高层互访、给予免签证待遇、重启“台美贸易暨投资框架协议（TIFA）”谈判、支持台湾加入包括国际民航组织（ICAO）在内的国际组织等，其目的即在于加大对台湾掌控力度，阻挠两岸政治对话进程。显而易见，美国对于台湾一如既往地采取了“大棒加胡萝卜”的两手策略，一方面竭力打压，破坏两岸政治对话氛围；另一方面又主动拉拢，试图进一步强化台美关系。但无论是打压或者拉拢，其目的都在于阻挠两岸政治对话。

（四）刻意冷处理两岸民间政治对话

以“民间先行、学术开路”为基本路径，近年来两岸民间机构已经进行了多场政治对话。2012 年 12 月，“台北会谈”以“认同、复兴、和平发展”为主题，进行两岸民间政治对话。出席此次会议的不仅有国台办副主任孙亚夫（以海峡两岸关系研究中心主任身份参会）、台湾两岸统合学会理事长张亚中等人，而且也有许多绿营重要人士与学者。此次会议不仅是红蓝绿三方民间机构首次展开政治对话，更形成了大陆与绿营互动的新模式。继“台北会谈”之后，两岸学者 2013 年 6 月相继召开了“北京会谈”和“两岸军事安全筑信研讨会”，在海内外引起了强烈反响。对于两岸正在逐步深入开展的民间政治对话，美国基本态度就是既不公开反对，也不明确支持，至少到目前为止还没有任何一位美国政府官员、国会议员或者是智库学者给予评论。美国各界之所以对此刻意进行冷处理，首先是因为目前两岸关于政治对话的互动只是停留在民间层级，尚未提升到官方高度，其产生的影响相对有限；其次，美国口头上“欢迎”两岸政治对话、但实质上严加防范的矛盾立场，决定了美国难以对两岸民间机构的政治对话进行公开评论。

二、主要原因

美国表面上“欢迎”两岸政治对话，主要是为了避免刺激中国大陆，

---

① 《人民日报》（海外版）2013 年 5 月 22 日。

影响中美关系大局走向。而美国实质上刻意阻挠两岸政治对话，其原因颇为复杂，主要有：

（一）防范两岸关系发展过快、过热

2008 年 5 月以来，两岸在经济贸易、文化交流、人员往来等方面都取得了长足进步。以贸易为例，根据商务部公布的数据，今年 1 至 4 月两岸贸易额为 707.4 亿美元，同比上升 48.5% 。其中，大陆自台湾进口额为 567.5 亿美元，同比上升 51.7% 。[①] 再以人员往来为例，2008 年以来，不但有连战、吴伯雄、萧万长、吴敦义等国民党高层多次来大陆交流，即使是民进党也有谢长廷、许信良等前党主席相继往返大陆。与此同时，大陆高层也以不同方式、在不同场合会见了台湾重要人士 20 余次。面对两岸关系日益升温，美国一些人士极度担忧。2013 年 4 月 16 日，马英九在与美国斯坦福大学学者举行视频会议时，美国前国务卿赖斯（Condoleezza Rice）就明确表示："部分美国学者忧心两岸和解可能影响台美关系。"[②] 乔治·华盛顿大学教授萨特（Robert Sutter）也称："美国国会和媒体确实有些人不喜欢两岸关系走得太近。"[③] 对于美国的担忧，岛内也有清醒的认识，台《中央日报》（网络版）就刊文称："随着两岸关系不断迈向'深水区'，两岸间的政治、军事议题逐渐浮出水面，两岸民间关于开启政治对话的呼声不断高涨，这在美国看来已属于'过热'，任其发展下去可能损害美国在台海、亚太乃至全球的战略利益。"[④]

（二）担忧两岸政治对话冲击美国重返亚太的战略布局

2009 年美国时任国务卿希拉里·克林顿高调宣布"重返亚太"以来，美国在政治、经济、外交、军事等各个领域不断加大对该地区的倾斜。美国"重返亚太"的重要目的之一即是对中国大陆进行围堵遏制，因而美国在实施这一战略的过程中，对扮演对抗大陆急先锋角色的台湾寄予较高期望。具体而言，在宏观布局上，美国高度重视台湾的地缘价值。2011 年 10 月美国时任负责亚太事务的助理国务卿坎贝尔（Kurt Campbell）在众议院外事委员

---

① 《人民日报》（海外版）2013 年 6 月 27 日。

② 台湾《中央日报》（网络版）2013 年 4 月 18 日。

③ 台湾《中央日报》（网络版）2013 年 4 月 18 日。

④ 台湾《中央日报》（网络版）2013 年 6 月 8 日。

会听证会上声称："与台湾建立一个更加强健和多样的关系已成为美国亚太战略调整的重要组成部分，这将推进美国在该地区的众多经济和安全利益。"① 在经济上，美国直接给台湾下指导棋，指示台湾如何配合美国"重返亚太"，例如美国前白宫国安会亚太事务高级主任、布鲁金斯研究院高级研究员（Kenneth Lieberthal）就表示："在美国多边外交、强化经贸、军力部署的三合一亚太战略指导下，台湾要把重点多放在经贸事务，那才是台湾可着力之处。"② 而在军事上，台美双方向来互动密切，抛开美国对台军售这一老大难问题不谈，单是台湾的作战计划和作战系统，都染上浓厚的美国色彩。事实上，"美国太平洋总部本身就有针对台海的作战计划，在台湾进行重大演习如'汉光演习'期间，美国军方会适度参与。台湾强化战力整合的博胜案。也是采取美国系统，对潜在的同盟作战预留指挥管制整合的基础"。③ 既然美国对台湾寄予了如此之高的厚望，自然不希望台湾与大陆进行政治对话或者签署"和平协议"，否则，台湾作为反对大陆的急先锋作用将大打折扣，台湾作为美国"重返亚太"战略中的棋子作用也将受到重创。民进党"立委"陈唐山声称："美国担心两岸一旦商签和平协议，它将在亚太失去一颗制华'棋子'。"④ 更为重要的是，如果两岸经由政治对话走向政治互信，进而联手维护在东海、南海等地区的合法权益，自然会对美国的亚太再平衡战略甚至是全球战略布局造成巨大冲击。

（三）避免美国经济利益受损

对于美国而言，台湾不仅具有重要的战略地缘价值，而且具有丰厚的经济利益价值。作为美国第 11 大贸易伙伴、第 16 大出口市场和第 7 大农产品出口市场，台湾在美国的对外出口贸易体系中占据着一定的位置。特别是长期以来，台湾一直热衷于对美军购，为美国提供了丰厚利润。据美国国务院 2012 年 1 月 11 日公布的《全球军备进出口与武器移转报告》，1995 至 2005 年期间，台湾地区总计进口美国 281 亿美元军备，占台湾地区进口总额的

---

① 中评网：http：//www. chinareviewnews. com/doc/1021/7/7/3/102177300 _ 2. html？ coluid = 137&kindid = 8190&docid = 102177300&mdate = 0731004852，访问时间 2013 年 7 月 30 日 14 点 28 分。

② 台湾《联合报》2012 年 7 月 20 日。

③ 台湾《台湾时报》2012 年 7 月 21 日。

④ 中评网：http：//www. chinareviewnews. com/doc/1024/8/5/8/102485812 _ 2. html？ coluid = 7&kindid = 0&docid = 102485812&mdate = 0329110200，访问时间 2013 年 7 月 30 日 14 点 32 分。

31.3%。而据美国国会研究处的一份报告，近20年来，台湾向美国购买的军备总额超过1万亿元（新台币，下同），平均每个人对美国贡献近4.5万元。仅2012年，台“国防部”向“立法院”提交5年兵力整建计划，主张在5－10年内对美武器采购清单经费达5000亿元，若加上未来可能采购的柴电潜艇3000亿元、66架F－16C/D战斗机3000亿元，总采购金额又将超过上万亿元。而一旦两岸经由政治对话签署和平协议或者建立两岸军事互信机制，台湾自然无需再向美购买过多军事武器来对抗大陆，即如卜睿哲所言：“两岸既然走向和平，台湾为何还需要向美国购买F16C/D战机?”[①] 这说明两岸政治对话会直接损及美国的实际利益。

三、主要影响

对于两岸政治对话，美国一直扮演着幕后棋手的作用，虽然没有走到前台与大陆直接对弈，始终在背后操控着台湾的每一个落步棋子，这对岛内政局及两岸关系和平发展带来了许多不确定性变数。

（一）马当局迫于美方压力对两岸政治对话立场摇摆不定

马英九在2008年竞选期间和执政之初，主张推动两岸政治对话、建立军事互信、签署和平协议。马英九当时表示：“未来四年，我将与大陆谈三项内容：第一与大陆签订经济合作协定；第二与大陆谈判签署和平协定，包括采取军事信任措施，避免冲突发生；第三，我们将与大陆谈台湾的国际空间。”但自2009年下半年以来，马英九对于两岸政治对话的态度发生了逆转，立场不断倒退。首先，在两岸政治对话议题上，先是强调两岸协商“先经后政”，后又滑向“只经不政”，甚至明确表示“两岸政治谈判条件不成熟”、“两岸政治对话具体该谈什么，大家没有一致意见，那又何必急”。[②]《中时电子报》刊文认为：“面临两岸政治谈判时，台湾领导人在维护‘台美关系’考虑下，势必会顾及美国的态度反应。”[③]《美丽岛电子报》副董事长郭正亮也称：“马更在乎台美关系，并不希望两岸关系走太

---

① 台湾《台湾立报》2013年3月31日。

② 《中央日报》（网络版）2013年4月21日。

③ 台湾《中时电子报》2013年6月27日。

快，导致美国起疑。尤其是两岸政治对话，将触及美国核心利益，马更是戒慎恐惧。”[①] 其次，在建立军事互信议题上，马当局对此消极因应、极力回避，对此有学者分析称：“台湾担心一旦与北京建立军事安全互信机制，美国对台的态度将会改变，而且美国的亚洲再平衡政策不容许两岸建立军事安全互信关系。因而美国因素成为马当局不愿与北京进行政治或军事安全对话的最主要原因。”[②] 再次，在签署两岸和平协议议题上，马英九早期表示支持，后又改口称“和平协议不是施政优先选项”，有分析人士指出，马英九此种立场倒退“背后有美国因素在作怪”。[③] 显然，马英九在两岸政治对话、建立军事互信、签署和平协议等议题立场上消极保守、不断倒退。至于其中之原因，台湾无党团结联盟主席林炳坤曾一针见血地指出，“台湾是在美国影子下与大陆交流”。[④]

（二）美国立场助长了民进党杯葛阻挠两岸政治对话的气焰

整体而言，民进党绝对反对两岸政治对话，诬蔑两岸政治对话是“统一谈判”、“和平协议”是“统一协议”。吴伯雄率团访问北京时，民进党青壮派“立委”陈其迈、李俊俋等人联合召开记者会，诬蔑国民党“要把台湾卖给中国，导致台湾陷入主权流失危机、改变台海现状危机、危害台湾民主价值危机”。[⑤] 2013 年 6 月 14 日，民进党主席苏贞昌在美国两大智库布鲁金斯研究院与战略暨国际研究中心合办的座谈会上，回答记者有关“未来民进党重新执政如何处理来自中国要求两岸政治对话的压力”的提问时，称“我们绝不承认台湾是中国的一部分……至于两岸之间的互动应该是政府对政府，而非政党对政党之间的利益交换”。[⑥] 苏贞昌之所以在美国如此表态，除了受其“台独”立场的驱动之外，更企图利用美国的“重返亚太”战略来拒绝两岸政治对话，一来向美国展现“仇中”的立场，争取美国的支持，二来延缓两岸政治对话进程，巩固“台独”的社会基础。

---

① 人民网：http：//fujian. people. com. cn/n/2013/0325/c181466 - 18347835. html，访问时间：2013 年 7 月 30 日 14 点 56 分。

② 台湾《中时电子报》2013 年 6 月 28 日。

③ 《人民日报》（海外版）2013 年 5 月 22 日。

④ 中评网：http：//www. chinareviewnews. com/doc/1024/8/3/2/102483238. html？ coluid = 93&kindid = 4030&docid = 102483238&mdate = 0328002930，访问时间：2013 年 7 月 30 日 15 点 08 分。

⑤ 台湾《中央日报》（网络版）2013 年 6 月 14 日。

⑥ 台湾《民进党》2013 年 6 月 14 日。

（三）岛内支持两岸政治对话的民意基础遭到冲击

民意支持是两岸进行各项交流包括政治对话的重要前提，中共中央政治局常委俞正声2013年5月22日就表示："民心到，事情就成；民心不到，急着做某些事，就适得其反。"① 2011年10月18日，台湾《中国时报》民调显示高达59%的民众认为两岸签署和平协议有助于两岸和平稳定。但台湾竞争力论坛2013年5月9日的民调结果却显示，"只有45%的人支持两岸签署和平协议"。对于这一民调结果，台湾竞争力论坛理事长彭锦鹏称，"在马英九任内要讨论两岸和平协议，机率大概趋近于零"。② 近期吴伯雄在访问北京时也表示："在台湾有些敏感问题若要谈，必须得到民意支持，目前两岸间正式开启政治对话条件还不具备。"③

两岸进行政治对话、签署和平协议的民意支持度之所以由2011年的近60%下滑至45%左右，原因错综复杂，既包括台湾近20年的"台独"教科书教育，也包括"去中国化"思潮的负面影响，还包括美国因素的参与。岛内部分人士误以为可以利用美国"重返亚太"战略来拒绝两岸政治对话，即如有人所言："美国实施重返亚太战略，台湾受益极大，可以借此摆脱大陆政治对话的压力。"④ 这显然是把美国"美国重返"亚太战略看做是台湾拒绝两岸政治对话的"护身符"与"挡箭牌"。台《台湾立报》2013年5月6日发表社论也称，美国与台湾在拒绝两岸政治对话议题上已经形成了一种共谋结构，马英九之所以会称"两岸政治对话何必急"，部分民进党中生代之所以会要求"台湾要与大陆进行任何政治协议，应在大陆人民以民主普选方式产生政府后为之"，目的即是为了呼应美国卜睿哲"台湾舆论民意都不支持两岸政治对话"的说法。⑤

（四）大陆推动两岸政治对话的努力面临更多挑战

推动两岸政治对话，实现台海地区和平稳定是大陆一以贯之的不懈追求。2012年底，中共十八大报告首次在党的报告中提出："希望双方共同努

---

① 台湾《联合报》2013年5月23日。

② 台湾《旺报》2013年5月10日。

③ 《人民日报》（海外版）2013年6月24日。

④ 台湾《中央日报》（网络版）2013年7月6日。

⑤ 台湾《台湾立报》2013年5月6日。

力，探讨国家尚未统一特殊情况下的两岸政治关系，作出合情合理安排。”①虽然有学者提出，大陆方面竭力推动与台湾进行政治对话，“按照‘先经后政’的原则，2010 年被看作是两岸开展政治对话的最佳时间”，② 但到目前为止，两岸正式政治对话一直没有进展，一个重要的因素就是美国的掣肘。目前，中国大陆虽然积极与美国发展以对话而非对抗为主导的新型大国关系，逐步利用中美在国际议题上的合作来抵消双方在政治上的分歧，进而逐渐稀释台湾对于美国的重要性，并最终推动台美关系再次发生质变，但这一过程将是长期而复杂的，不可能在短时间内出现根本性转机。这就意味着大陆未来若想推动两岸政治对话、建立两岸军事互信机制、签署和平协议，将无法回避来自美国因素的挑战。因而未来两岸政治对话，除了要面临两岸政治定位等固有矛盾及民进党强力反弹等制约因素外，两岸还将面临美国的外部插手，这势必将给大陆推动两岸政治对话的努力带来更多难题。

四、几点思考

两岸政治对话攸关两岸人民福祉、事关亚太地区和平稳定，因而需要双方共同努力，开创两岸关系发展新前景。

（一）持续提升大陆综合实力、强化两岸各项交流，进一步夯实基础，为两岸政治对话创造条件

美国虽然是台湾问题的最大外部因素，但发挥主导作用的仍然是两岸本身。在处理两岸政治对话议题上，若要进一步弱化美国因素的干扰，大陆仍需在两个方面着力。一是持续壮大自身综合实力。改革开放以来，中国大陆现代化建设取得了举世瞩目的成就。2010 年大陆经济以 40.1 万亿元总量超越日本，跃居世界第二位，仅次于美国，其 GDP 总量由 2000 年约占美国的 12% 稳步上升到 40% 左右。随着中国大陆综合实力的不断增强，以及中美实力的此消彼长，大陆排除美国因素干扰的自信心将稳步提升，对两岸关系发展的主导权也将不断巩固。二是强化两岸交流。2008 年以来，海峡两岸

① 胡锦涛：《坚定不移沿着中国特色社会主义道路前进为全面建成小康社会而奋斗——在中国共产党第十八次全国代表大会上的报告》，人民出版社 2012 年版。

② Lin Gang. “Beijing's Evolving Policy and Strategic Thinking on Taiwan”, in New Dynamics in Cross - strait Relations. New York：Routledge 2013. p. 69.

在恢复中断将近10年的制度化协商基础上，顺利签署19项协议。展望未来，两岸要以此为契机，在经济、文化、军事以及政治等层面向更高层次挺进，在经济上推动两岸一体化建设，在文化上强化岛内民众对于中华民族的身份认同，在政治上签订和平协议，在军事上建立互信机制。未来只要两岸沿着既定的方向逐步向前迈进，扫清人为设定的禁区与空白，两岸关系将趋向稳定化和制度化，而在这一过程中，美国因素的影响力自然会日渐式微。

（二）推动台湾各界认清台美关系发展态势，扭转台湾对美国的过度依赖

马英九上台以来，高度重视台美关系，一直奉“亲美友日和中”为最高准则，并且选派自己的心腹金溥聪赴美担任“驻美大使”，争取做到“零意外”、“零时差”和“零误差”。[①] 但无论马英九如何努力，台美关系无法也不可能再回到30年前。从60余年的历史走向来看，台美关系已经呈现出下坡路的态势。而且美国当年给予台湾的许多承诺，现在基本上已经形同虚设。例如，台湾当局高度倚重的“六项保证”，其中第二项是“美国不事先与大陆磋商对台军售”（The United States would not hold prior consultations with the People's Republic of China regarding arms sales to the ROC），但2011年10月24日，美国时任国防部长帕内塔对外透露，美国在宣布新一轮对台军售之前，已经告知中国大陆。[②] 这说明美国在执行“六项保证”上已经开始松动。特别是当前中美正着力构建新型大国关系，可以乐观预测，合作而非竞争将成为两国发展的主色调，在许多重大国际性问题上美国将更加需要中国的参与和支持。

在这样的背景下，台湾问题对于美国的价值必将日益弱化。如果台湾当局没有意识到此种转变，仍然抱残守缺，误以为美国还会像当年那样对台湾鼎力相助，那么最终的结果只能是限于绝地而不自知。美国处理台湾问题的基本出发点永远都是美国利益，台湾不过是美国对华布局中的一枚棋子而已。1978年美国可以因为“联中抗苏”放弃台湾，未来就完全有可能因为其他某一原因彻底抛弃这枚棋子。美国废奴运动知名传教士詹姆士·克拉克（James Freeman Clarke）曾经为“政客”与“政治家”做出过区分：政客想

---

① 台湾《联合早报》2012年12月3日。

② 台湾《中国时报》2011年10月24日。

的是下一次选举，政治家想的是下一代（A politician thinks of the next election，a statesman，of the next generation.）。① 如果马英九以“政治家”自我定位的话，那么他就应该认清台美关系走向，尽力摆脱美国的“箍咒”，积极地为两岸政治对话铺设道路。

（三）促使美国方面意识到两岸政治对话符合美国战略利益

长期以来，由于历史原因或现实考虑，美国方面一直认为，两岸政治对话将会冲击台美实质关系，影响美国在亚太地区的战略布局。其实这完全是一种误解，事实上，作为维护台海地区和平稳定的重要途径之一，两岸开展政治对话不仅仅符合两岸利益，也符合美国战略利益，因为政治对话的目的就是要巩固两岸业已取得的丰硕成果，并在此基础上将之进一步往前推进，确保台海地区实现长久和平稳定，而这显然是与美国的利益完全相符的。而要想促成美国在这一方面的意识发生积极变化，需要两岸共同加大对美宣传力度。从目前的观察来看，美国对于两岸政策的了解，基本上仅限于政府相应部门及少数智库学者中间。因而两岸需要共同努力，通过举行国际学术研讨会、开设英文网站、出版英文刊物或著作等方式，加强与美国学界和政界的沟通交流，逐步化解美国方面误解，让美国逐渐认识到，两岸政治对话，并非政治谈判，即使是未来走向政治谈判，也并非就是统一谈判，同时也并不意味着台美关系会趋向疏远，而是意味着台海地区和平稳定的强化。显然，这不仅仅符合两岸的根本利益，同样也符合美国的战略利益。

结语

摆脱美国不利因素对两岸政治对话的影响，需要两岸同胞共同努力。“兄弟阋于墙，外御其侮”。只有两岸携手并进、精诚合作，才能逐渐消除美国设置的障碍性因素，全面深化两岸关系和平发展格局，早日实现中华民族的伟大复兴。

---

① James Freeman Clarke. “Wanted，A Statesman”, in Old and New, Volume II（July 1870 to January 1871）, p. 644.

浅析马英九当局对日本“购岛”的应对

中国现代国际关系研究院涉台事务研究中心　郭拥军

2012年9月11日，日本政府悍然宣布“购买”钓鱼岛及其部分附属岛屿，将之“国有化”。台湾长期坚称“无论从历史、地理、地质、使用及国际法观点而论，钓鱼台列屿主权属于中华民国，不容质疑”,① 是钓鱼岛争端中不可或缺的当事一方。马英九第二任期刚刚开局，对日本“购岛”做出了相关应对，其政策对钓鱼岛局势走向、两岸关系、台对外关系的影响值得关注。

一

上世纪60年代末70年代初钓鱼岛争议日益突出以来，台湾当局一直主张对钓鱼岛拥有“主权”。美日签署归还冲绳协议前六天，1971年6月11日，台湾“外交部”发表声明，称钓鱼岛“附属台湾省，构成中华民国领土之一部分，基于地理位置、地质构造、历史联系以及台湾省居民长期继续使用之理由，已与中华民国密切相连，中华民国政府根据其保卫国土之神圣义务在任何情形之下绝不能放弃尺寸领土之主权”。② 协议签署后十二天，台湾海军“敦睦舰队”航经钓鱼岛海域，刘和谦少将（后来官至“参谋总

---

① 《中华民国外交部谴责并强烈抗议日本政府侵害我国主权》，http：//www. mofa. gov. tw/official/Home/Detail/8204dc9b - c7f4 - 4bfd - a208 - 5a080b7d38bd? arfid = 88ce0e14 - af13 - 4a76 - 8015 - 83fe91b55db0&opno = fe15c741 - bf77 - 468b - bb7d - 0f7eff7b7636. 台湾称钓鱼岛为“钓鱼台”。

② 《钓鱼台群岛资料》，香港《明报月刊》1979年5月，第50页。

长"）特地搭乘小艇环绕全岛一周宣示主权，全程三个半小时。[①] 1999 年，台湾公布第一批领海基线、领海和毗连区外接线时，就包括了台湾本岛、钓鱼岛、东沙群岛、南沙群岛。四十余年来，岛内政局流转变动，但当政者均坚持上述基本立场，并形成"主权在我、搁置争议、和平互惠、共同开发"的十六字原则。

日本"购岛"闹剧严重冲击台湾在钓鱼岛问题上的基本原则立场，因此，马英九当局从一开始就高度重视，密切关注事态进展。2012 年 4 月 16 日，日本东京都知事石原慎太郎在美国提出"购岛"动议。次日，台湾"外交部"发言人章计平就表示：一概不承认日本政治人物相关发言，请日本政府审慎以对；不希望看到日方有任何片面行动，损及台日友好关系。此后数月，随着事态发展，马当局采取了一系列积极而强硬的应对措施。[②]

成立跨部门、高层级的"钓鱼岛情势应变小组"，统筹相关政策举措。2012 年 8 月 14 日，马英九指示"国家安全会议"成立该小组，由"国安会"秘书长主持，必要时马英九本人亲自主持。小组成员单位涵盖"外交部"、"国防部"、"海岸巡防署"、"交通部"、"农业委员会渔业署"等。

对日本反复宣示"主权"立场，抗议"购岛"行径，要其承认存在争议。2012 年 9 月 7 日，马英九在台湾海空军大阵仗保护下，抢在日本"购岛"前夕登临彭佳屿，宣示"主权"。日本政府"购岛"当天（9 月 11 日），台湾"外交部"发布声明，称"购岛"为"侵犯中华民国领土主权的不法行为"，表示"对日本政府任何侵害我对钓鱼台列屿主权的言行，包括所谓将钓鱼台'国有化'之非法作为，一概不予承认并提出严厉的谴责"，强调"中华民国的国家主权与领土完整无法妥协，民族尊严与国民福祉不容侵犯"，要求日本政府"立即停止伤害台日双方友好合作关系及升高东海紧张情势的一切举措，正视钓鱼台列屿争议存在的事实"。[③] 当天，"外交部长"杨进添召见日本驻台代表樽井澄夫表达强烈抗议，并立即召回"驻日代表"沈斯淳。

强力保护渔民捕鱼及保钓活动。2012 年 9 月 24 – 25 日，台湾东北部渔

① 《41 年前我海军贴岸宣示钓岛主权》，《联合报》2012 年 9 月 6 日。

② 《外交部：不希望片面行动损及台日友好》，《联合晚报》2012 年 4 月 17 日。

③ 《中华民国外交部谴责并强烈抗议日本政府侵害我国主权》，http：//www. mofa. gov. tw/official/Home/Detail/8204dc9b – c7f4 – 4bfd – a208 – 5a080b7d38bd？arfid = 88ce0e14 – af13 – 4a76 – 8015 – 83fe91b55db0&opno = fe15c741 – bf77 – 468b – bb7d – 0f7eff7b7636.

民自发组织八十多艘船只、数百人，以“为生存、护渔权”为主题，浩浩荡荡前往钓鱼岛海域宣示主权，反对日本“购岛”。这是近年台湾民间少见的大规模“保钓”行动。马英九当局没有为息事宁人而阻挠，相反，派出十多艘海巡舰船强力保护，一直挺进到距离钓鱼岛仅 2.1 海里处。日本海上保安厅舰船向台湾渔船喷水时，“海巡署”舰船也予以回击。“海巡署长”王进旺甚至表示，如果日本要逮捕台湾渔民，台湾方面不排除开火。① 当日，台湾军方也高度戒备，“参谋总长”林镇夷进驻衡山指挥所。2013 年 1 月 24 日，台湾民间保钓组织“中华保钓协会”成员乘坐“全家福号”前往钓鱼岛，“海巡署”派出四艘公务船只随行保护。

积极对国际社会发声，宣传其政策主张。2012 年 10 月 10 日，马当局在《纽约时报》、《华盛顿邮报》、《洛杉矶时报》、《华尔街日报》等美国主流媒体刊登广告，图文并茂地声明对钓鱼岛拥有“主权”。10 月 19 日，新任“外交部长”林永乐在美国国际时政类主流刊物《外交政策》网站发表文章“那些岛屿属于台湾”。22 日，媒体报道巴拿马总统马丁内利访日时表示在钓鱼岛问题上支持日本立场，台湾“驻巴拿马大使”旋即与巴拿马代理外长交涉。②

此外，2012 年 10 月 19 日，“立法院”通过“国会宣示钓鱼台主权决议文”，要求当局持续以具体、明确作为，宣示钓鱼台列屿主权属“中华民国”。

马英九当局的这一系列策动作既主动又强硬，表明马当局在捍卫“主权”上有相当的政治决心和意志。例如第一时间召回“驻日代表”，是相当果断而强硬的举措。目前的台湾社会，民间保钓力量呼声远不及大陆。台北街头 2012 年 9 月 23 日出现的保钓游行，仅有千余人参加，与大陆多地出现的大规模游行示威完全不可同日而语。民进党更是消极不作为。在内部缺少强大民意施压和推动的情况下，马当局能有此作为，实属可贵。

---

① 《日若敢逮人　海巡署：不排除开火》，《联合晚报》2012 年 9 月 24 日。

② Yung - Lo Lin，“Those Islands Belong to Taiwan”，http：//www. foreignpolicy. com/articles/2012/10/18/those _ islands _ belong _ to _ taiwan. 《外交部重申我国对钓鱼台列岛立场》，http：//www. mofa. gov. tw/official/Home/Detail/5d244e2c - 8528 - 49ce - 822f - ea3e20258956？arfid = 7f013c3f - f130 - 44a9 - 905f - 84cbaba2eca6&opno = 907477b5 - 1d95 - 4205 - a89d - 320ed4806d4b；《外交部肯定巴拿马外交部重申巴国总统访日期间对钓鱼台列屿所说系遭媒体片面解读之正面回应》，http：//www. mofa. gov. tw/official/Home/Detail/ae5c9a3c - dd60 - 4888 - 9563 - 9168c75532a1？arfid = 7f013c3f - f130 - 44a9 - 905f - 84cbaba2eca6&opno = 907477b5 - 1d95 - 4205 - a89d - 320ed4806d4b.

任何具体政策，都是当局长期奉行的基本政策立场与特定时期具体执政者个人风格相结合的产物。前者确立了框架，但也给后者留出足够空间，供之发挥。马当局对日本“购岛”的上述回应，固然是坚持台湾当局此前就确立的原则，但也带有浓厚的个人色彩。对马英九而言，“保钓”具有特别重要的意义，既是重要的人生经历，又是学术研究的主攻方向。美日私相授受钓鱼岛的1971年，尚是台湾大学法律系三年级学生的马英九应邀访美，目睹了海外中国留学生掀起的第一轮“保钓”高潮。返台后，马英九不但在美日达成归还冲绳协议当日（6月17日）参加了台湾大学的大游行，更受国际法学者丘宏达影响，确立了研究钓鱼岛问题、以实际行动维护民族权益的学术志向。① 此后，马英九的人生经历深深打上“保钓”的烙印。作为法学博士、国际法专家，他在哈佛大学完成的博士论文是《怒海油争：东海海床划界及外人投资之法律问题》，在此基础上完善形成的一系列钓鱼岛相关著作是其学术代表作，而其在政治大学法律所教授的课程“海洋法”、“国际公法”、“国际法实习”也多与钓鱼岛问题相关。② 作为政治人物，马英九始终关注“保钓”运动，台北市长任内多次参加“中华保钓协会”的活动，提议组建“保钓”博物馆，公开批驳李登辉“钓鱼台是日本领土”的卖国言论，甚至表示“为了‘保钓’，与日本不惜一战”。③ 可以说，“保钓”深刻影响了马英九的认识论、世界观、国际观。在他成为台湾地区领导人后，这些人格特质自然反映在台湾当局关于钓鱼岛的政策倾向中。2008年，马英九上台不到一月就面对台湾“联合号”渔船在钓鱼岛海域被日本海上保安厅撞沉的严重突发事件。整个事件过程中，马当局姿态强硬，召回“驻日代表”，甚至扬言“不惜一战”，迫使理亏的日本登门道歉、赔偿损失。和四年前的纯粹渔事纠纷不同，“购岛”闹剧是日本处心积虑、图谋改变现状的标杆性重大政策举动，对马英九第二任期的开局“外交”提出严峻挑战，其做出积极、强烈回应也就在自然之中。

---

① 马英九：《从新海洋法论钓鱼台列屿与东海划界问题》，台北：正中书局1986年版，第V页。

② 马英九关于钓鱼岛的主要论著包括：Legal Problems of Seabed Boundary Delimitation in the East China Sea，Baltimore：University of Maryland Law School，1984（在博士论文 Trouble over Oily Waters：Legal Problems of Seabed Boundaries and Foreign Investments in the East China Sea 基础上修订而成）；《从新海洋法论钓鱼台列屿与东海划界问题》；《钓鱼台列屿主权争议回顾与展望》，台北：“中华民国反共”爱国联盟，1996年。

③ 张钧凯：《马英九与保钓运动：兼论马政府时期的钓鱼岛问题》，台北：文英堂出版社2010年版，第13－29页。

马英九当局的强势作为，引起国际社会的相当关注。多家西方主流媒体均报道了2012年9月25日台湾当局保护渔船宣示“主权”的新闻，《纽约时报》网站一度将其置于头条。10月17日，美国著名智库战略与国际研究中心专门举行题为“台湾对东海主权争议攀升的应对”的研讨会。日本政府也不得不正视台湾在此轮争端中的角色和分量。9月13日，日本交流协会台北事务所专门发布新闻稿，就“购岛”进行解释和“安抚”。9月25日，外务省事务次官河相周夫来大陆沟通的同时，日本交流协会理事長今井正也赴台湾。这种同时向两岸派出“特使”的做法，表明日本政府对马英九当局的强硬立场有感。10月5日，日本外相玄叶光一郎亲自上阵，透过日本交流协会发表“对台湾各位传达的信息”。[①] 日台并无正式外交关系，玄叶此举极为罕见。安倍内阁上台后，2013年1月31日，新任外相岸田文雄专门致信日本交流协会，祝贺其成立40周年。这一公开信称台湾为“与我国有紧密的经济关系及密切的人员往来的重要伙伴”，赞扬其“实现了令人印象深刻的经济发展与政治民主化，也深植了公平与公正的政治制度”，期盼双方关系“超越时代、超越世代、永远绽放出璀璨的光芒”。[②] 而日本对台湾释出的最重要信号就是重启渔权谈判。

二

钓鱼岛海域渔权是台日关系中旷日持久的艰难议题。清朝以来，这里就是台湾东北部渔民传统捕捞作业区。日本殖民统治时期，“总督府”曾在1920年正式将其划为台湾渔民的鲣鱼渔场，1925年出版的《台湾水产要览》也公告其为台湾的“重要渔场”。但是，美日私相授受后，日本长期反复扣押到该地区捕捞作业的台湾渔民。1996年起，李登辉、陈水扁当局与日本就此进行了15轮谈判，均未取得实质成果。马英九上台后，双方仅在2009年2月进行一轮谈判，仍然无果而终。而台湾渔民被日本抓扣的事件

---

① 《关于台湾对东海渔业之相关报道》，http：//www. koryu. or. jp/taipei - tw/ez3 _ contents. nsf/New/E92E5EDEB10E4C8B49257A78003A41CB？OpenDocument；《玄叶外务大臣透过交流协会对台湾各位传达的信息》，http：//www. koryu. or. jp/taipei - tw/ez3 _ contents. nsf/New/31BBE35F9EDE1AEC49257A8E000EADA7？OpenDocument.

② 《岸田外务大臣致交流协会成立40周年之贺辞》，http：//www. koryu. or. jp/taipei - tw/ez3 _ contents. nsf/Top/A1A437D29C15E74549257B0400132FE0？OpenDocument.

不断发生，仅2010年就发生7起。因此，对马英九当局而言，渔权谈判具有突出意义。

“购岛”闹剧中，搁置已久的渔权谈判再次被连带提出，且一波三折，反映出台日双方在新形势下的政策考量。之所以前16轮谈判多年无果、第17轮谈判被持续搁置，关键是日本立场强硬，拒绝做出实质让步。“购岛”发酵过程中，日本仍坚持固有立场，新一轮谈判在2012年6月间仍未有重启迹象。但随着“购岛”决定进入操作阶段，日本调整立场，开始主动对台湾示好。9月上旬，日本在APEC海参崴峰会上主动向台湾提议推动渔业合作，随后更明确通知台湾10月3－5日在东京举行第17轮谈判。宣布“购岛”后，日本频频释出积极信号，展露“诚意”。9月13日，日本交流协会台北事务所新闻稿“澄清”台湾渔民在东海作业不受影响，“期待尽早重启日台渔业谈判”。日本政府在“购岛”之际表面上同意重启谈判，甚至表现出某种积极主动，主要是为了纾缓“购岛”招致的台湾反弹，拉拢台湾、分化两岸，最大程度避免遭遇两岸联手施压。对此，日本国内媒体都直言不讳。日本新闻网10月8日分析指出，日本政府希望与台湾单独签署渔业捕捞协议，满足台湾渔民对渔业资源的要求，从而切开台湾与大陆之间在钓鱼岛问题上的利益关系，使得钓鱼岛问题只成为日本与大陆之间的单挑关系。①

反观马当局，在“购岛”发酵阶段对渔权谈判较为积极，呼吁尽早启动谈判。2012年8月中旬，“外交部长”杨进添、“次长”董国猷就香港保钓人员被逮捕事件与日交涉过程中均对此有明确表示。② 但“购岛”前后，在日本表现出主动意愿后，马当局反而犹豫起来，甚至拉高姿态，要求日本首先切实拿出诚意、善意，确保谈判达成实质性成果。APEC会议上，连战批评以往多轮谈判均无果而终，表示如日本不改变态度，“会再开十几次一

---

① 《日媒：日担心台陆协力护钓岛，抛渔权谈判》，《中国时报》2012年10月8日。

② 《外交部长杨进添接见日本众议员中津川博乡等一行，就近日钓鱼台列屿问题重申我政府立场》，http：//www. mofa. gov. tw/official/Home/Detail/ec81a20a－189d－4b13－9967－3c45a61ae651？arfid＝88ce0e14－af13－4a76－8015－83fe91b55db0&opno＝fe15c741－bf77－468b－bb7d－0f7eff7b7636；《外交部政务次长董国猷约见日本驻华代表樽井澄夫，就近日钓鱼台列屿问题重申我政府立场》，http：//www. mofa. gov. tw/official/Home/Detail/679e2b14－a608－43e3－a652－28794e7fc594？arfid＝88ce0e14－af13－4a76－8015－83fe91b55db0&opno＝fe15c741－bf77－468b－bb7d－0f7eff7b7636.

样没有结果”。① “购岛”之后，马当局更搁置日本提出的10月3－5日在东京重启谈判的建议，公开表示“会谈应在适当时机及良好气氛下进行”，要对“购岛”的形势进行“审慎评估”。② 据岛内媒体报道，马当局对日本刚通知重启谈判旋即宣布“购岛”大为光火，认为是“一手棍棒、一手胡萝卜的两面手法”，此刻来谈渔权时间点根本不对，“总不能给糖吃，就来侵占我领土”。③ 但10月初，马当局开始逐渐软化立场，接过日本提议，筹备恢复渔权谈判。4日，在日本方面并未就“购岛”做出重要让步的情况下，台湾“驻日代表”沈斯淳返回日本，其重要任务就是尽快促成渔权谈判重启。次日，日本外相玄叶发表“对台湾各位传达的信息”，再次表达重启渔权谈判的意愿。至此，双方在“购岛”问题仍僵持的情况下，就重启渔权谈判达成一致。11月30日，双方在东京就新一轮渔权谈判相关事宜举行首次预备会议。台湾方面代表团长为“驻日代表处”业务组长张仁久，“外交部”、“渔业署”和“海巡署”相关人员以观察员身份出席；日方团长为交流协会总务部长小松道彦，外务省、水产厅、海上保安厅及内阁府冲绳总合事务局的各相关官员也以观察员身份出席。

马当局几个月来对重启渔权谈判的微妙政策变动，反映出其在“主权”与渔权之间的徘徊。从原则上讲，“主权”比渔权重要，优先于渔权。只有在“主权”问题上站稳脚跟，才能在渔权谈判中占得上风。马英九也承认，“没有主权就没有渔权，主权绝对不能搁置，也不能放弃”。④ 对日本在“购岛”之际提出重启谈判的政策用心，马当局也并非不察。正因此，马当局才一度搁置日本提议。然而，渔权既是民众迫切的生计问题，又是敏感的岛内政治问题。马当局如迟迟不接受日本提议、启动谈判，不但不利于岛内渔业经济和渔民生计，而且会遭遇相关利益群体反弹，冲击其执政地位。某种程度上讲，对马当局而言，渔会要求促成渔权谈判、保护渔民权益的压力远

① 《本周宣布重启渔业会议，与马越洋热线不断》，《中国时报》2012年9月10日。

② 《我政府维护钓鱼台列屿主权之坚定立场不变，并以务实态度与日方协商渔业问题，捍卫我渔民权益》，http://www.mofa.gov.tw/official/Home/Detail/c0253bc7－1303－496a－9658－bdd3c1899583? arfid＝88ce0e14－af13－4a76－8015－83fe91b55db0&opno＝fe15c741－bf77－468b－bb7d－0f7eff7b7636；《我政府正持续与日方洽谈第17次渔业谈判之细节》，http://www.mofa.gov.tw/official/Home/Detail/0c338999－8a90－441b－bbd6－719a667e1342? arfid＝7f013c3f－f130－44a9－905f－84cbaba2eca6&opno＝907477b5－1d95－4205－a89d－320ed4806d4b.

③ 《驻日代表返台，拒渔权谈判》，《中国时报》2012年9月11日。

④ 《马“总统”：台日渔权谈判月初可能展开》，《联合报》2012年10月3日。

大于“统派”要求捍卫“主权”的压力。岛内舆论普遍认为日本遭遇大陆强大压力、意欲拉拢台湾提供了难得的“良机”，台湾可借此打破渔权谈判僵局、对日提高要价。辅仁大学日本研究中心主任何思慎认为，“台湾不存在‘弃子争先’的本钱，但日本应有‘逢危须弃’的智慧”，日本须暂将主权与渔权脱钩，先期与台湾就钓鱼台渔场秩序达成“过渡性的安排”。《中国时报》文章认为，维护渔权是“现阶段比较可行的‘火中取栗’目标，也是政府高层想定的方向”，“虽然绝对不能放弃对钓鱼台的主权，但是能放进口袋的利益更实际，在主权问题上持续发声，或是不时来点实际行动，让‘这盆火’持续燃烧，才有可能累积确保资源分享的本钱”。[①] 面对“主权”和渔权、民族根本政治利益和暂时局部经济利益的这种选择，与大陆民间大规模抵制日货形成强烈对比，折射出台湾社会相当的投机心理。这是由台日关系的不对等决定的。面对强势的日本，马当局的“主权”抗争只能见好就收，仔细拿捏，更注重经济实利。然而，这种“无奈的投机”能否产生马当局预期的效果尚难确定，新一轮渔权谈判能否顺利举行、日本是否切实拿出诚意、准备实质性让步，还有诸多变数。首轮预备会议并没有取得实质性成果。而在“海巡署”保护“中华保钓协会”出海宣示主权后，传出日本认为此举影响渔权谈判的消息。

这种“无奈的投机”并不限于渔权谈判，而及于台日整体经济关系。台日经济关系素来紧密。两岸签署 ECFA 和日本大地震后，日本产业加速向台湾转移，以期借道台湾、利用 ECFA 优惠条件进军大陆市场。台湾则希望通过深化与日本的经济关系减少对大陆的“过度依赖”，向签署自由贸易协定方向努力，为与亚太区域经济合作机制相衔接、加入 TPP 做准备。2011 年，台日签署了“投资保障协议”。马英九当局尽管对日本“购岛”做出强烈反应，但是无意因此而影响双方经济关系的深化进程。相反，马当局视大陆与日本经济关系的趋冷为深化日台经济关系的良机。日本“购岛”后，对岛内经济政策影响甚大的前“副总统”萧万长就表示中日冲突对台湾来说反而是一个发展机会，可以加强对日经济合作。“副总统”吴敦义认为日本企业受到威胁之际，正是台湾组团到日本、对日本企业宣扬如何与台湾合作、进军大陆的好时机。“立法院长”王金平则表示“联日、拉中、抗韩”

① 何思慎：《钓岛渔权博弈，台日各有棋谱》，《中国时报》2012 年 10 月 4 日；《钓岛风云：三强之间难为小，台湾火中取栗争渔权》，《中国时报》2012 年 9 月 28 日。

将是日本震后和两岸新局中推动台日产业合作的基础。2012 年 11 月 29 日，亚东关系协会会长廖了以与日本交流协会会长大桥光夫在台北国宾大饭店就电机电子产品检验与产业合作等签署“台日相互承认合作协议”与“台日产业合作搭桥计划合作备忘录”。①

三

除了政治抗争、经济谋利，马英九当局提出“东海和平倡议”，试图引领钓鱼岛问题的解决思路。2012 年 8 月 5 日，马英九在台北宾馆出席《台日和约》生效 60 周年纪念活动，表示忧虑钓鱼岛争议可能导致东海和平与安全陷入不确定状态，进而提出“东海和平倡议”，呼吁相关各方：自我克制，不升高对立行动；搁置争议，不放弃对话沟通；遵守国际法，以和平方式处理争端；寻求共识，研订“东海行为准则”；建立机制，合作开发东海资源。此后，台当局不断完善该倡议。9 月 7 日，马英九登临彭佳屿宣示主权之际，进一步提出“东海和平倡议推动纲领”。纲领主张通过两个阶段推动倡议，先是和平对话、互惠协商，建立一轨与二轨对话管道，强化互信；继而通过管道开展各种对话与协商，推动实质合作计划，建立共同开发资源机制。涵盖领域则包括渔业、矿业、海洋科学研究与海洋环境保护、海上安全与非传统安全，特别是要签署“东海行为准则”。马英九特别强调先进行两岸及分别与日本“三组双边对话”，取得进展后再推进到“一组三边协商”。②

应该说，“东海和平倡议”及其“推动纲领”带有鲜明的马英九个人色彩，源于其长期从国际海洋法研究钓鱼岛问题形成的学术观点。马英九的基本理论是：“由于钓鱼台列屿面积小、距岸远、资源少、无人居，及主权有争执，因此在中、日东海大陆礁层（即大陆架，引者）划界中不应具有划

---

① 《萧：中日冲突时发展台日经济合作机会》，《中国时报》2012 年 9 月 19 日；《中日经贸关系紧张，台拟赴日招商》，《经济日报》2012 年 9 月 27 日；《台日就电机电子产品检验与产业合作等签署“台日相互承认合作协议”与“台日产业合作搭桥计划合作备忘录”》，http：//www. mofa. gov. tw/official/Home/Detail/99cadd0e - 2633 - 4206 - ad4d - 1f7cfed5883d？arfid = 7f013c3f - f130 - 44a9 - 905f - 84cbaba2eca6&opno = 907477b5 - 1d95 - 4205 - a89d - 320ed4806d4b.

② 《“总统”出席“中日和约 60 周年纪念活动”》，http：//www. president. gov. tw/Default. aspx？tabid = 131&itemid = 27837&rmid = 514；《“总统”视察彭佳屿》，http：//www. president. gov. tw/Default. aspx？tabid = 131&itemid = 28069&rmid = 514.

界效力……不论中日两国最后何国取得钓鱼台列屿的主权（或甚至维持目前的僵局），东海海床划界的问题皆可与钓鱼台列屿主权问题完全分离。换言之，此二问题彼此全不相干，既可同时解决，亦可先后解决。”[①] 海床划界直接关联的是石油等海洋资源的分配，其与主权的分离意味着各方可以搁置主权争议而共享资源。这一理论为“东海和平倡议”提供了理论支撑，即“国家主权无法分割，但天然资源可以分享”。由此，马英九得以自圆其说，在坚持“中华民国”拥有钓鱼岛“主权”的同时，呼吁各方通过协商对话而合作开发资源，独享“主权”与共享资源实现了统一。

马“总统”将马博士殚精竭虑的研究成果作为执政当局正式的政策主张提出来，是学者出身的政治人物的常见做法。马当局在日本“购岛”势在必行但尚未正式实施之际提出“东海和平倡议”，显然有提前布局以应对“购岛”的用意。然而，在台湾特殊的国际环境下，“东海和平倡议”却有着特殊的长远“战略”意图。马英九当局希望借此展示台湾的软实力、巧实力，占据话语权制高点，突出争议当事方地位，让国际社会有感，从而为未来参与相关机制布局。2012 年 10 月 2 日，马英九接受 TVBS 采访，坦言台湾在“列强环伺”的情况下想争“话语权”，必须有明确主张，并颇为自认“东海和平倡议”在国际社会已初步产生影响，很多国家讨论东海问题时都会提到，“我们占了一个战略的高度”。前“陆委会副主委”黄介正称，新倡议是“让国际‘有感’的作为”，让别人有感，台湾“才有讨论机会”。政治大学外交系教授李明认为倡议是“以善意换取善意，为和平解决钓鱼岛争端找出路，对提升台湾的国际形象，具有正面积极的意义”。[②] 马英九上台以来，不再“烽火外交”、与大陆争夺“邦交国”、无谓地图谋“重返联合国”，转而以务实做法逐步扩大国际空间，“东海和平倡议”可谓此整体战略下新举措。

“东海和平倡议”出炉后，被马当局视为“重大理论创新”，竭力向国际社会宣讲。马英九近期会见来访外宾，屡屡进行阐释。“外交部”就钓鱼岛问题发布的一系列声明，言必提及该倡议。台湾在《华盛顿邮报》等美国主流媒体的广告标题就是“中华民国（台湾）提出东海和平倡议”。而国

① 马英九：《从新海洋法论钓鱼台列屿与东海划界问题》，第 158 页。

② 《马总统：台日渔权谈判月初可能展开》，《联合报》2012 年 10 月 3 日；《东海倡议：学者——让国际有感》，《中国时报》2012 年 8 月 5 日；李明：《两岸别相妨害，反对日本挑衅》，《联合报》2012 年 8 月 7 日。

际社会也确实出现不少肯定声音。“美在台协会台北办事处”前处长包道格、“美在台协会”前理事主席卜睿哲、国务院前副发言人容安澜、国务院前亚太助理国务卿帮办薛瑞福等人均认为倡议具有建设性，甚至是解决问题的唯一出路。[①] 马绍尔等“邦交国”更在联合国大会期间特意推介。然而，关键当事方日本却并未做出实质回应。2012 年，8 月 7 日，日本外相玄叶光一郎称“并非不可以考虑东海的各种合作形式”，否定式回应看不出实质性积极态度。10 月 5 日，玄叶在“对台湾各位传达的信息”中表示，“确保东海的和平与安定为所有当事者的共同利益。对于台湾日前提出的‘东海和平倡议’与‘推动纲领’，有部分我方虽无法接受，但亦能体察‘倡议’与‘纲领’呈现的就是如此的基本想法与精神”。[②] 这种外交语言虚与委蛇，着力玩弄辞藻而无具体回应，意图只在拉拢、安抚马当局，而毫无接受“东海和平倡议”的政策意涵。实际上，即使卜睿哲、容安澜等肯定该倡议的美国战略界主流学者也指出日本、大陆不会接受，高度质疑倡议的可行性。

四

美国是钓鱼岛争端的关键外部因素。尽管日本在清朝末年的窃占是钓鱼岛问题的肇始，但直接造成四十余年来纷争格局的却是美国政府。二战后初期，美国在托管期间将钓鱼岛纳入琉球群岛范围，并在 1972 年将管辖权一并“归还”日本，埋下中日争端的祸根。这与老牌殖民国家英国退出中东、南亚时的做法并无二致。不仅如此，美国声称《美日安保条约》第五条适用于钓鱼岛，一定程度上为日本保持实际控制的相对有利地位和对大陆、台湾坚持强硬立场提供了保护伞。此条规定：“本条约缔约双方宣誓，在日本国管辖的地域内，若缔约的任何一方受到武力攻击，都将被视为本国自身的和平与安全受到威胁，并且依照本国宪法的规定和程序，采取行动应对这种共同的危险，任何这种武力攻击及由此而采取的所有措施都必须按照联合国宪章第五十一条的规定，立即报告联合国安理会，当联合国安理会采取了必

---

① 《包道格：马“总统”倡议是唯一出路》，《中国时报》2012 年 9 月 8 日；《卜睿哲肯定马和平倡议》，《联合报》2012 年 9 月 12 日；《薛瑞福：仅台提具体建议》，《中国时报》2012 年 10 月 19 日。

② 《玄叶外务大臣透过交流协会对台湾各位传达的信息》，http://www.koryu.or.jp/taipei-tw/ez3_contents.nsf/New/31BBE35F9EDE1AEC49257A8E000EADA7?OpenDocument.

要的措施来恢复国际和平与安全时，这些措施必须停止。”日本此番悍然“购岛”，与美国重返亚太战略并非毫无关系，但尚难言美国有意推动。“购岛”是对钓鱼岛现状和中日多年共识的显著改变，由此引发的中国强硬反制和中日矛盾激化都可预期。当前的美国亚太布局、中美关系、国际经济形势下，美国并不乐见中日关系紧张到如此程度。问题的关键在于美国虽然未积极推动日本“购岛”，但在“购岛”事发后的相关表态一度相当暧昧。事态升温过程中，美国尽管也声称对主权归属保持中立、不持特定立场，但其对美日安保条约适用性的强调更容易对相关各方的博弈心理和决策产生影响。2013 年 1 月，卸任在即的希拉里·克林顿国务卿会见就职伊始的日本外相岸田文雄，前所未有地表示反对任何单方面破坏日本管辖权的行动，将美国对日本的袒护和纵容政策推进了一大步。

美国在钓鱼岛问题上的立场从一开始就与台湾当局存在结构性矛盾。关于“主权”，台湾坚称归己、寸土必争，而美国的所谓中立立场认为地位未定，等同于否认台湾主张。台湾当局尽管视美日安保条约为东亚安全的基石，寄希望于其对自身的长期庇护，但是也并不认可将该条约正式适用于钓鱼岛。因此，马当局对美国的确有所不满。2012 年 9 月 25 日，马英九会见衔克林顿国务卿之命访台的国务院亚太局经济政策协调官柯夏谱时，就公开呼吁美国坚持 40 年来的中立立场。① 智库人士对美国的不满更是溢于言表。亚太和平研究基金会副执行长陈一新连发数文，直接指责“造成东海紧张情势升高的始作俑者，以及劝阻东京国有化不力，当然非美国莫属”，“若是没有美国国务院发言人纽兰两度发言宣称美日安保条约适用‘尖阁群岛’（钓鱼台列屿），借给东京十个胆子也不敢行此天下大不韪之事”，甚至警告美国“袒护日本‘太超过’，未来恐将愈来愈难扮演公正的斡旋者，诚所谓典守者不能辞其咎”。② 这种火力全开的言论出自亲美人士口中，实为罕见。

然而，台美关系的基本格局和当前趋势决定了马英九当局不会为此而与美国公然叫板。毕竟，在台湾当局看来，美国是其最主要的外部支持力量、安全所系。马英九第一任期内，美台恢复陈水扁执政后期跌至谷底的互信，美国三批次售台武器的规模超越李登辉、陈水扁时期。马英九连任竞选中，

---

① 《总统接见美国 APEC 资深官员、国务院亚太局经济政策协调官柯夏谱》，http://www.president.gov.tw/Default.aspx? tabid = 131&itemid = 28184&rmid = 514。

② 陈一新：《钓岛与独岛争议替美国解围》，《中国时报》，2012 年 10 月 3 日；“美日联手战略，试探中国底线”，《中国时报》，2012 年 9 月 12 日。

美国关键时刻频频出手，有计划、有节奏地续推军售、高官到访、宣布免签待遇等动作，成最大外部辅选员。马连任成功后，强力推动解禁美国牛肉，既回报了美国辅选，更移除美台关系障碍。在台日关系因钓鱼岛争议出现变数的同时，台美关系却持续深化。海参崴 APEC 会议上，代表马英九的连战与代表奥巴马总统的克林顿国务卿举行正式会谈。2012 年 9 月 30 日，年度“美台国防工业会议”在美国如期召开。10 月 2 日，美国正式宣布台湾加入免签证计划，11 月即开始实施。2013 年 2 月 4 日，台湾“驻美代表”金溥聪与“美在台协会”理事施蓝旗在华盛顿签署新版“特权、免税与豁免协定”，完善对双方互派驻机构和人员的保障。美国贸易代表署副贸易代表 Demetrios Marantis 定于 3 月 11－12 日率团访问台湾，与台“经济部次长”卓士昭共同主持，重启搁置六年之久的 TIFA 会议。在台美关系发展大趋势下，马英九当局在处理钓鱼岛争端中的美国因素时，并非单纯施压批判，而主要是游说、沟通。陈一新尽管严厉抨击美国，但还是衔命赴华盛顿公关。

在钓鱼岛问题上，马英九当局要获得美国信任，关键之一在于拒绝与大陆联手保钓，让美国安心。这已成为马当局近年来的一项基本原则，在此轮“购岛”争议中也是言必称之。无论是马英九接受日本 NHK 专访，还是“外交部”的一系列声明，均多次重申。甚至发布对日抗议声明，也要刻意抢在大陆之前，以免造成追随大陆、开展合作的印象。[①] 2013 年 2 月 18 日，马英九进一步列出不与大陆合作保钓的三大“理由”，即大陆不承认“台日和约”、未回应“东海和平倡议”、不希望台日渔权谈判触及主权等。然而，日本在美国袒护下蓄意滋事，导致事态不断升级，冲撞两岸政策底线，无可避免地促成两岸未必有意为之但却客观出现的配合。对日本“购岛”过程中的具体动作，两岸均进行抗议，表明的立场如撤销购岛决定、承认争议基本重叠。两岸宣示主权的重要动作，都是海事管理部门巡航、护渔。两岸均呼吁美国保持中立。对巴拿马总统的失言，两岸均进行交涉。这些政策做法，除了出台的时间有前后脚外，基本都一致。两岸尽管未进行事前沟通协调，但步调却高度一致。这已超越台湾当局的“不联合保钓”的主观意愿，而是形势使然，反映出的是两岸在涉外主权事务领域不以当政者主观意愿为转移的客观互动规律。尽管是“兄弟登山、各自努力”，以各自的方式进行保钓，但是共同的指向、共同的立场必然导致心照不宣的默契，而这种默契

---

① 《驻日代表返台，拒渔权谈判》，《中国时报》2012 年 9 月 11 日。

会随着外国滋事的升级而相应深化。陈一新曾详细论述两岸不能联合保钓的多条理由，但是面对日本在美国袒护下的“购岛”行径，不得不承认“东京的蛮横决定及美方的自以为是与力挺日本，却让两岸在保钓这个议题上有更多机会在不约而同的情况下合作”。①

马英九当局的“国家安全”基本战略是“和中友日亲美”，而钓鱼岛争议恰恰牵涉美日及中国大陆，直接冲击该战略。台湾地区在三强之间周旋，应对不当会导致一组甚至多组双边关系受损，大战略破局；应对得当则可化危为机，得到最大实惠。钓鱼岛争端还在持续，台湾的角色也值得观察。

① 陈一新：《美日联手战略，试探中国底线》，《中国时报》2012年9月12日。

浅析台湾参与TPP的动机

中国战略文化促进会　王　勇

一、前言

2008年全球金融危机以来，美国面临失业率高企、经济增长乏力、综合实力下降等问题，全球领导者地位日益受到冲击和挑战。为扭转该局面，美国战略界经过反复评估后，喊出了“重返亚洲”口号。2009年7月，美国国务卿希拉里·克林顿在东盟地区论坛上高调表示，“我们回来了”，[①] 标志着美国“重返”政策的开始。同年11月，美国总统奥巴马亲赴亚洲出席第一届“美国—东盟”峰会，再次释放美国“重返亚洲”的强烈信号。[②] 自此，美国将重心重新转移到亚太地区，而“跨太平洋战略经济伙伴协定”（TPP）正是美国从经济上“重返亚洲”、主导亚洲经济一体化进程的重要手段。[③]

自国民党重新执政以来，台美实质关系深入发展，台湾当局领导人马英九2012年2月会见“美在台协会”主席薄瑞光时表示：“台美关系30年来最好。”[④] 为进一步发展并维持台美关系，避免在新一轮亚太区域经济整合中被边缘化，台对加入由美主导的TPP兴趣极大。2011年，马英九在其黄金十年规划中宣示，将在未来10年内加入TPP，2012年7月，马英九加快参与步伐，希望台湾8年内加入TPP，要“排除障碍，调整心态，8年入T，

① 中国日报网，http：//www.chinadaily.com.cn/hqpl/2009－07/22/content_8459808.htm。

② 联合早报网，http：//www.zaobao.com/wencui/2009/11/liaowang091125r.shtml。

③ 余淼杰，《TPP：美国的独角戏?》，金融时报中文网。

④ 环球网，http：//taiwan.huanqiu.com/news/2012－02/2399293.html。

能快就快”。[①] 但 TPP 不仅是一个高标准的自由贸易协定，还是美国用来“制衡中国”的经济手段，台湾参与过程将面临一系列的困难。

二、TPP 概述

TPP 由新西兰、新加坡、智利于 2002 年发起，目的是推动三国间经贸交流，并以推动亚太地区自由贸易为远期目标。2005 年 6 月，上述三国和文莱经过谈判，签订了一份“涵盖所有商品和服务项目”的综合性自贸协定，即“基础四国协定”（P4）。该协定于 2006 年 5 月正式生效。由于发起国经济总量较小，该协定初期并未在亚太地区引起重视。2008 年，美国宣布加入 TPP。2009 年 11 月，美国正式提出扩大 TPP 并全面主导，使其影响力迅速上升。随着澳大利亚、秘鲁、越南、马来西亚相继加入谈判，该协定引起了广泛关注。2010 年 3 月，TPP 首轮谈判在澳大利亚墨尔本举行。2011 年 APEC 夏威夷会议期间，奥巴马宣示：各方已就 TPP 框架协定达成一致，拟于 2012 年完成谈判。[②] 2011 年 11 月，日本前首相野田佳彦宣布加入 TPP。2012 年 10 月，墨西哥和加拿大先后宣布加入，自此，TPP 成员国扩大为 12 个。

从美国贸易代表办公室（USTR）公布的框架协定看，TPP 有五大特征：一是强调全面市场准入，消除所有贸易和投资关税和壁垒。二是主张全面的地区协调性，协助成员经济体发展生产与供应链，同时为创造就业、提高民众生活水平、提高社会福利和推动各国可持续增长服务。三是涉及“交互影响的（Cross - cutting）贸易议题”，包括制度一致性、竞争和商业便利化、扶持中小企业、关注国家发展等。四是呼吁应对贸易新挑战，包括数字经济、绿色科技等，以保障公平竞争环境。五是保持发展势头，随时向新议题和新成员开放。[③]

截至 2013 年 2 月，TPP 已进行十五轮谈判。总体看，谈判可分为两大阶段：

（一）初期谈判阶段（2010 年 3 月至 11 月）。本阶段共进行三轮谈判，

---

① 中华人民共和国商务部网站，http：//www. mofcom. gov. cn/aarticle/i/jyjl/l/201207/20120708251854. html。

② 多维新闻网，http：//national. dwnews. com/news/2011 - 11 - 12/58300787. html.

③ 美国贸易代表办公室网站，http：//www. ustr. gov/tpp.

谈判正式成员增至 9 个并设定了 2011 年的预期目标。该阶段谈判主要讨论农产品、电信、金融服务、关税和政府采购等问题。

（二）加速谈判阶段（2010 年 12 月至今）。2010 年 12 月，第四轮 TPP 谈判在新西兰城市奥克兰举行，马来西亚首次作为正式成员参与谈判。2011 年，TPP 共进行 6 次谈判；2012 年，共进行 5 次谈判。本阶段，谈判各方达成协定框架。与时同时，在美国主导下，不断推进谈判进度，衍生出许多“非传统”议题，例如针对成员国的市场监管、经济立法基础建设、市场透明、劳工和环境保护等。

TPP 成员国第十六轮谈判拟于 2013 年 3 月 4 日至 13 日在新加坡举行。

三、美国力推 TPP 的目的

（一）扩大对外贸易，重振经济活力

奥巴马政府将重建经济作为国家安全战略基础，但当前美国经济复苏乏力、失业率居高不下。在国内消费疲软、原有市场容量有限的情况下，开拓新对外贸易市场，成为美促进经济复苏的优先选择。在具体行动上，2010 年 3 月 11 日，奥巴马签署第 13534 行政法令，宣布实施“国家出口振兴行动”（National Export Initiative，NEI），提出“五年出口倍增计划”战略目标：未来五年实现美国出口增长一倍，并由此为美国国内增加 200 万个就业岗位。[①]

自 2008 年金融危机以来，亚太是世界经济格局中发展得最好的地区，人口总数、经济总量均为世界第一，其重要性日益提升。根据亚洲开发银行 2012 年 8 月 15 日发布的 2011 年度亚太地区主要指标报告显示，2011 年亚太地区对全球国内生产总值（GDP）总量的贡献率进一步上升至 36%，高于 2009 年的 33.3%；2011 年亚洲未经加权的平均经济增长率为 5.6%，较 2010 年的 5.9% 虽有放缓，但仍高于全球 2.6% 的平均经济增长率和美国 1.7% 的增长率。[②] 为提升与亚太经济体的经贸关系，并在新一轮亚太经济整合中掌握主导权，美国适时宣布加入 TPP 谈判。TPP 对美国的意义不言而

① 和讯网，http：//opinion.hexun.com/2012-07-09/143324248.html.

② 中华人民共和国商务部网站，http：//www.mofcom.gov.cn/aarticle/i/jyjl/m/201208/20120808291001.html.

喻：统计数据显示，墨西哥和加拿大宣布加入后，TPP 成员国成为美国最大的商品和服务出口地。2011 年，美国向该区域出口商品近 9000 亿美元，占全部商品出口的 60%；出口农产品 980 亿美元，占全部农产品出口的 72%。[①] TPP 可以说是美国在经济上“重返亚洲”并落实“五年出口倍增计划”的战略支柱之一。北京大学中国经济研究中心与美国国际贸易委员会等机构合作模拟测算亦显示，对美国而言，TPP 有助于实现白宫制定的“五年出口倍增计划”，重振美国经济活力。

（二）主导亚太地区经济格局发展进程

进入 21 世纪以来，亚太多边机制发展迅速，区域经济融合程度不断加深，出现了越来越多的双边自贸协定和区域贸易协定。例如，“东盟—中国”、“10+3”（东盟 10 国和中、日、韩 3 国）、“10+6”（在“10+3”基础上，再加上印度、澳大利亚、新西兰）等较大的地区贸易机制，但美国在该区域仅拥有 6 个自贸协定，且除北美自贸区外，其他均为双边安排（美国分别与澳大利亚、加拿大、韩国、墨西哥、新加坡五国签有自贸协定）。[②]

在此背景下，美国认识到亚太区域对其国内经济的增长、就业能力的提升和大国地位的巩固具有基础性作用。位于华盛顿的彼得森国际经济研究所估计，一个没有美国参与的东亚自由贸易区可能使美国公司的年出口至少损失 250 亿美元，或者约 20 万个高薪岗位。[③] 鉴于此，美国不想再当旁观者，要采取切实的行动成为亚太区域经济整合的领导者，与太平洋对岸的政府、企业和公众进行沟通、交流与融合。通过区域经济合作打开新的市场空间，确保美国企业能够自由和公平地进入这些最具活力的出口市场。因此，美国调动一切行政、经济和外交资源全面参与 TPP 谈判，打破亚太原有的区域经济整合节奏，削弱亚太地区原有的贸易机制。通过对亚太区域经济一体化进程的介入，进一步稀释中、日等大国的区域经济和政治影响力。[④]

---

① 美国贸易代表办公室网站，http://www.ustr.gov/tpp.

② 美国贸易代表办公室网站，http://www.ustr.gov/trade-agreements/free-trade-agreements.

③ 腾讯网，http://finance.qq.com/a/20100316/001782.htm.

④ 中国贸易救济信息网，http://www.cacs.gov.cn/cacs/topicMore/articleDetail.aspx?articleId=92325.

（三）巩固与亚太地区盟友关系

从美公布的协定框架可看出，有关监管、法治建设、市场透明、反贪和规则一致化等内容已远超出经济范畴，深入到各谈判成员国的国内政治和安全领域。如协定正式生效，美与各国联系必将更加紧密。美智库东西方中心研究报告称，“美力推该协定不仅具有经济目的，而且还有地缘政治考虑，服从和服务于美深化与亚太地区接触的战略目标”。

在全面主导 TPP 的同时，美亦通过一系列的经济、外交、军事手段，积极巩固其与亚太地区主要国家的关系。2012 年，美国务卿希拉里、国防部长帕内塔等高官先后访问亚洲地区，奥巴马亦在连任后访问泰国、缅甸和柬埔寨，并成为历史上第一位访问缅甸的美国总统。① 2012，在亚太地区由美国主导的联合军演高密度连环举行。最明显的特点就是，多种联合军演的参加国家达到历史之最。如 2 月 7 日举行的为期 11 天的“金色眼镜蛇”联合军演，参加此次军演的正式国家包括美国、泰国、新加坡、韩国、印尼、马来西亚，日本、澳大利亚、法国、加拿大、英国、孟加拉国、菲律宾和越南等，这是该军演迄今为止规模最大的一次多国联合军演，也是美国以亚太为中心的新军事战略提出后的首次联合军事演习。②

（四）遏阻中国势力扩张

随着中国地位的提升，美国在亚洲的经贸影响力相应衰落。以中国与东盟的经贸为例，统计数据显示，2000 年，中国与东盟的贸易总额为 395 亿美元，美国与东盟的贸易总额为 1000 亿美元；2011 年，中国与东盟的贸易总额上升至 3628 亿美元，而美国与东盟的贸易总额仅为 1940 亿美元。2010 年 1 月 1 日，有 19 亿人口和 6 万亿美元 GDP 的“中国—东盟自由贸易区”正式建成，对东亚经济一体化进程产生重要影响，而美国并未参与其中。与此同时，东亚国家对美国的贸易依存度，整体来讲是下降的：再以韩国为例，1990 年到 2010 年，韩国对美国市场的依存度，由 27% 降到 9.3%；韩国对中国市场则由同期的 2.9% 上升到 20.4%。③ 2012 年 11 月 21 日，中国

---

① 网易网，http：//news.163.com/12/1119/10/8GLRTU0100014JB6.html.

② 观察者网，http：//www.guancha.cn/li－da－guang－da－xiao/2012_08_02_88378.shtml.

③ 《TPP 与美国亚太战略调整及对中国的影响》，《中国评论》月刊，2012 年 3 月。

商务部发布公告称，东盟十国与中国、日本、韩国、印度、澳大利亚、新西兰的领导人共同发布了《启动“区域全面经济伙伴关系协定”（RCEP）谈判的联合声明》，正式启动这一覆盖16个国家的自贸区建设进程，同期宣布启动的还有中日韩自贸区谈判。一旦成行，RCEP覆盖的经济总量将达20万亿美元，约占全球经济的三分之一；中日韩三国均为全球重要经济体，互为重要的贸易投资体位，自贸区则涉及经济总量14万亿美元，占全球经济的五分之一。面对美在亚太地区经济影响力越来越弱、中国在亚太地区影响力越来越强的情况，美“重返”亚洲已成了必然选择。①

表面上看，美国是在权衡各方利益的基础上，试图达到亚洲经济发展机遇“共享”的目的。而其深层用意则是确保在亚洲大陆不要出现一个挑战或与美国对抗的区域性组织或国家，而其重中之重就是消减中国在地区内的影响力。② 台前“新闻局长”、现任“立委”江启臣表示：“美国总统奥巴马的所谓重返亚洲政策，说白的一点，就是要遏阻中国大陆势力扩张，因为随着中国大陆经济高速成长，军费不断倍增之下，中国大陆在亚洲甚至全球都开始展现它的影响力，这已威胁美国的领导地位，因此重返亚洲，就是要对抗中国大陆。”③

四、台湾参与TPP的动机

（一）振兴台湾经济

台湾属于海岛型经济，国内资源有限，振兴经济必须经由国际贸易的扩张。经贸关系对台湾的经济成长十分重要，而若从1996年以来的经贸关系来加以观察，便可发现台湾进出口贸易几乎都处于顺差的地位，其顺差金额由1996年的147亿美元到2010年的234亿美元。在对外经济关系方面，美国与日本是最主要的进出口国家，长久以来，一直都是台湾的前两大贸易伙伴；90年代以后，中国大陆经济崛起，台湾的进出口已逐渐转向中国大陆，另有部分转向欧洲与东南亚市场，同时也是泰国、印度尼西亚、菲律宾、马

① 和讯新闻网，http：//news. hexun. com/2012 - 11 - 22/148206655. html.

② 《“重返亚洲”——奥巴马政府东亚政策评析》，《当代世界》2010第1期。

③ “中央日报”网络版，http：//www. cdnews. com. tw/.

来西亚，以及越南的主要投资来源。①

TPP 被认为可给台湾带来巨大的出口利益，使台湾在未来区域经济整合道路上不会被边缘化。马英九表示："台湾生产毛额 70% 仰赖外销，自历史经验可知'开放带来希望，闭锁带来萎缩'，政府将尽快和主要出口国家签订自由贸易协定或经济合作协定，加入 TPP 会给台湾带来巨大的出口利益。"② 台"国贸局副局长"陈铭师指出，加入 TPP 后，可强化台湾在亚太地区的重要地位。台"国贸局"组长戴婉蓉进一步指出，加入 TPP，台 GDP 会明显提升 115.62 亿美元，其中工业部门获益最多；在出口部分，对外总贸易出口值可因加入 TPP 而大幅提升，估计约可增加 106 亿美元。

（二）巩固台美实质关系

台美关系在台对外关系中一直占据最主要地位。自马英九执政以来，台美关系深入发展。在经济方面，自台"立法院"三读通过"美牛案"后，台美"贸易暨投资架构协议"（TIFA）将于 2013 年 3 月复谈。在军事方面，美国依据"与台湾关系法"，继续加大对台军售力度：2011 年 9 月 21 日，奥巴马政府宣布了总额高达 58.52 亿美元的对台军售计划；2013 年 1 月 8 日，美国参议员、"台湾连线"共同主席殷霍夫在对台湾访问时表示，美国将在 2013 年对台出售 30 架"阿帕奇"攻击直升机，2014 年出售 60 架"黑鹰"运输直升机，2015 年出售"爱国者—3"型导弹。③ 在台"国际空间"方面，美力挺台加入"国际民航组织"（ICAO）、"世界卫生组织"（WHO）等，并于 2012 年底给予台免签证待遇。

为配合美"重返"亚太战略，削弱美国内"弃台论"声音，自奥巴马连任后，台再次释放出深化台美关系、加入 TPP 的意愿。台前"行政院长"陈冲表示，"推动加入 TPP 是政府当前施政重点"。台湾"外交部政务次长"柯森耀在 2012 年 12 月 18 日"台美日三边安全对话研讨会"上表示："美国宣示重返亚洲政策中，其中 TPP 将有助于强化美国与亚太国家之经贸关系，也广受区域国家的重视与欢迎，马英九明确提出八年加入 TPP 的决心，现阶段以堆积木的方式与各国分别就投资、关税、服务等进行交涉，以逐步

---

① 《台湾与 TPP》，国家政策研究基金会，http://www.npf.org.tw/post/2/10427.

② 中评网，http://www.zhgpl.com/crn-webapp/doc/docDetailCreate.jsp?coluid=7&kindid=0&docid=102205414.

③ 网易网，http://war.163.com/13/0109/10/8KP7H3SO00014OMD.html.

迈向 FTA 的目标。”①

（三）降低对大陆经济依存度

马英九执政以来，台湾当局大力加强改善两岸关系和拓展“国际”经贸空间，取得了较大的改变和突破。特别是 2010 年 6 月与大陆签订“两岸经济合作框架协议”（ECFA）以来，两岸贸易占台湾外贸的比重平均逐年提高。同年，台湾进出口增长率达到 10.88%，是台湾二十多年来再度出现两位数经济增长率的唯一年份。② 2011 年 1 月两岸正式开始实施 ECFA 相关协议内容。目前，中国大陆已成为台湾的第一大贸易伙伴、第一大出口市场、第二大进口来源以及贸易顺差的最大来源地。可以说两岸贸易已成为推动台湾经济发展的主要力量。随着两岸 ECFA 谈判的不断深入推进和实施，台湾对大陆的贸易依赖程度会继续提升。

台湾经济部门分析，这种过度依赖向大陆出口的经济增长模式在客观上面临着严峻考验。③ 尤其是中共十八大以后，大陆“以经促政”的趋势更为明显，台面临着与大陆商谈“和平协议”、“两岸军事互信协议”的压力。台湾当局高调宣布积极准备以加入 TPP，充分显示出已开始规划重返亚洲区域经济整合的可能性，希望透过 TPP 积极参与亚太区域经济整合，协助台湾企业拓展海外发展商机，并以此摆脱对大陆经济的过度依赖，缓解与大陆开展政治谈判的压力。

（四）拓展台湾“国际空间”

在当前国际经济社会中，由于两岸关系的特殊性，台湾长期面临“外交”与外贸的困境。目前，台湾已签署生效的 FTA，除 ECFA 之外其余均是和中美洲国家达成的，这让经济对外依存度极高的台湾非常被动。2011 年，台湾在亚洲的竞争对手韩国先后与美国、欧洲签订了自由贸易协定（FTA），台湾危机感剧增。马英九虽在就职演说中表示，将在“一中各表”的“九二共识”基础上，与大陆就台湾“国际空间”进行协商，并推出“活路外交”政策，力图拓展台湾的“国际空间”。但台湾在参与“国际空间”方

---

① 香港经济网，http：//www.hkfe.hk/article/show/6638.html.

② 王勇：《台湾寻求加入 TPP 的动机、路径选择及前景》，《国际经济合作》2012 年第 8 期。

③ 《台湾经济向前看》，《经济日报》2011 年 1 月 24 日。

面，很大程度上依赖于美国的支持。美国常驻联合国代表团曾发布声明，表示美国长期以来都支持台湾“有意义参与”包括 WHO 在内的联合国专门组织。但为符合“一个中国”政策，美国仅支持台湾加入不需要以国家为会员身份的国际组织。在两岸关系深入发展阶段，中国大陆对台湾参与国际组织的态度似有松动。马英九当局为赢利选民选票、获得美方支持，当然要充分把握机会，积极表态配合美“重返”亚太战略，加入美国主导的 TPP。

台湾若成功加入 TPP，不仅是扩展国际空间的里程碑式突破，更可密切与各成员国之间的经贸交流与合作：与东盟四国连接，不用分别商谈双边 FTA；与台湾的第二及第三大贸易伙伴—美国与日本经济整合；深化与南美洲的智利和秘鲁、大洋洲的澳大利亚和新西兰的经贸关系等。[1]

---

① 林祖嘉、谭瑾瑜：《台湾加入 TPP 的重要性、挑战与具体策略》，《两岸经贸月刊》2012 年第 1 期。

建立具有两岸关系特色的军事安全互信机制探讨

中国国际问题研究所　郭震远

建立两岸军事安全互信机制，已经成为两岸相关部门、研究机构和个人广泛关注的一个热点问题。正如不可能将现有的各种理论、模式套用到对整个两岸关系的研究，特别是用于处理两岸关系一样，研究与建立两岸军事安全互信机制，也不可能套用现有的相关理论和模式。虽然，在技术层次的某些具体问题上，还是可以有所借鉴。从根本上说，这是整个两岸关系的独特性决定的，即古今中外的前所未有性决定的。所以，关注和研究建立两岸军事安全互信机制问题，关键是必须着重关注、研究其两岸关系特色。不然，这一问题在实际上将不可能得到解决。

一、不是单纯地处理两岸军事关系问题，而是两岸关系和平发展不可缺少的重要组成部分

世界上已建立了很多军事互信机制。尽管各自的形式和内涵并不相同，但它们都是单纯处理相关方面的军事关系。建立这一机制的目的，明显地就只是为了处理相关方面的军事关系。无论是对于国际性的军事冲突，还是对于内战性的军事冲突，建立军事互信机制无不如此。例如，针对当年欧洲的华约与北约之间的军事对峙、埃及和叙利亚与以色列的军事冲突以及一些非洲国家内战等，建立的军事互信机制就都是单纯地处理相关的军事关系。尽管其中的一些军事冲突、对峙实际上有着十分重要的政治冲突背景，例如华约与北约的军事对峙。主要原因是，军事冲突的当事各方无论是华约与北约，还是埃以、叙以以及内战各方，都认为冲突不可能真正解决，但又都需要缓解激烈的冲突，尤其需要避免冲突进一步激化，所以，各方都接受建立

军事互信机制，以争取缓解冲突并维持冲突不进一步激化的状态，而不是谋求真正解决冲突。实际上，上述军事互信机制建立后，总体上看，确实在一定程度上缓解了冲突，并维持了冲突没有进一步激化的状态，但同时所有的冲突也都没有因此而得到真正的解决。其中，华约与北约的军事对峙的解决，是因为华约解体，而不是因为建立了军事互信机制。从这个意义看，已建立的军事互信机制，实际上就是维持军事关系现状。

建立两岸军事安全互信机制，具有与已建立的各种军事互信关系完全不同的目的，从而表现出明显的两岸关系特色。两岸面临的军事形势是独特的。1979 年 1 月 1 日，全国人大常委会发布《告台湾同胞书》以后，大陆方面即停止了炮击金门等对台军事行动；1988 年以后，随着两岸交流、交往的迅速发展，两岸的军事对峙虽然继续存在，但强度持续下降，在这一期间曾经发生过零星的军事事件，如台湾方面误击大陆，但没有扩大、激化；2008 年两岸进入和平发展历史新时期以来，两岸的军事对峙进一步缓和，可以说，台湾海峡已经成为"和平的海峡"。显然，建立两岸军事安全互信机制，既不是为了缓和激烈的军事冲突，也不是为了防止冲突的进一步激化。因为实际上，在两岸之间这两方面都不再存在，甚至不太可能会重新出现。但是，随着两岸关系和平发展进程的深化，建立两岸军事安全互信机制问题，却成为两岸都十分关注的热点问题。显然，两岸都认识到，建立两岸军事安全互信机制，虽然已不是两岸之间迫切的军事关系问题，但却是两岸关系和平发展进程进入深水区，必须面对和处理的重要问题。众所周知，从 1949 年到 1978 年的 30 年中，军事对抗一直是两岸关系的主体。1979 年以来，军事对抗持续、明显地减少，但不仅始终存在，而且其影响明显大于其实际的存在。事实上，作为两岸关系最深刻的历史记忆，两岸军事冲突对两岸关系的直接影响和间接影响，始终强烈存在。1991 年台湾当局宣布终止所谓的"动员戡乱时期"，据此，台湾方面坚持宣称，两岸的"敌对状态已经结束"。但是，台湾方面作为中国内战的一方，在未经内战双方谈判、协商并达成共识的情况下，单方面宣称"结束敌对状态"，并不具备法理意义。更重要的是，从那时直到 2008 年，台湾当局对大陆的全面敌视、高度防范始终存在，并且成为发展两岸交流、交往的最严重障碍。2008 年以后，台湾方面对大陆的敌视、防范明显减少，但其影响犹存，并仍然是两岸关系和平发展的严重干扰因素，这在两岸关系的各领域都有所表现。显然，完全结束两岸敌对状态，已经成为两岸关系和平发展进程巩固、深化的关键性步骤，而建立两岸军事安全互信机制，则是实现这一步骤不可缺少的前提和基础。这从根本上决定了，建立两岸军事安全互信机制完全不同于已建立的各种军事互信机制。两岸军事安全互信机制不是单纯的两岸军事关系问题，而是两岸关系和平发展进程的重要组成部分，就是这一机制最重要的两岸关系特色，是建立这一机制时最基本的依据和出发点。显然建立两岸军事安全互信机制，不是保持两岸军事关系现状，而是持续推进两岸关系和平发展进程，这是这一机制建立和运行的最重要目的。

认识与把握建立两岸军事安全互信机制的两岸关系特色，不仅将直接决定这一机制的能否建立，而且还将决定建立这一机制对于两岸关系和平发展进程的影响。陈水扁执政时期，一度热衷于要与大陆建立“军事互信机制”，台湾相关部门为此进行了一些研究，台湾的年度“国防报告书”也对此有所论述，但最后“无疾而终”。陈水扁出于推行“台独”的目的，企图通过建立所谓的“军事互信机制”，以处理两岸之间单纯军事关系的方式，保证“一边一国”之间的所谓“军事稳定”，实际上就是企图消除大陆方面针对其“台独”行径的“军事威胁”。陈水扁的图谋理所当然地不能实现，从反面显示了；仅从单纯的军事关系着眼，脱离两岸关系大局，不可能建立两岸军事安全互信机制。马英九执政以来，两岸关系进入和平发展历史新时期，台海局势得到前所未有的缓和。在这个背景上，台湾方面对于建立两岸“军事互信机制”的关注不断减少，在 2013 年度的“国防白皮书”中，仅一句话涉及这一问题。马还一再表示这一问题“没有急迫性”。显然，台湾方面仍然从单纯的两岸军事关系看待建立两岸军事安全互信机制问题。实际上，尽管台海局势已大为缓和，但在台湾仍然存在对大陆相当广泛的疑虑、畏惧，甚至一定程度的敌意，这对于两岸关系和平发展进程的巩固和深化形成了不可忽视的干扰。马英九当局对于建立两岸军事安全互信机制的消极态度，明显不利于消除台湾方面对于大陆的疑虑、畏惧和敌意。这进一步显示了，建立两岸军事安全互信机制与两岸关系和平发展进程的密切关系。但是，认识和把握建立两岸军事安全互信机制的两岸关系特色，并在此基础上建立这一机制，对于两岸都是全新的课题。显然，只能坚持两岸共同努力、进行实践、摸索路径、总结经验，争取比较顺利地建立起这一机制，并在两岸关系和平发展进程的巩固、深化中发挥其重要的积极作用。

二、不仅是建立两岸具体的“军事互信”，更是建立两岸广泛的“安全互信”和“政治互信”

可以预料，未来建立的两岸军事安全互信机制，肯定包括一系列具体的“军事互信”措施，例如，通报军队和重武器部署调整，视察军事演习等等。因为这些都是“军事互信”必然具有的内涵，也正是已建立的各种军事互信机制的主体内涵。但同时还可以预料，未来建立的两岸军事安全互信机制，将包括更广泛的“非军事的”安全互信，甚至政治互信措施，例如，共同救助海难、共同护渔，以及共同维护海洋权益等等。这些并不是一般意义的“军事互信”措施，但却必然是未来建立的两岸军事安全互信机制重要的、甚至是主要的内涵。所以，建立两岸军事安全互信机制，不仅是建立两岸具体的“军事互信”，更是建立两岸广泛的“安全互信”、“政治互信”。这是建立两岸军事安全互信机制一个重要的两岸关系特色。正因为这一特色，大陆方面认为，应建立的是“两岸军事安全互信机制”，而不是一般所谓的“军事互信机制”。

未来建立的两岸军事安全互信机制，不仅包括两岸具体的“军事互信”，更包括两岸广泛的“安全互信”、“政治互信”，这是两岸关系，特别是其和平发展进程深刻影响的必然表现。如前所述，已建立的处理具体军事关系的各种军事互信机制，都是相关方面既深陷于严重的军事冲突对峙中，又难以在军事上完全击败对方，因而采取的缓解措施。相关方面关注的只是如何预防对方利用缓解之机，获取得以取得最终胜利的军事优势，特别是要力避缓解中遭到对方突然袭击的危险。所以，建立的军事互信机制，必然以“军事互信”措施为主要内涵。但是，建立两岸军事安全互信机制却面临着完全不同的局面。不仅因为 2008 年以来，两岸军事冲突、对峙的危险及可能性都不断降低，以至于可认为基本上不再会发生，更因为两岸之间“互疑”的焦点，实际上不是具体的“军事互疑”，而是“政治互疑”，即大陆方面对于台湾方面可能选择“台独”的疑虑以及台湾方面对于大陆方面以武力反“独”促统的畏惧。显然，仅包含具体“军事互信”措施的所谓“军事互信机制”，对于两岸、对于两岸关系都没有重要的实际意义。两岸之间真正需要的，是以消除“台独”可能性对两岸关系深刻不利影响为核心内涵的“除疑增信”，即建立和不断强化以消除“台独”危险为基础的

“安全互信”、“政治互信”。坦率地说，在两岸关系持续和平发展的形势下以及两岸军事实力对比大陆占有绝对优势的现实下，具体的“军事互信”，对于保持台海局势的和平稳定以及维护台湾安全，都没有真正重要的实际意义。关键问题过去是、现在是、今后仍然是消除“台独”的危险及其影响。所以，虽然需要具体的“军事互信”，但更需要广泛的“安全互信”、“政治互信”。前述未来建立两岸军事安全互信机制，可能涉及的“安全互信”、“政治互信”措施，显然是十分必要的，而且必然占据主导地位。

既包括两岸具体的“军事互信”，更包括两岸广泛的“安全互信”和“政治互信”，这一两岸军事安全互信机制的两岸关系特色，将不仅在最终建立的“机制”中得到表现，而且在“机制”的建立过程中就将得以表现，并将在这一过程中发挥十分重要的积极影响。尽管现在台海局势大为缓和，但建立两岸军事安全互信机制，在台湾岛内仍然是高度敏感问题，而令执政者望而生畏，从而实际上难以进行。但相对而言，某些前述“安全互信”、“政治互信”措施，却似乎具有一定可行性。例如，“共同救助海难”实际上就已经展开，进行了几次联合演习。这使人们受到启发，即在广泛的“安全互信”和“政治互信”范畴中，总是可以发现具有可行性的项目而先行先试，从而带动两岸军事安全互信机制的建立。当然，两岸执政者，特别是面临质疑的台湾执政者的胆识、勇气和智慧，是决定性的因素。

三、无须，也不允许来自外部的所谓监督、仲裁，而坚持以两岸关系和平发展的政治基础为“机制”的保障

世界上已经建立的各个军事互信机制，无例外地都包括了相应的监督、仲裁机制。尤其值得重视的是，这些监督、仲裁几乎全部由当事双方之外的第三方实施，即监督、仲裁来自外部。唯一的例外是当年华约与北约建立的欧安机制中的监督、仲裁机制，不是来自外部。原因应该是，没有外部力量能够对华、北约以及它们之间的纠纷实行监督、仲裁。可以预料，未来建立的两岸军事安全互信机制，当然包括相应的监督、仲裁机制，但肯定不是由两岸之外的任何第三方对之实施。这是两岸关系的特点决定的，是两岸军事

安全互信机制的又一个重要的两岸关系特色。

各种军事互信机制中包括的监督、仲裁机制，有两个方面的功能。其一，处理、协调由于违规行为引发的双方纠纷甚至冲突，以保证机制的正常、稳定运行；其二，防止机制被严重破坏，以避免机制的失效。在这个意义上，未来建立的两岸军事安全互信机制，需要包括监督、仲裁机制。几乎所有已建立的军事互信机制，都由当事方之外的第三方实施监督、仲裁，是由于这些机制都是第三方的外部参与、推动下建立的，很多情况下，外部的参与、推动甚至有决定性影响。但是，两岸的军事安全互信机制的建立，将只是两岸共同努力的成果，将没有也不可能允许两岸之外的外部的参与。所以，未来建立的两岸军事安全互信机制中的监督、仲裁机制，将不会也不允许由两岸之外的第三方对之实施。对于大陆方面而言，决不允许、不接受外部势力插手、干涉台湾问题，是 1949 年以来始终坚持的最基本原则。在两岸军事安全互信机制的建立及其监督、仲裁方面，将必然继续坚持这一原则。至于台湾方面，虽然长时期以来一直希望美国插手、干涉两岸关系，但实际上并不成功。所以可以肯定，两岸军事安全互信机制，包括其中的监督、仲裁机制，必然也只能在两岸共同努力下没有任何外部插手、干预地建立和运行。实际上，两岸军事安全互信机制的建立和运行，最可靠的保障不是、也不可能是由外部实施的所谓监督、仲裁。这一机制建立与实施的保障，特别是台湾安全的保障，只能是坚持和强化两岸关系和平发展的政治基础，即坚持一个中国原则、反对“台独”。事实将表明，只有坚持这一政治基础，两岸军事安全互信机制才能得以建立，并在建立后顺利运行、发挥作用；如不坚持这一政治基础，机制将不可能建立，即便建立也不可能顺利运行。而且，从根本上说，没有这一政治基础，就不可能有台湾的安全。

四、建立的时机和前景

世界上已建立的各种军事互信机制，都是经历了激烈军事冲突，但没有一方获得完全胜利，在明显的军事相持态势下，经由双方谈判建立的。显然，军事冲突进入相持阶段，是建立军事互信机制的时机。原因在于，军事冲突进入相持阶段，表明冲突双方都已明确不具有完全击败对方的绝对优势，而且此前的激烈冲突已使双方迫切需要调整、恢复，因而缓解冲突、防止冲突进一步激化，逐渐成为冲突双方的共识和共同选择。但是，建立两岸军事安全互信机制，却有完全不同的时机判断标准。两岸军事冲突的相持阶段早已结束，大陆对台湾的压倒性军事优势已经不可逆转，正是在这一背景上，建立这一机制成为了两岸关注的热点之一。这一事实充分显示了，对于建立这一机制时机的判断，也表现出明显的两岸关系特色。

虽然马英九宣称，两岸签订和平协定、建立军事安全互信机制“没有急迫性”，但两岸对于建立这一机制的关注持续增强的事实却越来越清楚地显示了，建立这一机制已经具有了明显的迫切性和可行性，即出现了建立这一机制的重要时机。本文第一部分关于建立两岸军事安全互信机制是两岸和平发展进程重要组成部分的论述，实际上也是对于建立这一机制的迫切性的论述。仅对其基本论点略作重复：尽管两岸关系已有重大改善、台海局势明显缓和，但台湾仍然具有对大陆的疑虑、畏惧，甚至某种程度的敌意，这对两岸关系和平发展进程的深入、巩固具有重要不利影响。建立两岸军事安全互信机制，将有助于有效地消除这些疑虑、畏惧和敌意，是两岸关系和平发展进程进入深水区后应受到两岸共同重视的重要举措。显然，建立这一机制的迫切性，已有越来越明显的表现。同样，在 2008 年以来的两岸关系和平发展进程中，建立两岸军事安全互信机制的可行性也有越来越清晰的表现。首先，在两岸关系和平发展进程中，坚持一个中国原则、反对“台独”的政治基础已经确立，并且在两岸日益深入人心；其次，几年来，两岸多领域、多层次、多形式的交流持续发展，军事领域的交流实际上已经开始。这些为建立两岸军事安全互信机制创造了气氛、提供了条件，从而形成了建立这一机制的可行性。所以，应该认识到，现在已经出现了建立两岸军事安全互信机制的重要有利时机，需要及时把握。

两岸军事安全互信机制的两岸关系特色，决定了建立这一机制的特殊困难，对此须有充分估计。但是，建立这一机制的迫切性和可行性的事实已经越来越明显和表明，这一机制是完全可以成功建立的。关键在于，两岸必须坚持共同努力、相向而行。现在对于建立这一机制，大陆方面态度积极、明朗，而台湾方面却表现犹豫甚至消极。对于台湾方面受到岛内外多种因素的牵制、干扰，大陆方面是理解的，因而不会对台湾方面强求。但需要指出的是，建立两岸军事安全互信机制的时机宝贵，两岸都应及时把握，争取早日启动建立这一机制的进程。可以预料，建立这一机制的进程启动后，肯定会遭遇诸多困难。但同样可以预料，作为两岸关系和平发展进程重要组成部分的，建立两岸军事安全互信机制，经过两岸共同努力，其前景肯定是乐观的。

共生中的差异与差异中的共生

全国台湾研究会执行副会长兼秘书长　周志怀

近代以来，海峡两岸由于历史道路不同，逐渐形成了不同的政治和社会制度，在意识形态、发展模式与生活方式上也存在着诸多差异，从而构成了阻碍两岸关系和平发展的政治分歧。这些差异或分歧虽然客观存在，但这并不能、也不应该割断两岸之间历史的、文化的、血缘的、地理的、民族的和法理的联结。如何看待两岸在共生过程中存在的差异与分歧，并在处理这些差异与分歧中获得共生，应是海峡两岸的共同愿望与责任。本文重点探讨2008年以来两岸关系和平发展过程中的差异与共识问题，同时也就现阶段两岸红绿之间的交流以及两岸关系和平发展进程中出现的“台独休克”现象作一梳理。

一、两岸关系和平发展的共识与分歧

在2008年以来的两岸关系发展过程中，两岸或许形成过诸多共识，但笔者认为以下三点具有重要作用：

一是两岸间的政策共识。亦即两岸双方在处理彼此关系时，在大政方针方面所形成的基本共识。2013年6月以来，两岸执政者在这方面的共识更加清晰，这就是：两岸都主张一个中国原则，都用一个中国框架定位两岸关系，都认同坚持“九二共识”、反对“台独”的共同政治立场。在这样一个基础上，两岸双方可以牢牢把握两岸关系和平发展主题，把两岸关系良性发展的势头保持下去，不断开创两岸关系和平发展新局面。

二是主流民意的共识。一是两岸和平，二是两岸的持续或长期和平，三是两岸和平的制度化。马英九先生曾在2011年的元旦祝词中称，“争取台海长期和平发展是两岸人民的共同愿望”。这一判断体现出对两岸民意的精准把握。实际上，早在2008年3月，马英九在刚刚当选后就指出，如果大家都接受“九二共识”，“不敢讲百年和平，至少长期和平是有机会的”。这当然是一种良好与善良愿望。对此，大陆方面也持完全相同的看法。2008年12月，胡锦涛在纪念《告台湾同胞书》发表30周年重要讲话中强调，要“竭力避免再出现骨肉同胞兵戎相见，让子孙后代在和平环境中携手创造美好生活”。同时也再度呼吁：“在一个中国原则的基础上，协商正式结束两岸敌对状态，达成和平协议，构建两岸关系和平发展框架。”这一讲话，同样凸显了大陆希望两岸子孙后代能够在长期和平中创造并共享美好生活的愿望，同时也提出可以用构建两岸关系和平发展框架的方式，使两岸间的长期和平获得制度性保障。

三是共同利益的共识。应该说，2008年以来两岸关系所取得的所有进展，都是建立在共同利益基础上的，而这个共同利益又是建立在中华民族整体利益上的。2009年4月，马英九在出席美国“‘战略与国际研究中心’台湾关系法30周年研讨会”视频会议时称：“为了台湾繁荣以及中华民族的整体利益”，要“加强与大陆的交往”。胡锦涛也一再表明应增进中华民族的整体利益，2011年11月在美国檀香山会见连战荣誉主席时指出：3年多来，在两岸双方共同努力下，台海局势发生重大积极变化，两岸关系开创出和平发展新局面。事实证明，两岸关系和平发展符合两岸同胞共同意愿，符合中华民族整体利益。2013年6月，习近平总书记在会见吴伯雄荣誉主席时也强调，要坚持从中华民族整体利益的高度把握两岸关系大局。实践表明，现阶段两岸关系和平发展所取得的成果，正是两岸双方充分考虑了民族整体利益的结果，这展示了今后两岸关系发展的基本方向。如果海峡两岸在今后的合作发展中均能以民族整体利益为核心考量，和平发展就能够得到持续巩固与强化。

两岸关系的和平发展不仅有共识，当然也存在不同的差异与分歧。红与蓝、红与绿之间的差异与分歧到底在什么地方？笔者认为，大陆与国民党之间的差异与分歧，主要在于政治制度、意识形态、价值观和生活方式，但与民进党的分歧则主要在于主权、领土完整与国家安全。政治制度、价值观与意识形态等方面的分歧是可以暂时放在一边的。因此，我们与国民党之间并不会因为分歧阻断了双方之间的交流、理解与互信。但是，大陆与民进党之间的差异与分歧则是原则性的、本质性的，是零和的、不可调和的，因而难以取得共生。2013年6月习近平总书记在会见吴伯雄荣誉主席时指出：

"'台独'分裂势力及其分裂活动仍然是对台海和平的现实威胁，必须继续反对和遏制任何形式的'台独'分裂主张和活动，不能有任何妥协。"这与江泽民、胡锦涛两代领导人对于"台独"问题的判断完全是一脉相承的。2004年9月，江泽民同志辞去军委主席职务后在中央军委新班子扩大会议上的讲话中曾明确指出："当前和今后一个时期，对我国国家安全最大、最现实的威胁就是'台独'分裂势力。"胡锦涛同志在2008年"12·31"重要讲话中也强调："'台独'分裂势力及其分裂活动违背两岸同胞共同利益，损害中华民族根本利益，拂逆中国发展不可阻挡的历史潮流，是对两岸关系和平发展的最大威胁。"

中共三代领导人反对"台独"分裂势力及其分裂活动的论述，表明了大陆维护国家主权与领土完整的决心与意志。民进党如何解决与大陆之间的根本分歧，应该是今后必须要思考的重点。

二、红蓝绿的不同困境与民进党的大陆政策选择

两岸红、蓝、绿都有着各自不同的困境。

大陆目前面临的最大问题是治理困境。仅从脱贫问题看，世界银行2008年宣布，将国际贫困标准从每天生活费标准的1美元提高至1.25美元。中国大陆则于2011年宣布上调国家扶贫标准，从2010的1274人民币（每天0.55美元）提高到2300元（每天1美元）。这一调整则使大陆贫困人口从2688万扩大至1.28亿，占农村总人口的13.4%，接近全国总人口的1/10（台、港、澳除外）。再从就业问题看，大陆2013年仅大学毕业生就高达699万。老龄化社会的问题也日益突出。发达国家一般在人均1万美元以上进入老龄社会，而大陆则在低收入阶段进入老龄化社会，未富先老。到2050年大陆60岁以上将达4亿人，每4人中就有一老人。其他诸如环境保护、城乡二元化、腐败等问题上，也面临严峻挑战。

马英九目前面临的最大问题则是再次政党轮替问题。在2008年"大选"中，国民党候选人马英九以765万票的绝对优势当选，大赢民进党候选人谢长廷220余万票。但其后却频遭"8.8"风灾、"美国牛肉进口"以及人民对经济复苏"无感"等因素困扰，施政满意度始终无法提升，以至被民进党贴上"无能"标签，从而使2012年"大选"的连任也赢得心惊肉跳。马英九在第二任期内所推行的"油价、电价上涨"、复征"证券交易所

得税”、“核四公投”、“改革年金制度”等多项政策，也备受争议，民意支持度继续处于低迷状态。台湾指标民调公司 2013 年 6 月下旬公布的民意调查结果显示，受访民众对马英九的信任度为 21.9%，不信任度为 63.7%；对马的执政满意度仅为 16%，不满意度则高达 73.7%。这一状况的持续，势必会危及国民党 2016 年的继续执政。

对于要重返执政的民进党来说，如何面对大陆，处理好两岸关系，维护台海和平，则是其不得不面对的重大现实问题。对于 2008 年与 2012 年两次“大选”的失败，民进党内的有识之士都曾直指为民进党的路线挫败。但两次败选后，我们都未看到民进党真正要检讨其核心价值、政治路线以及事关台湾前途的大陆政策。特别是对于 2012 年“大选”的检讨，党内很多人认为美国与大陆的介入才是导致败选的重要原因。蔡英文选后还曾以下乡谢票为由，拒见“美国在台协会”主席薄瑞光。而代为会见的民进党智库副执行长萧美琴则当面抱怨：部分美国现任及卸任官员在选举期间支持特定政党，民进党感到遗憾。[①] 无法直面问题所在，正是民进党所面临的困境。这是世人皆知的困境，民进党却浑然不知?

民进党要重返执政，在大陆政策上面临着三种选择：第一是以不变应万变，坚持既有意识形态，难以摆脱“台独”党纲与基本教义派的羁绊。第二是调整：也就是策略性与试探性的调整，其目的主要是应对选举。第三是转型：转型的基本概念是弃“独”。在上述三项选择中，转型是迟早要走的路。

2012 年民进党败选后，谢长廷曾表示，“如果民进党的中国政策与国民党拉得太开，不仅让对手有攻击目标，台湾内部也会持续对立”。他主张，“民进党应尝试贴近国民党的中国政策”。[②] 那么，国民党的大陆政策究竟是什么呢? 按照民进党原“中国事务部”主任、现任台湾清云科技大学企管系副教授颜建发的理解，“马英九所代表的国民党主张‘不统、不独、不武’，仔细探究，实际上‘不统’并非实情，精确地讲，应该是‘暂时不统’。不过，‘不独’则是铁律，而且其反台独”。[③] 果如此，国、民两党的基本立场南辕北辙，民进党要如何向国民党的大陆政策靠拢呢? 要找到真正

---

① 林政忠：《拜会民进党，薄瑞光“碰钉子”》，台湾《联合报》2012 年 1 月 31 日。

② 社论：《民进党敢向国民党靠拢?》台湾《联合晚报》2012 年 2 月 8 日。

③ 颜建发：《两岸议题可望在 2014 年的七合一选举提早登场》，台北论坛网站 2013 年 7 月 4 日。

答案，除了弃“独”之外，民进党可能别无选择。

三、“台独休克”现象与民进党的转型机遇

从目前情况看，在民进党现状派与调整派，或是基本教义派与务实派的较量中，现状派或基本教义派还是占上风的。与此同时，我们也应该看到，岛内“台独”基本教义派目前的声音虽然还很大，但在2008年“大选”失败后，民进党已失去了运用体制内力量与手段推动“台独”分裂活动和“去中国化”的能量。随着两岸关系和平发展的深化，岛内已开始出现“台独休克”现象。这一现象的主要表现有三：

一是“台独”空间受到压缩，“台独”的价值理念受到挑战。2013年5月，民进党主席苏贞昌在就职周年前夕谈及其两岸立场时，表达了“何必再喊台独”以及“法理台独让学者去讲”的想法。被视为蔡英文重要文胆的台湾清华大学副教授姚人多则直言“台独”、“建国”已失去主流市场。这些现象表明，2008年以来的两岸关系和平发展效应，已开始让“台独”的价值出现边缘化趋势。

从李登辉与陈水扁过去的执政实践看，“台独”其实也只能是一种空想。理性地思考一下，“台独”起码需要如下几个条件：一是民意相挺，但现实表明，岛内大多数人主张维持现状；二是国际社会支持；三是以军力为支撑；四是法理基础。可以肯定地说，这些条件对于“台独”鼓吹者来说，基本上都是要向不可能的事物挑战。实际上，早在2006年，美国的中国问题专家陆伯彬就曾直言，主客观条件已使得“台独”运动趋于式微。[①] 李登辉2007年1月29日接受台湾《一周刊》访问时也曾称，他“从来没有主张过台独”，也不是“台独”教父。李还批评民进党制造“追求台湾独立的假议题”，“统独天天谈都是假的，都在权力斗争”。而陈水扁面对现实时，也不得不坦言：“台独做不到就是做不到”。由此观之，也就不难理解苏贞昌、姚人多等人为何会有上述言论了。民进党在两次“大选”失败之后，路线检讨的声音虽被压制，但始终没有消失。一种观点认为，民进党只有再尝败绩，才有可能真正警觉与反省，认真思考转型，这一论断不无道理。

二是民进党对两岸交流的限制开始转为正面思考并持开放态度。2012

---

① 《西方外交官：民进党把台独玩完》，台湾《中国时报》2006年3月29日。

年2月，民进党中执会通过的“2012年大选检讨报告”指出，在实务上，未来除了要更深入研究大陆的变化与对台战略，也应更具体展开双向交流，摆脱“反中、锁国”等错误刻板印象。2012年3月，陈菊任民进党代理党主席时则公开表示，民进党欢迎所有党公职同仁对中国大陆有更多了解与交流。其后，陈菊还明确表示，乐见并肯定两岸关系和平发展及两岸人民密切交流互动。蔡英文也提出“民进党应建立与中国交流的模式”。民进党中执委洪智坤认为，如此一来，民进党与大陆的往来交流，可以制度化、正常化、除罪化。民进党对现实的两岸交流不再采取无视、漠视或者敌视的态度，不再停留在反对、批判的层面，这是一种重要姿态。

目前，民进党已不再禁止县市长与党公职人员访问大陆、参加城市交流或登陆促销农产品。据统计，2012年民进党公职人员赴大陆事先报备的有50件左右，约比2011年增加两倍。特别是谢长廷先生去年的登陆，已迈出红绿交流的最为艰困的一步。谢长廷访问后，台湾中国时报的的民调发现，有44%的人支持谢的“开展之旅”，51%期许苏贞昌主席也能有趟大陆行，近五成认为民进党与大陆的交流应更大胆开放些。[①] 在谢登陆的8个月之后，未来事件交易所的调查显示，支持谢访问大陆的受访者已高达64%，较过去增加了20%。

红绿之间交流与互动的增加，显然是催生“台独休克”现象的重要因素。

三是民进党及其支持者不再排斥两岸对话。2010年5月，民进党的民调显示，有高达86%的泛绿支持者，支持民进党与大陆对话。当时蔡英文也马上松口称，“民进党不排除在不预设政治前提下，与大陆进行直接并实质的对话”。[②] 今年6月，未来事件交易所发表的“民共对话与互动”的民意调查结果也显示，对民进党与共产党共同举办两岸关系论坛的支持度高达51.9%，对于民进党智库与大陆学术界智库进行二轨政策对话的支持度亦达56.9%。这显示，岛内民意对于民共对话寄予较高期待。实际上，苏贞昌2012年在登记参选党主席时，也曾主动抛出两岸关系主张，强调应以“用对话代替对抗、用互动追求互利互惠、促成共存共荣”。要求与大陆对话的声音越大，相互了解与理解的可能也就随之增加，“台独”的空间也势必会

---

① 社论：《民进党必须回答的几个问题》，台湾《中国时报》2012年10月15日。

② 社评：《掌握契机，引发民进党改变》，台湾《旺报》2012年1月31日。

受到相应的挤压。

“台独休克”现象的出现，应是民进党大陆政策调整或转型的机遇，关键在于民进党中央如何把握，大陆可以拭目以待。

四、红绿双方直面差异的路径：创造性接触与持续接触

两岸之间固然有很多差异，但这些问题毕竟都是共生中的差异。孟子曰：物之不齐，物之情也。差异客观存在，并不可怕。关键是如何面对差异、处理差异、缩小差异，在差异中实现共生与双赢，亦即台湾维新基金会董事长谢长廷先生经常所论及的“和解共生”。《周易·系辞传下》曾有这样的精辟论述：“天下同归而殊途，一致而百虑”。也就是说，我们无论寻找何种路径，采取何种办法，具有何种不同思考，但共生都是我们必须要达到的共同愿望与目标，而这正是殊途同归，百虑一致。

红绿双方要直面差异并寻求共识，最简单的路径就是双方必须进行创造性接触与持续接触。2012 年之后，红绿双方的互动开始出现一些令人值得关注的现象。当年 3 月，国务院台湾事务办公室所属的海峡两岸关系研究中心在云南腾冲举办第十届两岸关系研讨会，时任民进党中央发言人的罗致政、原陈水扁办公室主任陈淞山、原民进党“中国事务部”主任董立文等应邀与会，民进党的“三只小猪”启动了 2012 年“大选”后红绿交流的按钮。10 月，谢长廷先生毅然登陆“调酒”，这是红绿双方的一次创造性接触。谢的“开展之旅”虽不计名分，但这并不能改变其为绿营极具代表性人物的实质。12 月，国务院台湾事务办公室副主任孙亚夫以海峡两岸关系研究中心主任名义出席台北学术研讨会，与民进党政策会执行长吴钊燮公开互动并同台演讲致辞，吴称这是他印象中的“民进党同大陆官员的第一次公开见面”。2013 年 7 月，由民进党前主席蔡英文任董事长的“小英教育基金会”举办专题会，邀请大陆中国银行首席经济学家发表专题演讲，这是该基金会首度邀请大陆人士面对面座谈，“开启了蔡英文与中国大陆的接触”。[①] 应该说，这是蔡英文与大陆之间的一次试水式的互动。

2013 年，红绿双方还搭建了持续性接触的重要平台。6 月，维新基金会

---

① 《蔡英文邀请大陆学者登岛谈“钱”》，北京《人民日报海外版》2013 年 7 月 11 日星期四。

在香港主办“两岸关系的发展与创新”学术研讨会，国务院台湾事务办公室以及商务部、文化部、农业部、环保部官员和众多学者与会，鲜明表达了与绿营保持持续性接触的立场。应该说，在香港举办的这一论坛，正是促进大陆与民进党务实派、与绿色阵营创造性接触与持续接触的重要平台。“两岸关系的发展与创新”学术研讨会最终达成了三点结论：1. 两岸同源同文，两岸关系和平发展得到两岸主流民意的支持。台湾各政党、政团及民间团体的参与，有助于全面反映台湾民意，稳健推进两岸关系的发展。两岸政党均应认识到，摆脱对立冲突、开展平等协商、推进双方交流，为两岸人民及国际社会所乐见。2. 两岸交流应让广大人民受益。任何协议应平等协商，互惠互利，符合人民需求，特别需要重视基层民众和利益与合理关切，以利于维持两岸关系长期稳定发展。3. 两岸协商已进入深水区，彼此差异仍未解决。两岸应面对历史、正视现实，尊重民意与增进人民福祉，推进政策创新，促进两岸共同繁荣发展。① 这表明，在这个论坛上，红绿不仅可以直面差异与分歧，而且可以推进对话，寻求交集或共识。这样的论坛若能持续举办，必将为红绿交流“树立一个良性互动的典范”，② 红绿间的共识则可能从无到有，从少到多，从而引发蝴蝶效应，对两岸关系的发展产生重要影响。

五、四项建议

为了实现两岸红绿双方之间的创造性接触与持续接触，缩小差异，并在差异中赢得共生，笔者特别提出以下建议：

1. “共同建设者”应该成为两岸关系和平发展中的新的关键词。参与两岸关系，做反对派、批判者很容易，但作一个建设者却十分困难。在两岸关系和平发展中，民进党应承担更多的责任与义务，不要一直处于边缘地位，而是要转变成一个负责任的参与者。

2. 共创和平。和平不分红与绿、发展不分红与绿、民生不分红与绿。共创和平需要两岸之间有一个公开透明的协议，绿色阵营应支持签署和平协议，使两岸和平的现状能够制度化、固定化。

---

① 《两岸关系的发展与创新》研讨会闭幕式结论，台湾维新影子政府网站2013年6月30日。

② 孙亚夫：《民共交流，必先弃“独”》，香港《文汇报》2013年6月30日。

3. 红绿交流要选择合情合理的切入点。当前，民进党可从改变相互称谓开始，将“中国”改称为中国大陆、北京、台海两岸等。这个切入点应该是合情合理的，并不困难。

4. 搭建红绿对话平台，共同举办“南南合作与发展论坛”。台湾南部县市与学界可以与大陆南部合作举办论坛，寻找连接点，扩大合作，深化共同利益，打造制度化的交流平台。

推进与民进党人士交流的思考

——从谢长廷登陆谈起

浙江台湾研究会　陈凌雄

2012年10月4日-8日，民进党前党主席谢长廷以“维新基金会”董事长身份受邀参加在京举办的调酒大会，由此展开了意义非凡的登陆之行。谢长廷一行以福建东山祭祖、认祖归宗开启大陆之旅，此后与厦门大学台研院、中国社科院台研所等学术单位进行闭门座谈，中共台办主任王毅、国务委员戴秉国先后会见了谢长廷，给予了高规格的礼遇。在大陆期间，谢以个人身份呼吁民共之间正面接触，希望民进党正视两岸关系发展的现实，重新调整大陆政策。政治上提出了“宪法各表”论述，认为未来两岸和民共之间应“积极超越分歧和差异”；经济上认同两岸经贸交流的正面意义；文化上认同两岸同属一脉，到大陆“就像去兄弟的家一样”，“政治不能超越人性”；而在涉台“外交”领域，则主动表示，两岸在国际上不涉及主权领域。谢长廷大陆之行发生在两岸关系和平发展深化巩固、民进党面临大陆政策转型的压力时期，谢的登陆犹如狂风搅动民进党内一潭死水，引发热议，赞成、反对、沉默、抵制反应不一，但无论谢登陆的目的、功过、效应如何，登陆之行本身已经在民进党内投下了震撼弹，势将对国、民两党两岸政策方面的竞争产生一定影响。如何面对谢登陆引发的效应，因应民进党可能进行大陆政策的调整，探讨推进与民进党人士的交流，未雨绸缪，建立相关交流机制，做好各方面的准备，乃深化两岸关系和平发展、促进两岸政治关系发展的重要一环。

一、谢长廷登陆的背景及引发的效应

谢长廷在多次试探后终于下定决心来大陆参访，既有其本身获取更多政

治资源的主观考虑，也有为民进党在两岸政策方面寻求突破的客观需要。

（一）民进党在大陆政策上被边缘化、亟须改变是其登陆的客观原因

1. 在大陆事务方面民进党被明显地边缘化

2008年国民党候选人马英九赢得“大选”、国民党再度上台后，在国共两党共同努力下，两岸关系在“九二共识”的基础上发生逆转，两岸关系的改善、“三通”的实现，使“台独”活动空间明显压缩，台湾民众在大交流的过程中感受到两岸关系发展的和平红利。不言而喻，国民党执政开创的两岸关系新局，使民进党执政时期制造两岸对立情绪的大陆政策相形见绌、黯然失色。虽然国民党在发展民生经济方面受到国际大环境的影响，效果不彰，而两岸关系一直是国民党执政的亮点，尊重“九二共识”，维护两岸关系和平发展越来越被大多数台湾民众接受和认可。在这样的大环境下，党内部分人士及支持者越来越普遍地对民进党僵化的大陆政策提出质疑，要求检讨甚至修改“台独”党纲的言论不绝于耳。吕秀莲称，面对急剧变化的两岸关系，民进党不能装作没看到，应该重新检讨党的大陆政策。[①] 陈菊表示，她早就体认到两岸关系急剧变化，民进党有必要因应时势改变态度。[②] 蔡英文也强调，民进党并没有反对两岸交流。苏贞昌在当选党主席后恢复“中国事务部”，成立“中国事务委员会”，并直言面对不断变化中的大陆，民进党在两岸议题“态度该放的放，方法要灵活。”[③] 民进党内重要政治人物在不同时期表现出对开展两岸交流、改善两岸关系的愿望，显见大陆政策已成为民进党无法回避的议题，谋求改变、寻求突破已是民进党政治人物的基本共识。

2. 两岸因素在台湾政治生态中的重要性大幅提升

两岸关系的稳步推进以及两岸交往的热络和深化，使两岸关系与台湾民众的切身利益更为密切，民进党在两岸关系上的话语权逐渐衰弱，而两岸关系议题在台湾政治生态中的影响力和作用却日益突出。2008年以来，两岸关系不断改善，恢复制度化协商，签署18项协议，并积极谋求在和平发展

---

① （台湾）“中央社”，2009年7月3日。

② 《中国时报》，2009年7月6日。

③ 东南网，2012年5月28日。

的基础上实现政治互信。随着和平发展显性效应的持续发挥，“密切、发展两岸关系”成为岛内共识并呈现不可逆转之势。民进党在 2012 年“大选”中再度失利，很大程度上是因为其僵化、徘徊不前的两岸政策。选后，党内要求检讨大陆政策的呼声更高，民进党如果再不跟上时代的步伐、顺应台湾民意、及时修正缺陷明显的大陆政策，恐会进一步流失政治基础，重新执政也将变得遥不可及。

3. 长期模糊化的两岸论述制约了民进党生存空间，亟待寻求突破

民进党现有的两岸政策与大陆反“台独”的底线存在明显冲突，而制约民进党大陆政策转变的因素相当的深刻和复杂。由于民进党长期坚持“台独”理念并以此团结一批顽固“台独”分子，进行政治操弄，获得现实政治利益，要改变民进党“理念至上”的政治动员模式仍有相当难度。蔡英文、苏贞昌等党内大老和实权派人物虽然有调整大陆政策的想法，然而要拿出既与国民党有所区隔，又切合台湾社会和平发展利益的论述，不论在制订抑或在实施当中都将遇到不少阻力。民进党曾因陈水扁家族的贪腐案遭遇毁灭性打击，蔡英文力图收拾残局，却因两岸政策而与“大位”失之交臂。苏贞昌目前地位尚不稳固，顾虑到内部反弹可能造成党内路线分裂，对于制约民进党发展的大陆政策问题也如芒在背、如履薄冰，其大陆政策陷入“不改困难，改更困难”的局面，谢长廷在民进党大陆政策进退维谷的之际访问大陆，抛出“民共接触”的善意，试探各方反应，对于民进党而言，也不失为目前次佳的权宜之计。

（二）固有政治理念和现实政治利益的需要是登陆的主观原因

1. 相对务实的大陆政策理念促其登陆

谢长廷的大陆政策在民进党中相对“务实”。他的主要逻辑是大陆政策应该服从和服务于民进党的政治前途，应以“理念”促进民进党在政党政治中实力的壮大，不能因“理念”的局限而束缚民进党的发展。故在陈水扁执政时期，谢长廷就曾以“一个国家的两个城市”交流为由，希望以高雄市长身份访问厦门未果。此次如愿以偿，其目的之一在于希望统筹民进党内的大陆政治主张，特别是在两岸关系方面的思路。这既是实现其理念的极佳机会，也是确立其党内“论述”主导权的有效途径。事实上，他在大陆所提的“宪法一中”、“宪法共识”、“宪法各表”引起了各方的强烈反响，也是其一贯主张的集中体现。

2. 派系生存和扩大派系影响的现实政治利益需要

谢系是民进党内实力较强、组织相对严密的重要派系，但因谢长廷2004年代表民进党参选失利，谢系遭遇来自党内其他派系的冲击和排挤，谢本人辞去党主席以“谢罪”之后，谢在民进党内的地位渐显式微，甚至一些子弟兵准备靠向蔡系或苏系以谋求政治前途。出于凝聚力量和东山再起的考虑，在两岸关系议题分量日增的背景下，谢长廷希望通过访问大陆，主导两岸议题，在党内形成“大鸣大放”回应，鼓舞谢系士气，增强派系实力，在激烈的党内斗争中谋得一席之地。

3. 寻找民进党大陆政策的出路，为重新执政做好准备

谢长廷在民进党内向来以身段柔和著称，加之他历来都能在两岸问题上适应形势发展，两岸论述相对系统而务实，善于平衡折中，且谢长廷本身已经不再担任党内要职，敏感性相对较低，较易被大陆接受，成为以民间身份走访大陆的合适人选。据台湾媒体报道，亲谢人士透露，谢几经思考后认为既然两岸是党的罩门，为重返执政考虑，自己就要在两岸议题上有所作为，为“党”达成目标。[①] 谢办曾表态：“访大陆已为民进党抢下‘滩头堡’，(民共）双方已有基本互信，未来即便没有党职，亦有互动平台与角色。既然与苏贞昌想法互异，那就不要再互相耽误了。”[②]，甚至有评论认为谢开启了“民共交流”的大门，“民共交流、维新先行”,[③] 即是谢长廷登陆的重要成果。

（三）谢长廷登陆在民进党内引发了多重效应

1. 加深了民进党内矛盾

谢长廷访问大陆在两岸引起了很大的关注，加深了民进党内矛盾和派系重组。谢长廷访问大陆，使谢系因此成为民进党内率先与大陆建立沟通管道的派系力量，拉抬了谢系力量的实力，引起了其他派系的高度紧张，引发了新的权力斗争和理念分化。其他党内派系表面上对谢长廷访陆表示赞赏或附和，暗地里却察言观色，调整风向，积极寻找自身在大陆政策上的价值定位。由于民进党权力布局的分散性和派系共治的特征，苏贞昌在大陆政策这

---

① 《经营两岸　谢长廷阵营自认没苏贞昌也“行”》，华夏经纬网2012年10月25日。

② 《苏贞昌谢长廷关系濒临破局　谢系欲自己前行》，台湾《中国时报》2012年10月25日。

③ 陈先才：《民共交流　维新先行》，台湾《美丽岛电子报》，2012年10月17日。

一敏感议题上较难作为，然而，强化权力地位，在很大程度上有赖掌握大陆议题的主导权。为防止谢长廷在两岸政策方面占据优势，苏一改原先承诺，亲自担任“中国事务委员会”主任，以统驭大陆政策实现整合党内力量；蔡英文则以精算的态度评估谢长廷访陆的效应，利用此事趋利避害，实现自身利益的最大化；党内其他力量如非实权派扁系等乘机附和谢长廷的言行，借此制约苏系力量的扩张。谢访问大陆激化了民进党内派系斗争并可能导致新一轮的权力结构调整。

2. 引领新一波民进党人士登陆热

谢长廷大陆行之后，《中国时报》调查发现，有44%的人支持谢长廷此次的“开展之旅”，整体而言，有近五成的人认为谢长廷的大陆行有助于民进党重返执政，并认为民进党未来与大陆的交流应更大胆开放。长期以来，民进党头面人物访问大陆在内部受到限制，谢长廷成功访问大陆的举动使得这一限制出现松动，登陆行为快速“除罪化”，从而带动新一波登陆热。苏贞昌、蔡英文两位指标性人物访问大陆的话题再度成为焦点，民众对苏贞昌与蔡英文到大陆参访多表“认同”。蔡英文认为谢长廷访问“中国（大陆）”有助未来与“中国（大陆）”交往常态化，她希望双方未来能有常态化交往，[①] 并表示只要对民进党有利，她也愿意到大陆访问。今年1月20日，出身“台独”联盟，在党内具有举足轻重的地位的现任民进党“立委”许添财赴大陆开展城市交流，表明“独”派人士在开展两岸交流、推动党内大陆政策转型的态度上也开始松动。

3. 引发新一轮大陆政策辩论的热潮

民进党历史上曾不止一次展开大陆政策辩论。虽然苏贞昌认为进行大陆政策辩论的时机尚不成熟，称有自己的节奏，但谢长廷作为大陆政策调整、辩论的积极呼吁者，以实际行动拨动民进党大陆政策调整的敏感神经，谢访问大陆后，多位党内人士要求民进党尽快开展两岸政策辩论，务实开启民共互动。民进党中执委洪智坤率先向苏贞昌提议开放平台开展大陆政策讨论，以适应“现今的两岸发展与国际情势，必须要有新的思维与态度”。[②] 谢系“立委”赵天麟指出，让各路人马透过辩论为党及社会找出路，是党主席最

① （台湾）“中央社”2012年10月9日。

② 中评社2012年10月26日。

起码该做的事，否则民进党很可能会被台湾人民淘汰。[①] 前“陆委会副主委”童振源表示，民进党的精英应尽快形成党内共识，务实开启民共互动与两岸和平发展的新页，才有助赢得多数台湾人民的信任。扁办前主任陈淞山公开站到谢的一方表示：苏贞昌深知大陆政策的敏感性，一度在两岸关系上冷却、淡化，停滞不前，在谢长廷意欲访问大陆这件事上有意拖后腿。由谢长廷登陆引发的效应仍在逐渐扩散，势将带动党内新一轮的大陆政策辩论热潮。

二、民进党大陆政策现状

2012 年蔡英文在败选检讨报告中坦承“要在互动中了解中国”，[②] 此后，党内大陆政策检讨和调整的呼声再次涌现，在 5 月 27 日党主席改选时达到了高峰。苏贞昌以脆弱多数赢得党主席选举，而中常委、中执委中，谢长廷、游锡堃、新潮流三足鼎立，“独”派则虎视眈眈，尚未巩固党内权力、尚未形成党内共主地位的苏贞昌，在大陆政策问题上欲迎还休，作出检讨调整的姿态，但没有实质进展，甚而在原有立场上倒退，可以说目前民进党大陆政策处于进退失据、杂乱无章、迷失方向的阶段。

（一）民进党大陆政策基本思路

1. 坚持“台湾主权独立”，形塑“主权维护者”形象

当前台湾主体意识高涨，以反对运动起家、以“台独”党纲为神主牌的民进党，以“台湾主权守护者”自居，较好地迎合了高涨的“主体意识”氛围。尤其是党内“急独派”，论述能力较强，往往能用简单易懂的语言、煽情的方式取得论述主导权，从而拥有较为稳定的 10% 左右的民意支持。这是民进党的死忠支持群，也是民进党的铁票部队，难以轻易放弃。故反映在大陆政策上，苏贞昌多次强调台湾“主权独立”，对于国民党当局与大陆达成的相关协议，都持反对意见，甚至对大陆充满敌意。在竞选党主席期间，苏贞昌表示“民进党绝不可接受一个中国原则”，勇敢地切断了自己在一个中国问题上的退路，愚蠢地划地自限，压缩民进党在大陆政策上的空

① 《两岸政策迟无辩论　谢长廷子弟兵批苏贞昌太离谱》，华夏经纬网 2012 年 10 月 25 日。

② 民进党 2012“大选”检讨报告。

间，间接地否定了“九二共识”。在近期访日行程中，狂言“联日抗陆”，2月4日，在与“日华议员恳谈会”会长平沼赳夫、干事长藤井孝男、首相安倍晋三的胞弟岸信夫及跨党派议员会晤时表示，“日本、美国、韩国、台湾，这是一个民主的伙伴关系，是一个民主同盟的关系，让这个地区的稳定非常重要，往后我们应该可以继续用这样的努力，防止这个地区有其他不同势力、不同认同，来介入、来引起不同，引起冲突紧张”，厚颜表示“台湾与日本的核心利益是一样的”，台湾是这个区域的正面因素。在喊出“民主同盟围堵大陆”这种媚日卖台反陆的言论后，党内批评声一片，前民进党“立委”郭正亮直言民进党已重回两岸对抗路线，是“既盲目又白目（愚蠢）”。[①] 要与美日等国结成“民主同盟”，围堵大陆，这一方面显示苏贞昌个人草莽、无知和愚蠢。另一方面也说明民进党大陆政策坚持台湾“主权”，逢中必反的基本特征。

2. 泛政治化，擅用民粹

两岸关系错综复杂，既有历史上台湾几次脱离中华主体文明的悲情，又有近代内战遗留的历史恩怨，同时夹杂近些年大陆为反“台独”斗争被“台独”分裂势力误导为大陆的敌意，故岛内充斥着极易激起民粹的土壤。在大陆政策上，民进党往往采取政治挂帅的方式，将大陆议题政治化，用政治语言掩饰其无力处理大陆政策的困境，以此愚弄民众，骗取民意。陈水扁执政时期，高喊“一边一国”，公投“制宪”，对于民众加强与大陆交往的呼声，甚至以“太平洋没有加盖”这种说辞，推卸阻碍两岸关系的责任。蔡英文竞选“总统”时，仍用同样的手段，淡化两岸关系和平发展带给台湾民众的红利。苏贞昌出任主席后，沿用同样的思维，针对“两岸投资保障和促进协议”的签订，称台商地位不如外商、港商，“完全是沦为次殖民地的待遇”，[②] 将经贸民生议题政治化，充满民粹的气味。

3. 实用主义，政经分离

民进党是选举型政党，选举利益高于一切，实无理想性可言。故在处理大陆政策上，一方面呈现政治挂帅、强硬不妥协的姿态，另一方面又顾及现实利益，务实面对两岸经贸往来，呈现明显的二元务实、政经分离的特点。

为应对2000年“大选”，不惜以“台湾前途决议文”冻结“台独”党

---

① 郭正亮：《民主同盟的盲目与白目》，台湾《美丽岛电子报》2013年2月18日。

② 台湾《中国时报》2012年8月10日。

纲，执政初期陈水扁抛出“四不一没有”，承诺成立和平委员会，即使在最疯狂推动“台独”路线期间，仍施行政经分离，政治上走“正名”，“去中国化”，坚持“台独”路线，经济上走务实道路，开通春节包机，所谓“小三通”等，以缓解其执政压力。当前，民进党亦不再反对ECFA等涉及经济、社会交往的政策措施，恢复“中国事务部”，成立“中国事务委员会”，摆出有意愿、有能力处理两岸政策的姿态，对于谢长廷、许添财等党内大佬或“独”派人士登陆持不公开反对态度，对于执政县市首长访问大陆、开展两岸经贸活动亦不持反对。

（二）大陆政策调整的内外因素

尽管民进党大陆政策有其固有的思维逻辑，十几年来也跳不出这种思维窠臼，但当前国际政治格局和两岸政经情势的变化，使其面临调整的巨大压力。民进党内对大陆的态度已出现严重的分歧，未来进行微调的可能性大增。

1. 内部因素是民进党调整大陆政策的推手

蔡英文败选后，党内出现一股“不调整大陆政策，重新执政的最后一里路将遥不可及”的强大声音。苏贞昌也表示“要积极自信的与大陆交往互动，让大陆完整地了解台湾，民进党更要了解大陆，用对话代替对抗，用互动追求互利互惠，促成共存共荣”。[①] 谢长廷登陆使党内形成了务实交流派与围堵关门派，交流派在声势上越来越占据上风。原为关门派的许添财访问大陆后，由衷表示“百闻不如一见”，[②] 明显将门缝打开，民进党另一中央蔡英文以相对理性的态度，继续在岛内营造能打赢或比苏贞昌更有机会打赢2016年“大选”的政治氛围。受此压力，围堵派的苏贞昌从日本回国后，口气软了许多，不得不表态农历年后将运作“中国事务委员会”，但因受限于“独”派的掣肘，且2013年没有选举，调整动力不足，故内部推动力量尚不足以促其对大陆政策进行大调整。

2. 外部因素是民进党调整大陆政策的拉力

牵引民进党进行大陆政策调整的外在因素主要有二：一是台湾民意的变化，当前台湾民意“不放心无能力或无法处理两岸关系的政党执政”已成

① 台湾《联合晚报》2012年4月12日。

② 人民网2013年1月28日。

主流，民进党一日不调整两岸政策，民众就一日不放心将政权交给它；二是最重要的大陆因素，当前国际政经格局发生深刻变化。政治上，随着中国崛起和国际影响力的持续提升，台湾地缘战略地位相对下降；经济上，过去十年台湾融入国际经济秩序，又搭上大陆发展的快车，经济得到了一定的发展，但随着北美、南美、中美洲、欧盟、美韩、东盟及十加一、十加三等自由贸易区的形成以及准备启动的美欧、跨太平洋战略经济伙伴关系协议(TPP)、美日、中日韩自贸协定等谈判的进展，未来几年将形成以美国和大陆为核心的区域性自由贸易区，即国际经济格局从世界性的自由贸易即WTO时代向双边、区域性的自由贸易区即FTA时代过渡，台湾若跟不上这一波FTA谈判的脚步，势将被排除在国际经济新秩序之外，这是台湾最大的挑战，唯有处理好两岸关系，搭上大陆与各国洽签FTA的顺风车，台湾经济才有快速发展的机会。对此，民进党别无选择，只能朝处理好两岸关系的方向调整。当然，另一重要的外部因素是美国为核心的国际因素。台湾作为美国亚太战略的核心棋子之一，地位越来越重要，美国对民进党大陆政策调整起到反向牵制作用，也影响民进党大陆政策调整的动因。

（三）未来民进党大陆政策的基本形态

由于国民党马英九执政能力趋弱和执政政绩不彰，国民党的执政基础进一步削弱，民进党陷入不调整大陆政策照样能走完最后一里路的迷思，因此，现阶段民进党内部没有对大陆政策进行重大调整的强大压力，依然会坚持“台独”党纲，但围堵关门派和务实开放派会进行理论论战和行动上的交锋，集中在对“九二共识”和开放交流的态度。

1. 重新包装“九二共识”

2012年选战的过程，某种程度是“九二共识”在台湾的普及化的过程，经过选战的洗礼与考验，“九二共识”是两岸关系和平发展的政治基础得到固化，在台湾民众中或已形成“承认‘九二共识’有可能处理好两岸关系，不承认‘九二共识’一定处理不好两岸关系”的二分法看法，民进党要想重新执政，“九二共识”将成为其绕不开的议题，最终不得不加以承认，但囿于民进党反对“九二共识”太过强化，直接承认引发太大争议，或认为与国民党态度一样没有优势等考虑，会对“九二共识”重新包装，如创造一体现一个中国原则的新共识或以实质承认一中原则的新表述取代“九二共识”，以此既区别国民党，又取信于台湾民众，但这种大陆政策的重大调整，只有在重大选举时才能发挥最大张力，有利于选情。因此，调整的可能时机：一是2014年七合一选举前，苏贞昌若受到蔡英文强大挑战，担心党内初选无法取胜，需要七合一选举大胜为自己加持时；二是2016年“大选”前，任何一位候选人为胜选都可能做上述调整。

2. “交流派”声势更大，“关门派”门缝进一步扩大

由谢长廷登陆带来的交流效应将继续扩大，预计谢今年将再次登陆，若谢能在交流中与大陆有关部门达成一些能直接带给台湾民众现实利益的共识与建议，并最终得到落实，则民进党内与大陆开展交流的声势将更大，可以预期包括陈菊、赖清德在内的执政县市首长、“立委”、议员、智库、中央党部和地方党部主管、党工等，将纷纷登陆，与大陆开展多层次、全方位的交流，而关门派也只能跟进，许添财打开的门缝将逐渐扩大。

三、推进与民进党人士交流的思考

民进党坚持“台独”党纲，我们不可能与其开展党对党交流，但政党由多个元素组成，理念固然重要，然理念是人创造的，故人是核心。谢长廷登陆引发的效应，仍在发酵，访陆“除罪化”后预计将迎来一波更加广泛的民进党人士登陆潮，如何通过与民进党人士的交流，促使民进党大陆政策转型，为两岸关系和平发展的大局服务，值得思考。

（一）做民进党工作的战略选择

对民进党的态度可以分为遏制论和交往论。遏制论认为：不必促使民进党调整大陆政策，将民进党继续留在“独”的光谱里，让其继续在野，或许在野12年或16年后，才会幡然醒悟，彻底放弃“台独”，毕其功于一役，改变岛内“统独”分明的政治生态，故我们策略是刚性坚持“一中原则”与“九二共识”，客观上设置其与我交流的障碍，让民进党无法与大陆交往，无法借机摄取政治资源，避免间接助其再次执政；交往论认为，岛内政治制度将使政党轮替成为常态，民进党在可预期的将来重新执政的可能性很高。我们无法避免与其交往，而交往客观上可以起到影响民进党人士对大陆的态度，消除一些不必要的误解，争取理性民进党人对两岸关系和平发展的支持，最终弱化“台独”党性，弱化“台独”势力。笔者支持交往论，认为开展对民进党的交流，有利于两岸关系和平发展的进一步深化，并将最

终有利于两岸和平统一大业的完成。

（二）与民进党交流的基本原则

1. 把握原则性与灵活性

胡锦涛同志在十八大报告中明确指出，对台湾任何政党，只要不主张“台独”、认同一个中国，我们都愿意同他们交往、对话、合作。[①] 因此，“不主张”是我们与民进党交流的基本原则。但这一原则可以灵活把握，如以前主张过现在不主张、以前公开主张现在不公开主张的、参加相关活动但不是公开组织者与宣导者，这些都应纳入交往的对象。

2. 兼顾长远利益与现实效应

开展与民进党的交流，促进民进党人士理性客观地看待两岸关系，重构中国认同、进而调整大陆政策、修改“台独”党纲，是一个长期艰巨的过程，这个过程的初期效果未必明显，也可能会遇到许多困难、挫折，甚至特定时期反而有利于民进党势力的增强，但这是细枝末节。立足长远，一定有利于我两岸关系和平发展的整体战略。

3. 注意普遍性与特殊性，处理好头面人物与一般党工的关系

对于普通民进党员、各级党工和民进党的支持者，应以开放的态度欢迎前来大陆交流参访休假游览，而对于特定的头面人物、特定指标性人物，则应把握节奏、个案处理。

特定指标性人物，采公开和私下相结合的方式，视情扩大宣传或减少曝光。对于一般民进党人士来大陆访问则以不公开为主，参加各种活动可以自然的方式处理新闻，不刻意、不突出、不回避。

（三）重视交流机制建设

1. 建立统一协调机制

由涉台部门组成协调会商制度，针对不同领域、不同层次的对象，分工负责，同时建立安排来访活动的标准作业程序 SOP，对相关注意事项和安排作出原则性规定，做到有章可循。

2. 建立效应评估制度

成立专门工作小组，按期进行效应评估，分析存在的问题和不足，提出

---

① 《人民日报》2012 年 11 月 18 日。

针对性改善回应之策，同时建立台湾民意的调研机制，要派有调研能力的学者，深入台湾各地调研，了解社情民意的变化，以此作为效益评估的重要依据。

3. 智库间交流制度

鼓励大陆各学术单位与绿营智库建立联系，开展学术活动。重要智库间形成每年定期举办公开的学术会议，不定期举办闭门会议。

新形势下推动两岸经济一体化的思考与探索

中国社会科学院台湾研究所　王　敏

自上世纪70年代末以来，在经济全球化与两岸发挥各自经济比较优势的带动下，两岸经贸关系蓬勃发展，以两岸贸易与投资活动为基础的两岸功能性一体化取得了长足的进展，但以两岸公权力部门为纽带的制度性经济一体化相对滞后。当前，两岸经济一体化面临着一系列新的发展形势：一方面，两岸关系和平发展势头不断增进，ECFA后续谈判也将陆续完成，为两岸全面推进制度性经济一体化奠定良好经济基础。另一方面，后国际金融危机时期全球需求与产业结构发生深刻变革，两岸各自经济转型步伐也不断加快，同时亚太经济一体化呈现出新的发展形势，对两岸经济关系产生深远影响。在此背景下，探讨推动两岸经济一体化的路径，无疑对开拓ECFA后续协议完成后的两岸经济合作新局、巩固深化两岸关系和平发展具有重要的现实意义。

一、区域经济一体化与两岸经济一体化演进

（一）区域经济一体化与主要形式

一体化（Integration）研究早期主要集中在企业经营活动上，而区域经济一体化（Regional Economy Integration）的研究可追溯至国际经济一体化的相关研究。二战后，经济全球化迅猛发展，特别是西欧国家经济一体化的启动，为区域经济一体化研究提供了丰富的素材。维纳（1950）开创性地提出“贸易创造”和“贸易转移”的新术语，荷兰经济学家丁伯根（1954）则最早提出“经济一体化”的概念，将其定义为“消除有关阻碍经济最有

效运行的人为因素，通过相互协调与统一，创造最适宜的国际经济结构"，并将经济一体化分为消极一体化和积极一体化。① 此后，马克鲁普（1977）、罗布森（1998）等学者也从不同角度分析区域经济一体化，其中最具代表性的是美国经济学家巴拉萨（1961），他首创从静态与动态两方面去解释区域经济一体化，称经济一体化定义既是一种过程，又是一个状态。就过程而言，它包括旨在消除各国经济单位间差别的种种举措；就状态则表现为各国间各种形式差别待遇的消失。②

依据不同的标准，区域经济一体化具有不同的组织形式。从政府参与程度角度看，区域经济一体化主要包括制度性经济一体化与功能性一体化，前者主要指通过政府公权力部门的推动，以一定的协定和组织形式为框架，而后者则是指经济活动本身高度密切关系为基础的而不依赖于协定或组织保证的若干关税区经济整体联系性的增强。③ 根据区域经济在相互给予关税优惠、成员间自由贸易、共同对外关税、生产要素自由流动、经济政策协调、统一的经济政策等自由化的实现程度，将区域经济一体化从低到高依次划分为优惠贸易安排、自由贸易区、关税同盟、共同市场、经济同盟与完全经济一体化（见表1）。

表1 区域经济一体化组织形式及特征

组织形式	相互给予贸易优惠	成员间自由贸易	共同对外关税	生产要素自由流动	经济政策协调	统一经济政策
优惠贸易安排	√					
自由贸易区	√	√				
关税同盟	√	√	√			
共同市场	√	√	√	√		
经济同盟	√	√	√	√	√	
完全经济一体化	√	√	√	√	√	√

资料来源：MBA百科。

（二）两岸经济一体化演变与特点

近30多年来，以台商不断扩大对大陆投资及其所驱动的两岸贸易高速

① 唐永红：《两岸一体化问题研究——区域一体化理论视角》，鹭江出版社2007年版。

② 孟庆民：《区域经济一体化的概念与机制》，《开发研究》2001年2月。

③ 黄绍臻：《海峡两岸经济一体化的发展趋势和目标定位》，《福建论坛（人文社会科学版）》2005年第10期。

成长为主线，两岸经济一体化程度不断加深，① 且逐渐由功能性一体化向制度性一体化升级。总体看，两岸经济一体化进程大致经历了以下几个发展阶段。②

1978 年至 1992 年的功能性一体化起步阶段。自上世纪 70 年代末大陆公开发表《告台湾同胞书》及实施改革开放政策后，两岸政治对立与军事对峙局面有所缓和，两岸经济交流与合作的藩篱逐渐被打破。1980 年代中期，随着岛内土地、劳动力等生产要素不断上涨及台湾当局放松外汇管制，岛内劳力密集型企业不断外移，部分台商开始透过第三地对大陆进行投资，1987 年台湾当局宣布解除“戒严”和开放岛内部分民众赴大陆探亲，并逐步默许一定程度的两岸间接贸易。1988 年 7 月大陆颁布《鼓励台湾同胞投资规定》，两岸经贸关系开始活跃，出现了台商投资大陆的第一波热潮。但由于当时两岸关系形势并不明朗，台商对大陆投资还处于试探性，因此两岸经贸往来仍十分有限，且双方在彼此经贸格局中的比重仍较小，两岸功能性一体化水平较低。

1992 年至 2008 年的功能性一体化深化发展阶段。1992 年邓小平“南行讲话”后，大陆掀起改革开放热潮，台商也掀起对大陆的第二波投资热潮，大陆逐渐成为台商对外投资最主要的目的地。在台商投资带动下，两岸贸易额也步入快速发展的轨道。尽管上世纪 90 年代中期后，两岸关系陷入动荡不安的局面，李登辉后期及民进党当局更先后采取一系列政策措施来限制两岸经贸发展，但两岸经贸关系仍克服重重阻力实现迅猛发展。随着两岸经贸往来的日益紧密，大陆逐渐成为台湾最大的贸易伙伴、出口市场和投资目的地，台湾在大陆对外贸易与外资投资中的比重也逐渐升高，两岸功能性一体化进入前所未有的深化发展阶段。

2008 年以后制度性经济一体化启动阶段。马英九上台后，两岸关系迈入和平发展的新轨道。两岸两会在坚持“九二共识”、反对“台独”的共同基础上重启会谈，迄今已先后完成签订 18 项经贸协议，达成多项共识，有力促进了两岸经贸关系正常化、制度化与机制化。两岸全面实现“三通”，并在 2010 年 6 月签订了具有重要里程碑意义的两岸经济合作框架协议（ECFA），为两岸经济合作搭建了制度化与机制化的合作平台。ECFA 主要

---

① 孙升亮：《海峡两岸经济整合的方式、程度与前景》，《台湾研究》2008 年 5 月。

② 朱磊、张晓楹：《投资台湾指南》，中国经济出版社 2012 年版。

包括货物贸易、服务贸易、原产地规则、早期收获计划等内容，是充分体现两岸特色、推进两岸经济全面深入合作的制度安排。自2011年1月1日起两岸全面实施早收清单，并启动货物贸易、服务贸易、投资保障及争端解决等后续四项协议的谈判。2012年8月，两岸签订“货币清算合作备忘录”和“投资保障与促进协议”，服务贸易、货物贸易协议也有望在2013年签署，两会互设办事处等也将陆续完成，两岸制度性一体化将进入全面巩固深化的新阶段。

纵观近30年来两岸经济一体化演变，不难发现其具有以下几个主要特点。

首先，两岸制度性经济一体化起步晚、发育滞后。近30多年来，两岸贸易、投资、产业分工等经贸往来日益密切，两岸功能性一体化已取得了长足的发展。但由于两岸政治格局的制约，两岸功能性一体化长期呈现“间接、单向、不对称”的不正常局面。2008年两岸关系实现重大历史性转折后，两岸制度性经济一体化后才开始启动，迄今不超过5年。虽然ECFA签署标志着两岸经济合作进入制度性一体化的轨道，但总体而言两岸制度性经济一体化仅搭建了ECFA这样一个合作框架，且目前ECFA生效实施的只有早收清单，占两岸贸易比重不足5%，而在两岸贸易中占据主体地位的货物及服务贸易等协议尚未完成签署。如果按照自由化程度划分（见表1），ECFA目前仅相当于最低水平的“优惠贸易安排”，由此可见两岸制度性经济一体化尚有很长的路要走。

其次，大陆经济崛起是两岸经济一体化不断推进的最主要动力。近30多年来，亚太地区最令人瞩目的经济现象莫过于中国大陆经济的迅速腾飞。大陆凭借其充沛而廉价的劳动力、土地等生产要素资源，通过改革开放融入经济全球化，一跃成为全球第二大经济体，并成为亚太地区经济发展的主要引擎。对台湾而言，由于地理、同文同种等先天优势，大陆更是很快跃居为台湾最主要的贸易与投资伙伴，对台湾经济具有难以替代的影响力。正由于大陆经济实力的与日俱增，才使得两岸功能性经济一体化迅速发展，也使得台湾当局必须加强与大陆的制度性经济合作，从而为两岸制度性经济一体化推进奠定坚实基础。

再次，两岸制度性经济一体化具有较鲜明的“两岸特色”。与世界其他区域经济一体化所不同的是，由于两岸关系的复杂性，两岸制度性一体化进程也被深深地打上两岸的烙印。一方面，两岸制度性经济一体化是建立在两岸坚持“九二共识”、反对“台独”的共同政治基础上的，这意味着其进程与岛内政治格局息息相关。若坚持“台独”主张、顽固否认“九二共识”的政党上台，两岸制度性经济一体化无疑将面临停滞甚至严重倒退的风险。另一方面，由于短期内两岸政治难题难解，两岸始终在“先经后政、先易后难、循序渐进”的方针指导下展开制度性经济合作，这意味着短期内两岸制度性经济一体化很难呈现大开大阖之势。

二、当前两岸经济一体化面临的新形势与机遇和挑战

首先，两岸关系和平发展及两岸经济合作新形势为两岸推进制度性经济一体化提供新机遇。一方面，马英九2012年成功连任，“九二共识”顺利通过岛内民意的考验，两岸关系和平发展大局得以巩固与发展。在第二任任期内，继续加快两岸ECFA后续谈判、深化两岸经济合作已成为马英九当局施政的主要任务。与此同时，中共十八大报告中明确提出“巩固和深化两岸关系和平发展的政治、经济、文化、社会基础，为和平统一创造更充分的条件”、“深化两岸经济合作，厚植共同利益”等对台方针政策，意味着大陆新一届领导班子对台方针政策将保持连续性与稳定性。日前，海协会会长陈云林访台期间就公开表示，“两岸经济一体化已刻不容缓”，[①] 充分显示大陆已高度重视两岸经济一体化相关议题，这为两岸加快经济一体化创造有利的条件。另一方面，两岸经济合作日益深化发展，为下一阶段推进两岸经济一体化奠定良好的基础。自2008年以来，两岸经贸关系正常化、制度化与机制化步伐不断加快，两岸经贸政策良性互动局面也初步形成。特别是ECFA签署后，两岸制度性经济一体化框架基本建立。虽然ECFA签订后两岸谈判进入“深水区”，但两岸通过积极协商，仍稳步推进ECFA后续谈判，并完成签署投保协议。马英九当局为避免经济被边缘化危机，提出“2013年底前完成ECFA所有协议谈判”的目标。可预见的是，若两岸货物、服务及争端解决等协议签署和生效实施，两岸“自由贸易区”将基本成型。届时，推动两岸向更高水平迈进将成为深化两岸经济合作的主要课题，而推进两岸制度性经济一体化无疑将成为ECFA后续协议签署后开拓两

---

① 陈云林：《两岸经济一体化已刻不容缓》，台湾《中央日报》网络版2012年8月9日。

岸经济合作新局的必然选择。

其次，大陆经济发展前景将为两岸经济一体化提供坚实保障。两岸经济一体化的关键在于大陆，大陆未来经济前景直接影响到两岸制度性经济一体化的广度与深度。经过 30 多年的发展，大陆已跃升为全球第 2 大经济体，并发展为全球经济增长的主要引擎。未来，在工业化、城镇化、信息化及农业现代化的带动下，大陆经济有望继续保持平稳较快发展态势。有经济学家就提出，大陆经济还有维持 20 年平均增速超过 8% 的发展潜力。[①]。中国社会科学院 2011 年预测，中国名义 GDP 将可在 2015 年达到美国经济 80% 左右的规模，2020 年将超过美国成为全球最大经济体[②]与此同时，大陆经济已进入新的转型期，加快完善社会主义市场经济体制和加快转变经济发展方式已成为未来大陆经济工作的中心任务。十八大报告更勾画了 2020 年实现全面建设小康社会的宏伟蓝图，提出包括“2020 年实现国内生产总值和城乡居民人均收入比 2010 年翻一番”、“工业化基本实现，信息化水平大幅提升”等具体目标。可预计的是，大陆经济实力的快速增长与经济转型步伐加快将为台湾经济带来更多契机，也将为两岸经济一体化提供更多有力保障。

再次，后国际金融危机时期全球及亚太经济形势深刻变革，使两岸经济一体化面临机遇与挑战。当前，全球经济形势呈现出新的发展形势：一方面，全球需求与产业结构进入新一轮调整期。欧美经济形势持续低迷，而以“金砖四国”为代表的新兴经济体依然保持较快的发展态势，全球需求结构重心正由欧美向新兴经济体转移。据有关报告预测，2010 年“金砖四国”对世界经济增长的贡献超过 60%，预计 2015 年“金砖四国”GDP 总量占世界份额由 2008 年 15% 提高至 22%，超过美国的比重。[③] 与此同时，欧美大力推动“去高杠杆化”、“再工业化”，重新重视发展实体经济，使得国际金融危机前“美国搞金融、中国搞制造”为主要特点的全球产业分工模式进入重构期。全球经济深层次转型对长期依赖欧美市场的两岸经济关系产生严重冲击，其中台湾经济更是首当其冲，2012 年经济又再陷入困境，堪比国

---

① 林毅夫：《大陆还有 20 年平均年增长 8% 的潜力》，台湾《中央日报》网络版 2012 年 11 月 19 日。

② 新兴经济体蓝皮书预测 2020 年中国 GDP 成世界第一，新浪网，http：//news. sina. com. cn/c/2011 - 04 - 07/162122252140. shtml.

③ 中国社科院：《新兴经济体蓝皮书：金砖国家发展报告》，社会科学文献出版社 2011 年版。

际金融危机时期。另一方面，区域经济一体化深入发展，特别是最具活力的东亚地区经济一体化蔚然成风，对长期游离于东亚经济一体化浪潮之外的台湾产生前所未有的压力（见表2）。台湾当局危机感倍增，提出“8年内加入TPP”的目标，并公开表示愿意加入RCEP。在此背景下，加快推进两岸经济一体化，无疑有利于两岸共同应对区域经济一体化的挑战，为两岸经济共同发展与亚太区域经济合作机制相衔接创造有利条件。

表2 当前东亚地区经济一体化主要形式、进展及对台湾影响

形式	时间	进展	对台湾影响
东盟“10+1”（东盟分别与中日韩）	亚洲金融危机后	东盟已分别与中日韩签署FTA，并建立涵盖经济、文化等领域的多层次合作机制	/
东盟“10+3”（东盟与中日韩）	上世纪90年代末期	在24个领域已设立66个不同层级兑换机制，包括17个部长级会议机制	/
东盟“10+6”（东盟与中日韩、澳大利亚、新西兰及印度）	2005年后启动	2010年美俄加入东亚峰会，成为“10+8”	/
中日韩自由贸易区	2002年提出	2012年5月签订中日韩投资协议，2012年12月启动正式谈判	台产值减少4600亿元，GDP减少1.49%◆
区域全面经济伙伴关系（RCEP）	2012年8月	由东盟十国发起，邀请中国、日本、韩国、澳大利亚、新西兰、印度（10+6）共同参加，预计2015年前完成	实质GDP将减少50.72亿美元（-1.8%），总出口减少19.00亿美元（-1.37%）*
泛太平洋伙伴关系协议（TPP）	2008年由美国主导	累计11个成员国正式参与谈判，已举行15回合谈判	若台加入，产值增加115.62亿美元，GDP增长2.5%◆

*来自中华经济研究院相关评估报告；◆来自台“经济部”研究报告。

资料来源：作者根据相关资料整理而成，数据更新截至2013年1月底。

最后，推进两岸经济一体化面临着诸多的挑战。一是马英九当局态度较为保守。尽管两岸经济一体化与马英九在2008年竞选期间所提出的“两岸共同市场”等政策具有异曲同工之妙，但出于多因素的考虑，目前马当局基本对此采取冷处理的策略。海基会副董事长高孔廉曾公开表示“两岸经济一体化还太早"。[①] 与此同时，马英九当局为避免所谓经济过度依赖大陆，提出"分散市场"等目标，并加紧对外商签自由贸易协议（FTA）的步伐，使两岸经济一体化进程客观上面临着台湾贸易与投资转移效应的冲击。二是岛内绿营对两岸经济一体化抱持否定、杯葛的态度，担忧两岸经济一体化会导致台湾的经济和所谓的"主权"被大陆"吃掉"。民进党主席苏贞昌就曾宣称"两岸经济一体化，台湾产业就会没空间"。[②] 三是岛内支持推动两岸经济一体化的民意基础还不稳固。虽然台湾大多数民众认可与支持加快两岸经济合作，但对大陆往往抱持"既期待又害怕"的复杂心态，一方面将大陆视为"生意伙伴"，期待分享大陆快速发展的经济利益，但另一方面又担忧台湾的"主体性"会受到影响，因而对可能出现"两岸一体化"抱有较深的疑虑。

三、对深化两岸经济一体化的几点初步思索

（一）充分认识到两岸经济一体化的"四性"：不可逆性、特殊性、长期性和复杂性

"不可逆性"是指推动两岸经济一体化既是顺应经济全球化与区域经济一体化潮流的必要之举，也是两岸经济不断深化发展的必然结果，是不以任何人、任何政党的主观意志为转移的客观规律，两岸特别是台湾方面对此应有清醒的认识。"特殊性"是两岸经济一体化并非国与国间的经济一体化，而是建立在一个中国原则基础上的"中国主体同其单独关税区（台澎金马）"之间的一体化。[③] 这意味着尽管推进两岸经济一体化可适当借鉴欧盟等一体化经验，但更重要的是要立足于两岸关系发展的实际情况，稳步推进具有鲜明"两岸特色"的经济一体化。"长期性"是指经济一体化本是一个漫长的过程。从国际上看，欧盟推进经济一体化超过 50 余年，虽已取得相

---

① 高孔廉：《两岸经济一体化还太早》，台湾《中国时报》2012 年 8 月 8 日。

② 苏贞昌：《两岸经济一体化台湾产业没有空间》，中国评论新闻网站（香港），www.chinareviewnews.com?? 2012-08-09.

③ 曹小横：《海峡两岸经济一体化的选择与定位》，中国网，http://www.china.com.cn/chinese/TCC/haixia/50151.htm.

当丰硕的成果，但仍未实现完全一体化的程度，且依然面临着欧债危机的严重挑战。因此可见，推动两岸经济一体化必然将是一个长期艰巨任务，不可能一蹴而就，但也不能因此而气馁，两岸特别是大陆应有充分的信心与耐心。“复杂性”是指由于两岸关系的特殊性，特别是在两岸政治难题短期内难以解决的背景下，两岸经济一体化必然将面临诸多非经济因素的制约，两岸经济一体化将是一个包括两岸及国际外部环境等一系列因素在内的各方复杂博弈进程。

（二）不断丰富两岸经济一体化的内涵，推动建设“两岸共同家园”

两岸经济一体化是一个全面性、综合性的概念，它不仅仅包括传统意义上的两岸经济诸要素的一体化，更是涵盖经济、社会、文化等方方面面的综合性一体化。因此，推动两岸经济一体化应在推进经济要素一体化基础上，更加重视其他领域的整合，将打造两岸共同家园列为推动两岸经济一体化的重要内容。

两岸共同家园是两岸同胞在一个中国原则的前提下，共同参与治理、并构建彼此共同的生活家园。早在2008年12月底，胡锦涛总书记在《纪念告台湾同胞书》发表30周年座谈会上就提出，“两岸同胞是血脉相连的命运共同体，包括大陆和台湾在内的中国是两岸同胞共同家园，两岸同胞有责任把她维护好、建设好”。建设两岸共同家园，首先，推动构建以“宜业、宜居、包容、认同”[①] 为主要内核的“共同家园”。一方面，将“宜业”作为建设两岸共同家园的重心，继续推动大陆经济又好又快发展，使大陆成为越来越多台商实现事业“第二春”的根据地。另一方面，打造“宜居”的生活环境，为广大台湾同胞在大陆工作和生活提供舒适的环境。同时，构建“包容”的社会文化环境，尊重台胞的基本生活方式。此外，不断夯实两岸关系和平发展的共同政治基础，逐渐增强广大台胞对“一个中国”、“两岸一家人”的认同与支持。其次，在推动建设两岸共同家园过程中，可以将“平潭综合实验区”列为两岸合作先行先试的区域，以“共同规划、共同开发、共同经营、共同管理、共同受益”的“五个共同”为方针，加快平潭

---

① 刘震涛：《十八大要建造台湾同胞的精神家园》，中国评论新闻，http：//www.zhgpl.com/crn－webapp/doc/docDetailCreate.jsp？coluid＝93&kindid＝7491&docid＝102301153.

在经济、社会、行政管理等方面体制机制改革创新，尽快将平潭建设为两岸同胞的“共同家园”。①

（三）“摸着石头过河”与加强顶层设计相结合，构建“市场为基础、政府主导、民间参与”的“三位一体”的合作框架

推动两岸经济一体化是一项系统复杂的工程，在当前两岸政治格局制约下面临着诸多不确定性。两岸在探索经济一体化进程中一方面应“摸着石头过河”，以循序渐进的方式稳步推进，稳扎稳打，在实践中逐渐积累经验。另一方面，两岸经济一体化也是全局性的工作，要取得实质性进展离不开对两岸经济合作的顶层设计。这要求两岸相关部门站在维护两岸关系和平发展大局的高度，就两岸经济一体化的一些全局性、关键性的问题进行顶层判断，提出解决的整体思路与框架，以此作为制定具体政策的依据，从而最大限度地化解两岸经济一体化进程的各种阻力。从目前形势看，加强两岸经济一体化顶层设计其实离不开两岸对“经济一体化”这几大问题的回答。一是两岸经济一体化推进的基础与原则。如何规避两岸政治难题可能造成的政治纷扰，如何更加鲜明地体现“两岸特色”与两岸同属“一个中国”原则。二是推动两岸经济一体化组织机构与现有两岸经济合作组织机构的衔接问题。如目前两岸经济合作委员会建立在“两会”框架下，未来是否应继续维持这一框架，两岸经合会未来在两岸经济一体化中的定位与角色都是值得研究的问题。三是两岸经济一体化的内容与路径，主要包括与传统的国际中区域经济一体化及大陆各省市间次区域经济一体化的异同。

笔者认为，推进两岸经济一体化需要市场、政府及民间组织充分发挥各自作用：1. “市场为基础”，即推动两岸经济一体化要尊重市场在资源配置中的基础性作用，而发挥市场作用关键在于扩大对彼此市场开放程度，推动两岸经贸往来的正常化与自由化。由于两岸政治格局的制约，短期内实现两岸间经济要素自由化流动难度很高，因而可考虑优先推动次区域、部分行业或部门的一体化。在两岸经济量体悬殊的背景下，率先推动海峡西岸经济区与台湾展开经济合作无疑具有重要的现实意义。更具体而言，可推动平潭或厦门与台湾“自由经济示范区”等部分区域“先行先试”，逐渐积累两岸经济一体化经验。此外，也可率先推动部分行业、部门的一体化。这方面可充

① 余克礼、方彦富：《闽台区域融合发展研究》，台海出版社2012年12月版。

分借鉴欧盟煤钢共同体等建立经验，优先选择在两岸具有较大发展潜力且竞争关系较弱的部分新兴产业展开试点合作，如可结合台湾当局正大力推动的“六大新兴产业”与大陆正积极发展的“七大战略性新兴产业”，选择某些产业甚至某条产业价值链进行整合。2.“政府主导”，两岸应加强经济一体化的制度建设（见图 1）。笔者建议可在维持目前两岸经济合作框架基础上，在两会框架下重新建立或由此前的两岸经合会升级成“两岸经济一体化委员会”，并建立相应的监督及政策咨询等工作小组。同时，可借鉴国际市场及大陆省域经济一体化经验，在两岸一体化委员会下设立商品市场、生产要素市场、基础设施、产业、社会文化及经济政策协调等 6 个工作小组。3.“民间积极参与”，鼓励两岸相关行业协会、经济团体等社会经济组织加强互动，加强两岸文化、教育等多领域的交流与合作，逐步推动两岸社会文化的一体化。

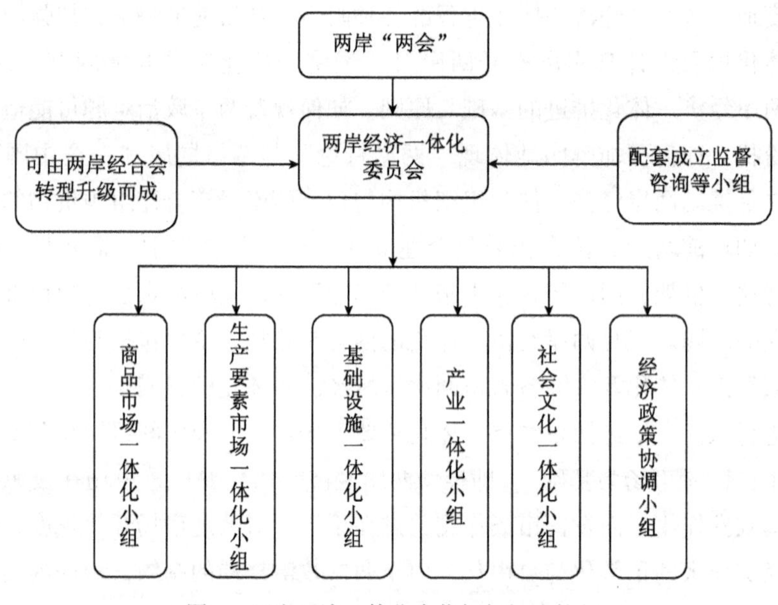

图 1　两岸经济一体化合作框架初步构想

图表来源：作者根据构想绘制而成

两岸经济合作制度化现实与展望
——基于区域经济一体化理论的分析

福建社会科学院现代台湾研究所　苏美祥

按照区域经济一体化的理论，依据形成的动力机制不同，一体化可以划分为功能性一体化和制度性一体化。一般而言，功能性一体化主要体现出经济体之间以市场机制为主导自然形成的经济密切互动的关系，而制度性一体化则反映出公权力在一体化中的主导作用。① ECFA 的签署，两岸经济合作进程从功能性向制度性发展转变，开启了两岸经贸关系发展的新纪元，正是区域经济一体化理论在两岸经济合作问题上的创新实践。ECFA 生效至今两年来，后续协商持续推进并落实，ECFA 在国际经济变局中对两岸经济产生积极效应逐渐显现，两岸经济合作步入“深入区”。

一、两岸经济合作制度化发展的理论运用

1. 两岸经济合作制度化的理论分析

区域一体化理论是两岸经济合作制度化的理论基础。区域经济一体化是伴随着经济全球化的推进而不断发展的，最早始于 20 世纪 50 年代末期，到 90 年代得到迅速发展。以欧盟、北美自由贸易区等为代表的一批区域经济组织在国际贸易和世界经济发展中占有越来越重要的地位。区域经济一体化是特定区域中的两个或两个以上的国家或地区，为谋求区域内商品和生产要素流动的自由化，通过签订经济合作的条约、协议，在经济上结合起来形成一个区域性经济联合体的过程。区域经济一体化的实质就是生产要素在区域内不断趋向自由流动的一个动态化的过程，在过程的每一个阶段，则表现为

① 盛九元：《ECFA 的后续发展：趋势、路径与步骤》，《亚太经济》2012 年第 1 期。

具体的生产要素流动程度的一种状态。随着区域经济一体化的发展，理论研究从其经济效应分析起步并向路径选择方面扩展，形成了区域经济一体化理论体系的基础和核心，相关理论包括关税同盟理论、大市场理论和协议分工理论等。

不同国家和地区之间的一体化总要通过一定的制度安排来加以实现，而维系一体化同盟的制度安排却需要通过一定的路径选择来完成。区域经济一体化理论在两岸经济合作制度化研究的运用与创新的基础上，学界做了大量探索，提出了多种两岸经济合作机制的模式。20 世纪 80 年代初至 90 年代，两岸经贸合作的研究开始起步，学界主要从区域经济整合最终走向政治统一的角度来看待两岸经贸合作，提出的主要合作模式有："中国人共同体"、"大中华共同市场"、"大中华经济共同体"、"华南经济圈"、"海峡两岸经济圈"、"中华经济区"、"中港台自由贸易区" 等。加入 WTO 后，两岸经济合作机制的研究再次升温，学界主要从两岸同为 WTO 成员、在 WTO 框架下加强两岸经贸合作的角度来考虑，提出了 CEPA、自由贸易区、两岸共同市场等模式。① 也有学者以双边贸易理论分析认为，与 WTO 相比，两岸通过签订自由贸易区将使货物贸易、自然人移动、服务贸易、资本和信息流动等更加便利，既更有利于区域内经济体利益的实现，也避免台湾在区域经济一体化进程中被"边缘化"。② 有的学者则以比较利益观点分析认为，尽管海峡两岸经贸关系的发展演变，不可能完全依据比较利益原则，然而过分追求现阶段各种条件尚未达到经济效益的产业，则往往得不偿失。③

2. 两岸经济合作制度化的特殊性

从两岸经济互动的实际情况看，尽管长期以来缺乏公权力的介入与规范，但两岸在经贸往来中形成了经济波动的高度相关性和投资、贸易的密切往来，进而达成功能性一体化的合作形态，并对一体化的深化与发展提出了更高的需求。自 1979 年以来，以市场机制为基础，通过大陆单方面市场开放及相关优惠措施的实施，推动了两岸经济合作的不断深化。两岸经贸合作

---

① 邓敏、范小阳：《两岸经贸合作机制研究述评》，《云南财经大学学报》2010 年第 4 期，第 27－33 页。

② 刘亮等：《论 ECFA 对两岸经济关系的影响——基于双边自由贸易理论的分析》，《亚太经济》2011 年第 1 期，第 146－150 页。

③ 翁嘉禧：《两岸经贸关系及其展望——比较利益观点的分析》，中国网 2001 年 8 月 10 日发布，网址：http：//www. china. com. cn/chinese/TCC/haixia/49980. htm.

通过“民间、单向、间接”的方式，突破了台湾的相关政策限制，从原先的分散、零星状态发展到密切、热络、密不可分的两岸经济互动，进而迫使台湾方面必须正视两岸经济交流交往的现实及对台湾经济的正面影响，以默认既成事实的方式应对两岸经济合作的新情势，从而使两岸之间形成了基于“一个中国”框架下、市场开放基础上的、密切互动的经济关系。同时，两岸经济一体化又是一种特殊性质的经济关系，主要体现在以下4方面：首先，两岸经济合作不是国与国之间的经济合作，而是在一国框架下主权国家与其单独关税区之间的合作，由此也形成了较特殊的互动合作模式和在区域合作中的双层结构；其次，两岸经济合作是在WTO规范下进行的，所达成的相关协议必须符合WTO的规范；再次，两岸经济关系的发展与两岸关系发展既有区隔，又有着紧密互动的关系，两者相互影响也相互制约；最后，两岸制度性一体化的建构与发展是在同一主权下进行的，不能违背“一个中国”原则，而现阶段则主要体现在以“九二共识”作为协商与合作的基础。

当前，两岸越来越认识到深化经济合作的重要性，并且凭借两岸两会协商的平台，签署了包括ECFA在内的一系列协议，推进两岸经济合作步入机制性一体化进程。2012年，ECFA后续协商取得重大进展，两岸投保协议、两岸海关合作协议签署，两岸货物贸易、服务贸易协商也已取得重大进展，并已启动争端解决协议的商谈，双方在金融及非金融领域等多个服务业部门间的合作都取得实质性的进展，特别是两岸签署货币清算合作备忘录，两岸货币清算机制得以成功建立，为两岸金融业深化合作及两岸投资贸易便利化奠定了基础。

3. ECFA效应的理论分析

经济一体化的最大动因，就是一体化所带来的经济利益大小。近两年来，对于两岸经济合作制度化的效应评估，学界就ECFA对未来一段时期的两岸经济合作的影响，均作出正面预判。就整体效应来看，根据台湾“中华经济研究院”测算，两岸签订ECFA会使台湾GDP增加1.65%—1.72%，台湾总就业人数增加25.7万—26.3万人。就“早期收获计划”来看，大陆同意台湾列清单并调降的关税总额为138.3亿美元，台湾同意大陆列清单并调降的关税总额为28.6亿美元，台湾获得免税总额约为大陆的四倍。[①] 美

① 孙东方：《后ECFA时代两岸经济合作发展论析》，《理论月刊》2012年第6期。

国彼特森国际研究院 2010 年 6 月 28 日发表研究报告指出，两岸签署 ECFA 后台湾的 GDP 在 2020 年可增加 4.5%。[①] 蒋含明等（2012）应用 GTAP 模型对 ECFA 的建立对两岸的经济影响效应进行了模拟研究，得出结果：一是 ECFA 的建立扩大了海峡两岸的贸易规模和总量，在大陆与台湾之间形成贸易创造效应。二是 ECFA 的建立会改善两岸的福利水平，有利于海峡两岸的经济增长，对台湾地区的贸易条件有所改善，扩大了台湾地区的进出口贸易总额，有助于台湾地区建构更优质、稳定及具可预测性的两岸经贸经营环境。台湾地区除了可以借助 ECFA 的签订扩大两岸贸易和投资，更有利于吸引外资，设立营运总部，有助于舒缓台湾地区面临经济边缘化的危机。三是在建立 ECFA 后，由于大陆各部门或地区投入产出和贸易结构的差异以及技术水平、劳动生产率和生产规模的差异，大陆一些部门如渔业、粮食作物以及机械电子业等领域会受到轻微程度的冲击。[②] 张冠华（2010）撰文分析，ECFA 的签订发生在后国际金融危机时期全球经济将产生深刻变革，以及海峡两岸各自经济均进入新的重大转型期的大背景下，其对两岸经济交流与合作的意义就更为深远，并将对促进两岸经济关系发展方式转变产生重大影响。[③]

二、两岸经济合作制度化的现实检视

近两年来，也有不少研究资料，主要以 2011 年度的台湾经济数据表现、两岸贸易和投资的规模为论据，提出 ECFA 对两岸经济具有卓越贡献之结论。当然，ECFA 对两岸经济的贡献不可否认，但如此推理显然有失偏颇，加之一些媒体推波助澜，容易形成两个认识上的误区：一是将 ECFA 早收清单与 ECFA 二者混淆；二是将 ECFA 与两岸经济合作制度化混淆，三是夸大 ECFA 对两岸经济的促进作用。2012 年台湾经济下行，经济成长率仅 1.25%，创 3 年来的最低水平（2011 年为 4.07%）。两岸贸易增速减缓，据海关统计，2012 年，大陆与台湾之间的两岸贸易达到了 1689.6 亿美元，增长 5.6%（2011 年增长 10%），美国取代大陆成为台湾的最大外销地。在这

① 《两岸经合会首轮达成共识》，台湾《工商时报》2011 年 2 月 23 日。

② 蒋含明等：《ECFA 对两岸经济的影响效果评估——基于 GTAP 模型的模拟分析》，《国际贸易问题》2012 年第 8 期。

③ 张冠华：《后 ECFA 时期两岸经济关系发展方式的转变》，《台湾研究》2010 年第 6 期。

样的数据面前，ECFA 效应是否已在消减？对此，笔者以为，应对 ECFA 进行冷思考。

1. ECFA 还不是完全的自由贸易协定

自由贸易协定应该包括货物贸易、服务贸易、贸易投资便利化、产业合作等多方面的合作与开放内容，两岸目前的开放还只是通过早期收获实施，所以，远远未达到自由贸易协定的层次。一是在货物贸易领域，尚未达到全面的贸易自由化要求。根据 ECFA，达成的货物贸易协议包括立即实现零关税产品、分阶段降税产品、例外或其他产品三类。GATT1994 第 24 条第 8 款（b）项规定，该款“实质上所有贸易”的要求并非绝对，而是允许自由贸易区成员在“必要”的情况下保留有关关税和其他非关税措施。二是在服务贸易领域，目前的开放程度与有关要求和承诺差距更为明显。大陆根据加入 WTO 议定书附件，承诺对其他成员方开放商业服务、通信服务、建筑及相关工程服务、分销服务、教育服务、环境服务、金融服务、旅游及与旅游相关的服务、运输服务等 9 个部门。而 ECFA 的服务开放领域尚未涉及建筑及相关工程服务、教育服务、环境服务、旅游及与旅游相关的服务等 4 个部门，且有些已经开放部门中分部门的开放程度也非常有限，如商业服务分部门的“专业服务”中只有“会计、审计和簿记服务”一项，其他如法律、建筑设计、医疗等 7 项 CEPA 涵盖的服务部门均未涉及；此外，通信服务中的电信服务，分销服务中的批发服务、零售服务，运输服务中的海运服务、仓储服务等重要敏感的部门也未涉及；至于金融服务的开放面更窄，台湾对大陆的金融服务只有银行服务，且仅开放一点。总体而言，ECFA 是两岸遵循世界贸易组织规则，结合两岸经济发展的现状和特点，按照平等互惠原则签署的经济合作框架协议，是充分兼顾两岸特色，推进两岸经济全面深入合作的特殊安排。ECFA 到目前为止，仍是个框架性协议，具有自由贸易协定的雏形，但并非完全的自由贸易协定。

2. ECFA 不等同于两岸经济合作制度化

从长远看，两岸经济合作制度化目标，不仅仅是贸易、投资的正常化、自由化进程，ECFA 并未涵盖两岸经济合作的全部内容。ECFA 只是两岸经济合作制度化的起点，ECFA 自身在现实环境下，其后续的投资保护、货物贸易、服务贸易以及争端解决机制等四大协议的协商将更为复杂、艰难。现有 ECFA 效应主要来自 ECFA 早收清单。据台“经济部”统计数据显示，ECFA 早期收获计划于 2012 年进入降税第二阶段后，94.5% 的早收项目关税已归零。截至10月份，台湾出口至大陆的产品适用优惠关税金额约68.5亿元（美元，下同），减免关税约4.45亿元，分别较去年同期增长98.2%和3.2倍。大陆出口至台湾的产品适用优惠关税金额约12亿元，减免关税约4514万元，分别较去年同期增长39.8%和141.1%。[①] 但目前所开放的货品贸易及服务贸易早收清单，项目及开放程度，与完整的自由贸易协议（FTA）内容仍有相当大的落差。以ECFA货品贸易早收清单为例，大陆对台湾开放539项，台湾对大陆开放267项货品，仍只是8000多项货品中的一小部分，许多项目仍有调降关税的空间，须进一步协商。[②] 从ECFA早期收获的内容来看，ECFA仍是以大陆单边对台开放为主，台湾对大陆开放的幅度依然不大。货物贸易领域，台湾对大陆产品入台的关税减让产品和减让幅度都比较窄，大陆对台高贸易逆差的现象仍未得到改变。服务贸易领域，台湾对大陆的开放也属于小幅度开放，大陆企业赴台投资的热情和积极性不高。这种不对等开放使得ECFA的自由化目标难以真正实现。

3. ECFA短期内无法改变两岸经贸交流中的结构性难点

观察2012年两岸经贸关系，一方面，两岸贸易往来增速大幅放缓。受欧债危机冲击，两岸贸易上半年出现了衰退，经过两岸共同努力，加上ECFA协商进展顺利的有力推动，两岸贸易往来在第4季开始企稳回升。两岸贸易中的结构性难点暴露得更加突出。两岸贸易目前属一般贸易占比仅略高于30%，广义的加工贸易占比超过65%，2012年全球市场需求萎缩超过预期，导致大陆下半年虽积极采取强化对台采购，扩大自台进口的措施，实际拉动效果仍相当有限。根据台湾有关部门的统计显示，2012年前10月对大陆与香港的出口额减少了6.4%，占台湾出口总额的比重跌破40%，仅为39.3%，退回到了2005年的水平。另一方面，大陆台湾面临转型升级的压力越来越大。2012年前10个月大陆共批准台商投资项目1768个，同比下降16.5%，实际使用台资金额23.3亿美元，同比上升31.8%。但大陆台商经营困难的处境并未得到根本改善，其获利仍在下降，前3季度台湾股票上市公司认列的大陆投资收益为848亿元新台币，较上年同期减少34%。台商对大陆投资区域出现新的变化，更趋多元化，台商传统集中地江苏与广东

① 《2012年两岸关系：持续积累政治互信巩固深化新局》，中国网，网址：http://www.china.com.cn/news/tw/2012-12/21/content_27481115.htm.

② 《2012年两岸关系巩固深化新局》，华夏经纬网，网址：http://www.huaxia.com/tslj/jjsp/2013/01/3171886.html.

两省头10个月的台商投资额同比都下降了30%以上，而增长最快的山西省增幅高达420%，河北与黑龙江也都增长了250%以上，2011年表现突出的重庆市则下降了64%。台商投资的产业调整也在继续，对电子零组件业的投资减少了43%以上，增长最快的是不动产业，增幅高达188%。根据台湾区电子与电器同业公会的调查，由于欧债危机对全球市场的冲击，大陆台商面临着更加沉重的成本上升、经营条件恶化等压力，劳动力密集型产业完全丧失竞争力，投资生产意愿已连续第三年下降。长期以来，由于两岸贸易中加工贸易占比极高，造成两岸贸易对世界市场有着高度依赖性，大陆台商对大陆土地和劳动力低成本的高度依赖性。当大陆土地与劳动力资源供应已经因趋于饱和而不断升值，不仅造成两岸贸易结构性难点难以在短时间内得到克服，也使两岸关系大交流、大发展的局面无法充分反映在两岸经贸往来的数字上。①

4. ECFA不是台湾经济唯一“解药”

目前台湾限制着大陆约两千多项产品进口，反观大陆对台湾几乎没有作任何产品的进口限制，台湾因而获得超额报酬。由于ECFA是以关税来协议，如果回到WTO规范框架下而言，平心而论，目前是台湾在经贸方面对大陆有着明显的比较经济利益。台湾目前每年对于大陆的出超约可达500亿美元，相当于3185亿人民币。由于2008年美国金融危机后国际经济低迷不振，不但影响了大陆的出口贸易，也直接连带影响了台湾对大陆的出口贸易。② 然而，台湾经济发展受多种因素影响与制约，不是签一项ECFA就能解决面临的一切经济困难的。ECFA确实为台湾经济发展创造了条件，但能否转化为实际的促进作用，还要有许多其他配套措施及其他政策的共同作用。从全球范围看，就是整个FTA或共同市场的实施，也没有能够让某个国家或地区实现经济起飞，就像东盟自由贸易区的签署并未改变菲律宾经济现状一样。③

5. ECFA受到岛内反对势力的阻挠

ECFA是基于“九二共识”及一个中国原则为基础签订。国共两党在

① 《2012年两岸经贸关系继续深化 结构性难点日益突出》，中国网，网址：http://news.hexun.com/2012-12-12/148957312.html.

② 董彦良：《ECFA与台湾经济》，联合早报网，网址：http://www.zaobao.com/forum/pages5/forum_tw121122.shtml.

③ 王建民：《ECFA热中的冷思考》，《世界知识》2010年第14期。

“九二共识”上的基本认知上是趋近一致，虽然ECFA签署已两年多，早期收获清单正在逐步落实，ECFA对台湾的经济效益也明显呈现了，但是台湾的反对势力却仍图推翻ECFA，台湾内部反对ECFA的政党与团体主要是民进党、“台湾团结联盟（台联）”和一些本土派社团。2012年7月20日台湾“行政院公投审议委员会”进行重新审查“台联党”主席黄昆辉提出的“ECFA公投案听证会”，黄昆辉希望继续发动公民投票来废止已经实施中的ECFA。显示台湾内部反对势力反对两岸经济合作仍未止息。民进党当然也是采取反对态度，民进党前主席蔡英文曾表示应该利用多边谈判体系来保护台湾权益，ECFA的双边谈判机制风险高很多。民进党现任党主席苏贞昌在2010年参选台北市长时表示：“ECFA对台北市也有害，许多人以为ECFA只会伤害中南部，但实际上台北只是较晚受害，未来的大规模开放会让服务业受到强烈冲击，而台北市服务业人口达八成。”2012年7月20日民进党在台湾“立法院”拟提案修改“两岸人民关系条例”，主张将大陆民间资本来台审议门槛订为新台币五亿元，禁止投资业别则由正面表列改为负面表列；民进党“立院党团总召”柯建铭说，希望以法律明确规范陆资，并将投资业别订定清楚，以防台湾“门户洞开”。因为民进党对两岸交流互动上有着诸多反对行为以及其在台湾内部有着一定的政治影响力让ECFA的未来充满不确定性。①

三、两岸经济合作制度化的热点思考

总体而言，近期内两岸经济合作制度化主要内容是：将在ECFA框架下，以落实“早期收获”措施为基础，继续展开货物贸易协议、服务贸易协议、投资保障协议及其他经济合作事项等议题的磋商，并签署相关协议。因此，ECFA后续发展是当前两岸经济关系的热点。

1. 关于签订两岸“服务贸易协议”及“货物贸易协议”的迫切预期

两岸服务贸易协议将提供给大陆台商更完善的金流、物流、医疗服务质量，并配合台商原有的特色发展生产性服务业，满足台商制造业的服务需求。对台湾而言，台湾服务业产值占GDP比重近70%，服务业的发展与台

---

① 董彦良：《ECFA与台湾经济》，联合早报网，网址：http：//www. zaobao. com/forum/pages5/forum _ tw121122. shtml.

湾经济成长息息相关。台湾服务业受限于岛内市场规模，通过拓展大陆服务业市场实现发展，就可以更好地发挥其作为台湾经济成长的动能的功效。此外，服务业拓展将会增加对于服务业人力的需求，提高服务业雇用的就业人数比重，创造就业机会。目前 ECFA 服务贸易早收清单，台湾开放 9 项，大陆开放 17 项，相对两岸服务业合作的广阔空间，只是冰山一角。不可否认的是，服务贸易市场的开放是一个渐进、逐步完成的过程，涉及行业广影响面大，双方发展水平存在差异，且法令规章存在差异，将给“服务贸易协议”洽谈增加难度。两岸的服务贸易协议商谈从 2011 年 3 月开始以来，已经进行了 10 多轮商谈和多次内部沟通，先后安排了两岸 30 多个部门进行了 60 余场的对口商谈。目前双方初步达成的市场开放承诺是符合当前两岸服务业发展状况和民众需求而做出的具体安排。双方也将会在服务贸易协议中做出相关规定，以循序渐进开放的方式，适时根据两岸服务业的发展和市场需求变化等因素，就扩大和深化两岸服务业部门的开放进行磋商，进一步满足两岸民众及业界的需求。[①]

两岸“货物贸易协议”商谈也于 2011 年 3 月启动。根据 ECFA，两岸双方同意在协议第七条规定的“货物贸易早期收获”基础上，不迟于协议生效后 6 个月内就货物贸易协议展开磋商，并尽速完成。货物贸易协议磋商内容包括但不限于关税减让或消除模式、原产地规则、海关程序、非关税措施、贸易救济措施等。2011 年 8 月，两岸双方就货物贸易协议及服务业贸易协议的条文大纲展开意见交换。货物贸易协议涉及细项繁多，多达 8000 多项，且随着商谈的推进越显艰难，因此到 2012 年底，两岸“服务贸易协议”未能如各界预期完成签约。然而，马英九 2013 年 1 月初却表示：过去 4 年发展是台湾的“再平衡”，把重心都放在大陆的趋势已减缓下来；两岸在 ECFA 协商部分有进展，但还需要一点时间，把服务贸易与货品贸易（协议）部分结束。所谓的“一点时间”究竟为多长，端视台湾当局对大陆经贸政策所执的态度。纵然如此，各界仍乐观估计，“服务贸易协议”和“货物贸易协议”将于 2013 年谈妥并签订。

2. 关于两岸“投资保障和促进协议”的后续执行问题

实际上，早在 1995 年第二次“汪辜会谈”就已经针对台商权益以及人

---

① 《台办新闻发布会介绍两岸服务贸易协议商谈等情况》，网址：http：//www. gov. cn/xwfb/2012 - 12/26/content _ 2299317. htm.

身安全等议题进行磋商，至 2012 年 8 月《海峡两岸投资保障和促进协议》（以下简称《投保协议》）签署，历经 17 年。该协议涉及层面甚广，取得多项突破：一是溯及既往。《投保协议》第二条规定："本协议应适用于一方投资人在另一方于本协议生效前或生效后的投资。"如此，让过去已经发生的纠纷也能依照该项协议解决，这种溯及既往的规定，在国际协议上相当少见。二是强化台商人身自由与安全的保障。国际投资协议鲜少有涉及人身自由与安全保障的规范，大陆与一百多国签署的投保协议中，也不例外，顶多只有原则性的规定。然而，《投保协议》以双方共识的方式，要求限制人身自由时需在 24 小时内通知大陆家属。此作法已经优于外商的 2－5 日的通知时限。三是多渠道的争端解决机制。对于争端解决，主要分为投资人对政府（P2G）以及投资人对投资人（P2P）等两种情形。针对 P2G 总共订立协商、协调、协处、调解和司法等五种解决管道。台商在大陆发生争端，可视情况选择最有利的解决模式。这也是国际上投保规范鲜见的规定。四是规范征收行为。该协议详细明文征收的要件、正当程序、种类（直接征收与间接征收）及以公平市场价值为补偿等。五是引入两岸仲裁机制。过去台商在大陆的商务纠纷仲裁基本限定在大陆的仲裁机构进行仲裁，《投保协议》引入两岸仲裁机制，投资人可在双方合意（事前或事后均可）下，选择两岸仲裁机构，由具有专业知识的仲裁人在第三地进行仲裁，提供台商新的救济管道。《投保协议》已经远远超越一般的国际投资协议的范畴，显见大陆为促进《投保协议》做出极大的让步。

《投保协议》签署以后，如何执行和落实的问题立即被提上日程。《投保协议》包括两个最重要的内容，一是投资保障，二是投资促进。其一，台商最为关注的人身安全保障以及发生商务纠纷时的仲裁解决。协议虽然规定了争端解决的多个渠道，包括争端双方协商解决、由投资所在地或其上级协调机制协调解决、由双方所设的投资争端协处机制协处解决、由投资人提交两岸投资争端解决机构通过调解解决，以及依据投资所在地的行政救济或司法程序解决等，但是，部分台商和岛内学者担心，由于大陆法治不健全，"人治"色彩浓厚，因此对以上渠道持悲观态势，认为台商权益得不到真正保障。对此，国台办主任王毅提出，未来将通过 7 件事情执行落实协议内容，包括尽快召开由中央和国务院 30 多个部委共同参与的维护台商权益的部际联席会议、向大陆台商宣传介绍投资保障协议、建立协议中规定的投资争端协处机制和投资咨询机制等。[①] 如此观之,《投保协议》的落实,有待于双方进一步累积互信,增强共识。当前,如何建立一个有效率的、公正的两岸仲裁机制十分重要。其二,“投资促进”落实的前景亦不容乐观。协议写进了“投资促进”的内容,所以这个协议不仅是“投资保障”的协议,还是“促进投资”的协议。因此《投保协议》不但对大陆的台商保护程度有大幅度提高,也有助于陆资赴台正常化,有利于推进 ECFA 的后续谈判,对两岸关系和平发展在经贸领域迈向贸易的既定目标有重大的推进作用。然而,对于两岸投保协议的签署,岛内一些人特别是民进党对于“促进”一词很敏感,认为这将损害到台商的权益。在《投保协议》洽谈过程中,一度坚持先“保障”后“促进”。一直以来,由于台湾当局对陆资入岛的限制政策,“投资促进”的全面落实,尤其是在陆资入岛方面将十分艰难。

3. 关于“货币清算机制”下两岸金融合作问题

2012 年 8 月 31 日两岸正式签署《两岸货币清算合作备忘录》,随后,中国人民银行宣布授权中国银行台北分行担任台湾人民币业务清算行,台湾“央行”宣布由台湾银行上海分行担任新台币清算行。2013 年 1 月 25 日,中国人民银行与中国银行台北分行签订《关于人民币业务的清算协议》,两岸货币清算的业务正式启动。两岸货币清算机制的建立,是继 2009 年 11 月 16 日两岸签署《金融监理合作备忘录》之后,在两岸金融合作领域的又一件极具里程碑意义的大事。

一是直接促进岛内金融机构人民币业务开放与发展。台湾“金管会”于 2012 年底开放银行办理存款、放款、汇款、贸易结算以及理财等 5 项人民币业务,并于 2013 年 1 月 25 日再开放银行办理人民币衍生性商品业务。

二是促进两岸金融机构开展双向交流。目前,台湾金融服务业已有 9 家银行在大陆开业,7 家银行设有代表人办事处;证券期货业则有 12 家证券商来大陆设立 25 处办事处,2 家投信设立办事处,核准 1 家投信合资申设大陆基金管理公司,6 家投信、7 家保险公司核准 QFII 资格,合计核准投资额度为 6.5 亿美元;保险业则有 6 家已在大陆营业,设有 14 处代表人办事处。受益于服务贸易早收清单,大陆的中国银行及交通银行已经到台申请设

① 王毅在第十八届鲁台经贸洽谈会开幕式上的致辞,网址:http://www.gov.cn/gzdt/2012-09/01/content_2215036.htm.

立从事商业银行业务，投资金额约9148万美元。①

三是人民币结算的贸易业务量将快速增长。以2012年1－8月大陆跨境贸易人民币结算占贸易总额约11.15%推算，两岸2012年贸易总额大陆海关统计是1689亿美元，其中的11.15%为188亿美元，折算为人民币大约是1198亿元。另外，台商赴大陆投资非正式统计累计逾2000亿美元，又根据环球金融同业电信协会的统计，2012年7、8月台湾与大陆及香港的银行间款项支付，其中已高达24%是以人民币支付。② 这是在两岸尚未有货币清算安排下、通过境外金融中心（OBU）及海外分行的结果。两岸货币清算的业务正式展开后，岛内外汇指定银行（Domestic Banking Unit，DBU）也可以办理人民币业务，其数量和规模远大于境外金融中心，因此以人民币结算的贸易业务量将会大增。

四、两岸经济合作制度化的趋势展望

世界各地的经验表明，区域经济一体化的进程无论在深度上还是广度上均存在巨大差异，政治意愿一直是推动区域一体化纵深发展的主要因素，而强有力的制度安排正是支持政治目标和促进区域一体化的有效工具之一。区域一体化有多种模式，采取何种模式为宜，取决于有关国家和地区的政治意图以及实现这些意图的相应机制。然而，美国国际经济研究所研究员C.冉多·亨宁（C. Randall Henning）分析认为，在实现一体化过程中，制度建设应当有别于政治动力。③ 因此，政治上的密切合作并非总是促进制度建设和经济一体化的前提条件，但至少是重要条件之一，反而政治上的阻挠将成为经济一体化的制约因素。在两岸经济合作制度化进程中，政治因素的作用不可估量。受两岸关系因素制约，30年来两岸经济制度合作化进程缓慢，ECFA的签订是两岸关系仍存在重大政治分歧、两岸政治互信仍未建立以及岛内仍有政治势力予以强力杯葛的大环境下签订的，因此，ECFA在总体框架上虽有法律约束力，但在两岸经济关系正常化、自由化的程度、进程等方面并没有条文上的明确约束。ECFA后续协商与落实任重道远，两岸经济合

① 谭瑾瑜：《参照CEPA速签服务贸易协议》，网址：http：//www.npf.org.tw/post/2/11708.

② 周信佑：《货币清算两岸同享其利》，台湾《旺报》，2013年1月29日。

③ 张林：《全球框架中的区域经济一体化——20国集团研讨会综述》，《中国金融》2004年第22期。

作制度化将是一个漫长的演进过程。

两岸经济合作制度化推进的最佳落脚点是寄希望于台湾人民。一是充分考虑台湾民众对两岸经济合作深化的复杂心理。只有两岸关系和平才有利于台湾，在大陆不断崛起的过程中，台湾必须充分利用这个机会发展自己。两岸经济发展的事实证明，大陆已经是台湾的主要市场与经济发展的后盾。然而，目前台湾的一部分民众不愿正视这样的事实，反而认为是大陆“掏空”了台湾的经济。二是两岸关系中经济与政治的关系难以完全区隔。两岸经济合作本身就是政治，双方政治关系的发展寓于两岸经济关系的发展中，因此，用经济政策或手段来缓解两岸间的政治问题，是对两岸间争正统争主权的一种超越，从而使双方可以跨越零和式的博弈，让两岸关系可以基本地稳定发展。三是让多数台湾民众共享两岸关系和平发展的红利。这不仅关系到两岸经济关系发展中存在是否“公平化”问题，而且存在需要重视两岸经济合作效率发挥的问题，更需要重视两岸特别是台湾的中下层民众享受两岸经贸发展红利的问题。

当前，世界经济存在诸多不确定因素，周边各经济体之间的 FTA 不断增加，地区一体化机制正在扩大。面对一体化浪潮，基于两岸民众福祉考虑，未来两岸关系仍将以经贸为主轴，以 ECFA 为主要载体的两岸经济合作制度化才刚刚起步。从发展趋势分析，依据 WTO 的相关规定，通过 ECFA 早期收获清单的实施及后续协议的磋商、签署与落实，两岸大部分货物贸易将逐步实现零关税，两岸服务市场将大幅相互开放，两岸经济交往和合作的制度化将达到一个相当高的程度，两岸经济机制化合作的框架将逐步形成。在 ECFA 基本目标实现之后，两岸经济的机制化合作将迈向新的阶段，逐渐实现生产要素自由流动，从而更有效地整合两岸资源，实现经济更持续稳定的发展，为实现两岸全面的经济合作奠定坚实的基础。

虱目鱼契作模式对大陆惠台政策的启示

中国社会科学院台湾研究所　吕存诚

今年是大陆对台南学甲地区进行虱目鱼契作的第三年，对契作模式进行系统回顾总结具有重要的现实意义。特别是在大陆始终贯彻落实做好台湾中南部地区工作的指导下，契作模式的成功与经验可以为大陆惠台政策、措施提供有益的借鉴，而且也将为进一步做好民进党工作奠定良好的基础。

一、虱目鱼契作模式的基本内涵

虱目鱼契作模式（以下简称“契作”），是大陆直接采购台湾南部渔民养殖虱目鱼的重要惠台措施，是两岸关系和平发展开启大交流、大合作、大发展局面下产生的有效合作模式，具有鲜明的特色。

（一）产生背景

两岸经济交流实现制度化后，虱目鱼列入 ECFA 早期收获清单，该鱼种养殖户强烈希望获得稳定收购价格，在国台办积极协调下，上海水产公司与台南学甲地区部分养殖户签订采购协议，从而开启了首个大陆对台渔业采购的契作模式。

1. 两岸经济交流制度化为契作奠定良好基础。2008 年以后，两岸关系出现重大积极变化，两岸关系步入和平发展阶段，两岸全方位交流格局逐步形成。尤其是 2010 年 6 月《两岸经济合作框架协议》（ECFA）签订，奠定了两岸经济交流合作机制化的基础。在 ECFA 的早期收获清单中，虱目鱼作为大陆对台开放的 18 项农产品之一被列入其中。这使虱目鱼销往大陆的关税大幅降低，并且逐步实现零关税，而且销售的运输问题、通关程序等都不断简化，使整个流通过程时间减少、程序便利，为虱目鱼进军大陆、开拓新的市场消除了诸多不便的限制。

2. 岛内渔民的实际需求获大陆方面高度重视。虱目鱼在台湾养殖历史悠久，但长期以来台湾虱目鱼交易受中间代理商的层层压榨，形成了买方垄断市场，收购价格被压至比较低的水准。据悉，在虱目鱼丰收季节，岛内中间商对养殖户的收购价一般约在每台斤（即600克）32－35元（新台币，下同），个别年份和季节收购价甚至低到22元左右，大大低于养殖户的饲养成本。[①] 但由于虱目鱼属热带鱼种，一旦入冬再不捕获，便可能大量死亡而造成更大的损失，因此养殖户经常被迫以低价出售给中间商。

两岸ECFA签订后，台湾虱目鱼养殖户强烈希望开拓大陆市场，获得大陆国台办的高度重视与支持。2010年8月，国台办副主任郑立中以民间身份首访学甲地区，渔民在交流中提出，“渔民不求大富大贵，只求三餐温饱，大陆如果在35元养殖成本下，再加几块，用契作收购，就是照顾我们渔民了”。郑立中当即回应尽快研究、落实。此后，国台办深入调研并逐步明确方案，经与大陆相关水产企业协调沟通，最终在2011年初顺利推行契作。

3. 契作可操作性强。比起大陆地方政府大型采购团或者其他采购模式，虱目鱼契作的生产销售等交易流程相对简单，由销售方与采购方直接商议，减少了第三方的因素，使协商过程及协议签订的形式趋于简化。同时，虱目鱼在生产、保存、运输及检验检疫等方面的技术要求相对较低，对该产品采取契作方式的可行性较大。

（二）发展过程

大陆从2011年正式向台湾虱目鱼养殖户进行契作采购，已历经3年，契作内容逐步完善。

契作协议首度完成。2011年，负责采购的上海水产公司向台南学甲的100名养殖户收购，每户3万台斤，每台斤以45元保证价收购，并且对参与契作的养殖户预先支付30万元订金。在虱目鱼进入8月的收获季节后，上海水产公司直接负责收购并运输至大陆销售。

契作协议不断改进。2012年，在首次试行成功的经验及不足方面的基

① 《虱目鱼政治　两岸见高下》，台湾《中国时报》2011年11月15日。

础上，上海水产公司继续推进契作。当年，契作的户数扩大至120户，采用先申请，后集中抽签的方式确定参与者，即确保自主性，又保证了公平。采购的数量与价格维持不变。另外，根据岛内的实际需求，大陆方面在嘉义合资专门设立了虱目鱼冷冻厂，并基本确定在台南设立虱目鱼加工厂。

契作逐步形成常态化、规范化模式。2013年，上海水产公司维持了120户的采购规模，基于市场供求关系，收购数量不变，但收购价格改为42元。同样，参与契作者仍采取先申请，后抽签的方式。从目前看，大陆对台虱目鱼契作采购，逐步形成具有每年实施的常态化趋势，而且程序、形式基本稳定，成为一种大陆惠台政策的特殊模式。

（三）基本特点

1. 直接性。这是指订立契作合同的双方当事人是初端养殖户与终端销售方，而非一般的虱目鱼养殖户需与中间代理商订立合约，代理商又与其他销售方另订合约，“学甲虱目鱼契作模式，越过在台湾地方拥有一定政经实力的中盘代理商”，[①] 这等于直接减少了中间环节，使初端产品直接进入终端市场，因此具有直接性的特点。

2. 保障性。这是指契作合同签订后，产品收购的数量及价格不变，不受季节、市场供需、物流成本等其他物价上涨因素的影响，而且采购方预先支付一定数量订金，供养殖户养殖所需。这改变了以往养殖户对出售虱目鱼时价格起伏的波动，消除了养殖户产量过多造成价格下跌或无法出售的担忧，保障了养殖户的基本收益。

3. 市场主导性。这是指契作合同仍是企业与养殖户之间的市场交易行为，交易的商品最终必须在市场上销售，受到市场交换规则的制约。这不同于一般的大陆政府采购团，政府主导性强，采购的商品、数量、价格及频率受政治因素影响，可能造成偏离市场规律的情况。

4. 兼顾公平性。这是指契作合同对养殖户具有一定条件要求，第一优先名单是低收入户或家有重症需照料者，第二优先名单是自有鱼塘土地并有养殖经验，为养家糊口外出工作者，鼓励其返乡就业，最后才是具有学甲户籍的养殖经验户。这与一般的买卖合同优先向养殖能手签订有所不同，体现

---

① 丁仁方：《南台湾与中国大陆交流深化刍议之一：台南学甲虱目鱼契作经验的参照》，香港《中国评论》2012年第1期。

了契作模式作为大陆惠台重要措施，除了考虑经济效益外，更注重社会效益。

二、契作模式的成效评估

（一）经济效益评估

1. 契作稳定保障养殖户的经济收入。契作模式的直接性与保障性特点，决定了参与契作的养殖户收益是必然的。从纵向对比看，2011 年和 2012 年，上海水产公司向每户养殖户的收购价均是 45 元/台斤，向每户收购量都是 3 万台斤，最终每户的收入达到了 135 万元。同时，参与契作的养殖户完成额定产量外，多余的产品还能向台湾其他采购商出售，收入势必更多。即使在 2013 年收购价降低至 42 元/台斤，每户的总收入也可达 126 万元。而这两年台湾的人均 GDP 约为 60 万元，[①] 参与契作的养殖户收入超过人均值一倍。可见，契作为养殖户带来的实实在在的经济利益。从每年学甲总共 500 多户有 300 多户积极争取 120 个契作名额的情况，也反映出契作的正面效应。

2. 契作模式具有经济溢出效应。除了给养殖户带来实际的利益，契作模式还产生额外的经济溢出效应。一是稳定了学甲地区虱目鱼的整体采购价格，有助维护渔民的基本利益。以往台湾中间商向养殖户采购的价格会随市场供需关系发生强烈的变化，“最低收购价可能只有 20 元/台斤”。而采取契作后，学甲地区虱目鱼的整体收购价稳定维持在 35－40 元。[②] 这是由于有大陆企业的稳定采购后，非契作的虱目鱼养殖户便以契作价格为标尺，若相差太多，便不轻易向台湾收购方出售。二是一定程度打破了虱目鱼中间商的垄断地位，促进市场竞争秩序的规范。过去由于缺乏竞争，台湾的部分中间商在收购时便形成垄断地位，人为压低价格，损害了渔民利益，但有了大陆企业的参与，打破了原有的垄断格局。岛内有学者认为，“契作模式砍断了学甲地区虱目鱼的买方垄断市场”。[③]

---

① 统计数据源自“中华民国统计资讯网”，http：//www. stat. gov. tw.

② 《以农民生计为重》，台湾《中国时报》2013 年 2 月 17 日。

③ 丁仁方：《南台湾与中国大陆交流深化刍议之一：台南学甲虱目鱼契作经验的参照》，香港《中国评论》2012 年第 1 期。

（二）政治效应评估

虱目鱼契作虽然只是小范围实施的大陆惠台经济举措，但其对巩固深化两岸关系和平发展的政治影响力不容低估。尽管短期内部分效应并不明显，但一些积极苗头已然显现，若长期改进落实，必然具有更大的“政治红利”。总的来说，契作模式产生的政治效应可以按三个层次划分：

1. 有力改变深绿选区对两岸交流合作的认同感。历次重大选举显示，台南学甲地区民众支持民进党的比例约为2/3，是传统意义上的深绿选区。长期以来，该地区民众受民进党蛊惑，对两岸关系和平发展，以及在此基础上推进的两岸交流合作抱持很大的保守乃至反对态度。但随着虱目鱼契作在该地区不断推动、深入，不仅受益的养殖户力挺两岸交流合作，其他未参与者也逐步转变保守观念，开始认同、支持两岸的交流。岛内媒体曾多次对学甲地区渔民采访，报道契作情况，渔民普遍认同两岸交流确实为自己带来实际的好处，“是让基层有感的最佳途径”。[①] 负责学甲地区契作养殖户联络统筹的台南市海峡两岸经贸文化发展协会理事长王文宗指出，“他们（指养殖户）以前对两岸交流有疑虑甚至排斥，但现在想法在慢慢改变，认为契作能带来生机和工作尊严，谁反对契作，谁就是与渔民搞对立”。[②] 可见，只要坚持不懈地实际为民众谋利，即使是深绿地区的民众也能因切身的感受而逐步改变对两岸交流合作的保守态度，进而转向支持。

2. 有力增进对大陆民众的友善程度与大陆官员亲近感。台湾学者黄清贤将“认同”区分为“本质性认同”与“建构性认同”，认为前者是原生的、先天给定的，难以短时间改变，后者是被创造的，具有一定可塑性。该学者对契作模式深入研究后批判性认为，契作模式难以扭转深绿地区民众的“台湾认同”，但确实增加了对大陆的亲切感。[③] 本文基本同意其对契作模式所产生的正面影响及未能实现的效果。但本文认为，“建构性认同”与“本质性认同”并非是割裂、“平行线”的关系，恰恰相反，根据“感性认识是理性认识基础”这一唯物主义认识论观点，作为感性认识的“建构性认同”增加有可能导致作为理性认识的“本质性认同”转变。目前，契作模式已

---

① 《基层有感　两岸交流更稳健》，台湾《中国时报》2013年4月26日。

② 《ECFA发功　台南渔民有感》，台湾《中央日报》2013年1月5日。

③ 黄清贤：《从理性与感性角度分析大陆对南台湾的契作模式》，香港《中国评论》2012年第10期。

经对所在区域民众产生了良好的“建构性认同”基础。在今年四川雅安发生强震后，台南学甲渔民自发性募款，主动慷慨解囊，充分印证了这一地区民众对大陆民众的同胞情谊，是对大陆民众友善度提升的有力佐证。同时，学甲地区乃至南台湾民众普遍认同国台办副主任郑立中亲力亲为的务实作风，也表明大陆官员长期在岛内塑造的良好形象确实得到了岛内民众的认可，增加了亲近感。[①] 事实上，岛内多次民调也都显示，随着两岸关系和平发展深入，台湾民众对大陆的友善度已经超越了敌对度，这是两岸进一步迈向更高政治认同的基础。

3. 弱化绿营选民对“台独”政党的向心力，逐步松动绿营的民意基础。曾有台湾学者及媒体认为，尽管大陆在学甲开展了契作，在南部进行了大量政府采购，但2012年“大选”马英九在这些地区的得票率反而不如2008年时期。之所以得出这样的结论，除了部分舆论有意污蔑大陆的惠台举措，更重要的是研究者仅看到了宏观层面的得票率，却未细究微观层面投票现象的变化。以下三点选举变化值得注意：一是，2012年“大选”，台南全市投票率为74%，而学甲区投票率仅71%，低了3个百分点。二是，全市废票率0.7%，学甲废票率为0.8%，也比全市高。三是，相较2008年“大选”，“蔡苏配”在台南市（2008年包括原台南县与台南市）的得票率增加幅度为4.38个百分点，在学甲地区得票率增加幅度仅为3.2个百分点。这说明，契作模式确实发挥了积极作用，民进党对一些铁票地区选民的吸引力有所削弱。[②]

事实上，大陆推动惠台政策着眼于长远性影响，绝非局限于某次选举结果，最终是为更好的深化巩固两岸关系和平发展的大格局，促进两岸的交流合作，进而增进两岸民众的了解与认同。从这一层面看，包括契作模式在内的部分惠台措施已经很好地实现了预期政治效应，打开了大陆与台湾南部深入互动的大门，为进一步转变南部民众对两岸关系根深蒂固的保守认知奠定扎实基础。

三、契作模式的借鉴意义

契作模式对于大陆进一步推出具有实效的惠台措施有着重要的启示，主要有以下几点：

---

① 《大陆官员的认真表现　国民党官员应汗颜!》，台湾《旺报》2012年2月14日。

② 彭维学：《浅析民进党社会基础的现状与发展态势》，《台湾研究》2013年第1期。

（一）制定长效机制。当前大陆的惠台措施以应急性、临时性，部分措施确实发挥了救场效果，解决了岛内民众的实际需求，但长期看，这样的方式具有三大缺点：一是不可持续性，造成效应短暂，一旦客观条件、时间变化，便失去原有的作用；二是不具普适性，难以广泛推广；三是易造成功利性印象，尤其对惠及中南部地区的措施若断断续续，容易被绿营扣上“银弹攻势”、“收买人心”等帽子。契作最初推行亦存在这些问题，被质疑是“大陆拉拢南部民众的救济做法”，但随着该举措逐年完善，渐成长远性规划，认同度逐渐提升。因此，部分惠台措施若能形成长效机制，效应将更加持久。

（二）打造“品牌”、“拳头”措施。企业生产商品唯有树立品牌、推出拳头产品方可长久存续，大陆推动惠台措施同样需要具备品牌意识。契作之所以成功，是由于经过3年的发展在养殖户中树立了“稳定可靠、直接获益”的品牌形象。但类似于部分大陆政府采购团等举措，诸多意向性合同最初给台湾民众留下很多期待，但落实后与预期差距较大，甚至有无疾而终的现象，这反而挫伤台湾方面的积极性，造成“形象工程”的反效果。因此，惠台措施未必“求多、求广，而求精”，以质取胜，更能赢得信任与民心。

（三）直接深入基层，简化落实环节。此前的一些惠台措施被岛内部分舆论操弄成“图利大财团”的印象，其问题就在于中间环节过多，层层受益，最终落在民众实处的反而是微利，而且无法使大陆方面直接掌控措施走向。契作模式的最大特点在于将措施与受惠民众直接联系，减少不必要的中间环节，这既能让民众实现收益最大化，也能达到直接与民众“搏感情”的效果。因此，未来的惠台措施应更多考虑以此种直接方式推动。

（四）以市场“双赢”规律为导向，减少“政治任务式”举措。当前不少大陆惠台的经济措施存在“政令一下，一哄而上”的问题，往往忽视了市场需求和饱和程度，造成台湾方面获益而大陆企业亏损的现象，导致部分措施难以为继。虱目鱼契作模式较好的考虑了两岸市场需求，台湾渔民获利同时，大陆企业亦不断取得效益。因此，大陆惠台的经济措施应尽量遵循市场经济规律，政治因素应充当协调促进作用。对此，台湾学者丁仁方亦指出，“在南台湾深化交流应尽量少政治多经济，尊重市场经济法则，才不会被扩大解读”。①

---

① 丁仁方：《南台湾与中国大陆交流深化刍议之一：台南学甲虱目鱼契作经验的参照》，香港《中国评论》2012年第1期。

跨两岸社会：特征、风险与治理

南京大学政府管理学院　杨丹伟

2008年以来，两岸社会的大规模交往，一个连接大陆与台湾的跨两岸社会正在浮现。两岸在经济、文化教育及社会生活领域的交往，使得两岸之间联系渠道越来越多，连接程度越加密切。这样一个连接两岸又不完全属于其中单独一方的跨两岸社会，是两岸以协商方式达成协议来实现共同治理，因而，跨两岸社会一方面兼具两岸社会的共同特性，另一方面又有其特色的模糊性、多变性。两岸共同治理下的跨两岸社会是两岸走向社会一体化的起步阶段，在其发展中，存在着各种各样的风险，充满了不确定性。如何管控风险、保证跨两岸社会的稳定持续的发展，是建构两岸命运共同体的重大课题。建构一个有公权力机构、市场和公民社会共同参与的复合型治理机制，方能实施有效的风险管理，减轻风险对两岸关系的冲击。

一、跨两岸社会的出现

2008年以来，两岸社会交流开始加速，大规模的社会交流催生了一个跨两岸社会。跨两岸社会的出现，是两岸和平发展战略思维的产物，是“两岸命运共同体”建构进程中的阶段性成果。

社会是“人的真正的共同体”,[①] 是人通过各种关系形成的生活共同体，“社会不是由个人构成，而是表示这些个人彼此发生的那些联系和关系的总和”。[②] 按照马克思主义的社会理论分析跨两岸社会，两岸之间经济文化社会的要素联接是跨两岸社会的基本动力，包括台商、台生陆生和观光客在内的与两岸关系有着直接利益关联的两岸族是跨两岸社会的主体，两岸各种交

---

① 《马克思恩格斯全集》第一卷，人民出版社1965年版，第487页。

② 《马克思恩格斯全集》第三十卷，人民出版社1995年版，第221页。

流主体通过协商达成的共识和签署的协议提升了跨两岸社会的制度化水平。

1. *两岸族是跨两岸社会的主体*

在两岸长期对立的背景下，两岸社会被隔绝。两岸社会的各自存在和发展，形成了两岸社会不同的发展道路和生存状态，两岸的政治、经济、文化和社会的对立和差异消解了传统的一体化的两岸社会，没有任何交集的两岸社会逐渐变得疏离、陌生。“和平统一、一国两制”国家统一战略思想提出后，两岸之间社会交往的大门被打开了一条缝。1987 年 11 月，台湾的大陆籍老兵返乡探亲重启了两岸社会之间的直接交往。而探亲之开放，迅速带动了台湾社会各界人士登陆旅游、考察、经商的热潮。透过登陆的实地接触，台湾社会了解了大陆的真实状况，过去主观上对大陆传统的憧憬或对中国共产党的恶意“抹黑”，被理性态度所取代。特别是大陆改革开放创造的无限商机，吸引了台商赴大陆投资，互补互利的经贸关系成为两岸关系最主要内容。具备超越体制行动能力的工商界、学术界精英，能够突破两岸之间的层层壁垒，活跃于两岸经贸合作、学术交流中，建构起两岸关系脆弱的联接。虽然这样联接主要围绕着经济利益主题而展开，但是，两岸之间开始重新认知对方，重新界定两岸相互的身份和定位。精英交流开启了两岸交往的窗口，仅有精英交流的两岸交往是有限的脆弱的，无法化解两岸政治对立的冲击，不足以保障两岸关系的稳定发展。

2008 年以来，两岸和平发展不断深化，两岸交流从单向发展为双向，交流主体从精英扩展到庶民，普通民众开始参与两岸交往，构成了基数大、影响广的两岸族。两岸的人员交流在 2008 年 7 月台湾开放大陆居民赴台观光旅游之后出现井喷式增长。2009 年大陆居民赴台人次达 935505，比 2008 年增长率 235.7% 。以台湾居民赴大陆为主体的单向度的两岸人员往来格局，被迅速成长的赴台大陆居民所改变，两岸居民互来互往的双向交流新格局正在形成中。2012 年，两岸人员往来稳步扩大，全年两岸人员往来的总量接近 800 万人次，再创历史新高。全年台湾居民来大陆 534.02 万人次，同比增长 1.47% ；大陆居民赴台 263.02 万人次，同比增长 42.56% 。大陆居民赴台旅游 197 万人次，同比增长 57.5% 。① 大规模的人员交流是跨两岸社会的基础。“社会是一个被建构起来的实体，而不是一个基本的实体；社

① 《2012 年两岸人员往来近 800 万人次再创新高》，新华网北京 2013 年 1 月 16 日电，见国台办网站 http：//www.gwytb.gov.cn/lajlwl/rywltj/201301/t20130121_3567678.htm.

会仅仅存在于构成社会的个人之中并通过这些个人而存在……社会是一个像构成它的个人一样的现实的实体。"① 参与两岸交往、与两岸关系发展有着直接利益关联的社会群体构成了两岸族，其主要类别有台商群体、学生群体、两岸通婚群体、观光客群体和其他群体。

台商，是两岸经贸合作中的主角。台湾企业家依托敏锐的经济直觉、聪慧的经济头脑、灵活的经济手段和雄厚的经济实力，积极参与大陆的经济发展，分享大陆经济社会高速发展的成果，在两岸经济合作的舞台上"唱主角"。在两岸政治僵持的情形下台商群体主导的两岸经贸关系是维系两岸关系的重要纽带。在两岸关系和平发展的战略机遇期，台商依然肩负起深化两岸经济合作的主力军作用。陆资入台刚刚启动，大陆企业家对于投资台湾表现出浓厚的兴趣。2012 年大陆企业赴台投资金额 6.94 亿美元，同比增长超过 10 倍。②

学生群体，是决定两岸社会交往未来的关键因素。大陆一直以积极开放包容的善意姿态鼓励台湾学子赴大陆交流学习，在对台生求学和就业方面规定了详细、人性化、适时的优惠政策。1978 年起，大陆就开始对港澳台招收研究生。1985 年起，福建省华侨大学首先办理单独招生。1987 年招收第一名台湾学生。大陆高校除对港澳台学生办理联合招生外，1998 年，教育部再批准福建厦门大学等 8 所高校对台湾学生实行单独招生。就台生赴大陆高校求学，教育部出台一系列优惠政策，如可适当降低分数、择优录取。2005 年，再放宽核准台湾学生在大陆高校求学，比照内地生标准收费；同时，为鼓励台生在大陆就业，放宽大陆证照考试资格，如律师、医师、会计师等，同意开放台生报考。2006 年认可台湾高等学校学历。2009 年以来，每年约有 2000 至 4000 名台湾学生到大陆报考大学，报考硕士和博士的在职人士数量也呈现持续增长的趋势。③ 而台湾方面在开放两岸教育交流中，始终以保守、封闭的心态限制大陆学生到台湾高校就读。1997 年依"台湾地区与大陆地区人民关系条例"规定，台湾发布"大陆学历检核及采认办法"。但因大陆学历采认问题受台湾政党政治意识的影响，要与整体大陆政

---

① ［美］古尔德：《马克思的社会本体论》，北京师范大学出版社 1999 年版，第 42 页。

② 《张志军在第十一届两岸关系研讨会上的讲话》，见国台办网站 http：//www.gwytb.gov.cn/wyly/201303/t20130322_3980522.htm，2013－03－22.

③ 展涛：《两岸高校携手，共创美好未来》，中国台湾网，http：//www.taiwan.cn/2009 年 7 月 12 日。

策挂钩作通盘考虑，该办法无法生效。开放大陆学历采认与陆生来台的政策，一直被视为高度政治性的议题，成为台湾各政党攻防的焦点。2011 年台湾终于开启了高校招收陆生的大门。受制于台湾当局对大陆学生的“三限六不”政策，[①] 陆生来台人数始终无法大幅增加。两岸学生的入学条件、奖学金的发放、就业等方面的规定与两岸关系的大局息息相关。大陆的开放与台湾的保守形成了强烈的反差。无论如何，两岸学生交流的浩浩大势无人可挡。青年学生的求学、就业的权利和保障，直接受到两岸交流政策的影响。两岸学生相互的交往、认知、了解和沟通，伴随着学生的政治社会化进程，将在形塑学生的“两岸观”等政治理念中起到重要作用。

近年来大陆学生在台留学/研习人数

年度/学年度	2006	2007	2008	2009	2010	2011	2012
正式修读学位陆生	—	—	—	—	—	928	1864
大陆研修生	448	823	1321	2888	5316	11227	15590

资料来源：台湾“教育部”网站。[②]

两岸婚姻，是两岸民众交流进程中的自然产物，也是联接两岸的重要纽带。随着两岸关系发展，两岸通婚也越来越多，从早期陆女嫁老兵的“老兵婚姻”，到如今的台女嫁大陆富商的“豪门婚姻”，两岸婚姻在质与量都出现变化。然因两岸政治、社会制度不同，两岸婚姻产生的两岸族的权利得不到应有的保障，衍生不少问题。2004 年之前，台湾方面关于大陆配偶政策的相关法令相当严苛，致不少教育水平较高的陆配，难以在台正常生活或工作；2009 年，规范陆配来台生活相关法令经过修订，赋予陆配在台生存权、福利权暨工作权较为合理的保障，但是依然保存着许多不公平的规定。长期被“污名化”的陆配及其权益与台湾社会尊重人权普世价值标准是矛盾的。“两岸婚姻家庭是传承中华民族根脉、传播两岸爱情亲情、传递和平发展信念的重要力量，被誉为两岸‘三通’之外的‘第四通’”。[③] 两岸婚姻催生的两岸族要维护自身权益，必然要求两岸不同的法律法规体系的对接

---

① “三限六不”是指：限制采认的高等学校、限制来台大陆学生总量、限制医事学历采认；不加分优待、不影响岛内招生名额、不编列奖助学金、不允许在学期间工作、不会有在台就业问题、不得报考公职人员考试等。

② 台湾“教育部”网站 http://www.edu.tw/pages/detail.aspx?Node=3378&Page=14083&Index=5&WID=31d75a44-efff-4c44-a075-15a9eb7aecdf.

③ 《两岸婚姻家庭协会北京成立》，《联合报》2012 年 8 月 29 日。

和两岸公权力机关相互承认对方的治理效能。

两岸的观光客，特别2008年以后的大陆游客赴台游，将从根本上改变两岸社会生态，并重组两岸关系的深层结构。自2008年开放陆客来台后，目前团客人次累积高达483万余人，为台湾创造高达新台币2433亿元的旅游收入。[①] 两岸观光的开放，为两岸民众的直接接触提供了可能。两岸观光客可以亲眼观察两岸社会的生态。大陆游客透过与台湾民众的自由交谈，当可体会台湾方面既有的“两岸观点”、了解台湾民众的政治生活和政治态度。两岸的社会交流着实带给他们相当多的感动。有人形容：“原本对台湾的印象是问号，但到台湾之后，现在是惊叹号。”在直接交往与互动中，两岸社会可以期待一些共同价值观的萌发和成长。从这个角度看，两岸观光，不仅带来了巨额的商机，而且拉近了两岸民众的距离，在民众的直接交往中形塑两岸关系的新生态。

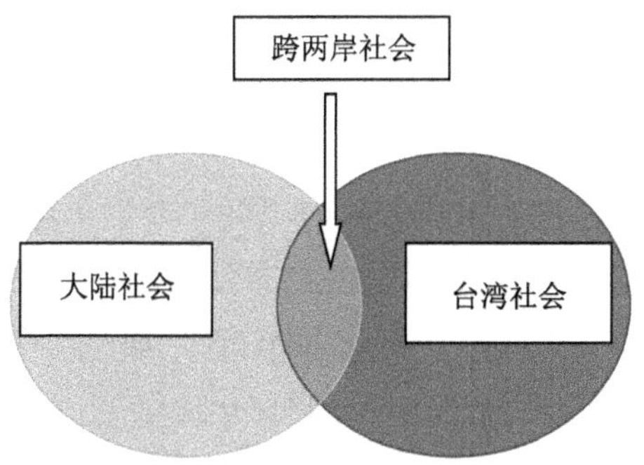

以上列举组成两岸族的各个不同社会群体，均有其不同的利益诉求，然而作为两岸族，其共性体现在：一是两岸族的利益与两岸关系的稳定发展密切相关。两岸关系和平发展，他们的利益就能够得到保障，否则，他们的利益就会受到不公正的待遇。二是两岸族同时接受两岸公权力机关的管辖。无论是台商、学生和两岸婚姻，两岸族的身份、法律地位、权利与义务等相关规定的法源依据是大陆的法律法规、台湾的法律法规和经由两岸协商达成的协议。两岸族正常行使自身权利维护自身利益的依据是两岸各自的法律法规，两岸族在对岸从事相关活动时必须接受对岸的法律法规的约束。如果两岸政治、法律与行政体系在维护两岸族的权利过程中发生冲突和矛盾，需由两岸协商来达成双方均能接受的解决方案。三是两岸民众的需求与意见，尤

① 《经济日报》2013年2月15日。

其是两岸族的要求和行动，是推动两岸关系发展的主导力量。从历史经验看来，两岸交往中的重大进步都是基于两岸民众的民意要求。两岸之间的经商、求学、婚姻和旅游等社会交往一直绵延不断，即使在两岸政治关系紧张之际，依然无法阻隔两岸民众之间的交往。两岸族的存在与成长，将充实、活络两岸社会交流，藉由促进双方民间更多的认识并增进彼此的信任基础。

2. 两岸交往机制的建构

交往机制建设，是两岸关系发展的大方向。把两岸社会交往中的偶然的、临时的、突发的合作形式固定下来，提炼出两岸合作的思路、原则和机制，建构出两岸合作的稳定形态，推进跨两岸社会的建设，是两岸关系发展的重要特征。经过几年时间的努力，两岸县市“双百论坛”、海峡两岸婚姻家庭论坛、中原根亲文化节、两岸工会论坛、两岸妇女论坛等两岸社会各界别、各层次的社会交往机制的建构从无到有从小到大。其中，国共合作平台、两会协商平台、海峡论坛平台和紫金山峰会奠定了跨两岸社会交往机制的基本框架。

第一，国共合作平台。

在国共合作平台基础上发展起来的“两岸经贸文化论坛”，是依据2005年中共中央总书记胡锦涛与中国国民党主席连战达成的“两岸和平发展共同愿景”而设立的。根据这一倡议，2006年首届“两岸经贸论坛”在北京举行。2007年第三届改名为“两岸经贸文化论坛”，一直沿用至今。

“两岸经贸文化论坛”由国共两党高层人士，台湾其他党派的代表，两岸工商界、经济界、产业界、文化教育界及两岸有关专家学者共同研讨两岸交往中的重大议题，论坛里形成的共同建议具有相当的可行性，为两岸主管部门制定和实施相关政策提供重要的参考。过去七次有120余项已经被两岸重视和采纳，并通过海协会和海基会的制度性协商，变成推动两岸关系的非常大的助力。“两岸经贸文化论坛”日益成为两岸政党间交往的主要平台，国民党之外的其他承认“九二共识”政党和社会团体也参与“两岸经贸文化论坛”，拓展了其社会基础，强化了“九二共识”的政治基础。而拒不承认“九二共识”的民进党则在两岸往来日益密切的历史潮流中开始被“边缘化”。“两岸经贸文化论坛”召开之时，中共均会单方面宣布的惠台利民政策，充分表达了大陆对台湾同胞的诚意和善意，也为两岸交往提供更加便利的条件。以政党为主体的交往平台，沟通了两岸民间社会与两岸公权力部门之间的关系，发挥承上启下的作用。

“两岸经贸文化论坛”与“两会协商”一起，构成了两岸交往的重要制度设计。国共平台层级更高，互信基础较好，话题更具有开放性和前瞻性；两会协商则经过两岸公权力机关授权，可以妥善处理涉及公权力的事务，尤其在周末包机、大陆观光客赴台游等具体技术性问题上，结出真正有利两岸同胞的果实。

第二，两会协商平台。

海基会、海协会，是目前两岸唯一得到公权力授权的协商机构，尤其是海基会有台湾行政、立法机构的授权、监督和制约，能够代表两岸公权力机关。2008 年以来，两岸两会共举行 8 次会谈，达成 18 项协议。18 项协议涵盖了两岸社会交往的经济、卫生、检验检疫、治安等各方面的内容，为两岸民众的交往提供了更加便捷、稳定的环境。特别是 2010 年 6 月签署的两岸经济合作框架协议（ECFA）是两会协商史上两岸同胞参与最广泛的一项协议，是一份平等协商、优势互补、互利双赢的协议。ECFA 的签署后续谈判及协议的执行，标志着两岸经济关系向正常化、制度化、机制化的进程迈出了最重要的一步，从以往经贸关系中的“一事一议”，上升为 ECFA 框架下全方位的整体推进。ECFA 的后续谈判和协议实施，为两岸关系“先经后政、先易后难、循序渐进”的有序发展，提供了有操作性的推进路径。

两岸两会协商模式逐渐定型，基本流程：会谈前为两岸业务主管部门官员之间业务沟通，力求达成共识；两会副董事长（副会长）的程序性商谈，解决协议最后歧见与争议，并安排预备性磋商及会谈日程；正式公开的预备性磋商，完成文本整合工作，正式敲定两会会谈时地与日程；最后海协会海基会举行例行会谈，完成协议的签署。

两会协商内容的扩展、模式的成熟、参与协商的主体扩大到政府高级官员，这一切表明，两岸协商的性质与定位正在从具有“白手套”性质民间组织协商上升为有公权力参与的“准官方”性质机构间的制度化协商。

第三，海峡论坛平台。

海峡论坛，是两岸人民交流的重要平台，是在已举办三届的“海西论坛”基础上发展扩大并更名的。围绕“扩大民间交流、加强两岸合作、促进共同发展”主题，海峡论坛展现了两岸社会交往的新特征：首先，两岸合作、多方参与。海峡论坛由两岸 50 多个机构联合举办，上万民众共同参与，台湾 25 个县市、20 多个界别、8 个党派派代表参加，无论是主办单位的规模，还是涉及领域的广泛都是前所未有的。其次，突出民间、面向基层。突出民众参与这个主体，让两岸百姓当主角。通过论坛活动，深化两岸基层民众的交流，扩大基层参与面，开展基层各界别的对口联谊，促进基层对接常态化。再次，领域广泛、议题务实。涉及经贸、科技、航运、旅游、教育、农业、影视、出版、医药、体育、妇女、工会、青年和少数民族、乡里长、宗亲、妈祖信众等 20 多个界别和行业，包括旅游合作、文化沟通、教育研讨、海上直航、产业对接、县市协作、中医药研究、影视共赏、武术竞技、书法切磋、工会交流、青年互动、妇女联谊、宗亲恳谈等议题。

作为两岸民间交流的平台，海峡论坛可以发挥福建"五缘"优势，以闽南文化、客家文化、妈祖文化和闽都文化等祖地文化为纽带，开展与台湾各界各阶层同胞的交流活动。透过福建与台湾民间关系的重新安排，既可重述历史文化因缘，又能在福建与台湾的经济整合、社会交融的两岸交流合作先行先试区域，探索先行先试政策的执行及成效，促进台湾的内地化、地方化与中国化发展方向。

第四，紫金山峰会。

紫金山峰会是两岸产业界的合作平台。2008 年首届紫金山峰会召开之时，正值全球金融危机蔓延，两岸产业界研讨了如何扩大两岸经济的合作、实施经济发展转型来应对金融危机。2012 年紫金山峰会改由中华全国工商业联合会、台湾两岸共同市场基金会等两岸 35 家主要工商、企业团体和知名新闻单位联合主办，升格为"两岸层次最高，最具权威性、开放性、互动性和务实性的企业家盛会"。峰会从民间发起的企业家论坛，已提升为两岸首个以企业家为主体、聚焦两岸产业合作的机制化高端论坛，也是继两岸经贸文化论坛、两会商谈、海峡论坛之后两岸间第四个高端对话平台。

紫金山峰会为两岸企业家互动提供重要平台。两岸企业家主导的经济合作是两岸关系的重要内容，两岸企业家肩负起深化两岸经济合作的主力军作用，在两岸经贸合作的舞台上"唱主角"。两岸企业家可以借紫金山峰会，增进了解、寻找商机、扩大获益。"两岸经济构成中华民族经济，两岸企业都是中华民族企业"。面对国际经济秩序的大调整，两岸企业家利用峰会的平台，整合两岸资源、相互取长补短，联手打造更多具有国际竞争力的民族品牌，共同创建更多立足世界市场的民族企业。

紫金山峰会是沟通企业家与政府之间关系的桥梁。紫金山峰会汇聚两岸经济精英，两岸企业家以敏锐的市场直觉提出的意见和建议相互激荡，汇集企业经营共识，峰会及时向政府相关部门反映企业家的要求和建议，并将其转化成具体政策并跟踪推动落实。

紫金山峰会是两岸总体经济政策高层对话的窗口。两岸经济合作的深化，表现在不仅在具体项目投资，而且在重大战略规划、产业政策和宏观经济政策上要加强沟通协调。“两岸也可以探讨开展适当方式的非官方的高层次的经济战略对话，通过经济形势和有关政策，探讨经济合作的路径，促进两岸在重要经济问题上协调力和行动”。① 在两岸关系和平发展的大背景下，作为两岸经济合作的常态长效合作平台，紫金山峰会将在推动 ECFA 框架下两岸经济一体化进程中发挥重要作用。

峰会是从两岸企业家的角度协同两岸经济合作。为了强化峰会功能，从 2013 年起紫金山峰会将在会期之外成立常设机构理事会，以搭建常态化合作平台、深化两岸产业合作。

二、跨两岸社会的特征

两岸族为主体、各种社会交往机制和社会关系建构起来的跨两岸社会雏形刚刚出现。跨两岸社会，既是走向两岸一体化的起点，又可能是两岸矛盾冲突的易发领域。跨两岸社会有着怎样的特征？在两岸关系历史进程中跨两岸社会处于什么位置？其蕴含着历史机遇是什么？又有怎样的风险？如何建构起有效的治理体系，化解风险，引导跨两岸社会走向两岸社会一体化？这一系列议题需要在两岸合作中去探讨。

1. 兼具两岸特性

跨两岸社会，是和平发展时期两岸之间出现的特有中间社会形态。两岸之间不同的要素在跨两岸社会中形成了简单的结合。两岸完全不同的政治、行政、司法、经济、文化、教育和社会管理等等要素、理念、利益、制度在跨两岸社会开始接触、冲突、磨合。这个中间社会形态，横跨两岸，兼具两岸特性，又不同于两岸各自的制度安排。

跨两岸社会，是终结了六十多年历史隔绝之后两岸重新联接的产物，是两岸民众重新了解、认知对岸，确定相互身份关系的起点。跨两岸社会的治理，需要两岸协商，达成与两岸各不相同的治理体系。比如两岸人员往来的

① 曾培炎：《两岸建立经济战略对话》，《经济日报》2012 年 09 月 20 日。

法定手续，是经过两岸对口专业行政管理机构磋商，在实施出入境管理措施上达成共识，具体规定了两岸人员往返的流程、签注、管控、凭证和通关等相关事宜后，为两岸民众往来创造了便捷的条件。

跨两岸社会的特点，正如滕尼斯所言，“我们假定从 A 的领域分离的一块区域就不再完全隶属于 A 的意志和统治之下；它也还没有开始完全处于我们假定是 B 的意志和统治之下；它还处于 A 的局部的统治下，而且也已经处于 B 的局部的统治下。它依附于这两个主体，只要它们在这方面的意志方向是相同的，正如只要给予和接受的意志持续着，情况就是这样；它们是共同的财产，是社会的价值。”① 两岸之间关于跨两岸社会的“意志方向是否相同”，将是决定跨两岸社会前景的关键因素。

2. 模糊性

由于政治上相互不承认，两岸至今依然无法在政治关系上取得共识。因而在两岸社会交往中呈现出模糊性的特征，“搁置争议”是对模糊性的最好诠释。搁置在政治的对立和争议，两岸在模糊中心照不宣地创造出交往空间。

跨两岸社会创造的模糊交往空间，为两岸关系和平发展提供了基础支持。如果执着于两岸的政治身份和政治关系，两岸可能陷于政治僵持而无法在事务性领域中实现广泛合作。两岸中国人以特有的政治智慧，模糊政治对立，创造性地以“九二共识”化解政治矛盾、以海基会海协会等介于政府组织与社会组织之间的中间组织作为两岸协商的平台，从而为两岸社会交往创设必要的空间。

跨两岸社会的模糊性，逐渐钝化了台湾社会与大陆社会清晰边界，在经济、政治、到社会交往过程，两岸的人员交流、利益交融、理念碰撞，两岸因素相互渗透，相互影响，在交往中悄悄地改变着两岸关系的现状。大陆的人员、观念、成就、追求在交往中自然深入台湾社会中，台湾社会的要素同样在大陆传播。在维持现状的模糊中，两岸关系的现状发生着实质性的变化。

跨两岸社会的模糊性，必然蕴含着两岸之间矛盾、冲突的可能和风险。“九二共识”、两会机制、两岸经济合作委员会、《海峡两岸共同打击犯罪和司法互助协议》等，一方面是两岸和平发展中的成果和创新，另一方面，也包含着两岸之间的差异和对立。比如两岸对于“九二共识”概念的解读就存在着相当大的差异；“两岸经济合作委员会”是双方互相不承认对方政

---

① ［德］费迪南德·滕尼斯：《共同体与社会》，北京大学出版社 2010 年 11 月版，第 78 页。

府合法性的前提下由政府高级官员组成的事务协调与执行监督机构，主要功能是负责协调、监督缔约双方的履约义务，仲裁双方对条约内容的解释或执行上的冲突。台湾有些学者把两岸经济合作委员会定位为国际法上条约或公约中的常设条约机构（Treaty Body），类似的定性，会牵涉到主权、政府及公权力和民间组织关系等重大议题。短暂的回避，可以创造两岸交往的条件，但是绝对不能忽视这些议题的存在，尤其要注意模糊中蕴含着冲突的种子。

3. 不确定性

跨两岸社会雏形的出现，是两岸社会共同努力的成果。跨两岸社会能否经受住各种因素的冲击和考验，行稳致远，最后实现两岸社会一体化，需要两岸社会对影响跨两岸社会的因素进行系统分析与评估，化解各种因素的冲击，降低发展中的不确定性、多变性，实现跨两岸社会的稳定与发展。就两岸关系的结构性特点来分析，导致跨两岸社会不确定性、多变性的主要因素可划分为台湾社会、两岸的和国际的三个层面。

台湾社会没有基本政治共识。在政治认同没有共识的状况下，台湾快速的民主化进程激化了台湾社会的两极化对立。民主的选举机制永远无法解决政治认同等高位级的政治问题。台湾社会分歧、政治对立使得台湾社会在两岸议题无法达成政治共识。国民党、民进党之间的对立，是台湾社会矛盾的反映。在民主、理性、中道原则下，台湾各大政党回归民主政治的本质，寻求社会共识，在两岸互动的大背景下凝聚台湾的政治认同，是消解两岸关系发展中隐患的治本之道。

两岸之间出现的社会和解与政治僵持并存格局。跨两岸社会在经济、文化和社会等领域文化交流畅通，成果丰硕，后续推进到政治议题时面临着发展的瓶颈。问题症结在于两岸的政治地位、政治关系、两岸政治制度的差异。政治上的僵持，不仅迟滞了跨两岸社会的发展进程，而且严重影响到跨两岸社会的基础和稳定。面对这些敏感的、“深水区”议题，两岸如何创造条件为问题的解决做好准备，如何找寻突破口？跨两岸社会的治理将是一个风向标。跨两岸社会的治理，是一个介于民间与公权力之间的领域，是两岸关系从民间社会交往向两岸公权力机关直接合作的过渡空间，两岸如能在跨两岸社会的治理中，理念逐渐接近、利益能够共享、机制实现对接、身份慢慢明确、情感油然而生，那么两岸政治对立的化解应该是水到渠成的结果。否则，跨两岸社会的倒退、反复也不是没有可能。

在全球化的国际体系之下，跨两岸社会时刻受到国际格局、大国关系等因素的影响，台湾与大陆在国际社会的互动同样左右着两岸民众“两岸观”走向。在主权国家为主体、各种国际组织日趋活跃的国际社会，台湾希望获得“主权国家”地位的要求与中国力图以“一个中国框架”灵活务实地处理台湾国际地位的思路之间的矛盾，一直没有得到妥善解决。特别在两岸经济、社会关系改善后，台湾以此要求大陆在台湾参与国际社会领域中作更大让步，“我们了解台湾同胞对参与国际活动问题的感受，重视解决与之相关的问题。两岸在涉外事务中避免不必要的内耗，有利于增进中华民族整体利益。对于台湾同外国开展民间性经济文化往来的前景，可以视需要进一步协商。对于台湾参与国际组织活动问题，在不造成‘两个中国’、‘一中一台’的前提下，可以通过两岸务实协商作出合情合理安排。”①

三、跨两岸社会的风险与治理

1. 跨两岸社会的风险

跨两岸社会，是原来两个相互隔绝的对立的社会体系之间的对接，不同社会体制和秩序在政治、社会、经济以及文化诸多领域呈现出的差异和矛盾，带来了相当的风险。脆弱的互信基础，使一些本来比较单纯的问题，最后酿成了困扰、冲击跨两岸社会稳定的风险。诸如问题奶粉事件、陈云林会长在台北被围困事件、热比娅事件等。跨两岸社会的稳定和发展，有赖于研判跨两岸社会的风险，建立起有效的预防管控体系。② 跨两岸社会的风险大体可以分为：

第一，制度性风险。制度性风险是指两岸社会的大规模交流与制度匮乏之间的矛盾而蕴藏着风险。2008 年以来，两岸社会交往的进展并不能促成两岸公权力机关相互承认。跨两岸社会出现了“政府缺位”。在“政府缺位”下，两岸社会交往的制度建设是相当欠缺，没有制度规范的两岸社会

---

① 胡锦涛：《携手推动两岸关系和平发展 同心实现中华民族伟大复兴——在纪念〈告台湾同胞书〉发表 30 周年座谈会上的讲话》（2008 年 12 月 31 日），《人民日报》2009 年 1 月 1 日第 2 版。

② 张亚中教授则认为，“建立两岸民事安全机制刻不容缓”；赵春山教授等提出了“两岸应协商成立‘信心建立措施（CBM）’，预防各种危机”；张五岳教授则建议，“两岸应尽速建立信心互信机制，建立多层次、多管道的沟通管道”；台湾著名政治评论家南方朔先生建议，“两岸应建立风险管控合作机制”。

大规模交往充满了风险。制度真空、制度失效均有可能成为风险的放大器，危及两岸社会交往秩序的稳定和持续。两岸政治对立导致的“政府缺位”，是两岸社会交往存在制度风险的缘由。随着两岸社会交往规模扩大、领域拓展，急需“政府出场”，通过制度建设，为两岸社会交往提供政策、规制等“公共服务”，以达成两岸社会“善治”的目标。

第二，结构性风险。结构性风险，主要表现为两岸社会结构的异质性产生的矛盾与对立。60多年时间的隔绝，两岸在不同发展道路上形成各具特色的政治结构、经济结构和社会结构，以及在此基础上建构起来的两岸整体的结构性差异。当大陆以国家为中心的治理结构与台湾以公民社会、企业为中心的治理结构相遇时，碰撞、矛盾与冲突在所难免。两岸之间的国家与公民社会、市场的关系各不相同，无法匹配。这样的不平衡关系会形成国家、公民社会和市场相互之间的错位、缺位和越位，突破了相互之间的边界，僭越了它们的功能，从而诱发了结构性的功能紊乱。化解结构性风险，是一个长期而曲折的过程。

第三，政策性风险。政策性风险，是跨两岸社会公共政策的制定、内容、执行等环节存在的问题所带来的风险。政策性风险出现的概率是最高的。这主要是因为两岸社会交往要面对不断出现的新问题，需要两岸公权力机关的积极作为，共同寻求问题的解决。以治安政策为例，1994年5月的“千岛湖事件”本是刑事案件，由于两岸处置治安问题的政策空白、互信不足，放大了刑事案件的社会风险，形成了冲击两岸关系的政治危机。因应跨两岸社会的中不断提出的新问题、新挑战，两岸公权力机关与时俱进地设计公共政策，有效应对公共议题，避免政策的过时、失效。长时间的政策失效会降低治理体系的效度，进而影响跨两岸社会的稳定。

第四，文化性风险。两岸自成体系的、多元的文化和价值观念的对立与冲突，使两岸社会交往的基本规范难以取得共识。跨两岸社会的文化交流，不仅是对中华传统文化的简单承继，而且在开放的全球化背景下，把众各种文化源流、文化要素在跨两岸社会的实践中熔铸为两岸中国人的共同文化。“文化是被实践的，并且是从实践中建构出来的，它不是编码或范式，它是社会性地使用，其力量是将关于世界的假设从一个人传到另一个人的社会关系的力量。”① 在跨两岸社会的交流中是增进了解、化解文化隔阂，是跨两

① ［美］乔纳森·弗里德曼：《文化认同与全球性的过程》，商务印书馆2001年，第311页。

岸社会建设中一个长期性的任务。

根据风险理论，跨两岸社会可以是一个风险社会。两岸社会交往中的制度性风险、结构性风险、政策性风险和文化性风险往往相互交织、相互渗透，形成复杂多样的风险体系。

2. *跨两岸社会的治理*

风险社会中，风险具有广泛性、不确定性、联动性、两重性。跨两岸社会中的风险是一种带有危害的可能性。一方面，风险发生时，可能转化为危机，危机会对人类造成灾难性伤害；另一方面，风险的发生，意味着传统关系的紧张、旧有制度运行的困难，也就是说，风险的出现意味着创新，意味着变革，意味着发展的机会。从这种意义上讲，风险又具有积极意义。作为风险社会，跨两岸社会也是一个机遇社会。认知跨两岸社会的基本特征，全面评估跨两岸社会的风险与机遇，是对其进行风险管理的第一步。更为重要的是建构一个适合跨两岸社会特点的治理框架，有效管控跨两岸社会的风险。

"国家、市场和公民社会构成了预防、分散和减少风险的基本治理框架，它们相互支撑、制衡并弥补了彼此的缺陷，为整个社会提供了稳定的秩序，使个人、团体等行为者能够对自己的各种行为做出有依据的判断。一套运行良好的现代治理机制应该具有三个基本特征。首先，三种治理机制保持平衡的关系。其次，三种治理机制能够相互渗透，构成分布均衡的网络，使治理的触角延伸到社会生活的各个角落。最后，三种治理机制要能连续产生出社会行为者对机制本身以及机制彼此之间的信任。"① 复合型风险治理体系涉及诸多要素，包括主体、两岸社会的内部环境、目标制定、风险评估、风险反应、控制活动、信息和沟通、监控等，其中最为关键的是国家、市场和公民社会的三个主体。以此观照当下跨两岸社会的治理现状，"国家"缺位、公民社会发育不良是影响治理体系建构的主要问题。

在跨两岸社会治理中，国家、市场和公民社会等社会组织和行为者都是治理的参与者。"政府缺位"是当前跨两岸社会治理体系中的重大缺陷。国家是现代治理形态的核心，应该利用其公权力、权威地位为跨两岸社会交往提供有序稳定的制度环境。"风险管理系统是与政府的制度安排以及市场和非正式网络密切相关的，它向人们提供足够的应对由经济作用和其他原因引

① 杨雪冬：《全球化、风险社会与复合治理》，《马克思主义与现实》2004 年第 4 期。

发的社会和经济风险的复原能力。”① 缺少了国家的参与，市场、公民社会的自由发展过程中出现的失序、冲突得不到公权力的纠偏，可能会给整个社会带来制度性风险。跨两岸社会交往的程度和面临的问题，已经不是市场和公民社会这些民间组织所能解决的。虽然，目前两岸公权力机关已经透过间接形式参与了两岸社会交往的推动，显然这样的方式、力度和成效还不能满足两岸关系实践的要求。在两岸政治关系取得实质性突破之前，在行政层面，两岸拥有公权力的行政机构应该更加直接参与两岸社会交往的规划和推动，建构起两岸社会交往的全面制度基础，化解两岸交往中存在的风险，保障跨两岸社会的发展行稳致远。

复合治理，公民社会的健康发展是国家和市场的正常运行的基础。公民社会运行的基本方式是志愿行动，是及时解决不时出现的新问题、新矛盾的最初主体。在处理还没有被纳入正式制度解决范围的问题、避免风险的养成和扩大时，公民社会的作为特别有效。公民社会作为政府与市场的中间地带，以自愿、合作、公正与互助的价值理念，一方面可以抵御公共权力对个人生活的干预和侵扰，另一方面又能防止过分市场化的倾向，为实现社会健康公平发展提供了持久的支持。公民社会的开放性和宽容性，可以扩大社会信任的范围，提高对“陌生人”的认同感，超越两岸的历史隔阂，培养“两岸命运共同体”大共同体意识。“从根本上说，现代性的整个组织机构一旦脱离了传统就必须依赖具有潜在的不稳定性的信任机制，”② 大共同体意识，是对非本共同体的（血缘的、地缘的、种族的）“外人”的权利和尊严的承认。长期分离导致的信任缺失是跨两岸社会风险的重要来源。每一个社会成员只有通过建立在共享价值和规范的基础上的两岸互动关系，才能进行真正的社会合作，才能于相互认可基础上达成社会信任。两岸公民社会的发育，而不是两岸的谈判，才是解决两岸互信问题的治本之道。

国家到位、两岸公民社会的发育与日益壮大的两岸市场机制的良性互动，形成了一个各司其职、相互支持、相互渗透构复合型治理体系，方能有效的保障跨两岸社会的稳定与发展。

---

① Holzmann, Robert, Bynne Sherbume—Bern, and Emil Tesliuc, Social Risk Management: The World Bank's Approach to Social Protection in a Globalizing World, 2003, Social Protection Department, The World Bank.

② ［英］安东尼·吉登斯《生活在后传统社会中》，载贝克、吉登斯、拉什著：《自反性现代化》，商务印书馆2001年，第114页。

两岸共同治理的制度化研究

厦门大学台湾研究院　唐　桦

自1979年全国人大常委会发表《告台湾同胞书》呼吁两岸同胞开展交流交往30多年来，两岸各领域交流与合作不断发展，两岸交流的内容不断丰富，领域不断拓展，两岸人员往来的规模不断增长、层次不断提高。随着2012年国民党在台湾地区“大选”中再次获胜，两岸关系和平发展又进入新的战略机遇期。根据台湾公布民调，72.8%的台湾民众支持通过制度化协商来处理两岸交流问题。目前，两岸已经以“九二共识”为基础，以ECFA为载体，为两岸关系建立了制度化框架。两岸关系的和平发展意在多元语境下通过公权力机关、公民、社团组织等多种社会与政治力量的广泛参与生成两岸治理的基本规则。

一、两岸治理的内涵和制度化基础

联合国全球治理委员会于1995年对治理作了如下界定：“治理是个人和公共或私人机构管理其公共事务的诸多方式的总和。它是使相互冲突的或不同的利益得以调和并且采取联合行动的持续的过程。”① 两岸共同治理的核心要义就是在于在最大限度地增进两岸人民共同利益的前提下，建立两岸之间的合作关系，其本质是两岸公权力机关与两岸公民社会对两岸公共事务的合作管理。除了国防、外交、国家安全等领域暂时不宜列入两岸合作治理的内容以外，其他与两岸民众日常生活息息相关的所有内容（经济事务；文化事务；户政、社区、医疗卫生、社会保障、宗教事务等在内的社会事务；以及公共行政、公共安全、司法行政、政治事务在内的法政事务

① 全球治理委员会：《我们的全球伙伴关系》，牛津大学出版社1995年版，第2页。

等）的两岸合作治理。两岸共同治理是一个由诸多要素所构成的系统，它的基本内涵如下：

首先，两岸共同治理的主体是一个由来自不同领域、不同层级的公私行为体（包括个人、公、私组织机构、次国家等）、权力和行为构成的复杂网络结构。比如两岸红十字会组织，海协会和台湾海基会，各种民间环境保护组织、民间人道救助机构、两岸民航业行业协会、两岸民间医疗合作组织等。各种治理主体在两岸治理机制中扮演不同角色，发挥不同的作用。比如两岸公权力之间、一方公权力与对方的非政府组织、两岸非公权力组织之间进行的合作。受两岸关系影响的公民都应该相互承认并彼此尊重各自的共治权利，不压制和剥夺其他利害相关的公民的共治权利。在两岸治理结构上，重要的是将所有相关的公民都包括在内，形成两岸治理的共同体。

其次，两岸共同治理的基础是治理主体在持续协调的基础上对权力的公平、合理共享，而不是两岸公权力机关享有唯一的、独占性的统治权力。两岸公权力机关在两岸治理中承担的是平衡两岸间各个层次的治理，形成一个语境，使得不同的治理安排得以实现，而非为它们制定特定的策略和计划的元治理角色。两岸治理的结构要素，主要是指在解决和处理两岸公共事务过程中如何对多元化的治理主体进行合理的结构安排，使得各行为主体在两岸治理机制中能够相互协作、相互支持、相互制约，将机制的功能发挥到极致。

再次，两岸共同治理的方式是既有正式的法规制度的管理，又有各治理主体自愿接受并享有共同利益的非正式的措施或约束。信任、政策和法律将是在公共治理机制中发挥重要规范作用的规则体系。① 在实践上可以通过规制、市场签订合约、回应利益的联合、发展忠诚和信任的纽带等不同的工具来实现共同治理。比如香港船东协会与台湾海基会达成的商谈纪要、公权力的授权等。

最后，两岸共同治理的目的是两岸在互信、互利的基础上不断化解冲突和矛盾，满足各治理主体的利益的同时，最终实现两岸社会发展和共同利益的最大化。两岸治理过程中，政府和公民双方的角色均要发生改变，政府主要体现在整合、动员、把握进程和管制等方面，公民不再是被动的消费者，而是积极的决策参与者、公共事务的管理者和社会政策的执行者；两岸社会

---

① 张世杰：《公共治理机制：实现责任行政的途径》，吉林大学博士学位论文 2008 年。

组织由弱小的依附者，变成了有效的专业参与者；公共权威由两岸公权力机关回归到治理共同体和公民；公共利益由对两岸公共服务的单纯满足，上升为对共同体优良生活的共同治理。①

自从马英九主政台湾地区以来，两岸之间的政治关系得到一定程度的缓和，两岸双方根据“先易后难、先经后政”的原则把和平发展的重点放在解决相关社会民生问题上。马英九 2013 年发表元旦祝词表示，两岸交流越制度化，两岸人民对彼此的认识越深入，两岸的和平也就越巩固。国台办发言人杨毅在 1 月 16 日举行的例行新闻发布会上表示，在新的一年里，继续推进两岸各领域交流交往的制度化建设，推动两岸大交流持续深入健康的发展。两岸正在逐步进入一个共同治理的时代，政治互信、经济依赖、文教交流和利益分化成为两岸共同治理制度化的基础。对两岸共同治理进行制度化建设，既符合世界和平、发展的潮流，又与两岸民众的政治、安全与经济利益密切相关。

1. 逐步累积的政治互信。2008 年 5 月国民党重新在台湾执政后，两岸双方确立反对“台独”、坚持“九二共识”的共同政治立场。“九二共识”这个政治上的基本共识初步达成，成为确保两岸关系和平发展的关键所在。除了达成基本的原则性共识，两岸双方在具体的政治互动中也秉持同理心，并形成互相体谅、避免为难对方的默契。在此基础上，本着建立互信、搁置争议、求同存异、共创双赢的精神，海协会与台湾海基会恢复协商，相继签署了包括两岸经济合作框架协议（ECFA）在内的 18 项协议，解决了诸多关系两岸同胞切身利益的实际问题；两岸双方交流交往的层级大幅提升，交流范围进一步扩大，两岸间不再相互“拆台”，形成良性互动的格局，两岸政治互信的基础进一步得到夯实。

2. 日益加深的经济联系。两岸经济合作框架协议（ECFA）的签订，打破两岸经贸往来壁垒，实现了两岸全面直接双向“三通”，使两岸经贸关系更为紧密。两岸经济合作不断深化，规模持续扩大，层次日益提高。如今大陆游客赴台踊跃，已成为台湾旅游市场的主要客源，也给岛内市场带来逾千亿新台币的商机，两岸人员往来由 2002 年的 380 万人次增加到 2011 年的 710 万人次；《海峡两岸投资保护和促进协议》、《海峡两岸海关合作协议》

---

① 黄显中、何音：《公共治理的基本结构：模型的建构与应用》，《上海行政学院学报》2010 年第 2 期。

等两会多次签署的18项相关协议，为两岸人流、物流、资金流搭建起一座座连心桥梁，紧密的经济联系，使得两岸同胞休戚与共，利益攸关。两岸经济合作进入互利双赢新阶段，各界大交流、大合作格局初步形成，为两岸治理提供现实诱因。

3. 不断拓展的文教交流。两岸文教交流触及基本价值观，文化和教育交流的制度化和常态化所可能带动的认识与价值观的趋同，将比经贸合作与交流所产生的影响更加深远。近年来，两岸文化交流规模不断扩大，层次不断提升，遍及文学艺术、非物质文化遗产、文化遗产、文化产业等各个领域，催生了海峡两岸文博会、两岸城市艺术节、两岸汉字艺术节、两岸非物质文化遗产月等一系列的交流品牌。2011年，仅经文化部审批的两岸文化交流项目就达到2900起，11000人次，项目同比大幅增长33%，交流形式日趋多样、内容日趋丰富。作为交往主体的两岸基层各文化艺术团体、宗教团体、教育团体等，通过开展多层次、多角度的合作与交流，推动两岸基层民众展开理性对话合作，努力打开心结，增进两岸同胞相互理解和感情融洽，化解隔阂，增加两岸民众对彼此情势变化的认知，增进了认同。

4. 多元利益和认同分化。由于历史和现实因素，两岸社会发展的不同，致使两岸社会交往中，存在多元利益格局。作为交往主体的个人，越来越注重通过参与来维护自己的利益。各种涉及两岸民生问题的政策、协议的制定、协商中，政策的公平性、利益群体的表达被纳入考量。两岸关系中，民间社会团体的数量和开展的活动不少，但是两岸相隔分治超过六十年，加之从上个世纪九十年代以来，岛内李登辉、陈水扁等“台独”势力不断通过煽动省籍族群的对立，鼓吹所谓的“台湾主体意识”，推行各种“去中国化”和“文化台独”的政策，造就不同的社会利益诉求和分化的群体认同，比如ECFA争议、东京影展风波等，两岸今后将面临各种利益和资源的重新协调平衡、各种社会规范和社会制度的重新建立。

两岸关系中的一个鲜明特征是民间交流与需求远远地走在公权力机关前面，制度化建构明显相对滞后，不能满足日益增长的两岸各方面交流与合作的需要。[①] 面对两岸关系和平发展的新要求，现阶段，一方面，两岸政府要

---

① 严安林：《四年来两岸和平发展的启示》，中国台湾网，http：//cse. special. taiwan. cn/2012/ecforum/jcfy/cjxnycyhz/yjg/201207/t20120728 _ 2860409. htm，2012年12月5日。

为两岸间的社会建构和交流搭建发挥平台，通过建立各种交流合作机制，提供相关信息和减少不确定性的执行机制，这是制度化进程的重要环节；另一方面，两岸公权力可以考虑在两岸公共事务层面进行主动的战略收缩，让两岸民间社会的力量走到前台①，激发社会自身的活力，创生新的具有正面效应的制度和规范，由民间的共同理解推动并维持制度的正式化和行为的模式化。

二、两岸共同治理制度化的关键要素

从一个社会学的角度，制度主义学者詹姆斯·马奇和乔安·奥尔森认为制度化就是制度的出现以及制度框架内行为体行为的模式化。② 迈克尔·史密斯认为制度化就是一个进程，这个过程创造和发展出认同、规范或者共享的行为标准。③ 两岸合作取决于两岸社会资本网络所造就的预期和激励因素，在一个继承大量社会资本的两岸共同治理过程中，制度化更容易出现。良好社会资本的存在是构建起治理模式的基本前提，信任、规范、网络是两岸共同治理制度化的关键要素。④

1. 信任：制度化的认同基础

信任是两岸共同治理的基础，有助于培养两岸人民对两岸治理机制的认同感和自觉服从。由于信任的存在，使得两岸之间的信息交流更为顺畅，降低了两岸治理的成本，信任水平越高，两岸治理的效率就越高。2008 年之前，两岸之间存在的互信薄弱，而且常常因为政治因素而中断。国民党重新执政之后，两岸双方得以在反对“台独”、坚持“九二共识”的基础上建立互信，两岸恢复了中断多年的“两会”制度化协商机制，签署了多项协议，逐步化解影响和限制两岸交流互动的各种障碍过程，两岸互信水平得到逐步提高。两岸关系中存在着两类信任机制，一类是基于传统文化、宗教、伦理、道德家庭亲情关系义务的特殊主义的非制度性信任，一类是基于制度以

① 刘国深：《试论和平发展背景下的两岸共同治理》，《台湾研究集刊》2009 年第 4 期。

② ［美］詹姆斯·马奇、约翰·奥尔森：《国际政治秩序的制度动力》，转引自［美］彼得·卡赞斯坦、罗伯特·基欧汉、斯蒂芬·卡拉斯纳编：《世界政治理论的探索与争鸣》（秦亚青、苏长和、门洪华魏玲译），上海：上海世纪出版社 2006 年版，第 366 页。

③ 李海龙：《跨大西洋安全关系的制度化》，山东大学博士学位论文，2010 年。

④ ［美］罗伯特·帕特南：《使民主运转起来》（王列等译），江西人民出版社 2001 年版，第 195 页。

及组织产生的普遍主义的制度信任。目前为止，两岸关系中，关系运作可能依然是两岸人民建立信任的主要机制。在长期合作关系中，加深情感的关系运作方法较受重视，而在一次性交往中，利用关系网或利益给予的关系运作方法较受重视。

两岸人民在某一个领域共事，他们的不断交往最终会确立可预测的行为、稳定的秩序和相互信任的习惯。一旦信任成为习惯的态度，就得到了内化。内化的信任又会改变人们之间的情感，改变之后的情感意味着身份的改变和规范的改变。以大陆台商为例，由于经营习惯相同，身份背景类似，不难以台商协会身份发展出相互信任。此外，台商协会与大陆社会团体或公权力机关的互动交往模式对两岸社会互信建构也可能产生影响。[①] 由此而言，制度化是一个渐进的过程：创造新的政治进程的程序性变化可以导致规范和观念等因素的渐进和自然的变化。两岸应当通过设计良好的制度和法律，进而产生具有普遍意义的制度信任，减少集体行动的困境，使得两岸治理制度化因得到共同体成员的相互信任、资源合作而能够得以有效推进。

2. 规范：制度化的秩序保障

两岸共同治理中，既存在利益共享的成分，也有观念共享的因素制度网络的建立，既能够实现既定行为体目标的理性考虑，也有使行为合法化的规范性需求。如果没有建立在社会认同、自觉遵守以及普遍互惠基础上的社会规范之上，两岸共同治理制度化是不会得以长久维持的。在闽台商中信仰宗教、祖先祭祀或参与民间信仰的民众高达九成以上，[②] 宗教规范在两岸关系网络中起约束成员的行为、引导成员行为方向和协调成员利益关系的作用。宗教规范作为共有的知识和经验更能产生信任和理解，比如妈祖文化就要求信奉妈祖文化的信众要以善的标准行事，这些年来台湾同胞及民间进香团到莆田湄洲祖庙朝圣的人数每年达到十万人次之多。规范既隐含对现存正式制度的默认和接受，更是对传统、习俗、非正式规则等非制度化“规范”的守护和遵行。由于社会规范的存在，使得两岸治理主体间的合作具有可预见性和可依赖性，促进行动主体之间的良性互动，降低人们搭便车的行为。随着民间组织的发展和两岸社会之间横向交流的增强，跨组织、跨文化、跨地

---

① 耿曙：《制度环境与协会效能：大陆台商协会的个案研究》，《台湾政治学刊》2007 年第 2 期。

② 严志兰：《在闽台商社会适应研究》，上海大学博士学位论文，2010 年 5 月，第 144 页。

区的合作受到鼓励，人们在组织中能够修正甚至放弃自己的狭隘目标而与其他派别达成某种妥协，相互宽容和理解，并在复杂博弈中形成惯例、规范、关系期待和遵规行动，进而为两岸治理制度化提供有效的社会机制资源和有力的社会秩序保障。

3. 网络：制度化的结构表现

网络使得信任可以传递和扩散，同时增强了互惠规范对行为的约束能力。网络是制度化在结构层面的表现，两岸关系都是由一系列人际沟通和交换网络构成的，它的载体是各种民间组织。社会秩序与规范的形成有横向交流和纵向交流两种形式。横向关系网络越密集，合作越可能实现，制度化程度越高；而垂直关系网络无论多么密集，都无法维系社会信任和合作。在两岸关系中，各种非政府组织、公民的志愿性社团、协会、社区组织、利益团体等构成了一个庞大的社会网络，这种网络结构确保了公民参与两岸公共事务的权利，促进了两岸的合作共治。更重要的是，社会网络所蕴含的声誉机制强化了两岸的社会信任和互惠规范。大量自治性、多元性社会团体聚合了两岸间的物质、精神资源，在经济、社会和政治生活中具有一定的影响力，而且能在政府无力或不愿介入的社会领域里发挥不容忽视的作用。在共同赈灾方面，两岸民间社会蕴藏着大量的社会资本与资源，功能性网络是两岸民众利益表达的有效渠道，有利于形成和扩大两岸社会的规范和共识。象征性网络有利于两岸人民共同道德和社会认同的形成，海峡两岸围绕着妈祖信仰进行的“媒介化”传播，有利于群体内个人的社会认同，能够在民间层面建构一种文化“共同体”。在两岸关系和平发展背景下，通过两岸社会民众的密切交流与合作，本着民主、平等、协商的精神，鼓励两岸公民社会的横向联结，两岸相关民间团体相互开放两岸民众成为会员，加强两岸社团合作，共同培育两岸之间的网络社会资本，创造两岸共同利益，维持两岸民众交往互动的和谐社会秩序。

信任可以为两岸共同治理制度化创造合法性基础，赢得两岸民众的认同和支持。普遍互惠的社会规范，有效地限制了机会主义行为，强化了人们对规则的遵守，为两岸共同治理制度化提供有效的秩序保障。两岸人民参与网络是两岸共同治理的互动平台，是制度化得以展开的重要社会基础。重建两岸社会信任、社会规范和社会网络是实现有效两岸治理制度化的关键要素，只有在蕴含丰富的社会资本的两岸关系中才会具有团结、合作、自主、信任的公共精神，具有高度的参与意识以及合作意识，才有可能形成对两岸公共事务的两岸治理格局。两岸治理实现了权力向社会的回归，促进了两岸公民社会的发展，这在根本上有利于信任、规范和网络的培育，加速了两岸关系的制度化进程。

三、两岸共同治理的制度化建设

两岸共同治理是解决两岸公共问题的一种方式，它通过建构包括政府、社会组织和民间自治行动在内的综合治理主体，形成不同社群提供公共服务的行动体系。它的制度化建设基于一定的集体行动规则，通过相互博弈，相互调适，共同参与合作等互动关系，形成多样化的两岸公共事务管理模式。① 两岸共同治理中信任、规范和公民参与网络等的缺失可能带来的严重后果是，许多政策会因合作、信任的缺失而造成政策过程的失范。从中观层面来说，制度化的建立恰恰能使组织有效地联系起来，建立沟通理解和信任的组织机制，形成一种合作的社会结构。

1. 两岸合作供给的公共服务向度

相比于传统社会，当前公共服务需求构成种类多样化，内容表达个性化。从公共服务需求的总体规模看，两岸公共服务需求总体上呈现出持续增加的趋势；从公共服务需求的结构看，两岸公共服务需求的内容也随着两岸关系的发展而出现变化。两岸共同治理不是一个公共资源配置问题，而是公共服务再生产的政策领域的建构。重新塑造两岸公共服务，两岸公权力机关能够集中处理两岸关系中的服务管理和协调的事务，而由那些民间组织去从事具体的服务活动。在纵向管理结构上，两岸公权力机关应减少对两岸民间合作的直接干预，转为通过合同和合约的法律形式对民间组织和合作进行监督、约束和管理。非营利组织在组织体制、组织结构以及活动方式上有很大的弹性，所以他们的合作在满足不同层次的两岸公共服务需求方面具有灵活性。从资源动员来看，一方面，涉两岸非营利组织可以通过慈善性、公益性的募款活动筹集善款和吸纳两岸各种社会捐赠，从而动员两岸社会的慈善捐赠资源；另一方面，可以发动两岸社会各个方面的志愿者参与到各种慈善公益活动或互助共益活动中，从而动员两岸社会中的志愿服务资源；从社会服

---

① 迈克尔·麦金尼斯：《多中心体制与地方公共经济》（毛寿龙译），上海三联书店 2000 年版，第 69 页。

务来看，涉两岸非营利组织可以提供的公益服务空间未来将可能非常广阔。包括扶贫济困、救灾救济、公益慈善、环境保护、公共卫生、文化教育等方面都可能是非营利组织开展公益服务较为集中的领域。

近年来，我们看到了在两岸之间越来越多的非营利组织和非政府团体，包括研究机构、慈善机构、公民网络、民族宗教团体等，越来越多的致力于从地方事务到两岸事务，要解决一系列两岸民众关心的社会民生问题，诸如教育、卫生、医疗、文化、体育、社会保障甚至贫困、失业、犯罪等。多元化的服务需求一方面推动两岸关系向扁平化和网络化的方向发展；另一方面要求两岸公权力机关提供多样化的公共服务，并通过将部分职能转移和权力共享等形式发挥民间组织的作用以满足公共服务的个性化需求。同时，通过以两岸公共服务项目导向性的方式，吸引两岸社会力量的参与，提供跨界性协同的公共服务，提供两岸公民需求为中心的整体性服务，包括建立和完善基础设施，共同开发利用自然资源，共同整治和保护环境；加强教育、文化、卫生以及共同救援方面的行政联合；营造人才流动、外贸出口、技术开发、招商引资等方面无差别待遇的政策环境等。

2. 两岸公共事务的协商平台搭建

两岸在互动交往中存在大量的共同事务，诸如两岸海上运输、两岸两会的商谈等，在两岸治理中，公共商议的合作治理将超越传统的“唯机构论”思维。在两岸中组织起公开、公正、透明、有效的决策网络，鼓励各种治理力量在两岸公共事务相关的政策制定过程中展开策略博弈，以便形成统一的治理目标，促进集体行动。两岸共同治理中的话语协商，以两岸的共识话语为媒介，以两岸人民的相互理解为前提，是基于理解达成共识的合作活动。两岸共同治理结构有助于形成两岸理想的话语环境，就在于利害相关的两岸人民在协商之前，首先制定出为大家共同遵守的话语协商的程序原则和论辩规则，营造两岸公共事务共同协商解决的和谐环境。从现有的经验来看，两岸公共事务听证会、两岸关系研讨会、两岸精英论坛、两岸智库论坛等，对两岸民众参与两岸事务有积极作用。

两岸公共事务协商平台建设应该从以下几个方面进行：两岸公权力机关在两岸事务中的角色转变，将更多的两岸公共事务交由社会组织管理；建立健全大众传播媒介组织机构，形成健全、独立、理性的多渠道、多维度的两岸交流网络体系；为各种两岸事务的民间组织、咨询智囊组织提供宽松和良好的发展环境，充分发挥其在表达民意、鼓励两岸民众在两岸公共事务上参政议政、培养两岸民众政治参与能力和形成政策决策意见等方面的重要作用。平台的效果取决于以下两方面，一是看是否有理性的程序来保证两岸民众对于公共事务的参与，二是看两岸民众的参与程度是否对决策产生足够的影响。让两岸民众在没有任何压力的情况下自由、平等地对话和交流，共同参与探讨什么是两岸未来最好的生活方式以及实现手段。

3. 两岸NGO政策网络管理模式建立

两岸关系本身就是各行为体之间不断博弈的过程，而政策网络的核心任务就是提高两岸行为体之间的互动质量和水平，协调不同组织的战略目标。政策网络是相互依赖的两岸行动者之间某种程度上稳定的社会关系类型，在此基础上形成政策NGO，政策网络是一种纵横交错、双向互动、多元主体对话协商的自主网络，它所形成的社会自主协调、自我管理的形式，以及组织之间通过谈判、协商、互助等重复博弈的过程，就能灵活地反映着非常多样化的规章制度甚至个人态度，是两岸共同治理制度化的基石。两岸民间组织间更容易形成相互配合、相得益彰的关系，两岸政府需要不断促进两岸教育、科研、文化、卫生、体育、环境等跨域合作治理；策略地管理伙伴协作网络以及各种治理形式、力量、机制之间的协作渠道；同时更需要重视代表各阶层利益的非政府组织、行业协会等两岸民间社会组织的往来，促进两岸人民的了解和认同。例如，金门和厦门之间的海域极其容易因为垃圾漂浮而给双方带来海岸环境问题。如果由两岸公权力机关出面进行合作治理这一环境问题，可能还涉及政治问题，[①] 如果两地的环保型民间组织通过对话协商共同推动进行治理，治理的效果更佳。

某个范围内的两岸NGO政策网络一旦形成，就意味着网络中的两岸行动者之间建立起了某种结构关系，这种关系既包含着彼此对两岸提供资源、共享利益的承诺，也包含了两岸对资源、利益共享方式的预期和协商。但是这种关系通常会受到一些条件的限制，如两岸政策网络本身的性质（比如是文化政策、环境政策还是教育政策？政策领域的不同决定了网络中行动者资源依赖、结构关系以及采取行为策略的不同）、两岸公权力机关各自拥有的资源（包括资金或服务基金、技术和管理技术、信息等）、两岸NGO各自的发展程度、资源依赖等。中国大陆的大型城市中政府行政权力从社会生活中逐步退出，社会组织团体有了更多活动的空间和经济实力，政府和城市

① 陈建民：《两岸小三通议题研究》，台北：秀威科技股份有限公司2008年版，第91页。

社会的关系由原本的垂直权力控制转变为协调性的社会联动或契约关系。虽然中国大陆城市的 NGO 仍带有一些政府主导的味道，但是优势却在于组织间更容易形成相互配合、相得益彰的关系。在两岸进行合作时，充分利用大型 NGO 的管理能力和资源、利用小型 NGO 的社会渗透能力和灵活性，建立辐射型的两岸公共服务网络体系。微观上，为提高两岸基层 NGO 的合作，应建立如各种基金会、社团联合会等促进两岸 NGO 合作的支持性机构和包括两岸民间组织活动的信息中心、评估中心和管理委员会等的监督性机构。在政策网络中，各种两岸治理主体通过对话和协商，在各种集体选择的两岸论坛中交流信息，谈判目标，共享资源，减少分歧，并努力地增进合意，在改善互动关系的同时达成各方都可以接受的政策方案。

4. 信息交换和激励机制

两岸关系走入和平发展，社会资源呈现多元化态势，随着技术进步带来的通讯便利以及公民责任意识的不断增强，很多两岸民间社团在教育、扶助弱势人群、就业等方面合作，促进了两岸关系中社会资本的形成和转化。首先，建立两岸民间的信息交换和反馈机制，促进两岸各种治理力量为实现共同目标而在互依关系中反思性地修正自身的目标追求和治理实践，保障多形式的治理机制在活动过程中行动协调。其次，建立两岸治理主体间的学习网络，组织起开放性的考察平台，推动两岸各种治理力量深入了解彼此行动理性和认知模式的差异，以便在协作过程中互相适应或加强团结。最后，两岸公权力部门应充分重视社会资本在推动两岸持续合作中的角色功能，不应对两岸民间社团交流做太多尤其是制度方面的限制，大力促进两岸民间交流形成规模效应。一方面继续大陆惠台的让利，两岸公权力机关促进民间交流的措施等。另一方面要注重发挥社会领域内价值尺度的作用。在两岸持续合作实践中，要特别注重经济类的物质激励和价值文化类的非物质激励相配合的激励机制。

两岸关系一旦创造了相关的制度原则，后者就开始独立存在，它反过来塑造两岸的未来行为。两岸共同治理的制度化是一个过程，伴随着两岸关系的发展和社会化进程，给人们带来身份建构和认同塑造方面的影响。两岸共同治理就是采取包括政府、政党、社会团体媒介等多轨治理模式，两岸公权力之间、一方公权力与对方的民间组织、两岸民间组织之间彼此进行着有效地合作共同参与两岸的公共事务，目标是实现两岸人民的共同利益。随着两岸关系的深入发展，更多两岸民间组织之间的紧密合作，在不同领域的政策网络之间进行资源的转移、配置和协调，形成覆盖面更广泛的网络体系，应对与处理在两岸关系和平发展过程中可能大量出现的两岸共同事务。当然，两岸共同治理也存在自身的困境，比如不是所有的问题都适合用治理的方式，治理本身有合法性和有效性的问题，尤其是第三部门想扩大参与社会事务，但往往自身组织能力低下，与其他类型组织缺乏有效沟通。

推进两岸文化交流制度化建设路径探讨

中国华艺广播公司政策研究中心　郝　晨

两岸关系进入和平发展阶段以来，文化交流数量逐步增多，规模不断扩大，层次稳步提升，已成为推动两岸关系良性发展重要互动平台，增进同胞情谊主要精神纽带，在积累共识、增进互信、深化认同方面发挥了重要作用。但同时，两岸文化交流仍缺少制度化保证与机制性建设，亟待进一步拓展交流的深度与广度。随着两岸关系和平发展进入巩固深化新阶段，应下大力气推进两岸文化交流制度化建设，建立规范化机制，筑牢两岸关系和平发展文化基础。

一、当前两岸文化交流成绩与问题同样突出

1. 交流速度发展较快，但仍滞后两岸经济交流。近年来，两岸文化交流在多个领域全方位推进，数量、速度逐年提升。自 1991 至 2008 年的 17 年间，大陆应邀赴台文化交流项目仅为 4500 多项，计 44000 多人次。而仅 2009 至 2010 年，经文化部审批的两岸文化交流项目就 3000 余项、30000 多人次，几乎达到前十年的总和。[①] 尤其值得注意的是，2008 年以来，两岸文化创意产业交流合作规模持续攀升，两岸从文创会切入，整合资源、构建平台，推动文化产业交流规模化发展。海峡两岸文博会自 2008 年创办以来累计参展企业达 1632 家，签约项目 329 个，金额近 245 亿元。[②] 目前，两岸已

---

① 统计数据来自笔者 2012 年 7 月 11 日至文化部对外文化联络局（港澳台办公室）台湾处调研记录。

② 王琼：《两岸文教交流发展迅猛》，《两岸关系》2012 年第 5 期。

形成企业、民间社团、产业园区、消费者等共同参与，涉及表演、影视、旅游、网络等多个领域的文创产业蓬勃发展态势。但两岸文化交流与经济交流相比，无论数量、规模、深度等各方面都滞后许多。2006 至 2010 年底，两岸贸易金额累计已达 6131.4 亿美元，[①] 而仅 2010 年一年，两岸贸易金额就达 1453.7 亿美元。[②]“经贸往来当然是两岸关系的重要一环，但即便是经贸往来也需要文化理解注入润滑剂。政治难题的破解、军事互信的建立、和平框架的形成，如果没有文化的支撑，恐怕也会徒劳无功。尽快推动文化交流制度化有着不容忽视的现实意义”。[③]

2. 交流规模迅速扩大，但“物质化”倾向严重。当前，两岸文化交流规模发展迅速，各层次、各领域、各类别文化交流合作齐头并进，多层次、多元化、宽辐射格局日益显现。从结构上看，2008 年以来，两岸文化交流从官方到基层，从工商企业到文艺团体，从代表性交流到一般性互访，交流往来呈多层级、多维度格局。大陆省市文化参访团赴台交流热络蓬勃，基层访台渐趋增多，两岸非官方层面文化交流互动愈发牢固。从领域上看，两岸文化交流从单纯的文学艺术领域逐渐向宗教、影视、出版等领域扩展。目前两岸文化交流范围已遍及文学、美术、音乐、戏曲、舞蹈、曲艺、杂技、文物、民俗、艺术教育和博物馆等诸多层面。从形式上看，两岸文化交流平台、品牌逐渐增多，成为两岸文化交流的重要途径。如两岸文化论坛、妈祖信仰、黄帝祭奠、宗族谱牒等。从主体上看，两岸文化交流越来越注重倾斜基层，广大基层民众参与度大幅提高，各类活动民生色彩渐浓，民间文艺团体互动热络。特别是两岸青年文化交流成为一大亮点，近两年，已有数万名台湾青年学生参加了大陆各地各部门举办的文化交流活动，两岸青年联欢节、两岸青年论坛、海峡青年论坛中不乏经典文化交流品牌，凝聚和带动效应十分明显。但两岸文化交流仍存在“重文化市场轻文化内涵，重文化消费轻文化整合，重经济文化轻精神文化”等现象，有些文化交流活动重商重利迹象明显，貌似文化交流，实则商业营销，背后主导的是经济利益，“物质化”倾向严重，不利于两岸社会融合，不利于寻求两岸文化价值认同

---

① 国台办经济局局长徐莽：《历届两岸经贸文化论坛共同建议落实情况——在第七届两岸经贸文化论坛上的发言》，http：//www. gwytb. gov. cn/newsb/201105/t20110530 _ 1869330. htm.

② 国台办：《今年力促两岸经济交流合作深化发展》，http：//www. gwytb. gov. cn/newsb/201102/t20110216 _ 1752155. htm.

③ 参阅上海台湾研究所所长俞新天发言，载《人民日报》（海外版）2012 年 08 月 06 日。

的共识与差异，更无法达到两岸文化交流最终目标，即“在相互理解、相互尊重、包容差异、互利共赢、心灵相通中形成民族认同、国家认同，最终实现统一”。①

3. 交流融合逐步深化，但制约因素依然凸显。两岸文化交流速度和规模迅猛发展，拉近了两岸民众心理距离，增加了相互理解信任，减少了隔阂矛盾，强化了亲情认同，扩大了共识利益，不仅为两岸未来进一步增进互信，共谋发展奠定了良好社会基础，也在相当程度上确保了两岸关系和平发展的长期正确方向。但两岸文化差异客观存在，台湾民众中华民族历史记忆日趋淡化，岛内政治局势不稳，文化交流政策不对等及“文化台独”影响等制约两岸文化交流深入开展的因素依然突出。一是历史因素。从日据台湾到国民党退台执政，近百年时间，两岸文化交流严重断层，尽管中华文化仍然是“台湾文化的根”，但受历史环境影响，台湾文化与大陆所传承的中华文化已有一定差异。不少受西方文化思潮影响至深的台湾民众，至今仍对大陆文化传承中诸多历史挫折如“文革”等诟病颇多，极力批评大陆所谓“文化集权”、“文化专制”等弊端。此外，两岸文化交流中因历史、政治教育不同而产生的文化偏见，也加重了两岸文化交流深入开展的困难。二是“台独”因素。从李登辉到陈水扁，在台湾推行了20年的“文化台独”教育，旨在割断台湾与祖国大陆的文化联系，企图为“台独”思潮与主张奠定文化基础，其负面影响严重，极大地混淆了岛内民众的文化认知，至今仍有不容忽视的民意基础。三是台湾当局因素。2008年马英九执政后，对“法理台独”、“文化台独”、“去中国化”教育等阻碍两岸关系发展的论调、做法进行了一定程度遏制，中华文化认同、中华民族意识得到了部分恢复改善。但措施并不得力，尤其是对签订《两岸文化交流协议》更是瞻前顾后、畏缩不前，甚至对民进党统治时期编订的“本土化教科书”等政策仍装聋作哑，任其自然发展，限制了两岸文化交流深入进行。四是民众认知因素。两岸民众对大陆与台湾谁更能代表中华传统文化，存在一定认知差异。很多台湾民众认为，只有台湾的中华传统文化保存最为完整，也最能代表中华文化。此外，两岸选择了不同政治社会制度，走上不同现代化发展道路，民众对当前中华文化现代化发展过程中表现出的不同差异也存在较大认知偏差。

---

① 参阅石勇：《当前两岸文化交流中值得关注的几个问题》，http：//www. cassits. cn/zjlt/news_0228. html.

台湾民众甚至将大陆中国特色社会主义现代化文化视为中华传统文化的“异化”。大陆也并不赞同台湾过度依赖所谓西方民主、自由，过于强调“本土文化”的做法。两岸文化交流中的这种矛盾虽与异质文化冲突有本质区别，但若任其积聚发展，将不利于两岸文化凝聚共识、建立信任感，极大阻碍两岸文化交流深入推进。五是制度因素。邓小平同志在论及组织制度、工作制度问题时指出：“这些方面的制度好可以使坏人无法任意横行，制度不好可以使好人无法充分做好事，甚至会走向反面”，“制度问题更带有根本性、全局性、稳定性和长期性”。① 制度作为一种规范化方法，具有执行力的刚性特征，一定范围和特定时间内要求每个人都要遵守，其实质在于科学划分责任，保证工作落实。理想的制度系统至少应该包括法律规范系统和工作制度系统。而两岸文化交流至今没有构建起完善的制度规范系统，仍处于“零敲碎打”、“分散作战”、“一哄而上”状态，随意性较大，重点不突出，难以形成合力。是否具有完善健全的制度规范，已成为制约两岸文化交流能否顺利、有序、深入开展的瓶颈，应加大推进两岸文化交流制度化建设步伐，循序渐进，先易后难，尽快签署《两岸文化交流协议》。

二、推进两岸文化交流制度化建设的必然性

1. 是两岸关系和平发展的必然要求。当前，两岸关系和平发展局面形成，为扩大和深化两岸文化交流提供了机遇，为构建长效合作机制创造了条件。一是两岸文化交流有共同政治基础。即当前两岸执政党都坚持一个中国，认同“九二共识”，国民党承认两岸同属中华民族，同受中华文化教育熏陶，都承载着振兴中华文化重任。二是“两岸社会一体化”步伐明显加快。两岸政治、经济、文化、教育等各方面交流全面展开，极大地带动了两岸一体化步伐，两岸民众共同生活、联手创业、一起学习、分享文化、融合一体的可能性大大增加，现实性稳步实现，给两岸文化交流提供了各种机会，为打破过去台湾当局种种封锁限制，全面推进两岸文化交流提供了广阔舞台。三是岛内执政当局一定程度地主动作为。适应两岸关系和平发展趋势，因应岛内民意需求，马英九执政以来，运用公权力行政手段，动用多种

① 《邓小平文选》第二卷，人民出版社 1994 年 10 月第 2 版，第 333 页。

社会资源，采取了部分停止"去中国化"的举措，一定程度上恢复中华文化传统教育，对推进两岸文化交流合作表现了积极态度。① 四是两岸对进一步推动文化交流合作都有较高意愿。大陆方面，党的十八大报告指出，要"全面贯彻两岸关系和平发展重要思想，巩固和深化两岸关系和平发展的政治、经济、文化、社会基础"，要"持续推进两岸交流合作"，要"促进平等协商，加强制度建设"，持续推进两岸交流合作离不开扩大文化交流，以增强一脉相承的民族认同，共同弘扬中华文化优秀传统，筑牢两岸关系和平发展的文化基础；台湾方面，马英九 2012 年 11 月 6 日宣示"三大工作重点"，第一点就是"扩大并深化两岸交流，包括学生、文化及其他各方面未涉及的领域"，② 显见台湾当局推动两岸文化交流意愿较为强烈。就推进两岸文化交流制度化建设而言，一个"化"字，更表明两岸文化交流的制度建设是一个过程，仍在进行之中。③ 而"所谓建立交流制度化，就是推动两岸建立更为密切、经常性和规范性的联系与往来机制"。④ 只有将两岸文化交流纳入规范化、制度化发展轨道，才能以制度的有力保障进一步促进文化交流合作，增强文化认同，拉近心理距离，减少隔阂误解，形成共谋两岸和平发展的社会文化基础。

2. 是深入开展两岸文化交流的题中应有之意。两岸文化交流取得了很大进展，但仍有很多欠账，交流广度与深度也还不够，"大多数领域目前还远没有实现常态化、更谈不上制度化"。⑤ 两岸文化部门尚无正常交流接触，双方各有考虑，交流合作多为区域性、局部性、短期性内容，缺乏统筹性、全局性、长远性规划，更谈不上科学规范。交流机制长期缺位，交流政策措施不对等、交流规模不对称、交流领域受限等问题无法得到很好处理，亟待通过稳固交流平台，制度性文化交流解决上述问题。一是利于两岸文化交流全面对接。目前两岸文化交流活动和项目仍处在自发阶段，缺乏具体推行机制，交流活动严重同质化，限制了两岸文化交流全面对接。"从自发到自觉

---

① 辛旗：《弘扬中华文化 加强两岸文化交流》，http：//blog. huaxia. com/html/07/8407 _ itemid _ 2861. html.

② 《马：两岸领导人无互访急迫性》，《澳门日报》2012 年 11 月 07 日，A08 版。

③ "化"字此处意为："词尾，放在名词或形容词后，表示转变成某种性质或状态"，载《新华字典》，商务印书馆 2004 年 1 月第 10 版，第 192 页。

④ http：//news. 163. com/09/0712/13/5E1CCAIK000120GR. html.

⑤ 参阅北京联合大学徐博东教授发言，载《人民日报》（海外版）2012 年 08 月 06 日。

还需要对两岸文化交流加以制度化安排”,① 加强两岸文化交流机制化建设，促进两岸进一步科学规划文化交流，并逐步加以推动制度化建设，以利于两岸文化交流更加广泛、深入和持久。二是利于减除政策阻力或人为障碍。当前两岸交流，大陆与台湾都存在一定的政策、人为因素影响，台湾方面尤其突出。大陆知名演员张国立曾表示，“有位台商找我拍广告，在台湾却批不下来。因为台湾要照顾本土演员利益，不允许大陆人单独拍广告。最后，我演皇帝，周围站着三个台湾演员扮演的两妃子、一太监。后来我把广告收入全部捐给台湾慈善组织，就是想表示，这不是钱的事情”，他说“加强交流不是单方面的事情。这些也都是些低档问题。期待两岸影视交流可以用更高的智慧，回到市场的考量，使之走向良性循环”。② 制度化的两岸文化交流设计和安排，可以有效避免政策、人为等负面因素影响，有利于交流的深入和更加常态化的发展。三是利于降低岛内执政权轮替对两岸文化交流的影响。国民党、民进党轮流执政已渐成台湾政治常态，岛内执政权轮替不再是一个伪命题。两党虽同属台湾政党，代表根本利益并无二致，但在具体政策主张、所持立场、代表阶层等方面却存在一定甚至是相当的分歧。两岸各领域交流合作若无制度性保障，一旦两党交替上台执政，极易导致政策连贯性不足、执行力有限、甚至颠覆前朝政策也不足为奇。只有建立两岸文化交流机制，形成制度化安排，才能为两岸文化交流提供可靠保证，谋求长远稳固发展。

3. 是适应两岸签署多项合作协议发展趋势的主动作为。“两岸关系和平发展有政治、经济、文化、社会四个基础。如果和平发展是一列火车，政治基础是车头，经济基础与文化基础是两个车轮。车头决定方向、速度，车轮则决定是否行稳致远。当前，经济基础有了 ECFA，文化教育则显得滞后。一个滞后于另一个，说轻了，行走受影响；说重了，可能会翻车”。③ 目前，两岸已签署了十八项协议、达成了两项共识，内容多集中于海运、空运、食品安全、金融合作、投资保护、检验检疫、经济合作等经济领域，文化领域

---

① 褚静涛：《两岸文化交流呼吁制度保障》，http://www.chinataiwan.org/plzhx/zhjzhl/zhjlw/201301/t20130111_3537005.htm.

② 张国立在第八届两岸经贸文化论坛上的发言，http://tw.people.com.cn/n/2012/0831/c14657-18882246.html.

③ 国台办副主任叶克冬发言，http://tw.people.com.cn/n/2012/0831/c14657-18882246.html.

交流合作制度化建设明显滞后。国民党荣誉主席吴伯雄在第五届两岸经贸文化论坛开幕式上曾指出，“从经贸的角度看两岸，大家追求的是经济的利益，从文化的角度看两岸，大家重视的是品质与价值的问题，包括制度的改革，生活的方式，以及社会的活力与创造力等等。经贸与文化是连接两岸的两大桥梁，缺一不可，现在该是搭起文化桥梁的时候了”。文化引领时代风气之先，虽然两岸文化交流已取得长足进展，但与两岸经济交流发展相比，还有很大提升空间。随着两岸关系和平发展由开创期进入巩固深化新阶段，两岸文化交流更需要一个宏观、完整、科学的制度体系来为其健康发展提供崭新动力，拟定发展蓝图，创造更为便利的发展条件与环境，确保两岸文化交流更为顺畅、有序、规范发展。① 当前应不失时机推进两岸文化交流与合作，不断提升两岸中华文化的文化自觉、文化自信与文化自强，使两岸关系和平发展的民意基础更为牢固。

4. 是实现中华民族伟大复兴的客观需要。习近平同志指出：“每个人都有理想和追求，都有自己的梦想。现在，大家都在讨论中国梦，我以为，实现中华民族伟大复兴，就是中华民族近代以来最伟大的梦想。这个梦想，凝聚了几代中国人的夙愿，体现了中华民族和中国人民的整体利益，是每一个中华儿女的共同期盼。历史告诉我们，每个人的前途命运都与国家和民族的前途命运紧密相连。国家好，民族好，大家才会好。实现中华民族伟大复兴是一项光荣而艰巨的事业，需要一代又一代中国人共同为之努力。空谈误国，实干兴邦。我们这一代共产党人一定要承前启后、继往开来，把我们的党建设好，团结全体中华儿女把我们国家建设好，把我们民族发展好，继续朝着中华民族伟大复兴的目标奋勇前进。”② 文化是民族的血脉、国家的灵魂，中华民族的伟大复兴必然包含中华文化伟大复兴的“合理内核”，台湾文化无论怎样呈现，怎样“具有台湾特色”，仍是中华文化不可分割的一部分，实现中华文化复兴是两岸的共识，是全体炎黄子孙的共同夙愿，也是两岸人民肩负的共同历史责任。当前，大陆正在以更加开放的心态推进中华文化的发展和繁荣，台湾也在多年的实践中形成了颇具特色的文化成果，结合宏观战略视野与微观建设经验，两岸更应彼此尊重，在尊重的基础上搁置争

---

① 参阅文化部：《文化交流是两岸关系持续发展的重要动力》，http：//www.chinadaily.com.cn/dfpd/shizheng/2012－10/11/content_15810704.htm.

② 新华社 2012 年 11 月 29 日。

议，着力推进两岸文化交流制度化建设，大力加强交流合作，建立两岸共同文化市场，联手把中华文化推向世界，共同提升中华文化竞争力。

三、推进两岸文化交流制度化建设的可行性

1. 两岸关系和平发展为推进两岸文化交流制度化建设提供了强劲发展动力。两岸关系和平发展重要思想具有丰富内涵，指出了推动两岸关系和平发展的政治基础是坚持大陆和台湾同属一个中国，重要途径是深化交流合作、推进协商谈判，强大动力是促进两岸同胞团结奋斗，必要条件是反对“台独”分裂活动。在这一思想的基础上，形成了“增进政治互信、推进经济合作、加强文化交流、协商涉外事务、解决政治军事问题”等六个方面政策主张，构成一个系统的体系。当前，两岸关系和平发展已经进入巩固和深化的新阶段，应进一步巩固和深化两岸关系和平发展的政治、经济、文化、社会基础，始终坚持一个中国原则，持续推进两岸交流合作，努力促进两岸同胞团结奋斗，坚决反对“台独”分裂图谋。两岸关系和平发展由开创期进入巩固深化新阶段，为未来深化两岸文化交流与合作、共同弘扬和传承中华文化带来了新的契机。以刚刚过去的2012年为例，两岸人员往来稳步扩大，各项交流有序推进，两岸大交流局面持续巩固深化。两岸文化交流领域也取得了新进展：在台举办两岸非物质文化遗产月、两岸城市艺术节、两岸文化创意产业展、智慧的长河——会“动”的清明上河图赴台巡展、海峡两岸图书交易会、大陆图书展等大型活动，在岛内掀起两岸文化交流热潮。在大陆举办海峡两岸文博会、海峡两岸暨港澳地区艺术论坛、海峡两岸文物交流20年纪念活动、海峡两岸影视季等品牌活动，巩固并创新两岸文化交流平台。两岸图书和版权交流持续扩大。两岸高校校际交流继续推进，同源大学合作更加深入。《两岸常用词典》已经出版，两岸合作编纂中华语文工具书业已取得阶段性成果。2013年，应充分利用两岸关系和平发展有利态势，下大力气找准文化交流对接点，扩大人员往来规模，充实文化交流内涵，创新交流合作形式，优化交流往来政策环境，推进制度化建设，努力营造鼓励和支持两岸文化交流良好氛围，推动交流合作更加广泛、深入、持久和常态化地开展下去。

2. 两岸文化交流具体实践为制度化建设积累了实际工作经验。近年来，

两岸文化交流合作规模持续扩大，平台建设成效不断彰显，机构对口合作日趋密切，总体呈现繁荣发展势头，所取得的一系列成果、经验及由此培育起来的民意支持，为未来两岸文化交流走向正常化、制度化创造了有利条件。一是两岸文化交流合作模式日益多元化。从公权力机关到基层，从工商企业到社会团体，从代表性交流到个人互访，从举办论坛到联谊活动，从城市对口到领域对接，从搭建平台到形成品牌，两岸文化交流合作互动热络，并逐步发展出初步的制度化合作模式，如签署备忘录、达成协议、常态化组织活动、缔结姐妹联谊团体等，通过资源互通共享，在两岸文化交流互动发展中发挥了极大功效。二是两岸文化交流组织建设取得长足进展。以大陆“中华文化联谊会”与台湾“文化总会”为主要对口单位，两岸文化交流合作组织建设成绩可喜，在整合两岸文化业界力量、资源并开展交流合作方面发挥了积极作用。两岸文化交流组织机构承担具体工作职能，是推进两岸文化交流主要主体，一方面为两岸文化业界交流合作积极牵线搭桥、搭建打造了广阔平台。另一方面，也为解决两岸文化交流实际问题困难提供一线服务保障。针对当前两岸文化交流尚未实现常态化、制度化的现状，两岸文化交流组织机构应当进一步发挥服务保障作用，利用各自“在地优势”着力解决实际问题，扮演好两岸文化交流合作“搭桥人”、沟通协调“联络员”、问题攻坚“先锋队”角色。此外，作为具体组织机构，还应努力推动两岸文化团体、个人、活动、领域等全方位交流合作，形成交流、交往的机制化渠道，引领、推动、实现两岸文化交流的常态化和制度化。三是两岸文化交流某些领域已呈现常态化发展态势。两岸文化交流尽管尚未签署宏观战略层次的“文化交流协议”，但是许多具体领域和部门的合作已逐渐向常态化、制度化迈进，开始尝试签署专门领域活动交流合作协议。如海峡两岸高校教育合作不断深入，合作高校之间签署了多种合作协议，两岸学生交流与就学、学历认证取得重大进展。两岸合作多次举办相关文化论坛，逐渐形成了定期举办机制。近年来，两岸先后建立的经贸文化论坛、客家高峰论坛、新闻与传媒论坛、教育论坛与茶文化论坛等均定期、持续进行，逐步实现常态化，为促进两岸文化交流合作制度化建设进行了了积极有益的探索。

3. 两岸签署多项合作协议为两岸文化交流制度化建设提供了可以摸得到的“过河石头”。中国大陆改革开放有一句名言：“摸着石头过河。”改革开放是前无古人的崭新事业，没有现成经验可以借鉴，只能在不断实践中探索前进，在总结经验中把握规律，积小胜为大胜，不断接近理想目标。“摸着石头过河”，既是对中国改革开放过程的形象概括，也是富有中国特色、符合中国国情的改革方法。“摸着石头过河”就是摸规律，摸到了石头，过河心里才能有底。掌握了规律，改革才能稳步推进。要尊重人民首创精神，鼓励大胆试验、大胆突破，发现规律、运用规律，进而更好地涉水渡河。两岸自2008年以来已经签署了十八项协议，达成了两项共识，积累了相当的专业领域制度化建设经验，形成了一套制度化建设的方法，特别是签署ECFA的过程中，将两岸高层关于经贸领域合作的宏观思考同民间企业、社团、个人的微观探索结合起来，注重协议的系统性、整体性、协同性，注重整体经贸领域的相互促进、良性互动，整体推进、重点突破，最终形成框架协议的制度化成果。推动两岸文化交流合作制度化，应借鉴签订ECFA的成功经验，比照两岸经贸交流模式，从民间主导逐步上升半官方层级，促进分散民间交流方式逐步走向制度化，适时商讨签署具有官方性质的协议，推动两岸文化交流由感性走动来往向理性交流合作跨越。

四、推进两岸文化交流制度化建设的具体路径

1. 继续深化交流合作，不断形成更多共识，夯实推进两岸文化交流制度化建设的认识基础。应充分发挥两岸民间团体、学术机构和工商企业在文化交流合作中的优势，广泛开展演出、展览、研讨等活动，通过组织两岸民众共同祭祖、文化寻根、共度传统节日、申请世界非物质遗产、开展历史文化研讨会、共同开发历史文化景点、合拍历史文化体裁影视作品、共建两岸文化博物馆、共推民俗文化繁荣、共设宗教联合会、共办孔子学院等多种形式，进一步加大两岸文化交流合作力度，争取形成更多共识。一是树立正确的两岸文化异同观。中华文化博大精深，台湾文化特色鲜明，但台湾文化本质上仍是中华文化的一部分。两岸文化“同中有异，异中有同”。正因为不同，更应通过加强两岸经济合作、人员往来、文化交流，形成共同生活圈、生活方式，促成两岸语言、价值、文化的趋同化、同步化；更应通过复兴中华文化的共同实践，创造两岸新的集体文化记忆。二是正确认识台湾本土文化特质。台湾在完成现代化转型时，其社会文化也发生了巨大变化，本土化意识迅速高涨。作为本土认同感与乡土情怀集中表现的台湾本土文化特质，本身是一种正常心理需求与正当情感诉求，与中国国家认同并行不悖。应充

分了解台湾独特历史文化脉络和现实政治文化生态，客观看待台湾民众历史悲情，不应简单地把“台湾意识”理解为“台独”意识。应着力在学理上梳理台湾本土文化特质合理成分，将乡土情怀导向对中国的国家认同。三是努力构筑两岸共有的精神家园。共同的历史记忆和共有的精神家园，构成两岸同胞“同是中国人”认识的关键所在，是增强台湾同胞中华民族认同和中国认同的核心内容。为拉近两岸民众情感，增强台湾民众中国认同，既要强化两岸已有的共同记忆，还可选择适当历史文化议题，如抗日战争、辛亥革命、台湾光复等，培养两岸民众共同历史记忆。同时，通过加强两岸文化交流，拓宽合作领域，增进共同利益，不断消解两岸差异性历史记忆。

2. 尽快互设文化交流办事机构，为推进两岸文化交流制度化建设搭建工作平台。两岸文化交流经年日久，近年发展尤为迅猛，呼唤两岸文化主管部门提供更好、更全面的服务，双方互设文化交流办事机构的必要性和紧迫性日益凸显。两岸互设文化交流办事机构将有效搭建两岸文化界沟通交流平台，加强直接联络协调，保护两岸文化团体、企业权益。应在平等互利、求同存异原则下，尽快建立文化交流办事机构，针对两岸文化交流与合作相关议题，持续进行深入、全面讨论协商。具体负责整合各方力量与资源，组织、规划、管理、推动、落实两岸文化交流合作，处理与两岸文化交流相关的服务、推广和权益保护等事务，加强相关部门沟通、协调、配合，为推进两岸文化交流制度化建设做好前期铺垫工作。

3. 循序渐进，先易后难，重点突破，稳步推进两岸文化交流制度化建设。推进两岸文化交流制度化建设，意即通过建立一整套完善的两岸文化交流制度规范体系，对参与两岸文化交流各方主体的行为加以规范，并利用制度规范的刚性特点调整两岸文化交流所涉及各种社会关系，避免该项工作随意性，使两岸文化交流处于规范化运行状态，获得可持续发展。两岸文化交流制度化建设是一项系统工程，既有整体性、原则性、框架性安排，以说明两岸文化交流目的意义、基本原则、主体内容、实现途径、运作机制、发展方向，也有相关具体领域合作内容，同时还需完善相关政策法规支持。牵涉环节众多，所涉内容繁杂，甚至触及个别敏感问题。应分领域、分阶段逐步推进。可选择两岸文化交流具备良好基础、合作意愿较高、且敏感性较少领域，如文化创意产业合作、艺术交流、文化遗产交流等领域先行先试，推动商签相关协议，争取实现两岸文化交流各领域制度化建设全面对接。近期，可以两岸文化创意产业交流制度化建设为突破口，开创性探索实践制度化建设路径。台湾“行政院”定义文化创意产业为“源自创意或文化积累，透过智慧财产的形成与运用，具有创造财富与就业机会潜力，并促进整体生活环境提升的行业”，并将其范畴归为十三项：“视觉艺术产业、音乐与表演艺术产业、文化展演设施产业、工艺产业、电影产业、出版产业、广告产业、设计产业、设计品牌时尚产业、建筑设计产业、创意生活产业、数字休闲娱乐产业”等；2004年，大陆将文化产业定义为：“为社会公众提供文化、娱乐产品和服务的活动，以及与这些活动有关联的活动的集合”；联合国教科文组织定义“文化产业”为“按照工业标准生产、再生产、储存以及分配文化产品和服务的一系列活动”。[①] 无论怎样定义，文化创意产业都是文化与经济结合创意的产业，包含范围甚广。近年来，两岸对文化创意产业都相当重视，通过相关政策法规将其提升到事关战略地位与竞争实力的高度。2009年国务院公布《文化产业振兴规划》，将文化产业作为国家战略产业之一。2010年1月，台湾也通过了《文化创意产业发展法》，将多元文化资产作为台湾竞争力之一。在两岸公权力部门积极推动下，两岸文化创意产业发展较快且各具特色。台湾文化创意产业起步比大陆早，有一批素质较好的文化创意人才，既有深厚的中华文化基础，又受西方文化影响呈现多元化特色。大陆文化创意产业虽比台湾起步晚，但有巨大市场后盾，人才培养、平台建设、盈利空间发展后劲十足。当前，两岸文化创意产业合作已成为两岸文化交流领域新的热点。两岸有关部门从政策制定、平台构建等方面倾力推动，两岸业界也积极响应。2009年7月举办第五届两岸经贸文化论坛，就深化两岸文化创意产业合作提出了一系列具体建议，包括共同打造具有民族特色、风格、气派和原创性的知名品牌；推动制定两岸文化产业标准，建立沟通合作平台；合办两岸文化创意产业博览会；在两岸影视剧合拍、影视剧及电视节目之市场准入、影视演职人员交流等方面，积极探讨扩大交流合作；建立两岸出版交流机制，积极扩大出版物贸易与版权贸易，加强出版合作，并共同开拓海外华文出版市场等；2011年9月，中华文化促进会与中华两岸文化创意产业发展协会签署《推动两岸文化创意产业发展备忘录》，迈出了两岸文化创意产业交流合作的制度化建设重要步伐，提出通过联合搭建会议平台、创建两岸文化创意产业交流基地、设立两岸标志性文化创意奖

① 转引自刘国奋：《扩大和深化两岸文化交流合作之初探》，载《中国评论》月刊2011年4月号，总第160期。

项等方式，共同促进两岸文化创意产业互助共赢；2012 年 9 月 10 日，海协会会长陈云林率领“海协会文化创意产业暨书画艺术交流团”赴台交流，着重了解双方文化创意产业现况、未来合作、现存政策问题。2012 年 12 月 19 日，首届两岸文化创意产业合作论坛在杭州举行，来自北京故宫博物院、台北故宫博物院、台湾云门舞集文教基金会、华谊兄弟传媒集团等机构的两岸专家学者、知名企业家共百余人参会。两岸文化创意产业领域一系列的交流合作动作，充分表明文化创意产业作为融合经济、文化、技术元素再创新价值的新兴产业，具有巨大社会效益与经济效益，其先天具有的利益驱动特性，使两岸业界具有共同将其做大做强的强烈愿望与动力。可以预期，基于两岸的积极推动和 ECFA 后续协商的制度保障，两岸基于中华文化共同资产的文化创意产业合作，在创造两岸经济双赢的同时，必将成为推进两岸文化交流制度化建设的重要突破口。

两岸签署“文化ECFA”的路径探索

中国台湾网评论互动中心　赵　静

两岸关系迈入深水区，“易”的部分基本完成，“难”的部分却越来越难。ECFA的一系列后续协调日渐难走，但毕竟已让两岸经济交流步入了机制化正轨；而原本走在各项交流前面的两岸文化交流却举步维艰，一直未有任何突破性进展。“推动两岸关系和平发展的重要途径是深化交流合作、推进协商谈判”——两岸关系和平发展重要思想同时也告诉我们：如果两岸和平发展只是“经济”一枝独秀，两岸的交流必将陷入只开花不结果的困局。以“文化”作为“经济”和“政治”之间衔接的桥梁，一直是大陆促进两岸关系的思考重点，台湾方面最早提出签署文化交流协议，态度却日趋保守。两岸签署“文化ECFA（文化教育交流协议）”障碍重重，但也并非无可作为。

一、“文化ECFA”签署之路障碍重重

2009年ECFA（两岸经济合作框架协议）签署之后，大陆方面一直有意将文化教育等领域的交流合作排入两岸协商议程，但却一直未有实质性进展。为何两岸文教协议的商签，民间有意愿，脚步却缓慢？除了公认的“文化牵涉意识形态、不易达成共识”的原因，它的障碍其实远远不止这些。政治分歧、“台独”势力、国际因素以及两岸文化交流不平衡不对称、受众不够广泛等等，都严重制约着两岸文化交流向更深层次“质”的飞跃。

（一）意识形态的困扰

1. 认同问题

2008年以来两岸关系实践显示，经济交流与合作在不断深化，但台湾民众的认同感并未有所提升。据2013年1月31日台湾指针民调公布的“台

湾民心动态调查、统独与中国印象”调查结果显示：虽然有86.6%的台湾民众认为大陆强大、68.3%认为成功，但仍然有占多数的民众认为大陆不值得信任（69.2%）、和我们不一样（75.7%）、具威胁性（71.2%）；对“台湾和大陆无论如何最后都应该要统一”的说法表示反对的有63.3%(22.7%有点不赞成、40.9%很不赞成)，表示认同的仅有20.9%（5.9%很赞成、15%还算赞成)，剩下的15.5%未表达意见。①

由于两岸长期的历史隔绝、台湾“戒严”时期国民党的“恐共”教育、“解严”后李登辉、陈水扁的“去中国化”影响，岛内社会至今还存在许多有关认同的错误言论，诸如“台湾民族论”、“海洋文化论”、“台湾人一贯受外来统治”等。余克礼认为：当前两岸双方都要认真面对的是台湾岛内严重的认同危机问题，它造成岛内的严重内耗，而且还会影响到两岸关系和平发展的深度和广度，更是突破两岸政治僵局的巨大障碍。②

2. “文化台独”

“文化台独”指台湾一部分妄想推行“台独”的人，以片面强调所谓文化“本土化”为号召，虚化中国文化在台湾文化中的地位，从而达到其实行政治“台独”、实质“台独”的目的。③ 李登辉、陈水扁在台湾长达20年的执政期间，大力鼓吹“文化台独”，成为两岸文化交流的重要障碍，它不仅弱化了台湾民众的民族认同、扰乱了台湾民众的价值取向、为“台独”营造了文化氛围，甚至还有可能将两岸引向战争。

台湾辅英科技大学教授苏嘉宏曾在岛内呼吁“不能将台湾和文化中国切断”，他说：认同问题，如果将“中国”视同政治符号，也许可以讨论是否认同，但如果中国是个文化历史义理甚至血缘的符号，台湾的所有都离不开中国文化，不但妈祖关帝爷是中国的，连“掷筊”也是中原本有，非台湾独有，尾牙和年后的春酒等亦然，不都是中华文化吗?④ 苏教授的呼吁，正是从一个侧面说明了台湾普通民众在“文化台独”熏染下的思想混乱，同时也表明：“文化台独”带来的诟病必然需要由文化本身来医治，如此才能治标又治本；只有进一步推进两岸文化交流，才能用中华文化占领台湾民

① 台湾今日新闻网，2013年1月31日。

② 余克礼：《正视台湾认同危机深化两岸和平发展》，《中国评论》月刊2011年3月号。

③ 《台湾名词解读——“文化台独”》，中国台湾网，http：//www.taiwan.cn/twzlk/twzhzh/zhzhtzh/200803/t20080320_609756.htm.

④ 《两岸文化一体 不容拆解》，台湾《旺报》2013年2月5日。

众的头脑，进而认同中华文化与和平统一。

3. 交往还欠理性

据统计，2011 年两岸文化交流项目达 3037 起、12170 人次；2012 年两岸文化交流继续延续上年的势头，台湾当局统计显示，前三季度大陆民众赴台文教交流的人数近 7 万人次，内容遍及文学、民俗、美术、音乐、非物质文化遗产、文化产业等领域。成绩不可谓不大，但不尽如人意处也不少，比如“现在还有不少台湾乡亲认为福建人都是闽南人，客家人就是广东人”这些常识性谬误；① 比如：大陆赴台旅游团首发在即，台南市卫生局长却说了一句很难听的话“陆客走过的地方都会进行消毒”；再比如：大陆在新版护照中纳入台湾日月潭与清水断崖等景点照却引起台湾方面“高声抗议”、“三限六不”导致台湾两年来招收大陆学生生源惨淡以及大陆新娘在台湾遭遇的歧视性对待……这些都反映出了两岸无论公权力机关还是民间在交流时都还欠缺一些理性。

尽管近年来两岸关系有了实质变化，但台湾有关单位还是难免存有习惯性的防卫心理，无法在两岸关系的处理上大开大阖，尤其对于框架性协议的签署总是存有戒心，害怕被“锁定”或“套牢”。台湾学者庞建国在分析原因时指出：这其中有政治生态的束缚，也有行政体系本身的自我设限，使得某些行政幕僚提供给领导阶层的信息，容易带有“敌情”意识，偏向于强调风险，并在研拟两岸政策时采取比较保守的态度。但庞建国也说：在呼吁大陆多一些同情理解之际，台湾方面也要务实地面对大形势的演进，如果决策当局无法跳脱谨小慎微的决策模式，在台湾迟疑犹豫的同时，大陆方面仍然会从全世界吸收进步的差价，走出自己的中华文化复兴之路，而台湾将在中国大陆文化复兴的执着中逐渐边缘化。②

（二）两岸不同步：大陆“热”台湾“冷”

两岸进行制度性的文教交流以至签署协议不是一个新鲜话题，最早提出“文教、科技交流”议题的恰恰是台湾方面，那是在 1993 年 4 月 23 日到 26 日，当时的台湾海基会秘书长邱进益和海协会常务副会长唐树备在新加坡会

---

① 《台北福建同乡会副理事长：台湾乡亲了解大陆太少》，《福建日报》2013 年 1 月 22 日。

② 庞建国：《循序渐进，迈向两岸制度化交流合作新境界——从文化协议谈起》，全国台湾研究会编：《两岸关系：共识积累与政策创新学术研讨会论文集》2012 年，第 279 页。

面为第一次汪辜会谈做准备之时；随后在第一次汪辜会谈签署的协议中，就有了与两岸文教科技交流相关的文字。但随着两岸关系变化，这项议题没有机会正式端上台面。

2005 年 4 月 29 日"胡连会"发表的《两岸和平发展共同愿景》，提到国共两党的共同体认之一是"促进两岸同胞的交流与往来，共同发挥中华文化，有助于消弭隔阂，增进互信，累积共识"，可谓在两岸间重新启动了制度性文化交流的思考。此后，大陆方面继续在各种场合表达两岸应该协商签署文化协议的意思，但台湾方面均采取冷处理态度。台湾"中华文化总会"会长刘兆玄 2010 年 9 月表示："两岸间文化合作还需要时间讨论，需要积累经验，因为文化范畴比经济更广泛，谈出架构协议不容易"。2011 年 1 月台当局"文建会"主委盛治仁声称，目前不需要签署两岸文化交流协议，"倾向于从个别议题入手，自然形成交流机制"。直到龙应台 2012 年就任台当局"文化部长"后，首次抛出希望召开"两岸文化前瞻论坛"的构想，作为两岸是否或如何签署文化协议先期沟通的平台。再到 2013 年 1 月 23 日，台湾海基会董事长林中森在海基会年终记者会上表示：马英九已强调要扩大两岸交流的领域，因此不排除签署任何两岸交流的协议；只要台湾需要、立法机构监督、民意支持，不排除签署两岸文化协议。① 相对于台湾方面一直以来的"婉拒"，林中森此次言论被媒体解读似乎意味台湾的政策已然有所变化，同时也可以看出，两岸在应该加强文化交流方面没有异议，只是对于商签"文化 ECFA"的时间点还有待凝聚更多共识。

（三）"文化协议"本身的特性

除了以上障碍，文化议题"范畴比经济更广泛、更庞杂、更难以界定"这些"自带"的难题，也是两岸"文化 ECFA"迟迟无法签署的原因之一。再加上中华文化在两岸各自发展 60 余年、以致今日两岸政治和意识形态差距都较大这些客观情况，更增添一笔难度。龙应台曾表示她担心"文化 ECFA"将会是一个"空泛"的协议，"因为协议必须有实质性的内容，如果只是空泛的、只讲民族情感、中华文化之类的协议并不重要"。这个"担心"正是说出了文化协议本身的难以界定，就好比观念是附着于人的头脑之中的，我们很难签订一个规范观念交流的协议，只要有人的接触交往、有

---

① 《海基会董事长林中森：不排除签两岸文化协议》，中国新闻网 2013 年 1 月 25 日。

事的交流合作，就会有观念的自然沟通、碰撞与相互影响，看上去实在没必要用一纸协议来规范它。

二、困难虽多却并非无可作为

很多学者评估认为：在台湾经济形势日益紧张的情况下，马英九第二任期势必仍然以拼经济、处理台湾内部事务为主，两岸关系和平发展格局虽会继续维持但会采取守势，所以大陆期望的和平协议、军事互信机制等政治议题势必无法突破。但笔者以为，这并不意味着两岸在这段时间无可作为，作为经济与政治之间的桥梁，签署“文化 ECFA”便是解开两岸关系进一步前行困局的最好突破口，障碍仍然存在，却并非“坚不可摧”。

（一）清除障碍，利好众多

虽然本文在第一部分列举了许多两岸签署“文化 ECFA”的障碍所在，但其实它们的突破口也同时存在。例如那份台湾指针民调公布的“台湾民心动态调查、统独与中国印象”调查结果，我们也能从中看到诸多积极面：在“强大与虚弱、成功与失败、防卫优先与具攻击性、愿意合作与不愿合作、可以预测与无法预测、值得信赖与不值得信赖、和我们相似与和我们不一样、爱好和平与具威胁性”这 8 个面向的调查中，10 年之间有 4 项明显趋于改善或增加，另外 4 项的进展幅度相对较小而大致呈现持平；尤其是和 2003 年的调查相比，台湾民众在“愿意合作”这个选项上改变最大，10 年前只有 13% 的台湾民众愿意和大陆合作，如今已经升到 34% 。这不仅显示台湾民众认知两岸交流对台湾确实带来正面帮助，同时也提醒我们，两岸间只由经济交流建立的关系基础是不牢固的，必须加强两岸同胞的文化交流，以增进两岸同胞对中华文化的认同，扩大精神上的对话，才能从根本上保持这种密切关系。

至于“文化台独”，我们当然不能小看它的危害，但也得看到它的脆弱性。就在岛内大力鼓吹“文化台独”的李扁执政期，台湾地区参加各种国际文化活动时都拿阿美舞蹈、排湾雕刻、平埔槟榔等“本土特色”的原住民文化去展览，但其影响远远无法与台北故宫文物在海外巡展时所受到礼遇相比，这种刻意排斥中国文化的做法惨遭失败，恰恰证明了：只有承认台湾文化是中国文化的一部分、真心拥抱和大力弘扬中国文化，才能给台湾带来经济繁荣、文化振兴、社会进步的精神动力。

特别是马英九2008年上台后，“文化台独”势力得到进一步遏制，“台独”在岛内的话语霸权也被打破，马当局以“两岸合作促进台湾经济发展”的实践为台湾民众建构出了有别于“台独”分子的另一种“爱台湾”的方式，一方面台湾族群、省籍动员方式的效力明显减弱，另一方面岛内社会动员中民生诉求的比重和人数不断增加。最令人欣喜的是，“九二共识”成了“台湾共识”，受到台湾民众广泛接受，尤其是在2012年初的“二合一”选举中，“九二共识”在最后时刻竟然成了关键议题，这是台湾实行最高领导人直接选举以来前所未有的新变化，甚至有台湾媒体认为这场选举是“九二共识”的胜利。根据台湾“陆委会”2012年底公布的最新民调显示，70.9%的台湾民众支持通过制度化协商处理两岸交流问题。[①] 因此可以说，两岸当前签署“文化ECFA”是能得到台湾主流民意认同与支持的。

（二）文化协议可“粗”可“细”，总有解决之道

虽然“文化协议”表面看上去不太容易谈成一个一揽子的综合性协议，但却绝不意味着两岸“文化ECFA”毫无签署的可能，毕竟“协议”这个东西可以是微观具体的规定，也可以是宏观抽象的原则；既可以像实施细则一样面面俱到，也可以只有提纲挈领的概要。就像ECFA是关于两岸经济合作的框架协议一样，两岸文教合作协议为什么不能先是一个“框架”、然后再协商后续的具体细则呢？

至于龙应台的担心，我们并不认为将来的两岸“文化ECFA”会是其口中那样一个“空泛的、只讲民族情感、中华文化之类的协议”，随着两岸文化交流与产业合作的不断深入，随着涉及领域的不断拓展，就像两岸经济合作一样，文化交流中遇到的、亟须制度化协商及相关体制保障的“实质性问题”必然逐步增多。例如台湾乐团到大陆演出，需要大量乐器通关，双方必须要协商海关监管甚至剧场、影院、电影配额等实际的问题；再如：大陆的文物能赴台湾展出、而台北故宫的文物却无法来大陆。这些问题都是实实在在、有很强现实性和紧迫性，需要两岸尽快协商解决的具体议题。

---

① 《逾七成台湾民众支持制度化协商处理两岸交流问题》，中国新闻网2012年12月14日。

（三）“误解”在往“理解”的方向发展

一是台湾方面应该能理解，大陆对于签署“文化 ECFA”的坚决态度，源于岛内政治生态对于两岸交流的巨大不确定性。

相比台湾对“文化 ECFA”的“冷”，大陆对于两岸制度化建设的立场与政策一向积极与坚决，这其中一个很重要的原因，是历经民进党执政 8 年带来的教训，使大陆深切体认到两岸建立制度化合作的重要性与迫切性。由于台湾周期性“大选”对两岸关系产生的重大影响，让很多政策无法得到延续。如果由认同“九二共识”的国民党继续执政，两岸关系的发展较有保障，和平发展的前景可以期待；如果由一个不放弃“台独”路线的民进党上台，两岸关系将面临新的变数、陷入新的动荡之中。① 而且有学者研究后指出：目前台湾蓝绿的选票基础大致持平，今后任何一个政党要想维持长期的优势均非易事。鉴于国民党和民进党各有源于不同阶层、不同地域的基本支持者，台湾民众在身份认同、统“独”议题、两岸关系、涉外关系方面存在较明显的“蓝、绿”分野，有理由预料政党轮替将成为岛内的政治常态。② 因此，唯有将文化交流制度化，才能彻底摆脱这些人为障碍，相信国民党当局也不愿看到，一旦台湾换做民进党执政，两岸 2008 年以来的一切努力都回到原点。

二是两岸都应该意识到：制度化交流是必然趋势。台湾淡江大学教授潘锡堂认为，只有签订文化的 ECFA，才能让两岸文化交流有实质深入的进展。③ 两岸都应该认识到签署“文化 ECFA”是为了让两岸文化交流取得更加长远、稳健的进展，取得更大的提升空间，越早签署，两岸就越早受益。特别是从现有的两岸各项文化交流项目来看，的确存在着许多不均衡、不对等现象：教育领域，大陆积极开放，而台湾还蹒跚于陆生赴台难题上；文学艺术领域交流较多，其他领域交流较少；人员限制，大陆赴台交流人员规模远大于台湾赴大陆人员……相信岛内从台当局到民间也一定都有构建两岸文化经常性、规范性联系与往来机制的意愿，如此一定能更加有效地集中双方资源、资金和智慧，减少政策性壁垒，让两岸的文化交流更加顺畅、合作更

---

① 周志怀主编：《台湾 2011》，九州出版社 2012 年版，第 9 页。

② 林冈：《台湾政党体系发展趋势探析》，《江苏行政学院学报》2011 年 5 期。

③ 《限制性思维困扰意识形态 文化 ECFA 呼之不出》，《人民日报》2012 年 8 月 6 日。

加广泛。

三是两岸都应该对自己有信心，放心大胆让民众自由交流。对于文化交流，台湾岛内的顾虑之声一直未停，有一种声音最具代表性：大陆要推动的两岸交流是有计划性的，将充分利用文化的政治功能来进行和平统一的“演变”。

其实，大陆从不讳言现今的两岸各项交流都是为了将来的祖国统一服务的。台湾 2012 年“大选”后，大陆对台工作重点转为巩固深化既有成果、争取民心、全面夯实两岸关系和平发展的基础，同时努力开拓新局面，构建两岸关系和平发展框架，让和平发展的红利惠及更多的普罗大众，为实现祖国和平统一大业创造有利条件。“统一”是大陆从民间到政府的共识，台湾当局常爱说自己的政策要听民意的，所以也应该体谅到：大陆也有大陆的民意。目前来看，大陆的对台政策与大陆的民意是高度重叠的：大陆民众绝大多数赞成和平统一政策、反对“台独”、渴望祖国早日统一，与大陆民众接触过的台湾民众，也一定都对此有所感知。所以笔者也在此呼吁台湾当局多一份对大陆民意的理解，在两岸交流中也能顾忌到大陆民众的感受，一定会让两岸的各项交流更加顺畅。

无可讳言，两岸关系和平发展进程也是一个两岸互相争取民心的博弈过程。如果说马英九第一任期内的两岸和平发展初级阶段，是通过经贸合作实现共同利益，那么在现在的后 ECFA 时期，两岸应该有个共识就是致力于形塑共同价值，通过文化、教育、新闻等交流合作达成“两岸和谐发展”，这其中的基本途径就是签署文教交流合作协议。文化制度化可以为经济注入更多的活力，为政治，为两岸人民间的情感融合起到更重要的作用，何乐不为？

三、两岸“文化 ECFA”可以先是一个框架

胡锦涛在纪念《告台湾同胞书》30 周年座谈会中提出：“中华文化在台湾根深叶茂，台湾文化丰富了中华文化内涵”，准确地概括了台湾文化和中华文化的关系：台湾文化既以中华文化为主体，又具有多元化的面向。这不仅意味着两岸文化交流比其他领域的交流更为复杂，更意味着两岸文化交流需要一个常态化和制度化的保障。如今两岸步入大交流、大合作、大发展阶段，正是到了该给文化交流一个保障的时候了。从以上分析可知，文化议

题虽然千头万绪、可深可浅，但相比政治议题争议性不大，而且具有连接情感、沟通思想、凝聚认同、弥合分歧、重建共同记忆的基础性作用，所以堪称当前两岸最可优先有所作为的领域；虽然它的诸多议题在现实的影响下急不得，但在马英九第二任期内签订一个大致的框架却是可行的。“文化 ECFA”与 ECFA 是不同领域的协议，但 ECFA 的商签模式和精神，也是文化教育交流协议商签的重要依据和参考。大量事实显示，大陆和台湾在文化交流方面已经累积了相当基础与共识，“文化 ECFA”可能涉及的面向千头万绪，但两岸大可不必拘泥于细节，也不必强求面面俱到，先把大体框架签好未尝不可。两岸“文化 ECFA”是一份具有现实意义的功能性保障和促进协议，洽商过程本身就是一项复杂的、系统性工程，需要从中缕出一条清晰的脉络。

（一）需要一个突破口：文化产业

“作为文化同源的一家人，两岸在文化与产业的结合方面加强交流，开展文创产业合作，显然具有天然的优势和基础，同时又顺应了国际产业发展的潮流，应当成为双方下一步加强和深化两岸经济合作的新的突破口和发展方向之一。”① 虽然王毅主任该话是针对两岸经济合作而言，但对于两岸文化合作，笔者以为其亦能起到突破口的作用。文化产业被公认为 21 世纪经济全球化时代的“朝阳产业”、“黄金产业”，两岸都很重视文化产业，双方先就具体的文化行业和文化产业商签交流合作协议也无不可。

以文化产业作为签署两岸“文化 ECFA”的突破口，可以优势互补、互惠双赢。台湾文创产业起步早、经验多，对中华传统文化的继承比较完整，同时注重文化产品与高新科技相结合，中西方文化结合得比较好，但其消费市场狭小、经济效益不稳定、竞争过于激烈等局限性也同时存在，后续发展存在不小隐忧。相对而言，大陆文化产业起步较晚，但发展的空间很大，后发优势正在逐步显现。双方合作对每一方的经济发展都是大有裨益，特别是将为 2013 年面临诸多严峻挑战的台湾经济带来春风，这也是以文化产业作为两岸“文化 ECFA”的突破口，能够被台湾接受的原因之一。给文化插上翅膀，为产业注入灵魂，两岸共同努力，一定能提高中华文化在国际上的整体竞争力，共同展现中华文化在全球经济一体化、世界文化大融合中的独特

① 《王毅：加强两岸文创产业合作有三个现实意义》，中国台湾网 2012 年 12 月 19 日。

魅力。

另一方面，经过几年的发展，目前两岸文化产业合作已经奠定了良好基础。2012 年 7 月召开的第八届两岸经贸文化论坛通过的 17 项共同建议中，有 6 项是具体促进两岸文化交流以及推动两岸文化产业制度化合作的建议。但两岸文化产业合作具体涉及合作机制、当事人权利义务关系以及两岸相关制度和法令等问题也是亟待解决；此外，合作过程中也衍生出了许多具体问题，如影视和新闻出版领域频繁出现的著作权、盗版等。这些都说明文化产业合作制度方面急需两岸公权力部门协议给予保障，两岸文化交流及产业合作确实有必要进一步加强制度化协商，以最大程度保护相关业者的积极性、创造性及合法权益。

（二）需要确定几个原则

1. “九二共识”的原则

这是两岸签署一切协议的最基础原则，在两岸没有找到比它更好的表述之前，“九二共识”在任何时候都不能丢弃。经验证明，两岸关系的发展是需要双方有一个最基本的政治共识与互信的，那就是两岸至少应坚守各自的现行法制，认同两岸同属一个国家，尽管这个国家由谁代表、如何代表，双方尚存争议，但可以讨论。唯有坚守“九二共识”，两岸各个方面的交流才能拥有一个稳定的政治环境。根据台湾“陆委会”2012 年底公布的最新民调显示，超过半数（55.5%）的受访民众认同台湾当局关于“九二共识”的政策立场；同时，亦有 53.6% 的民众赞成以“九二共识”作为推动两岸制度化协商的基础。“陆委会”并表示，“九二共识”的精神就是“搁置争议，务实协商”，4 年多来不仅为两岸制度化协商机制奠定基础，也务实解决两岸经济、社会交流互动所衍生的各项问题。①

2. 政府主导的原则

岛内对于两岸“文化 ECFA”有一种声音是，应该以“从下向上”的力量来完成，也就是民间发起并推动、政府才能出手。但笔者以为，现在两岸大交流、大合作、大发展的局面已经很好的证明了：两岸民间文化交流的“自发阶段”已然成熟，是该到了公权力部门出手将其引向“自觉”的时候了。没有人怀疑：两岸“文化 ECFA”绝不会只着重在开拓文化产品市场的

① 《逾七成台湾民众支持制度化协商处理两岸交流问题》，中国新闻网，2012 年 12 月 14 日。

层面，而应该还有更高层次的意义，那就是两岸携手，在国际舞台上取得软实力的话语权，弘扬中华文化的精义。而这些，都离不开两岸公权力部门的主导、两岸民众的全心参与，公权力与民众这两个主体，在两岸文化交流的自始至终都缺一不可。而且，两岸的文化交流与大陆内部各地区间的文化交流不同，它关系到两岸政治乃至两岸关系的发展、关系到两岸民族文化认同、关系到祖国和平统一大业，所以必须由公权力机关发挥主导作用，在两岸社会价值差异较大的情况下展开价值与思维对话，推动“和谐两岸”的建构，由利益互惠的和平发展提升到价值对接的和谐发展，应该成为两岸文化交流协议必须重点思考的方向。

3. “增进认同”的原则

使两岸重新走向共同的中华民族认同、重新走向“两岸同属一中”的国家认同——这是两岸文化交流本身所具属性，所以两岸“文化 ECFA”的签署也必然要以“增进认同”为原则之一。中台办副主任孙亚夫在 2012 年召开的“台北会谈”研讨会上曾指出，认同与互信是两岸关系中的基本问题，也是推动两岸关系和平发展的基础问题；大陆方面有足够耐心进行沟通，解疑释惑，增进理解，积累共识；同时两岸的与会人士也都感到“认同与互信”问题对于两岸关系和平发展的重要性。因此这个原则应该也是在两岸间得到一致“认同”的。在此原则基础上，希望台湾方面能真正确立反“台独”的文化政策，大陆方面则需要通过努力与推动，增强中华民族的吸引力与凝聚力。

4. “搁置争议、彼此尊重”的原则

两岸文化交流合作一直秉持“先易后难、先个别后一般”的规律，例如，早在民进党执政时召开的国共第三届经贸文化论坛即提出了“积极促进两岸教育交流与合作”的 7 项建议；2009 年国民党执政后召开的第五届两岸经贸文化论坛提出 6 大类 29 项共同建议中，促进两岸文教、文创产业和新闻交流等的内容就占了 5 大类 26 项；两岸签署 ECFA 后召开的第六届两岸经贸文化论坛，提出的 22 项共同建议中有 10 项涉及两岸文教交流合作的内容……如今，上述内容中许多都已取得积极进展。今后的两岸“文化 ECFA”协商，同样需要这样的原则，暂时避开不易达成或有政治争议的议题，也是一种智慧。上海交通大学两岸文化产业合作基地负责人胡惠林教授说，两岸文化界面对的不是彼此的挑战，而是世界的挑战，实现中华文化复兴是两岸的共识，大陆正在以更加开放的心态推进文化的发展和繁荣，台湾文化界要抓住这个机遇。大陆有宏观的战略和视野，台湾有微观的建设经验，要彼此尊重，在尊重的基础上建立两岸共同的文化市场。两岸文化交流的制度化也要靠搁置争议、彼此尊重来确立。①

（三）需要规定一些责任与义务

两岸“文化 ECFA”的框架性协议里，还需要确定双方必须承担的责任，以协议的形式规定两岸公权力部门必须实施积极的文化政策，以杜绝两岸文教交流遭遇政治壁垒的现象发生。

1. 双方有义务提供充足的资金。经费紧张是影响两岸文化交流的一个突出问题，因此，两岸公权力部门都有义务加大对文化交流的财政扶持力度，为两岸民间组织和社会组织提供资金支持，为两岸文化交流自然顺畅发展解除后顾之忧。

2. 确定两岸文化部门牵头的组织架构。为防止多头管理，双方都有必要先确定好制定与主导文化政策的主管部门，同时确立在对岸互设民间文化办事机构，以便更好合作并及时处理随时产生的新问题。

3. 规定双方公权力机关有引导自身民众如何理性看待对岸的义务，并从自身法制的层面来规范两岸民众之间的正常化交往。两岸关系是人与人之间的关系，客观看待对方以及对方的文化是需要两岸都重视解决的课题。大陆文化与台湾文化虽然都属中华文化，但差异也不少，可说是各有千秋，所以两岸都应摒弃“蔑视”的态度，要善于正视差异、尊重差异、引导差异。

4. 双方应对“中华文化在世界上塑造什么样的形象”达成共识，以便携手推进。一个民族经济的复兴，必须带来文化的复兴；大陆方面关于“中华民族伟大复兴”的提议，相信也是台湾方面希望看到的局面，这必然需要两岸共同在国际社会树立起中华文化的时代形象。“和谐是中华文化的主流”，所以两岸应该有共识：“倡导和睦、和谐、和平的‘三和文明’，应当成为中华文化在世界上的时代形象，将中华文化审美空间扩散到国际性文化通感。对此两岸可携手研究，共享成果。”②

---

① 《两岸文化界人士呼吁 尽快建立两岸文化交流机制》，《人民日报海外版》2012 年 7 月 10 日。

② 骆沙鸣：《加强两岸文化交流合作 共塑中华文化时代形象》，新华网 2012 年 3 月 11 日。

（四）需要确定若干有待日后具体协商的面向

台前“陆委会副主委”赵建民曾说，文化领域主要分为文教、文创和一般民间交流三部分。目前来说，两岸文创领域的交流各项条件已经成熟，完全达到了签署协议的地步，其他还有一些目前可以达成共识的面向，比如新闻交流、文物展览、京剧等艺术交流、两岸互相承认学历等，都可以先行将具体措施写入协议；其他更多目前还无法达成共识的内容，可以先大致列出需要日后协商的面向，以便等双方有共识时再作为“文化ECFA”的附则。这样做的好处：搁置争议的同时，也为其他暂时没有共识的交流面向赢得了更多凝聚共识的时间，不必因为一个小细节的谈不拢，而影响整个“文化ECFA”迟迟无法签署。

台湾海基会副董事长高孔廉认为，在2014年之前，是两岸发展的关键，因为2014年底将有“7合1”选举，大约从2014年中就开始进入竞选过程，一旦到了选举，许多关于两岸的讨论都无法理性，因此未来的这1年半，将是关键期。[①] 大陆文化部副部长赵少华2012年8月在两岸经贸文化论坛上建议，两岸双方应加快推动整体性、框架性的两岸文化交流协议协商，同时从文化创意产业、文化遗产等具体领域着手，推动商签相关协议，争取实现文化各领域行业两岸全面对接。[②] 笔者以为，未来一年半的时间正是两岸能否成功签署“文化ECFA”的关键期，需要双方在“九二共识”基础上，以ECFA的商签模式和精神，相互尊重、精诚合作，先简后繁、先易后难，逐步解决，如此达成的协议，才能为双方人民所认可。同时，台湾也大可不必顾虑过多，先签署一个“讲原则、定义务”的框架性协议，各个面向的细则日后再加以追加，亦无不可。两岸由于政治与社会体制的不同，意识形态存在很大差异，今天能够进入和平发展的阶段实属难得，先签署文教交流的框架协议，正是为了将这种难得的成果保持下来，相信国民党当局也不愿意看到岛内再次政党轮替后两岸几年来努力的交流成果付之东流。希望两岸的文化教育交流尽快制度化，跟上民意的需求、追上时代的步伐，既为后ECFA时期两岸关系的进程增添前进动力，又为无可避免的政治对话、政治协商创造必要的条件。

---

① 高孔廉：《两岸发展需与时俱进 未来1年半是关键期》，中国新闻网2012年12月30日。

② 《两岸文化交流热络 深化仍需破局》，中国新闻网2012年12月25日。

两岸文化教育互动新阶段：发展与前瞻

——以高等教育互动的论述为中心

厦门大学台湾研究院　张宝蓉

近几年来，两岸关系明显朝向更加平稳和融洽的方向发展，两岸局势面临着难得的历史性机遇。在这样的大背景之下，两岸文化教育互动也进入到一个全新的发展阶段。在新的阶段，“以中华传统文化的继承发扬为核心，以闽台两地地域文化的交流为特色，以两岸教育、文学艺术的交流为主要内容，以历史、学术、影视传媒、出版、科技、武术等领域的互动为拓展，以两岸间各类文化节、艺术展、学术研讨会等为交流和展示平台，以两岸文化创意产业的合作为亮点”的两岸文化教育交流合作多元格局基本形成。两岸文化教育该如何在已有良好互动的基础上，创新思路，开阔视野，展布新局，共创两岸文化教育互动的崭新局面？两岸文化教育往来中如何实现制度化发展，以便提高互动的稳定性、规范性、安全性、紧密性和可持续性，从而进一步扩大互动的规模、提升互动的水平？如何充分发挥文化教育在两岸关系和平发展进程及中华文化整合与创新中的作用，进而为实现中华民族的伟大复兴做出应有的贡献，是值得两岸社会各界人士尤其是两岸文化教育界各位同仁认真思考的问题。本研究尝试从目前两岸文教往来中最为热络的领域即高等教育领域的论述入手，深入剖析其发展的历史与现状，目前面临的主要问题及其破解路径，以期为两岸相关部门提供可借鉴的意见和建议。

一、两岸高等教育互动的历史回顾

30 多年来，两岸高等教育领域的互动经历了一个从无到有、由单向到双向、间接到直接、简单到多元、无序到有序的渐进式发展过程。两岸高等教育的交流与合作得到了大幅度的改善和发展。具体而言，我们可以将这一历史进程划分成五个阶段。

第一阶段：初始阶段（1978－1986年）

1978年，确立了改革开放的基本国策。1979年1月，全国人大常委会发表《告台湾同胞书》，提出了“双方尽快地实现通航、通邮……进行学术、文化、体育、工艺观摩”的基本精神，[①] 单方面率先开启两岸关系发展的新篇章。1981年，教育部、国务院华侨办公室发出通知，欢迎华侨和港澳台青年回内地参加高考，根据“来去自由”的政策，毕业后，可以回原住地就业，愿意留在内地的由国家统一分配工作。1985年，教育部批准北京大学、清华大学、复旦大学、厦门大学、中山大学、华南理工大学等7所高校，联合招收华侨、港、澳、台学生。但这一时期，两岸高等教育的互动属于典型的单向推动阶段，因为台湾尚处于政治高度“戒严”时期，当局对大陆释放出的善意采取僵硬、不理会的态度。两地的学者交流主要是在第三地进行。

第二阶段：起步阶段（1987－1992年）

1987年7月，台湾“戒严”解除并准许民众赴大陆探亲，宣告两岸关系长达近40年的“冰河期”成为历史。1988年，台湾当局公布了《大陆杰出人士、海外学人及留学生来台参观访问审查原则》，首度开放大陆学者等赴台参访。两岸重新拉开了以人员往来为主的文化教育互动的序幕。1991年，李登辉强调：“办理两岸学人及留学生的交流活动，促进彼此的了解，化解双方的敌意”，[②] 并要求“把两岸文化交流，列为最优先项目”，其中，就包括两岸学者和学生的交流。[③] 1992年，当局批准公立大学校长及公务员到大陆从事文教活动，并通过《两岸学生交流作业要点》。随后，当局又通过了《大陆地区专业人士来台讲学审查要点》等一系列推进两岸高等教育双向互动的积极政策。[④]

---

① 《告台湾同胞书》，《人民日报》1979年1月1日。

② 曾文昌：《台湾当前大陆教育政策之研究》，台湾政治大学博士学位论文，2007年，第2页。

③ 陈怡桦：《大陆学历采认政策的环境与延宕因素之研究》，台湾铭传大学硕士学位论文，2004年，第67页。

④ 肖真美：《海峡两岸教育界之交流》，《中国大陆研究》1998年第3期，第70－71页。

同期，国家教育委员会也于 1987 年颁布《关于对台湾进行教育交流的若干规定》，为台湾人民到大陆从事教育交流提供依据，并鼓励两岸轮流举办单边或多边学术研讨会。基于以上政策，两岸学者到对岸从事短期讲学或研究，两岸高校互办学术研讨会，高教界人士组团互访，台生赴大陆就学等成为这时期两岸高等教育的主要互动形式。自此，两岸高等教育正式迈入双向交流阶段，即两岸高等教育互动关系建立的初创期。

第三阶段：推动阶段（1993 - 2000 年）

1993 年，"汪辜会谈"召开；1994 年，台湾当局公布《台海关系说明书》，明确了"一个中国"的政策原则；1995 年，"江八点"和"李六点"相继出台，实现了两岸领导人的间接对话。两岸关系出现了逐渐缓和的迹象。两岸关系的发展使得文教交流也随之蓬勃发展起来。两岸高等教育互动规模逐步放大，渠道持续拓宽。表现在：1）两岸部分高校建立了稳定的校际合作关系。如北京大学与台湾大学，清华大学与新竹清华大学，厦门大学与淡江大学等，双方建立了对口交流关系，互聘学者讲学，合作研究，出版合作、图书资料交换、定期举办研讨会及各类赛事、学校领导人互访等。2）两岸在校大学生交流形式更加多样。包括参观访问、夏令营、研讨会、文艺演出和体育比赛等。[①] 3）来大陆高校就读的台生上升快速。据统计，1993 年至 2000 年间，到大陆就读的台生呈直线上升趋势。[②] 4）两岸高校学术交流更加活跃。譬如，台湾"陆委会"专门设立了"中华发展基金"，推动两岸学术互动，资助两岸学者互访和讲学。5）台湾当局首度拟订大陆学历认可政策。台湾教育主管部门把两岸高等教育互动当成重点议题，积极研讨《大陆学历采认及检复办法》，着手为两岸文化教育交流合作创设良好的制度环境。1999 年，教育主管部门出台《大陆地区文教专业人士及学生来台从事文教活动审查要点》，负责审查大陆地区专业人士及学生赴台事宜。但由于 1998 年起当局实行了所谓"戒急用忍"的大陆政策，企图阻止两岸教育文化交流的发展，两岸高等教育的互动不可避免地受到牵制和影响。

第四阶段：发展阶段（2001 - 2007 年）

由于 2000 年台湾政党轮替，民进党及新上任地区领导人——陈水扁的

---

① 张亚：《1978 年以来海峡两岸文化交流的历史进程和思考》，中共中央党校硕士学位论文，2005 年，第 22 页。

② 李立、闫炳辰：《促进两岸教育交流合作　奠定中华民族繁荣基石》，《台声》2007 年第 6 期，第 23 页。

种种言行使得两岸政治关系一度陷入紧张对峙的状态之中。因而，2001 年以来，两岸关系处于震荡发展的格局。这一时期，台湾当局及教育主管部门在两岸高等教育互动上采取了比较保守的态度，除了 2004 年台湾教育当局出台《各级学校与大陆学校缔结联盟或为书面约定之合作行为审查要点》，对与大陆学校签署校际协议等进行相关规定外，就没有其他积极措施出台。相反，随着两岸高等教育多年的互动，两岸民间各界尤其是经贸交流的增多，尤其面对两岸相继加入 WTO 的客观现实，台湾高校、个人、相关中介机构对与大陆高教界的互动热情空前高涨，加强与大陆高等教育的交流与合作成为了台湾高等教育领域一股不可逆转的潮流。据统计，自 2002 年到 2005 年，台湾到大陆从事文教交流活动者已突破 6 万人次。[①] 几年来，大陆在两岸高等教育互动上采取了更加积极主动、开放包容的态度。政府及教育主管部门一方面通过采取决定、报告、意见及工作通知等形式，宣布各类旨在加强两岸高等教育互动的优惠措施；另一方面，大力协助民间、高校、组织和个人开展多种方式的对台高等教育交流与合作活动。譬如，在入学与就业上对台生实行同等待遇政策；承认台湾高校学历，欢迎台湾高校到大陆招生；赴台交流人数及项目持续增加；建立校际合作关系的高校数量稳步增长等。

第五阶段：飞跃阶段（2008 年迄今）

2008 年，台湾政局发生变化，两岸政治互动进入了一个前所未有的新阶段。当前两岸民众、高校、学生及各类民间团体等对扩大交流与合作的诉求进一步提升，加之受国际或区域性跨境高等教育发展趋势及两岸高等教育内部改革与发展的影响，两岸高等教育相互开放的程度、范围、领域、层次等明显放大，两岸高等教育交流与合作持续升温，进入了半个多世纪以来最快速、最热络、最紧密的时期。

大陆进一步加大对台招生力度，扩增两岸高校交换生数量。与 2007 年相比较，2009 年，大陆高校向台湾地区招收本科生的院校数量迅速增加，其中，招收本科第一批次的院校从 104 所增加到 119 所；招收本科第二批次的院校从 69 所提高到 78 所。2008 年，大陆向台湾地区招收研究生的院校总数高达 131 所，并主要集中在北京、上海、江苏、湖北、广东、辽宁等高

① 曾文昌：《台湾当前大陆教育政策之研究》，台湾政治大学博士学位论文，2007 年，第 46 页。

等教育资源丰富的省、市。同时，对台招生专业和招生人数也持续增加。以厦门大学为例，目前，在校就读的台生多达 292 名，其中本科生 176 名，硕、博研究生 106 名，分别就读于 21 个学院（研究院）、60 个专业。今年 7 月，教育部宣布“以后凡是参加台湾大学入学考试学科能力测验，且考试成绩达到台湾一流大学录取标准（顶标级）的台湾考生，可直接向大陆高校申请就读，经学校面试达到录取标准即可入学”，无疑将会促使更多的台生到大陆就读。此外，增加交换生数量成为了当前两岸学历尚未互认情况下另一颇受高校和学生欢迎的互动形式。

建立稳定的校际合作关系成为两岸高校互动的重要纽带。截至 2008 年 10 月底，大陆高校共有 229 所高校与台湾的 103 所高校签署了校际合作关系，占台湾全部高校的 2/3 以上。① 到了 2009 年 5 月，据不完全统计，大陆的 298 所高校与台湾的 108 所高校签署了校际交流合作协议。②

两岸高校尝试联合开创高级人才培养新模式。以福建省为例，2009 年，闽台两地的高职院校开始实施“闽台高职联合培养人才项目”，首批招收 3000 名高考学生，涉及 13 所高职院校 41 个专业。这部分联合培养的学生将接受“拼盘式教育”，在 3 年的高职院校学习中，赴台湾相关的高等技职院校学习一个学期，开展“校校企”合作模式，主要目的是为在大陆的台资企业“订单式”培养高级技能型人才。③

此外，扩大两岸高校学术交流和教师互访、开展两岸青年学生交流活动依然是当前两岸高等教育互动的重要载体。

就台湾地区来说，尤其值得提及的是，新上任的执政党及教育主管部门逐渐成为了推动两岸高等教育互动的主导力量之一。比如，2008 年，国民党在竞选地区领导人的“政策白皮书”中明确指出：“将藉由扩大两岸学术及教育交流，展布新局，凝聚共识”，④ 表明台湾当局及国民党对大陆的高等教育政策正有意朝向松绑、开放的方向推进。台湾教育主管部门、“陆委会大陆工作小组”等也在紧锣密鼓地召开各种内部协调会议，开展各种民

---

① 周兆军、刘舒凌：《逾六成台湾高校与大陆高校签署校际合作协议》，中国法院网，http：//www. chinacourt. org/html/article/200811/24/331986. shtml，2008 - 11 - 24.

② 来建强：《海峡两岸已有 400 多所高校签署校际交流合作协议》，新华网，http：//news. xinhuanet. com/tw/2009 - 05/17/content _ 11392073. htm，2009 - 05 - 17.

③ 《福建省教育厅关于公布闽台高职联合培养人才项目的通知》，福建省教育厅网站，http：//www. fjedu. gov. cn/html/2009/06/379 _ 49382. html，2009 - 06 - 02.

④ 《马英九竞选政策白皮书》第七条政件。

意调查活动，草拟有关高等教育对大陆开放政策等。因而，两岸高等教育互动过程中存在的更多实质性的或根本性的问题如学历互认、相互招生等议题被迅速提上议事日程。

其一，延长陆生赴台进修年限，放宽高校境外办学限制。2008 年 10 月，台湾“行政院”及“教育部”颁发的“大陆地区专业人士来台从事专业活动许可办法”、“各级学校与大陆地区学校缔结联盟或为书面约定之合作行为审查要点”及“大陆地区文教专业人士及学生来台从事文教活动审查要点修正案”明确规定：大陆学生赴台进修的期限由原先的 4 个月延长到 1 年，人数也由原来每学年数百人增加到 1 千人；放宽台湾高校赴境外（含大陆地区）办理推广教育教学的条件，取消境外推广教育教学师资比例限制和学员修读条件的限制。① 受惠于该政策的出台，2009 年 9 月，福建省首次大规模、成批次地组织十余所高校的 200 名学生赴台进行为期 1 年的学习。

其二，积极研拟大陆学历认可政策，开放陆生赴台求学。2008 年 9 月 20 日，台湾“教育部”公布“大学法”与“专科学校法”条文修正案，决定将大陆地区与港澳地区学生，比照侨生、蒙藏学生与外籍生，增列为“特种考生”，未来台湾高等院校将可以援引此法源，以外加名额方式招收大陆学生。② 尽管台湾当局在拟订承认大陆高校学历和允许高校到大陆招生的同时，还出台各种限制性政策，如“三限六不”原则、“不溯及既往”原则等，限制重重、审慎慢行，但台湾当局能够顺应两岸社会发展的客观形势，重启“两岸学历互认”等重要议题，说明在对待两岸高等教育互动的问题上已经采取了更加务实、积极的态度。

二、新阶段加强两岸高等教育互动的必要性及面临的若干问题

分析发现，与过去各个历史阶段不同的是，当前两岸高等教育互动的内外部环境皆已呈现出积极向好的新态势。从外部环境来看，当前两岸关系迎

---

① 黄冠超、倪钰琦：《促进两岸文教交流 放宽陆生来台研修及大学赴大陆办理推广教育》，台湾“教育部”网站 http：//www. edu. tw/mainland/index. aspx，2008 - 10 - 21.

② 徐和谦：《台湾高校将向大陆学生开放》，《财经》2008 年 9 月。

来了和平发展的全新契机，彼此释放出的互信逐渐替代了原先紧张的对峙气氛，为进一步加强两岸高等教育互动提供了广阔的空间和可能。从内部发展来看，经过两岸几十年的努力，两岸高等教育的往来已经积累了较为丰富的经验，当前正在朝向常态化、规模化的全新发展阶段迈进，为将来两岸高等教育互动的制度化发展提供内在需求及基础条件。“以扩大学术交流和教师互访为平台、以加强科研创新和课题联合攻关能力为动力、以建立稳定的校际合作关系为纽带、以开展两岸青年学生交流活动为载体、以大陆推广特色教育和招收台湾学生为主要内容、以开创两岸高级人才培养新模式为导向”的两岸高等教育多元互动格局已经初步形成。

（一）新阶段加强两岸高等教育互动的必要性

新形势下，加强两岸高等教育的互动，无疑具有更加深远的意义，因为，这是全球或区域高等教育交流与合作的重要发展趋势，也是当前乃至今后两岸高等教育充分利用彼此优势、共同谋求发展的内在诉求和理性选择，还是两岸关系常态化发展、两岸制度性经济一体化及中华文化整合与创新的客观需求。

1. 增强交流，实现与国际或区域高等教育交流合作的对接

两岸高等教育的互动属于世界区域高等教育交流与合作或跨境高等教育的重要组成部分，不能独立于高等教育全球化或跨境高等教育的发展大潮流。随着经济全球化与信息化的迅猛发展，尤其是教育服务贸易的日益升温，不同国家和地区都在谋求开拓高等教育的国际或区域市场、吸引留学生和境外学生、加强合作办学、运用现代信息技术实施远程教育等。从当前国际高等教育交流与合作的发展态势看，区域化的交流与合作或区域高等教育市场正在发挥着越来越重要的作用。各个区域高等教育市场都在努力完善区域内学历、学位认证制度，加强区域内学生双向流动等。尽管两岸已于2001年、2002年相继加入WTO，为两岸高等教育制度化合作提供了法律依据、空间与平台，但时至今日，两岸高等教育的互动基本都是在两岸这一次级区域内进行，并未真正履行在WTO中签署的有限开放高等教育的相关规定，与国际跨境高等教育的发展趋势存在着明显的脱钩现象。显然，探索和创新两岸高等教育的互动方式，进一步淡化或破除交流与合作中存在的壁垒，是当前两岸高等教育参与高等教育全球化进程的客观要求。

2. 深化合作，促进新时期两岸高等教育的转型与发展

深化两岸高等教育的合作，互通有无，可以为解决两岸高等教育发展中的出现的问题提供良好的平台，有效弥补两岸高等教育发展中的区域差别，充分体现资源优势互补的局面，促进新时期两岸高等教育的转型与发展。改革开放以来，虽然大陆高等教育取得了快速的发展，高等教育规模从过去的精英阶段向大众化阶段迈进，尤其是1999年以后，伴随着高校扩招步伐的加快，高等教育在相当程度上满足了社会的旺盛需求，在一定程度上适应了社会经济发展的需要。但我们也发现，近年来大陆高等教育市场的供给不足与人们日益增长的多样化教育需求之间的矛盾愈加凸显。对于台湾来说，高等教育历经半个多世纪的发展，其规模和速度在取得令人瞩目的成绩之后，也陷入到了发展的“瓶颈期”，高等教育发展过程中一些已显现的及潜藏的矛盾与问题被进一步激发出来。比如说高校招生、就业、经费、管理等表象问题，以及高等教育功能迷思、资源稀缺等深层次问题都急需解决。因而，可以说，深化两岸高等教育的合作与交流，是两岸高等教育差异性发展的必然结果。如果两岸能够开拓思维，通力协作，无疑将为当前及今后两岸高等教育彼此的转型与发展起到积极的促进作用。

3. 加快互动，推动两岸制度性经济一体化进程与文化的整合

教育尤其是高等教育不仅仅停留为经济提供服务功能，还是促进经济发展的基本要素。从当前两岸经贸交流合作的发展趋势看，尤其是“两岸共同市场”、“两岸更紧密经贸关系安排”、“三通时代”等热门词语的出现，标志着两岸经贸发展进入了更加紧密的时期，也说明越来越需要大量既掌握本行业专业知识和技能又熟悉两岸社会、政治、经济制度安排的人才。但从现有劳动力市场中人力资源的储备来看，这样的人才明显欠缺。只有加快两岸高等教育的双向互动，加强高等教育与经济界、科技界和企业界的结合，才能为两岸经济持续发展及制度性经济一体化提供有力的人力资源和智力支持。

在两岸长期分裂状态下和在两种不同社会制度下形成和发展的两岸高等教育，不管是理念、制度、发展模式、管理、师资、政策等都存在较大差异，已经逐渐发展起各具特色的文化意涵。加强两岸高等教育的互动以及高等教育的相互开放，有助于促进两岸高等教育的相互认识、理解与包容，逐步建立起拥有“大中华”观念的文化整合与创新形态，进而推进两岸关系的正常化发展。

（二）新阶段两岸高等教育互动面临的若干问题

当然，我们也要客观地认识到，由于当前两岸高等教育互动是在有限制的政策环境空间下进行的，两岸高等教育领域的互动在取得可喜成绩的同时，还面临着诸多困境和约束。

1. “政治导向性”是影响两岸高等教育互动可持续性的重要因素

一般而言，世界多数国家或地区之间高等教育的互动关系都是由政治、经济、文化及教育自身等多种因素综合作用的结果。但从当前国际或区域高等教育交流与合作的发展趋势来看，随着20世纪后期教育服务贸易在全球的日渐升温，经济力量已经逐渐成为推进国际或区域教育互动的主导力量之一。此外，他们之间的高等教育互动也大多遵循其内在的教育规律，深受内部高等教育改革与发展的影响，不以个人或政党意志为转移。

相比较之下，两岸之间的高等教育互动关系呈现出明显的特殊性，即“政治导向性”凸显。两岸高等教育的沟通、交流与合作历来作为两岸关系的重要组成部分，甚至被视为两岸关系发展的“温度计”。因而，几十年来，伴随着两岸关系的起伏跌宕，两岸高等教育的互动领域、内容、形式、层次、范围和程度等也随之发生变化。即使是今天，两岸高等教育互动同样难以规避政治形势变数带来的不确定性，从而使得两岸高等教育互动过程更加的复杂而多变，长期而艰巨，最终导致两岸高等教育互动缺乏稳定的发展环境和政策根基，两岸高等教育相互开放的空间受到严重的挤压和冲击，两岸民众的根本利益也在一定程度上受到严重的影响。

2. 两岸高等教育互动中存在着明显的非均衡性或不对等性

非均衡性或不对等性体现在两岸高等教育互动的多个方面，具体有：

其一，两岸互动的不对等性。在相互招生问题上的不对称性是两岸高等教育互动不对等的典型体现。就大陆而言，自1978年十一届三中全会确立改革开放的基本国策以来，就始终秉承着积极主动、开放包容的基本态度来推进两岸高等教育的互动进程，努力为两岸高等教育相互开放创设各种有利条件。以“大陆高校招收台生”为例，经过了数十年的探索，既在入学考试这一重要门槛上向台湾学生开放，承认台湾大考成绩；也在就学过程中给予台生享受奖学金、与大陆学生同等收费等各种优惠政策；在就业这一“出口”上同样对台湾学生开放，允许台湾学生在大陆就业。这有利于减轻台湾学生及家长的负担，保障台生的合法权益。但就大陆学生赴台的问题台湾却限制很多。台湾对大陆高等教育开放政策基本上采取比较保守、封闭的态度，从而制约了两岸高等教育的深化合作问题。

其二，高等教育与经贸领域互动的非均衡性。30年来，高等教育是两岸之间最早展开互动的领域之一。但是，与经贸、财金、交通、航运等领域相比较，两岸教育交流与合作的步伐远远滞后于这些领域的互动，尤其是经贸领域的互动。在两岸关系的建构中，“政治对话”、“经贸关系安排”、“两岸共同市场”等政治、经济术语掌握了主流的话语权，高等教育始终处于依从的地位，缺乏主体性。或者说，高等教育自身在两岸互动中陷入到了话语缺失的困境之中。

其三，高等教育内部互动的非均衡性。从上文的分析中，我们可以看出，人员往来与学术交流一直是两岸高等教育的主要互动形式，尤其是教师互访、讲学与学生流动上。两岸高等教育一些更加实质性、深层次的合作，如合作办学、合办专业、合建实验室、联合科技攻关等项目尚未真正开展起来。

3. 制度化缺失是阻碍两岸高等教育互动的另一关键因素

虽然说两岸高等教育互动在数量上已经颇具规模，从当前两岸高等教育互动关系中的相关制度化建设来看，还远没有起步，整体合作水平与世界高等教育主要合作区域或合作次区域相比较，合作规模和水平都还远远落在后面，处于相对初级的阶段。因为，现有的两岸高等教育互动基本上都是在彼此允许的范围之内，经过极有限的公权力授权，依靠民间、高校、机构及个人来推动发展，具有自由、松散、暂时性等特点，缺乏统整性和长效性。虽然两岸专家、学者在各类学术研讨会或其他公开场合表达了推动两岸高等教育交流的主观诉求；各界人士在两岸政党交流、两会谈判、政治对话、高层互访中，广泛和深入探讨了两岸高等教育进一步深入交流与合作的议题，但至今两岸尚未对高等教育互动的相关规范签署共同协议，也未对两岸高等教育往来中存在的一些基础性问题，如高校学历学位互认、职业资格认证的对接、学分或课程的转换等签署相关文件。因而，已有的两岸高等教育互动政策多数是单边政策，缺乏两岸的共同认可，所以很多政策的执行效果并不彰显。

当前，两岸之间也没有建立相应的机构或组织，专门负责两岸高等教育往来中的规划与激励问题，或处理两岸高等教育互动过程中出现的各类突发性问题或质量监管问题。总之，由于在两岸高等教育交流与合作过程中长期以来缺乏有效的制度性支持与安排，缺乏政府间的直接对话和合作框架的指导，两岸高等教育领域也就丧失了宽广的沟通路径与对话空间，导致两岸交流无法朝向纵深领域发展，也使得两岸高等教育的互补性没法得到应有的挖掘和发挥，两岸高等教育发展的依存度很低。

三、新阶段两岸高等教育互动的阶段性目标及机制建构

那么，当前及今后一段时间该如何加强两岸高等教育的双向互动？如何共创两岸高等教育大合作、大交流的格局？显然需要我们解决的问题很多。笔者认为，两岸高等教育往来中如何实现制度化发展，以便提高互动的稳定性、规范性、安全性、紧密性和可持续性，从而进一步扩大互动的规模、提升互动的水平应是新阶段必须解决的首要问题。一套相对完善的高等教育合作机制是达成这一目标的重要基础。所谓合作机制，国际上公认的涵义是特定国际关系领域的一整套明示或默许的原则、规范、规则以及决策程序。① 在两岸社会互动过程中，经贸领域对合作机制的研究与实践要比其他社会领域领先了一步，有些经验值得我们参考和借鉴。南开大学经济研究所所长曹小衡认为，“两岸经济合作机制”是指使两岸经贸合作的制度化、规范化，是两岸公权力机关共同制定或认可，有相关法律或政府公权力保证其执行的两岸经贸合作的制度性安排。②

据此，我们可以把“两岸高等教育合作机制”界定为，基于互惠互利、求同存异、优势互补的原则基础上，两岸公权力机关或经公权力机关授权认可的组织、机构经过平等协商，共同制定、签署并认可的一系列程序、规则、政策和组织制度，用以调节两岸之间的高等教育互动关系。

（一）两岸高等教育互动的阶段性目标

建构高等教育合作机制的目的在于确保两岸高等教育互动的顺利进行。当前两岸高等教育的往来互动应该分阶段、有重点的逐步推展（见表1）。

---

① 李玉潭：《东北亚区域经济发展与合作机制创新研究》，吉林人民出版社2006年5月版，第30页。

② 曹小衡：《两岸经贸关系现状与经济合作机制内涵探讨》，《两岸关系》2009年第1期，第43页。

相关机制的建立应该紧密配合不同阶段的互动内容。

第一阶段，为了实现两岸高等教育互动正常化、规模化与制度化，应该进一步扩大两岸往来的人员数、项目数。在继续推动现有互动方式的基础上，重点突破：1. 高校相互招生。两岸高校在专科、本科及研究生各个层次都相互开放，并允许资助、奖学金、自费等多种教育成本分担形式并存。2. 强调“结对子”，即校际联合。在当前两岸高等教育合作制度化建设不足的情况下，以“结对子”的方式，加强校际合作是非常值得提倡的互动方式，有利于合作院校双方及时处理互动中出现的各种问题。虽然说当前两岸签署校际合作协议的高校数量多，但真正落实到位的少，应避免流于形式，并由重视教师、学生互访的校际合作真正转向学生联合培养、合建实验室和实训基地、图书资源共享等方面；要尝试联合进行课程开发，共同制订教学计划和课程设置，统一进行教学管理。3. 推动“闽台高等教育合作先行区”等试点工作的进行。

表 1：两岸高等教育互动的阶段性目标

项目	第一阶段	第二阶段	第三阶段
目标	正常化、制度化、规模化	由互动到互补增强依存度	建构两岸暨港澳四地区域高等教育市场（海峡两岸次区域市场）
互动形式	1. 人员往来（教师讲学、相互招生、学生互换等） 2. 学术交流（会议研讨、课题联合、产品研发、合作出版等） 3. 校际协议（除教师、学生互访外，强调合办专业、课程联合开发、学生联合培养、合建实验室和实训基地、图书资源共享等） 4. 青年学生联谊（夏令营、各种比赛等）5. 试点工作（如闽台高等教育合作先行区）	1. 继续加强第一阶段的各种合作 2. 两岸合作办学 3. 开发各种“在线课程”（on - line）或网络“课程包” 4. 设立教育服务或代理机构	1. 继续推动第一、二阶段的各种合作 2. 两岸高等教育理念、教育制度的沟通与融合
重点突破	相互招生、课题与科研的联合攻关、合建实验室和实训基地、校际协议的落实	合办独立院校、教育服务或代理机构	

第二阶段，在两岸充分互动、彼此认识更加深入的基础上，充分发挥两岸高等教育的互补作用，增强两岸高等教育发展的相互依存度。重点推动：

1. 合作办学，主要指联合设立独立院校。2. 积极培育高等教育中介服务机构，提供各种培训或课程，互动领域由学历高等教育拓宽到各种非虚学历成人高等教育，开辟两岸继续教育的市场。

第三阶段，实现两岸教育理念、教育制度的真正沟通与交流，从而逐渐形成两地教育全方位、多学科、多形式、多层次、多领域的合作格局。共同建构一个开放性、选择性、竞争性、流动性、整合性并存的两岸暨港澳四地区域高等教育市场或海峡两岸次区域高等教育市场。

（二）两岸高等教育互动机制建构的主要内容

两岸高等教育互动机制的建构涉及多方面的内容，也将会触及到两岸之间各种复杂的关系，因而，是一项复杂的系统工程。笔者认为，当前比较迫切需要建构的两岸高等教育互动机制具体应包括以下几方面内容：

1. 组织协调机制。基于两岸特殊的行政区划关系，建议建立由两岸相关人士共同参与的“跨界治理组织”，或设置实体型或松散型的组织机构，如“两岸高等教育交流合作委员会”或“两岸高等教育合作组织”等，定期或不定期举行会议，负责与两岸主管部门或相关利益团体或个人之间的信息沟通，商定两岸高等教育互动中存在的相关事务，探讨两岸高等教育互动中的组织、规划与激励问题，确定两岸交流与合作的共同目标，处理两岸高等教育相互开放中可能出现的各类突发事件或危机，及时消除误解，扫除两岸高等教育互动过程中可能会产生的各种障碍。

2. 政策规范机制。两岸高等教育互动政策应该围绕 WTO 的相关精神展开，真正履行两岸在 WTO 中对于跨境交付、境外消费、商业存在、自然人流动等方面做出的有限开放的承诺，相互提供更大范围或更加自由的高等教育互动政策。在此大的政策背景下，两岸主管部门应尽快通过谈判、协商，以协议或共同宣言等形式规定或规范两岸间高等教育合作政策，积极研拟并出台《两岸高等教育交流与合作协议》或相关管理条例，明确双方合作的目标、内容、实现路径、合作方式以及双方的权利和义务等一系列制度性规范，尽量避免在两岸高等教育互动过程中人为地制造各种差别化待遇或服务贸易的外显性限制与隐藏性限制。同时，还必须尽快出台一些更加专门化、细化的协议或规定，如《海峡两岸关于相互承认高等学校学历、学位和文凭证书的协议》、《两岸合作办学细则》、《关于推进两岸学术往来的相关规定》及其他有关的保护协议及争端解决协议等，尽快降低两岸人员往来的门槛。

3. 质量监控机制。两岸高等教育合作中涉及的质量监控应该包括对互动中的人员、项目或机构的全过程的质量监控。当前两岸高等教育互动中有关人员、项目等的质量监控问题基本上是依赖于双方事先的默许，因而显得比较被动，具有一定的随意性和盲目性。比如说在“入口”上，主要有三种途径：一是对双方主管部门质量评估结果的认可，比如，大陆在寻找台湾的合作高校时，会参考台湾高校在系所评鉴中的表现，台湾则会关心大陆合作方是否为“985”或“211”工程的高校，以及高校或专业的排名情况等；二是通过一些资料、报道等对合作方的相关办学水平或资质进行判断，比如说双方院校提供的有关课程内容、教学资源、师资等；三是通过与第三方的比较中来判断合作方的质量。在“过程”和“出口”上则完全由教育输入方负责。因而，两岸之间必须共同建立一套比较科学合理的质量监控体系，或者培育高校质量认证的中介机构，以确保每一个合作项目的运行及其结果都能达到双方共同认定的质量标准。

4. 法律保障机制。为了使两岸高等教育的互动更加稳定、顺利地进行，两岸有必要在其他一切具体运行机制的基础上建立一套明确的法律制度保障体系。比如，在合作办学、学生就学与就业、知识产权、联合进行科学研究与技术开发等方面。这是促进两岸高等教育合作升级的需要，也是化解一些技术性矛盾、增进共识的必然要求。

新书简介

陈孔立著作系列

定价：55.00元

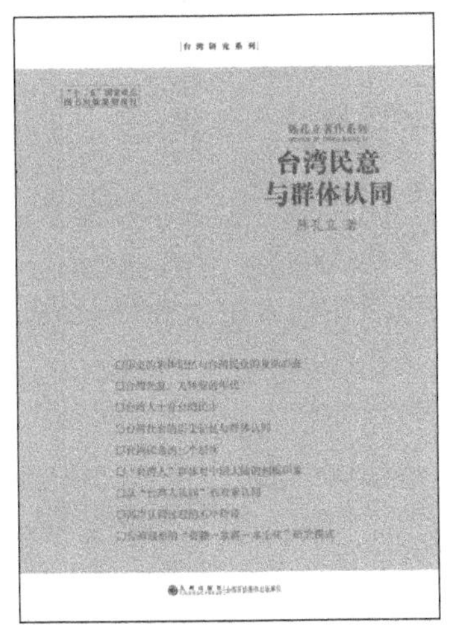

定价：48.00元

定价：75.00元

《台湾史事解读》

本书是作者研究台湾史事的专题论文集。全书分三部分，第一部分是对台湾研究的历史观和方法论的考察，第二部分是对台湾若干史事的辨正，第三部分主要针对台湾方面有人蓄意制造“历史失忆”的行为，对台湾历史作出了深刻的解读。

《台湾民意与群体认同》

本书是作者研究台湾民众心态和民意趋向的文集。全书分三部分，第一部分着重分析不同社会政治背景下台湾民众的复杂心态，第二部分研究台湾民众的身份认同问题，第三部分提出了“省籍—族群—本土化”的台湾政治研究模式，对台湾近年来“去中国化”等现象进行了深刻的剖析。

《心系两岸》

本书是作者多年来研究台湾政局和两岸关系发展的一部文章合集，全书将岛内蓝绿较量、观察国民党、观察民进党、剖析“台独”言论和两岸政治大局及政治难题等内容分为两个部分：观察台湾和关注两岸。研究范围涉及2012年“大选”后岛内政治生态、马英九第二任期执政理念、两岸间政治难题的解决方案等等。

两岸关系定位与国际空间——台湾地区参与国际活动问题研究

本书为解决两岸关系定位和台湾地区参加国际活动进行理论上的准备，并形成具有现实可行性的方案，认为解决台湾地区参加国际活动的问题，既需要政治人物的智慧和魄力，也需要理论的助力。

祝 捷 著

定价：66.00元

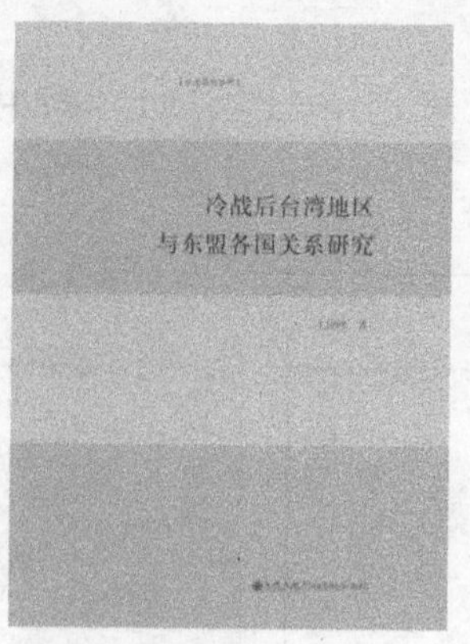

冷战后台湾地区与东盟各国关系研究

本书主要讲述了冷战结束后台湾与东盟各国的关系发展演变，在和平解决台湾问题、实现祖国的最终统一过程中，就如何提升台湾问题和平解决的机会系数、推动两岸的和平统一与中国的和平崛起，提出了自己的见解。

王俊峰 著

定价：42.00元

台湾“国家认同”问题概论

本书从台湾“国家认同”问题切入，分析论证了台湾“国家认同”的概念、内涵、特点和现状等问题，进而深入探讨了影响台湾“国家认同”变化的各种因素，在理论探讨和实证基础上，提出了有效、系统、务实的对策建议。

刘 红 著

定价：58.00元

台湾民主化与政治变迁——政治衰退的视角

本书主要用亨廷顿的政治衰退理论来看台湾政治现代化进程及其得失，比较系统地探讨台湾政治变迁和民主化过程中出现的政治衰退所及其理论意涵，对于理解台湾政治未来发展方向有一定的价值。

陈 星 著

定价：38.00元

政治狂澜的浪花——台湾第三势力研究

本书研究了独立于两大政党之外、以影响政治为目标且有一定影响力的组织或有组织背景的个人，揭示了此第三方势力对台湾版图变迁的影响和非政党型第三方势力的发展脉络及概况，揭示其存在的必然性和发展的局限性。

王鸿志 著

定价：32.00元

与祖国同生——台湾同胞在大陆的抗战足迹

本书讲述抗日战争时期台湾同胞冲破日本殖民政府的封锁，积极奔赴大陆支持祖国抗战事业的英勇事迹。书中有丰富的历史资料，包括大量馆藏解密档案和珍贵的历史图片及历史人物的诗文和书信等，具有极高的史料价值。

陈小冲 编著

定价：46.00元